虹口年鉴

2022

（总第二十六卷）

上海市虹口区地方志编纂委员会 编

上海人民出版社 学林出版社

图书在版编目（CIP）数据

虹口年鉴．2022 / 上海市虹口区地方志编纂委员会编．—上海：学林出版社，2022
ISBN 978-7-5486-1895-9

Ⅰ．①虹…　Ⅱ．①上…　Ⅲ．①虹口区－2022－年鉴
Ⅳ．①Z525.13

中国版本图书馆CIP数据核字（2022）第232986号

责任编辑　石佳彦　陈天慧
封面设计　姜　明

虹口年鉴2022
上海市虹口区地方志编纂委员会 编

出　版　学林出版社
（201101　上海市闵行区号景路159弄C座）
发　行　上海人民出版社发行中心
（201101　上海市闵行区号景路159弄C座）
印　刷　上海颛辉印刷厂有限公司
开　本　889×1194　1/16
印　张　25.5
插　页　8
字　数　700,000
版　次　2022年12月第1版
印　次　2022年12月第1次印刷
ISBN 978-7-5486-1895-9/Z·106
定　价　350.00元

SIPG
W

上海市虹口区地方志编纂委员会

凡 例

一、《虹口年鉴》由虹口区地方志编纂委员会主持编纂，编纂坚持以马克思列宁主义、毛泽东思想、邓小平理论、“三个代表”重要思想、科学发展观、习近平新时代中国特色社会主义思想为指导，2022卷是第二十六部系统记述虹口区自然、政治、经济、文化、社会等方面情况的年度资料性文献。

二、本年鉴主要记述形式为条目，体裁有述、记、图、表等。卷首设“要闻大事”“专文”“专记”“虹口概貌”；卷中以中文序号标示的栏目共有20个，其中16个栏目采用“栏目—分目—条目”三级结构层次；卷末有“附录”“索引”。全书共有条目991条、表格102张、图片202幅。

三、本年鉴记述时限为2021年1月1日至12月31日，为保持资料信息的完整性、连续性，个别条目的时限有所追溯和延伸。正文资料由全区各部门及区境内相关单位提供，附录中的统计资料由区统计局提供。

四、本年鉴目录列至条目。索引包括关键词索引、图片索引和表格索引。

目　录

要闻大事

大　事　记

1月

4日　区市场监督管理局知识产权监督管理所在国科（上海）国际创新产业基地揭牌。

6日　全市首家"一证多址"试点医疗器械经营企业上海雅旭医疗器械有限公司在虹口区拿到新的经营许可证。

7日　上海鲁迅纪念馆举行纪念建馆70周年活动。作为新中国成立后建立的第一个人物纪念馆，坐落于鲁迅公园内的上海鲁迅纪念馆于1951年1月对外开放。

11日　民进区第十三次代表大会和十三届一次会议在区机关大楼举行，颜清当选民进区委主委。

12日　"北外滩国际航运论坛"合作备忘录签约仪式在中国远洋海运大厦举行。上海市交通委员会牵头中国远洋海运集团有限公司、上海国际港务（集团）股份有限公司和虹口区人民政府四方签署《合力打造"北外滩国际航运论坛"合作备忘录》，为首届"北外滩国际航运论坛"筹备工作拉开序幕。

12—15日　区政协十四届五次会议在区工人文化宫举行。

13—15日　区十六届人大八次会议在区工人文化宫举行。

18日　民革区第十四次代表大会和十四届一次会议在区机关大楼举行，刘金玲当选民革区委主委。

28日　北外滩"旧改"核心区域东余杭路（二期）和余杭路"旧改"项目分别以99.36%和99.33%的房屋征收签约率达标生效，逾5000户居民即将告别棚户简屋。

2月

1日　召开区投资促进大会暨重大工程推进会，会上签约21个企业及项目，涉及投资金额100亿元，为北外滩打造"运作全球总部城"奠定基础。现场举办"金牌楼长""金牌园长"颁奖仪式，以及向外籍人才颁发来华工作许可证仪式，并宣读获2020年度上海市重点工程实事立功竞赛虹口区表彰名单。

7日　召开全区领导干部会议宣布市委决定：郭芳任中共虹口区委委员、常委、书记；吴信宝不再担任中共虹口区委书记、常委、委员职务。

20日　区纪委十届六次全会在区机关大楼举行。

22日　虹口区与同济大学举行工作交流会，双方就人才交流、创新创业等方面深化新一轮区校联动。

3月

3日　区党史学习教育动员会在区机关大楼举行。会议要求高质量高标准开展好区党史学习教育，从党史学习教育中汲取智慧和力量，持续奋斗、顽强奋斗，攻坚克难、狠抓落实，奋力开创新时代虹口发展新奇迹，以良好精神风貌和优异成绩庆祝中国共产党成立100周年。

7日　虹口北中环国际创新中心举行开工仪式。该中心位于虹口区凉城地区汶水东路广粤路口，占地面积约3.8万平方米，总建筑面积约20万平方米，总投资近50亿元。项目由甘斯勒建筑设计、规划与咨询公司（Gensler）与华东都市建筑设计研究总院负责设计，由总部办公、精品商业以及租赁住宅等多业态组成，计划于2023年全部建成。这一项目开工，标志着虹口区与临港集团在共同推动城市更新和技术成果产业化、助力形成国际科技创新中心的多领域合作取得新进展。

8日　2021年区优化营商环境大会暨重点企业和重点楼宇（园区）表彰会举行。发布优化营商环境

4.0版方案，包括5个方面31项任务146条举措，做到“智能办”“简易办”“及时办”“贴身办”“督促办”。方案中特别提出北外滩优化营商环境九大举措。

11日 区创建全国文明城区动员大会在区机关大楼举行，部署2021—2023年度虹口区创建全国文明城区工作。

17日 民建区第十次代表大会和十届一次会议在区机关大楼举行，谢榕榕当选民建区委主委。

同日 “留法勤工俭学出发地”纪念标识揭幕仪式在北外滩滨江举行。1919年3月17日，第一批留法勤工俭学学生胸怀救国救民的远大理想，在北外滩原汇山码头搭乘“因幡丸”日本邮轮驶离上海。

23日 举行上海财经大学退役军人服务站揭牌仪式。该服务站是虹口区首家高校退役军人服务站，也是上海市首家国家重点大学退役军人服务站。

24日 区135街坊房屋征收签约比例达到100%。该街坊居民203证233户全部签约，创造区两轮征询均达到100%的纪录。

26日 农工党区第十四次代表大会和十四届一次会议在区机关大楼举行，谢春毅当选农工党区委主委。

30日 民盟区第十三次代表大会和十三届一次会议在区机关大楼举行，王维当选民盟区委主委。

4月

7日 2021年上海全球投资促进大会在上海中心举行，共有10个涉及虹口区的重点项目通过线下线上签约，投资总额超110亿元人民币，涵盖航运、金融、医药、城市开发等多个领域。

同日 嘉兴路街道社区卫生服务中心启动在沪外籍人士疫苗接种工作。

8日 区出台《虹口区留学回国人员过渡期内租住人才驿站的专项支持政策》，推出“海归”人才驿站，以缓解留学回国人员过渡期内的居住困难，鼓励留学回国人员在虹口创新创业。该政策在全市尚属首个。

9日 全面推进上海新型高职院校高质量发展论坛暨上海南湖职业技术学院揭牌仪式在上海南湖职业技术学院5G实训中心举行。区积极探索“市区共建”的办学体制和产教融合的办学模式，主动与区域经济对接，开启区职业教育高质量发展新征程。

16日 区党史学习教育首批红色资源清单公布，共计25个场馆、场景和7条微旅行线路，为开展党史学习教育提供一份生动的“活教材”。

17日 清华大学五道口金融学院与虹口区人民政府签署合作备忘录，双方围绕金融科技、人才培养、区校联建等方面加强合作。

20日 区启动第二届“五五购物节”系列活动。活动围绕“‘潮’虹口出发”的主题，重点聚焦“首发经济”“品牌经济”“夜间经济”“新兴消费”四大板块，携手区重点商业企业和商圈主体推出20余个潮流主题活动以及百余项体验互动较强的重点商户活动。

同日 “北外滩开发建设推介会深圳专场”在深圳举行。

22日 全市首个移动型“旧改”基地党群服务站在保定路358号“旧改”基地揭牌。

23日 虹口区人民政府与上海银保监局签订战略合作备忘录，双方在合力推进党建联建共建、加快北外滩开发建设、金融改革创新、培育金融人才、防范金融风险等方面开展全方位合作。

同日 世界读书日，区发布《2020年虹口区公共图书馆成人阅读报告》，线上数据库浏览量创下历史新高，达162.19万人次，到馆成人持证读者62281人，占区2019年末常住人口的7.8%，“借阅王”全年借书769册。

24日 以“追寻红色足迹”为主题的上海城市业余联赛“虹口谁是联赛王”——2021“中行杯”梦想成真公益健步行在北外滩举行。

30日 2021上海酒节美酒集市在1933老场坊启动。

同日 第二届“五五购物节”的重磅活动之一，“2021上海全球新品首发季”启动仪式在北外滩举办。5月14日，第二届“五五购物节”全球新品首发季的活动之一，“2021上海潮生活节”启动仪式在北外滩来福士上演。

5月

8日 北外滩91街坊地块成交。该地块由上海实业发展股份有限公司、上海城投（集团）有限公司、上海建工集团股份有限公司以联合体的方式竞得，成交价91.06亿元，未来将建设480米超高层建筑，成为北外滩乃至浦西地区的地标性项目。

同日，位于虹口区杨树浦路147号的上海北外滩企业服务中心揭牌。该中心为北外滩区域企业提供“只跑一次”的全流程专属服务，为企业家提供交流互动的平台。

10日 “2020虹口品牌强度指数暨虹口品牌50强榜单发布会”在上海大厦举行，活动主题为“打响上海‘四大品牌’的虹口模式”。

14日 国家音乐产业基地上海音乐谷举行“长三角（中国）音乐版权服务平台”揭牌仪式。该平台基于区块链、人工智能技术等新型数字化技术，整合音乐、版权服务机构、法律、金融等各方面资源，对作品内容进行存证、确权、监测，并为原创音乐人维权提供便利。

18日 虹口区人民政府与中国

银行上海市分行在中银大厦签订战略合作备忘录，双方将在老旧小区加装电梯、数字货币试点场景应用、中小企业普惠金融等多个合作领域拓展创新，就融入“双循环”新发展格局、探索北外滩数字化建设、构建更加优质的金融科技生态圈等方面深化合作。

20日 明日城市（上海）中心落户北外滩5G国际创新港，作为全球智慧城市大会在上海建立的全球合作中心节点，将联动全球智慧城市大会、明日城市数字社区等平台，支持北外滩区域数字产业、数字经济的创新发展。

31日 “奋斗百年路·启航新征程”——中共四大纪念馆重新开馆活动在中共四大纪念馆国旗广场举行，中国共产党第四次全国代表大会会址里弄研究成果发布，研究显示中共四大会址所在里弄名为“广吉里”。

6月

2日 长三角企业家联盟开展“走进北外滩”活动。企业家们登上北外滩来福士西塔，俯瞰建设中的北外滩，听取北外滩规划情况介绍，表示将加强交流合作，共同携手发展。

3日 位于虹口区四川北路1649弄（安慎坊）32号中共中央宣传部遗址纪念标识挂牌。

7日 致公党区第五次代表大会和五届一次会议在区机关大楼举行，范春燕当选致公党区委主委。

9日 九三学社区第九次代表大会和九届一次会议在区机关大楼举行，章冀龙当选九三学社区委主委。

16日 由中央对外联络部和上海市委共同主办的“中国共产党的故事——习近平新时代中国特色社会主义思想在上海的实践”特别对话在北外滩世界会客厅举行。

25日 “潮涌百年”——虹口区庆祝中国共产党成立100周年主题展览在北外滩来福士揭幕，展期68天。

28日 北外滩区域昆明路以南“旧改”征收项目正式签约率达到98.8%，提前生效，标志着北外滩区域成片二级以下旧里征收工作全部完成。

29日 举行“初心如磐，为了人民的美好生活”虹口区庆祝中国共产党成立100周年主题党课暨全域“大思政课”启动仪式。

同日 区新型冠状病毒疫苗全程接种人数达52.68万人，18周岁以上人群接种率达77.6%，累计接种109.02万剂次。8月14日，区启动15—17周岁在沪学生新型冠状病毒疫苗接种工作。9月3日，区启动12—14周岁人群新型冠状病毒疫苗接种工作。10月30日，区启动6—11周岁儿童新型冠状病毒疫苗接种。全年接种疫苗153.2万剂次。

7月

1日 区领导集中收看庆祝中国共产党成立100周年大会实况。

6日 十届区委十三次全会在区机关大楼举行。

10日 全球第十座、上海第三座来福士商业广场——北外滩来福士在海门路55号开业。

11日 以“开启航海新征程，共创航运新未来”为主题的第十七个中国航海日上海主题活动在上海港国际客运中心码头启动。

14日 虹口区人民政府与同济大学签订《战略合作框架协议》签约仪式在同济大学举行，双方就推进虹口城市治理数字化转型规划发展，全面提升城市软实力和核心竞争力，助力老城区蜕变，打造宜居宜业宜创宜学的高品质城区方面，深化区校战略合作。

15日 上海市银行同业公会与上海市保险同业公会联合在北外滩发布《上海银行业保险业践行绿色金融助力碳达峰碳中和行动倡议书》。

22日 “上海市中小微企业政策性融资担保基金管理中心北外滩服务基地”在北外滩5G创新港揭牌，同时启动虹口区首期“虹企贷”20亿元授信额度。

8月

6日 上海实业发展股份有限公司、上海城投（集团）有限公司、上海建工集团股份有限公司联合体会同北外滩开发建设办公室，就北外滩91街坊建筑概念方案设计进行公开国际方案征集，启动“最高标准、最好水平”的北外滩480米新地标开发建设。

18日 十届区委十四次全会在区机关大楼举行。

20日 区召开学党史、纠“四风”、树新风警示教育大会。

23日 “2021年上海市节能宣传周”在区花园坊节能环保产业园区拉开帷幕。

9月

11日 “漫步滨江　企航北外滩”系列活动在北外滩滨江展开。

15日 2021年上海市“白玉兰纪念奖”颁授仪式在苏宁宝丽嘉酒店举行，来自15个国家的50位杰出外籍人士获此殊荣。虹口区推荐申报的外籍人士——宝马集团大中华区总裁兼首席执行官高乐（Jochen Johannes Goller）获得这一殊荣。

同日 全市第一条小区市民智慧步道在彩虹湾虹馥里三期落成，长330米，宽1.5米，是彩虹湾市民益智健身苑改造项目的一部分。

17日 同济大学附属上海市第四人民医院举行建院100周年庆典暨附属医院揭牌仪式。

19日 位于瑞虹路181号的瑞虹天地太阳宫营业。

同日 “上海金秋购物旅游季”启动仪式在瑞虹天地太阳宫举行，推出200余项特色活动，覆盖全市16个区。

23日 位于北外滩滨江的虹口区新时代文明实践中心新址揭幕。

25日 位于长春路319号的木刻讲习所旧址陈列馆揭牌开放。1931年8月17日至22日，鲁迅先生曾在此举办暑期木刻讲习会。

27日 区发布《建设国际消费中心城市核心承载区三年行动计划（2021—2023年）》，该行动计划将着力打造虹口区成为海派文化特色鲜明、商旅文体展高度融合、集聚辐射能级较高的“苏州河以北商业商贸中心”。

30日 虹口文化创意产业与金融创新发展大会暨文化金融创新融合服务平台战略签约仪式在上海白玉兰广场举行。

10月

1日 北外滩滨江扬子江码头段向公众开放，高5米亲水平台成为市民游客游览滨江的好去处。

9日 “虹口数字化转型创新基地”在瑞虹企业天地落地揭牌。该基地落成有助于虹口数字化转型与创新产业的聚集，促进企业之间的沟通和交流。

19日 “鲁迅纪念日公众纪念活动”在鲁迅公园内的鲁迅墓前举行。

23日 2021上海赛艇公开赛在苏州河上举行，该赛事共有5个观赛点，其中3个在区境。离终点最近的是北苏州路虹口段的上海市外白渡桥海事所码头亲水平台处。

28日 十届区委十五次全会在区机关大楼举行。

同日 2021世界城市文化论坛（上海）在北外滩拉开帷幕，论坛主题为“数字化转型与全面提升城市软实力”。

11月

3—5日 “2021北外滩国际航运论坛”在北外滩举行。国家主席习近平向论坛致贺信，副总理刘鹤现场宣读贺信。论坛以“开放包容，创新变革，合作共赢——面向未来的国际航运业发展与重构”为主题。

6日 在第四届“进博会”上，区首次设立独立的展馆“北外滩馆”。

8—10日 区第十一次党代表大会在区工人文化宫举行。

10日 十一届区纪委一次全会在区机关大楼举行。

12日 区首家科创板上市企业上海安路信息科技股份有限公司（证券代码：688107，证券简称：安路科技）在上交所科创板上市。

同日 区中小企业融资综合信用服务平台“信易贷”发布会暨平台上线启动仪式在北外滩5G国际创新港举行。

25日 区滨港商业中心“今潮8弄”亮相，面积1.2万平方米，包括8条里弄、60栋石库门和多栋优秀百年历史建筑。

同日 “海派今潮艺术季”于区滨港商业中心“今潮8弄”（四川北路武进路口）开幕。

12月

1日 全市首个大型“整小区”加装电梯项目，江湾镇街道逸仙小区25台加装电梯竣工并交付使用。

11日 法国巴黎“光廷”（Temple of Light）展览在北外滩开启首场沉浸式的光影艺术体验。

16日 “乡村振兴·共同富裕”——2021上海市消费帮扶月系列视频直播活动在“珍滋味·百县百品”四川北路直营店举行。

23日 第三届上海白玉兰国际冰雪节在上海白玉兰广场开幕。

29日 “激发社区‘虹’动力共建美好‘馨’家园”虹口区创新社区治理一街一品“虹馨工程”品牌项目发布仪式暨社会组织洽谈会在上海白玉兰广场举行。

图Y-1 俯瞰虹口北外滩（秦 战 拍摄）

重要调研

【吴清到虹口调研】

1月1日，市委常委、副市长吴清到虹口区调研“迎峰度冬”和节假日电力安全保障情况。

【郑钢淼、高小玫到虹口调研】

2月4日，市委常委、统战部部长郑钢淼，市人大常委会副主任、民革中央副主席、民革上海市主委高小玫到虹口区检查帮困送温暖工作，走访慰问上海掌伊网络科技有限公司、上海丝绸集团品牌发展有限公司和上海识装信息科技有限公司3家民营企业，了解企业发展和疫情防控情况。

【汤志平到虹口调研】

2月10日，副市长汤志平到虹口区中湾公寓公租房察看公租房情况并慰问环卫工人，听取通过公租房拆套使用方式解决环卫一线职工住房困难等有关情况。

【周慧琳到虹口调研】

3月5日，市委常委、宣传部部长周慧琳到虹口区调研上海文学馆项目及上海国家音乐产业基地发展情况。

【宗明到虹口调研】

3月11日，副市长宗明到虹口区调研公共卫生体系建设及新型冠状病毒疫苗接种进展情况。

【彭沉雷到虹口调研】

3月18日，副市长彭沉雷到嘉兴路街道安丘居民区调研居民区“两委”（居民区党组织和居民委员会）换届工作安排情况，召开座谈交流会。

【郑钢淼、寿子琪到虹口调研】

3月22日，市委常委、统战部部长郑钢淼，市政协副主席、市工商联主席寿子琪到虹口区走访民营企业，听取企业发展意见建议并座谈交流。

【蔡淑敏到虹口调研】

3月24日，全国妇联副主席蔡淑敏到虹口区调研家庭家教家风在基层治理中的重要作用，参观嘉兴路街道“家中心”，调研上海白玉兰广场楼宇“家中心”。

【张为到虹口调研】

4月2日，副市长张为到虹口区调研重大交通工程建设情况，并召开座谈交流会。

【刘奇葆到虹口调研】

4月10日，全国政协副主席刘奇葆到虹口区调研上海犹太难民纪念馆。

【汤志平到虹口调研】

4月10日，副市长汤志平到虹口区调研北外滩世界会客厅建设推进工作。

【陈靖到虹口调研】

4月27日，市人大常委会副主任陈靖到虹口区调研北外滩开发建设工作。

【诸葛宇杰到虹口调研】

4月30日，市委常委、市委秘书长诸葛宇杰到虹口区调研留法勤工俭学出发地、历史保护建筑修缮、居民居住环境提升等情况。

【宗明到虹口参加活动】
4月30日，“2021上海全球新品首发季”在北外滩滨江举行，副市长宗明出席启动仪式。

【郑钢淼到虹口调研】
5月19日，市委常委、统战部部长郑钢淼到虹口区走访民营企业，听取企业发展意见建议并座谈交流。

【龚正在虹口接待来访群众】
5月20日，市委副书记、市长龚正到江湾镇街道，接待两批来访群众。随后到场中路一处老旧小区，察看加装电梯推进情况。

【陈通到虹口调研】
5月25日，副市长陈通赴虹口区调研中共四大纪念馆。

【张恩迪到虹口调研】
5月31日，致公党中央副主席、上海市委主委、市政协副主席张恩迪就虹口区开展践行“人民城市人民建，人民城市为人民”重要理念，集中力量解决“老、小、旧、远”问题的推进落实情况开展专项民主监督。

【黄艳到虹口调研】
6月8日，住房和城乡建设部副部长黄艳到虹口区调研历史文化保护和城市更新工作。

【柴方国、诸葛宇杰到虹口参加活动】
6月10日，“伟大历程”——中共一大至七大巡展启动仪式在中共四大纪念馆举行。中央党史和文献研究院副院长、中央编译局局长柴方国，中共上海市委常委、市委秘书长诸葛宇杰出席仪式并启动巡展。

【宗明到虹口调研】
6月21日，副市长宗明到虹口区调研公共卫生体系建设及新型冠状病毒疫苗接种工作。

【蒋卓庆到虹口调研】
7月5日，市人大常委会主任蒋卓庆到虹口区调研人行天桥无障碍化建设。

【张为到虹口参加活动】
7月11日，2021年中国航海日上海主题活动在上海外滩W酒店举行。副市长张为出席。

【李强、龚正等到虹口参加活动】
7月16日，全国碳排放权交易市场上线交易启动仪式上海分会场在上海“环交所”交易举行。中央政治局委员、市委书记李强出席仪式并讲话；市委副书记、市长龚正为全国碳交易首批成交企业代表颁证；市委常委、常务副市长陈寅，市委常委、市委秘书长诸葛宇杰，副市长汤志平出席。

【蒋卓庆到虹口调研】
7月19日，市人大常委会主任蒋卓庆到虹口区调研城市更新立法工作，察看世界会客厅项目建设情况，听取北外滩区域城市更新进展情况。

【寿子琪到虹口参加活动】
8月20日，市政协副主席寿子琪出席虹口区政协“协商于民”政协委员工作站授牌仪式。

【诸葛宇杰到虹口调研】
8月24日，市委常委、市委秘书长诸葛宇杰到北外滩世界会客厅调研。

【李强到虹口调研】

8月26日，中央政治局委员、市委书记李强到凉城新村街道秀苑小区调研小区缓解“停车难”相关情况；到上海市继光高级中学调研学校体育设施对外开放相关情况。

【陈通到虹口参加活动】

8月30日，副市长陈通到苏宁宝丽嘉酒店参加上海市“质量月”活动启动仪式暨上海市政府质量奖20年宣传活动。

【蒋卓庆到虹口调研】

8月31日，市人大常委会主任蒋卓庆到虹口区调研滨水公共区域管理立法工作，视察苏州河虹口段景观建设情况并听取关于沿线景观建设、空间布局、产业发展等情况汇报。

【宗明到虹口调研】

9月6日，副市长宗明到瑞虹天地太阳宫实地调研国际消费中心城市建设工作。

【肖贵玉到虹口调研】

9月15日，市人大常委会副主任肖贵玉调研黄浦江苏州河滨水公共区域管理立法工作。

【于绍良到虹口调研】

9月16日，市委副书记于绍良到“今潮8弄”、北外滩来福士、上海犹太难民纪念馆等地调研。

【郑钢淼等到虹口走访企业】

10月18日，市委常委、统战部部长郑钢淼，市委统战部副部长、市工商联党组书记黄国平到虹口区走访民营企业民生通惠资产管理公司、国投安信期货公司、厦门国际银行上海分行。

【吴信宝到虹口调研】

10月26日，市政协副主席吴信宝调研北外滩数字展示馆。

【陈通到虹口调研】

10月27日，副市长陈通到虹口区调研历史文化风貌保护区规划及文创产业园区发展情况。

【莫负春到虹口视察】

11月16日，市人大常委会副主任莫负春到广中路街道广灵居委会投票站视察虹口区人大代表换届选举投票工作。

【虞丽娟到虹口调研】

11月19日，市政协副主席虞丽娟到虹口区调研河滨之源、区“协商于民”政协委员工作总站、厦门国际银行上海分行等地，召开座谈会。

【李强到虹口调研】

11月29日，中央政治局委员、市委书记李强到虹口调研“今潮8弄”项目。

【周慧琳到虹口调研】

12月23日，市委常委、宣传部部长周慧琳到上海犹太难民纪念馆、上海鲁迅纪念馆、“左联”会址纪念馆调研。

【宗明到虹口调研】

12月31日，副市长宗明到虹口区调研元旦春节期间疫情防控、疫苗接种相关情况，以及元旦春节期间市场保供、促消费相关工作情况。

（编辑　季建智）

我们来自不同行业，有着不同的名字，
但我们拥有一个共同的身份：
共产党员
启航新征程

1921
2021
庆祝中国共产党成立100
The 100th Anniversary of

专　文

虹口区庆祝中国共产党成立100周年

2021年是中国共产党成立100周年，虹口作为上海“开天辟地——党的诞生地发掘宣传工程”重要区域，是全市红色文化旧址、遗址最密集的区域之一，也是上海改革开放的前沿阵地。年内，虹口区举行一系列庆祝建党百年的活动，旨在激励全体党员、干部坚持以人民为中心的发展思想，发挥红色文化资源优势，始终把牢政治方向，始终坚持改革创新，始终厚植人民情怀，始终保持清廉本色，充分展示中国共产党的百年伟大成就和宝贵经验，为全面建设社会主义现代化国家、夺取新时代中国特色社会主义伟大胜利、实现中华民族伟大复兴的中国梦而努力奋斗。

一、贯彻落实习近平总书记对虹口作出的重要指示精神，推动新进展、开创新局面

实现虹口高质量发展、高品质生活、高效能治理。虹口区委始终以习近平总书记历年来对虹口的殷殷嘱托和深情关怀为引领，团结带领全区人民，奋发有为推动各项事业，2021年地区生产总值比上年增长11%；一般公共预算收入达到155.23亿元，比上年增长30%，增长幅度位列全市中心城区第一。召开虹口区第十一次党代会，提出“上海北外滩、浦江金三角”的奋斗目标，全力肩负起奋进“十四五”、实现新跨越的历史使命。举办2021北外滩国际航运论坛，习近平总书记向论坛致贺信，指出“中国愿同世界各国一道，共克时艰，顺应绿色、低碳、智能航运业发展新趋势，深化国际航运事务合作，全力恢复和保障全球产业链供应链畅通，促进国际航运业健康发展，为推动构建人类命运共同体作出贡献”。

挖掘“文化三地”丰富资源，全面提升城区软实力。虹口区是上海“党的诞生地”和“初心始发地”重要区域之一，被习近平总书记称为“海派文化发祥地、先进文化策源地、文化名人聚集地”。区委研究制定《中共虹口区委关于贯彻落实十一届市委十一次全会精神全面提升城区软实力的实施意见》，提出必须更加自觉地厚植城市精神品格，充分发挥软实力的“加速器”作用。近年来，虹口区围绕“红色文化”，完成中共四大纪念馆、李白烈士故居等红色场馆改陈提升工程，建成全市首个国旗教育展示厅；围绕“海派文化”，举办世界城市文化论坛等各类活动和赛事，促进“一江一河”文商旅体融合发展，建成网红打卡地“今潮8弄”；围绕“名人文化”，举办第四届鲁迅文化周，更新推出有千余米环线空间的“鲁迅小道”等。

牢记总书记殷殷嘱托，丰富市民驿站内涵。围绕习近平总书记2018年视察虹口市民驿站的重要指示精神，打造“感悟嘱托——家门口的红色学堂”党史学习教育场景，讲好习近平总书记视察指导市民驿站的故事。持续提升市民驿站能级，打造“服务型”“智慧型”“共享型”驿站，开设“百事通”驿站前台接待服务窗口，更新社区食堂电子餐盘。围绕垃圾分类新时尚，打造虹口区生活垃圾分类科普馆，实现“让生活垃圾分类行动来到市民群众心里”的有益尝试。

二、围绕建党100周年，精心组织庆祝活动，弘扬伟大建党精神

讲好党的故事。七一前夕举办“初心如磐，为了人民的美好生活”虹口区庆祝中国共产党成立100周年主题党课暨虹口区全域“大思政课”启动仪式，区委书记郭芳致辞并在线上向全区十万人上党课。在“左联”会址纪念馆举

行“革命先烈精神永存”主题党课。在区工人文化宫举行“学党史，庆百年”虹口区离退休干部庆祝中国共产党成立100周年主题党课，同时启动“学党史讲故事、承传统扬作风”虹口区百位老同志红色故事进校区、进园区、进社区主题活动。举办“人人都是宣讲员”主题宣讲活动，开展“澎湃100”党课大比武，形成百堂示范党课、百个精品支部故事、百篇基层党建创新案例、百名离休干部讲故事、我在“两新”（新经济组织、新社会组织）当书记等系列成果。

举办主题展览。举办“潮涌百年”——虹口区庆祝中国共产党成立100周年主题展览，通过沉浸体验、实物溯源、群众口述等方式，全面回顾虹口百年党史历程，系统展示在虹口发生的红色故事、城区发展、民生服务及党的建设等方面的案例。其间，有2000余个党组织、4万余名党员群众线下参观展览，50万余人次线上参与相关活动，成为虹口党史学习教育人流量最高的打卡点。同期推出“潮涌百年，红色印迹”——虹口红色专线巴士，方便市民观展。

加强红色资源保护利用。建成中共四大纪念馆5A级景区，完成“留法勤工俭学出发地（汇山码头遗址）”等革命遗址、旧址的纪念标识树立工作，推动“左联”会址纪念馆等红色场址改扩建，推出木刻讲习所、陈云“1925书局”等“城市会客厅”系列场馆，启动“1927・鲁迅与内山纪念书局”建设。打造全域“大思政课”，发布“初心启航——最美世界会客厅”“红色多伦——城市斗争铸丰碑”“文艺之旗——红色文艺策源地”等10条学习体验线路，打造中共四大纪念馆、国旗教育展示厅、上海犹太难民纪念馆等百个“大思政课”场景，培育张家禾等百名红色传讲人，讲好“总书记来到了市民驿站”“电波中永生”“历史视野下的北外滩”等千场思政课，实现万众受教育，推动虹口成为习近平新时代中国特色社会主义思想的生动实践地、重要育人园。

做好党史学习教育。成立党史学习教育领导小组，全年召开领导小组会议4次，印发文件、提示、简报等159份。组建5个巡回指导组，对接全区72个部门、街道、国企党组织，确保各阶段巡回指导全覆盖。全区基层党组织以党支部或党小组为单位，组织党员召开专题组织生活会2545场，5.5万余名党员交流学习体会。10月，虹口区代表在全市党史学习教育座谈会上作交流发言，工作成效获得中央、市委巡回指导组的高度评价。

办好民生实事。实施“我为群众办实事”实践活动，区委形成“旧区”改造、加装电梯等8个重点项目，带动全区形成272个项目、1057个网格，达到全覆盖开展“一个网格一件实事”目标，帮助近万名群众实现“微心愿”。在全市率先探索将既有民防工程改造成为地下车位，缓解老旧小区停车难问题，被中央指导组作为上海典型案例上报中央。通过分析比对重点民生项目、发展项目与群众“微心愿”清单，找准找实群众的共性问题，推动“办实事”落地见效，形成“一楼一事办”组团式服务、北外滩街道“6厘米工作法”等一批长效机制。

做好评选表彰、学习先进典型、颁发纪念章及走访慰问等工作。做好全国、上海市、虹口区“两优一先”（优秀党员、优秀党务工作者、先进基层党组织）评选表彰推荐组织工作，嘉兴路街道虹叶居民区党总支书记王静华被评为全国优秀党务工作者，芦秀兰、丁晓、张心亚、章建新、马家乐5人被评为上海市优秀共产党员，王静华、朱浩、张益辉、杨叶盛、奚红、平建光、陈荣庆、陆艳、李锋9人被评为上海市优秀党务工作者，上海市虹口区曲阳路街道社区卫生服务中心党支部、华东师范大学第一附属中学党总支、上海市虹口区民政局机关党支部、上海市虹口区凉城新村街道文苑第一居民区党总支、上海市虹口区欧阳路街道邮电居民区党总支、北外滩（集团）有限公司

图Z-1　6月29日，“初心如磐，为了人民的美好生活”区庆祝中国共产党成立100周年主题党课暨全域“大思政课”启动（区融媒体中心　杨伯荣　拍摄）

图Z-2　6月29日，区庆祝中国共产党成立100周年主题党课暨全域“大思政课”启动，现场表演情景剧（区融媒体中心　杨伯荣拍摄）

图Z-3 4月13日，“阅百年风华 读红色初心”暨建党百年虹口职工读书会在建投书局举行（徐荣耀 拍摄）

图Z-4 5月15日，举行2021上海城市业余联赛羽毛球联赛暨“虹宫杯”职工羽毛球团体赛开幕式（徐荣耀 拍摄）

第一党支部、上海市虹口区旧区改造和房屋征收工作指挥部第二党支部7个党组织被评为上海市先进基层党组织，中共国家税务总局上海市虹口区税务局第一事务所支部委员会、中共上海三吉电子工程有限公司支部委员会、中共上海市虹口区曲阳路街道玉四居民区总支部委员会、中共上海虹远环境保洁有限公司支部委员会、中共上海捷铭律师事务所支部委员会、中共上海市虹口区犹太难民纪念馆支部委员会6个党支部被评为市级党支部建设示范点；在全区各级党组织提出推荐对象的基础上，分别确定虹口区优秀共产党员、优秀党务工作者、先进基层党组织各100名（个）。开展全国道德模范、全国“3个100杰出人物”先进事迹、“最美人物”等学习宣传工作。向8638位健在的、党龄达到50年的、一贯表现良好的老党员颁发“光荣在党50年”纪念章。结合落实“党心暖我心”定期长期帮扶慰问等工作，持续做好困难党员、老党员建档立卡工作。七一前夕，走访慰问获得表彰的党员、困难党员、老党员、老干部和烈士遗属、因公殉职党员干部家属。

推出一批主题出版物和文艺作品。编发《虹口基层党建创新案例集》，系统展示虹口区在党建引领社会治理创新、助推区域经济发展等方面的实践探索。以打造新时代上海党群服务阵地创新实践基地为契机，全面展示虹口区打造“1+8+550”（1个区、8个街道、550个党群服务阵地）三级党群服务体系，为提高城区治理现代化水平的典型做法。推出《虹口百人百故事》《中共上海市虹口区百年历史大事记（1921—2021）》等书籍，展现虹口区委团结带领人民在革命、建设、改革等阶段取得的成就，总结提炼虹口深厚的历史文化底蕴与时代变革中勇于奋斗的典型故事。与上海戏剧学院合作推出话剧《国旗》，与上海话剧艺术中心合作创排《浪潮》等献礼中国共产党成立100周年的文艺作品。

三、向着第二个百年奋斗目标迈进

2021年，虹口区全面完成“十三五”规划各项任务目标。展望未来五年，将全力以赴推进北外滩新一轮开发建设，在上海新市域格局中打造“上海北外滩、浦江金三角”，让“五个人人”（打造“人人都有人生出彩机会、人人都能有序参与治理、人人都能享有品质生活、人人都能切实感受温度、人人都能拥有归属认同”的城市）美好愿景成为虹口的生动图景。今后五年具体奋斗目标是：

高质量发展走向前列。作为上海中心城区的一部分，虹口区地理优势明显，今后五年须加强整体谋划、区块联动，构筑引领未来的创新策源地，营造英才汇聚的创新“强磁场”，构建开放共享的营商新环境，持续增强综合经济实力，地区生产总值年均增速高于全市1—3个百分点，一般公共预算收入年均增长逾8%，新增高能级企业总部100家，金融企业资产管理规模超过10万亿元。加速推进北外滩开发建设，北外滩核心区重点地块完成土地出让，350万平方米商务商业载体全面开工，100万平方米地下空间基本竣工，确保北外滩“三年出形象、五年出功能、十年基本建成”，“新时代都市发展新标杆”的地位和影响力更加凸显。

高品质生活走进群众。“人民城市人民建，人民城市为人民”，今后五年虹口区将持续完善社会保障体系和15分钟生活圈，推进老年友好型社区建设全区覆盖，修缮改造各类旧住房1000万平方米；建设生态宜居的美好家园，大气、水、土壤等环境质量稳定向好，绿化覆盖率达24.08%，使人民生活更殷实、更安康、更舒适。

高效能治理走出新路。“一流城市要有一流治理”，今后五年虹口区将持续以绣花功夫绘好“工笔画”，推动城市数字化转型，深化社会治理创新，“一网通办”“一网统管”高效运转，数字孪生城市基本建成，国际一流营商环境

图Z-5 居民在社区参加中国共产党建党100周年庆祝活动（龙 钢 拍摄）

成熟稳定，城区治理现代化水平全面提升，群众安全感满意度保持全市前列。

城区软实力走出亮点。作为上海“党的诞生地”“初心始发地”重要区域，今后五年虹口区将持续挖掘“文化三地”内涵，推进“城市会客厅”系列场馆建设，完善公共文化服务体系，促进更多文体场馆设施对公众开放，提升文化软实力。

党的建设走深走实。落实好党建工作是虹口奋进新征程的政治保证。今后五年虹口区将坚持把政治建设摆在首位，以习近平新时代中国特色社会主义思想为指引，铸就对党忠诚的政治品格，凝聚勠力同心的强大合力，落实新时代好干部标准，打造一支想干事、能干事、干成事、不出事的高素质专业化干部队伍，牢固树立夯实基层基础的鲜明导向，推动基层党建全面进步、全面过硬。全面从严治党深入推进，管党治党水平显著提升，党内政治生活更加严格规范，党组织战斗堡垒作用和党员先锋模范作用不断增强，党风政风持续向好，政治生态风清气朗。

（区委办公室）

虹口区全面推进“一网通办”

在2018年的全国“两会”期间，为深入贯彻党的十九大“关于建设人民满意的服务型政府”的要求，上海率先提出“一网通办”（一网受理、只跑一次、一次办成）改革。由此，虹口区也同步开展区内“一网通办”工作。

一、打造网上政务“一站式”服务，全面实现“一网通办”

2018年5月16日，在市委、市政府的指导下，虹口区委办公室、区政府办公室联合印发《虹口区全面推进“一网通办”，加快建设智慧政府工作方案》，要求年底建成政务“一网通办”总门户，逐步实现网上办理事项全覆盖，全区网上政务服务统一入口和出口。对面向群众和企业的所有线上线下服务事项，逐步做到协同服务，实现网上办事“一网通办”、电子证照“一证通用”、综合业务“一窗受理”、政务咨询“一号响应”。

为有效统筹做好区“一网通办”工作，2019年，虹口区成立推进“一网通办”改革和政务公开领导小组。领导小组设在区政府办公室，区委副书记、区长胡广杰为组长，区委常委、副区长张伟为副组长，区各政务服务部门、8个街道办事处主要领导为成员，负责推进全区的“一网通办”各项工作。

2020年，虹口区发布《虹口区人民政府办公室印发关于深入推进“一网通办”进一步加强虹口区政务服务中心标准化建设与管理实施意见（试行）的通知》。从政务服务中心管理体系、政务服务中心进驻事项、窗口服务、线上线下政务服务、政务服务队伍5个方面制定相关标准，推进区“一网通办”改革，促进政务服务线上线下深度融合，持续提升行政效能和政务服务水平。

至2020年底，实现28个部门586个事项、2816份所有区级本市政府部门核发材料的免于提交，本区政务服务事项全程网办能力达80%，全区审批承诺办理时限较法定时限平均减少80%；此外，推出一批“帮办”视频，从办事人角度出发，展示网上申报的每一个操作步骤，不见面指导企业群众通过“一网通办”申报办事，打造24小时企业专属服务，共发布19个部门233个事项情形的“帮办”短视频；2020年全年共完成27件“一件事”（以用户为中心，通过跨部门、跨层级、跨区域业务流程再造和数据共享应用，将企业群众眼中具有前后置关系的事项实现“一次办”，类型相似的多个事项实现“一起办”），办理量达4000余件。2020年度，虹口区在“一网通办”第三方调查评估区级政府排名全市第五。

表Z-1 2018—2020年虹口区有关“一网通办”工作的重要文件

序号	文件名称	发文字号
1	《全面推进“一网通办”，加快建设智慧政府工作方案》	虹委办〔2018〕35号
2	《虹口区人民政府办公室关于印发2019年虹口区“一网通办”工作要点的通知》	虹府办发〔2019〕9号
3	《虹口区人民政府关于成立虹口区推进“一网通办”改革和政务公开领导小组的通知》	虹府发〔2019〕23号
4	《虹口区人民政府办公室印发关于深入推进“一网通办”进一步加强虹口区政务服务中心标准化建设与管理实施意见（试行）的通知》	虹府办发〔2020〕14号
5	《中共虹口区委办公室虹口区人民政府办公室印发〈2020年虹口区深化“一网通办”改革工作要点〉的通知》	虹委办〔2020〕15号
6	《关于开展“无人干预自动办理”试点工作的通知》	虹审改办发〔2020〕2号
7	《关于以高效办成“一件事”为目标推进2020年业务流程革命性再造工作的通知》	虹审改办发〔2020〕3号

说明：资料由区政府办公室提供。

二、2021年虹口区“一网通办”工作成效

2021年是“一网通办”工作的改革拓展年，虹口区政府以持续深化业务流程革命性再造，全面落实“两个免于提交”（凡是上海市政府部门核发的材料，原则上一律免交；凡是能够提供电子证照的，原则上一律免交实体证照），推动“一网通办”改革从政务服务领域向公共服务领域拓展为目标，助力打造一流营商环境，助力北外滩新一轮开发建设，助力城市数字化转型。

其间，虹口区政府就做好“一业一证”改革（将市场主体进入特定行业涉及的多张许可证整合为一张行业综合许可证），探索“一件事”业务流程再造等“一网通办”相关业务的提升优化效果，相继发布《中共虹口区委办公室虹口区人民政府办公室印发〈2021年虹口区全面深化“一网通办”改革工作要点〉的通知》《虹口区人民政府办公室关于印发〈虹口区“一业一证”改革实施方案〉的通知》《关于印发〈虹口区2021年度“一件事”业务流程革命性再造工作方案〉的通知》等文件。

至年底，虹口区在全市“一网通办”第三方调查评估区级政府总排名中，被评为优秀单位。主要体现在3个方面：

（一）业务流程革命性再造取得成效。年内，虹口区持续推进高效办成“一件事”，优化“开办小型饭店”“开办小型超市”“开办药店”等原有27件“一件事”办理流程，“一网通办”虹口频道新上线“老年人健康服务”“南通上海异地医疗服务”“助残扶残”“婚姻登记证补领”4个“一件事”办理业务。在全市范围内，完成“汽车清洗一件事”办理试点。推进“一业一证”改革，率先发放全市首批行业综合许可证，落实“便利店”“超市”“咖啡店/茶馆”等25个行业的“一业一证”改革。

创新升级虹口首创的“一楼一事办”政务服务品牌。年内，区政府办公室牵头区政府各组成部门，建立健全“第一时间介入、专业组团、集成办理、线上线下同步”的工作机制，在60天内，为北外滩来福士、瑞虹天地太阳宫等商业综合体内的500余家商户办理各类证照900余张。虹口区大型商业体开业准备期平均缩减80%，单事项的平均办理时间缩短90%，虹口区“一楼一事办”政务服务品牌2020年、2021年两度获评上海市各区优化营商环境优秀案例，入选2021年虹口区党史学习教育第二批优秀案例和2021年虹口区党史学习教育“我为群众办实事”十佳长效机制。

数字化推动“好办”（围绕企业群众实际需求，选取一批高频服务事项，提供申请条件预判、申请表格预填、申请材料预审等功能，提供“个性指南+智能申报”服务，降低企业群众学习成本，使复杂事项不再“难办”）“快办”（在政务服务事项中选取一批相对简单的高频办理情形，通过简化填表、智能审批等方式，实现“3分钟填报、零材料提交”快捷办理，提供极简易用的办事体验）。虹口区在全市率先推出公共场所卫生许可（变更）等9个“好办”“快办”服务事项。

（二）线上、线下办事能力持续提升。至年底，虹口区含政务服务事项1863项，其中可网办事项占99.0%，具备

全程网办能力事项占91.73%，年度实际网办比例67.20%。参与全市“智能政务服务窗口”试点工作，在区行政服务中心综合窗口推出12项政务智能办事项，实现“信息免提交”“材料免填报”，提高现场办事体验。持续拓展以“两个中心”（区行政服务中心和街道社区事务受理服务中心）为主体的虹口特色政务连锁服务。

增设综合性自助服务窗口。年内，虹口区在北外滩杨树浦路147号新开设1个24小时综合性自助服务窗口，内设公安、出入境、税务、“一网通办”、银行等自助终端7台。自助窗口提供事项办理，在线查询、打印政务服务办事指南，“随申码”离线码申领打印、政务公开查询等服务。

推进自助终端进社区、楼宇、商圈、银行等。至年底，区内布设自助终端28台，其中12台布设于区行政服务中心及8个街道社区事务受理服务中心，11台布设于嘉兴路、曲阳路、江湾镇等6个街道的市民驿站、社区文化活动中心。

扩大跨区域通办事项范围。6月，上海市虹口区行政服务中心与山东省青岛市即墨区行政审批局签订“跨省通办”合作协议，通过线上办理、线下专窗收件模式，实现“跨省通办”。区医保局下属医保中心开通“南通上海异地医疗服务”，方便上海与江苏省南通市用户就近办理医疗费报销、医保个人账户信息查询、异地就医备案等业务。

提高普惠化服务水平。针对老年人办事“填表难”，虹口区在全市范围内率先推行“长护险申请”等4个高频事项的智能填表。区各政务服务中心建立健全为老服务机制，落实专人提供咨询、指引和帮办等便利化服务。此外，区人力资源社会保障局推出人才服务专员“上门办”；曲阳路街道社区事务受理服务中心推出“恶劣天气上门取件服务”。

（三）政务服务能力实现新突破。“人工帮办+智能客服”提升办事便捷度。年内，印发《虹口区建立完善帮办制度，提高“一网通办”便捷度的实施意见》。其间，建立领导干部帮办制度，全年先后有29个部门的相关领导到各政务服务中心开展帮办服务33次，协调解决各类问题45个。

强化线上、线下帮办服务，区行政服务中心上线“一网通办”智能客服“小虹”，为企业、市民提供24小时不打烊在线服务。配备在线人工客服专员，提供工作时段“在线人工客服”服务，在线人工客服做到1分钟内响应，通过文字、语音、视频交流，分享屏幕等方式，提供全程在线服务。

表Z-2　2021年虹口区“一网通办”成果一览

序号	类　别	项　目	成　果
1	深化业务流程革命性再造	深入推进“一件事”改革	优化2020年上线的27件事，新增4项“一件事”，通过“一件事”办理业务超4800件
2		推广实施“一业一证”改革	参与全市第一批行业综合许可证的颁证工作，发放各类行业综合许可证311张
3		巩固“两个免于提交”成效	实现4105份材料的免于提交，免交落地率达100%，企业办事实际免交材料1.7万份
4		积极探索“好办”“快办”服务	上线运行9个事项
5	提升线上线下服务能级	开展“两个集中”改革	实现12个部门的83项事项优化落地，推动更多企业事项向区行政服务中心集中
6		深化“综合窗口”改革	全区30个政务服务中心综合窗口设置比例达96.7%
7		推进服务时空一体化	开设线上线下互为补充的政务服务连锁店，打造“15分钟政务服务圈”
8	提升“一网通办”平台能力	做优做强“随申办”虹口旗舰店	累计接入各类服务应用151项，全年累计访问量115.4万余人次
9		企业专属网页建设	打造登录版和免登录版企业专属网页，加快各类区域政策的精准推送

说明：资料由区政府办公室提供。

图Z-6 位于北外滩滨江的来福士双子塔楼（秦 战 拍摄）

加强各政务服务中心现场帮办人员队伍建设，在“随申办”虹口区旗舰店开设“每日一练”专题区，组织开展线上业务知识培训，定期组织业务考核，强化帮办人员的服务意识，提升业务能力与政策水平。至年底，“随申办”虹口区旗舰店累计接入服务应用151项，关注人数9.3万余人，访问量达115.4万余人次；各街道旗舰店累计接入服务应用246个，关注人数8.78万余人，访问量17.3万余人次。

政务服务窗口标准化建设见成效，印发《虹口区关于切实按照“两个集中”要求，落实优化市级政务服务事项办理模式的通知》，按照全市统一部署和规定模式，做好区首批83项事项的承接落地。全区30个政务服务中心综合窗口设置比例达96.7%。全面深化“好差评”制度建设，全区政务服务窗口效能持续提升。

强化企业专属网页建设和推广。完成企业专属网页的免登录版和各项特色服务的接入工作。年内新接入特色服务应用15项、区级特色档案11类，提供政策体验服务14项，上线企业特色标签44个。全年企业专属网页访问次数突破9万余次，访问企业1万余户。

经过4年的实践与探索，虹口区“一网通办”工作总体思路逐步清晰，今后将坚持以“一网通办”服务理念引领公共服务、优化便民服务，以场景应用驱动服务供给创新，做好线上、线下渠道互补，发挥“一网通办”虹口频道、“随申办”虹口旗舰店等平台作用，逐步打造标准化、普惠化、均等化、智慧化的全方位服务体系，增强群众和企业的获得感、满意度。

（区政府办公室）

（编辑 金一超）

专 记

北外滩航运和金融服务集聚区

综 述

北外滩航运和金融服务集聚区位于虹口区南部，黄浦江与苏州河的交汇处，四至范围为河南北路、海宁路—周家嘴路、大连路、黄浦江—苏州河合围区域，总面积约4平方千米，其中陆域面积3.3平方千米，拥有滨水岸线3.4千米，其中黄浦江岸线2.5千米，苏州河岸线0.9千米，与浦东新区陆家嘴、黄浦区外滩呈“黄金三角”鼎立之势，是上海“五个中心”建设中国际航运中心和国际金融中心的双重承载区。2021年，该集聚区汇集了各类航运企业近4700家和航运功能性机构40多家，是全国航运服务企业聚集密度最高的区域；集聚了中外金融机构和企业近2000家，是中国八分之一的公募基金管理公司的选择之地，管理资产近1万亿美元。年内，北外滩地区重大工程正式项目共41项，其中市重大工程6项、区重大工程35项。北外滩贯通和综合改造提升项目（世界会客厅）、虹口港东岸贯通提升工程、黄浦路改造提升工程、北外滩地区高标准全要素市政市容提升工程、国客800米岸线贯通工程等10个项目完工。至年底，在建重大工程项目18个、在建建筑面积78.4万平方米。

（俞 悦）

项目开发

【概况】

2021年，北外滩开发建设办公室（简称北外滩开发办）统筹协调区内各部门、各单位的优势资源力量，结合加强开发机制，推进各项工作的开展。年内，统筹推进商办、市政、民生、住宅等项目，推进滨江岸线贯通开放，打造高品质滨水公共空间。10月，成立北外滩开发建设管理办公室，作为开发推进主体，围绕“上海北外滩、浦江金三角”的战略目标，聚焦北外滩的高质量发展、高品质生活、高效能治理，打造新时代都市发展新标杆。（1）推进91街坊地标项目。91街坊将建设有480米高的浦西第一高楼，是北外滩最受关注的地标项目。由上海实业、上海城投、上海建工的联合体以91.06亿元竞得，北外滩开发办就91街坊建筑概念方案设计进行公开国际方案征集。（2）优化核心区“三大系统”设计。地下空间、二层连廊、中央绿轴是北外滩核心区三大系统。年内，核心区地下空间实施方案设计成果基本确定。二层连廊样板段确定V字形飘带概念与V字形立柱设计方案，89至92街坊样板段初步设计技术方案通过专家评审，88至89街坊连廊样板段初步确定方案。（3）建设创新创意研究院，选址原雷士德工学院旧址，是北外滩重要的功能性项目。年内，北外滩集团获得项目施工许可证并启动开工，老楼（原雷士德工学院）完成沿东大名路房屋拆除的修缮工程及场地清理

图Z-1 虹口滨江世界会客厅（秦 战 拍摄）

图Z-2 虹口滨江国客中心段和置阳段（秦 战 拍摄）

图Z-3 虹口滨江国航中心段游艇港池（北外滩开发办 提供）

工作，完成项目施工临时围墙方案设计，推进历史保护建筑修缮方案、室内设计、泛光照明、标志标识、绿建双碳等专项设计工作，优化公共绿地及雕塑方案设计，新楼计划满足1500人的办学需求。（4）推进“旧改”和土地出让。东余杭路二期项目、余杭路项目分别以99.36%和99.33%的房屋征收签约率正式生效；昆明路以南项目以98.8%的比例达标生效。北外滩地区成片二级旧里以下“旧改”工作全面收官。在土地推介方面，基本完成新一版北外滩土地出让招商推介材料，形成北外滩功能招商联合工作平台工作机制并正式运作。（5）滨水公共空间建设。虹口滨江岸线2.5千米，由扬子江码头段、国客中心段、置阳段和国航中心段四段组成。年内，国客中心码头880米滨江岸线正式贯通开放，增加绿化、便民设施和各类安全管控设施，并设置8处游客出入口；虹口港以东贯通提升工程顺利完工，新建跨越虹口港的廊桥，加盖景观平台和亲水平台；滨江扬子江码头段世界会客厅5米平台首次对公众开放，打通国客中心至外白渡桥的滨江岸线。滨水服务阵地相继投入使用，位于北苏州路海事塔的滨河驿站、位于滨江置阳段的滨江驿站、位于滨江一线的虹口区新时代文明实践中心相继启用。年内，滨水区域相继举办上海市首届赛艇公开赛、首届“青春上海·北外滩大学生音乐节”、沉浸式光影艺术体验展、周末市集等文商活动，提升滨河商业氛围与品质。（6）数字北外滩建设。数字北外滩展示馆位于毗邻滨江一线的国际客运中心10号楼，历时3个月完成场馆立面的改造和陈列布展，实现第一阶段开放目标。

（俞 悦）

【北外滩世界会客厅】

6月16日在北外滩路8号正式投入使用，成为黄浦江畔的新地标。亮相首日承接举办面向世界的高规格政党对话会。10月1日，世界会客厅段5米平台首次对公众开放，衔接起国客中心至外白渡桥的滨江岸线。年内，相继举办世界城市日中国主场活动、北外滩国际航运论坛等活动。

（俞 悦）

【91街坊建筑概念方案公开征集设计方案】

8月6日由上海实业、上海城投和上海建工联合体会同北外滩开发建设办公室联合发布。北外滩480米新地标开发建设正式启动。8月12日，北外滩91街坊建筑概念方案公开征集工作第一阶段报名结束，国内外90家申请人注册并申领资格预审文件，在规定时间收到国内外55家申请人提交的资格预审申请文件。8月24日，经预审评审会专家评审，确认科恩·佩德森·福克斯建筑设计所（Kohn Pedersen Fox Associates P.C.）、福斯特及合伙人建筑设计事务所（Foster + Partners Limited）、艾德里安·史密斯+戈登·吉尔建筑事务所（Adrian Smith + Gordon Gill Architecture LLP）、株式会社日建设计、同济大学建筑设计研究院（集团）有限公司、法雷尔建筑设计事务所（TFP Farrells Limited）、中国建筑设计研究院有限公司、Fender Katsalidis建筑事务所（Fender Katsalidis〈Aust〉Pty Ltd）、MAD建筑事务所（MAD Architects Limited）9家单位入围第一轮方案设计。

（俞 悦）

【“设计寰宇”48小时创意营活动】

10月23—24日在雷士德工学院旧址举行。创意营活动对应北外滩的四个现实场景——七浦路、提篮桥、雷士德工学院周边和中央活动区，旨在“将设计思维融入科技创新，发挥设计的驱动力量，推动产业进步、进而推动整个社会长期可持续发展”。围绕“新时尚”“社区共创”“人工智能与智能增强”“后疫情生活”4个主题，诺贝尔化学奖得主、美国国家科学院院士迈克尔·莱维特（Michael Levitt）等专家、学者和创意营学员们通过嘉宾对话、创新讲堂、问题实验室等形式就设计与科技、设计与人文等主题进行探索。96名学员参加创意营活动。

（俞　悦）

【“创新创意研究院”项目概念方案评审会】

11月8日召开，北外滩开发办主办。“创新创意研究院”是以上海雷士德工学院历史建筑为基础筹建的一所“高起点、创新型、未来型”，具有世界影响力的创新创意设计学院。评审会上DC国际建筑设计事务所（DC Studio Limited）、芬兰JKMM建筑师事务所（JKMM Arkkitehdit Oy）及上海大舍建筑设计事务所3家设计单位分别进行了方案汇报，经过评审委员会的审议并投票后，选出上海大舍建筑设计事务所为最终优胜方。

（俞　悦）

航运服务

【概况】

2021年，虹口区航运产业实现三级税收84亿元，比上年增长233%；实现区级税收19.72亿元，比上年增长174.6%；其中，航运服务业实现新增可用免抵调收入区级部分27.48亿元，比上年增长70.9%。新引进航运企业260户，包括商船三井（中国）有限公司、北英海事咨询（上海）有限公司、巍威信息咨询（上海）有限公司等航运重点企业和高端航运服务企业。至年底，虹口区有航运服务企业4667家。全球五十大班轮公司中32家在上海设立公司或代表处，其中有12家落户虹口。地中海航运、中远海运集运、赫伯罗特、太平船务等龙头企业已经成为虹口航运产业的压舱石。区内企业硕达（上海）国际货运有限公司和利胜地中海航运（上海）有限公司被评为跨国地区总部，唯凯国际物流股份有限公司被评为贸易型总部，上海亚东国际货运有限公司被评为民营企业总部，虹口区航运总部集聚度和外向度不断提高，航运服务功能进一步提升。上海航海协会、上海船艇商务服务中心2家功能机构落户北外滩，北外滩集聚功能性机构达到41家。上海船员评估示范中心主体建设基本完成，海事局船员评估设备正在安装调试，中心正在进行外部施工收尾，计划2022年竣工并投入使用。年内，发布“2021新华·波罗的海国际航运中心发展指数”，举办“2021中国航海日”“2021北外滩国际航运论坛”“2021中国海事司法与仲裁高峰论坛”“2021国际海运平行论坛”等大型国际性航运物流论坛。“新华·波罗的海国际航运中心发展指数”连续第八年在虹口发布，2021年全球航运中心城市综合实力上海排名继续保持全球第三，国际航运中心建设成效显著。

（唐　艳）

图Z-4　修缮中的雷士德工学院旧址（席闻雷　拍摄）

【四方签署《合力打造“北外滩国际航运论坛”合作备忘录》】

1月12日在中国远洋海运大厦签署。上海市交通委主任谢峰、虹口区委书记吴信宝、中远海运集团董事长许立荣、上港集团董事长顾金山等出席仪式并分别致辞，对合力打造“北外滩国际航运论坛”提出设想和展望。市交通委副主任张林、虹口区副区长郑宏、中远海运集团副书记王海民、上港集团副总裁张欣分别代表四方签署《合力打造“北外滩国际航运论坛”合作备忘录》，为首届“北外滩国际航运论坛”筹备工作拉开序幕。

（唐　艳）

【虹口区与新华社中国经济信息社上海中心签署合作协议】

5月19日在虹口区机关大楼签约。双方将在指数发布、智库研究、信息发布、品牌推广等方面进行深度合作，共同推动国际航运中心以及北外滩开发建设。虹口区副区长郑宏、新华社上海分社副社长张小军、新华社上海分社党组成员梁智勇出席签约会。

（唐 艳）

【第十七个中国航海日论坛】

7月11日在上海外滩W酒店举办。论坛主题为“开启航海新征程，共创航运新未来”。上海市副市长张为，中国经济信息社董事长、总裁徐玉长，上海海事大学党委书记宋宝儒致辞，波罗的海交易所首席执行官马克·杰克逊（Mark Jackson）作“云致辞”，虹口区委书记郭芳和与会嘉宾共同发布“2021新华·波罗的海国际航运中心发展指数报告”。报告连续第八年发布，2021年全球航运中心城市综合实力前10位的城市分别是新加坡、伦敦、上海、香港、迪拜、鹿特丹、汉堡、雅典、纽约—新泽西和宁波舟山，上海排名继续保持全球第三。近200位嘉宾出席论坛。

（唐 艳）

【2021北外滩国际航运论坛发布八大系列成果】

11月3—5日在虹口北外滩举办。由上海市人民政府和交通运输部共同主办，上海市交通委员会、虹口区人民政府、中远海运集团、上港集团等承办。开幕式上，国家主席习近平向2021北外滩国际航运论坛致贺信。国务院副总理刘鹤通过视频宣读贺信。中央政治局委员、上海市委书记李强，交通运输部部长李小鹏出席论坛开幕式并致辞，市委副书记、市长龚正主持开幕式。论坛由开幕式、1个主论坛、2个平行论坛和5个专题论坛构成。论坛发布了八大系列成果：上海市政府与国际海事组织达成合作共识、上海出口集装箱结算运价指数通过国际证监会组织标准审计、《航运节能减排发展展望报告2021》《世界一流港口评价报告》《四型机场绿色性能评价标准》《全球航空运输业碳减排合作倡议》《全球港航信息化发展报告2021》和全球航运景气指数，同时发布《2021上海倡议》。

（唐 艳 杨 璇）

图Z-5 7月11日，发布“2021新华·波罗的海国际航运中心发展指数”（区投促办 提供）

金融服务

【概况】

2021年，北外滩地区有上海金融科技园区、上海对冲基金园区、万向区块链实验室、中国首席经济学家论坛研究院、上海风险投资中心、北外滩绝对收益投资学会、北外滩金融研究院等功能性机构。新成立上海金司南金融研究院、上海长三角科创投资促进会等功能性机构。全年相继召开2021年中国首席经济学家论坛年会、《上海银行业保险业践行绿色金融助力碳达峰碳中和行动倡议书》发布会、“时不我待 向新而行”资管行业新趋势高峰论坛、第十五届中国投资年会年度峰会、第四届中证中小投资者服务论坛云论坛、2021中国资产管理年会、绿色金融60人论坛闭门研讨会、2021金牛资产管理论坛暨第十八届中国基金业金牛奖颁奖典礼、2021年区块链全球峰会、申城论剑·第十三届衍生品对冲投资（国际）论坛暨中国绝对收益投资管理协会第十一届年会、第三届上海金融科技国际论坛暨首届长三角金融科技大会等金融论坛。

（王嘉莹）

【2021年中国首席经济学家论坛年会】

1月9—10日在北外滩举行，年会以“大变局和双循环”为主题，香港分会场同步举办。上海市委常委、副市长吴清出席论坛并发表讲话，中国首席经济学家论坛主席、国务院参事夏斌宣读中财办副主任韩文秀的开幕贺词，虹口区委副书记、区长胡广杰作开幕致辞。上海市人民政府副秘书长陈鸣波，虹口区委书记吴信宝，上海市金融工作局副局长葛平，虹口区副区长郑宏，中国首席经济学家论坛理事长、中国银行业协会行业发展研究委员会主任连平等出席论坛。来自海内外的知名券商、公募基金、私募基金、期货公司、银行等金融机构业内人士及专家500余人与会。

（张睿娇）

【“时不我待　向新而行”资管行业新趋势高峰论坛暨财通基金十周年庆典】

7月20日在北外滩举行。由财通基金主办，论坛围绕资产管理与财富管理数字化发展、资管行业服务实体经济转型升级等议题，为虹口打造以“财富管理”为特色的金融产业集聚区、上海打造全球资产管理高地建言献策。全国政协委员、上海交通大学上海高级金融学院执行理事屠光绍，虹口区委副书记、区长胡广杰，虹口区副区长郑宏出席活动。典礼上，虹口区分别与财通证券股份有限公司、财通基金管理有限公司签署战略合作备忘录。来自银行、保险、券商、投资机构的嘉宾600余人参加活动。

（陈　露）

【“人才政策”专题业务培训会】

9月8日在北外滩来福士27楼上海金融科技园区举行。区金融服务中心与区人才服务中心联合举办。区人才服务中心现场就“居转户”“上海市人才引进”“留学生落户”等方面的政策要点进行讲解，分享办事中遇到的案例，解读《虹口区留学回国人员过渡期内租住人才驿站》支持对象、支持标准及申请流程，并对现场各家企业提出的问题进行解答。有关企业人事负责人40余人参加。

（张睿娇）

【2021中国资产管理年会】

9月17日在北外滩举行，由《21世纪经济报道》主办。虹口区委副书记、区长胡广杰，浦发银行董事长郑杨出席并发表致辞，全国政协委员、中国证监会原主席肖钢，中国人民银行金融委办公室秘书局局长陶玲，中国证券投资基金业协会副秘书长黄丽萍，上海证券交易所副总经理刘逖出席并作主旨演讲。共有500余位业内人士参加。

（张睿娇）

【2021金牛资产管理论坛】

9月28日在北外滩举办。由中国证券报社主办，论坛以“资管大时代　阔步新征程”为主题。活动期间举行第十八届中国基金业金牛奖、第十二届中国私募金牛奖颁奖典礼。《中国证券报》党委书记、董事长、总编辑徐寿松，虹口区委副书记、区长胡广杰，中国证券投资基金业协会党委委员、副秘书长黄丽萍出席论坛并致辞，虹口区副区长郑宏出席论坛。来自监管部门、公募、私募、银行、券商、保险等机构的嘉宾与业内人士260余人参加活动。

（吴　颖）

【2021年虹口区改制上市企业高端沙龙】

10月16日在北外滩赤兔咖啡馆举办。区金融工作局主办。沙龙采用线上线下相结合的形式，重点围绕后疫情时代下的全球与中国经济趋势分析、资本市场改革与北交所新政、企业上市过程中的法律实务等内容，通过主题分享、圆桌论坛和视频直播等形式进行交流互动。区挂牌和拟上市企业负责人近30人参加。

（周　竞）

上海北外滩（集团）有限公司

【概况】

上海北外滩（集团）有限公司（简称北外滩集团）位于东大名路1098号，为虹口区区属国有企业，与北外滩开发建设办公室实行“办企合一”一体化管理，集中资源、集中力量共同推进北外滩开发建设。集团以城市更新、区域投资开发与功能配套、房地产开发经营为核心业务。2021年10月31日，音乐谷集团以及下属子公司股权无偿划入北外滩集团，划转后音乐谷集团列为北外滩集团的二级子公司。2021年，北外滩集团全年完成营业收入9.62亿元，利润总额15076.03万元，实现归母净利润8124.51万元，上缴区级税收4733.01万元，实现三级税收206亿元，国资收益收缴8286万元，国有资产保值增值率103.73%。年内，推进北外滩77街坊租赁住房项目建设完成桩基施工、基坑围护体系施工等关键工序，基坑开挖到底，完成地下室结构大底板；89—92街坊连廊获得区发展改革委核准批复和规划方案批复，进行扩充设计；88—89街坊连廊完成概念方案，88街坊完成现有建筑改造及连廊连接的技术评估工作。完成雷士德工学院历史保护建筑现状资料分析、总平面图测绘、历史保护建筑评审等工作和新楼概念方案国际征集最终成果评审，完成项目报建、工程总承包招标和工程监理招标、施工图审查等前置手续和场地内违建拆除、临房搭设等前期场地准备工作，基本完成室内拆除工作。在北苏州路吴淞路段至四川北路段开展“河滨源”市集活动，全年共举办6次，活动期间平均每天吸引人流1.6万人。推进滨水公共空间精细化管理，做好北外滩滨水公共空间日常综合治理工作，完成七一、十一、“进博会”、“苏州河赛艇”、世界会客厅5米平台“国际航运论坛”等重大节日、重大活动、重点保障期间北外滩滨水公共空间安全保障工作。至年底，滨江总客流约190万人次，日均约5370人次；北苏州路总客流约

1000万人次，日均约2.8万人次。

（刘 莹）

【北外滩企业服务中心投入使用】

5月8日揭牌启用。北外滩企业服务中心设在马登仓库一楼，精准对接企业需求，为企业提供一站式、近距离的VIP服务。项目于1月进场施工，5月上旬完工。中心设立24小时自助服务区、VIP现场服务区和可视化展示区，将公安、科委、人社、税务等涉及全区29个部门1061项审批服务事项整合成一个“服务超市”，为北外滩区域企业提供“只跑一次”的全流程专属服务。

（刘 莹）

【滨江驿站建成开放】

7月1日投入使用。滨江驿站位于虹口北外滩滨江置阳段（海平路31号），总建筑面积565平方米。一层主要为公共休息区、卫生间、更衣室、母婴室，建筑面积161平方米；二层主要为党建服务工作站及游客服务区，建筑面积185平方米；三层主要为区域规划展示厅，建筑面积122平方米。

（刘 莹）

【数字北外滩展示馆投入试运营】

10月投入试运营。数字北外滩展示馆位于国客中心10号楼，总建筑面积4139平方米，场馆以地上一、二、三层楼为主体进行展陈布置。展示馆通过模型展示、CIM场景，以直观动态的形式呈现北外滩的城市规划发展脉络，展现北外滩的未来城市建设和生活。

（刘 莹）

上海航运交易所

【概况】

上海航运交易所位于杨树浦路18号，是经国务院批准、由交通部和上海市人民政府共同组建的中国唯一一家国家级航运交易所。年内，上海航运交易所严格履行集装箱运价备案受理职责，保障1.33万家企业的运价备案工作正常开展，受理运价信息约1.4亿条。配合国家和地方主管部门完成对国际航运市场情况和监管要求的走访调研工作，对集装箱班轮市场问题突出的航线加大检查频次和力度，做好班轮企业和无船承运人运价备案检查技术服务工作。上海出口集装箱结算运价指数（SCFIS）上海至欧洲航线成功通过普华永道关于国际证监会组织（IOSCO）《价格报告机构原则》的审计。发布“中国沿海散货船舶日租金指数（CDI）”。完成《江海航运物流货量指数研究》项目。上海航运交易所市场部运价备案科获全国巾帼文明岗称号。上海航运交易所获2019—2020年度上海市文明单位、2020年度上海市建设交通系统平安单位称号。

（孙 丽）

【第十八届上海衍生品市场论坛航运分论坛】

5月28日在上海期货大厦召开。由上海航运交易所与上海期货交易所联合主办。分论坛围绕后疫情时代的航运物流业、全球集装箱运输市场、上海出口集装箱结算运价指数和航运指数期货服务实体经济、提升上海国际航运中心和国际金融中心的全球资源配置功能等话题开展讨论。

（孙 丽）

【《2020中国航运发展报告》】

7月出版。受交通运输部委托、由上海航运交易所组织编写的《2020中国航运发展报告》作为“中国航运白皮书”，是对中国水运行业发展的年度系统总结，对部分现行航运法律、法规和政策予以解读，全面介绍水运行业发展状况，涵盖国际航运、国内航运、集装箱运输、航运服务业、港口、水运设施建设与维护、海事监管与搜救等板块。至2021年，“中国航运白皮书”已经连续出版22年。

（孙 丽）

【北外滩国际航运论坛“金融与保险”专题论坛】

11月5日在上海外滩W酒店召开，由上海航运交易所承办。论坛邀请相关领域的研究机构、一线企业、监管机构等重要参与者，从后疫情时代航运市场形势、航运市场运费规模和结构、运价波动风险敞口、运价指数期货、航运运费人民币结算趋势、航运融资租赁、航运保险等业界关心的议题开展深入探讨。论坛期间上海航运交易所宣布其首推的即将运用于指数期货结算标的的上海出口集装箱结算运价指数（SCFIS）上海至欧洲航线通过普华永道关于国际证监会组织（IOSCO）《价格报告机构原则》的审计。同时发布中国沿海散货船舶日租金指数（CDI）成果，丰富和充实了“上海航运指数”品牌。

（孙 丽）

【《长江经济带江海联运发展指数报告（2021）》】

11月通过专家认证。该报告由上海航运交易所和中国经济信息社联合编写，从长江经济带江海联运发展指数的研究背景、设计思路以及指数结果分析等维度，分析长江流域上中下游各主要港口江海联运业务发展水平，展示长江经济带各区域不同货种板块运输特点和优势。

（孙 丽）

【《台湾海峡两岸间航运市场分析研究》课题】

11月通过验收评审。该课题受

交通运输部水运局委托，由上海航运交易所编制，从台湾海峡两岸间集装箱运输、散杂货运输、散装液体危险品船运输、旅客运输4个细分市场，分析两岸间航运市场的运行情况。报告以两岸间航运市场供需关系为主线，结合与航运有关的经济、贸易以及行业产业链影响因素，以数据为线索，客观描绘两岸间航运市场的发展状况。

（孙　丽）

上海国际航运研究中心

【概况】

上海国际航运研究中心（简称航运研究中心），位于霍山路150号，是首批上海市级高校智库。共有理事单位215家，其中理事长单位28家、常务理事单位187家。2021年，航运研究中心递交专报共23份，其中6份专报获国家和省部级领导人批示，3份入选《交通运输决策参考》；承担研究课题33项；出版专著《中国港口高质量发展路径研究》《全球供应链视角下的上海国际航运中心创新发展研究》《中国航运景气监测预警系统研究》。围绕市场热点和行业需求组织讲座和论坛14场。与上海市人民政府发展研究中心合作开展"上海市政府决策咨询研究——国际航运中心专项课题"研究，招标"上海国际航运中心数字化转型发展难点问题研究""长三角一体化背景下上海国际航运中心建设研究"等课题2项。近30名上海海事大学研究生进入航运研究中心"研究生实习基地"。发布航运市场（国际集装箱、国际干散、液散、沿海集装箱、沿海干散货）分析报告、港口报告与中国航运景气报告等各类报告92份，为行业发展提供决策参考。中国航运数据库录入数据418万条，注册企业会员数量达5900家。全球航运智库联盟成员数达到19家。年内，航运研究中心决策咨询成果《上海国际航运中心建设评估及新发展阶段的目标、路径及重要举措研究》获第十三届上海市决策咨询研究成果一等奖；航运研究中心青年团队获2016—2020年度上海市虹口区青年突击队称号。

（赵翠云）

【全球航运智库联盟第六届全体会议】

5月17日以线上视频会议方式召开，会议由航运研究中心主办。会议旨在加强联盟成员联系，共同探讨在新型冠状病毒疫情的影响下，全球港口和航运业的发展与展望。韩国海洋水产开发院、世界海事大学（瑞典）、德鲁里（英国）、海运经济与物流研究所（德国）、海事研究中心（意大利）、新加坡国立大学海事研究中心、阿拉伯科技与海运学院（埃及）等成员单位代表参加会议。会上发布全球航运智库联盟白皮书《新型冠状病毒疫情对海运业的影响》。

（赵翠云）

【《国际物流产业数字化发展报告》】

5月25日在"2021新国际物流生态峰会"发布，航运研究中心、中国国际货运代理行业协会、中国交通通信信息中心及"运去哪"平台联合发布，航运研究中心对报告进行解读。会上，航运研究中心、北京国交信通科技发展有限公司、"运去哪"平台三方共同签约，推动数字化、信息化在国际物流领域的应用展开合作。

（赵翠云）

【航运研究中心与中国船东协会签署战略合作备忘录】

6月30日在北外滩航运服务中心签署。中国船东协会秘书长李万锦、航运研究中心秘书长张婕姝教授分别作为单位代表在协议上签字，双方将立足北外滩航运优势，加强合作，更好服务国家战略和行业需求，全力助推航运产业高质量发展。

（赵翠云）

【北外滩国际航运论坛发布研究成果】

11月3—5日，由上海市人民政府与交通运输部共同主办的2021北外滩国际航运论坛在北外滩世界会客厅举行。航运研究中心参与论坛主题起草、会议稿件撰写、视频审核等筹办工作，编写的"全球航运景气指数"和《全球港航信息化发展报告2021》在北外滩国际航运论坛发布，被列入论坛八大研究成果。

（赵翠云）

中远海运集装箱运输有限公司

【概况】

中远海运集装箱运输有限公司（简称中远海运集运）位于东大名路378号，主要经营国际、国内海上集装箱运输服务及相关业务。2021年，公司自营船队包括404艘集装箱船舶，运力219万标准箱。共经营432条航线，其中294条国际航线（含国际支线）、54条中国沿海航线及84条珠江三角洲和长江支线。公司所经营的船舶，在全球约139个国家和地区的548个港口均有挂靠。至年底，累计实现提单箱量1932万标准集装箱，比上年增长2.3%。

（全佳慧）

【"新鉴真"轮迁泊】

2月27日，为配合北外滩国客中心800米滨江岸线贯通工程全面启动，中远海运集运"新鉴真"轮完成了在国际客运中心码头的"最后一泊"，迁至军工路码头靠泊作业。

图Z-6 2月27日，“新鉴真”轮在国客中心码头“最后一泊”（中远海运集装箱运输有限公司 提供）

自1985年起，在中远海运中日班轮停靠虹口区北外滩国客中心码头的36年里，累计停靠3226航次，接待出入境游客达308066人次。

（金佳慧）

【中远海运集运重组5周年纪念】

3月1日，中远海运集运在上海远洋大厦举行升国旗仪式，纪念中远海运集运成立5周年，并通过网络视频向集运系统各单位直播。中远海运集运董事长、总经理杨志坚致辞，党委书记钱卫忠主持仪式。中远、中海集装箱船队原来分别排名世界第七、第八，通过重组整合后排名世界第四，跻身世界第一梯队，实现从跨国经营向跨国公司转变，具备全球航线布局能力。

（金佳慧）

【“钦州港—吉大港”南亚航线首航】

9月11日，在广西南宁举办的2021陆海新通道北部湾国际门户港合作峰会暨中国—东盟港口城市合作网络论坛期间，中远海运北部湾港“钦州港—吉大港”南亚航线成功首航。以钦州为始发地，形成钦州港—海南洋浦—巴生吉大港—新加坡—钦州港闭合航线，实现北部湾港钦州港区南亚航线“零的突破”。中远海运集运“彩云河”轮参加首航仪式。

（金佳慧）

上海国际港务（集团）股份有限公司

【概况】

上海国际港务（集团）股份有限公司（简称上港集团）位于东大名路358号，是上海港公共码头运营商。2006年10月26日在上海证券交易所上市（证券代码：600018，证券简称：上港集团），是全国首家整体上市的港口股份制企业，是中国大陆地区最大港口类上市公司，是全球最大的港口公司之一。上港集团以码头管理和经营为核心主业，拥有完整的港口业务体系，集装箱班轮航线直达全球300多个港口。上港集团的集装箱码头主要分布于洋山、外高桥、吴淞三大港区，其中洋山深水港区有集装箱深水泊位23个，主要承担大型远洋干线船舶的装卸作业；外高桥港区有集装箱泊位19个，主要承担近洋航线和远洋航线船舶的装卸作业；吴淞港区有集装箱泊位7个，为内贸集装箱港区。上港集团的散杂货码头主要分布于宝山、罗泾、龙吴3个港区，吴淞港区是上海港的老港区，是件杂货和内贸集装箱作业港区。2021年，上港集团完成母港货物吞吐量5.39亿吨，比上年的5.1亿吨增长5.7%，其中母港集装箱吞吐量4703.3万标准箱，比上年的4350.3万标准箱增长8.1%；母港散杂货吞吐量0.82亿吨，比上年的0.75亿吨增长8.9%。上海港集装箱吞吐量连续十二年保持世界第一，成为全球唯一持续突破4000万标准箱的港口。

（樊鸿超）

【投资的以色列海法新港开港运营】

9月1日，由上港集团投资历时3年建设并拥有运营权的自动化集装箱港口以色列海法新港正式开港运营。开港仪式上，码头集装箱“第一箱”通过远程自动化操作顺利起吊。海法新港是以色列60年来首个新开港的大型港口，也是中国企业首次向发达国家输出“智慧港口”先进科技和管理经验。集装箱标准化运输装卸体系的建设为以色列及地中海地区提供高效便捷的物流服务，深化“一带一路”高水平合作共建。

（樊鸿超）

【2021北外滩国际海运论坛】

11月4日在上海外滩W酒店举行。交通运输部、上海市人民政府主办，上海市交通委员会、虹口区人民政府、中远海运集团、上港集团承办，是首届北外滩国际航运论坛的平行论坛之一，旨在为海运产业链相关方把脉行业发展趋势，共商海运业发展大计。上海市副市长张为，交通运输部总工程师兼水运局局长李天碧，中远海运集团董事长、党组书记万敏，上港集团党委书记、董事长顾金山致辞。论坛就“推进产业链节点的深度融合”“航运脱碳之路”“探索智慧港口数字化发展方向”等主题发表主旨演讲。会上发布《航运低碳发展展望2021》《全球航运景气指数》《世界一流港口综合评价报告（2021）》。

（樊鸿超）

太平船务（中国）有限公司

【概况】

太平船务（中国）有限公司（简称太平船务）是东南亚地区最大的私人船务公司新加坡太平船务有限公司在中国投资的外商独资企业。1995年在北京注册成立，2012年迁至虹口区公平路18号5号楼太平航运大厦，升级成为跨国公司区域总部。太平船务是一家多元化经营企业，以海运为核心业务，兼营集装箱制造、堆场、货代仓储、物流、船舶管理及租赁等业务。2021年，拥有100多艘集装箱船舶，全球航线业务覆盖各大洲100多个国家500多个地点。在中国，太平船务每周约有25个航班从各大港口出发。太平船务的业务重点是南北航线，例如中国至整个非洲，以及红海、波斯湾，在东南亚的航运市场占据龙头地位，对于东西向的非主干线战略市场，主攻具有长期潜力的南美航线产品。2021年，太平船务升级中巴航线（CPS），推出中国波斯湾直达航线（GCS）和新增中国马六甲海峡航线（CSS）。年内，太平船务在新加坡工商联合总会的带领下第四次参加中国“进博会”。

（薛　菁）

【升级中巴航线（CPS）】

3月22日，太平船务将旗下船舶（Kota Lumba）部署到中国至印度巴基斯坦航线（CPS）上，该航线挂靠卡拉奇、纳瓦舍瓦、蒙德拉和科伦坡。通过这一船舶部署，公司将由舱位购买方提升为船队运营合伙人，进一步展现在上海、宁波和蛇口直达巴基斯坦、印度西海岸和斯里兰卡服务中的市场形象。中巴航线（CPS）路径为：上海—宁波—蛇口—新加坡—巴生北港—那瓦舍瓦—卡拉奇—蒙德拉—科伦坡—巴生北港—香港—上海。

（薛　菁）

【参加第四届“进博会”】

11月5—10日，太平船务在新加坡工商联合总会的带领下第四次参加“进博会”。通过云展厅、云直播间，为没有前来现场的客户带去产品服务信息。公司参会团队多维度向客户展示最新的明星航线、集团数字化升级和集运物流解决方案，主线上投入多个航班和加大空箱供应量来缓解市场运力的紧张。参加“进博会”将帮助中国市场增加进口总量，推动进口与出口之间的平衡，提升航运公司的整体效益。

（薛　菁）

【推出中国波斯湾直达航线（GCS）】

11月23日，太平船务推出全新、周班、中国波斯湾直达航线（GCS），该航线连接华中和华南港口至中东的波斯湾港口，完善了现有中东航线服务网络，成为现有中国和东南亚港口至中东波斯湾航线（CSG）的有效补充。新的中国波斯湾直达航线（GCS）由3家航运企业投入平均舱位为3000标准集装箱的集装箱船联合运营，另外两家分别是宏海箱运（RCL）和中联航运（CUL）。中国波斯湾直达航线（GCS）路径为：宁波—南沙—蛇口—杰贝阿里—达曼—宁波。

（薛　菁）

【新增中国马六甲海峡直达航线（CSS）】

12月18日，太平船务推出一条全新、周班、中国马六甲海峡直达航线（CSS），该航线将连接中国的主要港口，至新加坡和马来西亚西部港口。全新的海峡航线（CSS），将由3家航运企业投入4艘平均舱位为2800标准集装箱的集装箱船联合运营，另外两家分别是以星航运（GSL）和东方海外（OOCL）。中国马六甲海峡航线（CCS）路径为：青岛—上海—厦门—南沙—新加坡—巴生港—槟城—巴生港—巴西古当—南沙—青岛。

（薛　菁）

（编辑　吴　斌）

图Z-7　俯瞰虹口滨江置阳段游艇港池（天际线摄影团队　拍摄）

虹口概貌

地理位置

虹口区位于上海市中心城区东北部，北纬31°14′38″—31°19′50″，东经121°27′18″—121°30′46″。东临秦皇岛路、杨树浦路、大连路、大连西路、密云路、原走马塘河道、邯郸路、逸仙路，与杨浦区接壤；西靠河南北路、武进路、罗浮路、轨道交通3号线、宝源路、东宝兴路、西宝兴路、北宝兴路、粤秀路、俞泾浦、西泗塘、场中路、江杨南路，与静安区毗连；南濒黄浦江、苏州河，与浦东新区隔江相望，和黄浦区隔河相邻；北至安汾路、逸仙路，与宝山区相接。境内交通便捷，除公交线路外，有内环、中环、逸仙路高架路，3号线、4号线、8号线、10号线和12号线轨道交通线路，其秦线、泰公线轮渡线路，以及大连路隧道、新建路隧道、外滩隧道。上海港国际客运中心位于北外滩地区，是国际邮轮停靠母港之一。2021年，区境面积23.48平方千米。

（虹　编）

历史沿革

上海开埠（1843年）前，境内以虬（旧）江为界，东南属上海县，西北属宝山县。清道光二十五年（1845年），美国传教士在境南租地造屋。清同治二年（1863年）五月划定美租界地域。清光绪二十五年（1899年）三月改称“上海国际公共租界”。民国34年（1945年）8月抗日战争胜利，上海市政府建区，境内主要地域划为第十六区、十七区、十八区。民国36年（1947年），上述三区分别改称“虹口区”“北四川路区”“提篮桥区”。1949年5月27日上海解放后，市军事管制委员会派员接管3个区公所。1956年3月，北四川路区与虹口区合并为虹口区。1958年，榆林区的大连路和大连西路以南、面积1.22平方千米地域划归提篮桥区。1959年12月，提篮桥区与虹口区合并为虹口区。1962年12月，虹口区境罗浮路以西0.06平方千米地域划归闸北区（今静安区）。1979年，原宝山县与杨浦区的0.87平方千米地域划归虹口区。1984年9月，宝山县江湾镇和大八寺（今大柏树）地区9.38平方千米地域划归虹口区。1992年划定区界时，密云路北端路东划归杨浦区，路西划归虹口区。2000年12月，虹口区与闸北区沿东宝兴路至宝通路段边界线微调，以东宝兴路中心线与轨道交通3号线中心线相交为起点，沿轨道交通3号线中心线向南偏西南与宝通路中心线相交，沿宝通路中心线向南偏东南与虬江路中心线向东偏东南与粪家宅路中心线相交为止，属闸北区管辖区域面积4694平方米划归虹口区，属虹口区管辖区域面积919平方米划归闸北区。区境成形至今。

（虹　编）

行政区划

至2021年底，全区辖有嘉兴路街道、四川北路街道、欧阳路街道、广中路街道、北外滩街道、曲阳路街道、凉城新村街道、江湾镇街道8个办事处。有居民委员会202个。区政府办公地设在飞虹路518号。

（虹　编）

人口状况

2021年，虹口区有246754户，有户籍人口663419人（比上年减少30903人），其中男性322484人、女性340935人，18岁以下人口66941人，占人口总数的10.1%；60岁以上人口286628人，占人口总数的43.2%；户籍人口出生率3.52‰，死亡率10.92‰，自然增长率−7.40‰。有实有人口769413人，其中外来人口195878人。

（虹　编）

政治建设

2021年，虹口区委在以习近平总书记为核心的党中央和中共上海市委的坚强领导下，坚持以习近平新时代中国特色社会主义思想为指导，深入贯彻党的十九大和十九届二中、三中、四中、五中、六中全会精神，立足新发展阶段，贯彻新发展理念，服务新发展格局，全面推进党的政治建设、思想建设、组织建设、作风建设、纪律建设，为虹口在全力打造“上海北外滩、浦江金三角”的实践中展现新气象、实现新作为提供坚强政治保证，确保各项事业取得新进步，实现“十四五”发展良好开局。

推动习近平总书记重要讲话精神落地落实。始终把党的政治建设摆在首位，把拥护“两个确立”、做到“两个维护”，作为最坚定的政治立场、最牢固的政治信念、最重要的实践要求，提高政治判断力、政治领悟力、政治执行力。严格落实“第一议题”制度，召开区委常委会扩大会议、区党政负责干部大会、区委中心组学习会等，第一时间传达学习党的十九届六中全会精神和习近平总书记重要讲话精神，全面动员部署，掀起学习宣传贯彻热潮。坚持把习近平总书记考察上海和视察虹口重要讲话精神作为一脉相承、一以贯之的有机整体，对标习近平总书记对上海的定位和对虹口的要求，推动全区上下持续学习贯彻，制定行动计划、明确责任分工，切实将习近平总书记的殷殷嘱托转化为推动虹口改革发展的生动实践。贯彻落实市委关于厚植上海城市精神品格、提升城市软实力的部署，制定《中共虹口区委关于贯彻落实十一届市委十一次全会精神全面提升城区软实力的实施意见》，推进“五个一批”（整合提升一批“共享会客厅”，用心打磨一批精品力作，精心组织一批品牌活动，培育打造一批展示平台，探索形成一批经验机制）软实力品牌工程，推动形成软实力与硬实力互动并进、相得益彰的生动局面。

推进高素质专业化干部队伍和人才队伍建设。落实新时代好干部标准，加强全区各级领导班子、干部人才队伍建设，提升干部专业化水平。打造干部教育培训全链条，举办处级干部培训班、青干班、虹鹰班、“百人工程”储备人才培训班、高质量发展高品质生活高效能治理专题培训班等重点班次。重视年轻干部培养使用，建立优秀年轻干部动态调整机制，注重年轻干部的思想淬炼、政治历练、实践锻炼、专业训练。选派机关事业优秀干部到北外滩开发办、“旧改”指挥部、区委巡察组、脱贫攻坚一线等挂职锻炼，推动干部在急难险重任务中磨砺成长。优化干部队伍结构，合理配备女干部、少数民族干部和党外干部，统筹使用好各年龄段干部。出台促进海内外优秀人才集聚的意见，在全市创新推出“先安居后乐业”的海归人才驿站政策，营造更具国际竞争力的人才发展环境，吸引留学归国人员汇聚虹口、扎根上海。

图H-1 黄昏时分的“上海北外滩、浦江金三角”（天际线摄影团队 拍摄）

夯实党的基层基础。实施新时代基层党建高质量发展三年行动计划，推动基层党建工作体系更成熟、特色更鲜明。贯彻市委要求，推动党群服务阵地体系功能实现密、实、融。依托区市民驿站嘉兴路街道第一分站等载体资源，联动建成新时代上海党群服务阵地创新实践基地。探索以“善治理”为特征的楼宇党建新模式，构建“楼委会”等新型治理平台。做实机关党组织与居民区党组织“双结对”，持续开展青年“进物业、进业委会、进小区”，推动资源力量向基层倾斜，充分为居民区党组织赋权增能。加强队伍建设，积极稳妥做好居民区“两委”（居民区党组织和居民委员会）换届选举工作，实现年龄、学历“一降一升”。为新一届居民区党组织书记上履职第一课，全覆盖举办基层党组织书记培训班，创新开展党小组长示范培训班，建立市民驿站“周周学”小班化培训机制，提升基层党建工作者政治能力和群众工作水平。

全面落实从严治党主体责任。压紧压实管党治党责任，结合市委巡视反馈问题整改，制定《虹口区全面从严治党“四责协同”机制建设领导小组工作规则》《虹口区四套班子领导干部落实全面从严治党“四责协同”机制工作制度》，切实推动“四责协同”机制向基层延伸。加强监督体系建设，有效统筹纪律监督、监察监督、派驻监督、巡察监督，深入推进日常监督事项和重点监督事项，完成十届区委巡察全覆盖任务。严格落实中央八项规定精神，坚决查处“四风”问题，加大典型案例通报曝光力度，党风政风和社会风气持续向好。

（区委办公室）

经济建设

2021年，虹口区经济运行呈现稳中加固、稳中向好、好于预期的良好态势。一般公共预算收入完成155.23亿元，比上年增长30%，增速位居中心城区第一；固定资产投资总额达到259.11亿元，比上年增长9.2%；社会消费品零售总额实现437.79亿元，比上年增长9.8%；实到外商投资金额13.05亿美元，比上年增长0.2%。“2+4”（“2”指金融、航运，“4”指现代商贸、文化创意、专业服务、信息服务）产业区级税收实现81.17亿元，比上年增长54.1%，占全区区级税收的比重达到57.5%。金融服务业区级税收比上年增长49.4%，全区集聚金融企业和机构1900余家；航运服务业区级税收比上年增长174.6%；现代商贸业区级税收比上年增长25.9%；文化创意产业、专业服务业和信息服务业等重点产业区级税收分别比上年增长18.8%、14.1%和23.4%。

推进招商引资和服务企业工作。制定出台《虹口区加强改革系统集

图H-2 虹口滨江国航中心段建筑群（北外滩开发办 提供）

成持续深化国际一流营商环境建设实施方案》《虹口区留学归国人员过渡期内租住人才驿站的专项支持政策》。持续深化重点商务楼宇“楼长责任制”，产业园区“园长责任制”，楼宇经济区级税收55.79亿元、园区经济区级税收15.83亿元，亿元楼、亿元园区分别达到33栋、9个，“月亿楼”实现零突破。深入推进全区各级领导干部常态化走访调研工作，打响“漫步滨江 企航北外滩”企业服务特色品牌，累计走访调研各类企业7660家，收集各类问题诉求480个，已处置答复452个，处置答复率94.2%。

聚焦北外滩开发建设，世界级会客厅建设初显形象。完成北外滩地区成片二级旧里以下房屋改造、北外滩贯通和综合改造提升项目、虹口港东岸贯通提升工程建设，北外滩地区高标准全要素市政市容提升工程。国客中心码头800米岸线向市民开放，打造世界级滨水公共空间。做大做强北外滩企业服务中心和北外滩国际人才领航站，引领带动全区新增高能级企业总部20家、研发中心和创新性平台8家，促进全球高端要素资源在北外滩高度集聚、高效配置和高速增值，提升北外滩财富管理高地、航运服务总部基地、5G全球创新港的集聚度和显示度，加快建设辐射全球的中央活动区核心区。

稳增长提质效，推动高质量发展。着力提升产业发展能级，坚持把牢动能转换和功能提升的战略主动，推动以金融、航运为主导的现代产业体系向价值链高端跃升。吸引一批优质资产管理运营机构、国内外大型金融总部等金融企业和功能性机构，推动金融与科技深度融合。紧紧围绕上海国际航运中心高端航运服务功能核心承载区的发展目标，举办高水平北外滩国际航运论坛，加快集聚航运金融、航运保险、海事法律等高端业态。促进跨界交流和产业融合，加快现代商贸业、数字产业、专业服务业和文化创意产业提质增效，培育发展特色产业，新引进商船三井（中国）有限公司、北英海事咨询（上海）有限公司、巍威信息咨询（上海）有限公司等航运重点企业和高端航运服务企业；新成立上海金司南金融研究院、上海长三角科创投资促进会等功能性机构；建成数字北外滩展示馆、北外滩来福士、瑞虹天地太阳宫等项目。

（区政府办公室）

文化建设

2021年，虹口区聚焦文化强区建设，全面展现社会建设新气象，成功创建成为全国文明城区提名城区。

成功举办世界城市文化论坛、鲁迅文学周等活动，持续打响鲁迅文学周品牌，推进上海文学馆等项目建设。虹口区成功入选第二批国家文化和旅游消费试点城市。中共四大纪念馆完成展陈提升并开放，获评国家5A级景区。建成全市首个国旗教育展示厅。李白烈士故居全面升级并重新开馆。

开展全民健身活动，首届上海市社区健康运动会在区开幕。区运动健儿在东京奥运会上荣获两枚银牌，在第十四届上海市全运会上获7枚金牌。新建改建4条市民健身步道、20处市民益智健身苑点、4片市民多功能运动场。首届上海赛艇公开赛在苏州河河滨之源开赛。

（区政府办公室）

社会建设

2021年，虹口区坚持抓好常态化疫情防控，高质量推进民心工程建设，人民生活品质持续改善。

疫情防控工作有力有效。紧盯入城口、落脚点、流动中、就业岗、学校门、监测哨等关键点关节点，落实全流程闭环管理，开展疫情风险隐患排查整治。持续筑牢“外防输入、内防反弹”防线，组织区内机关干部、医护人员和公安干警到机场点对点接送境外返沪人员。坚决筑牢免疫屏障，如期完成疫苗接种各阶段性任务，累计接种疫苗153.2万剂次，3岁以上人群全程接种人数达68.8万人，16.4万人接种加强针。

推进民生工程建设，全面实施旧区改造、早餐工程、加装电梯、停车难治理等11项实事项目。实现余杭路、东余杭路二期、昆明路以南等10个“旧改”项目、32个街坊成功征收，完成征收签约超过1.5万户、涉及面积43.8万平方米。修缮改造各类旧住房227万平方米，改善居民居住条件。

深化长者友好城区建设，完成居家环境适老化改造1000户，在全市率先完成社区养老顾问点全覆盖。新增社区老年人日间照护中心2家、养老床位100张等为老服务设施。推进认知症友好社区创建，打响“养老管家”（在为老年人提供养老政策咨询的基础上，提供一对一的生活咨询以及送餐上门、助医等为老服务，解决养老服务供需对接“最后一公里”问题，提升社区养老服务精准化水平）“时间银行”（鼓励和支持低龄老年人、年轻志愿者为高龄老年人提供非专业性的养老服务，服务提供者的服务时间按一定规则记录和储入“时间银行”个人账户，未来可兑换相同时长服务）等虹口特色养老品牌。

推进托幼一体化，提高学前教育普惠率，新增托育点7个，实现普惠性托育点街道全覆盖，区学前教育普惠率达87.34%。推进紧密型学区集团建设，持续推进公办初中“强校工程”和“高中教育质量提升”项目。建成全市第一所新型五年制公办高职学院上海南湖职业技术学院，并开展招生工作。全面强化新时代教师队伍建设，打造“一名师一培训基地”，优化师资队伍结构和教育人才梯队。

加强社会治理创新。深化35个市民驿站标准化建设，建成8个示范性和12个标志性市民驿站，打造“百事通”驿站前台接待服务窗口，试点物管中心分中心纳入市民驿站延伸点，实现市民驿站建设服务更温馨、功能更完备。全面深化“全岗通”3.0版细化完善社区治理流程，构建基层共建共治共享格局。完成195个居委会“两委”换届。实现“整小区”“全居委”模式加装电梯124台，完成加装吴淞路海宁路人行天桥等4部无障碍电梯。

（区政府办公室）

生态文明建设

2021年，虹口区深入践行“人民城市人民建，人民城市为人民”的重要理念，提高生态文明建设水平。

改善生态环境质量。$PM_{2.5}$月均浓度为27微克/立方米，比上年下降12.9%；环境空气质量优良率为90.9%，比上年上升0.7%；3个市考断面达到Ⅲ类水标准；启动实施第八轮环保三年行动计划，打好污染防治攻坚战。

推进和平公园改建项目，成功创建2条市级林荫道。巩固生活垃圾分类实效，推进湿垃圾、可回收物、干垃圾“两增一减”，生活垃圾回收利用率达到43%。推进“美丽街区”建设，完成北外滩精细化高标准示范区、北外滩区域历史文化风貌区周边“美丽街区”等项目，实现滨江景观提升改造项目竣工。推进架空线入地和合杆整治工程，共完成9.73千米架空线入地。

（区政府办公室）

（编辑　李建智）

图H-3　苏州河与黄浦江交汇处的世界会客厅（天际线摄影团队　拍摄）

永远跟党走
永远跟党走

一、中国共产党上海市虹口区委员会

综　述

2021年，虹口区委坚持以习近平新时代中国特色社会主义思想为指导，贯彻党的十九大和十九届二中、三中、四中、五中、六中全会精神，落实习近平总书记在庆祝中国共产党成立100周年大会上的重要讲话精神，立足新发展阶段，贯彻新发展理念，服务新发展格局，坚持稳中求进工作总基调，高质量发展迈出坚实步伐，改革开放活力竞相迸发，全力推进北外滩开发建设。赓续虹口“文化三地”（海派文化发祥地、先进文化策源地、文化名人聚集地）基因，自觉弘扬城市精神品格，提升城区软实力。开展党史学习教育，统筹疫情防控和经济社会发展，做好换届工作，城区环境面貌显著提升，人民生活品质持续改善，民主法治建设不断深化，党的建设更加坚强有力，完成全年目标任务，实现区“十四五”良好开局，掀开新时代虹口改革发展的崭新一页。

（沈　铖）

重要会议

【概况】

2021年，召开十届区委第十三、十四、十五次会议，中国共产党上海市虹口区第十一次代表大会、十一届区委第一次会议；召开居民区“两委”（居民区党组织和居民委员会）换届工作动员部署会、党史学习教育动员会、政法队伍教育整顿动员部署会等重要会议20余次。

（沈　铖）

【居民区“两委”换届工作动员部署会】

1月12日在区机关大楼举行。区委书记、区换届工作领导小组组长吴信宝出席会议并讲话。区委副书记、区换届工作领导小组常务副组长洪流主持会议并传达市2021年居（村）“两委”换届工作动员部署会精神。区委常委、区委组织部部长、区换届工作领导小组副组长杨春花部署区居民区“两委”换届工作。副区长、区换届工作领导小组副组长李铭对区居委会换届工作作说明。区换届工作领导小组成员单位主要负责人、各街道主要负责人等在主会场参加会议。各街道相关负责人，居民区党组织书记、居委会主任在街道分会场以视频会议形式参加。

（沈　铖）

【区创建全国文明城区动员大会】

3月11日在区机关大楼举行。市委宣传部副部长、市文明办主任潘敏，区委书记、区创建全国文明城区领导小组组长郭芳出席会议并讲话。区委副书记、区创建全国文明城区领导小组常务副组长洪流主持会议并部署2021—2023年度虹口区创建全国文明城区工作。与会者观看2018—2020年度全国文明城区提名城区创建工作回顾专题片。区委、区人大常委会、区政府、区政协领导，区法院院长，区二级巡视员，区机关各部门、各街道和区直属企事业单位党政主要负责人出席会议。

（沈　铖）

【区庆祝中国共产党成立100周年主题党课暨全域“大思政课”启动仪式】

6月29日在区机关大楼举行。区领导郭芳、胡广杰、吴延风、石宝珍、洪流等出席活动。区委书记郭芳致辞。活动以情景剧《力量之源》开场，在“奋斗百年路”篇章，虹口记忆传讲工作室首席传讲人张家禾、曲阳路街道市民宣讲团成员庞红、嘉兴路街道瑞一居民区党总支书记华磊分别带来“虹口的红色记忆”“高兴”“总书记的话记心间”主题党课。在“启航新征程”篇章，区域化党建联席会议成员单位上海建工集团总承包部党委副书记、工会主席吴韫，区消防救援支队副支队长闫霁分别带来“匠心智造北外滩、建筑成就美好生活”“为城市平安值守”主题党课，来自全

图1-1 11月8—10日，区第十一次党代会在区工人文化宫举行（区融媒体中心 提供）

区各行业的党员代表讲述《我们的初心故事》，10位区红色传讲人代表共同启动全域“大思政课”，“潮涌百年 红色印记——虹口区红色专线巴士”发车。区离退休老同志代表，区机关各部门、各街道和区直属企事业单位党组织书记，各民主党派区委主要负责人和无党派人士代表，区域化党建联席会议成员单位代表，以及全国、市、区“两优一先”拟表彰对象代表，基层党组织书记、党员代表等约130人参加活动。

（关晓芸 沈 钺）

图1-2 6月29日，区庆祝中国共产党成立100周年主题党课暨全域“大思政课”启动仪式在区机关大楼举行（区融媒体中心 杨伯荣 拍摄）

【中国共产党上海市虹口区第十一次代表大会】

11月8—10日在区工人文化宫举行。郭芳代表十届区委向大会作主题为《打造“上海北外滩、浦江金三角”谱写虹口高质量发展高品质生活高效能治理新篇章》的报告。大会通过《关于中国共产党上海市虹口区第十届委员会报告的决议》《关于中国共产党上海市虹口区第十届纪律检查委员会工作报告的决议》。大会号召，全区各级党组织和全体共产党员要更加紧密地团结在以习近平同志为核心的党中央周围，在市委的坚强领导下，立足实际、奋发有为，齐心协力、狠抓落实，为打造“上海北外滩、浦江金三角”，实现虹口高质量发展高品质生活高效能治理作出更大贡献。大会选举产生39名中共上海市虹口区第十一届委员会委员、7名候补委员；选举产生31名中共上海市虹口区第十一届纪律检查委员会委员。

（沈 钺）

【区国资国企工作会议】

11月16日在区机关大楼举行。区委书记郭芳、市国资委党委副书记董勤出席会议并讲话，区委副书记、区长胡广杰主持会议。郭芳强调，要深入贯彻落实习近平总书记关于国资国企改革发展和党的建设的重要讲话精神，全面贯彻落实市国资国企工作会议精神，开拓创新、锐意进取，在新征程上展现新气象、创造新业绩，全力打造“上海北外滩、浦江金三角”，为上海加快建设具有世界影响力的社会主义现代化国际大都市贡献虹口力量。胡广杰传达市国资国企工作会议精神。区

表1-1 2021年虹口区委重要会议

序号	日 期	名 称	内 容
1	1月7日	区委季度工作会议暨区委常委会第172次会议（扩大）	传达市委季度工作会议及市委民心工程现场推进会精神；部署有关工作
2	1月12日	区居民区“两委”换届工作动员部署会	传达市居（村）“两委”换届工作动员部署会会议精神；部署区居民区“两委”换届工作；对区居委会换届工作作简要说明
3	3月2日	区政法工作会议暨市域社会治理现代化试点工作推进会	传达习近平总书记对政法工作重要指示精神和中央、市政法工作会议精神；通报区政法工作报告并部署市域社会治理现代化试点工作；交流发言
4	3月3日	区党史学习教育动员会及区委常委会2020年度民主生活会情况通报会	传达习近平总书记在党史学习教育动员大会上的重要讲话精神和市党史学习教育动员大会精神；通报全区上年开展“四史”学习教育情况，部署2021年区党史学习教育有关工作；通报区委常委会2020年度民主生活会情况
5	3月5日	区政法队伍教育整顿动员部署会	市教育整顿第一驻点指导组组长董卫民、区委书记郭芳出席会议并讲话；观看警示教育片
6	3月8日	2021年区优化营商环境大会暨重点企业和重点楼宇（园区）表彰会	观看北外滩宣传视频；通报区深化“放管服”改革优化营商环境工作有关情况；宣读2020年度重点企业和重点楼宇（园区）名单；为重点企业和重点楼宇（园区）颁发奖牌；交流发言
7	3月11日	区创建全国文明城区动员大会	观看2018—2020年度全国文明城区提名城区创建工作回顾专题片；部署2021—2023年区创建全国文明城区工作
8	3月11日	区党建工作会议	总结2020年区委组织、宣传、统战工作，部署2021年工作任务；签订《2021年度虹口区党风廉政建设主体责任书》《2021年度虹口区党建工作责任书》《2021年度虹口区意识形态工作责任书》
9	3月18日	区政法队伍教育整顿第一次专题党课	区委书记郭芳为全区政法干警上专题党课
10	3月18日	区武装工作会议	传达上海警备区党委十三届六次全体（扩大）会议精神；宣读表彰奖励通报；部门代表作工作述职；总结部署区武装工作
11	4月9日	区委季度工作会议	传达市委季度工作会议精神；传达市警示教育大会精神；部门代表作交流发言；部署有关工作
12	4月27日	区精神文明建设委员会全体扩大会议暨精神文明建设工作会议	收看市精神文明建设委员会会议；通报区精神文明建设委员会工作报告
13	6月10日	区庆祝中国共产党成立100周年安保信访维稳工作部署会议	传达市庆祝中国共产党成立100周年安保信访维稳工作部署会议精神；部署信访稳定、城市安全管理、社会面管控等相关工作
14	6月29日	区庆祝中国共产党成立100周年主题党课暨全域“大思政课”启动仪式	线上10余万名党员干部群众听党课、学党史，共同回顾中国共产党成立100周年来波澜壮阔的光辉历程；区域化党建联席会议成员单位以“匠心智造北外滩、建筑成就美好生活”“为城市平安值守”为主题上党课；10位区红色传讲人代表共同启动全域“大思政课”
15	7月6日	十届区委十三次全会	审议并通过《中共虹口区委关于赓续“文化三地”基因全面提升高品质城区软实力的指导意见》
16	7月30日	区人大代表换届选举工作动员大会	宣读区选举委员会组成人员名单；区委书记郭芳作动员讲话
17	8月18日	十届区委十四次全会	审议并通过《中共上海市虹口区第十届委员会第十四次全体会议关于召开中共上海市虹口区第十一次代表大会的决议》
18	8月20日	区学党史纠“四风”树新风警示教育大会	观看警示教育片；传达全市纠“四风”树新风警示教育大会精神，并通报区贯彻落实情况

（续表）

表1-1　2021年虹口区委重要会议

序号	日　期	名　称	内　容
19	10月26日	区党政负责干部会议及“进博会”保障、疫情防控、社会面稳控工作会议	通报第四届“进博会”服务保障相关情况并部署下阶段工作；通报区疫情防控相关情况并部署下阶段工作；通报区社会面稳定相关情况并部署下阶段工作
20	10月28日	十届区委十五次全会	审议并通过《中国共产党上海市虹口区第十届委员会报告（讨论稿）》；讨论《中国共产党上海市虹口区第十届纪律检查委员会工作报告（送审稿）》；通过《中共上海市虹口区第十届委员会第十五次全体会议关于召开中共上海市虹口区第十一次代表大会的决议》
21	11月8—10日	中国共产党上海市虹口区第十一次代表大会	通过《关于中国共产党上海市虹口区第十届委员会报告的决议》，通过《关于中国共产党上海市虹口区第十届纪律检查委员会工作报告的决议》；选举39名区第十一届委员会委员、7名候补委员；选举31名区第十一届纪律检查委员会委员。大会主席团一致推举郭芳为十一届区委一次全会总召集人，姜勇为十一届区纪委一次全会总召集人
22	11月10日	十一届区委一次全会	选举郭芳为区委书记，胡广杰、杜松全为区委副书记；郭芳、胡广杰、杜松全、蒋仁辉、吴强、苗光辉、姜勇、周嵘、郑宏、关也彤、宣一洲当选为区委常委；批准第十一届区纪律检查委员会第一次全体会议选举结果
23	11月16日	区国资国企工作会议	传达市国资国企工作会议精神；总结并部署区国资国企相关工作；交流发言
24	12月6—7日	区委学习讨论会暨学习贯彻党的十九届六中全会精神专题研讨班	区领导、各部门围绕打造“五个城区”目标，实现高效能治理、创造高品质生活、推动高质量发展等方面交流研讨
25	12月17日	区人才工作会议	通报区调整人才工作领导小组及其办公室组成人员的情况；视频发布《虹口区促进海内外优秀人才集聚的意见》；部门代表交流发言；高层次人才代表、重点用人单位代表发言
26	12月28日	2021年度党（工）委（党组）书记抓基层党建工作述职评议会	区国资委党委、区“旧改”指挥部党委、区住房保障房屋管理局党组，各街道党工委书记进行现场述职，区委书记郭芳逐一点评；其他党委、党工委、党组书记作书面述职

说明：资料由区委办公室提供。

委常委、副区长周嵘总结部署相关工作。北外滩集团、长远集团、虹房集团、城发公司作交流发言。区领导李佳玉、谢榕榕、陈筱洁、陈帅、郑蔚芸、高庆迁出席。

（沈　铖）

组织工作

【概况】

2021年，全区发展党员374人，至年底有党员67617人；基层党组织3010个，其中党委65个、党总支280个、党支部2665个。现职机关处级领导干部318人、企事业单位处级领导干部138人，其中党外干部16人。年内，区组织工作落实“选干部配班子、建队伍聚人才、抓基层打基础”各项任务。（1）学习教育。围绕庆祝建党百年，指导基层党支部集中开展“学习《习近平在上海》”“学习贯彻党的十九届六中全会精神”等主题党日活动。通过理论教学、交流分享、现场教学等形式开展基层党员培训，完成70%以上党员轮训。聚焦高质量发展专题研讨班，与上海大学联合举办高效能治理专题培训班，覆盖全区各部门、街道主要负责干部。近2500名干部参加“上海干部在线学习城”线上学习培训。开展新时代基层干部主题教育培训工作，全区6000余名基层干部完成培训任务，完成率达92%。（2）干部队伍建设。调整任免处级干部115人次，其中提任区管干部59人、正处职干部18名、副处职干部41名，交流56人。开展6名区二级巡视员的职级晋升工作，完成17名一级、二级调研员，14名三级、四级调研员的职级晋升工作。选派30余名干部先后参与旧区改造、北外滩开发建设、区委巡察、党史学习教育等区重点工作。向青海省果洛藏族自治州、云南省文山壮族苗族自治州、上海驻外省市办事处、上海青浦等地选派干部23人，借调18人赴区法院开展工作，推出“四县调研”（虹口区对口帮扶的云南省文山壮族苗族自治州富宁、西畴、马关、丘北四县）“援滇路上”等援派干部系列报道20余篇，安排青海、云南以及南通、晋江等28名外省市干部来区挂职。举办区青年干部人才培训班、新任科长培训班、第21期青干班、第2期“虹鹰计划”培训班、新录用公务员岗前培训班、“百人工程”储备人才及居民区储备人才培训班。年内，全区新录用人员102名，其中，公务员招录66人（含行政执法类10人、定向村居干部2人），参公人员24人，选调生12名。（3）基层党建工作。制定《虹口区委党的建设工作领导小组2021年工作要点》，开展2021年度落实全面从严治党主体责任专项调研，推动全面从严治党向纵深发展。推进党史学习教育“我为群众办实事”实践活动，在全区所有居民区责任区网格全覆盖开展“一个网格一件实事”，聚焦群众“急难愁盼”，帮助近万名群众实现“微心愿”。组织开展青年“进物业、进业委会、进小区”三进工作，全区1700余名机关、事业单位青年党员、干部下沉201个居民区，参与文明创建、“美丽家园”改造、加装电梯、常态化疫情防控等工作，以青年“三进”深化党建引领物业治理创新。围绕庆祝建党百年，开展百堂示范党课、百个精品支部故事、百篇基层党建创新案例、百名离休干部讲故事、“我在‘两新’当书记”等“澎湃100”系列活动。召开区域化党建工作联席会议，推出“打造最倾情的北外滩人民岸线”区域化党建十大项目。依托市民驿站，以“密”“实”“融”为导向，联动建成新时代上海党群服务阵地创新实践基地，打造“江景会客厅”“‘旧改’会客厅”“北外滩建设者之家”等一大批党员群众身边的特色党群服务站。做好居民区“两委”换届工作，换届后，全区201个居民区“两委”班子成员平均年龄50.53岁，比上届下降1.36岁，大专及以上学历占比70.13%，提高9.88%，实现年龄、学历“一降一升”。全覆盖举行居民区“两委”班子培训班、居民区党小组长示范培训班，开展市民驿站“周周学”小班化培训、“书记”要对“书记”（部门党组织书记和居民区党组织书记）说等活动，提升基层党建工作者的政治能力和群众工作水平。举办“奋进新时代　永远跟党走”——区“两新”组织党组织庆祝中国共产党成立100周年主题活动；开展“我在‘两新’当书记”笔谈征集活动并遴选编辑成册；举办“两新”组织党史学习教育座谈交流会、学习贯彻党的十九届六中全会暨区第十一次党代会精神座谈会等。制订《虹口区深化新时代楼宇党建的指导意见》，推广以“善治理”为典型特征的楼宇党建模式，在盛邦国际大厦、金融街（海伦）中心、上海白玉兰广场等商务楼宇成立“楼委会”。建立区互联网企业党建联盟，扩大党组织在互联网等新兴领域的影响力和号召力。加强党建工作队伍建设，举办区“两新”组织党组织书记暨党建指导员示范培训班，开展“两新”组织党组织书记“半月谈”9场。领导干部“面对面”联系服务群众、“两代表一委员”（党代表、人大代表、政协委员）集中联系社区工作，累计走访联系1571人次，发现并处置问题966件。组织区第十一次党代表大会代表选举工作，选举产生356名党代表出席区第十一次党代表大会。（4）人才工作。发布《虹口区人才发展“十四五”规划》，制定《虹口区促进海内外优秀人才集聚的意见》。召开区人才工作领导小组会议，下发区人才工作要点，形成重点人才工作项目29项。推进人才工作目标责任制考核，实施新一轮“百人工程”储备人才招录，同步完善培养、交流、考核机制。出台区海归人才驿站支持政策，130余名留学回国人员签约入驻。来自复旦大学、同济大学等高校9名教师到区机关部门挂职锻炼。实施2021年“虹鹄计划”优秀大学生暑期社会实践活动，来自复旦大学、上海交通大学、同济大学等高校的36名优秀大学生赴区有关单位锻炼。制定《虹口区人才安居工程实施办法（试行）》，认定630套市场化租赁住房为区级人才公寓。打造人才服务“一口受理”综合窗口，提升工作效能。（5）机构编制工作。坚持优化协同高效，完善部门机构设置。调整区委网络安全和信息化委员会办公室为区委工作部门，与区委宣传部合署办公。区委机要局加挂区密码管理局牌子。为持续提升“一江一河一港”沿岸公共空间品质和功能，组建上海市虹口区北外滩开发建设管理办公室，作为独立的区政府工作部门。区政府办公室加挂区政务服务办牌子、区司法局加挂区行政复议局牌子、区文化旅游局加挂区文物局牌子。统筹街道各类服务资源，在“6+2”（“6”即党政办公室、社区党建办公室、社区管理办公室、社区服务办公室、社区平安办公室、社区自治办公室，“2”是根据实际，区设置社区发展办公室、人力资源办公室）模式的基础上，优化街道党政内设机构设置，在党政办公室加挂财务管理办公室牌子，在社区平安办公室（信访办公室）加挂应急管理办公室牌子，将社区发展办公室更名为营商环境办公室，加挂社区发展办公室牌子。优化整合街道事业单位，设置4个事业单位：街道社区党群服务中心、街道社区事务受理服务中心（街道社会救助事务管理所、街道劳动保障事务所、街道退役军人服务站）、街道城市运行管理中心（街道城市网格化综合管理中心）、街道城市建设管理事务中心。强化公益属性，提升事业单位履职能力，完成全区47家主管部门下属246家事业单位的事业编制统筹配置工作，涉及调整189家事业单位核定事业编制、优化46家事业单位机构设置以及撤销“小散弱”事业单位6家，统筹事业编制3006名。规范区城市管理、规划资源、人力资源社会保障、卫生健康等领域行政执法机构设置，组建区应急管理局执法大队，提升综合执法水平。年内，嘉兴路街道虹叶居民区党总支书记王静华荣获全国优秀党务工作者，全区5名党员、9名党务工作者、7个基层党组织获评上海市“两优一先”（优秀党员、优秀党务工作者、先进基层党组织）。

（沈晶晶）

【高效能治理专题培训班】

6月24日至7月22日在上海大学举办。学习贯彻习近平总书记提出的“高效能治理”新理念，区委组织部利用“1+1+X”（区委组织部+党校/培训机构+部门/街道）干部教育培训体系，与上海大学合作举办虹口区高效能治理专题培训班，开设“城市营造与城市治理”“共治的景观、人民的花园”“社会学视角下的上海基层社会治理创新与案例解读”等专题讲座与现场教学，瞄准并打通影响基层治理效率的痛点、堵点，练就提升城区软实力的硬功夫。来自区40家单位的80名干部参加学习培训。

（杨楠桢）

【区域化党建工作联席会议】

11月23日在数字北外滩展示馆召开。区领导郭芳、胡广杰、朱勤皓、杜松全等出席会议。会上，上海航运交易所党委、中国邮政集团上海分公司党委、中国工商银行虹口支行党委、上海城市更新建设发展有限公司党总支、上海鼎信投资（集团）有限公司党支部负责人作交流发言。现场举行区域化党建工作联席会议轮值主席单位交接仪式；厦门国际银行上海分行党委代表区域化党建联席会议成员单位宣读主动融入虹口，服务北外滩建设，发挥党组织作用的共同行动《倡议书》；展示2021年区区域化党建重点项目。区领导、区域化党建工作联席会议成员单位代表，区有关部门、街道负责人等约30人参会。

（关晓芸）

【推广以“善治理”为典型特征的楼宇党建模式】

11月26日，区委组织部在盛邦国际大厦举行区党建引领楼宇治理现场推进会暨盛邦国际大厦楼宇治理委员会揭牌仪式。该“楼委会”整合街道、楼宇产权方、物业方、楼宇入驻企业等多方资源，完善楼宇议事协调工作机制，推动楼宇党组织与“楼委会”成员交叉任职，依托楼宇党群服务阵地，完善党务、政务、社务、医务、法务“五位一体”服务，解决楼宇党员群众“急难愁盼”，提升党建引领楼宇自治共治水平。至年底，区在四川北路街道盛邦国际大厦、欧阳路街道金大地商务楼、嘉兴路街道金融街（海伦）中心、广中路街道凯德虹口商业中心、北外滩街道上海白玉兰广场等5栋重点商务楼宇成立“楼委会”。

（沈　醉）

【区人才工作会议】

12月17日在区机关大楼举行。区人才工作领导小组主办。参会人员就区第十一次党代会提出的“上海北外滩、浦江金三角”目标，厚植区人才优势，结合工作实际提出准确把握习近平总书记关于新时代人才工作的新理念新战略新举措，持续优化人才发展综合环境的意见建议。现场发布《虹口区促进海内外优秀人才集聚的意见》，营造英才汇聚的创新“强磁场”。区人才工作领导小组成员单位、各街道党工委书记、区内重点人才、重点用人单位代表47人出席。

（杨楠桢）

【组建街道综合行政执法队】

2021年，根据市委编办、市司法局、市城管执法局《关于进一步加强本市街道乡镇综合行政执法工作的实施意见》精神，统一整合组建街道综合行政执法队，为街道所属的行政执法机构，实现基层“一支队伍管执法”，做到权责清晰、指挥畅通、运行高效、行为规范、服务优良、保障有力，完成近300名街道城管人员转隶。

（丁　赟）

宣传工作

【概况】

2021年，区宣传工作坚持理论舆论双轮驱动、文明文化齐头并进、网上网下同频共振、事业产业协同发展，为虹口高质量发展、高品质生活新局面提供坚强思想保障和强大精神动力。（1）理论学习宣传。举办区委中心组学习17次。制订《虹口区党委（党组、党工委）理论学习中心组学习意见》《虹口区理论学习中心组学习巡听旁听工作方案（试行）》，开展对区处级中心组的指导检查58场次。全区有2万余名党员参加“学习强国”平台学习，被“学习强国”上海平台录用稿件1206篇、被全国平台录用稿件50篇；组织全区党员3.9万余人次参加“学习强国”上海学习平台党史学习教育知识竞答线上团体赛，入围决赛，综合排名获得全市第四、各区第三，获市委党史学习教育领导小组办公室和“学习强国”上海学习平台颁发的“先进学习组织”称号。（2）组织开展党史学习教育。成立区委党史学习教育领导小组及其办公室，组织指导督促全区上下按要求完成规定动作，结合实际创新自选动作。举办“潮涌百年”——虹口区庆祝中国共产党成立100周年主题展览，开展“人人都是宣讲员”虹口区红主播宣讲大赛，打造全域“大思政课”，发布十条学习体验线路，挖掘百个学习教育场景，培育百名红色传讲人。结合“党的诞生地”红色资源传承弘扬，落实85处红色革命遗址、旧址及纪念设施梳理复核工作，在全市率先完成首批重要红色革命遗址、旧址纪念标识的设置工作，获得中央、市委党史学习教育巡回指导组高度评价。围绕党史学习教育等主题，持续发布区委讲师团宣讲主题库，组织全区开展理论宣讲活动7100余场次、73万余人次参加。（3）新闻宣传。围绕庆祝中国共产党成立100周年，制定《虹口区庆祝中国共产党成立100周年新闻宣传方案》。七一当天会同区委组织部、区总工会、团区委等部门，在中共四大纪念馆、“红色弄堂”恒丰里、北外滩建设者之家等地，组织战斗英雄、“两优一先”代表、劳模代表、青年代表、“光荣在党50年”老党员代表收看习近平总书记七一重要讲话，《解放日报》、《文汇报》、上海广播电视台“新闻综合频道”等市级主流媒体刊发报道。策划制作在《解放日报》“百年风华初心永恒”特刊刊发虹口区篇，报道虹口在红色文化、5G创新、社区治理的发展建设成效。区融媒体中心开设“奋斗百年路·启航新征程”主题专栏，编辑发布“红色展馆巡礼”“喜迎建党百年”等10个专版，制作发布《光荣在党50年，虹口这些老党员有话说！》16期，编辑发布《人人都是宣讲员》系列报道33期，报道《党史上的今天》100期，报道虹口区百年来在中国共产党领导下所取得的成就。2021北外滩国际航运论坛在北外滩世界会客厅举行，习近平总书记致信祝贺，央视“新闻联播”、《新华每日电讯》、《人民日报》、人民网、《解放日报》等主流媒体进行报道，多家外省市主流媒体及各大网站平台进行转载；区融媒体中心围绕此次论坛前后共推出23篇次相关报道，“上海虹口”的微信、微博账号及手机客户端（App）等新媒体端，通过多篇权威预热解读。配合中宣部、市委宣传部做好“百年初心奋斗者”“新思想引领新征程·红色足迹”“最美城乡工作者”“国家人权行动计划”等央媒、市媒集中采访任务，介绍张心亚、中共四大纪念馆志愿者团队等先进个人和团体的事迹。（4）“文化强区”建设。组织区宣传文化事业资金项目评审和项目验收，全年评审51个项目、验收30个项目，扶持项目41个，带动近1.47亿元社会资源参与。组织区62个文创项目申报市文创资金，10个项目获得市级扶持，撬动社会资源超过7700万元。组织文创企业参加“时尚100+活动”，获得13项大奖。

（胡毅超）

【区互联网企业党建联盟成立暨区网络文化与道德联盟会议】

1月6日在区新时代文明实践中心举行。区委宣传部主办。会上推选得物、高顿教育、虎扑、博思、趣游国旅5家互联网企业作为首批成员，推动党建工作与企业业务深度融合。65人参加。

（胡毅超）

【关心关爱留沪过年外来人员志愿服务活动】

1月28日在彩虹湾保障房基地启动。区新时代文明实践中心和江湾镇街道新时代文明实践分中心主办。以“虹口·年味——关心关爱留沪过年外来人员行动”为主题，来自文明单位、志愿者服务基地、志愿团队的志愿者现场提供送书籍、写春联、年夜饭套餐预订、疫情防控科普等志愿服务，发出《鼓励志愿服务团队春节期间关心关爱区域内留沪外来人员的倡议》，打造200余项就地过年精神文化“文明实践大礼包”，留沪过年外来员工也纷纷报名成为烟花禁燃禁放志愿者，共40余万人次参与线上线

图1-3　4月16日，区团员青年在位于四川北路公园内的红色朗读亭参与“人人都是宣讲员”虹口区红主播宣讲大赛（区委宣传部　提供）

下各类活动。《人民日报》、《新民晚报》、上视新闻等主流媒体予以报道。

（胡毅超）

【“这，就是北外滩”都市摄影大赛】

1—7月举行。区委网信办、区融媒体中心等联合举办。摄影大赛以“北外滩影像日志”为主题在全国范围内面向专业摄影师和摄影爱好者公开征稿，投稿作品必须符合北外滩的城市风光、建筑风情、人文情怀和发展新貌任意一项，投稿作品数达5万余件，1500件作品入围复赛，最终遴选出365件优秀作品，其中包括50件特等奖作品。活动吸引超千万人次浏览。

（胡毅超）

【“人人都是宣讲员”虹口区红主播宣讲大赛】

3—6月举行。区委宣传部主办。活动聚焦百年党史，寻访红色印记、感悟红色故事，收到来自全区各行各业党员干部、市民群众1500余个红色宣讲作品，从中评出优秀作品290个展播，50万余人次参与投票。同步推出线下体验式宣讲平台“红色朗读亭”1座，在北外滩滨江、虹口足球场、中共四大纪念馆前广场等地巡展。该活动荣获第二届上海红色文化创意大赛中十大数字文化创意产品奖项，“红色朗读亭”在央视“新闻联播”上海党史学习教育专题中予以报道。

（胡毅超）

【区互联网企业“四史”学习暨内容审核官培训会】

6月15—16日在上海青年管理干部学院举行。区委网信办主办。邀请华东政法大学、澎湃新闻的专家学者，围绕学习贯彻习近平总书记关于网络强国的重要思想、互联网平台内容审核实务、互联网相关法律法规解析等主题进行授课，与学员共同探讨如何传播网络正能量等话题。来自在线教育、文学、文化、电竞、软件开发等领域的27家互联网企业代表参加培训。

（胡毅超）

【“打卡中国——你好，长三角！”网络国际传播活动启动仪式】

6月22日在上海白玉兰广场举行。国家互联网信息办公室网络传播局指导，上海市网信办、江苏省网信办、浙江省网信办、安徽省网信办、中央广播电视总台“国际在线”共同举办。国家互联网信息办公室网络传播局副局长、一级巡视员张勇，上海市网信办副主任杨俊出席启动仪式并致辞。来自英国、意大利、克罗地亚、墨西哥、西班牙、委内瑞拉等国家常驻中国的网红博主，上海市、江苏省、浙江省、安徽省等地网信办和相关部门、媒体代表出席。活动持续至6月27日，在上海、苏州、杭州、黄山开展打卡采风，网红博主围绕生态环保、设施互通、产业创新、民生服务等方面进行参访，近距离、多角度感受长三角一体化高质量发展新成就。

（胡毅超）

【“潮涌百年”——虹口区庆祝中国共产党成立100周年主题展览】

6月25日至8月31日在北外滩来福士广场西塔举办。区委宣传部主办。主题展览运用创新手段，沉浸式体验、实物展溯源、“人人都是宣讲员”群众口述故事，配套开设红色专线巴士等方式，展示虹口党史百年历程。全区2000余个党组织、4万余名党员群众线下参观展览，50万余人次线上参与相关活动。

（胡毅超）

【虹口文化创意产业与金融创新发展大会】

9月30日在上海白玉兰广场举行。区文化创意产业领导小组办公室与中国企业报《中企视讯》联合主办。以“文化基石·金融赋能”为主题，举行虹口文化创意产业与金融创新发展大会暨文化金融创新融合服务平台战略签约仪式。会上成立虹口文化金融创新服务基地，虹口“文化金融创新融合服务平台”

图1-4 6月25日至8月31日，在北外滩来福士举办“潮涌百年”——虹口区庆祝中国共产党成立100周年主题展（区委宣传部 提供）

图1-5 6月29日，“潮涌百年，红色印记——虹口区红色专线巴士”发车（区委宣传部 提供）

上线。发布《文化金融创新融合发展战略研究纲要》及全年系列文化金融活动，纲要阐明文化金融创新融合发展的战略方向，主要从数字化平台建设、文化金融载体布局优化、线下孵化平台引领、文化产业金融服务平台搭建、文化产业协同创新平台打造这五大方面展开。《人民日报》《光明日报》《解放日报》《新民晚报》等100多家全国主流媒体参与报道。200余人参加。

（胡毅超）

【鲁迅逝世85周年公众纪念仪式】

10月19日在鲁迅公园鲁迅墓前举行。虹口区委宣传部、上海鲁迅文化基金会、上海鲁迅纪念馆共同主办。虹口区委书记郭芳和鲁迅长孙周令飞，市作家协会党组书记、专职副主席王伟，市文联党组书记夏煜静等出席。仪式上，虹口区委常委、宣传部部长吴强，上海鲁迅文化基金会会长周令飞及鲁迅故乡浙江省绍兴市驻沪代表先后致辞，中国文联原副主席仲呈祥致祭文。嘉兴路街道三叶草玄乐队演奏交响乐《永久的纪念》，敬献“民族魂”旗帜，各界人士向鲁迅墓献花，表达对鲁迅先生的崇敬之情。约300人参加活动。

（黄乐芸　张　阳）

精神文明建设

【概况】

2021年，区精神文明建设以创建全国文明城区为目标，启动2021—2023年度全国文明城区创建工作，坚持创建为民、创建靠民、创建惠民，让人民群众共享创建成果。（1）创建全国文明城区。召开创建全国文明城区工作动员会、推进会和培训会，区领导赴基层督查创建文明城区（简称创文）工作，邀请国家统计局上海调查总队开展区内模拟测评，在“上海虹口”手机客户端（App）上建立“创文曝光台”，将“创文”工作与“我为群众办实事”实践活动相结合。至年底，线上曝光问题1580个，整改问题1344个，整改率85.1%。开展人大代表“随手拍”、政协委员“啄木鸟”、市民巡访团专项检查活动88次。召开社区及小区专题推进会，结合“美丽家园”建设，曲阳路街道坚持将“五个同步”（前期设计与“建设标准”同步、方案制定与“小区需求”同步、意见征询与“社区自治”同步、施工管理与“质量规范”同步、项目验收与“长效管理”同步）贯穿“美丽家园”项目的全过程，助推文明城区创建；四川北路街道开展“文明楼道”创建专项行动，将家风文化与家庭文明建设、楼道文化建设、廉洁文化建设相结合，建成家风楼（家风弄堂）13栋。开展区交通文明测试，以四川北路为试点，开展7场交通志愿者培训工作，参与人员300人。在“创文”迎检期间，深化“双结对”（区机关各部门党支部与居民区党组织结对共建）工作，组织机关干部以党支部为单位深入居民区，参与各居民区“创文”环境整治活动和主次干道志愿值守等工作。完成《全国文明城区测评体系》和《全国未成年人思想道德建设测评体系》工作责任分工，发布年度及月度工作提示，完成156类198个网上申报材料的118份工作提示单，下发催办单5份、修改提示单73份，集中培训2次，一对一辅导121人次。至年底，上传136个文件资料、364张图片。开展全区公益广告巡查，指导各街道及时做好公益广告增补、更新、调整与完善。发挥入户宣传品、道路道旗、新闻广播等作用，提高市民对“创文”工作的知晓度、参与度和支持度。（2）公民道德建设。开展庆祝中国共产党成立100周年“五星红旗进万家”主题系列活动，共悬挂国旗3537面、招风旗977组；张贴6700张宣传海报，布设5016块展板，全区20余块大屏及指引屏播放庆祝中国共产党成立100周年视频，布置4950个花箱，打造4个公园主题景点和10个公园特色花坛、花境、花溪。开展“迎进博”主题宣传活动，全区200余块电子屏阵地，循环展示播放“迎进博——文明实践在上海”公益广告等内容

2200余次；制作1200余组“进博会”主题宣传道旗；通过“文明虹口”及区政务微信公众号、各部门微信公众号等平台发布“进博会”宣传微信60余条，阅读量逾万次；通过布设绿化带插字、墙面广告、展板喷绘等宣传形式，开展习近平新时代中国特色社会主义思想户外主题公益广告宣传布置；在全区130余个公共服务窗口单位开展“迎进博”文明提升专项行动。开展“制止餐饮浪费，培养节约习惯”专项工作，举办“粒米粒恩　光盘光盒”——2021上海市民文明接力行（虹口站）活动，组织600余人观看大型滑稽戏《天地“粮”心》虹口区专场演出。（3）推选先进典型。上海张心亚助残工作室领衔人张心亚获评2021感动上海年度人物及2021年度上海市社会主义精神文明好人好事。江湾镇街道党群服务中心党员志愿者陈琳、公安曲阳路派出所民警董瑞等10人被评为区第一届道德模范。“文化三地”志愿宣讲团、“听爷爷奶奶讲故事”获评上海市“市民修身行动”特色项目。嘉兴路街道新时代文明实践分中心、曲阳路街道新时代文明实践分中心获评上海市“市民修身行动”市级示范点。虹鹰救援志愿服务队等6支团队、“红主播”等6个项目入选《2020—2021上海市新时代文明实践中心建设试点工作的探索与实践》。（4）志愿服务工作。开展“3·5”学雷锋日和“12·5”国际志愿者大型志愿服务活动，近5000人次参与。开展全国学雷锋志愿服务“四个100”（100个最美志愿者、100个最佳志愿服务组织、100个最佳志愿服务项目、100个最美志愿服务社区）先进评选工作，张家禾获评2021年度全国“最美志愿者”。“左联”会址纪念馆、李白烈士故居、上海益民食品一厂历史展示馆创成上海市志愿者服务基地。张家禾在中共四大纪念馆国旗教育展示厅拍摄《国旗的故事》，讲述五星红旗的诞生，在上海志愿者视频号播出。上海虹鹰消防救援志愿服务队获评河南省防汛救灾优秀志愿服务组织。组织区市民巡访团对全区8个街道进行全覆盖“创文”巡查，2016人次参与。注册志愿者16万余人，活跃度超过60%。（5）新时代文明实践中心建设。启用位于北外滩滨江的区新时代文明实践中心新址，与复旦大学、上海市第一人民医院、厦门国际银行上海分行签署《新时代文明实践志愿服务协议》，发布100个区文明实践特色站，邀请全国最佳志愿服务组织复旦大学“星火”党员志愿服务队开启“思政大讲堂”首讲——“陈望道与《共产党宣言》”。“文化三地”志愿宣讲团开展人文行走近150场，线上线下10万余人参与。开设“机智的医生”“非遗技艺”“文明好习惯”“红十字‘救’在身边”等文明直播专栏。完善“益彩虹——虹口区新时代文明实践云平台”，构建“供单—点单—派单—接单—评单”闭环模式。开展“虹口·年味——关心关爱留沪过年外来人员行动”，发出《鼓励志愿服务团队春节期间关心关爱区域内留沪外来人员的倡议》，为留沪过年外来人员打造200余项就地过年精神文化“文明实践大礼包”，共40余万人次参与线上线下各类活动。在嘉兴路街道新时代文明实践分中心举行“文明实践在上海”虹口站宣传推广活动，通过“上海志愿者”、东方网、阿基米德、央视频等平台进行直播，约1.4万人次观看。中国文明网和“学习强国”平台刊登《红色力量赋能上海虹口新时代文明实践》文章。（6）未成年人工作。开展“我们的节日”“扣好人生第一粒扣子”主题活动，约20万人次未成年人参与。开展清明祭英烈主题活动，在“上海虹口”手机客户端（App）和虹口文明网“清明云祭扫”，1800余人次参与。拍摄录制《歌唱二小放牛郎》红色短视频，在央视频等平台进行线上展播。对全区8个街道学生社区实践指导站开展专项调研，其中曲阳路、嘉兴路、四川北路街道3家指导站创成首届上海市示范性学生社区实践指导站。“青春志愿助力有益暑期”和“童心向党，放飞梦想”获评上海市优秀暑期活动项目。

（胡毅超）

【“3·5”学雷锋日大型现场志愿服务活动】

3月5日在鲁迅公园举行。由区文明委、区新时代文明实践中心联合主办。活动以“志愿服务展风采，文明实践树新风”为主题，来自各行各业的40支专业化志愿服务团队近200名志愿者为市民提供医疗咨询、法律援助、生态环保、金融理财、心理咨询、手机电脑维修等86项志愿服务项目。现场服务群众1000余人次。

（胡毅超　黄乐芸）

【2021上海市民文明接力行虹口站活动】

3月24日在上海白玉兰广场举行。市文明办指导，区文明办主办。以“粒米粒恩，光盘光盒”为主题，启动“粒米粒恩，聚沙成塔”仪式，用“携手光盘新食尚，助力创文争先锋”口号倡导市民培养节约习惯。现场播放《粒粒皆文明——虹口区“制止餐饮浪费”助力全国文明城区创建》主题宣传片；商家代表上海白玉兰广场与区文明办现场签署“光盘行动、爱粮节粮”承诺书；“全国最美家庭”曾宪仁宣读倡议书并书写提倡文明用餐的对联；美团为餐饮企业代表赠送环保餐盒，由美团外卖小哥组成的文明专送志愿队成立。100人参加活动。

（胡毅超）

【大型滑稽戏《天地“粮”心》走进虹口】

5月11日在区工人文化宫上演。市文明办指导、区文明办主办。以“光盘行动”为题材，上海市人民滑稽剧团原创大型滑稽戏《天地“粮”心》演绎饭店老板“钱宝宝”对“舌尖上的浪费”从熟视无睹到高度重视这一转变的系列故事，用寓教于乐的方式来引导市民养成文明餐饮的好习惯。600余人观看。

（胡毅超）

【驰援河南抢险救援】

7月21日至8月6日，由退役军人为主组成的上海虹鹰消防救援志愿服务队，出动三批77名队员，携带冲锋舟21艘、救生衣800件、救生圈300个、救援绳30根、手套300副，方便面100箱、矿泉水500箱、消杀设备5台以及急需药品和消毒剂驰援河南抢险救援。现场搜救并转移受灾群众550余人，转运急需物资近百船，为近4000名受困群众送去补给物资；为河南省新乡医学院第一附属医院、中国电信、中国联通等单位运送物资近百船，确保人民生命财产安全和民生工程的正常运转。年内，志愿服务队获评河南省防汛救灾优秀志愿服务组织。

（胡毅超）

统战工作

【概况】

2021年，区统战工作凝聚人心，汇聚力量，积极参与提升和展示城市软实力，服务虹口经济社会发展。（1）凝聚共识，筑牢思想政治基础。学习贯彻《中国共产党统一战线工作条例》（简称《条例》），加强党对统一战线的集中统一领导，利用“虹口统战”微信公众号、《虹口统战》杂志等平台宣传《条例》，将《条例》纳入区委中心组学习内容和区社会主义学院课程。结合“学《条例》·书记谈”，区委书记郭芳在《浦江同舟》上发表《认真学习贯彻〈条例〉，充分发挥统一战线法宝作用，推动虹口经济更好发展》署名文章。开展多种形式的党史学习教育，在《虹口报》刊登学习贯彻习近平总书记七一重要讲话精神专刊，在党派、无党派人士和党外知识分子培训班专家授课中列入对《习近平在上海》的解读和分析。开展庆祝中国共产党成立100周年系列活动，组织区新的社会阶层人士参观“探寻海派文化的红色记忆”和“潮涌百年”——虹口区庆祝中国共产党成立100周年主题展览；区民族界举办“庆建党百年盛典，颂民族团结精神”征文演讲朗诵会；市欧美同学会虹口分会、市欧美同学会留法分会举办“建党百年践初心　乘风破浪再起航”庆祝中国共产党成立100周年参观交流活动。（2）围绕中心大局，助推区域经济社会高质量发展。运用多样形式介绍北外滩，推出“北外滩宣传片”“北外滩的前世今生”“北外滩重点楼宇推介”等一批“微课堂”。举办“关注十四五规划，助力北外滩发展”统战人士座谈会。区工商联为民营企业搭建法律专项服务平台，优化营商环境，联合区法院组织召开民营企业调研座谈会。针对民营企业融资难题，发挥“政会银企”四方合作机制作用，向995家民营企业提供57.78亿元信贷资金。支持各民主党派区委、无党派人士分别对口各街道，重点就养老服务开展专项民主监督。年内，上报各类信息、建言献策近500余篇，7篇建言献策被市级层面录用，其中5篇得到市领导批示。（3）聚焦重点任务，做好各条线统战工作。区民宗办、区教育局、上海市霍山学校共同举办“民族团结手拉手，领巾向党心连心”铸牢中华民族共同体意识进校园主题活动，命名霍山学校为区民族团结进步教育基地，扩大民族教育的覆盖面。开展宗教专项整治工作，全年约谈参与非正常宗教活动近200人，劝散或取缔非法宗教活动点9个。做好“新”聚广中作为区第二批实践创新基地的调整申报工作，推进新的社会阶层统战人士“点、站、室”工作阵地建设工作。根据区北中南三大功能区域发展定位，选择虹控T创园、花园坊节能环保产业园、智慧桥创意产业园3个园区，设立虹口区海峡两岸青年就业创业基地。整合5家台资企业资源，设立第一批虹口区海峡两岸青年就业创业实践点，打造全新沪台青少年交流品牌项目。提升为侨服务水平，开展早期归侨居家环境适老化改造3户。围绕“侨法伴我行，爱侨护侨在身边”主题，开展“侨法宣传月”活动，通过“虹口统战”微信公众号推出2期侨法在线课堂。动员各民主党派成员和无党派人士、侨界人士积极参与新型冠状病毒疫苗接种，指导台企台商台胞台属落实好有关防控措施，做好区返沪台胞隔离服务保障工作。（4）区社会主义学院工作。会同各民主党派区委、区民宗办、区工商联等举办各类主体班、委托班16期，区各民主党派区委骨干成员、区各民主党派联系对象、非公有制经济代表人士、区民族宗教界人士等1047人次参加线上线下培训。编印《2021年统战理论研究论文集》。维护更新虹口党建网“统战工作”栏目信息127条。编印《虹口统战》12期。结合教育培训，完成2篇课题文章。（5）无党派人士工作。区有无党派人士128名，吸收党外群众34名，平均年龄52岁，50.78%具有中高级专业技术职称，中青年占56.25%，新的社会阶层人士占30%。担任区人大代表15人，其中区人大常委会委员2人；市政协委员2人，其中市政协常委1人；区政协委员33人，其中区政协常委1人。提出建言献策、社情民意等30余篇。举办2期无党派人士培训班，培训新认定无党派人士和无党派人士骨干成员76人。举行无党派人士庆祝中国共产党成立100周年座谈会和中共党史学习教育报告会，邀请市社会主义学院党性教育研究中心主任龚少情教授作题为“结合发挥统一战线法宝作用谈中国共产党为什么能”的讲座，通过生动的案例讲述统一战线在中国革命和建设事业中发挥的重要作用，近50位无党派人士和党外知识分子代表参加。受中共虹口区委委托，无党派人士以区党外知识分子联谊会为载体，开展对嘉兴路街道养老服务工作专项民主监督，形成《嘉兴路街道养老服务工作专项民主监督报告》。年内，韩猛被评为2021年上海市统一战线（工作）先进个人。

（刘冬萌　郑　津　宗圣尧　陶珮薇）

【统战人士“聚焦十四五规划，助力北外滩发展”主题活动】

1月27日举行。区委统战部主办。统战人士参观上海音乐谷等地，观看北外滩宣传片，听取区“十四五”规划解读辅导并座谈交流。与会人士表示要积极参与到虹口的持续发展进程中，抢抓机遇、凝聚智慧，融入北外滩开发建设。13人参加。

（李云姣）

【开展“侨法宣传月”活动】

3月，区侨办开展以“侨法伴我行，爱侨护侨在身边”为主题的“侨法宣传月”活动，学习上海市“侨法宣传月”有关内容、参加网上侨法知识趣味定向赛，在“虹口统战”微信公众号推出侨法在线课堂，举行涉侨法律法规及政策的宣传巡展，走访辖区内的侨界人士，推动侨法“进机关、进社区、进侨企、进新侨、进新媒”，在全区营造“知侨法、懂侨法、用侨法、护侨益”的良好氛围。

（杨煜之）

【“建党百年践初心　乘风破浪再起航”庆祝中国共产党成立100周年活动】

5月28日在北外滩举行。市欧美同学会虹口分会、市欧美同学会留法分会联合举办。其间，参观位于北外滩滨江的“留法勤工俭学出发地纪念标识”，了解百年前留学人员与建党百年的渊源；开设“传承和弘扬虹口党史及红色文化资源”党史教育讲座，听取北外滩规划介绍。逾40名会员参加。

（杨煜之）

【新的社会阶层人士庆祝中国共产党成立100周年主题活动】

6月18日举行。区委统战部主办。以“凝聚新力量·筑梦新时代”为主题，探访区内红色足迹“周恩来隐居处”、赵世炎故居和“左联”会址纪念馆、内山书店、鲁迅故居等处，重温革命先驱舍弃小我的精神，不忘今日幸福生活的来路，引领新的社会阶层人士在学习党的历史中升华初心，以实际行动为中国特色社会主义事业发挥重要作用，以优异成绩庆祝中国共产党成立100周年。近30人参加。

（李云姣）

【“踏寻红色足迹　感受时代变化”庆祝中国共产党成立100周年活动】

6月30日举行。区侨商会主办。其间，参观“今潮8弄”商业项目、国旗教育展示厅和“左联”会址纪念馆，了解四川北路未来发展规划，感受红色文化资源；走访安得利御海（上海）食品有限公司，了解区重点侨资企业经营现状。围绕庆祝中国共产党成立100周年开展交流活动，区侨界人士表示要团结一致、砥砺奋进，在全面建设社会主义现代化国家新征程中展现侨界新担当、新作为、新风采，贡献虹口侨界力量。10余人参加。

（杨煜之）

【新的社会阶层人士主题教育系列活动】

9月24日在中共四大纪念馆举办。市委统战部指导，区委统战部承办。以“寻访红色足迹·凝聚奋进力量”为主题，邀请市新的社会阶层人士联谊会、市自媒体联盟的网络代表人士及区新的社会阶层代表人士40余人参观中共四大纪念馆、国旗教育展示厅。举办“不忘初心、以史鉴今”主题党课，帮助新的社会阶层人士进一步从党史学习教育中汲取智慧和奋进的力量，准确理解“中国式现代化新道路”的内涵，激励新的社会阶层人士发挥主观能动性，立足本职，推动社会的共同进步，在建设中国特色社会主义事业中发挥重要作用。

（李云姣）

【“同心聚力北外滩　奋楫扬帆谱新篇”参观交流活动】

11月19日在北外滩举行。市海外联谊会、区海外联谊会联合举办。其间，漫步北外滩滨江步道，参观青山实业和数字北外滩展示馆，聚焦北外滩建设与发展开展交流座谈。围绕把握发展机遇，发挥自身优势，为北外滩开发建设出谋划策、引资引智，共同为推动区域实体经济高质量发展、打造“上海北外滩、浦江金三角”作出更大贡献。市、区海外联谊会20余人参加。

（杨煜之）

表1-2　2021年区社会主义学院举办培训（学习）班汇总

序号	时　间	培训（学习）班名称	人　数
1	3月31日至4月2日	2021年区第一期民主党派骨干培训班	42
2	4月7—9日	2021年区第二期民主党派骨干培训班	48
3	4月14—15日	区工商联（总商会）所属商会及民营企业党组织负责人党建工作培训班	30
4	4月21—22日	2021年区无党派人士培训班	32
5	5月10日	学习党史会史，提升履职能力——民建区委庆祝中国共产党成立100周年学习培训会	42
6	6月3—4日	区第38期统一战线基础知识学习班	71
7	6月11日	农工党区委庆祝中国共产党成立100周年骨干成员教育报告会	41
8	6月18日至10月22日	“凝聚新力量·筑梦新时代”——区新的社会阶层人士主题教育培训班	20
9	6月22日	区民族宗教界党史学习教育暨宗教政策法规学习班	65
10	9月23—24日	民盟区委“学党史、悟初心、强信念”主题教育专题学习班	40
11	9月26—27日	区第39期统一战线基础知识学习班	54
12	10月13日	农工党区委骨干成员专题教育学习会	61
13	10月15日	民革区委骨干成员学习班	59
14	10月21—22日	2021年区无党派人士暨党外知识分子培训班	38
15	10月28—29日	九三学社区委中青年骨干成员学习班	44
16	12月3日	民建区委骨干会员在线学习培训班	360
合　计			1047

说明：资料由区社会主义学院提供。

保密工作

【概况】

2021年，全区未发生失泄密事件。区国家保密局统计分析65家单位的定密工作，掌握国家秘密在全区各单位的分布情况并加强规范定密管理。开展保密工作重点督查，完成对64家单位保密绩效考核。加强涉密人员因公（私）出国（境）、离岗离职核心和重要涉密人员保密管理。开展保密干部、定密责任人、涉密人员各类培训3次，其中新录用公务员保密知识培训200余名，保密专题培训税务干部200余名、巡察干部70余名。组织涉密人员及党员干部观看保密警示教育片1800人次。开展参观学习保密教育实训基地李白烈士故居纪念馆等红色传统教育活动。组织区涉密人员、保密干部260余人参观“保密与上海”主题展览。开展“保密法治宣传进校园”主题宣传教育活动，组织学生学习保密法、普及保密常识。做好庆祝中国共产党成立100周年、疫情防控、数字北外滩展示馆工程、中共四大纪念馆展陈提升改造工程等重大活动，以及中考、高考试卷保密管理，检查督促工作。

（朱　琳）

【保密安全教育宣传周】

4月13日，区国家保密局联合区国安委办公室、区文化旅游局等单位在鲁迅公园举行“4·15”全民国家安全教育日宣传周活动，现场发放资料、宣传画册600多份。活动期间，区国家保密局组织“云祭奠”李白烈士活动，涉密人员、保密干部、中小学生及群众31400余人次参与。

（朱　琳）

【保密自查自评督查】

6—9月，区国家保密局对区发展改革委、区商务委、区档案局等35家单位开展保密自查自评督查工作，将互联网网站信息发布等作为督查重点，针对检查中发现的保密制度不够健全、工作台账不够规范等问题，列出清单并形成工作建议，以书面形式反馈至部门党委，并在年底考核时开展“回头看”，落实检查效果。

（朱 琳）

党校工作

【概况】

2021年，区委党校坚持“党校姓党”原则，开展干部教育培训工作。（1）开展党史学习教育。组织线上线下各类宣讲320次，听课人数达26062人次。参与打造虹口全域“大思政课”“红色多伦——城市斗争铸丰碑”“高兴之旅——改革开放话今朝”“创客走廊——机械化到数字化”等10条学习体验线路，录制“文艺之旗——红色文艺策源地”“初心启航——世界最美会客厅”“鲁迅小道——以笔为枪民族魂”“国旗飘飘——五星红旗进万家”“牢记嘱托——打造高品质生活”“海上方舟——人类命运共同体”“时代之变—都市发展新标杆”7部有关学习体验线路的党史学习教育视频。通过“虹口区新时代大讲堂”、社区党校“微党课”、线下“虹讲堂”等各类学习平台宣讲党史。（2）组织培训。全年举办处级干部主体培训班、区新任科级干部培训班、机关党组织书记培训班、区老干部读书班、区社会党工委“两新”组织书记培训班、区卫生健康委中青年干部培训班、区选调生试用期满培训班和党员发展对象培训班等20期，参训学员达3274名。（3）组织教学。教研室开设课程54门，其中新开设“以史为鉴 开创未来——学习贯彻习近平总书记七一重要讲话精神”“两个维护的重大意义与实践要求”“学习习近平法治思想 坚持走中国特色社会主义法治道路”“传承红色基因，坚定文化自信”“中国共产党人的精神谱系”“市民驿站：最接地气的党群服务站”等37门课程，试讲27次，听课2.8万人次。案例课“市民驿站：最接地气的党群服务站”和专题课“大数据时代与社会治理创新”入选市委党校“新时代基层干部培训课程”，录制并入选上海干部学习城。完成市委党校精品课“中国共产党人的精神谱系及其当代价值”录制。（4）科研咨询。完成论文、案例、课题13项，其中申报市委党校课题“中共四大前后陈独秀、周恩来、蔡和森、李立三思想研究”“中国共产党在虹口的奋斗历程研究”2项、申报中共四大研究中心课题2项、论文9篇。《晚清万国史著的译介与传播》论文发表于《历史教学问题》期刊。

（侯甜甜）

【2021年区第一期处级干部进修班】

5月25日至6月11日在区委党校举行。区委组织部会同区委党校联合举办。进修班围绕“习近平新时代中国特色社会主义思想教育”“永葆共产党人政治本色”“建设上海市一流中心城区”和“全面增强干部执政本领”4个单元，开展学习习近平新时代中国特色社会主义思想、党的十九届五中全会精神、“人民城市人民建、人民城市为人民”等重要理念专题教育和教学活动。安排专题课程26次、现场教学1次、研讨式教学1次、案例教学2次、专题组织生活会1次、分组讨论2次、学员论坛1次。专题课采用“2+0.5”（教师授课2小时、穿插互动讨论0.5小时）教学模式。40位学员参训。

（侯甜甜）

【新任科级领导干部任职培训班】

5月25日至6月11日在区委党校举行。区委组织部会同区委党校联合举办。培训班围绕中国共产党党史、习近平新时代中国特色社会主义思想、习近平在上海重要讲话精神、社会治理等内容，安排专题授课18次、经验交流1次、分组讨论2次、现场教学1次、自学3次，学员撰写读书感悟1篇、培训小结1篇。40位学员参训。

（侯甜甜）

老干部工作

【概况】

截至2021年12月底，全区有区属离休干部272人，社区离休干部1001人，平均年龄约93岁。（1）服务老干部。提高49名抗战时期参加

表1-3 2021年虹口区委党校立项课题

序号	级 别	参与方	课 题
1	区级	区委党校	中共四大前后陈独秀、周恩来、蔡和森、李立三思想研究
2		区委党校	中国共产党在虹口的奋斗历程研究
3		区委党校（李银娥）	人民城市人民建的法治保障

说明：（1）序号“1—2”是中共四大研究中心课题；

（2）资料由区委党校提供。

革命离休干部医疗待遇，23名解放战争时期参加革命离休干部享受单项副局级医疗待遇的报批办证工作等。为离休干部提供优先叫车服务856人次，301名离休干部办理综合保险，7名易地安置离休干部申请帮困资金近3.3万元。为离休干部开展助医、助浴、助洁服务32人次，应急维修服务11人次。七一前夕，走访慰问离休干部550人次；元旦春节期间，走访慰问离休干部514人次。（2）学习宣讲活动。开展党史学习教育，组织离退休干部收看“强化科技创新策源功能，加快建设具有全球影响力的科技创新中心”“新冠疫情后台海形势与国家统一方略”等线上报告会22场，1万余人次参加。开展“盛赞百年辉煌，助力百年征程”、“学党史、庆百年”——区离退休干部庆祝中国共产党成立100周年主题系列活动，收集离休干部红色故事115个，编印“澎湃100”系列成果（第一辑）《忠诚——百名离休干部讲故事》特刊。拍摄4部离退休干部示范党支部和3位离休干部宣传片。组织18位退休干部参加志愿服务42人次。举办“党旗飘扬”——虹口区老干部庆祝建党百年网上书法绘画作品展、器乐作品展、主题征文展，累计征集书画、短视频等作品160余件，主题征文52篇。区老干部大学“智慧课堂”为离退休干部推送200余节线上课程，举办“虹溪讲坛”4期。（3）离退休支部建设。开展2020—2021年度“虹口区离退休干部示范党支部”表彰工作和“上海市离退休干部示范党支部”申报工作，区委统战部机关退休党支部被评为上海市离退休干部示范党支部，区人大常委会办公室机关退休党支部等10个退休支部被评为虹口区离退休干部示范党支部。区委老干部局与上海海关离退休干部办公室结对共建，375名居住在虹口区的上海海关离退休干部完成社区集体报到，推动社区离退休干部党建融入区域化党建。为7名老干部颁发“光荣在党50年”纪念章，并赠送《我是党员，我骄傲》荣誉画册。

（王彩蓉）

【百岁离休干部上党课】

3月5日在嘉兴路街道社区文化活动中心举行。区委组织部、区委老干部局等联合举办。区离休干部、区政协原副主席、百岁老党员陈霖以“忠诚”为主题，讲述抗战时期陈霖等青年学生在党的引领下，冒着生命危险参加革命的故事，教导每名共产党员都要对党忠诚，老老实实，在党的教育、培养下进步成长。区委组织部、区委老干部局、区档案局、团区委青年党员，围绕对党忠诚、勇于担当作交流发言。近百人参加。

（陆　皓）

【区老干部大学开设“智慧课堂”】

3—12月区老干部大学依托微信、腾讯课堂等多媒体平台，为学员推送“太极拳”“旅游文化”“诗词朗诵”等16门课程，计200余节直播和录播课程。举办“论传承和弘扬虹口党史及红色文化资源蕴含的价值基因”“党的创建与早期领导人”等4期“虹溪讲坛”网上讲座。400余名学员参加学习。

（马之澄）

【“学党史　庆百年”——区离退休干部庆祝中国共产党成立100周年主题党课】

5月27日在区工人文化宫举行。区委老干部局举办。区委书记郭芳，市委老干部局副局长包龙根，区委常委、组织部部长杨春花，区委常委、宣传部部长吴强，副区长李铭出席，杨春花致辞。区离退休干部自编、自导、自演，通过访谈、情景剧、歌舞表演等形式，讴歌党的百年光辉历程、初心使命和共产党员的革命精神。现场启动“学党史讲故事、承传统扬作风”——区百位老同志红色故事进校区、进园区、进社区主题活动，展示老同志庆祝中国共产党成立100周年书法、绘画和摄影作品70余件。近150人聆听党课。

（陆　皓）

【第四十六期老干部读书班】

11月22—23日在区委党校举行。区委组织部、区委老干部局、区委党校联合举办。区委书记郭芳为老干部作区情通报，邀请市委党校教授为老同志作党的十九届六中全会专题辅导报告。区局级离退休干部、离退休干部党（总）支部书记及老干部工作者150余人参加。

（王彩蓉）

党史工作

【概况】

2021年，区党史工作发挥存史、资政、育人职能作用，积极推进党史学习教育、史料征集、党史研究和党史宣传各项工作。（1）党史学习教育。为区两级中心组学习提供党史学习资料，涵盖上海改革开放40余年党的建设、社会、经济、文化发展主题内容和区域党史资料。指导编发区党史学习教育简报101期。参与或配合全区各机关部门、街道、直属单位和社会单位开展党史学习教育活动，包括“潮涌百年”——虹口区庆祝中国共产党成立100周年主题展览布展工作，“一个支部一个故事”活动点评，红色工会故事和区域内烈士资料梳理，《上海工人新村建设研究》成果展示，早期机要交通情报工作党史资料收集，“虹口机关精神”宣传，“2021年虹口区青少年百行党员寻访”活动访谈部分材料审核等。（2）党史研究。开展虹口红色旧址遗址排摸挖掘梳理工作，研究旧址权属、周边环境和立碑挂牌以及责任落实等问题，形成“用好用活虹口红色资源 全面提升城区软实力——深入挖掘和应用虹口红色资源的初步研究”调研课题。参与做好赴法勤工俭学等6处首批重要红色革命遗址统一纪念标识设置工作。与区文化旅游部门、相关街道就共产国际东亚书记处办公地（长治路177号）、宋氏老宅等开展调研论证。组织筹划虹口系列党史人物挖掘工作，包括中共四大代表阮章照片考证，潘汉年与左翼“左联”关系研究，“左联”发起人之一童长荣线上研讨会，中共四大会议遗址指证人、中共机关早期中宣部领导人之一郑超麟史料征集研讨会，鲁迅与青年线上研讨会，形成研究性文献资料5件。（3）党史书籍。编撰或参与编写《中共四大史》《激荡百年——中国共产党在虹口图史》《中共上海历史实录（虹口区卷）（2016—2021）》《中共上海市虹口区百年历史大事记（1921—2021）》《热血——虹口英烈故事选》和《不忘初心使命 建设美好生活——上海市虹口区曲阳社区建设发展史料汇编》，计9册1篇400余万字。（4）党史宣传。开展党史宣讲“六进”（进社区、进机关、进学校、进楼宇、进工地、进军营）活动，宣讲51场，线上听众16560人次、线下听众2869人次。与上海犹太难民纪念馆合作举办“中共百年党史中的著名犹太裔国际友人”特展。发表《改革开放以来上海虹口区曲阳社区建设美好生活的实践与启示》《中央文委与“左联”、左翼文化运动》《中共早期纪检监察制度在上海的孕育与发展》《历史的回响有益的启示——中共“四大”首开宣传新天地》等多篇学术研究文章。配合北外滩街道、四川北路街道、欧阳路街道、嘉兴路街道、曲阳路街道、广中路街道以及江湾镇街道等策划打造红色线路和“行走的党课”。年内，区委党史办被评为2021年上海市党史报刊宣传发行先进单位；区委党史办主任王佩军被评为上海党史工作先进个人（2016—2021年）；王佩军撰写的《努力在历史与现实结合点上书写新时代虹口北外滩开发的千秋文章——关于发挥历史红色文化资源优势、深化北外滩开发建设的思考建议》获全国党史和文献部门优秀成果评选（2016—2020年）资政成果类二等奖，《虹口地区党史资源在党的创建史上的主要价值意义》被评为2021年度上海市优秀理论宣讲报告，《论传承和弘扬虹口党史及红色文化资源蕴含的价值基因》在2021年度上海市思想政治工作优秀调研成果评选活动中获二类调研成果奖；区委党史办主持、参与撰写的《试论中共早期纪检监察制度在上海孕育》获上海党史系统论文类优秀成果奖（2016—2021年）；区委党史办主编的《不忘初心使命 建设美好生活——上海市虹口区曲阳社区建设发展史料汇编》获上海党史系统反对历史虚无主义类优秀成果奖（2016—2021年）。

（虞 洪）

【“留法勤工俭学出发地”纪念标识揭幕】

3月17日，时值“留法勤工俭学启航”102周年纪念日，“留法勤工俭学出发地”纪念标识揭幕仪式在虹口滨江国际航运服务中心段举行。该纪念标识由市委党史研究室、市文物局树立，旨在纪念自1919年3月至1920年12月进行的赴法勤工俭学运动，其中1919年3月17日首批人员从虹口汇山码头出发，搭乘日本邮船公司的“因幡丸”邮轮赴法，此后又有约20批次、1600余人次人员相继从汇山码头、杨树浦码头等处搭乘邮轮赴法勤工俭学。

（杨沁岳）

【《中共上海市虹口区百年历史大事记（1921—2021）》】

3月完成。区委党史办公室编。该书采用编年体形式，按照一事一条时间顺序记述，系统、真实记录百年间虹口人民在党的领导下在革命、建设、改革等各个历史阶段发生的重大历史事件、重要活动，反映区在政治、经济、文化、社会、生态文明建设领域取得的令人瞩目的发展成就，全书约35万字。

（虞 洪）

【《用好用活虹口红色资源 全面提升城区软实力——深入挖掘和应用虹口红色资源的初步研究》调研报告】

10月完成。区委党史办公室编。该调研报告通过对虹口红色资源的界定和分类，从“人”“事”“物”“魂”4个方面展现近年来虹口挖掘和应用红色资源的主要工作成果，探讨新形势下做好红色资源保护利用工作的要求、问题和挑战，继而剖析立足“大思政课”建设，提升红色资源标识度、传承弘扬红色资源、擦亮红色文化品牌、加快红色资源研究的成果转化等角度探索未来挖掘和应用红色资源的主要思路和对策。

（虞 洪）

档案工作

【概况】

2021年，区档案馆馆藏档案362273卷、527776件，图书资料35999件。接收档案16026卷、23037件，向社会开放档案459卷。全年利用档案14953人次，17964卷次、3777件次，其中窗口接待查档2343人次，3178卷次、883件次；为区机关各部门工作查考利用389人次、2565卷、2894件；全市民生档案远程利用查档审批12075人次，包括长三角异地查档39人次，“随申办”手机客户端（App）等“一网通办”平台实现“零跑动”“不见面办理”查档107人次。（1）档案监督。对区委党校、区检察院、区教育局等8

家一级指导单位开展档案检查，针对发现的库房灯光设备不符合要求，库房和整理室、阅档室没有分离等问题提出意见并督促整改。举办区档案人员岗位业务知识培训班，参加学员78名。（2）档案管理。制定或修订《虹口区全宗卷整理操作细则》《虹口区数码照片归档整理操作细则》《虹口区机关街道企事业单位档案用房标准》《虹口区到期档案鉴定与销毁规范》《虹口区档案馆发布馆藏档案审批制度》《虹口区档案馆开放档案划控鉴定工作办法》等业务规范。收集区委办公室、区卫生健康委等18家单位上年度第二批疫情档案，完成疫情专题档案整理，形成文书档案3460件、视频档案9件、照片档案248张、实物档案26件。完成2017—2020年脱贫攻坚档案目录整理3548条。集中式数字档案室系统国产化改造项目通过区科委验收。（3）档案征集编研。完善中共四大纪念馆国旗教育展示厅展陈方案，征集、复制国旗相关文物136件。征集东京审判亲历者高文彬先生手稿等实物档案约2000件。完成“建立历史文脉遗产保护开发系统”项目立项，包括设立海派名人陈列馆，10处文化遗址保护开发方案等内容。馆藏上海私立麦伦中学历史档案入选第三批上海档案文献遗产名录。出版“爱上北外滩”系列丛书第一辑（由《浦江饭店》《上海大厦》《上海邮政大楼》《河滨大楼》4本书组成），《北外滩前世今生》和《档案中的上海犹太难民》书籍。（4）档案宣传。在区机关大楼举办高文彬先生档案文献资料展，吸引近1000人次参观。制作“爱上北外滩”系列丛书——《上海邮政大楼》《上海大厦》微视频在“虹口往事”微信公众号展播。实施“北外滩影像志”项目，全年拍摄图片3万余张（约1400GB）、拍摄视频总时长14400秒（约200GB）。至年底，“虹口往事”微信公众号发布文章18篇，年阅读量18451人次。

（陆　雯）

【档案人员岗位业务知识培训班】

4—7月在区工人文化宫举行。区档案局举办。培训班开设“档案管理理论与实务”“档案保护与安全”“档案信息化建设”“档案法制与标准”4门课程、计120课时，78名学员参加培训。经考核，培训学员均取得市档案局颁发的《上海市档案人员岗位业务知识培训合格证书》。

（陆　雯）

【“爱上北外滩”丛书首发仪式】

5月20日在上海大厦举行。区档案局（馆）、区地方志办公室联合主办。区委常委、宣传部部长吴强，市档案局副局长郑泽青，市地方志办公室副主任生键红出席。该活动是“档案宣传月”活动之一。“爱上北外滩”系列丛书第一辑由《浦江饭店》《上海大厦》《上海邮政大楼》《河滨大楼》组成，通过一楼一书的形式，展现北外滩地标建筑，挖掘北外滩历史。现场举行读者见面活动，从书主编熊月之和彭晓亮、叶舟、黄婷、肖可霄4位作者与现场读者进行互动交流并签名。《解放日报》《文汇报》《新民晚报》和“上观新闻”等市级媒体参与报道。100余名读者参加活动。

（陆　雯）

【公布馆藏10件革命烈士证明档案】

6月9日，区档案馆在“国际档案日”活动期间，通过“虹口往事”微信公众号向社会公布馆藏钱壮飞、李白、俞秀松等10人10件革命烈士证明档案，并对档案开展修复保护，以举办展览等形式，挖掘红色资源，讲好红色故事。

（陆　雯）

【上海私立麦伦中学历史档案入选第三批上海档案文献遗产名录】

9月26日评选结果揭晓，区档案馆馆藏上海私立麦伦中学历史档案入选。该档案共68卷，约6000页，涉及时间为1923年至1951年，内容主要包括校董会会议记录（英文版）、校刊、教职员名录、聘书、学生名册、师生集体照等19种类型，反映该学校的办学宗旨、教学制度、课程设置、人员来源等各方面情况，具有挖掘红色资源、研究民国教育等价值。

（陆　雯）

（栏目编辑　季建智）

图1-6　5月20日，“爱上北外滩”丛书第一辑出版（区档案馆　提供）

CapitaLand

二、上海市虹口区人民代表大会

综　述

2021年，区十六届人大常委会深入学习贯彻习近平法治思想和习近平总书记关于坚持和完善人民代表大会制度的重要思想，坚持党的领导、人民当家作主、依法治国有机统一，践行全过程人民民主，全面务实履行人大法定职责。

坚持党对人大工作的全面领导。深入开展党史学习教育，弘扬伟大建党精神。扎实推进全过程人民民主建设，强化四川北路街道人大工委基层立法联系点在立法意见征询、民主法治宣传、保障改善民生方面的重要作用，全年征集《上海市城市更新条例》等9部法律法规草案的意见建议458条，被市人大常委会采纳48条。贯彻市、区人大工作会议精神，落实具体举措，严格时间节点，明确责任人，充分发挥人大在深入贯彻落实“人民城市人民建，人民城市为人民”重要理念和推进城市治理现代化中的重要作用。严格落实重大问题、重要事项向区委请示报告制度，全年共向区委提交请示报告6份。

监督工作。开展区国民经济和社会发展计划预算、国有资产管理、环保目标监督。围绕优化营商环境提升北外滩服务能级、北外滩地区高标准全要素市政市容提升工程推进、产业园区能效提升、北中南三大功能区协同发展、司法服务北外滩发展情况等开展专项监督。听取和审议关于城市运行“一网统管”工作推进情况的报告，并开展专题询问。监督调研区学前教育、旧住房修缮改造、重大工程推进情况。组织代表对区政府实事项目、安全生产体验场馆建设、全民健身开展情况、公共卫生体系建设、宗教场所管理等开展视察。与市人大上下联动，跟踪监督生活垃圾分类、城市更新工作推进情况。

依法治区。听取并审议区监察委关于开展新冠肺炎疫情防控监督健全专项治理工作机制的报告；监督区检察院服务区域中心工作，加强品牌建设开展情况。组织区人大代表视察北外滩治安防控体系建设。做好区人大信访工作，全年受理群众来信、来访275件次。开展《上海市推进科技创新中心建设条例》执法检查，协助市人大对《上海市养老服务条例》开展执法检查。针对《上海市公共卫生应急管理条例》形成专项调研报告。配合市人大常委会做好《上海市黄浦江苏州河滨水空间条例》等法律法规的立法修法调研工作。加强规范性文件备案审查工作。听取和审议区贯彻执行“七五”普法决议情况的报告，并对“八五”法治宣传教育作出决议。

代表工作。组织代表开展“随手拍”，助推虹口文明城区创建。完善“三联系”（常委会组成人员联系代表、代表联系选民、专工委联系专业代表）制度，探索创办“财经大讲堂”等代表交流互动平台，深化“人大代表履职服务平台”建设，持续为“家站点”（人大代表之家、人大代表联络站、人大代表联系点）等代表联系人民群众平台赋能增效。积极推进区人大代表向选民报告履职情况、市人大代表向原选举单位报告履职情况工作。依法做好区人大代表换届选举工作，分析面临旧区改造加大、“空挂户”人数增加等问题，实现“应选尽选”“应登尽登”，全区133个选区选举一次成功，依法选举产生区十七届人大代表301名，确保最广大人民的最广泛参与。全年组织代表221人次听取并评议区政府上半年工作，602人次列席区人大常委会会议、参加调研和检查视察，5人次列席区政府及各部门相关会议，23人次参加双向约见、旁听法院庭审，72名代表担任区“两院”（区法院、区检察院）特邀监督员、区消防救援支队监督员及区房管局等部门的网上监督员和公信人员。全年组织67人次市人大代表、355人次区人大代表到居委会听取选民意见建议，收集意见建议456条，形成代表建议6件。组织区情报告会1次。全年共收到代表建议187件，区十六届人大八次会议期间收到181件代表建议，闭会期间收到6件代表建议全部得到办复和落实。

（张　熠）

重要会议

【概况】

2021年，召开区人代会1次。区十六届人大常委会第三十六次会议、第三十七次会议、第三十八次会议、第四十三次会议等区人大常委会会议，以及区人大常委会与“一府一委两院”负责人联席会议，区人大常委会与区政协工作交流会等重要会议30余次。

（戴 卿）

表2-1 2021年虹口区十六届人大常委会会议

会议时间	会议名称	主要内容
1月6日	区十六届人大常委会第三十六次会议	听取和审议《区人大常委会工作报告（草案）》，决定提交区十六届人大八次会议审议；听取并审议通过《关于区十六届人大八次会议有关事项和筹备工作情况的报告》；听取《关于2020年计划、预算执行情况和2021年计划、预算草案初审情况报告》；审议并表决通过关于接受个别代表辞去职务请求的决定；审议并表决通过关于个别代表的代表资格的报告；审议并表决通过有关人事任免事项
3月11日	区十六届人大常委会第三十七次会议	审议并表决通过《区人大常委会2021年度工作要点》；审议并表决通过《关于个别代表的代表资格的报告》；审议并表决通过有关人事任免事项
5月31日	区十六届人大常委会第三十八次会议	听取《关于本区城市运行“一网统管”工作推进情况的报告》并开展专题询问；审议并表决通过有关人事任免事项
7月15—16日	区十六届人大常委会第三十九次会议（扩大）	听取并评议区政府上半年工作；听取和审议《关于2021年上半年国民经济和社会发展计划执行情况的报告》；听取和审议《关于2020年财政决算草案和2021年上半年预算执行情况的报告》，审查并批准2020年财政决算；听取和审议《关于2020年度预算执行情况和其他财政收支的审计工作报告》；听取和审议《关于2021年预算调整方案草案的报告》，审议并表决通过《关于批准区2021年预算调整方案的决议》；书面审议《关于虹口区2020年度国有资产管理情况的综合报告》；听取和审议《关于2020年度虹口区国有自然资源（资产）管理情况的专项报告》；听取和审议《关于检查本区贯彻实施〈上海市推进科技创新中心建设条例〉情况的报告》；听取和审议《关于社区养老服务设施建设情况的报告》；听取《关于各代表组评议区政府上半年工作情况的汇报》；审议并表决通过《关于设立虹口区第十七届选举委员会的决定》；审议并表决通过有关人事任免事项
7月22日	区十六届人大常委会第四十次会议	审议通过关于接受市人大代表辞去职务请求的决定
9月28日	区十六届人大常委会第四十一次会议	听取和审议《关于开展新冠肺炎疫情防控监督健全专项治理工作机制的情况报告》；听取《关于旧区改造工作推进情况的报告》；听取《关于北外滩开发建设工作推进情况的报告》；听取和审议《虹口区优化营商环境提升北外滩服务能级的情况报告》；听取和审议《关于代表建议办理情况的报告》；听取市人大代表报告履职情况；审议并表决通过有关人事任免事项
11月29日	区十六届人大常委会第四十二次会议	听取和审议《关于本区贯彻执行“七五”普法决议情况的报告》；表决通过《关于本区开展第八个五年法治宣传教育的决议》；听取和审议《关于本区2021年财政预算调整方案（草案）的报告》，审查并批准2021年财政预算调整方案；听取和审议《关于2020年度预算执行和其他财政收支审计查出问题整改情况的报告》；听取和审议《关于本区2021年环境状况和环境保护目标完成情况的报告》；审议并表决通过《关于召开区十七届人大一次会议的决定》；听取《关于区十七届人大代表换届选举结果的报告》；审议并表决通过《关于区十七届人大代表资格的审查报告》；审议并表决通过《关于接受个别同志辞去职务请求的决定》；审议并表决通过有关人事任免事项
12月27日	区十六届人大常委会第四十三次会议	听取《关于2021年计划、预算执行情况和2022年计划、预算草案初审情况报告的说明》；初审《区人大常委会工作报告（草案）》，决定提交区十七届人大一次会议审议；审议并表决通过《关于筹备召开区十七届人大一次会议有关事项的报告》；补选市十五届人大代表；审议并表决通过有关人事任免事项

说明：资料由区人大常委会办公室提供。

图2-1　1月13—15日，区十六届人大八次会议在区工人文化宫举行（区融媒体中心　提供）

【区十六届人大八次会议】

1月13—15日在区工人文化宫和区机关大楼分别举行。会议听取和审议《虹口区人民政府工作报告》；审查和批准《虹口区国民经济和社会发展第十四个五年规划》和《二〇三五年远景目标纲要》；审查和批准《虹口区2020年国民经济和社会发展计划执行情况与2021年国民经济和社会发展计划草案的报告》，批准《虹口区2021年国民经济和社会发展计划》；审查和批准《虹口区2020年预算执行情况与2021年预算草案的报告》，批准《虹口区2021年区级预算》；听取和审议《虹口区人民代表大会常务委员会工作报告》《虹口区人民法院工作报告》《虹口区人民检察院工作报告》。会议补选王琳、王本弘、梁丽娜为区第十六届人民代表大会常务委员会委员。

（戴　卿）

【区人大常委会与“一府一委两院”负责人联席会议】

2月24日在区机关大楼召开。区委书记郭芳出席会议并讲话，区人大常委会主任吴延风主持会议。会上就区人大常委会2021年度工作要点（草案）进行沟通，听取意见建议，交流年度工作。郭芳指出，要发挥人大工作的特长优势，切实把人民代表大会制度坚持好、完善好、发展好，为区发展凝聚力量、提供保障。要导向鲜明、评价客观、提升能力，共同为开创新时代虹口高质量发展、高品质生活、高效能治理新局面作出更大的贡献。区委副书记、区长胡广杰，区委副书记洪流以及区人大常委会和“一府一委两院”领导和负责人出席会议。

（戴　卿）

【区人大常委会与区政协工作交流会】

4月15日，区人大常委会与区政协举行2021年度工作交流会，区人大常委会主任吴延风、区政协主席石宝珍等区领导出席。会议学习贯彻全国“两会”精神，区人大办公室、区政协办公室分别介绍2021年工作安排，双方围绕相关重点工作和共同关心的问题展开交流讨论，表示人大监督和民主监督都是社会主义监督体系的重要组成部分，双方重视加强沟通合作，凝聚共识，发挥代表、委员作用，形成良好协作机制。65人参加。

（戴　卿　陈子赟）

监督工作

【概况】

2021年，区人大常委会听取审议议题25项，组织开展上下联动专项监督5项，作出决定、决议19项。开展《上海市推进科技创新条例》执法检查，对城市运行“一网统管”工作推进情况开展专题询问，做好规范性文件备案审查3件。

（张　熠）

【调研区城市运行“一网统管”工作】

3—5月，区人大常委会城建环

保工委成立城市运行“一网统管”专题询问工作小组，聚焦“一网统管”推进、城区大脑建设、技术支撑体系建设、精准治理体系建设以及“十四五”全区城市治理能力提升等重点领域和关键环节，分别赴区城市运行综合管理中心、区建设管理委、区住房保障房屋管理局、区生态环境局、区城管执法局等部门以及各街道，了解区城市运行“一网统管”建设推进情况。5月31日，区十六届人大常委会第三十八次会议听取《关于本区城市运行“一网统管”工作推进情况的报告》并开展专题询问，8名常委会委员就数据的打通和数据共享的常态化管理、场景的运用与机制变革、数字赋能应用场景的探索与创新以及专业人才队伍的建设等方面进行询问，区城市运行综合管理中心、区建设管理委、区公安分局等单位负责人对提出的询问一一作答。会议提出要提高思想认识，切实把“城市运行”一网统管工作摆在更加重要的位置；强化实战应用，真正实现赋能增效；汇聚社会力量，积极营造共建共治格局。

（王骏昊）

【开展区旧住房修缮改造推进情况的监督】

4—6月，区人大常委会城建环保工委就区新一轮高标准“美丽家园”建设三年行动计划的实施情况、住宅成套改造和拆落地改造的推进情况以及规模化推进老旧多层住宅加装电梯等，赴区住房保障房屋管理局和四川北路街道、欧阳路街道等听取工作汇报，深入祥东小区、恒丰里、永乐坊、逸仙小区等多种不同类型旧住房修缮项目现场开展调研，建议做实前期设计方案意见征询、加强施工现场精细化管理、完善建后长效管理。

（王骏昊）

【开展区生活垃圾分类专项监督】

5—11月，市人大常委会城建环保委与区人大常委会城建环保工委上下联动开展生活垃圾分类专项监督。围绕生活垃圾源头减量、分类投放长效管理、可回收物产业化、湿垃圾资源化和全过程管理信息系统建设等内容，专项监督组先后走访区绿化市容局、区生态环境局、区住房保障房屋管理局等5个职能部门以及各街道、虹口城市建设发展有限公司听取工作汇报，实地检查上海白玉兰广场、北外滩来福士、瑞虹天地太阳宫以及不同类型居民区、快递站点、可回收物服务点、“两网融合”（城市环卫系统和再生资源系统）中转站等全区各个街道32个点位，将发现的小包垃圾随意丢弃、垃圾分类宣传不到位和垃圾厢房环境脏乱差等问题及时反馈相关部门，推动区政府全面落实《上海市生活垃圾管理条例》各项规定和配套政策，巩固和提升生活垃圾精细化管理水平。

（王骏昊）

【视察北外滩地区高标准全要素市政市容提升工程】

6月18日，区人大常委会副主任胡军带领部分区人大代表视察北外滩地区高标准全要素市政市容提升工程建设情况。代表到工程核心保障区域，沿路察看滨江贯通、道路设施、沿街绿化、建筑立面、景观灯光等建设和改造情况，听取项目建设总体进展汇报，了解建筑设计和配套设施等情况，肯定北外滩地区的环境品质有显著提升，区域市容市貌焕然一新，人民群众的获得感和满足感增强。希望区政府及相关部门、街道坚持建管并举，加快探索形成建后管理的长效机制，巩固好改造成果。

（王骏昊）

【调研区旧区改造工作】

8月19日，区人大常委会副主任胡军带领城建环保工委、部分常委会委员赴四川北路街道176地块“旧改”项目指挥部开展调研，实地察看该地块“旧改”项目现场以及征收工作进展，了解区旧区改造工作推进情况，就落实“旧改”征收司法执行新机制、加快推进零星地块“旧改”等开展座谈交流并提出建议：一要始终坚持以人民为中心，认真践行“人民城市人民建，人民城市为人民”重要理念，解决好群众“急难愁盼”问题，让人民群众共享改革发展成果；二要紧咬目标，全力冲刺，进一步强化与各相关部门、街道的协同配合，把工作做实做细，推动旧区改造目标顺利实现；三要围绕市人大《上海市城市更新条例》立法工作，聚焦涉及体制机制、法律法规和需要跨部门、跨层级突破的瓶颈问题，结合实践经验，积极建言献策；四要坚持“公正、公平、公开”原则，严守城市安全底线，做好风险防范工作，确保“旧改”工作平稳有序推进。

（王骏昊）

【开展立法调研】

9月15日，市人大常委会副主任肖贵玉到区开展《上海市黄浦江苏州河滨水公共空间条例（草案）》立法调研，区委书记郭芳，区人大常委会主任吴延风、副主任胡军，副区长关也彤参加。肖贵玉一行从北外滩滨江绿地一路步行，实地察看北外滩滨江公共空间建设情况，听取国客码头改造开放情况。北外滩滨江公共空间于7月全新升级亮相，880米国客段全线贯通，滨江景观全面提档升级，为市民提供可亲可达可视的滨水生态休憩空间。肖贵玉指出，“一江一河”是上海珍贵的滨水空间资源。要坚持以人为本，以高品质公共空间为引领，推动深度开发，优化功能布局，让“世界会客厅”更富人文气息。要立足区域定位，强化主导功能集聚和能级提升，以深厚文化底蕴彰显区域魅力，公共服务供给要精心精细，让市民群众在此感受美好。希望虹口区在该《条例》通过后做好宣传解读和贯彻执行工作，继续为市人大推进立法工作提出更多建设性的意见，为打造具有全球影响力的世界级滨水区作出应有贡献。

（王骏昊）

【开展区环境状况和环保目标完成情况的监督】

9—11月，区人大常委会城建环保工委就大气、水、土壤、固废等重点污染防治领域，围绕相关配套政策的落实、长江流域生态环境保护、生活垃圾分类收集及处置、基层监管水平、普法宣传和社会动员等方面开展调研，分别走访区生态环境局、区建设管理委、区住房保障房屋管理局等职能部门和各街道听取汇报，实地察看虹口港、俞泾浦、江湾市河等河道的水质情况，部分建筑工地扬尘防治情况。开展《中华人民共和国固体废物污染环境防治法》知识问卷调查，累计发放、回收知识问卷1276份。针对监督调研发现的环保职责落实仍不够到位、社会宣传发动仍不够充分等问题，有针对性地提出三点意见建议：一是强化工作合力，全面压紧压实环境保护责任；二是强化宣传发动，加快构建社会共治格局；三是强化科技赋能，持续提升现代环境治理能力。

（王骏昊）

【视察区重大工程建设推进情况】

12月8日，区人大常委会主任吴延风，区委常委、组织部部长蒋仁辉，区人大常委会副主任胡军，区人大常委会党组成员谢海龙带领部分区人大代表视察区重大工程建设推进情况。代表一行视察区文化新地标“今潮8弄”，听取区重大办关于项目建设情况介绍；听取工程项目负责人就历史保护建筑修缮、艺术品设置、历史风貌街坊保护利用及配套商业建设情况介绍。随后，代表们来到北外滩滨江，集中视察虹口港泵站运行情况和北外滩滨江贯通工程建设情况。

（王骏昊）

人事任免

【概况】

2021年，区人大常委会坚持党的领导，根据《虹口区人大常委会任免国家机关工作人员的办法》和相关工作程序，任免国家机关工作人员117人次，任免人民陪审员104人次，颁发任命书158人次，组织25人次国家公职人员进行宪法宣誓。

（张　婻）

表2-2　2021年虹口区十六届人大常委会任免情况

序号	时　间	任免会议名称	任免职务
1	1月6日	第三十六次会议	任命伍志勇为虹口区商务委员会主任
			任命张朦丹为虹口区人民检察院检察员； 任命周崇文为虹口区人民检察院检察员； 任命黄晶为虹口区人民检察院检察员； 任命黄鑫婴为虹口区人民检察院检察员； 任命王潇为虹口区人民法院审判员； 任命梁聪聪为虹口区人民法院审判员； 任命赖弈萱为虹口区人民法院审判员
			免去郑蔚芸的虹口区人民代表大会常务委员会人事工作委员会主任、代表资格审查委员会副主任委员职务
2	3月11日	第三十七次会议	免去施晓蕾的虹口区人民代表大会常务委员会研究室副主任职务
3	5月31日	第三十八次会议	免去张伟的虹口区人民政府副区长职务
			免去王毅的虹口区人民法院审判员职务； 免去任一的虹口区人民法院审判员职务
			任命朱晓喆为虹口区人民检察院副检察长（挂职锻炼）、检察委员会委员、检察员
4	7月15—16日	第三十九次会议	任命关也彤为虹口区人民政府副区长
			任命熊燕为虹口区人民法院审判员
			免去褚虹的虹口区人民法院审判员职务

（续表）

表2-2 2021年虹口区十六届人大常委会任免情况

序号	时 间	任免会议名称	任免职务
5	9月28日	第四十一次会议	任命柳国青为虹口区人民政府副区长； 任命陈筱洁为虹口区人民政府副区长； 任命刘玉伟为虹口区人民政府办公室主任； 任命罗翌弘为虹口区规划和自然资源局局长；
			任命王维为虹口区文化和旅游局局长； 任命俞健青为虹口区审计局局长； 任命田飞为虹口区应急管理局局长
			免去宣一洲的虹口区人民政府办公室主任职务； 免去程军的虹口区规划和自然资源局局长职务； 免去陆文的虹口区文化和旅游局局长职务； 免去陈健的虹口区审计局局长职务； 免去张佳东的虹口区应急管理局局长职务； 免去王浩的虹口区司法局局长职务
			任命缪一鸣为虹口区监察委员会副主任； 任命邱彬为虹口区监察委员会委员
			免去杨列的虹口区监察委员会副主任职务
			任命叶琦为虹口区人民法院立案庭庭长； 任命毛伟为虹口区人民法院商事审判庭庭长； 任命邹杰为虹口区人民法院审判监督庭庭长； 任命缪欢为虹口区人民法院民事审判庭副庭长
			免去倪振良的虹口区人民法院副院长职务； 免去严萌根的虹口区人民法院审判委员会委员职务； 免去邹杰的虹口区人民法院立案庭庭长职务； 免去施剑蓉的虹口区人民法院商事审判庭庭长职务； 免去叶琦的虹口区人民法院审判监督庭庭长职务； 免去金华萍的虹口区人民法院刑事审判庭副庭长职务； 免去缪欢的虹口区人民法院审判监督庭副庭长职务； 免去张静的虹口区人民法院审判员职务
			任命王磊为虹口区人民代表大会常务委员会嘉兴路街道工作委员会主任； 任命蒋霜胤为虹口区人民代表大会常务委员会北外滩街道工作委员会主任； 任命黄丹为虹口区人民代表大会常务委员会江湾镇街道工作委员会主任
			免去狄梁的虹口区人民代表大会常务委员会嘉兴路街道工作委员会主任职务； 免去李俊的虹口区人民代表大会常务委员会北外滩街道工作委员会主任职务； 免去刘玉伟的虹口区人民代表大会常务委员会江湾镇街道工作委员会主任职务
6	11月29日	第四十二次会议	任命柳国青为上海市公安局虹口分局局长； 任命万建辉为虹口区发展和改革委员会主任； 任命蔡正茂为虹口区科学技术委员会主任； 任命金慧莲为虹口区人力资源和社会保障局局长；
			任命范春燕为虹口区市场监督管理局局长； 任命金从力为虹口区统计局局长； 任命缪缈为虹口区医疗保障局局长； 任命程军为虹口区北外滩开发建设管理办公室主任

（续表）

表2-2　2021年虹口区十六届人大常委会任免情况

序号	时　间	任免会议名称	任免职务
6	11月29日	第四十二次会议	免去张清的上海市公安局虹口分局局长职务； 免去蔡伟的虹口区发展和改革委员会主任职务； 免去万建辉的虹口区科学技术委员会主任职务； 免去蔡正茂的虹口区人力资源和社会保障局局长职务； 免去胡伟文的虹口区市场监督管理局局长职务； 免去缪缈的虹口区统计局局长职务； 免去金慧莲的虹口区医疗保障局局长职务
			任命姜勇为虹口区监察委员会副主任； 任命姜勇为虹口区监察委员会代理主任； 任命吴亚杰为虹口区监察委员会副主任； 任命李洁为虹口区监察委员会委员； 任命钱玮为虹口区监察委员会委员
			免去卢颖的虹口区监察委员会委员职务
			任命孙军为虹口区人民检察院副检察长、检察委员会委员、检察员； 任命孙军为虹口区人民检察院代理检察长
			免去万力的虹口区人民检察院检察员职务； 免去李丹的虹口区人民检察院检察员职务； 免去谢华卫的虹口区人民检察院检察员职务； 免去赵璐的虹口区人民检察院检察员职务
			任命王敏为虹口区人民代表大会常务委员会人事工作委员会主任； 任命许莅群为虹口区人民代表大会常务委员会代表工作室主任、代表资格审查委员会副主任委员、人事工作委员会副主任； 任命陆文为虹口区人民代表大会常务委员会华侨民族宗教工作委员会、教育科技文化卫生工作委员会主任； 任命李文青为虹口区人民代表大会常务委员会教育科技文化卫生工作委员会副主任； 任命陈健为虹口区人民代表大会常务委员会预算工作委员会主任； 任命张佳东为虹口区人民代表大会常务委员会城市建设和环境保护工作委员会主任； 任命徐普宝为虹口区人民代表大会常务委员会曲阳路街道工作委员会主任； 任命史玮为虹口区人民代表大会常务委员会欧阳路街道工作委员会副主任
			免去安茂亭的虹口区人民代表大会常务委员会代表工作室主任、代表资格审查委员会副主任委员、人事工作委员会副主任职务； 免去肖蓉芳的虹口区人民代表大会常务委员会华侨民族宗教工作委员会、教育科技文化卫生工作委员会主任，人事工作委员会副主任职务； 免去黄升文的虹口区人民代表大会常务委员会教育科技文化卫生工作委员会副主任职务； 免去王祖彪的虹口区人民代表大会常务委员会预算工作委员会主任职务； 免去胡青云的虹口区人民代表大会常务委员会城市建设和环境保护工作委员会主任职务； 免去谢海龙的虹口区人民代表大会常务委员会曲阳路街道工作委员会主任职务； 免去梁旗的虹口区人民代表大会常务委员会欧阳路街道工作委员会副主任职务； 免去华小兰的虹口区人民代表大会常务委员会凉城新村街道工作委员会副主任职务
7	12月27日	第四十三次会议	任命汪洋为虹口区人民法院副院长、审判委员会委员、审判员； 任命张宏毅为虹口区人民法院副院长、审判委员会委员、审判员； 任命毛伟为虹口区人民法院审判委员会委员； 任命叶琦为虹口区人民法院审判委员会委员； 任命邹杰为虹口区人民法院审判委员会委员； 任命林彬为虹口区人民法院审判委员会委员；

（续表）

表2-2　2021年虹口区十六届人大常委会任免情况

序号	时间	任免会议名称	任免职务
7	12月27日	第四十三次会议	任命胡正明为虹口区人民法院审判委员会委员； 任命施月玲为虹口区人民法院刑事审判庭副庭长； 任命冯潇剑为虹口区人民法院审判员； 任命夏梦为虹口区人民法院审判员； 任命徐丹阳为虹口区人民法院审判员； 任命管西凤为虹口区人民法院审判员
			免去沈立的虹口区人民法院副院长、审判委员会委员、审判员职务
			任命周楠为虹口区人民代表大会常务委员会办公室副主任； 任命狄洁姗为虹口区人民代表大会常务委员会代表工作室副主任； 任命卫应为虹口区人民代表大会常务委员会凉城新村街道工作委员会副主任
			免去王小波的虹口区人民代表大会常务委员会办公室副主任职务； 免去周楠的虹口区人民代表大会常务委员会代表工作室副主任职务

说明：（1）虹口区人大常委会第四十一次会议决定接受郑宏、李铭、张清辞去虹口区人民政府副区长职务；

（2）虹口区人大常委会第四十二次会议决定接受曾国东辞去虹口区人民检察院检察长职务；决定接受王智华辞去虹口区监察委员会主任职务；

（3）资料由区人大常委会办公室提供。

代表工作

【概况】

至年底，区十六届人民代表大会有代表273人，虹口组市人大代表有53人。区十六届人大八次会议期间收到代表建议181件，闭会期间收到代表建议6件，全部得到办复。围绕区“一网通办”工作推进情况，举办区情况报告会1次，增强代表履职意识和能力，保障代表知情知政。围绕“关于虹口区域内免费增设公共加水点位的建议”，组织代表与区政府相关部门开展双向约见活动。组织市、区两级人大代表422人次，开展2次集中联系社区活动，广泛听取群众意见，收集意见建议456条。组织11名市人大代表向区人大常委会报告履职情况。

（张　娴）

【代表建议督办】

2—9月进行，区人大常委会代表工作室加强与区政府督查室的工作统筹和联动督办，跟踪督办反映内容涉及面广、办理难度大、综合性强的“利用闲置空间　破解停车难困局”“关于推进凉城新村街道水电小区加装电梯的建议”等代表建议。听取区住房保障房屋管理局、区建设管理委、区公安分局、区商务委等单位代表建议办理工作的基本情况、主要做法、特色亮点等。9月24日，区十六届人大常委会第四十一次会议听取并审议《关于区十六届人大八次会议代表建议办理情况的报告》，会议要求承办单位进一步强化跟踪问效，把办理工作的着眼点放在解决问题和促进工作上，以实际成效回应群众诉求；进一步加强与代表的沟通，注重发挥代表作用，增强办理共识。代表工作室要搭建好代表与承办单位的沟通桥梁，共同推动代表反映的群众关心关注问题得到解决。

（张　娴）

【“关于虹口区域内免费增设公共加水点位的建议”双向约见活动】

4月2日，围绕“关于虹口区域内免费增设公共加水点位的建议”，区人大常委会组织部分区人大代表与区政府督查室、区建设管理委、区财政局、区绿化市容局、虹口城市建设发展有限公司、市城投水务公司等部门负责人开展双向约见，确定在区内增设12个加水点位。3名区人大代表参加。

（张　娴）

【市、区人大代表第一次集中联系社区活动】

5月26日至6月8日举行。活动听取和反映人民群众对区创建全国文明城区、养老服务、幼儿托育和青少年教育、旧区改造和历史风貌保护等民生方面以及经济发展、城市建设和管理、社会事业、社会治安等方面的意见建议；听取和反映

图2-2 北外滩虹口港蜿蜒流淌，与黄浦江交汇（曹 骅 拍摄）

人民群众对《上海市公共卫生应急管理条例》贯彻实施情况的意见建议；听取和反映人民群众对消防安全、生产安全及城市运行安全面临问题、法治保障需求及修改《上海市安全生产条例》的意见建议。活动期间举行座谈会170场，35位市人大代表、191位区人大代表参加，形成意见建议275条。

（张 娲）

【虹口组市人大代表专题调研家庭照护床位建设】

5—9月，区人大常委会围绕家庭照护床位建设，组织虹口组市人大代表调研参与家庭照护床位试点工作的16家机构，发放503份调研问卷，听取并收集市、区人大代表，专业部门和专家学者座谈讨论、学习交流等方式收集的各类意见建议40余条，形成《以家庭照护床位建设为抓手，实现超大城市养老服务可持续发展》的调研报告，报送市人大常委会。

（张 娲）

【"虹口区'一网通办'工作推进情况"区情报告会】

7月14日在"虹口区人大代表履职服务平台"线上举行。副区长李铭围绕区"一网通办"工作推进情况，就取得的成效、亮点特色、存在的问题、下阶段重点工作等四个方面作区情报告。200余名区人大代表收看视频。

（张 娲）

【虹口组市人大代表向区人大常委会报告履职情况】

9月28日，市人大代表韩若冰、朱思欢在区人大常委会第四十一次会议上报告履职情况；常生龙、葛平、曾乐才等11位市人大代表以书面形式向区人大常委会报告履职情况。

（张 娲）

【市、区人大代表第二次集中联系社区活动】

10月25日至11月5日进行。活动听取区和乡镇人大代表换届选举有关情况介绍；听取和反映人民群众对"老、小、旧、远"等民生问题的意见建议。活动期间举行座谈会115场，32名市人大代表、164名区人大代表参加，形成意见建议181条。

（张 娲）

（栏目编辑 李建智）

文明工地 共建和谐社会

三、上海市虹口区人民政府

综　述

2021年，虹口区坚持以习近平新时代中国特色社会主义思想为指导，立足新发展阶段，贯彻新发展理念，服务新发展格局，推动高质量发展、创造高品质生活、实现高效能治理，统筹推进疫情防控和经济社会发展，凝心聚力加快北外滩开发建设，完成区第十六届人大八次会议确定的工作目标和任务，实现区“十四五”经济社会发展良好开局。

经济运行稳中向好。全年一般公共预算收入完成155.23亿元，比上年增长30％，增速位居中心城区第一。产业升级凸显更多亮点，“2+4”（“2”指金融服务业、航运服务业；“4”指现代商贸业、专业服务业、信息服务业、文化创意产业）产业区级税收实现81.17亿元，比上年增长54.1％，占全区区级税收比重达到57.5％。全区集聚各类金融企业和机构1900余家，资产管理规模超过7万亿元，金融服务业区级税收比上年增长49.4％；集聚各类航运服务企业近4700家和功能性机构41家，全球前50位的船公司有12家在区设立地区总部或分支机构，航运服务业区级税收比上年增长174.6％。现代商贸业加快发展，北外滩来福士、瑞虹天地太阳宫等新商业载体成为网红商业地标，获评全球新品首发地建设示范区。文化创意产业、专业服务业和信息服务业等重点产业区级税收均实现两位数增长。亿元楼33幢、亿元园区9个，月亿楼实现零的突破，达到2栋。

推进北外滩开发建设。位于北外滩的世界会客厅首度亮相，相继举办面向世界的高规格政党对话会、市长国际企业家咨询会、世界城市日、首届北外滩国际航运论坛等活动。“一江一河一港”（黄浦江、苏州河、虹口港）全面贯通提质，建成虹口港东岸贯通和两侧“世纪长廊”景观提升等项目，国客中心码头880米岸线向市民开放，滨江滨河驿站建成运行。打响“企航北外滩”活动品牌，启用北外滩企业服务中心和首个24小时综合性政务服务窗口，首推“线上预约、一对一定制、集成服务、自助办理”新模式。举办多场集中签约活动，推动青山实业、高瓴资本等国内外知名企业成功落地，新增各类高能级企业总部12家、各类研发中心和创新性平台16家。全国碳交易市场落地运行，480米浦西新地标所在的91街坊等8幅地块成功出让，上海创新设计研究院成功落户，雅诗阁国际人才公寓等项目实现开工。

做实“两旧”（旧区改造、旧住房修缮）工作，多措并举改善群众居住条件。全区成片二级旧里以下房屋改造征收签约超过1.5万户、涉及面积43.8万平方米，实现收尾交地8个项目17个街坊。完成北外滩成片二级旧里以下房屋改造，实现余杭路、东余杭路二期、昆明路以南等10个项目、32个街坊征收。完成176街坊等历史毛地处置工作，区历史毛地全部处置完毕。旧住房修缮完成110余个小区227万平方米“美丽家园”建设项目，统筹推进“美丽家园+”系列工程，实施21个整小区、5个整居委会加装电梯项目，新增加装电梯通过征询286台、竣工124台，超额完成1000余户家庭适老化改造，在全市率先试点利用既有民防工程改造缓解小区停车难问题。

发展数字化转型。布局新一代信息基础设施，建成5G基站1134个，基站密度全市领先，建成综合杆192个，集聚“5G＋”企业350余家。依托上海市工业互联网协会、华为上海代表处、西门子创新中心等，集聚致景科技等工业互联网头部企业，全区有高新技术企业450家、科技小巨人企业126家。落地各类数字化生活场景应用，深化“区块链＋社区生活服务”“互联网＋医疗健康”等创新探索，建成旅游数字化信息平台，推出智慧急救、“5G＋VR全景导览”等场景应用。开展3.7万人次长者智能技术运用提升行动，帮助老年群体跨越“数字鸿沟”。深化“两张网”（一网通办、一网统管）建设，首批开展“一业一证”（将市场主体进入特定行业涉及的多张许可证整合为一张行业综合许可证）改革，在全市首创企业住所自主登记。推进区城运中心“多格合一”（城运网格、警务网格、综治网格合一）和街道城运中心“多中心合一”（城运中心、数据中心、网格中心合一），建成运行数字北外滩展示馆。

提高城区环境品质。推进73项事关民生和发展的重大工程项目，105号“旧改”地块、122街坊住宅项目等13个项目实现开工，北外滩贯通和综合改造提升、瑞虹新城10号地块、彩虹湾公共服务中心等20个项目竣工，全年实现开工66.2万平方米、竣工134.3万平方米。开展违法建筑专项治理，依法拆除违法建筑9.9万平方米，连续第十次在市级测评中位居全市第一。启动第八轮环保三年行动计划，打好污染防治攻坚战，$PM_{2.5}$月均浓度27微克/立方米，比上年下降12.9%；空气质量AQI优良率达到90.9%；重点建设用地安全利用率为100%。完成9.7千米架空线入地和合杆整治工程。生活垃圾回收利用率达到43%。

提升民生保障水平。精准落实“外防输入、内防反弹”各项常态化疫情防控举措，集中隔离观察管理3.6万人；接种疫苗153.2万剂次，16.4万人接种加强针，68.8万人完成全程接种，18岁以上人群全程接种率达到93.9%。办好民生实事和民心工程，早餐工程示范点、为困难家庭免费升级百兆宽带等十方面31个政府实事项目和13项民心工程全面完成。推进创业就业、社会救助、住房保障、为老服务等民生保障工作。

创新社会治理。发布《虹口区市民驿站评价规范》，推进市民驿站标准化建设管理，打造“百事通”前台接待服务窗口，试点“掌上驿站”，提升市民驿站服务效能。完成“两委”（居民区党组织和居民委员会）换届，建立居委会规范化建设标准，推动居委会“沉浸式办公”，优化“全岗通”工作机制，推动“社区云”和社区事务办理空间站建设。开展安全生产专项整治行动，做好重大活动、重要时点、重点领域的城区运行安全和社会面稳定保障工作，完成区庆祝中国共产党成立100周年等安保维稳工作，城区运行平稳有序。

发展社会事业。深入推进教育强区建设，实现普惠性托育点街道全覆盖，实施“彩虹计划”，落实教育综合改革各项任务，上海南湖职业技术学院完成首届招生。完成“一南一北”区域医疗中心建设，上海市第四人民医院、上海市中西医结合医院挂牌成为上海市区域医疗中心，上海市第四人民医院成功创建成为同济大学附属医院。文化软实力稳步发展，成功入选第二批国家文化和旅游消费试点城市；中共四大纪念馆完成展陈提升并开馆，获评国家5A级景区，建成全市首个国旗教育展示厅；李白烈士故居完成修缮改造和展陈升级并开放；成功创建成为全国文明城区提名城区。新建改建4条市民健身步道、20处市民益智健身苑点、4片市民多功能运动场，首届上海赛艇公开赛在苏州河河滨之源开赛。

（杨　璇）

重要会议和活动

【概况】

2021年，虹口区人民政府与清华大学五道口金融学院、上海银保

表3-1　2021年虹口区政府重要会议

序号	日　期	会议名称	主要内容
1	2月1日	区投资促进大会暨重大工程推进会	部署区招商引资工作，推进重大工程项目建设，举行重点项目集中签约仪式，宣读区荣获2020年度上海市重点工程实事立功竞赛表彰名单
2	3月8日	区优化营商环境大会暨重点企业和重点楼宇（园区）表彰会	会议通报区深化“放管服”改革优化营商环境工作有关情况；为获得“特殊贡献奖”“重大贡献奖”的企业、楼宇和园区颁奖
3	3月22日	区新型冠状病毒疫苗接种工作推进会议	贯彻落实全国及市新型冠状病毒疫苗接种工作电视电话会议精神，推进区疫苗接种工作
4	4月27日	区政府工作会议	贯彻落实市委、市政府及区委重点工作要求，部署区政府第二季度重点工作任务
5	4月28日	区安全生产、防灾减灾和消防工作暨防汛防台工作会议	部署区安全生产、防灾减灾、消防和防汛防台工作。区应急局、区消防救援支队、区建设管理委分别通报安全生产、防灾减灾、消防、防汛防台等近期工作情况，并部署2021年相关重点工作。区住房保障房屋管理局、区建设管理委、北外滩街道、四川北路街道分别作交流发言
6	6月4日	区新冠肺炎疫情防控工作推进会议	传达市疫情防控工作领导小组会议精神，推进区新冠肺炎疫情防控工作

（续表）

表3-1　2021年虹口区政府重要会议

序号	日　期	会议名称	主要内容
7	6月11日	区安全生产工作专题会议暨河长制湖长制工作会议	贯彻落实市委、市政府有关会议精神，听取相关工作情况汇报，对区安全生产、防灾减灾、消防、河长制湖长制、防汛防台等工作进行再部署、再落实
8	7月12日	区安全生产委员会全体成员会议	通报近期区安全生产工作情况、防汛工作安排和消防安全工作安排，部署相关工作
9	8月27日	区城市数字化转型工作专题会	推进区城市数字化转型工作，研究工作专班设立情况
10	10月21日	区政府工作会议	贯彻落实市委、市政府及区委重点工作要求，部署区政府第四季度重点工作任务
11	10月21日	北外滩开发建设工作推进会	部署推进北外滩项目建设、招商引资、社会事业发展、公共运行管理等工作
12	12月22日	2021年度安全生产和消防工作专项巡查虹口区启动汇报会	市安委会第一巡查组听取区安全生产和消防工作情况汇报，并于12月22—28日对区安全生产和消防工作开展专项巡查

说明：资料由区政府办公室提供。

监局、同济大学等部门、企事业单位签署战略合作协议。举办区投资促进大会暨重大工程推进会、“漫步滨江　企航北外滩”系列活动、“上海金秋购物旅游季”启动仪式、2021北外滩国际航运论坛等重要活动。召开区优化营商环境大会暨重点企业和重点楼宇（园区）表彰会、区政府工作会议、区安全生产工作专题会议暨河长制湖长制工作会、区城市数字化转型工作专题会等重要会议。

（杨　璇）

【区投资促进大会暨重大工程推进会】

2月1日在区机关大楼举行。区委副书记、区长胡广杰出席会议并讲话。区委副书记洪流主持会议。市经信委总工程师刘平，市住建委副主任、市重大办常务副主任、市立功竞赛领导小组副组长朱剑豪受邀参加会议。区领导张伟、李佳玉、周嵘、郑宏、郑蔚芸出席会议。现场举行重点项目集中签约仪式，共有21个企业及项目，涉及投资金额100亿元，推进北外滩打造“运作全球总部城”；举办“金牌楼长”“金牌园长”颁奖仪式，以及向外籍人才颁发来华工作许可证，并宣读区荣获2020年度上海市重点工程实事立功竞赛表彰名单。

（杨　璇）

【虹口区与清华大学五道口金融学院签署合作备忘录仪式】

4月17日在区机关大楼举行。清华大学五道口金融学院常务副院长、清华大学金融科技研究院院长、首席教授廖理，虹口区委书记郭芳出席并讲话。区委副书记、区长胡广杰主持签约仪式。副区长郑宏，清华大学五道口金融学院党委副书记王正位分别代表双方签约。双方围绕金融科技、人才培养、区校联建等方面加强合作，将在更大范围内实现优势互补、成果共享、互惠共赢，助力虹口打造金融业发展新亮点、新动能，携手为创造新时代上海发展新奇迹作出更大贡献。

（杨　璇　吴　颖）

【“北外滩服务高地”沙龙活动】

9月11日在北外滩滨江举行。区委副书记、区长胡广杰，副区长郑宏出席。中林时代、国投聚力、安捷伦、识装信息、安路信息、嘉合基金、富安达、交银施罗德、明泓投资等企业负责人到北外滩企业服务中心，参观24小时自助服务区、VIP现场服务区等区域，现场体验“一杯咖啡的时间”办理完所有企业事务的运作流程，并围绕“打造北外滩全市最优服务高地”主题进行圆桌沙龙活动。

（杨　璇）

【“上海金秋购物旅游季”启动仪式】

9月19日在瑞虹天地太阳宫举行。市政府副秘书长顾洪辉，市商务委主任顾军，区委副书记、区长胡广杰，副区长郑宏等出席启动仪式。佛罗伦萨小镇、瑞虹天地太阳宫、新天地、百联集团、盒马、中庚漫游城等18家企业分别围绕“金秋购物旅游季”主题发布重点活动信息。购物旅游季期间，虹口区各大商圈主体，为市民带来持续不断的购物嘉年华体验，其中北外滩来福士推出城市集市“开心麻花”剧场，打造沉浸式舞台剧；上海白玉兰广场举办“国宝当+国潮IP展”；凯德虹口商业中心打造玩转月趣“潮”玩国潮市集；百联曲阳购物中心推出国潮文创后备箱市集；上滨生活广场推出动漫嘉年华，打造二次元网红打卡地。活动持续至10月8日。

（杨　璇）

区政府实事项目

【概况】

2021年，区政府完成涉及为老服务、教育服务、加装电梯、电动自行车充电设施配建、“美丽家园”工程、就业创业、体育休闲、绿化建设等方面的31项实事项目。

（杨　璇）

【欧阳路街道社区卫生服务中心示范性康复中心】

4月建成。该康复中心对康复病房和康复门诊优化调整，门诊由原先的200多平方米增加到420多平方米，引进智能设备，添置电脑机器人，增加趣味性和安全性，减轻康复技师的体力劳动。同时，该康复中心将康复服务下沉到各站点，与家庭医生团队打造标准化、规范化康复模式，对就诊的康复病人实行一人一策个性化方案，为居民构筑“防、治、康、养”为一体的多层次康复服务。

（杨　璇）

【嘉兴路街道综合为老服务中心】

5月建成。位于香烟桥路87号。该为老服务中心结合市民驿站建设，融合助餐、文化娱乐、医疗保健、体育健身、精神慰藉、法律援助等服务项目，打造成为集医养、康养、体养、文养（文化娱乐）、智养（智慧养老）等功能为一体的社区养老服务综合体。同时延伸街道社区事务办理功能，为老年人的日常生活提供便利。

（杨　璇）

信访工作

【概况】

2021年，区信访工作强化基础业务，健全完善工作机制，做好了解民情、集中民智、维护民利、凝聚民心工作，努力将信访制度优势转化为社会治理效能，提升人民群众的获得感、幸福感和安全感。（1）受理群众信访。全年受理群众信访事项8062件，其中初次信访事项5722件，初次信访事项解决群众满意率达到97.6%，按期转送交办率、按期受理告知率、按期办结率达到3个100%，办理效能9天21小时，办理联系率99.53%，网信公开率95.84%。（2）化解信访矛盾。召开区信访稳定例会3次，会商历史遗留矛盾及群体性涉稳矛盾共10件，通过化解方案9件。成立5个区级督导小组下访，推进重复信访积案专项工作。落实包案研究责任，形成“3+X”（“3”指的是区信访工作联席会议办公室（信访办）、责任单位及属地街道3个部门，“X”指的是公安、律师、知心妈妈及其他第三方服务机构等）工作机制。完成404件重复信访积案，上报率100%，其中41件实体化解，242件得到明显缓解，有效完成中央信访工作联席会议办公室、上海市信访工作联席会议办公室交办的工作任务。（3）强化督查督办。制发重要初次事项初信初访督办函至责任单位，坚持逐案跟踪督办、事后回访问效，全年共督查督办各类信访事项99件，均办结，其中化解82件，化解率82.8%。（4）人民网留言回复办理。把群众满意作为第一标准，及时解决网民诉求，提升办理质效，全年收到留言248件，办结率100%。年内，区信访办获评2021年度人民网网上群众工作民心汇聚单位，区信访办副主任何建华获评全国最美信访干部提名奖，《关于在北外滩滨江绿化虹口段设置植物铭牌的建议》《关于完善临时停车位，破解短时停车难的建议》等5件人民建议获评2021年度市人民建议优秀案例。

（仇　碚）

【《关于电梯加装后续维保工作》人民建议】

5月由江湾镇街道逸仙小区居民提出。该建议提出：电梯建成后交由物业管理，并承担电梯使用管理的具体工作；将电梯的日常使用管理纳入小区物业日常管理范围；出台市级相关政策或管理意见，将加装电梯后续管理中的使用主体、管理主体、变更管理、管理职责、维护保养和改造修理单位、智慧安防、维保资金等方面内容列入其中；明确物业对加装电梯相关运行及维护的收费标准。8月，市房屋管理局、市市场监督管理局等五部门联合制定《关于加强既有多层住宅加装电梯管理的指导意见》，吸收该人民建议内容，保障老旧小区在电梯加装后续长时间使用过程中的日常维保维修、运营管理、费用摊派等一系列规范管理工作。

（仇　碚）

【拓宽人民建议征集渠道】

2021年，区人民建议征集办公室通过征集令、红色邮筒、人民建议征集平台等线下、线上征集渠道收到人民建议近2000件，涉及公共基础设施、城市生态环境、文化娱乐生活等内容，其中上报市人民建议征集办公室48件，《关于电梯加装后续维保工作》和《老旧小区新能源车共享充电桩》得到市委副书记、

表3-2　2021年虹口区政府实事项目完成情况

序号	计划项目	完成情况
1	新建1家社区综合为老服务中心	完成
2	新增4个社区老年助餐场所	完成，分别位于天宝西路248弄7号、香烟桥路87号、临潼路191号、曲阳路610弄13号底楼
3	新增150张养老床位	完成157张养老床位
4	改建80张认知障碍照护床位	完成改建105张认知障碍照护床位
5	新增2家社区老年人日间照护中心	完成，分别为江湾镇街道学府居委会老年人日间照护中心、嘉兴路街道第五市民驿站日间照护中心
6	全区全覆盖开展公办小学学生校内课后服务	完成
7	开设21个上海市小学生爱心暑托班	完成
8	新建3个普惠性托育点	完成新建6个普惠性托育点
9	结合美丽家园综合整治，开展各类旧住房修缮不少于100万平方米	完成各类旧住房修缮227万平方米
10	推进既有多层住宅加装电梯	竣工124台，通过征询268台
11	为28个住宅小区新增电动自行车充电设施，力争完成30个小区	完成，为30个住宅小区新增电动自行车充电设施
12	为老旧小区内40个既有电动自行车集中充电场所加装消防设施	完成
13	建设1个共享充电桩示范小区	完成，凉城新村街道车站南路407弄凉五小区建成15根分时共享充电桩
14	建设1家示范性社区康复中心	完成欧阳路街道社区卫生服务中心示范性康复中心建设
15	组织2000名一线职工疗休养	完成，组织2079名一线职工疗休养
16	推出12家早餐工程示范点	完成，推出15家早餐工程示范点
17	帮助520名长期失业青年实现就业创业	完成，帮助590名长期失业青年实现就业创业
18	支持培养600名企业新型学徒	完成，支持培养799名企业新型学徒
19	引领700人成功创业，其中青年400人	完成，引领763人成功创业，其中青年660人
20	年末城镇登记失业人数控制在市政府下达目标数8100人以内	年末城镇登记失业人数5970人，控制在市政府下达目标数以内
21	计划开展1万人次长者智能技术运用能力提升行动	完成，为3.7万人次提供培训和帮办服务
22	为2.9万户困难家庭免费升级百兆宽带	完成31535户
23	完成花园路（水电路—中山北一路）道路积水改善工程	完成
24	完成5个城市道路缓拥堵小改小革项目	完成6个城市道路缓拥堵小改小革项目
25	新增15个出租车候客站点	完成
26	完成9个公共厕所大修改造	完成
27	新建改建4条市民健身步道	完成并向市民开放
28	新建改建20个市民益智健身苑点	完成并向市民开放
29	新建改建4片市民多功能运动场	完成6片并向市民开放
30	建成绿道1000米	完成建成绿道1845米
31	新建立体绿化2.5万平方米	完成新建立体绿化25012平方米

说明：资料由区政府办公室提供。

市长龚正肯定，《关于完善临时停车位，破解短时停车难的建议》获得市领导批示。呈报区委、区政府人民建议14件，获得区领导批示10件，其中区委书记郭芳批示的《关于在北外滩滨江绿化虹口段设置植物铭牌的建议》获评2021年度市人民建议优秀案例。年内，与区消防救援支队联合开展“我为虹口区社区微型消防站建设献一计”人民建议征集活动、与区发展改革委联合开展“虹口区2022年为民办实事立项建议”征集活动、与北外滩街道联合开展“我为北外滩社区公共服务体系建设建言献策”主题征集活动，通过“上海虹口”和“虹口北外滩”微信公众号、随申办人民建议征集平台等发布征集令，共收到有效建议152件。实施25个党史学习教育红色场馆、场景和8个街道55个点位即“8+25+X”模式完成建议征集邮筒的设置。

（仇 碚）

外事工作

【概况】

2021年，区外事工作立足打造国内国际双循环的重要交汇点，整合区域优势资源，拓展创新发展模式，实现对外开放合作事业新突破。全年受理来华邀请函申请89家企业，计112批次、225人次；审批因公出国参加东京残奥会团组1批次，出访人数2人次。年内，接待芬兰驻沪总领事、副总领事洽谈国际教育合作项目，引入海外优质教育资源，加速品牌项目孵化；接待罗马尼亚驻沪总领事商谈拓展合作领域，推动经贸、文化、民间交流等领域的务实合作迈向新的层次。开展尹奉吉义士上海义举89周年纪念活动；成功申报“白玉兰纪念奖”。

（庄舒源）

【尹奉吉义士上海义举89周年纪念活动】

4月29日在鲁迅公园梅园举行。韩国梅轩尹奉吉义士纪念事业会、上海市虹口区国际交流中心联合主办。虹口区政协副主席郭启文、韩国驻沪总领事金胜镐、梅轩尹奉吉义士纪念事业会中国上海支部会长金钟镐等出席。仪式上，郭启文、金胜镐致词，孩童朗诵纪念诗歌，与会人员向尹奉吉义士铜像献花并合影留念。约150人参加活动。

（庄舒源 黄乐芸）

【区申报的杰出外籍人士高乐获2021年度上海市“白玉兰纪念奖”】

9月15日，在北外滩苏宁宝丽嘉酒店，上海市人民政府向来自15个国家50位杰出外籍人士授予2021年度上海市“白玉兰纪念奖”，区推荐申报的宝马集团大中华区总裁兼首席执行官高乐位列其中。高乐在推进上海创新驱动发展、经济转型升级、建设“五个中心”和国际现代化大都市过程中，作出突出贡献，为城市注入活力，增添风采。

（庄舒源 祝梦舲）

港澳台工作

【概况】

2021年，区港澳台工作统筹推进应对疫情防控和经济社会发展工作。全年无因公组团赴港澳台交流，无来访港澳团组，接待来访台胞团组3批35人次。（1）思想教育。学习宣传习近平总书记对台工作的重要论述，举办涉台教育宣传员培训班、专题报告会4期，180人参加。在台胞台属中开展党史学习教育，激发爱国爱党热情，坚定祖国统一信心。联合区教育工作党委共同举办“两岸学生心连心，共盼雨后见彩虹”青少年涉台教育之绘画评比活动，增强青少年立志完成祖国统一大业的责任感和使命感。（2）服务台企台胞。贯彻《上海市台湾同胞投资权益保护规定》，引导台资企业关注虹口发展新机遇，帮助解决台商经营诉求4件，为台商提供信息咨询服务20件。做好在沪居住台胞新型冠状病毒疫苗接种的政策宣传和服务保障，审核台胞接种疫苗信息432条，台胞接种新型冠状病毒疫苗1331剂次。按照全市疫情防控要求，指导台企台胞落实好防控措施。会同区教育工作党委，举办首期“沪台青少年探学营——中国文学探索之旅”，活动被列为2021年上海市对台重点交流项目。设立3处区海峡两岸青年就业创业基地、5处区海峡两岸青年就业创业实践点，为台湾青年来区发展提供舞台。组织台胞台属参观“阳光总在风雨后——沪台交流回眸”图片展、第十届中国花卉博览会等。（3）组织建设。指导区台联、市台协虹口工委会完成好换届工作。台胞吴伟诚获评上海市五四青年奖章。

（陈颖华）

【首期“沪台青少年探学营——中国文学探索之旅”】

7月13—14日在区青少年活动中心举行。区台办、区教育工作党委联合主办。两岸青少年通过“行走的课堂”和“沉浸式体验”，一起走进虹口，听取区行政学院老师讲述革命前辈勤工俭学扬帆起航、五星红旗屹立东方等发生在区的历史文化故事；在“国家指南针计划”青少年实践基地，学习拓印技术和竹简装帧；参观上海鲁迅纪念馆和中国左翼作家联盟会址纪念馆。两岸同文同种、同根同源，作为年轻一代，共同弘扬中华传统文化，增强中华传统文化的生命力和影响力。在沪青少年台生、台生家长志愿者和区初中生共36人参加活动。

（陈颖华）

【虹口区海峡两岸青年就业创业基地揭牌】

11月1日，在天安数码城·虹控T创园举行揭牌仪式。区台办主办。为适配区北中南三大功能区域发展定位，在虹控T创园、花园坊节能环保产业园、智慧桥创意产业园3个园区，设立“虹口区海峡两岸青年就业创业基地”。整合汉荣房地产开发（上海）有限公司、谊远（上海）置业有限公司等5家台资企业资源，设立第一批“虹口区海峡两岸青年就业创业实践点”5处。赋予基地和实践点加强就业指导、孵化青创企业、推动互动交流、打造品牌赛事等主要功能，为两岸青年发展提供舞台，将虹口打造成为两岸青年人才的向往之地、聚集之地。

（陈颖华）

民族和宗教工作

【概况】

2021年，区民族和宗教工作以铸牢中华民族共同体意识为主线，以坚持宗教中国化为重点，推动民族团结进步事业发展，提升依法管理宗教事务水平，维护民族和睦、宗教和顺。（1）宣传教育。指导各民族宗教团体开展党史学习教育，学习宣传习近平总书记在庆祝中国共产党成立100周年大会上的重要讲话精神和党的十九届六中全会精神。学习贯彻全国宗教工作会议、中央民族工作会议精神。开展“民族宗教法制宣传学习月”活动。会同区社会主义学院举办区民族和宗教工作培训班。（2）组织建设。指导区少数民族联合会和天主教爱国会完成团体换届工作。召开民族宗教工作领导小组会议，部署开展宗教整治专项工作，发挥“三级网络两级责任制”机制作用，全年约谈参与非正常宗教活动近200人，劝散或取缔非法宗教活动点9个。（3）服务社会。赴街道、社区开展走访调研16次，看望民族宗教界人士80余人次。慰问41名少数民族困难群众，补助金额2.1万元。动态调整疫情防控措施，指导宗教场所安全有序开放。依托“一网通办”“一网统管”平台处理涉及民族宗教领域的管理事务，提升办事效率和群众满意度。年内，曲阳路街道被国家民委命名为第八批全国民族团结进步示范区示范单位。

（胡思齐）

【贺毅群看望西藏班学生】

2月7日，区委常委、统战部部长贺毅群到上海市复兴高级中学看望慰问在沪过春节的西藏班学生，并调研铸牢中华民族共同体意识进校园工作，提出：学习贯彻习近平总书记关于民族工作的重要论述，以《关于全面深入持久开展民族团结进步创建工作铸牢中华民族共同体意识的意见》为指导，结合实际，推进中华民族共同体建设；坚持以点带面，在全区中小学逐步推开，努力打造具有成效、富有特色、可以推广的工作品牌，切实发挥学生带动家庭、学校带动社会的“辐射”效应，促进各民族间的交流交往交融。

（胡思齐）

【铸牢中华民族共同体意识进校园主题活动】

6月1日在上海市霍山学校开展。区民宗办、区教育局、上海市霍山学校联合举办。以“民族团结手拉手，领巾向党心连心”为主题，通过歌舞表演、民族服装秀和民族文化体验等形式，表达师生感恩党的领导、维护民族团结一致心声。100余人参加。

（胡思齐）

【区民族和宗教工作培训班】

6月22日在区社会主义学院开班。区民宗办和区社会主义学院联合举办。邀请区委党校讲师李银娥、市民宗局相关处室干部围绕民族宗教领域形势特点和相关政策法规作辅导报告，组织学员赴中共四大纪念馆和国旗教育展示厅参观见学。区民族宗教工作领导小组成员单位联络员、各街道统战干部、民族宗教团体及场所班子成员共70余人参加。

（胡思齐）

对口支援与合作交流

【概况】

2021年，虹口区推进与云南省文山壮族苗族自治州马关县、西畴县、富宁县、丘北县，以及青海省果洛藏族自治州玛沁县东西部协作与对口支援工作。全年投入市、区统筹帮扶资金1.93亿元，开展援建项目35个；投入区财政帮扶资金2720.4万元，开展援建项目62个；引导社会力量投入援助资金3519.44万元（含捐物折款）；引导上海企业在对口县新增投资或新增落地企业14家，企业实际投资额3878.95万元。年内，完成市、区统筹人力资源培训项目，并结合实际，开展云南对口四县“三类人员”（脱贫村党组织书记、农业专业技术人员、致富带头人）培训47901人次。完成云南对口四县就地就近就业及异地就业4000人和来沪就业130人的劳务协作工作指标。推动消费帮扶工作，采购对口地区农特产品金额1.8亿元。与青浦区开展农村综合帮扶，捐赠帮扶资金2000万元。

（林　双）

【区代表团赴新疆维吾尔自治区开展合作交流】

7月8—14日，区政协主席石宝珍率区代表团赴新疆维吾尔自治区克拉玛依市、伊犁哈萨克自治州、昌吉回族自治州等地开展合作交流。其间，代表团与上海市对口支援克拉玛依市前方指挥部、伊犁哈萨克自治州政府交流座谈，调研克拉玛依独山子区文化润疆工程项目、上海伦匠产业园拟落地项目、益海嘉里新疆投资项目等。区领导洪流、郭启文、高庆迁以及相关单位负责人8人参加考察。

（林　双）

【区代表团赴云南省文山壮族苗族自治州对口扶贫四县考察】

7月26—30日，副区长张雷率区代表团赴云南省文山壮族苗族自治州对口四县（马关县、西畴县、富宁县、丘北县）考察东西部协作工作，分别与各县召开东西部协作联席会议，捐赠帮扶资金及物资合计250万元。其间，代表团考察丘北县双龙营镇普者黑村产业发展项目、西畴县三光片区治理项目、马关县龙树脚村整村推进帮扶项目等，并慰问援滇干部。区相关单位负责人9人参加考察。

（林　双）

【区党政代表团赴青海省果洛藏族自治州玛沁县考察】

7月27—29日，区委副书记、区长胡广杰率区党政代表团赴青海省果洛藏族自治州玛沁县开展对口支援调研考察，并召开对口支援工作联席会议，捐赠帮扶资金285万元。其间，代表团实地考察青海省果洛藏族自治州民族高级中学、玛沁县人民医院、大武镇团结路北社区，并到久美家园异地搬迁点看望慰问困难群众。代表团还分别走访上海市驻西宁办事处、上海市援青联络组，慰问第四批援（驻）青干部。区领导杨春花、周嵘、李佳玉、郭启文以及相关单位负责人19人参加考察。

（林　双）

【区党政代表团赴云南省文山壮族苗族自治州学习考察】

9月9—11日，区委书记郭芳率区党政代表团赴云南省文山壮族苗族自治州学习考察，并召开东西部协作联席会议。其间，代表团考察丘北县仙人洞村上海虹口帮扶消费协作项目、仙人洞村上海冼霸帮扶刺绣扶贫车间展销点项目，走村入户看望脱贫群众，并慰问援滇干部。区领导吴延风、贺毅群、王智华、李铭以及区相关单位负责人15人参加考察。

（林　双）

地方志工作

【概况】

2021年，区地方志工作围绕“存史、资政、育人”三大职责，做好志鉴、地情史料的策划与编纂，向区委、区政府报送地情研究报告，利用新媒体平台宣传地方志文化。（1）志鉴工作。《虹口年鉴（2021）》出版，《乍浦路街道志（1991—2009）》志稿完成验收。推进《江湾镇志（1994—2006）》编修。策划并推出“爱上北外滩·关于虹口的记忆”丛书《虹口源》《虹口港》《乍浦路》。（2）开发利用地方志资源。相继向区委、区政府报送《虹口港与上海浦》《公益坊“今潮8弄”历史文化介绍》等地情报告，参与有关历史遗址的调查确认工作。（3）地方志宣传工作。举办“东京审判亲历者，虹口乡贤高文彬”——档案文献捐赠仪式，接收相关文献、照片、实物等近2000件（张），并举办“前事不忘，后事之师”——东京审判亲历者高文彬先生文献资料展。配合“一江一河”开发，在“虹口往事”微信公众号发布《上海大厦》《浦江饭店》《上海邮政大楼》《河滨大楼》4篇推文，介绍苏州河滨河公共空间（虹口段）的沿线建筑与历史故事。组织开展2021年度区地方志参与度微信问卷大调查。

（金一超）

【“爱上北外滩·关于虹口的记忆”丛书】

8月由上海人民出版社出版发行。丛书由《虹口源》《虹口港》《乍浦路》组成，复旦大学李天纲、王启元主编，60余位文史学者参与编撰。丛书以史料和学者最新研究成果为基础，首次提出“虹口源”的概念，并界定其大致地理范围；梳理并挖掘虹口港、乍浦路沿线及周围自然人文特色和历史故事，3册图书共汇编文章60篇。

（金一超）

图3-1　8月，“爱上北外滩·关于虹口的记忆”之《虹口源》《虹口港》《乍浦路》出版（徐荣耀　拍摄）

表3-3 《爱上北外滩·关于虹口的记忆》丛书目录

书名	篇目	作者
《虹口源》	序　北外滩的历史由来和文化特征	李天纲
	“虹口源”之成立：近代中国城市化中的北外滩	王启元
	慈善家唐廷桂	陈晓平
	同仁医院：上海近代西医教育的发端	魏洲阳
	虹口之子颜福庆	钱益民
	从欧亚学校到汉璧礼公学	刘　冰
	西童公学	陆　雯
	南浔路圣芳济学堂的“东”与“西”	陈嘉仁
	音乐VS.建筑：从“圣芳济”走出的叶肇昌	张晓依
	虹口的日本人	陈祖恩
	爱因斯坦最先讲述相对论的地方	景智宇
	村松梢风在虹口	徐静波
	虹口的芥川龙之介	徐雨霁
	里见与须藤：日侨的两家医院	陈祖恩
	“我是一个远行客”	李　平
	上海最早的菜场：三角地菜场	陆其国
	《孽海花》中的虹口	张曦文
	魂归何处：一·二八事变中的“人口失踪”事件	蒋　杰
	我的母亲凌维诚	谢继民（口述）陆其国（整理）
	阿爸的故事	殷慧芬
《虹口港》	序　北外滩的历史由来和文化特征	李天纲
	“因水而兴”：近代上海虹口地区城市化	张晓虹　罗　婧
	从沪渎到虹口港：虹口境内历史时期主要水道的变迁	傅林祥
	虹口港水系上的桥与景	金一超
	陈望道·虹口·大江书铺	刘晓旭
	“天通庵”是个什么地方	王启元
	顿宫宽与福民医院	陈祖恩
	上海市第四人民医院百年	陆　明
	档案里的大历史与普通人：一位白衣天使的成长	王启元
	虹镇老街	陆其国
	精武风云已成烟?	王启元
	广肇公学与粤东中学	陈祖恩
	工部局宰牲场	陈祖恩

（续表）

表3-3 《爱上北外滩·关于虹口的记忆》丛书目录

书 名	篇 目	作 者
《虹口港》	近代上海的鲁班庙	陈云霞
	弄堂深处是吾家	吴福辉
	春阳里旧档解读	王 芳
	上海电气公司经营始末	杨 琰
	揭秘宋氏老宅百年风云	黄亚平
	朱家木桥“宋家圈”：追寻北外滩的人文线索	王启元
	虹口越剧团史话	黎 犁
	澄衷蒙学堂：远逝的辉煌	胡志金
	1954年虹口五金技工支援156工程	陈 熙
《乍浦路》	序 北外滩的历史由来和文化特征	李天纲
	栽泽如春 大公济世——上海公济医院的名人与事	高 晞
	上海美专	张曦文
	联合西服号里的赤胆忠魂——乍浦路123号忆往	何成钢
	六三亭与六三园	陈祖恩
	丁玲在虹口	张一帆
	广东人在虹口	陈祖恩
	上海景灵堂（景林堂）建堂事迹	姚民权
	顾维钧的家世与早年留学经历	金光耀
	董显光的战场	王启元
	高文彬与东吴大学法学院	陆其国
	猛将弄	朱明川
	屹立虹口百年的善导女校	陈嘉仁
	鲁迅身影——乍浦路海宁路一带电影院	李 浩
	首家电影院	李建华
	晚清首份汉文佛教报纸	邵佳德
	武士驯象：从丝路探险到上海建筑	邵学成
	曾经《良友》遍天下	高芳芳
	李叔同太安里旧居考	王维军
	舌尖上的乡愁——乍浦路美食街记略	黎 犁

说明：资料由区方志办提供。

图3-2 9月2日，区档案局（馆）、区方志办联合举办“东京审判亲历者 虹口乡贤高文彬”档案文献捐赠仪式（区方志办 提供）

图3-3 9月2—3日，“前事不忘 后事之师”——东京审判亲历者高文彬先生文献资料展在区机关大楼举行（区方志办 提供）

【东京审判亲历者高文彬先生家属捐赠文献资料近2000件】

9月2日，区档案局（馆）、区地方志办公室联合举办“东京审判亲历者 虹口乡贤高文彬”档案文献捐赠仪式。高文彬家属向区档案馆捐赠高文彬收藏书籍、相关物品数量近2000件（张），包括高文彬手稿500余页、历史照片约千张、图书资料400余本、生前使用物品近百件等。东京审判中国检察官向哲浚之子、上海交通大学东京审判研究中心名誉主任向隆万等出席捐赠仪式。

（金一超）

【东京审判亲历者高文彬先生文献资料展】

9月2日在区机关大楼举办。区档案局（馆）、区地方志办公室联合举办。展览以“前事不忘 后事之师”为主题，展品精选自高文彬家属捐赠的文献资料，以及区档案馆馆藏档案资料，同步播放高文彬生平资料片《东京审判亲历者 虹口乡贤高文彬》，展览首日吸引千余人参观，上海广播电视台作专题报道。展览期间，区方志办在“虹口往事”微信公众号发布推文+视频，其中向隆万撰写的《我眼中的高文彬先生》口述推文受到侵华日军南京大屠杀遇难同胞纪念馆关注，全文转发。

（金一超）

【《虹口年鉴（2021）》】

12月出版。区地方志编纂委员会主持编纂，上海人民出版社出版。该书是第二十五部年度资料性文献，翔实记述区自然、政治、经济、文化、社会、生态文明等方面的发展及建设成果。2021卷年鉴卷首设要闻大事、专文、专记、虹口概貌；卷中设栏目20个，分别为：中国共产党上海市虹口区委员会、上海市虹口区人民代表大会、上海市虹口区人民政府、中国人民政治协商会议上海市虹口区委员会、纪检监察、民主党派·工商联、群众团体、法治、综合经济管理、工业·商贸、金融、科学技术、城区建设与管理、文化旅游、体育、教育、卫生与健康、社会事务管理、街道、人物·先进；卷末设附录、索引，有条目845条、表格92张、照片163幅，共63.8万字。

（金一超）

（栏目编辑 季建智）

图3-4 12月，《虹口年鉴（2021）》出版（区方志办 提供）

四、中国人民政治协商会议上海市虹口区委员会

综　述

2021年，区政协落实习近平总书记关于加强和改进人民政协工作的重要思想，坚持团结和民主两大主题，推动政治协商、民主监督、参政议政工作在创新开拓中高质量发展。

加强党的领导，强化理论武装，做好对委员的思想政治引领。组织全国“两会”精神、习近平总书记在庆祝中国共产党成立100周年大会上的重要讲话、党的十九届六中全会等专题学习会，举行“百名中共委员、百分政协履职”的“双百行动”，引领党员委员牢牢把握“九个必须”（必须坚持中国共产党坚强领导；必须团结带领中国人民不断为美好生活而奋斗；必须继续推进马克思主义中国化；必须坚持和发展中国特色社会主义；必须加快国防和军队现代化；必须不断推动构建人类命运共同体；必须进行具有许多新的历史特点的伟大斗争；必须加强中华儿女大团结；必须不断推进党的建设新的伟大工程），听党话、感党恩、跟党走，作履职尽责的表率。

围绕中心工作，服务发展大局，做好对虹口发展的建言献策。搭建平台推动政协协商有效衔接，举行“协商于民”政协委员工作站揭牌仪式。开展重点课题调研，形成《关于提升北外滩滨河管理水平的建议》常委会建议案。围绕“关于创新社会治理加强基层建设”“关于我区城市数字化转型建设相关工作”等开展常委会协商7次，邀请区领导通报相关情况并听取委员意见12次。开展“关于北外滩滨河管理工作”等专题协商4次。举办“关于北部医疗中心建设情况”“关于推进我区重大文化项目建设”“关于依托‘两站’建设，构建移民融入管理服务新模式相关工作”等界别协商3次。同时，确定14项调研课题，开展“关于促进我区就业和人才精准服务”等专题调研，广泛听取意见，在调研中找思路，为区委、区政府提供决策参考。

着力凝聚共识，昂扬奋斗精神，做好汇聚各界力量工作。举办“奋斗百年路·启航新征程”庆祝中国共产党成立100周年系列活动，举行各界别人士座谈会1次，虹口区政协庆祝中国共产党成立100周年主题书画展等活动2次。召开各民主党派参加区政协工作共同性事务情况交流会1次。举办“关于我区法院和检察院工作情况”“关于我区社会综合治理工作情况”等专题通报会，帮助委员知情明政。组织委员参加全国政协主办的“学习辉煌党史，传承红色基因”线上主题读书分享会，开展学习《中国共产党历史》《大上海》等“虹石榴书苑”读书活动3次；举办“学党史、悟思想，强党建、促履职”等“虹石榴讲堂”2次；“‘虹企贷’批次担保贷款等金融业务介绍”等“虹石榴融企荟”主题活动1次。

助推政策落实，协助弥补短板，做好民主监督工作。修订《政协上海市虹口区委员会提案工作条例》，制定《政协上海市虹口区委员会提案审查工作细则》。全年共立案提案180件，解决或采纳的156件，占86.67%；列入计划拟解决的10件，占5.55%；留作参考的14件，占7.78%。开展“关于拓展市民驿站内涵和加强为老服务工作”等重点专题提案促办活动3次。赴区规划资源局开展提案办理民主评议工作，促进提案工作水平和转化成效提高。制定《政协上海市虹口区委员会反映社情民意信息工作条例》，全年共来稿638件，区政协采用512件，报送市政协485件，其中被市政协采用66件。聚焦复杂性、系统性、全局性问题，开展“为老服务”“文明创建”等“走基层、重民生、保安全”主题民主监督活动2次。

至年底，区政协有区政协常委46人、委员274人。

（陈子赟）

重要会议和活动

【概况】

2021年，区政协召开全体委员会议2次、区政协常委会6次。

（陈子赟）

【区政协十四届五次全体委员会议】

1月12—15日在区工人文化宫召开，审议通过区十四届政协常委会工作报告和区十四届政协常委会提案工作情况报告，通过区十四届五次会议决议；围绕北外滩城市精细化管理示范区建设、提升虹口产业园区功能、建立长效公共卫生安全运行机制等建言献策，共收到提案166件；经无记名投票选举，增补郑蔚芸为区十四届政协副主席，增补范春燕为区十四届政协常务委员会委员。表彰区政协先进专委会、先进街道活动组、优秀委员、优秀提案、优秀社情民意信息特别奖、优秀社情民意信息。中共虹口区委书记吴信宝在闭幕式讲话。260余名委员参加会议。

（陈子赟）

【区政协召开专委会主任会议】

2月3日，区政协召开专委会主任会议。区政协副主席郭启文、郑蔚芸、高庆迁、符杰普出席。区政协秘书长，各专委会主任、副主任，专委会联络员等25人参加。会议就深化学习增强履职能力、营造氛围激发专委会活力、围绕中心提升协商议政质量、聚焦热点提高民主监督实效以及做好提案和社情民意工作等进行讨论。各专委会交流2020年工作总结和2021年工作计划。

（陈子赟）

【区政协召开街道活动组组长会议】

2月4日，区政协召开街道活动组组长会议。区政协副主席郑蔚芸出席会议。区政协专委办主任、地区指导委员会主任、各街道活动组组长13人参加。会议学习传达中央文件精神和市“两会”精神，部署2021年区政协地区指导委员会相关工作。区政协各街道活动组从拓宽履职渠道、创新履职载体、丰富履职方式等方面交流2020年工作总结和2021年工作计划，并分享各自特色工作设想和履职典型案例。

（陈子赟）

【政协委员学习报告会】

3月19日在区机关大楼举行。会议邀请全国政协委员、民进上海市委专职副主委胡卫作学习全国“两会”精神辅导报告，解读国家

表4-1　2021年虹口区政协常委会会议

序号	会议时间	会议名称	主要内容
1	1月13日	区十四届政协第二十五次常委会会议	传达学习中央、市、区相关会议精神；听取分组审议《区政协常委会工作报告》《区政协常委会提案工作报告》情况的汇报；听取分组讨论《区政协2021年度协商和民主监督计划》情况的汇报；讨论增补副主席、常委候选人建议名单（草案）；讨论大会选举办法（草案）；听取大会发言安排情况的汇报；讨论大会决议（草案）；审议部分区十四届政协副秘书长人选调整名单
2	1月14日	区十四届政协第二十六次常委会会议	听取分组讨论《区政府工作报告》《区法院工作报告》《区检察院工作报告》情况的汇报；听取分组讨论增补副主席、常委候选人建议名单（草案）情况的汇报；听取分组讨论大会选举办法（草案）情况的汇报；听取关于总监票人、监票人名单（草案）的汇报；听取提案审查情况的汇报；听取分组讨论大会决议（草案）情况的汇报
3	3月23日	区十四届政协第二十七次常委会会议	传达学习中央、市、区相关会议精神；启动区政协庆祝中国共产党成立100周年倒计时100天；通报关于区党风廉政建设和纪检监察工作情况；审议通过《虹口区政协2021年度工作要点（审议稿）》《政协上海市虹口区委员会提案工作条例（审议稿）》和部分专委会主任调整事宜。3名政协常委现场述职。区委党校、区档案局、区委党史办负责人现场讲授党课
4	6月24日	区十四届政协第二十八次常委会会议	传达学习十一届市委十一次全会精神和区委常委会（扩大）会议精神。通报《关于创新社会治理加强基层建设情况》《关于我区城市数字化转型建设相关工作情况》《关于区十四届政协五次会议以来提案办理情况》。审议通过《政协上海市虹口区委员会反映社情民意信息工作条例》《政协上海市虹口区委员会提案审查工作细则》。3名政协常委现场述职
5	10月9日	区十四届政协第二十九次常委会会议	传达学习习近平总书记七一重要讲话精神和在纪念辛亥革命110周年大会上的重要讲话精神；通报《关于在深化政治交接中加强民主党派建设情况》《关于我区干部工作情况》；审议通过《政协上海市虹口区常务委员会工作规则》和《关于提升北外滩滨河管理水平的建议》常委会建议案。3名政协常委现场述职
6	12月14日	区十四届政协第三十次常委会会议	通报《关于2022年虹口经济社会发展情况》；审议通过召开区政协十五届一次会议有关事项，审议并原则通过《区十四届政协常委会工作报告（审议稿）》《区十四届政协常委会关于提案工作情况的报告（审议稿）》

说明：资料由区政协办公室提供。

图4-1　1月12—15日，区政协十四届五次全会在区工人文化宫举行（区融媒体中心　提供）

"十四五"时期主要目标，分享当前社会热点，阐述中央对政协工作提出的新要求以及2021年协商议政重点内容。211人参加。

（陈子赟）

【区政协召开各界别人士座谈会】

5月27日，区政协召开各界别人士座谈会，区政协主席石宝珍，区委副书记洪流，中共虹口区委常委、统战部部长贺毅群，区政协副主席郑蔚芸、高庆迁、符杰普出席。区政协专委会主任、部分界别召集人和代表、街道活动组组长参加。会议传达中央、市、区相关会议精神。6位界别代表结合各自界别特色、自身成长感悟，围绕庆祝中国共产党成立100周年，以党派身份真情实感地表达永远跟党走的坚定决心和深刻体会。35人参加。

（陈子赟）

【区第十四届政协工作总结大会】

11月18日在区机关大楼举行。中共虹口区委书记郭芳出席并讲话。区政协主席石宝珍主持会议。中共虹口区委副书记杜松全，中共虹口区委常委、统战部部长郑宏，区政协副主席郭启文、郑蔚芸、高庆迁、符杰普出席。会议提出：在过去五年中，区十四届政协着力强化党建引领，筑牢共同思想政治基础；持续围绕中心工作，建言资政共促改革发展；团结各界凝聚共识，昂扬精神汇聚智慧力量；努力完善民主监督，助推实事项目落实见效；全力抓好队伍建设，奋楫争先履职更上台阶。会议播放区十四届政协工作纪实片，表彰区十四届政协先进集体和个人。优秀委员代表作交流发言。会议以线下线上相结合的方式举行，260余名委员参会。

（陈子赟）

政治协商

【概况】

2021年，区领导出席区政协协商议政活动20人次，开展"关于北外滩滨河管理工作情况"等专题协商29次，"关于北部医疗中心建设情况"等"同心圆下午茶"界别协商活动3次。

（陈子赟）

【"关于北外滩滨河管理工作情况"专题协商议政会】

6月22日举行。区政协主办。区政协主席石宝珍、中共虹口区委常委、副区长周嵘、区政协副主席郭启文出席会议。周嵘专题通报北外滩滨河管理工作情况，详细介绍北外滩滨水空间的具体区域和相关项目等，以及虹口区按照《关于加强黄浦江两岸滨江公共空间综合管理工作的指导意见》《上海市黄浦江苏州河滨水区域条例》要求，在贯通提升高品质、管理治理"一盘棋"、服务群众零距离等方面所开展的工作，持续打造亲民、为民的滨水休闲新地标的具体做法。与会政协委员聚焦"将北外滩纳入城市慢行步道地图""要汇聚四方力，当好东道主，注入新血液""建议在北外滩'控规'之下，有更为细化的年度行动计划""要增强文化软实力，通过引入书店、美术馆，加大宣传力度、开展文明实践，实现文化惠民”等议题，从不同方面反映问题、提出建议。会前，参会政协委员视察国客中心800米开放岸线和滨江景观提升改造项目。区建设管理委、区规划资源局、区绿化市容局、北外滩街道、北外滩集团等负责人作相关介绍，并于现场回应委员建议。27人参加。

（陈子赟）

【“关于北部医疗中心建设情况”界别协商】

7月22日举行。区政协主办。区政协主席石宝珍、副区长张雷、区政协副主席郑蔚芸出席会议。座谈会上，上海市第四人民医院负责人从优质护理服务工作、老年医学临床特色建立、“上海四院”特色技术打造、信息化建设项目推进、公共卫生服务体系建设和服务保障等方面介绍该院的业务发展情况和医院发展规划。与会区政协委员从加强优质医疗资源扩容，更好辐射带动周边；推进数字化转型，拓展远程医疗、互联网项目；关注群众就医便利问题，探索“双向转诊”做法、优化医院周边交通；加强专科建设和人才培养，提高医院服务能级；发展医养康养事业等方面提出意见和建议。区卫生健康委负责人进行现场回应。会前，46名区政协医药卫生界别、农工党界别、教科卫体委员会委员视察医院康复医学中心、内镜中心、放射科、儿科门诊等地，了解整体医疗环境、相应学科特色、医疗设施配备、人才队伍建设、服务质量管理等方面情况。

（陈子赟）

【“协商在基层——优化四院周边交通”专题协商会】

8月5日举行。区政协主办。区政协主席石宝珍，副区长、公安虹口分局局长张清，区政协副主席郭启文、郑蔚芸出席会议。就上海市第四人民医院搬迁新址后，周边交通不畅、病人出入不便的问题，邀请相关委员、医院方面、公安虹口分局交警支队开展三方“面对面”协商，对委员提出的问题逐一回应，形成三大项数十条具体解决方案，推进百姓就医“最后一公里”交通问题的解决，推动政协委员协同参与基层社会治理。34人参加。

（陈子赟）

【“关于依托‘两站’建设，构建移民融入管理服务新模式”界别协商】

8月26日举行。区政协主办。区政协副主席郭启文出席。公安虹口分局副局长介绍区建立外国人移民融入服务站、社会融合服务站“两站”的相关情况。会上，来自48名不同界别的委员从提升移民融入服务站功能，提供多元化社区生活和文化交流、拓宽信息沟通和发布渠道，整合高校、社区、网络资源开展志愿者招募，邻里互助等方面提出意见建议。公安虹口分局、区政府外事办、北外滩集团负责人进行现场回应。

（陈子赟）

民主监督

【概况】

2021年，区政协130多名新委员参加年末集中视察，针对“北外滩能级提升和航运产业发展”“科技、金融产业升级和区域商业发展”“我区城区建设和数字化转型”“我区社会事业发展”“我区文化软实力提升”等专题提出意见建议100余条。全年社情民意来稿共638件，区政协采用512件，报送市政协485件、采用66件。其中，《关于提高运营商智慧机房使用率助力碳达峰碳中和的建议》等36件被报送全国政协；《关于进一步细化认筹公开制度及积分制的建议》获得市委主要领导批示；《加快上海数字产业高质量发展的建议》《关于深化“一网通办”改革，提高网办精细化服务水平的建议》等30件被报送市领导或市有关部门，其中7件得到市领导批示；《关于增设九龙路人行地道引导标识的建议》《关于推进我区创建全国文明城区的若干建议》等27件报送区领导或区有关部门，其中4件得到区主要领导批示或部门答复，一批合理化建议得到吸纳采用，推动问题的解决。开展“为老服务”“文明创建”等“走基层、重民生、保安全”主题民主监督活动，委员们深入基层，看现场、查情况、提意见。推荐区政协委员作为区监察委员会特约监察员人选78人次。

（陈子赟）

【《关于进一步细化认筹公开制度及积分制的建议》】

3月24日由委员夏心茹提出。该建议提出可以从5个方面细化认筹积分制度：房企可设置合理认筹条件；开通各楼盘认筹方案网络统一查询通道；对住房面积低于人均的家庭、个人政策倾斜；对带有未成年子女的离异、丧偶家庭给予合理积分；对引进人员积分不重复计算。该建议获得市委主要领导批示。

（陈子赟）

【《关于深化“一网通办”改革，提高网办精细化服务水平的建议》】

6月21日由委员祝伟黎提出。该建议提出：从优化引导服务、提高人员能力、加强网办深度、完善配套服务等方面深化“一网通办”改革，从而提高网办精细化服务水平。该建议获得市领导批示。

（陈子赟）

【“为老服务”基层协商专题调研活动】

7月20日在四川北路街道举行。区政协主办。以“走基层、重民生、保安全——‘为老服务’主题活动暨四川北路街道活动组基层协商专题调研活动”为主题，来自市、区政协委员17名，参观调研四川北路街道虹德养老院、社区食堂、市民驿站四川北路街道第三分站，听取工作人员、志愿者介绍相关基本功能和运行情况。委员围绕“塑造特色养老服务品牌打造老年宜居社区”专题，从继续加强协同机制、整合多方资源，凝聚社会力量参与；继续优化合理布局，结合“五大新城”建设规划，在医院周边合理配置养老院；继续开展创新探索，做好医养结合、康养结合文章；加大培训教育，加强护理员队伍建设；深化宣传引导，弘扬尊老爱老传统等方面提出意见建议。

（陈子赟）

表4-2　2021年虹口区政协优秀社情民意信息名录

序号	反映人	信息标题
1	何培新	关于改善校园照明环境防控近视的若干建议
2	夏心茹	关于进一步细化认筹公开制度及积分制的建议
3	祝伟黎	关于深化“一网通办”改革，提高网办精细化服务水平的建议
4	周　俊	关于推进虹口区创建全国文明城区的若干建议

说明：资料由区政协专委办提供。

【“文明创建”基层协商专题调研活动】

9月3日在曲阳路街道举行。区政协主办。以“走基层、重民生、保安全——‘文明创建’主题活动暨曲阳路街道活动组协商在基层专题调研活动”为主题，来自市、区政协委员16名，参观调研曲阳路街道巴林小区，就小区“周周转”（周周有发现、周周有行动、周周有效果）更新改造和文明创建工作开展情况，听取小区推进智能化管理、美丽家园建设、加装电梯等情况介绍。委员从继续深化宣传引导，加强协同机制，凝聚多元主体共同参与；创新工作方法，激发社区活力，满足不同人群、不同年龄段需求；加强硬件建设，既要规划好、建设好，更要管理好、维护好；加强数字赋能与信息安全；加强经验总结推广和形成个性化方案；注重软实力提升和常态长效管理等方面为虹口文明创建提出意见建议。

（陈子赟）

表4-3　2021年虹口区政协专题调研报告

序号	调研单位（个人）	调研专题
1	民革虹口区委	关于促进虹口区就业和人才精准服务的建议
2	民盟虹口区委	关于进一步推动音乐谷国家级产业基地建设的建议
3	民建虹口区委科技界别	关于以科创手段提升北外滩区域发展能级的建议
4	民进虹口区委	关于提升虹口百年老校，打造百年名校的建议
5	农工党虹口区委	关于进一步推进医疗卫生数字化转型的建议
6	致公党虹口区委	关于北外滩社区治理数字化的建议
7	九三学社虹口区委	关于推进虹口“双碳”经济发展的建议
8	无党派人士特邀界别	以金融创新赋能科创升级，推动知识产权高质量发展
9	区工商联	关于加强虹口区民营总部经济发展的几点建议
10	区政协共青团界别、区政协青联界别	关于凝聚青年人才服务北外滩　实现虹口高质量发展的建议
11	区政协工会界别	关于提升城市色彩与城市小景的建议
12	区政协妇联界别	赋能女性发展，助推女性就业，彰显虹口发展“她力量”
13	区政协体育界别	发挥体育在提升虹口城区软实力中的作用
14	区政协广中路街道活动组	关于打造虹口剧场群，重振演艺辉煌的建议

说明：资料由区政协办公室提供。

【区政协委员开展年终视察】

12月7—8日，区政协组织130多名新委员参加年末集中视察，推出“北外滩能级提升和航运产业发展”“科技、金融产业升级和区域商业发展”“我区城区建设和数字化转型”“我区社会事业发展”“我区文化软实力提升情况”等5个专题的年终视察线路，将虹口经济社会发展“全景式”展现给委员。委员分赴5条线路，先后深入数字北外滩展示馆、虹口滨江亲水平台、“今潮8弄”、“旧改”街坊、上海环境能源交易所、国科（上海）国际创新产业基地、中共四大纪念馆等21处开展视察。委员围绕视察点位，了解工作推进情况、存在困难，结合推进区经济社会高质量发展提出意见建议逾100条。

（陈子赟）

参政议政

【概况】

2021年，区政协成立重点调研课题组，形成《关于提升北外滩滨河管理水平的建议》等常委会建议案，以及《关于提升虹口百年老校 打造百年名校的建议》等调研报告14篇。

（陈子赟）

【《关于提升北外滩滨河管理水平的建议》】

10月9日形成，并成为常委会建议案。该建议案围绕北外滩滨河区域生态环境建设、商贸商业环境以及综合管理等方面存在的不足，提出提升滨河及周边环境，形成水岸互动的良好生态；打造网红岸线品牌，带动周边商业环境再升级；推进数字化转型，加强滨河现代化综合管理能力等方面建议。

（陈子赟）

【《关于打造虹口剧场群 重振演艺辉煌的建议》专题调研报告】

12月3日形成。该报告围绕区演艺市场存在专业剧场缺失、驻演团队和驻场剧目不足、宣传推广点位不够完善等情况，提出提升一批演艺场馆、凸显区演艺特色、政策上支持演艺团队和演艺场所等方面建议。

（陈子赟）

【《关于加强虹口区民营总部经济发展的几点建议》专题调研报告】

12月13日形成。该报告围绕区民营企业总部数占比较低、民企梯

表4-4 2021年虹口区政协优秀提案名录

序号	提案单位和个人	提案题目
1	民革虹口区委	关于进一步推进跨领域、跨部门综合执法的建议
2	区工商联	关于构建协同服务机制，推进我区民营经济发展的建议
3	九三学社虹口区委	关于优化全面预算绩效管理的建议
4	民盟虹口区委	关于进一步做好社区创业工作的建议
5	农工党虹口区委	关于建立长效公共卫生安全运行机制的建议
6	致公党虹口区委	关于进一步推进虹口区“一网统管”工作的建议
7	民进虹口区委	关于加强虹口区青少年心理健康教育工作的建议
8	区政协人口资源环境委员会	关于进一步加强实有人口管理工作的建议
9	区政协文化文史和学习委员会	关于推动虹口区红色资源开发、保护与利用的建议
10	区政协体育界别	关于加强虹口区青少年体育工作的建议
11	民建虹口区委	关于完善机制措施，提升北外滩楼宇经济能级的建议
12	马俊杰、童卫旗	关于加快建设工业互联网创新中心的建议
13	范春燕、杨冰	关于推动虹口区“五型经济”（创新型、服务型、开放型、总部型、流量型）发展的建议
14	陆建	关于打造北外滩规建管一体化城市信息模型（CIM）平台的建议
15	梁智勇、宋叶、马丽蓉、张琼、童军	关于吸引头部科技企业入驻，推动国际数字之都建设的建议
16	耿晖	关于推进新一轮高标准“美丽家园”建设的建议

说明：资料由区政协专委会办公室提供。

队建设较弱、民企总部行业较分散等现状，提出强化引进，提增北外滩民企总部数量；深化培育，加快民企总部梯队建设；夯实机制，打造民企人才发展高地；联动整合，着力优化营商环境等方面建议。

（陈子赟）

【《关于提升虹口百年老校 打造百年名校的建议》专题调研报告】

12月17日形成。该报告围绕如何推动虹口百年老校重新焕发活力，提升校史资源利用率，强化特色发展，满足高品质教育办学要求等情况，提出文化塑校，重温历史传百年薪火；特色立校，以史鉴今寻觅发展路径；人才强校，内培外引抓队伍建设；交流助校，学宣并重增社会影响等方面建议。

（陈子赟）

提案工作

【概况】

2021年，区政协提交提案187件，经审查立案180件，其中大会期间提案126件，闭会期间提案54件；委员提案156件，集体提案24件。立案的180件提案均办复，其中解决或采纳的156件，占86.67%；列入计划拟解决的10件，占5.55%；留作参考的14件，占7.78%。“关于加强我区青少年心理健康教育工作的建议”等16件提案被评为区政协2021年度优秀提案。区政协主席会议对“关于推进我区重大文化项目建设”“关于拓展市民驿站内涵和加强为老服务工作”“关于我区招商引资工作”重点提案进行促办。年内，对区规划资源局开展政协提案办理民主评议。

（陈子赟）

【区规划资源局政协提案办理民主评议工作】

7月14日在区机关大楼举行。区政协副主席郑蔚芸出席。会前，政协委员视察区18街坊更新改造工作。会上，政协委员从加强跨部门联动、推进“旧改”征收、挖掘虹口特色、打造虹口地标、提升功能配套等方面提出意见建议。区规划资源局负责人，部分提案者、提案委员会委员等近30人参加会议。

（陈子赟）

【“关于我区招商引资工作”重点提案促办会】

8月9日在区机关大楼举行。区政协主席石宝珍、副区长郑宏、区政协副主席高庆迁出席。会上，政协委员从宏观布局到微观举措，从政策优化、交通建设、人才配置、头部企业作用发挥等方面提出：主动对接中央、市委改革开放相关政策和上海强化“四大功能”、深化“五个中心”建设，找准契合点、做好提前布局；主动融入长三角国家战略、持续提升北外滩全球影响力；充分把握全国碳排放交易市场在区落户契机，壮大碳市场生态圈，构建高质量产业集聚地；要搭建更多高端互联共享平台，推进相关领域的信息交流、知识普及；组建科学的组织管理架构，协调多部门综合发力，推动金融的数字化发展；要在引大引强的同时，更加注重安商留商的工作；转变服务理念，多做换位思考，形成对企业共同性问题予以定期分析、归纳、会诊的常态化机制。区投促办、区商务委、区科委、区金融工作局、北外滩集团、区政府督查室负责人，相关提案者及委员以线上线下方式参加。

（陈子赟）

【“关于推进我区重大文化项目建设”重点提案促办会】

8月24日在中共四大纪念馆举行。区政协主席石宝珍，中共虹口区委常委、宣传部部长吴强，区政协副主席郭启文出席。会前，委员视察国旗教育展示厅。会上，政协委员就讲好虹口故事、赓续红色基因；推动资源跨界融合，用好金融工具助力文化产业；打造特色文化品牌，深化文化惠民服务以及加强北外滩宣传、优化剧场业态、塑造文化符号、完善文化体制体系体貌等提出建言。区文化旅游局负责人和30余名提案者及政协委员参加。

（陈子赟）

【“关于拓展市民驿站内涵和加强为老服务工作”重点提案促办会】

9月15日在曲阳路街道运光新村长者运动健康之家举行。副区长李铭，区政协副主席郑蔚芸、符杰普出席。会前，政协委员视察区市民驿站曲阳路街道第四分站“掌上驿站”、曲阳路街道运光新村长者运动健康之家。会上，政协委员从政策优化、法律保护、文化服务、美德弘扬等方面就如何丰富市民驿站内涵，增强市民驿站功能，推动区为老服务工作迈上新台阶提出：加大宣传推广，扩大养老服务“时间银行”的参与度与知晓度；深化文化为老服务，加强文化配送项目，更好满足社区老人的文化需求；进一步弘扬尊老敬老的中华民族传统美德，开展“小手牵老手”活动；在养老服务的智能化平台上增加志愿服务等功能。区民政局、区卫生健康委、区体育局、区政府督查室负责人，16名区政协相关提案者、政协委员参加会议。

（陈子赟）

（栏目编辑 季建智）

为民（王时芳 篆刻）

五、纪检监察

综　述

2021年，虹口区各级纪检监察机关坚持全面从严治党方针，推进“不敢腐、不能腐、不想腐”一体化机制，坚定不移将党风廉政建设、反腐败斗争进行到底，保障区域经济社会发展和北外滩新一轮开发建设。

扛起管党治党政治责任，细化全面从严治党“四责协同”机制，形成知责明责、履职尽责、督责问责的责任落实闭环，全区共梳理廉政风险点762个、制定责任项目717项，其中区委、区人大常委会、区政府、区政协领导责任项目24项。推进政治监督具体化常态化，贯通融合运用重点监督事项和问题监督库等工作机制，加强30家重点单位4300处国有资产房屋专项治理，推动小工程建设、小微权力运行等领域堵漏建制，新建制度300余项。

加强日常监督制度系统集成，强化监督信息互通共享、线索联查联办，整合力量开展专项监督，提高日常监督的计划性和针对性。推进监督融入区域治理、部门治理、行业治理。严把区居民区“两委”（居民区党组织和居民委员会）班子成员任职资格联审关，完成2021年拟留任及新任“两委”班子成员任职资格联合审查2918人次。深挖隐形变异“四风”（形式主义、官僚主义、享乐主义、奢靡之风）问题，至年底，全区共查处违反中央八项规定精神案件17件23人。注重收集民情民意，聚焦群众身边反映强烈的突出问题，积极回应群众关切问题，共查处群众身边腐败和作风问题典型案例14起15人。

一体推进“不敢腐、不能腐、不想腐”三不机制。坚持系统施治、标本兼治，坚定不移惩治金融、国企、政法、粮食购销等领域的腐败问题。严格执行《虹口区纪委监委问题线索及案件流程管理办法》，对问题线索精准研判、精准处置，除指定管辖外，全年立案80件80人，党纪政务处分62人。坚持以案为鉴、以案促改，摄制警示教育片《贪欲的囚徒》在全区学党史纠“四风”树新风警示教育大会上播放。

发挥巡察利剑作用。完成十届区委巡察全覆盖任务，做好巡察五年总结和新一届巡察工作规划，全年以“常规巡察+巡察回头看”模式开展十届区委第十四轮、第十五轮巡察。常规巡察8个处级党组织（单位），共发现问题152个，移交问题线索2个，提出意见建议25条；巡察“回头看”覆盖18个处级党组织（单位），发现问题39个，提出意见建议12条。组建4个整改评估组对10个处级单位党组织开展巡察整改评估。

（罗玥玥）

重要会议和活动

【概况】

2021年，召开区纪委全会3次、书记专题会39次、常委会24次。区纪委监委制发文件125个。

（罗玥玥）

【十届纪委六次全会】

2月20日在区机关大楼以视频会议形式举行。区委书记郭芳出席并讲话。区委常委、区纪委书记、区监委主任王智华作《推动纪检监察工作高质量发展，为谱写新时代虹口改革发展新篇章提供坚强保障，以优异成绩庆祝中国共产党成立100周年》工作报告。全会审议通过《中共虹口区第十届纪律检查委员会第六次全体会议决议》，决议要求全区各级纪检监察组织要坚决做到“两个维护”，以有力的政治监督保障党中央重大决策部署不折不扣落实到位；深化拓展全面从严治党“四责协同”机制，推动管党治党责任落实落地；坚持“三不”（不敢腐、不能腐、不想腐）一体推进，释放综合治理效能；坚持稳中求进，切实提升政治巡察质效；坚持自身建设不停步，着力打造政治过硬、本领高强的纪检监察干部队伍。区纪委委员，区监委委员，区委巡察机构成员，区机关各部门、街道主要负责人，全区纪检监察干部等约800人参会。

（罗玥玥）

【区纪检监察干部培训班】 3月23—24日在区纪委监委机关举行。培训班邀请市政府办公厅审改处副处长王国兴作“行政审批制度改革”讲座、市委党校卢肖文教授作“干部心理调适和心理健康”讲座。其间，学员围绕党风建设、执纪执法工作等专题开展交流，就“如何加强街道监督员队伍管理，进一步发挥监督员队伍作用”开展研讨，学员们分别介绍监督员队伍的现状，分享效果良好的工作做法，也诚恳提出意见和建议，在沟通交流中激发出街道监督员队伍建设的新思路。区纪委监委机关各部室、各派驻纪检监察组、街道监察办以及区机关纪工委的纪检监察干部共72人参加培训。

（罗玥玥）

【十一届纪委一次全会】 11月10日在区机关大楼举行。全会选举姜勇为区纪委书记，殷光霁、缪一鸣、吴亚杰为区纪委副书记，卢颖、邱彬、张珺、李洁、钱玮为区纪委常委。会议要求，要常怀敬畏之心，更加主动地加强自身建设，打造政治素质高、忠诚干净担当、专业化能力强、敢于斗争善于斗争的纪检监察铁军。新一届区纪委常委会班子带头在学习、调研、狠抓落实上下功夫，以更加精准科学的思路举措、更加成熟定型的制度机制、更加自觉的实事求是态度和法治思维法治方式，坚定稳妥推进正风肃纪反腐，扎实推进纪检监察工作规范化、法治化、正规化；带头廉洁自律，自觉接受最严格的约束和监督，以身作则、以上率下，持续加大严管严治、自我净化的力度，带动全区各级纪检监察组织和广大纪检监察干部不断强化纪律和规矩意识；带头做到依法用权、秉公用权、廉洁用权，自觉净化“生活圈”和“朋友圈”，时刻自重自省自警自励，对执纪违纪、执法违法行为“零容忍”，持续整治“灯下黑”，确保党和人民赋予的权力不被滥用、惩恶扬善的利剑永不蒙尘。

（罗玥玥）

图5-1 11月10日，区十一届纪委一次全会在区机关大楼举行（区纪委监委 提供）

【新一届区纪委委员培训班】 11月23—24日在区纪委监委机关举行。区委常委、区纪委书记姜勇出席开班式并讲话。以“提高政治站位，坚守职责使命”为主题，培训班请市纪委监委干部监督室主任贾秀东、上海交通大学中国城市治理研究院副院长陈高宏等，分别围绕“干部队伍自身建设”“领导力提升与开发”等内容作专题辅导授课，通过将政治理论学习与业务知识学习相结合，既打牢政治根基，又夯实纪法业务基础；将课堂学习和讨论交流相结合，紧密结合思想和工作实际，做到学思用贯通、知信行统一。全体学员以“贯彻十九届六中全会精神以及区十一次党代会精神，忠诚履行职责使命”为主题开展交流研讨，并集中前往龙华烈士陵园进行参观瞻仰，通过向革命烈士敬献花篮，参观龙华烈士纪念馆以及“四烈士”专题展（展出在龙华就义的第一届中共中央监察委员会副主席杨匏安，委员许白昊、张佐臣及候补委员杨培森4位烈士的英雄事迹），微党课宣讲等活动，将专题授课和现场教学相结合，“沉浸式”体验促进学习真正入脑入心，达到学思践悟、提升履职能力的目的。区纪委委员、区纪委监委机关各部室负责人、各派驻纪检监察组组长、各街道纪工委（监察办）负责人及区管国企纪委负责人50余人参加培训。

（罗玥玥）

全面从严治党“四责协同”

【概况】 2021年，区纪委监委建立统筹协调重点监督事项机制和“问题监督库”机制，制定出台《关于建立“问题监督库”工作机制的意见（试行）》《关于建立重点监督事项统筹协调工作机制的实施意见（试行）》，以机制协同带动责任协同，细化全面从严治党“四责协同”机制建设；以系统施治压紧压实各级党组织管党治党责任；强化重点监督事项统筹协调工作机制，以“项目化”方式推进政治监督具体化常态化；建立“问题监督库”工作机制，压实问题整改责任。

（罗玥玥）

【2021年度监督工作专题会议】 2月22日在区纪委监委机关举行。区纪委监委主办。会议解读区纪委监委制定出台的《关于建立“问题监督库”工作机制的意见（试行）》《关于建立重点监督事项统筹协调工作机制的实施意见（试行）》，建立“问题监督库”工作机制，旨在通过对全区各单位全面从严治党存在的问

题和整改工作的集中汇总和协同监督，推动各方责任落实和问题整改到位；明确由各监督检查室、各派驻纪检监察组指导被监督单位把“问题监督库”与研究制定全面从严治党“四责协同”机制“三份清单”（问题清单、责任清单、项目清单）结合起来，将需整改的问题纳入班子成员年度党风廉政建设责任项目加以推进，扎实做好全面从严治党问题整改“后半篇文章”；建立重点监督事项统筹协调工作机制，目的在于加强政治监督，聚焦监督重点，整合监督力量，充分发挥监督保障执行、促进完善发展的作用，推动中央、市委、区委重大决策部署贯彻落实到位。会议要求在深化细化全面从严治党“四责协同”机制，推动管党治党责任落实落地的总体框架下，着力完善监督体系，使监督融入区“十四五”建设之中，贯穿于区经济社会发展全过程，建立完善权力运行监督制约机制，构建全覆盖的责任制度和监督制度。区纪委监委党风政风监督室、各相关监督检查室和各派驻纪检监察组全体人员，区委巡察办和区纪委监委案件监督管理室相关人员、各街道纪工委书记和副书记，以及区“旧改”指挥部、各区管国企、医院纪委书记及工作人员约40人参加。

（罗玥玥）

【调研区属国企“问题监督库”等监督工作专项机制落实情况】

4月，区纪委监委先后对北外滩集团、长远集团、虹创集团、虹商集团、虹口城市发展有限公司、区国有资产经营有限公司等区属国有企业党风廉政建设工作开展调研，深入研究“问题监督库”和重点监督事项统筹协调工作2项监督工作机制推进情况，听取工作推进中的难点问题以及工作建议。区纪委监委负责人、第一监督检查室和第七派驻纪检监察组负责人及区纪委监委党风政风监督室相关人员约20人参加调研。

（罗玥玥）

【开展“四责协同”机制建设中期评估】

7—9月，区纪委监委采取“自下而上”的形式，对全区部分机关、街道、国企党组织的党风廉政建设责任项目及全面从严治党“四责协同”机制向基层延伸等情况进行中期评估。评估采取“自下而上”的形式，与基层单位责任人、业务科室负责人及分管领导开展个别访谈，并通过查阅资料、举行座谈等方式对部分机关、街道、国企党组织的党风廉政建设项目及全面从严治党“四责协同”机制向基层延伸等情况进行评估。针对部分单位在推进“四责协同”机制向基层延伸工作中还存在“廉政风险点的排摸不够全面精准，与巡视巡察、专项检查、以案促改等问题的结合度不够”“责任项目的选取和具体措施欠缺针对性”“对党风廉政建设的理解不够准确，以业务工作、党建工作代替党风廉政工作”等问题，评估组提出要求：提高廉政风险排摸的精准度“精确选苗”，坚持问题导向，贯通融合用好“重点监督事项”及“问题监督库”机制，以“巡视巡察、专项检查、日常监督、发生案件”中暴露的问题为依据，把落实问题整改与加强廉政风险防控结合起来，把好党风廉政建设责任项目的立项关、推进关和验收关，做到“事了号销”；找准党风廉政建设与该岗位工作的“结合点”“精准育苗”，加强对权力运行的制约与监督为目标，抓好党风廉政建设责任项目实施，细化项目目标和工作步骤措施，建好“防护林”，起到防控廉政风险的屏障作用。

（罗玥玥）

执纪监督

【概况】

2021年，区纪委监委坚持系统施治、标本兼治，坚决做到态度不变、决心不减、尺度不松，把“严”的主基调长期坚持下去，全年立案104件104人（其中处级干部15件15人），自办案件64件64人，党纪处分46人，政务处分13人，党纪政务双重处分8人，留置22人，移送司法机关20人。运用监督执纪“四种形态”处理307人次，其中以第一种形态处理226人次，占73.6%；运用第二种形态处理28人次，占9.1%；运用第三种形态处理17人次，占5.5%；运用第四种形态处理36人次，占11.7%。

（罗玥玥）

【开展居民区“两委”换届选举专项监督】

1—5月，区纪委监委制定《虹口区纪委监委开展居民区“两委”换届监督工作方案》，成立以区纪委监委负责人为组长的换届监督工作组，广泛开展换届纪律宣传教育、严格任职资格联合审查、精准发力开展随机抽查、严肃监督执纪问责，紧盯选民登记、候选人提名、投票选举等关键节点开展全流程监督。严格落实《关于加强居村“两委”班子成员任职资格区级联合审查工作的实施意见》，完成拟留任及新任“两委”班子成员任职资格联合审查2918人次，审查合格2914人次，保障居民区“两委”换届工作顺利完成。

（罗玥玥）

【区行政事业单位和国有企业国有房屋资产专项治理】

6—8月，由区纪委监委、区财政局、区国资委、区机管局、区审计局和各街道、区管国企工作人员组成的10个实地检查组，根据前期对68家单位摸底调研情况和各单位自查盘点结果，结合人大监督、巡察监督、审计监督历年发现问题，紧扣国有房屋资产管理中存在的廉政风险点，在细化检查清单和检查点位的基础上，采取“四不两直”（不发通知、不打招呼、不听汇报、不用陪同接待，直奔基层、直插现场）形式，对全区相关部门、各国有企业及各街道等29家重点单位的房屋资产进行实地检查，内容包括检查核实房屋资产的权属情况、实际用途、出租和租入租金水平及决策过程、租金收入流向等，进一步盘活房屋资产、规范管理机制、提升使用效益，促进国有资产保值增值。

（罗玥玥）

【开展中秋国庆期间纠“四风”检查】

9月18日，区纪委监委向全区发布《关于严明2021年中秋、国庆期间作风建设相关纪律要求的通知》，要求各部门、各街道、各单位严明纪律规矩、严格教育监管、严肃执纪问责，采取多种方式，对党员干部早提醒、早打招呼，督促严格落实中央八项规定精神，严守有关纪律要求，做到早布置、早预防。同时通过“清风虹口”微信公众号、上海虹口纪检监察网公开通报曝光顶风违纪案件，形成震慑效应，释放“越往后执纪越严”强烈信号的工作要求，认真执行廉洁过节各项规定，紧盯中秋、国庆等节点，早打“预防针”，定好“规矩阀”，坚决杜绝“节日腐败”。国庆期间，区纪委监委机关牵头成立由区市场监管局、区税务局及各街道纪工委共同参与的联合工作小组，选取区域内五星级酒店、月饼与蟹专卖店、大型婚庆场所、高档饭店四类主要场所多个检查点位，聚焦假日期间容易发生的违规收送礼品礼金、违规吃喝和违规收送蟹卡等问题进行明察暗访，防止“四风”问题反弹回潮。

（罗玥玥）

【粮食购销领域腐败问题专项整治】

10月，由区纪委监委牵头，区商务委（区粮食和物资储备局）、区发展改革委、区财政局等业务主管监管部门共同组成区粮食购销领域腐败问题专项整治工作小组，开展涉粮领域腐败问题专项整治工作。围绕粮食收购、销售、存储等重点环节发现的问题，督促区商务委（粮食局）等相关单位落实主体责任，有针对性地建章立制，强化制度执行，增强担当精神。加强与司法部门的协同联动，从司法机关查办的涉粮案件入手，严查职务犯罪问题。用好涉粮专项巡察成果，区纪委监委相关部门要会同专项巡察组逐一研判，做到优先查办、快查快办。

（罗玥玥）

廉政宣传教育

【概况】

2021年，区纪委监委强化警示教育，以“身边事”教育“身边人”，做好案件查处的“后半篇文章”。公开通报2批3起违反中央八项规定精神典型问题，选派人员开展廉洁教育讲座。

（刘婷婷）

【区市场监管局党组开展廉政教育专题讲座】

1月8日，区市场监管局党组召开廉政教育大会，区纪委副书记、区监委副主任杨列围绕纪检监察体制改革后区纪检监察工作新格局，阐述新时代党风廉政建设和反腐败工作的形势任务，剖析当前形势下全面从严治党工作面临的突出问题，运用大量丰富翔实的案例，着重对党的六大纪律和中央八项规定精神作具体解析。结合区市场监管局重点部门重点岗位职责，围绕“如何做一名忠诚干净担当的市场监管干部”展开了分析，要求党员干部善于克服不平衡心理、侥幸冒险心理、过时恐慌心理、投机心理、甜柠檬心理以及交易心理等，始终坚守秉公用权，不能任性用权，坚持廉洁用权，洁身自好，保护好用权环境，自觉接受监督，坚持阳光用权，敢于担当，在干事创业中用好权力。约60人参加。

（刘婷婷）

【“旧改”廉政教育培训会】

3月2日在区工人文化宫举行。区“旧改”指挥部党委和虹房集团党委共同举办。以“清风‘旧改’，我们在路上”为主题，邀请区委巡察办主任缪一鸣担任培训主讲。缪一鸣总结上年来区党风廉政建设工作的主要成果，对巡视巡察发现问题进行分析，提出要充分发挥党内监督利剑和密切联系群众纽带作用，与“旧改”实际相结合，确保党内监督和群众监督相融合的监督机制得到有效落实，杜绝违规操作现象的发生，切实做到“阳光动迁”。区“旧改”指挥部、虹房集团以及北外滩街道、嘉兴路街道、四川北路街道、欧阳路街道“旧改”分指挥部，区房屋第一征收事务所、区房屋第二征收事务所负责人和骨干共400余人参加培训。

（刘婷婷）

【区政法队伍教育整顿廉政专题党课】

3月18日在区机关大楼举行。区委常委、区纪委书记、区监委主任、区政法队伍教育整顿领导小组副组长王智华为全区政法干警作廉政教育报告。市政法队伍教育整顿第一指导组副组长廖振华以及虹口组全体成员到会指导。区二级巡视员杨鼎忠主持会议。王智华强调，要清醒认识和正确对待扫黑除恶专项斗争中暴露出的突出问题，特别是在滥用公权力、无视党纪国法、官伞警伞呈上升趋势等方面存在的问题，政法队伍要充分重视，将开展教育整顿作为扫黑除恶的延续，坚持刮骨疗毒、肃清队伍。要坚持宽严相济的管警治警方针，用好“自查从宽、被查从严”政策武器。吃透用足政策，坚持统一标准开展执纪监督，充分借鉴试点地区案例，加大政策宣传力度，全力引导干警主动自查自纠。同时，要大力弘扬英模精神，要坚持一手抓问题查纠不手软、一手抓正向激励动真格，宽严相济、严爱并重、奖罚并举，认真落实从优待警措施，不断激发创造力、凝聚力、战斗力，让政法队伍充满浩然正气、蓬勃朝气、斗争锐气。该专题党课设主会场和分会场，全区政法系统各单位干警1700余人参加。

（刘婷婷）

【新提任处级领导干部廉政教育】

12月16日在区纪委监委机关举行。区委常委、区纪委书记、区监委代理主任姜勇出席会议并讲话。姜勇强调廉政教育是对新提任干部廉洁从政的再提醒、是对新提任“一把手”带好班子带好队伍的再要求、是对领导干部带头干事创业的再动员，要求全体新提任处级领导干部围绕区第十一次党代会精神和区委区政府部署要求，立足自身岗位职责，将廉政教育的成效转化为干事创业的激情，转化为推动区高质量发展的生动实践，努力做到廉洁干事、干成事、干好事；要求区纪委监委坚持从实际出发推进全面从严治党工作，以“鼓励奋发有为、支持担当作为、问责失职无为、惩治腐败行为”为导向，坚持“三个区分开来”（把干部在推进改革中因缺乏经验、先行先试出现的失误和错误，同明知故犯的违纪违法行为区分开来；把上级尚无明确限制的探索性试验中的失误和错误，同上级明令禁止后依然我行我素的违纪违法行为区分开来；把为推动发展的无意过失，同为谋取私利的违纪违法行为区分开来），用好监督执纪“四种形态”，精准开展监督执纪问责，确保在全区营造良好的政治生态。该次廉政教育活动按照处级领导干部的不同层级、不同工作领域，分层分类开展，通过打造“赠阅一批廉政教育书籍、参观一个廉政教育基地、开展一次廉政承诺、观看一部警示教育片、开展一次集体谈话、撰写一份廉政体会、家人撰写一段廉洁寄语”的“七个一”廉政教育特色菜单，确保警示教育活动真正入脑入心，形成实效。区2021年新提任处级领导干部45人参加。

（刘婷婷）

巡察工作

【概况】

2021年，区委以“常规巡察+专项巡察‘回头看’”模式开展2轮巡察，完成区审计局、区统计局、上海中医药大学附属上海市中西医结合医院等8个单位常规巡察，区委办公室、区政府办公室、区发展改革委、区商务委等18个单位专项巡察“回头看”。完成十届区委对全区78个处级（单位）党组织和207个居民区党组织的巡察，覆盖率100%。形成十届区委巡察情况的全面总结报告，对巡察发现问题和移交问题线索的情况、巡察整改和成效、巡察过程中的制度化规范化建设以及巡察干部队伍建设等工作进行梳理研判分析，总结出切实履行主体责任、统筹推进巡察工作、加强全过程规范化建设、增强监督贯通融合和扩大巡察成果运用等5大特点，梳理出深化政治监督、优化巡察方式方法等4类面临的问题，并对应问题提出精心谋划新一届巡察工作规划、优化各类监督协同合作、强化干部队伍建设等12条思考建议。

（钟　珊）

【开展“深化营商环境”巡察“回头看”】

3—5月，区委第十四轮巡察聚焦“深化营商环境”领域，对区发改委、区商务委、区科委等10个单位党组织开展巡察“回头看”，发现存在对优化营商环境的认识站位还不够高、贯彻落实重要决策部署有欠缺、多部门联动协同机制不完善等34个问题，结合区新一轮北外滩开发建设提出准确把握优化营商环境精神、充分发挥区优化营商环境工作联席会议机制等深化营商环境的意见建议6条。

（钟　珊）

【开展“解决形式主义突出问题为基层减负”专项巡察“回头看”】

6—8月，区委第十五轮巡察聚焦“解决形式主义突出问题为基层减负”主题，对区委办公室（区委研究室）、区政府办公室、区人大常委会办公室、区政协办公室等8个单位专项巡察反馈的基础管理薄弱、统筹协调不足、联动共享欠缺等73个问题整改进行评估，指出存在了解基层单位需求不够深入、开展相关培训指导系统性不够强等5个问题，提出提高政治站位、建立健全为基层减负长效机制等6条意见建议。

（钟　珊）

【开展十届区委巡察整改评估】

11月，在完成十届区委巡察全覆盖任务的基础上，采取书面评估与实地评估相结合、全面自查和重点抽查相结合的方式，对全区第一轮至第十三轮巡察的70个被巡察单位党组织开展一次全面巡察整改评估，组建4个巡察整改评估组对区总工会、团区委等10个单位党组织开展巡察整改实地评估，评估等级均为“已完成整改”。评估组指出巡察整改中存在的不足，如建立的制度持续抓落实不够，存在重计划、轻落实的现象，机关作风建设需要加强等15个问题，同步向被评估单位和区纪委监委、区委组织部反馈，继续抓好巡察发现问题的持续整改，防止反弹回潮，确保整改成效常态化长效化。

（钟　珊）

（栏目编辑　李建智）

六、民主党派·工商联

综 述

2021年，各民主党派虹口区委、区工商联学习贯彻习近平新时代中国特色社会主义思想，坚持中国共产党领导的多党合作和政治协商制度，推进自身建设，履行参政议政、民主监督、参加中国共产党领导的政治协商等基本职能，为全面开创虹口高质量发展、高品质生活、高效能治理新局面贡献智慧和力量。

凝聚共识。各民主党派区委、区工商联以庆祝中国共产党成立100周年为契机，开展中共党史学习教育，举办专题培训、座谈交流、现场教学等各类活动近30场，在《虹口报》刊发各民主党派区委主委、区工商联主席学习贯彻习近平总书记七一重要讲话精神专版，表达坚定跟中国共产党走、建功新时代的心声。

政党协商。中共虹口区委召开党外人士座谈会，就党代会报告听取党外代表人士意见建议。各民主党派区委、区工商联代表参加中共虹口区委召开的专题协商座谈会6场，围绕党风廉政建设和反腐败工作、“五型经济”、意识形态责任制、城市数字化转型、养老服务、政府工作报告等方面提出意见建议。

民主监督。受中共虹口区委委托，各民主党派区委围绕践行“人民城市人民建，人民城市为人民”重要理念，集中力量解决“老、小、旧、远”推进落实情况，重点就区养老服务工作情况开展专项民主监督。通过听取汇报、座谈交流、个别访谈、查阅资料、实地考察等形式，分别对口一个街道，了解工作现状、查找问题不足、提出意见建议，形成专项民主监督工作报告，为提升区养老服务水平提供决策参考。

组织建设。中共虹口区委举办与各民主党派区委主委开展集体谈心会，筑牢多党合作的共同思想政治基础，提高能力，积极为虹口经济社会发展贡献力量，不断提升中国特色社会主义参政党的形象素质。在各民主党派市委和中共虹口区委的领导下，区各民主党派区委完成换届，做好政治交接。换届后，区民主党派共有区委委员100名（其中主委7名、副主委22名），男性55

表6-1 2021年虹口区民主党派主委及成员人数

序号	党派名称	主 委	成员总数（人）
1	中国国民党革命委员会上海市虹口区委员会	刘金玲	361
2	中国民主同盟上海市虹口区委员会	王 维	747
3	中国民主建国会上海市虹口区委员会	谢榕榕	648
4	中国民主促进会上海市虹口区委员会	颜 清	713
5	中国农工民主党上海市虹口区委员会	谢春毅	322
6	中国致公党上海市虹口区委员会	范春燕	296
7	九三学社上海市虹口区委员会	章冀龙	358
总 计		3445	
说明：资料由区委统战部提供。			

表6-2	2021年虹口区民主党派成员担任市和区人大代表、政协委员人数表	
名 称	总人数（人）	常委人数（人）
区十六届人大代表	38	9
区十四届政协委员	145	26
市十五届人大代表	7	1
市十三届政协委员	4	0

说明：资料由区委统战部提供。

人，女性45人，平均年龄45.88岁；大学本科以上文化程度98名，占98%；具有中级以上职称64人，占64%，领导班子成员结构优化、党派界别特色凸显。

（宗圣尧）

中国国民党革命委员会上海市虹口区委员会

【概况】 2021年，民革区委下设参政议政、思想宣传、组织、联络、青年、妇女、祖国和平统一促进、社会法制、民主监督9个工作委员会。基层党支部10个。全年发展党员10人。担任民革市委委员2人，其中市委常委1人、市委监察委员1人；市人大代表1人；区人大代表7人，其中区人大常委会委员1人；区政协委员10人，其中区政协常委2人、区政协副秘书长1人。（1）参政议政。完成《关于促进我区就业和人才精准服务的建议》《依托“两站”建设，构建我区移民融入管理服务新模式的建议》2篇调研报告，其中《关于促进我区就业和人才精准服务的建议》在区政协十四届五次会议上发言。自选课题《加强美丽家园精细化建设的研究》被民革市委确立为2021年度自选课题之一。提交社情民意279篇，其中被民革市委录用94篇、区政协录用175篇，民革党员夏心茹撰写的《关于进一步细化认筹公开制度及积分制的建议》经市政协综合编报后，得到市主要领导批示；民革党员孙欢成撰写的《关于向本市新冠疫苗受种者赠送疫苗意外险，提升公众接种积极性的建议》经综合编报后，得到市领导批示，并已转交市卫生健康委研究；民革党员成渊文撰写的《关于落实“双减”政策需兼顾教师合法权益的建议》经综合编报后，得到市领导批示。（2）民主监督。受中共虹口区委委托，监督凉城新村街道养老服务工作情况，成立监督工作小组，形成《关于凉城新村街道养老服务工作情况专项民主监督报告》。（3）思想教育。举办学习习近平总书记在庆祝中国共产党成立100周年大会上的重要讲话精神、中共十九届六中全会决议以及民革中央主席万鄂湘作中共党史学习教育主题报告等学习活动3场，70余人次参加。组织314名民革党员参加民革中央举办的“百年中国梦，风雨同舟情”庆祝中国共产党成立100周年网络知识竞赛活动，参与率达97.52%，并获全国地市级组织优秀组织奖称号。联合区社会主义学院举办骨干民革党员学习班，区委委员、支部委员、青年党员等50余人参加学习。（4）组织建设。召开中国国民党革命委员会上海市虹口区委员会第十四次代表大会及第十四届一次会议，选举刘金玲为区委主委，周浩、翁凌红、吴海为副主委。（5）社会服务。举办和参与法律服务进社区、进园区、进楼宇等各类公益活动4次，大型法律普法活动3次。结对广中路街道市民驿站开展“3·15”学雷锋和“12·4”宪法宣

图6-1 6月24日，民革虹口区委向中共四大纪念馆赠送绒绣中共党旗（民革区委 提供）

传日公益项目，与凉城新村街道共建法律服务中心，为江西省南昌市留守儿童捐赠近200个毛绒玩偶和300余本绘本。

（徐　阳）

【三八国际妇女节绒绣中共党旗活动】

3月1日在恒源祥集团举行。民革上海市委妇委会、民革虹口区委联合举办。以“同心向党　共绣中共党旗”为主题，在恒源祥绒绣原创工作室工艺师、国家非物质文化遗产传人李蔷的指导下，20余名民革党员精心共绣一面中国共产党的党旗，以“一针一线”的专注细腻，表达民主党派人士与中共情谊的深厚绵长。整面旗帜含36500针，寓意100个365天，象征着中国共产党领导中国人民走过100年的光辉历程。中共党旗绣制完成后，被裱入一个长100厘米、宽71厘米的金色框内，“100”代表中国共产党成立100周年，“71”则代表中共建党日期7月1日，中共党旗完成后赠送给中共四大纪念馆。

（徐　阳）

【专项监督凉城新村街道养老服务工作】

7—12月，受中共虹口区委委托，民革区委监督凉城新村街道养老服务工作情况。制定专项民主监督实施方案，成立监督工作小组，赴凉城新村街道考察凉城社区水电长者照护之家和凉城社区第一市民驿站，听取养老服务工作情况介绍，同街道负责人、相关职能部门负责人、居民代表座谈交流，就如何探索适老化改造方式、多元化养老服务、完善养老服务评价标准等问题开展讨论，形成《关于凉城新村街道养老服务工作情况专项民主监督报告》。

（徐　阳）

【庆祝教师节诗歌朗诵会】

9月11日在区图书馆曲阳分馆举行。民革市委教科委、民革虹口区委联合举办。以“初心如磐跟党走　百年育人谱今朝”为主题，十余位民革党员深情演绎《我骄傲，我是一名教师》《在上海，仍有他的足音回荡——致敬毛泽东》等自创诗歌和陶行知写给民革党员先辈的《乡村教育要不会办教育的人办》等10首诗歌。40余人参加。

（徐　阳）

中国民主同盟上海市虹口区委员会

【概况】

2021年，民盟区委下设经济工作、妇女和老年工作、青年（新盟员）工作、社情民意、民营企业家5个专委会。基层支部24个。全年发展盟员24人。担任民盟市委委员1人、专委会委员10人；市人大代表1人，区人大代表2人，其中区人大常委会委员1人；区政协委员16人，其中区政协常委2人，区政协副主席1人；特邀监督员8人。（1）参政议政。完成《关于进一步推动音乐谷国家级产业基地建设的建议》《关于进一步推进5G技术产业融合及高质量发展的建议》《关于提高数字化转型、推动智慧助老的建议》3项调研课题。报送社情民意73篇，被市政协、民盟市委录用16篇，其中《关于减少突发重大自然灾害导致大范围移动通信业务中断时长，保障抢险救灾的建议》获民盟中央录用，报送全国政协；《关于完善教育改革“5+2”模式教师补贴、弹性工作制、引入第三方参与课后服务的若干建议》《关于深化“一网通办”改革，提高网办精细化服务水平的建议》获市领导批示。（2）民主监督。受中共虹口区委委托，民盟区委监督四川北路街道养老服务工作，成立监督小组，形成《关于四川北路街道“养老服务”专项民主监督报告》。（3）思想建设。开展“学党史、悟初心、强信念”主题教育活动，组织学习习近平总书记七一重要讲话精神、中共十九届六中全会决议，以及纪念中国民主同盟成立80周年等学习活动，增强对中国共产党、中国特色社会主义的政治认同、思想认同、理论认同、情感认同。与区社会主义学院联合举办主题教育专题学习班，开设中共党史、盟史主题讲座，100余人参加。（4）组织建设。召开中国民主同盟上海市虹口区第十三次代表大会及第十三届一次会议，选举王维为区委主委，宋国华、徐侃、邢浩皓、刘慧为副主委，任命刘琤翊为秘书长。（5）社会服务。赴云南省文山壮族苗族自治州西畴县、贵州省黔西南布依族苗族自治州兴义市人民医院、黔西南布依族苗族自治州人民医院开展支医支教工作。司法支部律师盟员志愿服务队参加民盟市委组织的百名律师线上普法短视频活动，结合《民法典》物权编、继承编等录制“养老的烦恼”普法短视频2个。民盟区委和基层支部开展“冬送温暖，夏送清凉”、敬老节慰问等活动，走访慰问老盟员50余人。年内，民盟区委获评民盟中央学党史主题教育先进集体和民盟市委社会服务、组织发展工作先进集体。

（刘琤翊）

【开展主题教育学习活动】

4—12月，在全区盟员中开展以“学党史、悟初心、强信念”为主题的教育学习活动，开展庆祝中国共产党成立100周年、学习中共十九届六中全会决议精神、纪念中国民主同盟成立80周年等活动16次，撰写学习体会21篇。邀请民盟市委宣讲团蒋连华教授作题为“共享百年荣光、共襄复兴伟业”的学习贯彻中共十九届六中全会精神辅导报告，近50人参加。组织盟员赴民盟一届二中全会会址、中共四大纪念馆、“左联”会议纪念馆、黄炎培故居等红色教育基地学习参观，100余人参加。与区社会主义学院联合举办主题教育专题学习班，邀请市委统战部、市社会主义学院、民盟市委专家开设“中国共产党为什么能？——充分发挥百年统一战线法宝作用”“民盟与中共合作的‘初心’”等讲座，40人参加。

（刘琤翊）

【专项监督四川北路街道养老服务工作】

7—11月，受中共虹口区委委托，民盟区委监督四川北路街道养老服务工作。成立专项监督工作领导小组，制定专项民主监督实施方案：与四川北路街道主要负责人召开调研座谈会；实地走访了解区养老综合服务信息管理平台、虹德养老院等服务情况；听取四川北路街道情况分析；通过查阅资料、召开座谈会、个别访谈、基层单位调研及社会调查等形式，形成《关于四川北路街道“养老服务”专项民主监督报告》。该报告提出街道养老服务工作需要多维度拓展公共活动空间，满足居民需求；多管齐下，促进医养深度融合发展；提高养老服务人员培养力度，增加人力资源供给等3项建议。

（刘琤翊）

【《关于进一步推动音乐谷国家级产业基地建设的建议》调研报告】

12月，由民盟区委完成。调研报告分析上海音乐谷2011年获得“国家音乐产业基地”授牌后，音乐谷园区“音乐+”产业质量发展及推进区新的文化旅游消费建设的优势，剖析物业产权分散，产业整体规划受到掣肘；音乐产业特色尚未做强，产业链有待形成；历史街区风貌有待发展，文旅消费市场有待开发等相关问题，提出引入有情怀的开发商，改变经营管理模式；加强特色产业基地建设，做大做强音乐类企业；提升“音乐+”人文环境，争创4A级旅游景区等对策和建议。

（刘琤翊）

中国民主建国会上海市虹口区委员会

【概况】

2021年，民建区委下设组织、参政议政、社会服务、妇女、学习宣传、联络、企业家、青年8个委员会。基层支部17个。全年发展会员31人。担任民建市委委员3人，常委1人；市人大代表1人，区人大代表14人，其中区人大常委会副主任1人；区政协委员17人。（1）参政议政。在区政协十四届五次会议上，民建区委作《关于完善机制措施，提升北外滩楼宇经济能级的建议》的发言，并转为党派大会团体提案；委员个人提案7件。年内提交社情民意153篇，其中被区政协录用106篇、被民建市委《调研建言》刊用10篇，被民建市委录用并报送民建中央、市政协、中共市委统战部等有关部门33篇。提案《关于推进当前青年创业工作的建议》《关于加快建设工业互联网创新中心的建议》被列入区政协第十四届委员会优秀提案名录，会员马俊杰《关于关注创投行业发展受限对科技型初创企业筹集资金产生负面影响的建议》被列入区政协第十四届委员会优秀社情民意信息名录。（2）民主监督。受中共虹口区委委托，监督北外滩街道养老服务工作情况，成立监督工作小组，形成《关于北外滩街道养老服务工作情况专项民主监督报告》。（3）思想教育。组织会员学习习近平总书记七一重要讲话精神，开展中共十九届六中全会精神解读和区情解读线上学习培训，覆盖会员达1300余人次。组织换届后的区委班子、支部主委赴福建省古田县开展“学习党史会史，提升履职能力”学习考察活动，参观古田会议会址和纪念馆，瞻仰毛主席雕像。举办庆祝中国共产党成立100周年故事分享会，12名会员观看上海戏剧学院和民建市委联合出品的会史话剧《国士》。与上海市新四军历史研究会联合开展中共党史学习教育，10名会员参加庆祝中国共产党成立100周年主题朗诵活动，在身临其境的体验中品读革命精神。各支部开展十余场“学党史·迎百年”系列学习教育活动，在红色足迹的追寻中收获思想的进步。（4）组织建设。召开中国民主建国会上海市虹口区第十次代表大会及第十届一次会议，选举谢榕榕为区委主委，梁旗、宋惕林、彭文红为副主委。新建经济八支部，并与民建市委联合共管中远海运上海支部。（5）社会服务。参与各类扶贫帮困、捐资助学和服务社区等公益活动，共计服务近1000人次，投入资金约68万元。开展“春节送温暖”“暑期送清凉”活动，走访慰问会员140名，发放慰问金5.02万元；为河南灾区捐款94216元，以及价值800多万元的消毒液、医用口罩、医用酒精等物资；联合凉城新村街道社区服务办开展“九九重阳节·浓浓敬老情”敬老为老活动，会员单位康尔寿养老服务有限公司、五惠社区服务公益站及其他会员利用自己的专业技能为社区老人、退役军人提供护理咨询、康复按摩、法律咨询、血糖血压测量等服务，并送上重阳糕等慰问礼品。年内，民建区委获得民建市委2020年度参政议政工作二等奖、2020年度宣传思想工作二等奖。

（陈 洁）

【《关于完善机制措施，提升北外滩楼宇经济能级的建议》提案】

1月18日，由民建区委在区政协十四届五次会议上作发言后，被转为党派大会团体提案。提案梳理北外滩楼宇建设存在的优势和劣势，并就劣势问题提出研究发布体系化的楼宇配套政策、以凸显“经济功能”为引领拓展宣传推介、创新优化营商环境、探索国有企业深度参与北外滩楼宇建设机制等4条建议。该提案获评区政协十四届五次会议优秀提案。

（陈 洁）

【专项监督北外滩街道养老服务工作】

6—11月，受中共虹口区委委托，民建区委开展北外滩街道养老服务工作专项监督。成立专项监督工作小组，编制《关于民建虹口区委接受中共虹口区委委托开展专项民主监督的实施方案》，赴北外滩街道实地调研，通过听汇报、召开座谈、现场走访等形式，针对北外滩街道养老服务的建设情况，提出摸清人口底数保障基本需求、区域通盘协调创新重点突破、依托市民驿站整合社区养老服务资源、梳理服务清单加强养老管家队伍建设、发挥区位优势打造品质养老服务品牌和推进数字转型树立精准养老服务标杆等意见建议，形成《关于“虹口区养老服务工作”专项民主监督的报告》。

（陈 洁）

中国民主促进会上海市虹口区委员会

【概况】

2021年，民进区委下设学习宣传委员会、参政议政委员会、社会服务委员会、会务发展委员会4个专门委员会及中青年联谊会、企业家联谊会。基层支部24个，总支部1个，总支部下属分支部2个。年内，发展会员28人，转出组织关系2人。担任民进市委委员2人；市人大代表1人，区人大代表4人，其中区人大常委会委员1人；区政协委员20人，其中区政协副主席1人、区政协常委3人。（1）参政议政。提交区政协党派团体提案2件，其中《关于加强我区青少年心理健康教育工作的建议》作为区政协民进界别大会发言；提交个人提案14件，民进界别区人大代表提交书面意见4件。收到社情民意80余篇，其中民进会员何培新的社情民意《关于改善校园照明环境防控近视的若干建议》，获得副市长宗明、陈群批示。（2）民主监督。受中共虹口区委委托，民进区委开展监督欧阳路街道养老服务工作，成立监督工作小组，形成《虹口区欧阳路街道养老服务工作专项民主监督报告》。（3）思想教育。民进区委制定《民进虹口区委关于开展中共党史学习教育的实施方案》，组织各支部参观中共四大纪念馆、中国左翼作家联盟会址纪念馆，李白烈士故居等红色场馆；开展“不忘合作初心，继续携手前进”诵读活动和“我为建党百年送祝福”视频征集活动。（4）组织建设。召开中国民主促进会上海市虹口区第十三次代表大会及第十三届一次会议，选举颜清为区委主委，张家美、温静、徐凯、曹磊为副主委。（5）社会服务。民进区委与上海民进企业家联谊会向遭受洪涝灾害的河南省周口市捐饮用水共计7465箱，价值近100万元。上海梦想成真公益基金会联合虹口民进企业家联谊会、中青年联谊会赴凉城新村街道社区银享恬苑长者照护之家慰问老人，赠送高蛋白豆浆粉、粮油等慰问物资，价值近万元。参与举办2021年“中行杯”梦想成真公益健步行活动，近1000名参与者走进红色地标，追忆初心活动。民进区教育学院支部结对浦东新区万祥学校（万祥—大团学区）开展“牵手助学 播种希望”支教活动；承办民进上海市委西部教师培训班，来自贵州安龙县、金沙县及云南石屏县的45名中小学教研员及骨干教师参加培训；参与举办数学公益夏令营，来自区内29所小学500多名学生参加活动。至年底，民进区教育学院支部获民进全国社会服务暨脱贫攻坚工作先进集体称号、区委会获2021年上海市统一战线（工作）先进集体称号、会员何培新获全国五一劳动奖章、会员曹磊获民进全国反映社情民意信息工作先进个人。

（杨煜之）

【专项监督欧阳路街道养老服务工作】

9—11月，受中共虹口区委委托，民进区委重点围绕区养老服务工作情况开展专项民主监督，成立民主监督工作小组，制订工作方案，赴欧阳路街道开展养老服务民主监督。听取街道情况汇报、查阅相关资料、召开座谈会，提出整合优化资源，彰显品牌特色；因地制宜规划，打造品质空间；探索新型模式，破解床位难题；勇于先行先试，抚平“数字鸿沟”；建立统一标准，壮大“时间银行”五点建议，形成《虹口区欧阳路街道养老服务工作专项民主监督报告》。

（杨煜之）

【民进虹口区教育学院支部支教活动】

11月25日在浦东新区万祥学校（万祥一大团学区）举行。主题是“牵手助学　播种希望”。支教活动分“图书捐赠”“观课指导”“专题讲座”三个环节，向万祥学校捐赠价值3000余元的教育教学类图书50多本，评课指导万祥学校“初中信息科技”“小学英语”“小学数学”各一课，开设“初中信息科技学科教学与计算思维”“小学英语单元规划下的作业设计和命题研究”“读懂学生，让学习自然发生”讲座。30余人参加活动。

（杨煜之）

中国农工民主党
上海市虹口区委员会

【概况】

2021年，农工党区委下设有青年、理论研究、参政议政、内刊、老龄、联络、医改、教育、民主监督、社会服务10个工作委员会，11个基层支部。全年发展新党员11名，转出1人，转入2人。担任农工党市委委员2人，其中农工党市委常委1人；市人大代表1人、区人大代表2人，其中区人大常委会委员1人；区政协委员15人，其中区少数民族联合会副主任1人。（1）参政议政。在区政协十四届五次会议上递交团体提案2件及个人提案9件，其中《关于建立长效公共卫生安全运行机制的建议》作大会发言。全年提交社情民意60篇，其中《关于集中力量打击假冒伪劣新冠肺炎疫苗，维护我国负责任大国形象的建议》《关于加强境外游戏平台监管的建议》《关于加强养老机构金融属性专项审查与整顿的建议》《关于多举措推动物种资源保护、大力发展农林畜牧渔业种业与微生物工业菌种产业的建议》4篇社情民意被市政协录用；《建议发挥我国主导地位作用，建立一带一路经济区新冠病毒疫苗数字护照技术与应用标准》《关于从国家、地方、学校三层面共同推进大中小幼体育课程一体化实施的建议》《关于规范医疗机构院外专家会诊收费标准的建议》等7篇社情民意被农工党中央录用；《关于迎接建党百年，打造虹口党建活动基地的建议》获得中共虹口区委常委、宣传部部长吴强批示。（2）民主监督。受中共虹口区委委托，农工党区委开展监督江湾镇街道养老服务工作，成立监督工作小组，形成《江湾镇街道养老服务工作的民主监督专项报告》。（3）思想教育。制定《农工党区委关于中共党史学习教育工作方案》，与区社会主义学院联合举办区委骨干学习中共党史报告会；组织全区农工党党员收看庆祝中国共产党成立100周年大会；组织中青年骨干党员听取上海大学马克思主义学院邱仁富教授主讲的“江山就是人民，人民就是江山”专题讲座，约64人参加。（4）组织建设。召开中国农工民主党上海市虹口区第十四次代表大会及第十四届一次会议，选举谢春毅为区委主委，邓小飞、季玮为副主委。

（李　蕾）

【《关于建立长效公共卫生安全运行机制的建议》团体提案】

1月，在区政协十四届五次会议上提出团体提案。该提案提出，新冠疫情是全球性的突发公共卫生事件，传播速度快、感染范围广、防控难度大，国家启动公共卫生事件Ⅰ级响应，疫情防控取得阶段性胜利，其间也暴露出公共卫生应急体系存在的短板和不足：对公共卫生事件认识不足、疫情监测预警能力落后、突发应急医疗储备不足、公共卫生人才流失、传染病防控平战转换系统薄弱等。建议区政府应从提升公共卫生应急响应能力，增加公共卫生投入，建立应急补偿机制；加强公共卫生相关人才队伍建设等方面建立长效机制，在疫情常态化防控中，补短板、强弱项、增能力，完善防控机制，健全管理体系，提升区公共卫生安全运行力度。

（李　蕾）

【《关于集中力量打击假冒伪劣新冠肺炎疫苗，维护我国负责任大国形象的建议》社情民意】

2月由区委委员陈卫华完成撰写。该建议提出，针对新冠肺炎疫苗上市后，个别不法分子利欲熏心，通过制假售假、高价倒卖和违反国家规定非法经营、擅自进行群体性接种等手段牟取暴利，严重扰乱防疫秩序、危害公共卫生安全的问题，建议由国家市场监管总局牵头，联合药监、卫监、公安、文旅等部门，成立打击假冒伪劣新冠肺炎疫苗联合工作组，在全国范围内开展打击制假售假、高价倒卖和提供虚假证明文件接种新冠肺炎疫苗等违法犯罪行为。该建议被市政协和农工党中央信息专报录用。

（李　蕾）

【专项监督江湾镇街道养老服务工作】

5—11月，受中共虹口区委委托，农工党区委重点围绕区养老服务工作情况开展专项民主监督。成立民主监督工作小组，制订工作方案，赴江湾镇街道开展养老服务民主监督，考察江湾镇街道第一市民驿站，参观社区助餐食堂和家庭医生工作站等服务配套设施；观看适老化改造样板房相关视频，听取街道近两年养老工作情况汇报，通过调研、走访、座谈等形式，形成《关于江湾镇街道养老服务工作的民主监督专项报告》。

（李　蕾）

中国致公党上海市虹口区委员会

【概况】

2021年，致公党区委下设基层支部12个。年内发展党员5人，转入2人。担任致公党市委常委1人、致公党市委专委会主任1人；市人大代表1人、区人大代表3人，其中区人大常委会委员1人；区政协委员11人，其中区政协常委2人，副秘书长1人；特邀监督员1人。（1）参政议政。区“两会”期间，向区政协提交党派界别提案7篇，其中集体提案2篇、个人提案5篇，同时提交区政协大会发言1篇；向区人大提交个人书面建议3篇。致公党区委《关于进一步推进我区“一网统管”工作的建议》、致公党员范春燕《关于推动我区“五型经济”发展的建议》、致公党员任永康《关于加快我区多层住宅加装电梯的建议》、致公党员耿晖《关于推进新一轮高标准“美丽家园”建设的建议》获评区十四届政协优秀提案。围绕城市数字化转型、疫情防控、北外滩建设发展、文明城区创建、平台经济发展等领域提交社情民意，被中共虹口区委统战部录用3篇、被区政协录用18篇、被致公党市委录用2篇；7篇得到区领导批示或呈报上级组织。区委主委、副主委参加中共虹口区委统战部召集的专题协商座谈会和党外人士座谈会6次，就中共虹口区第十一次代表大会报告、区政府工作报告、提升区养老服务水平、意识形态工作责任制、围绕“五型经济”全面增强经济发展的质量和效益、城市数字化转型、党风廉政建设和反腐败工作等议题发表观点看法，提出意见建议。（2）民主监督。配合中共虹口区委统战部做好致公党市委对虹口区践行“人民城市人民建，人民城市为人民”重要理念，集中力量解决“老、小、旧、远”专项民主监督，致公党区委负责人范春燕、顾爱华、金鑫作为致公党市委专项民主监督专家组成员参与工作；受中共虹口区委委托，致公党区委开展养老服务工作专项民主监督调研，制定专项民主监督方案，成立民主监督工作小组，赴曲阳路街道调研养老服务工作，形成《关于对曲阳路街道养老服务工作专项民主监督的报告》。（3）思想建设。举行学习习近平总书记七一重要讲话精神交流会，15人参加。制定《致公党虹口区委关于开展中共党史学习教育的实施方案》《致公党虹口区委开展中共党史学习教育活动安排》，开设主题教育“中共党课”等活动6次、120人次参加。（4）组织建设。召开中国致公党上海市虹口区第五次代表大会及第五届一次会议，选举范春燕为区委主委，顾爱华、金鑫、黄清为副主委；完成区委监督委员会换届工作，组成新一届监督委员会，金鑫为主任。（5）社会服务。开展为老公益服务，慰问独居、孤寡老人10人，1名医生党员参加重阳节义诊活动；组织10人参加致公党市委爱心义卖活动，在鲁迅公园梅园开展致公林养护活动。年内，致公党区委获得致公党上海市委脱贫攻坚先进集体称号。

（裘晴岗）

【《关于北外滩社区治理数字化的建议》】

11月由致公党区委完成。该建议从赋能、安全和共享三方面阐述分析北外滩地区数字化转型的需求问题，提出打造数字化防疫场景，筑牢社区疫情防控网、打造数字化“平安指数”场景，绘制社区安全“晴雨表”、打造数字化设施共享场景，实现公共资源和社会资源的高效利用。

（裘晴岗）

【专项监督曲阳路街道养老服务工作】

7—11月，受中共虹口区委委托，致公党区委专项民主监督工作小组赴曲阳路街道开展养老服务工作专项民主监督。走访曲阳路街道综合为老服务中心、曲阳路街道第一市民驿站，调研街道老年日间照料中心、长者食堂、社区卫生服务站、“掌上驿站”“生活e点通”“一网通办”自助终端、老年认知障碍友好社区、社区服务集市等为老服务项目，与街道就养老服务工作进行座谈交流，形成《关于对曲阳路街道养老服务工作专项民主监督的报告》，提出提高社区养老服务供给水平、加强养老服务队伍建设、优化“智慧养老”的操作路径和实现方式的建议。

（裘晴岗）

九三学社上海市虹口区委员会

【概况】

2021年，九三学社区委下设参政议政、青年2个工作委员会，6个支社。全年发展社员13人，转入3人。担任九三学社中央资源环境专门委员会委员1人，九三学社市委常委1人；市人大代表1人、区人大代表5人，其中区人大常委会委员2人；市政协委员1人、区政协委员10人，其中区政协常委3人；特约监督员2人。（1）参政议政。在区政协十四届五次会议上，提交集体提案2件、委员个人提案7件。集体提案《关于进一步开发提篮桥地区功能的建议》《关于优化全面预算绩效管理的建议》被评为区政协优秀提案。完成《关于推进虹口“双碳”经济发展的建议》《关于缓解虹口老旧小区停车位“一位难求”的建议》2篇调研报告。上报九三学社市委社情民意20篇，采用15篇；上报区政协18篇，采用9

篇；2篇被市政协综合采用，1篇获市领导批示，1篇被九三学社中央采用。（2）民主监督。受中共虹口区委委托，九三学社区委对接广中路街道，就街道“为老服务”的开展情况进行民主监督，成立专项监督组，形成《九三学社虹口区委关于开展“为老服务”专项监督工作的报告》。（3）思想教育。与区社会主义学院联合举办“2021年九三学社虹口区委中青年骨干成员学习班”，40人参加。开展中共党史学习教育，组织5轮线上学习活动，参与九三学社中央举办的中共党史学习教育暨知识竞赛活动，62人参加。开展“追寻红色足迹”系列活动，组织社员参观泥城革命史迹馆及中国左翼作家联盟成立大会会址纪念馆；组织社员观看爱国主义影片《长津湖》，40人参加。（4）组织建设。召开九三学社上海市虹口区第九次代表大会及第九届一次会议，选举章冀龙为区委主委，狄洁姗、唐瑞卿、程芳为副主委。任命金呈岚为秘书长。（5）社会服务。与上海中医药大学附属上海市中西医结合医院联合主办“国际睡眠日”白领睡眠健康咨询义诊活动，50人就诊。与区卫生健康委员会监督所联合举办以“严格落实依法执业，保障群众健康权益”为主题的“普法进社区”活动，服务群众60余人。参与曲阳路街道举办的“实施积极应对人口老龄化国家战略，乐享智慧老年生活”敬老节专场活动，现场为30余名老人提供中医义诊和法律咨询等公益服务。市人大代表、区工商联主席、九三学社区委委员王文其及其所属企业捐资曲阳社会基金会森信“太阳花”项目5万元、三观堂100万元、江苏南通曲塘中学70万元，曲阳路街道帮扶捐物30万元；高温期间慰问市交警总队高架支队、武警三支队，公安虹口分局交警支队、特警支队，并捐物约50万元；捐资玉佛禅寺觉群文教基金会100万元。九三学社区委委员邱火旺所属企业为上海工程技术大学电子电气工程学院提供校外实习基地，组织有经验的技术人员对学生进行三维图纸、办公软件培训，接收学生到公司勤工俭学和实习，受惠学生50余名。

（金呈岚）

【《关于进一步开发提篮桥地区功能的建议》集体提案】

1月，在区政协十四届五次会议上提交，该提案被区政协评为优秀提案。提案分析提篮桥地区规划的背景和提篮桥地区发展面临的困境，指出提篮桥地区建筑物产权关系复杂、周边目标消费群体欠缺、整体业态规划失衡、交通便利性有待提高等问题。提出对提篮桥地区要科学甄别历史建筑，加大“旧改”力度；整体开发布局，优化业态布局，挖掘资源，提炼历史文化价值，结合文化强区，打造特色文旅片区；优化交通规划，建立联通全区域的步行、骑行系统，加强与陆家嘴、区中北部的连接，增强提篮桥区域交通便利性。

（金呈岚）

【举办“国际睡眠日”义诊和讲座】

3月24—25日，在“世界睡眠日”之际，九三学社区委联合上海中医药大学附属上海市中西医结合医院，组织脑病睡眠专家、九三学社区委委员冯蓓蕾及王华、赵江蓉、陆逸莹、张玲等多位医疗专家到上海白玉兰广场20楼白玉兰党群服务站为楼内白领开展睡眠健康咨询义诊活动，约50人就诊。在凉城新村街道图书馆举办“良好免疫源于优质睡眠”的健康科普讲座，为20余名社区老年居民提供服务。

（金呈岚）

【专项监督广中路街道养老服务工作】

6—11月，九三学社区委受中共虹口区委委托，对接广中路街道，就关于“为老服务”工作的开展情况进行民主监督。成立专项民主监督组；实地参观调研广中路街道的社区事务受理服务中心、社区食堂、综合为老服务中心以及空中花园；召开座谈会，听取广中路街道关于“为老服务”工作现状、成效、发展方向等方面情况汇报，并与街道相关科室负责人讨论交流；监督组成员从专业角度提出意见和建议，形成《九三学社虹口区委关于开展“为老服务”专项监督工作的报告》。

（金呈岚）

图6-2　西望北外滩（天际线摄影团队　拍摄）

虹口区工商业联合会

【概况】

2021年，区工商联强化政治引领，凝聚思想共识，促进“两个健康”（非公有制经济健康发展、非公有制企业人士健康成长）发展，推动营商环境优化，助力民营经济高质量发展。至年底，有会员企业1862家。（1）加强组织建设。制定《虹口区工商联“党史”学习教育实施方案》，开展“党史”专题学习13次、主题活动8次，900多人次参加。加强非公人士队伍建设，召开区工商联第十五次会员代表大会，选举产生第十五届区工商联（总商会）执行委员会委员175名；第十五届区工商联执委会一次会议选举产生第十五届区工商联主席1名、常务副主席1名、副主席10名；区总商会会长1名、常务副会长1名、副会长25名、常委会委员59名；召开主席会议2次、执行委员会议1次、基层商会工作会议2次。制定《虹口区工商联（总商会）民营经济人士副主席副会长履职评价办法》《虹口区工商联（总商会）所属商会2021年规范化建设意见》，着力提升所属商会规范化建设整体水平。（2）做强服务平台。发挥“政会银企”四方合作机制作用，搭建会员以及所属商会与银行合作交流平台，帮助企业解决融资难问题，全年，推动银行向995家民营企业提供57.78亿元信贷资金。深化法律专项服务，分别与区法院、至合律师事务所联合召开“民营企业调研座谈会”和“以案释法”法律服务咨询交流活动，助推企业法律风险防控，营造优良法治化营商环境。建立商会法律服务示范点1个，组织“法律服务志愿者”定期到街道商会为商会会员、辖区民营企业开展法律服务工作。（3）深化调研工作。全年走访57家民营企业，收集问题36条，形成《关于加强虹口区民营总部经济发展的几点建议》《以“五型经济”引领虹口更好打造“上海北外滩、浦江金三角”》《区工商联（总商会）所属街道商会党的建设情况浅析》《虹口区工商联在民营企业金融服务中的实践与思考》4篇调研报告。（4）培养青年企业家。开展“学党史、感党恩、跟党走，新时代、新青年、新作为”活动，组织召开“聚焦北外滩，共谋新发展”联谊座谈会和“虹口青年创业者追寻上海红色印记”专题活动2次，60人参加。推荐4名优秀青年企业家代表参加全国年轻一代民营经济人士理想信念教育培训班和市民营经济人士理想信念报告会。（5）推进光彩事业。动员10家民营企业与云南省文山壮族苗族自治州西畴县10个脱贫村签署乡村振兴行动结对帮扶协议，实施援建项目10个，涉及资金30万元。发出“迎新防疫，稳岗留工”倡议书，呼吁各街道商会、行业商会及民营企业落实疫情防控责任和履行社会责任，用心用爱温暖员工。年内，区工商联获评全国“五好”县级工商联、上海市工商联系统信息工作先进单位；相关活动获评上海市工商联理想信念教育特色工作、上海市工商联青年创业者理想信念教育特色案例。曲阳路街道商会获上海市民营经济人士理想信念教育示范点称号；上海珍滋味农业发展有限公司获云南省脱贫攻坚先进集体，公司总经理王晔获2017—2020年度上海市助力脱贫攻坚先进个人称号。

（吴加很）

【助力中小微企业发展合作签约仪式】

8月18日在区税务局举行。区工商联、区税务局联合举行“学党史、办实事——春风春雨助力中小微企业发展”合作签约仪式，双方签署《关于助力小微企业健康发展优化税收营商环境合作协议》，试点建立“纳税服务直联点”，构建多方协税、护税、治税的“精诚共治”新服务模式。通过构建部门协同共治工作机制，做大做强做优“税商汇”服务品牌，及时解决小微企业在发展过程中遇到的“痛点、难点、堵点”问题，做到“春风化雨、春雨润苗，助力小微、携手共赢”，有效激发市场主体活力、拓展成长空间，加强区域企业健康发展优化营商环境。现场向双方志愿者代表颁发“税收志愿者”证书。区工商联、区税务局、各街道商会负责人，会员企业代表，税收志愿者代表等40余人参加。

（龚奕欣）

【“一会一品牌”建设情况交流分享会】

12月30日在花园坊节能环保产业园举行。区工商联主办。市工商联副主席杨茜，区委常委、区委统战部部长郑宏出席。会上，各商会围绕促进“两个健康”开展的特色活动，提炼分享取得的经验成果。杨茜作讲评并指出打造商会品牌有利于建立商会差异化形象，更能提升会员企业信任度和忠诚度，增强商会组织凝聚力；各商会要从自身“基因”出发，努力挖掘，创立创新有深度、有广度的品牌，切实将商会动起来、亮起来、响起来。郑宏强调，开展“一会一品牌”建设是提升商会品质，增强商会凝聚力、吸引力、辐射力，推动会员企业“两个健康”发展的关键所在；要注重政治引领，坚持服务至上，提升商会形象，夯实管理基础，以建“四好”商会为标准推进各项工作。区工商联、各商会负责人等40人参加。

（李　亮）

（栏目编辑　李建智）

七、群众团体

上海市虹口区总工会

【概况】

2021年，全区新建基层工会组织60家，新增工会会员近1.5万人。全区基层工会数1493家，其中独立工会1255家，实有会员11.7万人。（1）思想宣传教育。"虹宫双微"微信公众号发布党史学习教育报道12篇，在全区工会系统和广大职工群众中形成学习宣传氛围。举办"幸福都是奋斗出来的"——区总工会庆祝中国共产党成立100周年主题活动，举办"阅百年风华，读红色初心"——暨庆祝中国共产党成立100周年虹口职工读书会，区工人文化宫原创红色情景短剧《启航》，再现当年中国青年乘坐"因幡丸"日本邮轮赴法勤工俭学的历史场景。（2）维权服务。与区人力资源社会保障局、区司法局、区法院，四方联动，实施职工队伍稳定风险排查化解专项行动，联合调处"九龙宾馆事件"等群体性劳资纠纷案件2件，排摸调查"掌门1对1事件"等舆情案件4件，推进符合集体协商条件的企业建制覆盖率动态达到90%以上。落实"零门槛""应援尽援"的法律援助工作机制，各法律援助工作站办理上海工会法律援助服务平台案件共1232件，合计为劳动者挽回经济损失1971万元。召开区政府与工会联席会议，审议通过《关于建立虹口区处置群体性劳动争议会商机制》《关于开展"北外滩高质量发展、高品质生活先进集体、先进个人"评比达标表彰工作》等议题，全区8个街道全覆盖建立联席会议制度。（3）产业工人队伍建设。推动创新工作室创建工作，王炜劳模创新工作室等2家单位获评市劳模创新工作室，鲁迅公园技师创新工作室等3家单位获评市工匠、职工（技师、巾帼）创新工作室，上海东虹环境保洁有限公司欧阳作业块女子清道班获评全国五一巾帼标兵岗。年内，区有4家单位获评上海市五一劳动奖状，5名个人获评上海市五一劳动奖章，6个班组获评上海市工人先锋号；在全市率先开展区五一劳动奖、工人先锋号评选，100名优秀个人被授予虹口区五一劳动奖章，50个集体被授予虹口区工人先锋号。（4）服务职工实事项目。全区新办工会会员服务卡4997张，持有效卡会员为6.07万人。开展"卡卡大篷车"系列活动，为会员提供优惠商品及公益服务。互助保障服务有序开展。通过互助保障，职工总计受益28.17万人次，比上年增长7.09%。继续实施"为灵活就业从业人员提供'五送'（送保障、送体检、送清凉、送温暖、送安全）服务"项目，受益2426人。落实"一线职工疗休养""建立园区健康服务点"2项政府实事项目，全区共组织53个团组、2079名职工（含602名一线防疫职工）参加疗休养，近万名职工"看花博"。建成金融街（海伦）中心、大柏树930科技创意园区、花园坊节能环保产业园、新华保险大厦、1876老站创意园5家上海市园区（楼宇）健康服务点。推进深化职工舒"心"吧服务品牌，开展EAP专题培训并建立志愿者队伍，开设专职医生驻点咨询50次，服务职工625人次。举办"建党百年庆　虹工送岗位"线上招聘会4次，招募152家优质企业入驻"会聘上海"。拓展公益乐学辐射面，开展线下活动300余场，服务职工近6000人次。全区建成户外职工爱心接力站111家、爱心妈咪小屋108家。发放特困帮扶资金17.99万元，覆盖29人；面向全区参与疫情防控一线人员、困难职工、外来建设者等群体，组织开展慰问1.7万人次，慰问金额达992万元。（5）"小二级"工会建设。推进非公企业工会改革，指导新建"北外滩白玉兰楼宇工会联合会"，完成上海梦想成真公益基金会工会联合会组建。空间188创

图7-1　2月4日，在大柏树930创意园户外职工爱心接力站，市总工会举行上海工会慰问春节期间虹口留沪就业人员活动（区总工会　提供）

意园区、大柏树930创业园区工会联合会被评为市“小二级”工会示范点；狮城怡安（上海）物业管理股份有限公司工会被评为全国模范职工之家，上海花园坊节能技术产业园区工会主席赵永平被评为全国优秀工会工作者。

（马伟杰）

【庆祝建党百年虹口职工读书会】

4月13日在建投书局举行。区总工会主办，区工人文化宫承办。以“阅百年风华，读红色初心”为主题，在第二十六个世界读书日来临之际，邀请上海师范大学教授苏智良作主讲嘉宾，分享上海工人运动在虹口留下的丰富史料；回顾区各级工会近年来开展读书活动的情况；区工人文化宫原创微型情景剧《听妈妈讲那过去的事情》上演。活动旨在向全区职工发出倡议，鼓励大家将“耕读传家、读书继世”的古训传承于世，继承与发扬根植于中华文化中的红色基因。来自区各街道工会主席，职工书屋负责人，以及部分园区、企业的职工代表、区总工会机关及下属事业单位职工约60人参加。

（马伟杰）

【区职工心理援助执行师专题培训班】

6月4—6日在中国出版蓝桥创意产业园举行。区总工会、区科委党委联会主办。邀请东方卫视“东方直播室”等节目的心理学嘉宾林贻真为培训讲师，分析心理咨询在工会工作中的实际运用。来自区属各机关、企事业单位工会干部，企业人事以及工会工作者等80余人参加培训。

（马伟杰）

【庆祝中国共产党成立100周年主题活动】

7月22日在区工人文化宫举行。区总工会主办。市人大常委会副主任、市总工会主席莫负春，市总工会副主席周奇，虹口区委书记郭芳，副书记、区长胡广杰，区人大常委会主任吴延风，区政协主席石宝珍，区委副书记洪流等出席。以“幸福都是奋斗出来的”为主题，与会领导为全国及虹口区五一劳动奖章获得者、虹口区工人先锋号等先进集体以及虹口工匠颁奖，为区第100个爱心接力站授牌。活动通过视频《百年虹口·红色档案》、歌舞《再唱山歌给党听》、快板《砥砺奋斗谱新篇》和情景剧《我在虹口挺好的》等文艺形式，回眸百年工运，用文艺写工会，用故事话工人，用典型颂工匠，全景展示区各级工会在党领导下的劳动成果、奋斗成绩、创新成效和创业成就。各兄弟区和部分产业局总工会代表，各界劳模、先进代表、基层工会代表、职工代表400余人出席活动。

（马伟杰）

【市五一劳动奖和工人先锋号表彰会暨先进事迹报告会】

11月11日在区青少年活动中心举行。区总工会主办。区委副书记杜松全，区人大常委会副主任、区总工会主席胡军为新获得市五一劳动奖章、市工人先锋号的先进集体、个人颁奖。会上，区疾病预防控制中心主任陈道湧，区青少年活动中心教务主任施虹飞，上海三吉电子工程有限公司进博大型保障团队负责人、公司总经理周健，区住房保障房屋管理局住房保障科科长钱炜4位先进代表作先进事迹报告。报告会弘扬劳模精神、劳动精神、工匠精神，聚焦高质量发展，充分发挥工人阶级主力军作用，培养和塑造一支高素质的产业工人队伍。劳模代表、先进集体单位代表，各街道总工会、行业及直属工会代表等80余人参加会议。

（马伟杰）

共青团上海市虹口区委员会

【概况】

2021年，全区共有基层团委40个，基层团工委13个，基层团总支33个，基层团支部949个。（1）思想宣传教育。开展“青年大学习”“红领巾爱学习”网上主题团（队）课，团员、少先队员、青年28万余人次参学。结合五四、六一、七一等重要时间节点，15万余人次参与学习贯彻习近平总书记七一重要讲话精神等专题学习会、12万余人次参与“请党放心强国有我”等主题团（队）日活动。向全区青少年征集经典“虹”路线14条、“虹”阵地32个、“虹”故事135个，挖掘红色学习资源。联合复旦大学口述史研究中心，组织青少年寻访王力、王炜等50余名优秀党员建设者和先进模范人物，强化榜样引领。组织区级青年讲师团开展“在新时代新征程中勇担使命建功立业”等宣讲活动48场，覆盖青少年4500余人次。联合“得物”网上社区引导青少年打卡身边的“左联”会址纪念馆、赵世炎故居、景云里等红色地标，演播青年服务北外滩旧区改造等中心工作的微视频短片，展示身边青年的建功作为。举办“人人都是宣讲员”虹口区红主播宣讲大赛“青春专场”线上展播，推出《总书记来到了市民驿站》等35件优秀青年作品，展现新时代青年的风采风貌。运营“青春虹口”微信公众号，推出12期“虹口新青年　党史接力学”诵读活动。在全区各青年中心建立“青年中心·学习社”，开展活动457场次，服务1.3万余人次。成立首家开放式街区型青年中心——多伦路红色文化街区青年中心，打造“虹讲堂”，“致敬大先生”青年美术家艺术展，《摩咖空间》《海派源流》领读会等服务青年的项目场景。（2）助力中心工作。组建“青春助企服务团”，招募青年专家近40人组团服务企业83场次。承办“创青春”上海青年创新创业大赛“在线科技应用”单元赛，开展人才政策、企业政策和北外滩招商政策宣传，在北外滩“世界会客厅”演播室直播观看量达8.4万人次。开展“走进北外滩”系列活动，邀请各界青年了解北外滩，承办“设计上海”虹口北外滩“世界会客厅”文创设计大赛，通过现场踏勘、座谈交流和设计展示，吸引11支团队参加。与区委组织部、区区级机关工作党委、区住房保障房屋管理局联合制定《关于进一步加强青年“三进”工作的实施方案》，为基层提供操作指南，全区业委会青年委员、物业青年骨干人数均实现翻倍增长。强化社会动员，先后组建业委会青年联谊会、物业青年联谊会，联合45支青年团队组成青年“三进”（进小区、进物业、进业委会）建功联盟。举办团区委书记要对居民区书记说——共话青年“三进”交流会，开展“青春互访”活动3次。助力乡村振兴，与云南省文山壮族苗族自治州对口支援4县团委签订结对协议。联合区青联、区青企协开展“手拉手　庆六一”主题活动，为对口扶贫地区的儿童邮寄儿童节礼物900余件，共计近3万元。推进“青联组织服务千村”计划，区青联委员组成3个服务团开展帮扶，发动区青联委员单位向7个“希望小屋”捐赠电脑设备、各类图书及线上课程。（3）联系服务青少年。制定《虹口区青少年发展“十四五”规划》，完成《虹口区青年志愿者激励机制》《青少年追星文化的价值观引领及社会工作服务策略》等青少年发展研究课题。开展“虹鹄计划”优秀大学生暑期社会实践活动，来自复旦大学、上海交通大学等30余名大学生开展岗位实践、下沉社区，为“百人工程”储备人才做好“蓄水池”。深化“公益100”群团公益服务项目，全年开展活动155场，服务青少年7874人次。做好政府实事项目小学生爱心暑托班，服务区域小学生千余人次，家长满意度98%以上，有效缓解小学生暑期“看护难”。开展“爱心上海”青春公益集中行动，为70名青少年帮困送温暖，实现57个困境青少年“微心愿”，营造关爱青少年成长的和谐氛围。结合区校共建项目，推动各街道与8所高校签订合作协议，选派150名大学生参与社区一线工作。制定《虹口区青年人才库建设实施方案》，全年推荐29人参加全国及市级各类组织和培训。做好青年人才推优评选工作，推荐高顿教育团委获全国五四红旗团委称号、复兴高级中学团委书记李超获全国优秀共青团干部称号、区人民检察院第一检察部获全国青年文明号称号，推荐10人获市青年五四奖章个人称号、6个集体获市青年五四奖章集体称号。开展2016—2020年度虹口区青年五四奖章、青年突击队评选，100人获区级青年五四奖章个人称号，50个集体获区级青年突击队集体称号。聚焦困境青少年，与区检察院签订《关于加强虹口区未成年人司法保护中心工作的合作备忘录》。聚焦为群众办实事，全年发动各级团（队）组织开展“我为群众办实事”实践活动68次，覆盖青少年2900余人次。服务青年企业家，每季度开展“虹青店小二”活动，推动“基于大数据应用技术的餐饮零售数字化转型解决方案”等3个创业项目获市级扶持。关注青年就业难题，实施“青橄榄”社区青少年增能计划，服务超300人次，成功推荐45名困境青年就业。针对青年婚恋难题，举办单身青年恋爱成长交友活动14场。关爱困难青少年，走访慰问248人次，联合厦门国际银行设立“彩虹厦的童年”青少年发展专项基金10万元。（4）志愿者工作。成立区青年志愿者协会，助力疫情防控和社会发展，组织120余人参与北外滩来福士疫苗接种点工作，服务时长达1300余小时，顾嘉峰获评上海市抗击新冠肺炎疫情优秀志愿者；组建9个“进博会”志愿者服务站、10个志愿者服务岗和10支志愿者服务队，邵文文、吴润翔、甄洁获评中国国际进口博览会优秀志愿者；20余名志愿者参与首届上海赛艇公开赛，3个项目获第五届中国青年志愿者服务项目大赛全国赛1银2铜。开展“温暖你的世界”国际志愿者日活动，为青海省果洛藏族自治州玛沁县、云南省文山壮族苗族自治州丘北县捐赠羽绒服300余件，共计16.3万元。（5）组织建设。完成区第五届青年企业家协会换届。全年新增8家区级青年中心，至年底，有81家区级青年中心。推动区域共青团基层组织改革试点，全年新增非公团支部170个，成立青年议事会，建立区、街、居三级微信塔群，加强社会领域基层团组织覆盖面。全区8个街道建立社区少工委，打造45个红领巾实践基地，开展50余项“彩虹小当家”主题活动，构建“15分钟社区少先队幸福圈”。开展各级团员、青年工作力量系列培训，全年覆盖260余人次。建立1个区级团代表联络站，推动团干部、团代表深入青年。

（潘　虹）

【青少年庆祝中国共产党成立100周年五四主题集会】

4月30日在嘉兴路街道社区文化活动中心举行。团区委主办。团市委副书记丁波、区委副书记洪流、区人大常委会副主任陈良、区政协副主席郭启文等出席。活动以“青春心向党，奋进新时代”为主题，与会领导为荣获全国五四红旗团委、全国优秀共青团干部，2020年度上海市青年五四奖章个人和2020年度上海市青年五四奖章集体代表颁奖。集会分“足迹·追寻”“传承·践行”“展望·奋斗”3个篇章展开，以视频形式展现虹口青年结合党史学习教育，在历史足迹中汲取前行力量、奋斗前行的拼搏精神，现场5名青年讲述参与青年“三进”项目，助力社区治理的故事；北外滩旧区改造情景剧展现青年助力城区建设的故事；公益访谈环节展现区内爱心企业和青年助力社会发展的故事；举行“长大后，我想成为你”入队入团入党宣誓仪式，展现出一代代青年人勇立时代潮头，敢担时代使命的精神面貌。集会在大合唱《强国一代有我在》中落下帷幕。区属单位团组织分管负责人、团组织负责人，学校大队辅导员代表，区青联、区青企协代表，青年社会组织青年代表、青少年事务社工代表，区域化青年工作共建委员会成员单位代表约120人参加活动。

（潘　虹）

【庆祝六一国际儿童节暨社会主义核心价值观主题教育活动】

5月28日在上滨生活广场举办。团区委、区教育局、区少工委等联合主办，区红领巾理事会、区青少年活动中心等联合承办。以“红领巾心向党　争做新时代好队员”为主题，区少工委用“虹故事”传播红色基因，用“虹阵地”开展红色教育实践活动，用“虹路线”引导少年儿童了解中共党史。活动现场，为中共四大纪念馆等36个红领巾校外实践基地授牌，发布“初心起航之路”等4条“虹”路线，用生动有趣的方式展示传统民间艺术、虹口文化、红色精神，表达少先队员们对庆祝中国共产党成立100周年的祝福和对祖国的热爱。

（潘　虹）

【青年“三进”工作推进会暨青年建功竞赛启动仪式】

8月9日在曲阳路街道社区党群服务中心举行。团市委指导，区委组织部、区区级机关工作党委、团区委、区住房保障房屋管理局、虹房集团共同主办。会上，启动一系列推动区青年“三进”工作2.0版本的举措，发布《关于进一步加强青

图7-2　8月19日，区首家开放式青年中心“多伦路红色文化街区青年中心”挂牌（团区委　提供）

图7-3　8月，志愿者参与疫苗接种（团区委　提供）

年“三进”工作的实施方案》；物业青年联谊会揭牌，各街道负责人为青年“三进”建功联盟成员代表授旗；团区委与上海团校签署青年“三进”助力社区治理理论与实践研究合作协议；启动“学党史办实事”青年建功竞赛。活动现场，“三进”青年用情景剧、主题演讲等方式，向观众亮出青年“三进”工作的阶段性“成绩单”。各街道分管负责人、部分青年代表50余人参加。

（潘　虹）

【少先队纪念中国少年先锋队建队72周年主题活动】

10月13日在区青少年活动中心举行。团区委、区教育局工作党委、区少工委联合主办。活动现场，启动区少先队争做社区“彩虹小当家”主题活动，向区青少年活动中心少工委授牌，领少先队员呼号，赠送“虹口区15分钟少先队校外幸福活动圈队员一本通”。年内，团区委以“少先队幸福教育”为统揽，建设45个红领巾实践基地；围绕“彩虹小当家”主题活动，开展7个方面50余项活动，构建“15分钟社区少先队幸福圈”。全区少先队员和少先队工作者，共计3万余人线上观看建队72周年主题活动。

（潘　虹）

【“创青春”上海赛在线科技应用单元赛决赛】

10月14日在北外滩“世界会客厅”演播室以线上直播方式举行，该赛事是“临港杯”2021年“创青春”上海青年创新创业大赛活动单元赛之一。“创青春”上海青年创新创业大赛组委会指导，团区委、区商务委等联合举办。单元赛吸引百余个参赛项目（团队）报名，有20个参赛项目（团队）进入复赛，10个参赛项目（团队）进入决赛。决赛现场，主办方为7位评委颁发“梦创导师”证书，向入围决赛的“基于大数据应用技术的餐饮零售数字化转型解决方案（DataMesh）”“如糖−OIO游戏化本地消费社区”等10个参赛项目（团队）颁发“优秀项目”奖牌。

（潘　虹）

图7-4　10月14日，“创青春”上海赛在线科技应用单元赛决赛10个项目（团队）获得“优秀项目”（团区委　提供）

【“温暖你的世界”世界志愿者日主题活动】

11月24日在区机关大楼举行。团区委、区青联、区青企协、上海美特斯邦威服饰有限公司联合举办。活动向区对口援助的云南省文山壮族苗族自治州丘北县新店乡中心学校和青海省果洛藏族自治州玛沁县拉加镇加思乎村寄校、下大武乡寄校捐赠价值16.3万元的青少年冬季羽绒服各100余件。

（潘　虹）

上海市虹口区妇女联合会

【概况】

2021年，全区有街道妇联8个、居民区妇联202个、“四新”（新领域、新业态、新阶层、新群体）领域组织妇联4个、科教文卫体妇委会5个，以及居民区妇女之家202个、其他领域妇女之家29个。（1）宣传教育。举办“巾帼心向党奋进新征程”为主题的区2019—2020年度上海市三八红旗手（集体）表彰大会。挖掘区“文化三地”中的女性元素，结合妇女运动史，开发“左联”会址纪念馆为中心的“先驱之路”、中共二大会址纪念馆——平民女校为中心的“希望之路”、苏州河畔老建筑邮政大楼为中心的“发展之路”、上海犹太难民纪念馆为中心的“友好之路”4条“建党百年——虹口巾帼寻迹微行走”红色体验路线。开展“我为妇女群众办实事”实践活动，实施“家庭成长赋能、妇女权益保障、困难女大学生创业就业、‘四新’领域妇女阵地协同发展、社区儿童规划师”五大直通车实事项目。开展“千名执委走基层百年党史宣讲员”行动7场，女性社会组织“党建引领红色传承”行动9次。（2）组织建设。完成195个居民区妇联换届工作，实现“两个100%”，即居民区“两委”班子中至少有1名妇女成员，居民区妇联主席进入居民区“两委”班子。嘉兴路街道、四川北路街道建成上海市儿童友好社区示范点。新建赛蒂、金融街2家“四新”领域妇联，建立“四新”

领域妇女阵地联盟。上海白玉兰广场妇女之家被评为市提高级妇女之家，上滨生活广场、广中路街道广中居民区妇女之家、四川北路街道盛邦国际大厦妇女之家、北外滩街道东大名居民区妇女之家被评为市妇女之家示范点。新建阿毛阿姨工作室妇女微家、同济里康健妇女微家等16家妇女“微家”，白玉兰楼宇家中心、金融街（海伦）家中心等5个“四新”领域“家中心”。（3）女性发展。与区委组织部联合举办第十六期青年女性骨干培训班，45人参加。举办新任基层妇联主席培训班和“虹+伊事会”妇女议事会增能培训班，320人次参加，提升参与基层社会治理的妇女工作力量。（4）家庭文明建设。举办区第十八届家庭文化节。建立李白烈士故居、欧阳路街道家风馆2家“行走的家风家训”场所。开展“红色经典文化 百户家庭诵读”活动，350户家庭参加。收到“我家好家风”征文270篇。评选区“最美家庭”100户、“海上最美家庭”7户，董瑞家庭获评2021年“全国最美家庭”。开展创建百栋家风楼活动，已建成108栋。举办“最美结婚颁证日”活动，由“全国最美家庭”代表林东华、海上最美家庭代表董瑞和曹清共同为领证的新人们集体颁证。曲阳路街道“家中心”、东余杭路幼儿园等4家建成上海市社区家庭教育指导示范点，嘉兴路街道第一市民驿站、凉城新村向日葵“亲子苑”等3家建成上海市亲子阅读指导示范点。（5）妇女维权。举办区“三八妇女维权月”活动。发布《2020年度虹口区依法维护妇女儿童权益经典案例》。联合区人力资源社会保障局、区总工会对上海外滩W酒店开展女职工劳动权益专项检查，宣传女职工劳动权益相关法规政策。全年妇联系统信访接待、心理疏导、人民调解和法律咨询1193件次，达成书面调解协议90件；在区婚姻登记处接待离婚咨询心理疏导81对。建立“四色信号灯”（按照家庭矛盾的严重程度用红、橙、黄、绿“四色信号灯”给予分类）社区婚姻家庭纠纷预防化解工作机制。举办“筑起‘她’防线，对职场性骚扰说‘不’”妇女议事会。反家暴项目干预25户家庭，服务150人次。举办反家暴专场讲座1场，50人参加。（6）服务社会。举办“菁智·创莘营——职飞未来，助伊启航”虹口区女大学生就业直聘活动，近30名女大学生成功就业。向基层妇女之家配送家庭教育、权益维护、心理服务、职场赋能等服务170多场。依托社会组织，为18—36个月婴幼儿家庭提供科学育儿指导活动22场，为3—18岁未成年人家庭提供家庭教育指导讲座16场。9位“邻家妈妈”参与关心慰问监护缺失儿童11名。开展“8·18”帮困助学工作，发放助学金4.1万元，16人受益。举办“恒爱行动”组织爱心志愿者编织毛衣120件，其中51件赠送给新疆喀什莎车县儿童，60件赠送给对口援建地区云南文山壮族苗族自治州丘北县的困难儿童，9件赠送给区矫正对象子女及安置帮教对象子女。开展重症妇女帮困送温暖，发放帮困金1.6万元，8人受益。

（姚倩婉）

【区三八妇女维权月启动仪式】 3月9日在区公共法律服务中心举行。主题是“全心‘权益’为伊守护”。现场为参与“虹心守护”妇女维权志愿者区女律师联合会的女律师代表颁发聘书，发布上线“虹心守护”妇女维权小程序，为全市首家社区级家事关护站——曲阳路街道“心悦家事关护工作站”揭牌。其中，小程序由区40多名女律师承担维权咨询、法制课程板块日常运转工作。女律师们还肩负全区8个街道、6个党群服务站的女性维权志愿服务；每周二下午，一名女律师在“心悦家事关护工作站”提供法律服务。市妇联权益部、区委政法委、区司法局、公安虹口分局、区法院等相关单位负责人及街道妇联

图7-5 6月29日，区妇联举办区女大学生就业直聘活动（区妇联 提供）

图7-6 5月20日，“海上最美家庭”代表为领证新人颁证（区妇联 提供）

主席、女律师代表、心理咨询师代表39人出席活动。

（姚倩婉）

【区2019—2020年度上海市三八红旗手（集体）表彰大会】

7月20日在嘉兴路街道社区文化活动中心举行。区妇联主办。主题为“巾帼心向党，奋进新征程”。区委副书记洪流、区人大常委会副主任陈良、区政协副主席郭启文出席。大会表彰嘉兴路街道瑞虹第一居民区党总支书记华磊等8名市三八红旗手，区商务委员会外资促进管理科等5个市三八红旗集体。现场表演诗朗诵《虹口兰蕙永续芬芳》、情景党课《力量之源》等节目，演绎“源起之力”“芳华之力”“母爱之力”“旷日之力”4个篇章，展现出虹口女性开拓奋进、勇攀高峰的力量之美。区妇女工作委员会成员单位负责人，各街道分管负责人，历届市三八红旗手代表，市、区妇女大会代表，区妇联执委，区妇联负责人，区妇联老同志，女企业家协会代表以及全区各行各业的优秀女性代表近80人参加。

（姚倩婉）

【区第十八届家庭文化节活动】

10月26日在嘉兴路街道社区文化活动中心举行。区妇联主办。主题为“红色百年家风流芳”。市妇联副主席王剑璋、区委副书记杜松全、区人大常委会副主任陈良、区政协副主席郭启文出席。现场表彰阎芳等7户“海上最美家庭”，丁沪等100户区“最美家庭”。活动节目围绕“家庭、家教、家风”3个篇章进行演绎，家庭篇讲述“最美家庭”樊国樑、董瑞家庭的感人故事；家教篇演绎“红色经典文化百户家庭诵读”活动的优秀作品；家风篇通过情景剧和诗朗诵再现区“百栋家风楼”和“行走的家风家训”剪影。区家庭文明建设协调小组成员单位、各街道负责人，先进家庭代表、“家中心”负责人、居民代表等约100人参加。

（姚倩婉）

上海市虹口区科学技术协会

【概况】

2021年，区科协坚持“四个服务”（坚持为科技工作者服务、为创新驱动发展服务、为提高全民科学素质服务、为党和政府科学决策服务）的职责定位，加快推进区科创中心建设。（1）科普活动和宣传。举办虹口科技节，与中科院上海技术物理研究所联合主办“公众科学日”，组织虹口科普讲坛科技节专场“‘嫦娥’邀您开启九天揽月之旅”，开展“建党百年风华茂　科技创新少年强”主题科普活动，以及上海科技体育嘉年华等170项主题科普活动，吸引10余万人次参加。举行以“百年再出发，科学素养谱新篇”为主题的区“全国科普日”活动，联合区内科普场馆、科研院校等共开展主题科普活动112项，8万余人次参加。开展基层科普干部实务培训70人次，组织基层科普活动180余场次，线下服务约3000人次。邀请中科院上海技术物理研究所老中青三代科技工作者的代表，推出“科启未来说”第五季“科学精神，薪火相传”活动；依托上海市科普事业中心和上海市精神卫生中心、上海科技发展基金会、上海阳光公益基金会等市级科普资源，推出“科启未来说”第六季“科学素养谱新篇·心理科普”活动，400人次参加。举办第八届上海科普讲解大赛虹口区初赛，37位选手参赛。举办线上科普讲坛24期。（2）科普场所。全区共有科普驿站13家，新增同济大学附属上海市第四人民医院福民健康讲堂和嘉兴路街道社区文化活动中心2家科普驿站；区科普示范社区86家，新增嘉兴路街道垦业居委会、曲阳路街道赤三居委会等8家科普示范社区。（3）院士（专家）工作站建设。全区共有27家院士（专家）工作站及专家服务中心，2021年新建上海豪锦通信科技有限公司专家工作站、上海锐至信息技术股份有限公司专家工作站、同济大学附属上海市第四人民医院院士工作站等3家院士（专家）工作站。（4）学术活动。聚焦“标准化支撑科技创新发展”主题，与黄浦、杨浦、徐汇三区共同举办第十六届“蓝色浦江”学术年会。围绕北外滩新时代都市发展新标杆的主题，组织“为虹口发展添智助力”主题活动，组织科技社团和科技工作者为虹口科创中心建设建言献策，共有11个项目获得立项。街道、学校、图书馆、研究所、医院、学会、协会以及企业单位共有41个项目获得立项资助。嘉兴路街道社区书院项目申报市科协“2021年上海市基层科普行动计划”获得立项。

（蒋宇舟）

【虹口科普讲坛上线】

1月30日，虹口科普讲坛登陆“上海虹口”手机客户端（App），通过线上直播加线下同步开展的方式，举办以“疫情反复，如何做好个人防护”为主题的科普讲坛，邀请上海中医药大学附属上海市中西医结合医院推拿科医师居宇斌、上海中医药大学附属岳阳医院呼吸内科主任医师季思勤、上海市节能中心博士任庚坡、区疾病预防控制中心免疫规划科主任医师钱晓华等专家学者围绕疫情防控、家庭节能、疫苗接种等热点话题进行直播宣讲。至年底，虹口科普讲坛举办24期，有千余人次参与线上互动。

（蒋宇舟）

【2021年上海科技节虹口区活动】

5月22—28日开展。启动仪式暨“科启未来说”第五季在中科院上海技术物理研究所举行。由虹口区主办，区科委、区科协承办，中科院上海技术物理研究所协办。中科院院士、区科协主席褚君浩，市科委二级巡视员过浩敏，市科协副主席梁兆正，区人大常委会副主任岳彩新，副区长郑宏，区政协副主席郭启文等出席启动仪式。活动以“百年回望 精神传承”为主题，现场播放《百年回望精神传承》虹口科技献礼片，为区获得上海市科普工作先进集体和先进工作者授牌和颁奖；为2家新的“科普驿站”——同济大学附属上海市第四人民医院福民健康讲堂和嘉兴路街道社区文化活动中心授牌。区科普品牌活动“科启未来说”第五季，邀请中国科学院上海技术物理研究所老中青三代科技工作者的代表，围绕“科学精神，薪火相传”主题进行主题演讲，向观众展现红色信仰与精神传承的力量，体现科技工作者与党共进，科学精神的坚守和传承。科技节期间，举办中科院上海技术物理研究所公众科学日、“建党百年风华茂 科技创新少年强”虹口科技节欧阳路街道分会场活动、上海科技体育嘉年华、恐龙人俱乐部科普基地“寻找七龙珠”系列科普活动等171场，吸引10万余人次参加。

（蒋宇舟）

【区“全国科普日”活动】

9月15日在嘉兴路街道社区文化活动中心启动。区科普工作联席会议、区公民科学素质工作联席会议共同主办，区科普工作联席会议各成员单位联合承办。中科院院士、区科协主席褚君浩，市科协二级巡视员杨毅国，区人大常委会副主任岳彩新，副区长郑宏，区政协副主席高庆迁出席。活动以“百年再出发，科学素养谱新篇”为主题，结合疫情防控、科技志愿服务等科普内容，现场开启“科学素养谱新篇·心理科普”为主题的“科启未来说”第六季。区科协联合区科普联席会议成员单位、科普教育基地开展“节能改变生活，共筑绿色家园”2021年虹口区“全国科普日”上海节能科学展示馆分会场活动，“科技强国启新程 和美欧阳再出发”——区“全国科普日”欧阳路街道分会场活动等各种科普活动82场，吸引8万余人次参加。

（蒋宇舟）

上海市虹口区归国华侨联合会

【概况】

2021年，全区有街道侨联8个，其中示范街镇侨联2个；“侨之家”49个，其中五星级3个、四星级4个、三星级10个；新侨驿站11个，其中园区新侨驿站4个、企业新侨驿站2个、街道新侨驿站5个。（1）学习教育活动。学习贯彻党的十九届六中全会决议和区十一次党代会精神，邀请市侨联基层联络组成员为区侨联委员、街道侨联班子成员代表上党课，13人参加。区女侨胞联谊会组织会员20人参观中共一大会址纪念馆。嘉兴路街道侨联邀请区侨联委员在街道“侨之家”开展党史诵读活动，10人参加。四川北路街道侨联组织归侨侨眷代表30人开展音乐党课和电影赏析活动。（2）建言献策。完成专题调研报告1篇、区政协提案4篇、社情民意10篇。召开区侨联参政议政工作会议1次，邀请侨联委员围绕公共体育设施建设、养老产业发展、老旧小区改造等政协提案和社情民意参考选题建言献策。（3）组织建设。全区各街道侨联完成换届选举，新一届街道侨联吸收一批在社区、楼宇、企业、园区中年轻有为的侨界代表人士加入，充实基层侨联组织的工作力量。向市侨联申报五星级“侨之家”1家、四星级“侨之家”2家、三星级“侨之家”8家，覆盖全区各街道。联合市侨联完成北外滩街道五星级“侨之家”建设验收、完成广中路街道五星级“侨之家”复查验收。（4）服务侨界侨企。面向早期归侨和困难归侨侨眷设置“三节”（春节、敬老节、生日）送温暖活动，住院补助、大病重病医疗补助、过世慰问补助等帮扶项目，累计慰问123人次，拨付慰问款20.17万元。走访园区侨资企业4家，帮助解决侨界企业家就医、文化活动进企业等问题。（5）服务社会。北外滩街道侨联与上海市第一人民医院合作，在楼宇“侨之家”中开展义诊活动。曲阳路街道侨联邀请侨界越剧演员在街道“侨之家”作专场汇报演出。欧阳路街道侨联开展诗文诵读活动，为侨界老人举办钻石婚庆典。“1876老站”新侨驿站举办六一儿童书画展、午间一小时曲艺文化活动，服务园区职工和周边群众。年内，北外滩街道新侨驿站获2018—2020年度全国侨联系统优秀“侨胞之家”称号，区侨联副主席许海南获2021年度全国侨联系统抗击新冠肺炎疫情优秀个人称号。

（王朱元）

【开展义诊活动】

4月23日，北外滩街道侨联联合上海市第一人民医院在位于上海白玉兰广场的北外滩街道“侨之家”开展义诊活动，邀请丁红华、蔡迅、李培明等专家，为楼宇内的白领人群服务。义诊60余人次。

（王朱元）

【越剧专场演出】

6月4日，曲阳路街道侨联邀请侨界越剧演员在街道“侨之家”举行越剧专场汇报演出，演出剧目《玉堂春》《盘夫索夫》《山河恋》等选段。近100人现场观看。

（王朱元）

【北外滩街道五星级“侨之家”】 10月20日通过市、区侨联验收。北外滩街道“侨之家”于2018年2月在上海白玉兰广场的白玉兰党群服务站投入使用，面积2000平方米。同期，北外滩街道“侨之家”依托党群服务站打造而成，面向楼宇新侨和海归人士，提供党务、政务、社务、医务、法务“五位一体”综合服务，定期举办侨务政策咨询、侨法宣传、文化论坛等活动，为新侨人士创办的企业提供政策性、社会性和经济性资源，引导和促进企业健康发展，实现侨务事项不出楼宇，一口办理、事项通办。

（王朱元）

【中国华侨国际文化交流基地经验交流活动】 11月29日在上海犹太难民纪念馆举行视频会议。市侨联主席齐全胜，副主席徐大振、陶勇，区委常委、统战部部长郑宏出席。会前，市侨联一行参观上海犹太难民纪念馆、白马咖啡馆。8月，上海犹太难民纪念馆被中国侨联确认为第九批中国华侨国际文化交流基地，该馆为中国境内唯一一座反映二战时期犹太难民生活的展馆。市侨联要求发挥“基地”在侨联文化交流工作中的平台作用，为增进海内外中华儿女大团结、巩固共同的“根”“魂”“梦”，提升城市软实力作出贡献。长宁区、杨浦区、静安区、徐汇区侨联负责人，部分上海“基地”负责人15人出席。

（王朱元）

上海市虹口区残疾人联合会

【概况】 2021年，全区持证残疾人27840人，其中视力残疾人4949人、肢体残疾人13711人、听力残疾人3646人、言语残疾人160人、智力残疾人1723人、精神残疾人2969人、多重残疾人649人，其他四证（革命伤残军人证、人民警察伤残抚恤证、国家机关工作人员抚恤证、民兵民工伤残抚恤证）残疾人33人。（1）社会保障和服务工作。全年发放各项助残帮困资金3575.6万元，涉及元旦、春节、助残周、国庆节活动期间送温暖，困难残疾人生活补贴，重度残疾人护理补贴，“一户多残”家庭生活补贴，困难家庭残疾人大病医疗费用救助，残疾人个体户社会保险补贴等。同时，为935名残疾人提供养护服务，为343名长期卧床、大小便失禁的残疾人配发护理用品，为1344名残疾人办理参加城镇重度残疾人居民保险。发放残疾人交通补贴646.4万元，11430人受益。发放残疾人“两项补贴”（困难残疾人生活补贴、重度残疾人护理补贴）3357.2万元，16285人受益。为60岁以上重度残疾人提供“居家无忧”综合助残服务，6358人受益，其中为723名残疾人提供居家养护服务，为212名重残无业人员提供机构养护补贴，为122名残疾人开展家庭无障碍改造。（2）劳动就业和康复工作。安排应届残疾人大学毕业生4人就业，就业率100%。通过线上、线下等培训形式，完成240余名残疾人的职业技能培训。完成盲人定向行走培训24人。组织1200名残疾人参加免费健康体检，为291名低视力患者提供医学助视器验配，为55名肢体残疾人发放矫治手术补贴，为219名疑似残疾儿童（阳光宝宝）提供康复服务，为343名残疾人提供护理用品补贴，为62名残疾人提供矫形鞋服务。（3）残疾预防和宣传活动。区残联围绕第三十一次全国助残日“巩固残疾人脱贫成果，提高残疾人生活质量”主题和第二十二次上海助残周“同心向党，共享发展”主题，开展文艺汇演，“三阳机构”（阳光之家、阳光基地、阳光心园）手工艺作品展示等扶残助残系列活动。发挥“云助残”等新媒体平台作用，宣传残疾人事业“十三五”发展成果；组织市残疾人读书系列活动，推荐优秀作品参加群文“新人新作”展示。

（徐丽华）

【第二十二次“上海助残周”虹口区系列活动】 5月14日在曲阳路街道社区文化中心举行。区残疾人工作委员会

图7-7　10月20日，位于上海白玉兰广场的北外滩街道五星级“侨之家”通过验收（王朱元　拍摄）

主办，杨浦阳光社区服务管理中心、上海克卿体育文化发展有限公司联合承办，曲阳路街道办事处协办。活动设有主会场和分会场。在主会场，区残联举办“建党百年，为民造福”——第三十一次“全国助残日”暨第二十二次“上海助残周”虹口区系列活动之“同心唱响新时代，昂首阔步新征程”献礼中国共产党成立100周年文艺展演活动，来自区残联“三阳”机构学员和“五大协会”（盲人协会、聋人协会、肢残人协会、智力残疾人及亲友协会、精神残疾人及亲友协会）会员现场表演转碟、蹬技、魔术等节目；在分会场，各街道残联“三阳”机构学员展示和义卖手工制作的衍纸画、蛋雕、葫芦雕刻、盘扣等非遗作品。来自区残联励志人物代表、爱心企业代表等200余人参加活动。

（徐丽华）

【“助残周”手语大赛】

5月17日在区残联机关举行。区残联举办。以“建党百年，为民造福”为主题，全区73人报名。经初赛选拔，16名选手入围决赛，决赛内容围绕“中国共产党成立100周年”和“扶残助残”主题，进行短句和场景演绎考核，经过考核，江湾镇街道参赛选手以娴熟的动作和流畅的表达，荣获1个优胜奖和2个三等奖。

（徐丽华）

【“阳光儿童”爱心暑托班】

7月19日至8月6日在广中路小学开班。区残疾人工作委员会主办。开设4个班级约30名特殊儿童参加，他们患有自闭症、脑瘫、听障等，被称为“阳光儿童”。该校设有无障碍卫生间、感统训练室等设备。1个孩子至少有1个老师或志愿者陪伴，4个班级的班主任由来自特殊学校4位专业老师担任；20多位志愿者来自上海师范大学、上海体育学院、上海外国语大学贤达学院等高校，学员参与乒乓球、篮球、绘画、手工、音乐、康复训练等教学活动。

（徐丽华）

【上海张心亚助残工作室】

2021年，上海张心亚助残服务工作室辐射到全区各街道的残障人士，面向“阳光之家”和社区各类残疾人（智障、精障、肢障、视障、听障）、社区居民、敬老院等提供各类服务和帮助。至年底，开展主题沙龙、兴趣乐园、健康讲座、社会融合等各类活动360余场，服务残障人士7700人次。2005年，曲阳社区成立“阳光之家”，张心亚第一个报名做志愿者；2012年，成立“张心亚助残工作室”，以残障人士的需求为导向，帮助残障人士学习跳舞、唱歌、摄影、抖空竹、十字绣，聆听各类讲座，学会简单的生活自理技能。至2020年底，先后服务41万人次、48万小时。张心亚曾获全国最美志愿者、全国最佳志愿服务组织领衔人称号。年内，张心亚获十大感动上海年度人物、上海市“百年初心奋斗者”先进典型。

（徐丽华　胡毅超）

上海市虹口区红十字会

【概况】

2021年，区红十字会弘扬“人道、博爱、奉献”精神，推动红十字服务进北外滩。（1）组织建设。召开区红十字会三届三次理事会。指导全区各街道依法召开理事会。指导广中路街道红十字会、曲阳路街道红十字会、北外滩街道红十字会建设红十字服务总站。举办服务站人员专题培训1次，为各站点配备宣传品、救护包、轮椅、血压计等。四川北路街道建成上海市“博爱家园”，区红十字会和凉城新村街道签约创建中国红十字会城市社区“博爱家园”示范点。至年底，全区建成红十字服务总站6家，红十字示范服务站8家。（2）培训与救助。完成红十字救护员培训1278人，达到指导数的165.9%；普及培训8930人，达到指导数的112.4%；老年介护培训688人，达到指导数的137.6%。开展“红十字生命健康安全教育课程”，涉及全区11所学校2200余名高一新生、20个班次512名爱心暑托班学生。在区安全应急教育馆，建成区红十

图7-8　5月8日，2021年世界红十字日虹口滨江主题宣传活动现场成立区红十字志愿服务总队（区红十字会　提供）

字生命安全体验教室。在中共四大纪念馆、北外滩滨江服务驿站增设2台自动体外除颤仪（AED）。募集善款96万余元。支出人道救助基金款129万余元，用于“千万人帮万家”、造血干细胞移植救助、遗体（器官）捐献志愿者人文关怀、造血干细胞捐献实现者激励、彩虹计划暖心助学工程、对口支援云南省文山壮族苗族自治州丘北县和马关县扶贫项目。通过爱心行动项目帮助1个家庭筹得善款2.17万元。发放困难失智失能老人护理用品14.4万元，受益老人728人次。发放大病少儿项目救助款4.9万元，受益大病少儿49人。发放4.75万元图书，受益中小学生155人。新增区应急救护师资8名，救护师资队伍专业化人员达75%。（3）志愿者活动。成立区红十字志愿服务总队。完成遗体、角膜捐献登记163人。通过遗体（角膜）捐献人文关怀项目，给予34户实现者家属慰问1.7万元。招募造血干细胞入库志愿者467人；实现1例造血干细胞捐献案例，拨出基金1万元慰问实现者。开展“救在身边”红十字应急救护培训师资志愿服务队、“守护生命”救援先锋队、“虹秀添香”志愿服务队应急救护培训和募捐箱管理、困难失智失能老人关怀3个经常性志愿服务项目。（4）少儿住院基金工作。组织0—18周岁人员参加少儿住院基金保险，应参加人数65746人，实际参保人数65061人，参加率达98.96%。135家单位参加少儿保险，覆盖率达100%，其中58家收费单位参加率为100%。区医保局减免502名低保家庭子女费用66240元。

（黎艳琦）

【区第十五例造血干细胞捐献者姚德隆表彰慰问仪式】

3月11日在上海外国语大学虹口校区举行。市红十字会副会长程国樑，副区长、区红十字会会长张雷为上海外国语大学研究生姚德隆颁发捐献证书及奖牌。2013年，姚德隆刚就读大学就加入捐献造血干细胞志愿者库。2020年10月27日接到骨髓库上海分库通知初配成功，2月26日捐献造血干细胞，拯救一位30余岁母亲的生命。至年底，区域有2000余名爱心青年志愿加入中华骨髓库。

（黎艳琦）

【“5·8”世界红十字日虹口滨江主题宣传活动】

5月8日在北外滩滨江国航段近水平台开展，并启动第七十四个世界红十字日主题宣传虹口分会场活

表7-1　虹口区捐献造血干细胞情况表

序号	姓　名	性　别	出生年月	捐献时间
1	丁晓彬	男	1979.2.27	2003.7.16
2	桂　明	男	1979.2.27	2004.3.9
3	顾伟峰	男	1978.11.1	2007.4.23
4	王燕华	女	1986.5.2	2009.12.29
5	汤瑞婕	女	1986.11.19	2010.4.15
6	连思君	女	1984.6.9	2010.7.6
7	展子栋	男	1977.1.23	2011.1.12
8	葛　文	男	1985.4.13	2012.3.9
9	慕文林	男	1988.12.2	2012.7.3
10	陈　祥	男	1982.11.16	2015.3.26
11	黄慧洁	女	1986.6.26	2015.12.10
12	查孝龙	男	1988.11.1	2019.6.10
13	苏子奕	女	1994.9.24	2019.6.24
14	邹正文	男	1989.9.22	2020.1.9
15	姚德隆	男	1995.6.27	2021.2.26

说明：资料由区红十字会提供。

动。区红十字会主办。活动以“博爱申城，你我同行”为主题，现场成立区红十字志愿服务总队并授旗，设置救护培训展示区、义诊服务区、消防互动体验展示区及“三救三献”（应急救援、应急救护、人道救助；献血液、献造血干细胞、献人体器官组织）志愿者招募点、虹馨学雷锋便民服务点，为近100位市民提供实操体验和咨询服务。全区各街道红十字会、学校红十字会、冠名红十字医院、红十字志愿服务队等200余名红十字志愿者参加。

（黎艳琦）

【第二十二个世界急救日红十字“救”在身边线上学活动】

9月9日在“上海虹口”手机客户端（App）的“红十字应急救护”直播间开播。区红十字会、区新时代文明实践中心、上海市第一人民医院联合推出直播培训课程。特邀上海市第一人民医院创伤骨科主治医师、红十字国际急救认证师资培训师、上海市红十字应急救护培训市级师资林健博士在线讲解急救实际操作技术，通过现场示范、互动等形式，指导社区志愿者和学生志愿者，如何处理日常意外伤害。直播培训覆盖全区社区、学校、医院、新时代文明实践中心、党群服务中心，建设银行凉城支行、中国银行曲阳支行、上港集团外轮理货公司、区红十字会等15个自动体外除颤仪（AED）设置点单位及区对口支援云南省文山州壮族苗族自治州4个县。线上直播观看人数达到11667人次，发布评论达757条。

（黎艳琦）

上海市虹口区文学艺术界联合会

【概况】

2021年，区文联围绕“文化强区”战略，以书画、小戏小品、音乐舞蹈、摄影、藏品等文艺服务形式，持续打响虹口文化品牌。区美协书协举办“待到山花烂漫时”——庆祝中国共产党成立100周年书画作品展，展出25幅讴歌中国共产党及社会主义新中国的书画作品，其中书法作品16幅、国画作品9幅。参与承办第五届“相约七夕·甜爱一生”书写结婚纪念证书线上直播活动，观看人数达10万人次。主办“庆祝中国共产党成立100周年——海风·中国海派书画名家作品展（巡展）”，展出14位海派书画名家作品100幅。开展“虹印·100——庆祝中国共产党百年华诞篆刻展”，展出57位上海市篆刻艺术家创作的100方篆刻力作。举行“沈尹默杯”全国书法篆刻大赛，收到稿件3215件，经过评选及测试，共选出获奖作品20件、入展作品79件。中国剧协上海（虹口）小戏小品基地的原创实景剧《青春为祭》五四青年节在多伦路上实景沉浸式演出。原创小品《转门》获上海市群文“新人新作”展评展演戏剧类比赛优秀新作奖。原创故事《电波长鸣，信念永恒》获上海市群文“新人新作”展评展演曲艺类比赛新作奖。区音乐分会参加上海市庆祝中国共产党成立100周年系列音乐会展演、江南民歌大赛等各类大型演出活动50余场，合唱作品《青春中国》、重唱作品《永恒的电波》获上海市群文“新人新作”展评展演音乐类新作奖，1位会员获上海市群文创作“新人奖”。区舞蹈分会创作舞蹈《朵朵花儿向阳开》获上海市群文“新人新作”展评展演优秀新作奖，群文舞蹈《为你撑起一片蓝天》获上海市“新人新作”展评展演创作奖，少儿舞蹈《党是太阳 我是花》参加上海学生舞蹈联盟五周年精品线上展播，《芳华芬芳》获市教育系统校外教育单位庆祝中国共产党成立100周年文艺展演一等奖，舞蹈

图7-9 年内，区摄影家协会在区机关大楼举办“虹口联手文山·果洛脱贫攻坚图片展”（徐荣耀 拍摄）

图7-10 年内，在云南省文山壮族苗族自治州的上海虹口援建扶贫车间（徐荣耀 拍摄）

《粽香满堂》《汰脚脚》《划龙舟》获选参加全国第七届中小学生艺术展演。区摄影家协会承办"虹口联手文山·果洛脱贫攻坚图片展"，展出作品100多幅，用镜头反映20多年来虹口区对口支援云南省文山壮族苗族自治州、青海省果洛藏族自治州东西部扶贫协作的成果。区收藏学会举办活动727场次（其中公益活动73场次），其中展览36场次、讲座32场次、授课634场次（其中网课79场次）、展示互动和现场表演21场次、直播活动4场次。全区各街道社区文化活动中心围绕"一街一品"品牌活动，开展各类文化活动10125场次，近70万人次参与；业余文艺团队活动3915场次，近22万人次参与。

（吕　弢）

图7-11　2021年，原创小品《转门》获得上海市群文"新人新作"展评展演戏剧类比赛优秀新作奖（区文联　提供）

图7-12　5月，上海市学生艺术团仲盛舞蹈团表演的少儿舞蹈《党是太阳　我是花》获2021年上海市群文新人新作展评展演"优秀群文新作奖"（上海市学生艺术团仲盛舞蹈团　提供）

【重唱作品《永恒的电波》】

5月15日获上海市群文"新人新作"展评展演音乐类新作奖。董臻作曲、黄玉燕作词。田佳、李雪等参加演出。作品讲述的是发生在虹口的烈士人物李白的经典事迹。在音乐方面，邀请朱良镇、潘明磊分别对音乐、伴奏进行修改打磨，在音乐创作中结合电波声、雷声等元素，使音乐更有代入感，让人声临其境。作品创作完成后，受到广泛好评。

（董　臻）

【第五届上海书法名家书写结婚纪念证书仪式】

8月14日在超星、上海市书法家协会微信订阅号等线上平台举行。市书法家协会、区文联、区民政局等联合举办。活动以"相约七夕·甜爱一生"为主题，线上活动场景选择在情侣们拍摄婚纱照的打卡胜地——虹口区的甜爱路、多伦路和北外滩。在多伦路文化名人街，田文惠、张卫东、杨耀扬、余仁杰、王曦、王客、黄仲达、蒋元林8位书法家为8对新人书写结婚纪念证书；书法家张伟生老师题写诗人赵丽宏原创抒情诗《七夕赋》；篆刻家、兰亭奖金奖获得者孙慰祖刻"敬爱永恒"印章并逐一盖在新人的婚书上；影视表演艺术家赵静朗诵红色诗歌《花》。"相约七夕·甜爱一生"上海书法名家书写结婚纪念证书活动，自2017年至2021年连续举办五届。

（吕　弢）

【"我爱国旗、国徽、国歌"红色收藏展】

11月19日在广中路街道社区文化活动中心举行。区收藏学会主办。展出五星红旗的设计者曾联松的珍贵文献文史资料，以及和国旗、国徽、国歌相关的书报杂志、照片海报、日用实物、邮品、火花、纸钞纪念币、票证等。至年底，约600人次观展。

（廖　俊）

（栏目编辑　季建智）

公安
POLICE
文明单位
警旗飘扬
忠诚为党 人民至上
277
欧阳路派出所
POLICE STATION

八、法 治

综 述

2021年，区委政法委统筹推进新冠肺炎疫情防控和经济社会发展工作，坚持以人民为中心的发展思想，坚持在法治轨道上不断推进市域社会治理现代化水平和能力，统筹政法系统和相关部门的资源力量，实现问题联治、工作联动、平安联创，为虹口经济社会发展创造安全的政治环境、稳定的社会环境、公正的法治环境、优质的服务环境。

思想政治建设。组织开展全区政法系统中心组联组学习5次，深化常态化政治轮训，培训90人。引导政法干警坚定理想信念、厚植为民情怀、砥砺担当作为，提高政治判断力、政治领悟力、政治执行力。开展政法队伍教育整顿，围绕打造忠诚干净担当政法铁军这条主线，细化“三个环节”（学习教育环节、查纠整改环节、总结提升环节）和“四项任务”（筑牢政治忠诚、弘扬英模精神、整顿顽瘴痼疾、清除害群之马）具体任务，实施挂图作战、清单化推进，营造风清气正的政治生态。推出“我为群众办实事”项目266个，提升干警化解矛盾、维护稳定、应对风险能力。

维护社会稳定。完成庆祝中国共产党成立100周年、党的十九届六中全会和第四届“进博会”、全国“两会”等重要节点安保维稳工作。健全日常社会稳定形势监测预警体系，落实群体性矛盾及突出风险隐患动态预警、梳理研判、应急处置。牵头落实北外滩滨江第一次全面开放、中国航海日、上海赛艇公开赛、世界城市日、首届北外滩国际航运论坛等重大活动安保维稳工作。

推进平安建设。落实扫黑除恶斗争常态化起始之年各项任务，聚焦“打财断血”（斩断黑恶势力的资金链，让黑恶势力无法进行资金运作，从而断其血脉，最终从根部将其瓦解），推进涉黑恶犯罪案件财产刑执行。开展打击“黄赌毒骗”等专项整治行动，组建“反诈中心”，运用信息化手段打击电信网络诈骗。践行新时代“枫桥经验”，推动人民调解融入区“旧区”改造，化解矛盾纠纷2254件。发动平安志愿者在元旦、春节、国庆、“进博会”等时间节点开展重点值守，共有10万余人次参与。运用融媒体理念扩大全民禁毒宣传，宣传片《虹途》获中央媒体转载，推进青少年毒品预防教育，帮助社区戒毒人员回归社会。

提升区域法治服务保障水平。融入北外滩新一轮开发建设，细化落实服务保障北外滩发展建设29项保障措施与意见，设立北外滩“兵站式”检察官工作室、上海海事法院北外滩审判工作站、北外滩滨江治安派出所、上海白玉兰广场纠纷解决示范点，打造区域法治化营商环境。探索推进企业合规改革试点工作，优化金融特色审判机制，严惩侵犯知识产权犯罪。推进区公共法律服务站点建设，在街道、居委会分别建立公共法律服务站（室），初步实现多层级立体式公共法律服务全覆盖，让群众更好享受“家门口”的法治服务。

（王美玲）

社会综合治理

【概况】

2021年，区社会综合治理工作落实总体国家安全观，推进市域社会治理现代化建设，开展扫黑除恶斗争，优化司法公共服务，有效防范化解教育、民生等领域涉稳突出问题，守牢城市安全防线，维护社会平安稳定。开展关爱留沪外来人员过好年行动，举办国家安全教育宣传周；开展禁毒宣传月活动，其间社会面禁毒宣传109次，发放宣传品10万份，受众人群达13万人次。

（王美玲）

【开展关心关爱留沪过年外来人员平安活动】

1—3月春节期间，区委政法委贯彻中央、市关于疫情防控决策部署，就百万非沪籍人口“就地过年”情况，以“虹口·年味——关心关爱留沪过年外来人员行动”为主题，发挥平安建设群防群治工作基础，开展春节期间烟花爆竹管控和社会面防控工作，细化落实安置、教育、矫治、管理等综合干预措施，提前预判外来务工人员等留沪过年可能引发的矛盾纠纷并积极化解。其间，组织牵头公安虹口分局、区建设管理委、区城管执法局等部门以及各街道依职能、按属地开展安全大检查，提供“公益100”（团区委推出的“午间一小时”公益项目）、“爱心之家”（党群共同组建的社会救助网格体系）等服务保障工作，向坚守在一线的外来务工人员送上“娘家人”的温暖。

（王美玲）

【“4·15”全民国家安全教育日宣传周活动】

4月13日在鲁迅公园举行启动仪式。区委国安委办公室、国安虹口分局联合主办，欧阳路街道办事处承办，区保密局、区体育局、区文化旅游局、长远集团共同协办。宣传周活动时间为4月12—16日，活动以“践行总体国家安全观，统筹发展和安全，统筹传统安全和非传统安全，营造庆祝中国共产党成立100周年良好氛围”为主题，开展清明烈士线上云祭扫；举行“传承红色基因、心怀国家安全”公园主题定向赛，来自区政法队伍的干警和社区群众代表组成的22支队伍110名选手参赛；开展《法治虹口》“忠诚与信念”人物专访；举行北外滩地区国家安全知识竞赛；开展国家安全、保密安全和反邪教宣传展示。

（王美玲）

【北外滩企业服务中心开设法律服务“窗口”】

5月20日，区法院、区检察院分别在北外滩企业服务中心的法律服务点和“兵站式”检察官工作室揭牌启用。主要为企业提供涉航运、金融、知识产权刑事领域，以及企业合规、风险防控等方面的法律咨询。围绕北外滩核心功能聚集区建设，紧扣案件办理，与区航运办、区金融工作局、区市场监督管理部门形成良性衔接机制，推进法治化营商环境。

（王美玲）

【禁毒宣传短视频上线】

6月25日，禁毒宣传短视频《选择》和《虹途》先后上线，《选择》由区禁毒社工自编、自导、自演，讲述了毒品对于人生道路的影响，呼吁大众谨慎选择，切勿误入歧途;《虹途》以全国禁毒史为脉络，呼吁全社会铭记历史、禁绝毒品，该视频被“学习强国”上海学习平台、“学习强国”中国禁毒学习平台录用，被“中国禁毒”微信公众号、“中国禁毒在线”微博等中央专业媒体转载。

（王美玲）

【开展专项铁路护路巡查】

6月30日，由江湾镇街道平安办、铁路北郊派出所联合开展。以“迎百年华诞、筑平安铁路”为主题，对辖区南何支线场中路、三门路、梁印宅道口以及周边区域、沿线两侧的围栏防护网、警示标识牌是否完好，沿线企业单位、建筑工地是否存在轻飘物管理措施不到位，周边小区是否存在涉路矛盾等进行排查，并向沿线周边企业商铺、居民开展护路宣传，营造安全畅通的铁路运输环境。

（王美玲）

法治政府建设

【概况】

2021年，虹口区加大简政放权力度，提升行政效率与服务水平，着力推进区域法治化营商环境建设。（1）依法治区工作。区委全面依法治区办公室印发《法治虹口建设方案（2021—2025年）》《虹口区法治社会建设实施方案（2021—2025年）》，细化146条责任分工，明确牵头部门及责任部门，强化法治引领保障。区司法局印发《虹口区党政主要负责人履行推进法治建设第一责任人职责情况列入年终述职内容工作方案》。落实《关于进一步加强党政领导干部尊法学法守法用法工作的实施意见》，坚持党委中心组、行政会议前学法等领导干部集体学法制度。（2）履行政府职能。推进法治化营商环境建设，取消审批事项4件。推进行政审批事项、证明事项告知承诺，区社会信用体系建设联席会议办公室印发《虹口区行政审批告知承诺目录》《虹口区实行告知承诺制的证明事项总目录》《虹口区主动承诺事项目录》。（3）行政复议和应诉工作。根据《虹口区行政复议体制改革实施方案》，成立区行政复议局。年内，受理各类行政复议案件326件，结案289件。修订完善《关于进一步推进虹口区行政机关负责人行政诉讼出庭应诉和旁听审理工作的实施办法》，率先在全市将此办法纳入区级党校处级领导培训班课程进行学习，至年底，出庭人数117人次。（4）行政执法工作。区委全面依法治区办公室印发《关于开展2021年度法治建设自查和督察工作的通知》，常态化开展全区行政执法案卷评查11家单位，将法治建设督察与法治化营商环境督察、年终考核工作相结合。

（孙一铭）

【区政府行政复议委员会第一次全体会议】

3月24日在区机关大楼举行。区委常委、副区长、区行政复议委员会主任委员张伟主持会议并向到场的委员颁发聘书。审议通过《虹口区人民政府行政复议委员会工作规则（草案）》《虹口区人民政府行政复议委员会案件审议会议议事规则（草案）》《虹口区人民政府行政复议委员会委员守则（草案）》3项草案。委员们围绕委员职责、复议委员会工作作交流发言。13人参加。

（孙一铭）

【区委全面依法治区工作会议】

4月27日在区机关大楼举行。区委书记、区委全面依法治区委员会主任郭芳出席会议并强调，要深入学习贯彻习近平法治思想，认真贯彻落实中央和市委工作会议精神，推进全面依法治区各项工作，为虹口经济社会事业发展提供坚强有力的法治保障。会议传达市委全面依法治市工作会议精神，研究部署下阶段工作。60余人参加。

（孙一铭）

公　安

【概况】

2021年，区公安工作围绕“争创一流平安城区、建设一流警务模式、塑造一流警察形象”的总目标，以庆祝中国共产党成立100周年安保维稳工作为主线，探索新型现代警务机制，推进除隐患、保平安、护稳定、促发展、战疫情等工作，为区社会治安稳定、区域经济发展保驾护航。（1）案件侦查。全年立刑事案件2651起，比上年下降10.6%；破刑事案件1739起，比上年增长18.6%，破案率65.6%。命案立案2起破案2起，“八类”（故意杀人、故意伤害致人重伤或死亡、强奸、抢劫、贩卖毒品、放火、爆炸、投毒罪）恶性刑事案件立案43起破案43起，“两入”（入室、入民宅）盗窃案件立案9起破案9起，案件破案率均保持100%。侦破经济类案件129起，抓获嫌疑人483人。电信网络诈骗案件接报既遂数比上年减少15.3%，立案数比上年减少17.2%。接处报警类“110”案件比上年下降26.8%。（2）治安维护。完成七一期间北外滩“世界会客厅”首秀警卫和“永远跟党走”浦江光影秀安保任务。强化区85处红色基地、红色遗址安全守护，整治治安、交通隐患，确保社会面持续稳定。完成“2021上海赛艇公开赛”苏州河虹口段（河南路桥—外白渡桥）安保工作。国庆和年底跨年期间，应用“回形针”式人流管控工作法，应对滨江滨河区域全线贯通新挑战，构筑显性用警、科学布警、隐患清零立体防控新体系。（3）道路交通。推进道路交通违法行为大整治和事故预防“减量控大”（消减交通事故总量及控制特大交通事故发生）工作，以消除交通顽症、加强“两客一危”（从事旅游的包车、三类以上班线客车和运输危险化学品、烟花爆竹、民用爆炸物品的道路专用车辆）处罚等工作为重点，查处各类交通违法行为68.8万余起。交通类“110”、事故类“110”、违法类“110”、拥堵类“110”各总数分别比上年上升12.55%、上升45.58%、下降1.34%、下降2.91%；全年死亡事故11起、死亡11人，与上年持平。优化调整道路设施，实现“小改小革”105处。（4）人口管理。至年底，全区户籍人口663419人、246754户，其中男性322484人、女性340935人；18岁以下66941人，占人口总数的10.09%；60岁以上286628人，占人口总数的43.21%；户籍人口出生率3.52‰，死亡率10.92‰。实有人口769413人，其中外来人口195878人。（5）“智慧公安”建设。对标“智慧公安”建设“场景应用”，强化警务中台、轻应用、数据模型等手段应用，形成37个符合实际的应用场景解决方案。完善北外滩“世界会客厅”周边安保区域感知端建设，加强社会面智能安防建设，完成瑞虹天地太阳宫、北外滩来福士、中共四大纪念馆等地标建筑图像复联复接工作，接入探头88个，完成12处多用途单体“随申码门禁”系统安装。（6）疫情防控。持续加强隔离点防控、机场增援、社区管控等工作，增援机场警力42批次900余人次，配合转运入境人员7600余人，配合做好区3个集中隔离点3.6万余人的集中隔离工作，完成“12·18”无症状感染者相关涉疫封控处置工作。

（丁晓艳）

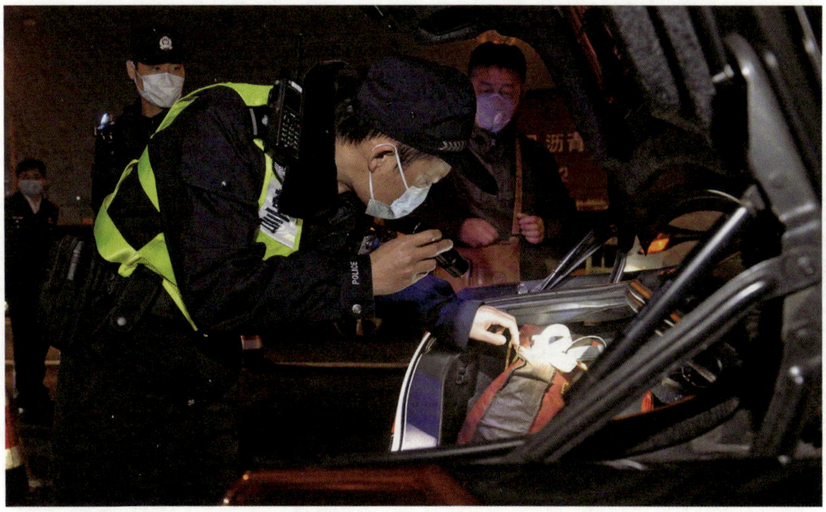

图8-1　12月10—11日，公安虹口分局开展“虹口砺剑1号”集中打击整治行动，民警检查（公安虹口分局　提供）

【试点建设多用途单体“随申码门禁”应用场景】

4月，在新型冠状病毒肺炎疫情

图8-2 曲阳路派出所（徐荣耀 拍摄）

图8-3 10月23—24日，2021上海赛艇公开赛举行，公安虹口分局负责苏州河虹口段安保工作（朱 铮 拍摄）

图8-4 中山北一路、中山北二路道路设置调整后路况（徐荣耀 拍摄）

传播背景下，公安虹口分局运用“智慧公安”在全市率先试点多用途单体（指某单位建筑物同时具备商业办公、住宿、经营等2项以上业态，通常表现为“小产权转租”“合租群组”“民宿短租房”等）“随申码门禁”应用“场景建设”，代替IC、NFC等传统门禁卡，实时记录上传进出人员通行记录。通过构建感知算法模型，形成“痕迹采集—算法感知—信息推送—实兵联动—处置反馈”的数据利用闭环，精准指引实有人口信息采集，实现“管人”与“防疫”两手抓、两促进。试点后，荣欣大厦、天宝华庭等7个多用途单体建成启用该应用场景和相应感知算法模型，部分单体感知信息推送准确率超过90%。

（丁晓艳）

【完成“2021上海赛艇公开赛”苏州河虹口段安保工作】

10月23—24日，“2021上海赛艇公开赛”在苏州河（长寿路桥—外白渡桥段）举行，公安虹口分局围绕苏州河虹口段（河南路桥—外白渡桥）北面天潼路、大名路、吴淞路、乍浦路、四川北路等路段及各桥口，采取临近路口分流和机动车、非机动车封闭管控等措施，并对乍浦路桥、河滨大楼、邮政大楼区域以及北苏州路沿线加强巡逻守护，在外白渡桥、乍浦路桥北侧安排接驳警车，做好随时应急转运准备。出动警力120余人次、保安380余人次。

（丁晓艳）

【中山北一路、中山北二路口道路设置调整】

11月25日完成。该路口是连接内环高架、逸仙路高架以及中环的主要路口，分别有上下匝道5处，每日高峰时段车流量密集，通行缓慢。经实地勘察，公安虹口分局决定将中山北一路原“机非”隔离墩铲除，改为“机非”隔离栏设置，并将非机动车道宽度从原来的4.4米缩至2.5米，使原5根机动车道扩展为6根。对中山北一路左转进中山北二路高架立柱下的“隔离岛”侧石削减去30厘米，为路口东向出口“由二变三”腾出空间，重新漆画中山北一路、中山北二路转弯处车道，形成“三对三”，与中山北一路北向东左转弯车道相互衔接，避免左转车辆在路口内变道造成冲突点，消除隐患，提高约50%的路口通过量。

（丁晓艳）

【成功处置应对大面积紧急停电事件】

12月8日，杨浦区通北路的一座半地下变电站因水管爆裂引发设备突发跳闸故障，导致虹口区周家嘴路、大连路、飞虹路等区域13个小区、71家商铺、10个路口大面积停电，受影响居民3790户。公安虹口分局启动紧急预案，调动警力112名，持续作战12个小时，解救16名被困电梯群众、确保停电期间社会面稳定、道路交通安全顺畅、群众情绪平稳。

（丁晓艳）

检　察

【概况】

2021年，区检察院履行主责主业，维护公平正义，助力区域经济社会高质量发展。（1）刑事检察。全年批准逮捕刑事犯罪案件624件952人、提起公诉案件1047件1691人。服务区域航运、金融中心建设，办理航运领域案件29件75人、金融领域案件49件83人、侵犯知识产权案件29件114人。聚焦特殊人群司法保护，办理涉未成年人案件37件42人、涉老年人案件213件237人。深化监检衔接，受理移送起诉职务犯罪案件11件20人，提起公诉16人。（2）法律监督。落实少捕慎诉慎押刑事司法政策，依法不捕511人、不诉239人。监督侦查机关立案13件、撤案13件，追捕42人、追诉69人；对侦查活动违法提出书面纠正意见26件；对认为确有错误的刑事裁判提起抗诉4件。完善刑事执行监督，对看守所收押情况开展监督22次，制发纠正违法通知书8件、检察建议3件，维护监管场所安全稳定。开展社区矫正检察工作，制发检察建议9件，纠正违法通知书3件，均获采纳。设立公益检察室，立案72件，提起刑事附带民事公益诉讼5件，制发诉前检察建议21份，开展行政公益诉讼诉前磋商13件、民事公益诉讼诉前磋商20件。（3）社会监督。邀请代表委员、人民监督员以及各界人士参与检察开放日、公开审查、听庭评议等活动99次216人次。召开检察官新闻发布会3次、检察开放日1次。接受新闻媒体采访报道450余次，通过微信、微博、“今日头条”发布普法推送1152条。开展检察官公开课“国际禁毒日”普法直播，观看量突破百万。新媒体作品《刘大爷“摊上事儿”了！》获得第五届全国检察新媒体创意大赛最佳创意奖。（4）创新机制。召开检律协作会商座谈会，邀请人民监督员全程参与，共谈律师执业保障。针对摄影公司“天价”写真侵害消费者权益问题，依法支持2名大学生提起民事诉讼，并启动公益损害调查，办理全市首例消费侵权领域行政公益诉讼案。在北外滩企业服务中心内设立“兵站式”检察官工作室，依托“法学+X”平台，对接北外滩发展定位，定期选派专业化检察官轮值进驻，为区域内企业提供法律咨询、合规咨询、宣传普法服务。年内，区检察院获评2019—2020年度上海市文明单位，未成年人检察办案组获评2019—2020年度全国青少年维权岗，干警肖阳获评2016—2020年全国普法工作先进个人，干警周健获2020年度上海市青年五四奖章个人。

（颜　欣）

【新时代新担当新作为优秀案（事）例评审会】

1月19日在区检察院举办。以“培树政治自觉　彰显检察担当”为主题，开展2020年检察官新时代新担当新作为优秀案（事）例评审活动，经个人申报、部门推荐、检委会初审等环节，从27个申报案（事）例中产生20个候选案（事）列入围评审会。经评审，徐某被骗案立案监督案，卢某等5人诈骗、虚假诉讼案，创新工作模式助力区域规模性租赁专项治理等10个案（事）例被评为优秀案（事）例。

（颜　欣）

【消费侵权公益诉讼听证会】

3月25日在区检察院召开，由区检察院举办。上海艳域摄影有限公司广告里“19.9元”的“白菜价”写真体验，拍摄过程中价格竟一步步涨到“两万多元”，区检察院了解具体情况后，决定对该案支持起诉，区法院判决商家返还“天价”拍摄款，帮助2名被害大学生维权，对该摄影公司以公益诉讼立案调查。听证员在对各方补充询问后，经评议，同意检察机关的审查意见，认为上海艳域摄影有限公司的消费侵权行为性质恶劣、影响恶劣，涉及社会公共利益，行政监管部门应当依据职权及时调查并给予处罚。4月1日，区检察院向区市场监督管理局送达检察建议，建议其依法履行法定职责，督促规范经营，维护市场秩序，同时开展消费法治宣传，引导消费者健康消费、理性消费，提高自我保护意识。

（颜　欣）

【“5G时代，共同守护公民个人信息”新闻发布会】

9月24日在区检察院举行。区检察院、区委网信办联合主办。发布会从强化互联网企业合规经营、打击刑事犯罪、提起公益诉讼等方面通报2019年以来区检察机关受理移送起诉侵犯公民个人信息罪50件104人，提起公诉38件80人；立案办理刑事附带民事公益诉讼案件27

件，诉前公告27件；向法院提起刑事附带民事公益诉讼7件，开展诉前磋商13件；保护公民个人信息公益诉讼工作开展情况，探索“磋商+听证”非诉方式、“诉中+调解”模式等多元化解决方案，让老百姓能够安心享受5G信息时代带来的便利。17人参加。

（颜 欣）

【守护“脚底下的安全”窨井盖治理研商会】

9月28日在区检察院举行。区检察院根据区域内车流人流密集、老小区较多，常发窨井盖破损等异常情况，主动回应群众关切，参与窨井盖治理工作。针对一些较长时间未得到修复以及破损较为严重的窨井盖问题，开展调查研究，听取各方意见，核实事实，推动产权单位、监管部门协同治理，修复养护异常窨井盖60余处。区检察机关推动制度建设，形成长效机制，共同构建协同高效的窨井盖治理体系。来自21家区行政机关和产权单位37人参加。

（颜 欣）

【《虹口区涉老刑事检察白皮书（2020.10—2021.9）》】

10月12日发布。发布会介绍一年来区老年人犯罪案件与侵犯老年人权益案件的办理情况及典型案例；区检察院制定的《关于推进涉老案件办理相关工作的制度》，建立涉老案件办理“五大制度”——强制辩护制度，成年子女、亲属陪同见证制度，“疗愈式”心理干预疏导制度，羁押审查全程跟踪制度及快速移送审查起诉督促制度，探索实现对涉案老年人诉讼权益的全方位保障。市、区人大代表，市人民监督员以及区卫生健康委人口老龄与家庭发展科负责人应邀参加；新华社、《检察日报》、《解放日报》、上海广播电视台、《上海法治报》等多家媒体记者19人出席发布会。

（颜 欣）

【区涉案企业合规第三方监督评估机制管理委员会揭牌仪式】

12月16日在区检察院举行。该管理委员会由区检察院、区工商联、区司法局、区财政局、区生态环境局、区国有资产监督管理委员会、区税务局、区市场监督管理局、区金融工作局、区航运办和区科委11家单位组成。召开该管理委员会成立大会暨第一次联席会议，审议通过《上海市虹口区涉案企业合规第三方监督评估机制管理委员会工作规则（试行）》《上海市虹口区涉案企业合规第三方监督评估机制专业人员选任管理办法（试行）》《上海市虹口区涉案企业合规第三方监督评估组织运行管理实施办法（试行）》3项配套制度，为36名第三方监督评估机制专业人员颁发聘书。该管理委员会11家成员单位负责人、联络员，第三方机制专业人员等47人参加仪式。

（龚奕欣）

法 院

【概况】

2021年，区法院共受理各类案件31005件，审结31027件。（1）刑事案件。全年受理刑事案件936件，审结934件。聚焦“打财断血”，推进涉黑恶犯罪案件财产刑执行。惩治破坏社会主义市场经济秩序犯罪，审结集资诈骗罪、非法吸收公众存款罪案件38件74人。推进“断卡”（切断非法买卖手机卡和银行卡的利益链条）行动，梳理类案审理中发现的问题，向相关主管单位制发司法建议20件，进行前瞻性风险提示。（2）民事、商事审判。受理各类民事、商事案件20322件，审结20341件。其中，房屋租赁、教育培训等案件大幅上升，共有纠纷结案比上年增长124.31%。探索金融纠纷示范判决机制，公开发布《告投资者书》，推动群体性金融纠纷多元化解。《上海浦东新区上南公共交通有限公司与被告中国太平洋财产保险股份有限公司上海分公司财产保险合同纠纷一案》案例入选上海法院“金融商事审判十大案例”。编写《财产保险合同类案办案要件》，经高院审委会通过，作为全市法院办案指南。（3）执行。全年共受理初执案件9538件，结案9543件。执行到位金额18.86亿元。发布失信被执行人名单265条，限制高消费9094人次。完善执行联动和失信联合惩戒机制，成立执行规范内控小组，建立执行案款专管员负责制，规范执行案款管理发放。加强执行案件信用惩戒措施审批管理，严格规范发布流程、依法及时恢复信用。建立涉众型非法集资犯罪案件审判执行工作例会制度，探索相关案件程序衔接和财产处置机制建设，尽力维护受损群众权益。（4）创新机制。推进民事诉讼程序繁简分流改革试点经验总结，打造要素式审判全流程机制，提升金融领域类型化案件审判质效。该项机制运行以来，相关案件庭审时间平均缩短60%以上。向辖区金融机构发送司法建议，提示企业明确约定诉讼文书送达地址，鼓励在合同中事先约定采用电子方式送达，该项工作被《最高院司法改革专刊》收录。落实全流程网上办案，全年网上立案占比80.98%。持续巩固随机分案成果，随机分案率99%，该项工作成效获评“2021年度虹口区创新社会治理深化平安建设典型案例”征集活动一等奖。推进庭审记录方式改革，适用庭审记录改革的庭审共计6950件。推进智慧执行系统应用，实现移动执行手机客户端（App）与执行指挥中心实时无缝对接，提升执行效率。推进电子卷宗“单套制”归档改革试点工作，出台系列配套制度方案，至年底，对5921件案件采用电子卷宗“单套制”模式归档。（5）审判监督。健全监督管理机制，构建规范高效的审判权力制约监督体系，形成专项制度成果20项，涉及落实防止干预司法“三个规定”、整治防范审判执行工作中的突出问题、规范胜诉退费工作等方面。接待各级人大代表、政协委员75人次来院视察、监督，其中全国人大代表来院视察时，肯定院个性化诉讼服务专窗工作。依托人民陪审员工作例会机制，编发《虹法陪审》专刊，优化工作成果展示，全方位保障人民陪审员参审履职，该项工作获市高院领导批示肯定并予以推广。年内，区法院金融审判庭获评全国法院先进集体，区法院法警大队获评全国法院司法警察先进集体，张福妹获评全国法院司法警察先进个人，唐辰佶获评全国“两会”舆论引导工作先进个人；《以青春之名，谱小康之歌》微党课、《这一刻》视频获庆祝中国共产党成立100周年全国法院系列优秀作品，《人民调解员——贾海泳》获评全国法院第八届“金法槌奖”微电影微视频优秀奖；区法院审理的原告姚某与被告某投资管理公司、第三人章某等公司决议纠纷案入选《最高人民法院公报》；区法院获评2019—2020年度上海市文明单位，荣立上海法院集体二等功，获2021年度上海法院系统学术讨论会组织工作先进奖。

（伍敏娴）

【发布《上海市虹口区群体性劳动争议案件仲裁与审判白皮书（2018年—2020年）》】

4月28日，区法院与区劳动人事争议仲裁院联合举行新闻发布会，发布《上海市虹口区群体性劳动争议案件仲裁与审判白皮书（2018年—2020年）》，通报2018—2020年群体性劳动争议案件审理情况。该白皮书指出，规范企业用工行为是解决劳动争议的根本路径，要加大对用人单位争议源头预防指导力度，强化正面引导，加强法治宣传，通过裁判后答疑、制发司法建议等形式，帮助用人单位建立完备规章制度。同时，依托街道、工会等各方支持，通过排查重点企业群体性劳动纠纷和苗头隐患，及时进行梳理建档、预警上报，可以有效地将矛盾防患于未然。区北外滩街道、嘉兴路街道通过上海市街镇劳动人事争议专业性调解组织实体化建设验收。群体性劳动争议案件中不乏“试探性诉讼”案件，即由几名劳动者先行起诉、进行试探，众多劳动者对裁判结果进行观望，根据裁判结果进行诉讼策略选择。对此，区

图8-5　虹口区人民法院（徐荣耀　拍摄）

法院优化案件分配机制，配强审判队伍，加强研判分析，加大裁判说理力度，发挥司法裁判定纷止争、价值引领的示范效应。区法院、区人力资源社会保障局、区劳动人事争议仲裁院相负责人及部分企业、媒体代表30余人参与发布会。

（伍敏娴）

【“百校百讲”六一进校园活动】

5月31日在广灵路小学举行。区法院、区教育局联合主办。以“与法同行，呵护成长”为主题，来自区法院的2位讲师将法庭“搬进”校园，开设模拟庭审、法治讲座等环节，观赏法治小品表演，将法治教育与校园课堂有机结合，增加趣味性和互动性。50余人参加。

（伍敏娴）

【开展金融风险甄别及防范宣讲】

9月24日，区法院赴嘉兴路街道第五市民驿站为居民开展法治宣讲，区法院金融庭庭长陈丽围绕金融消费领域社区居民常见的银行理财类纠纷、伪卡盗刷等问题，结合金融审判实践与典型案例，就金融纠纷提示预防、纠纷发生后处理及维权途径，与居民就关注的法律问题进行交流。通过宣讲，有助于居民增强金融消费的理性。

（伍敏娴）

【区第十届服务“非公”经济法治论坛】

12月7日在区法院举行。区法院、区工商联、区法学会联合主办。论坛以发布《虹口法院涉文化娱乐行业商事纠纷案件审判白皮书（2018—2021年上半年）》为主题，通报2018—2021年上半年涉文化娱乐行业商事案件审理情况。该白皮书显示，2018—2021年上半年区法院共受理涉文化娱乐行业商事纠纷案件102件，所涉合同种类复杂、内容繁多，其他合同纠纷占比高达85%。该类案件呈现案件标的额差异大的特点，少的不足10万元，多的则达1000万元以上。审理中发现，案件涉及电子证据的比例较高，如网络直播记录、打赏收益记录、直播流量统计等，当事人提交的证据也多以截图、聊天记录等电子证据为主，但有些电子证据因关联性和证明效力不高，相关事实仍需要与其他证据相互印证。此外，文化娱乐行业商事案件中，双方当事人往往互指对方履约不当，矛盾争议大，案件调解率较低，反诉率高。针对案件中的问题，辖区文化企业代表、新华社等相关媒体代表、法院特邀监督员代表等20余人参加研讨。

（伍敏娴）

司法行政

【概况】

2021年，区司法行政工作围绕区域中心工作和司法体制综合配套改革大局，依法履行司法行政职能，为区域经济发展、社会建设提供坚强有力的法治保障。（1）开展司法行政队伍教育整顿。司法行政机关讲政治，保质保量完成教育整顿各项任务。出台《关于加强日常谈心谈话工作的实施办法》《过问或干预、插手案件及相关接触交往行为情况报告表》《干部报告个人有关事项的规定》《关于建立干部队伍集中学习制度的实施方案》等制度，巩固教育整顿所取得的成果。（2）调处化解矛盾纠纷。区非诉讼争议解决中心收到调解申请11192件，已受理2499件，其中调解成功692件。全区各调解委员会共受理调解案件7900件，调解成功7232件。其中，“旧改”调解委员会接待咨询4257批次，调解案件2441件，调解成功2254件，调解成功率92.4%，配合开展矛盾化解工作786次；受理医患纠纷案件213件，调解成功173件，调解成功率81.22%，司法确认165件，人民调解员参与现场调解22次。调解品牌“旧虹新调”旧区改造调解工作室增设到7个，开展政策解读、法律宣传、纠纷化解、法律咨询等方面工作。（3）公证。全年受理公证9457件，比上年上升20.86%。包括办理遗嘱公证473件，其中免费办理遗嘱公证168件，占比35.5%，免收公证费40余万元。根据虹口公证处与区法院签订的《公证参与执行辅助事务合作协议》，派驻1名公证人员协助做好区法院执行案件的

图8-6 4月25日，虹口公证处北外滩专窗揭牌仪式在上海白玉兰广场北外滩党群服务站举行（区司法局 提供）

辅助性工作。至年底，参与法院非核心事务协办工作3615件，参与法院司法执行案件10件，参与上海市土地交易事务中心“招拍挂”公证服务29次。虹口公证处通过购买服务，免费为250户家庭办理房产继承公证250件。（4）律师工作。全年受理律师执业、律师事务所变更行政许可465件，其中律师新执业123件，律师重新执业77件，律师转所148件，律师注销61件，兼职律师转专职律师3件，台湾居民申请在大陆新执业和变更2件；律师事务所新设立1件、变更（注销）50件，依职权注销律师事务所1家；办理公职律师申请6人，公职律师变更执业机构5人。至年底，全区有律师事务所99家，律师1475名。（5）社区矫正。社区矫正对象在册249人，全年累计接管477人，其中重点（重要）对象7人，社区矫正零重犯。开展审前社会调查334次。社区矫正中心组织集中教育18次，网络直播教育24次，网络视频教育37次，公益活动6次。（6）普法宣传。开展为期3个月的全民普法知识竞赛活动。召开区委全面依法治区委员会守法普法协调小组第三次会议，审议通过《关于编制本区国家机关普法责任清单的实施意见》，根据新增、修订的法律法规进行2021版的更新，并在门户网站、官方微信等平台公示。开展“谁执法谁普法”履职报告评议会，明确国家机关双重普法责任，把普法工作纳入各单位党政主要负责人履行法治建设第一责任人的职责范畴，纳入全区各部门绩效考核范围。印发《区委宣传部、区司法局关于在本区开展法治宣传教育的第八个五年规划（2021—2025年）》。（7）法律援助。全年受理法律援助案件1788件，其中民事案件413件、刑事案件312件。窗口接待咨询数4677人次，“12348”热线接答10020个。实现刑事法律援助案件远程视频会见。开展服务保障农民工专项活动，通过线上咨询办理、线下普法宣传、开通绿色通道、加强部门合作、推进调解先行五大措施，维护农民工合法权益。

（孙一铭）

图8-7　7月23日，区涉外律师专门委员会成立仪式在北外滩企业服务中心举行（区司法局　提供）

【虹口区社区矫正管理局揭牌】

1月7日，市司法局党委委员陈耀鑫赴广灵四路500号调研区社区矫正和安置帮教工作并为区社区矫正管理局成立揭牌。该局归口区司法局管理，在区社区矫正管理中心挂牌。

（孙一铭）

【虹口公证处北外滩专窗揭牌仪式】

4月25日在上海白玉兰广场的北外滩街道党群服务站举行。虹口公证处在北外滩街道党群服务站内设立公证专窗，走进楼宇、走进企业，打通公证服务“最后一公里”。揭牌仪式后，公证员为企业代表、白领分别以公证与自然人及企业的关系为题开展公证业务讲座，并互动。50余人参加。

（孙一铭）

【区涉外律师专门委员会成立仪式】

7月23日在北外滩企业服务中心举行。该委员会是区司法局、区律师工作委员会和北外滩集团共同建立的区企业涉外法律事务服务的工作平台。在成立仪式上，区涉外律师专门委员会主任、上海如闻律师事务所创始合伙人粟伟炜律师及特邀嘉宾德惠国际律师事务所上海代表处管理合伙人孔宏德等分别作主旨发言。首批16位律师入选。30余人参加仪式。

（孙一铭）

【全民普法知识竞赛活动】

11月11日启动，为期3个月。区委依法治区办公室主办。依托“上海虹口”官方微信公众号平台，专门开发线上竞赛答题系统，采用网上竞答的方式，以“习近平法治思想”“宪法”“民法典”等内容为重点分三期进行竞赛活动。区级机关各部门、各街道参与竞赛，以竞促学的方式，普及法律知识，增强法治意识，提高全区党员干部的法治思维和依法办事能力。

（孙一铭）

（栏目编辑　季建智）

租赁热线
5595 7878

九、综合经济管理

发展与改革

【概况】

2021年，区发展改革委组织编制区国民经济和社会发展中长期规划，推进重大项目、民生实事、新基建等投资建设，推动全区公共服务高质量发展。（1）编制“十四五”规划纲要。完成《上海市虹口区国民经济和社会发展第十四个五年规划和二〇三五年远景目标纲要》编制，推进部门完成“十四五”专项规划编制。完成《关于虹口区2020年国民经济和社会发展计划执行情况与2021年国民经济和社会发展计划草案的报告》《2021年虹口区国民经济和社会发展计划（草案）》《关于虹口区2021年上半年国民经济和社会发展计划执行情况的报告》。完成“2021年虹口区国民经济和社会发展思路”的研究报告。编制《关于虹口区2021年国民经济和社会发展计划执行情况与2022年国民经济和社会发展计划草案的报告》《2022年虹口区国民经济和社会发展计划（草案）》。按照统筹疫情防控和经济社会发展以及稳增长等要求，加强形势研判，完成经济运行分析报告12篇。（2）优化营商环境。编制发布《虹口区加强改革系统集成持续深化国际一流营商环境建设行动方案》（4.0版行动方案），统筹推进全区营商环境建设。履行营商环境联席会议办公室职能，督促成员单位落实2021年度各项改革任务。依托第三方机构，对区内12家营商环境主体部门开展测评、督查和整改。（3）推进社会事业发展。协调推进全区卫生、老龄、妇女儿童、综治等社会事业领域工作。深化人口发展战略及重大问题研究，编制完成《虹口区人口发展“十四五”规划》。制定实施《虹口区留学回国人员过渡期内租住人才驿站的专项支持政策》，面向留学回国人员推出人才驿站。按照全国、全市碳达峰碳中和的总体要求，制定出台《虹口区2021年节能减排和应对气候变化重点工作安排》。（4）社会信用体系建设。召开虹口区社会信用体系建设联席会议，通过《2021年虹口区社会信用体系建设工作要点》，印发《2020年虹口区信用体系建设考核指标解析》。组织区建设管理委、区人力资源社会保障局、区卫生健康委等11个部门召开“双公示”数据线上填报培训会，部署“三清单”数据事项清理工作。组织区内45个部门和8个街道召开2021年虹口区信用承诺工作部署会暨虹口区全面推进证明事项告知承诺制工作推进会，下发《虹口区全面开展信用承诺制度工作实施方案》，制定《虹口区行政审批告知承诺目录》《虹口区实行告知承诺制的证明事项总目录》《虹口区主动承诺事项目录》，涵盖21个部门193个事项。（5）投资项目管理。完成2022年区政府性投资项目计划编制；完成2021年政府实事项目以及2022年政府实事项目计划编制工作。年内新增企业投资项目备案29个、核准2个。完成新建广粤路万安路绿地项目、彩虹湾三期综合服务中心建设项目、新建中福会幼儿园（虹口分园）追加投资项目和虹口区儿童福利院房屋加固修缮追加投资项目等4个政府投资项目的现场核查并出具监管报告。协同区规划资源局、区建设管理委，对租赁住宅、学校、电力工程等5个企业投资核准项目开展联合现场核查。对企业投资备案项目开展在线监测，对企业报送的信息进行确认。（6）物价管理。做好政府定价有关事项管理和收费指导工作，包括9所民办中小学学费、第八批50套彩虹湾三期红馥里共有产权保障住房销售基准价格、瑞虹新城天悦郡庭和江湾华庭住宅项目附属车库租售价格的备案。推进保供稳价，年内上报64种主副食品价格280次；撰写主副食品一周监测分析报告49篇、市场巡查情况12篇、月度《保供稳价工作专报》12篇；完成其他重要民生商品和服务价格上报300余次；通过“虹口门户网站”和“上海虹口”微信公众号定期发布区各类商品价格监测信息110次。完成涉案财物价格认定案件162起，价格认定总值约111.70万余元，涉及标的物228种共243件，出具《价格认定不予受理通知书》32份。撰写《虹口价格认定信息》4篇。年内，区发展改革委获2020—2021年度全国价格监测工作先进单位称号，征文《电动非机动车价格认定实例分享》《关于共享汽车价格认定的思考》被上海市价格协会价格评估鉴证分会评为二等奖。

（王博亮）

【《上海市虹口区国民经济和社会发展第十四个五年规划和二〇三五年远景目标纲要》】 1月15日经上海市虹口区第十六届人民代表大会第八次会议审议通过。区发展改革委编制。该规划纲要明确未来5年至15年虹口区经济社会发展的奋斗目标和行动纲领，突出加快北外滩开发建设、推动产业转型升级、深化改革创新发展、建设人民城市等方面的主要任务。

（王博亮）

【印发《2021年区政府要完成的与人民生活密切相关的实事》】 1月由区政府办公室印发。区发展改革委编制。文件旨在解决群众最关心、最直接、最现实的利益问题，确保民生持续改善、基本公共服务体系更加健全、城市运行安全有序，充分体现全过程民主。要完成的实事项目经历部门上报、社会征集、代表委员意见征集、市民意见和建议征求等环节，并融合了市委、市政府民心工程及市政府实事项目。

（王博亮）

【虹口区优化营商环境暨重点企业和重点楼宇（园区）表彰大会】 3月8日在区机关大楼召开。区委书记郭芳出席会议并讲话，区四套班子领导共同为获得“特殊贡献奖”“重大贡献奖”的企业、楼宇和园区代表颁发奖牌，会上发布优化营商环境4.0版方案。区投促办、益海嘉里金龙鱼粮油食品股份有限公司、上海港国际客运中心开发有限公司和上海金港北外滩置业有限公司作交流发言。

（王博亮）

【政府投资项目咨询评估服务委托公告】 7月在虹口区门户网站上发布。该次委托政府投资项目咨询评估服务机构的选取工作，按照评估项目的需求分为6个专业包件，采用申报材料综合评分的方式，对各申报机构报送的申报材料进行评审，形成最终入围清单，政府投资项目（房屋建筑类）10个、政府投资项目（市政类）10个、节能审查与验收项目5个、社会稳定风险评价5个、项目核查5个、其他因需委托5个。

（王博亮）

【虹口区“信易贷”平台发布会】 11月12日在北外滩5G全球创新港举行。“信易贷”平台旨在通过信用融资贷款方式解决中小企业的融资难、融资贵问题，会上为首批入驻“信易贷”平台的上海银行、浦发银行、上海农商银行授牌，宣布成立由市发展改革委、市公共信用服务中心、区相关政府部门、银行、征信机构等14家单位组成的“虹口区中小企业融资信用平台创新发展联盟”并举行签约仪式。

（王博亮）

财政

【概况】 2021年，区财政局抓推进、抓落实、抓突破，聚焦稳增长、攻“旧改”、惠民生，经济社会发展呈现稳中有进、稳中向好、好于预期的良好态势，区级财政收入快速增长，为区域经济社会平稳有序健康发展提供有力支撑，实现“十四五”良好开局。（1）财政收入。区一般公共预算收入155.23亿元，比上年增长30%。其中：增值税56.14亿元，企业所得税27.57亿元，个人所得税13.00亿元，城市维护建设税6.35亿元，房产税7.30亿元，印花税3.41亿元，土地增值税13.73亿元，城镇土地使用税0.11亿元，车船税0.58亿元，契税11.53亿元，环境保护税51万元，其他税收收入0.04亿元。专项收入3.91亿元，行政事业性收费收入0.78亿元，国有资源（资产）有偿使用收入8.96亿元，捐赠收入0.18亿元，其他收入1.63亿元。上级补助收入54.48亿元，地方政府一般债务转贷收入7.70亿元，上年结转收入6.46亿元，调入资金0.52亿元，一般公共预算收入总计224.38亿元。（2）财政支出。区一般公共预算支出执行数为195.02亿元，其中：一般公共服务支出8.47亿元，国防支出0.40亿元，公共安全支出11.29亿元，教育支出32.45亿元，科学技术支出10.92亿元，文化旅游体育与传媒支出2.79亿元，社会保障和就业支出18.16亿元，卫生健康支出10.26亿元，节能环保支出0.99亿元，城乡社区支出50.50亿元，农林水支出0.22亿元，交通运输支出2.70亿元，资源勘探工业信息等支出1.21亿元，商业服务业等支出16.78亿元，金融支出0.13亿元，自然资源海洋气象等支出0.97亿元，住房保障支出22.51亿元，灾害防治及应急管理支出0.97亿元，其他支出0.09亿元，债务付息支出3.21亿元，上解上级支出8.24亿元，安排预算稳定调节基金11.68亿元，结转下年支出1.66亿元，债务还本支出7.78亿元，一般公共预算支出总计224.38亿元。（3）政府性基金收入。区政府性基金收入226.16亿元，上级补助收入10.35亿元，地方政府专项债务转贷收入38.90亿元，上年结余收入30.08亿元，政府性基金收入总计305.49亿元。区政府性基金支出224.08亿元，调出资金0.03亿元，地方政府专项债券发行费上解支出0.03亿元，债务还本支出44.10亿元，年终结余37.25亿元，政府性基金支出总计305.49亿元。（4）国有资本经营收入。区国有资本经营收入1.67亿元，为国资委归口管理的区属国有企业按上年利润30%上缴的收入。上级补助收入0.03亿元，上年结余收入0.02亿元，国有资本经营预算收入总计1.72亿元。区国有资本经营支出1.11亿元，调出资金0.49亿元，年终结余0.12亿元，国有资本经营预算支出总计1.72亿元。（5）地方政府债务。市政府下达区2021年末地方政府债务限额为467.4亿元（其中：一般债务116.1亿元、专项债务351.3亿元）。区债务增加均为上海市地方政府债券转贷资金，总计46.60亿元。全年区偿还政府债务本金51.88亿元。至年底，区实际政府债务余额388.12亿元，另有2020年下达的抗疫特别国债14.80亿元，自2025年起分5年平均偿还本金。（6）保障民生事业发展。全年拨付招商引资和安商稳商财政专项资金30.83亿元，惠及企业2700余户。拨付人才专项资金3.90亿元，比上年增长52.99%。出台海外人才专项政策，建设人才公寓，吸引更多海外人才和留学归国人才。拨付旧区改造资金215.13亿元、盘活存量资金15.53亿元，实现余杭路、东余杭路二期、昆明路以南项目等10个项目、32个街坊成功征收，北外滩地区成片二级旧里改造全面完成。拨付“美丽家园”项目资金6.4亿元，提升老旧小区居住环境。拨付“美丽街区”、道路景观、公共绿地、市政道路、垃圾分类等方面资金6.49亿元。新增2020—2021年轨道交通运营准许收支缺口补偿资金支出2.84亿元。（7）航运、金融服务业能级提升。充分发挥北外滩的辐射带动作用，以航运和金融两大产业为主导的产业体系提质增效，税收收入增势良好。区航运服务业区级税收19.72亿元，比上年增长174.6%；金融服务业区级税收33.13亿元，比上年增长49.4%。（8）资产、预算、财务管理。制定《虹口区行政事业单位国有资产公务仓管理办法（试行）》，提高区级行政事业单位国有资产使用效率，盘活存量资产；全年中央下达区预算指标金额7755.10万元，支出7670.84万元，支出进度98.91%；全年受理会计人员信息采集1705人次、变更788人次、人员调转1236人次。共有12594名学员报名网络参加继续教育，其中8769人完成培训。虹口小微基地共开展各类直播课程31期，参加培训和网络学习3354人次。开展企业和行政事业两类面授培训班7期，其中企业班4期，行政事业班3期。

（方　莹）

【《虹口区“虹企贷”批次担保业务实施方案》】

4月由区财政局制定。方案旨在建立“政府+担保+银行”中小企业政策性融资贷款联动服务机制，强化企业融资服务，拓宽企业融资渠道，提升金融服务实体经济的能力，推进“虹企贷”批次担保业务。至年底，纳入担保企业22户，融资金额1.07亿元，缓解部分中小微企业“融资难、融资贵”的问题。

（方　莹）

【《虹口区政府购买服务管理办法》】

8月由区财政局修订。针对政府购买服务项目实施过程中出现的过度购买和资金使用不规范等问题，各单位细化本单位政府购买服务执行目录清单、负面清单，规范内控制度、制定主管领域购买第三方服务区级工作标准，加强政府购买服务预算编审，重点压减列入“负面清单”和购买标准较高的项目。

（方　莹）

【《财政业务流程再造》2.1版】

8月由区财政局编制。旨在进一步提高财政管理水平，提升政府工作效能，打造财政工作流程再造体系，形成科学规范、系统完整的财政业务操作流程，促进财政管理模式向主动化、精准化和科学化转变，实现标准流程“一以贯之”、职责边界“一目了然”、服务平台“一体布局”，全领域、全过程优化财政服务。

（方　莹）

税　务

【概况】

2021年，区税务工作以组织收入为中心，全年完成三级税收428.81亿元，比上年增长42.60%，增收128.11亿元；一般公共预算收入155.23亿元，比上年增长30.02%，增收35.84亿元，其中区级税收收入140.92亿元，比上年增长35.03%，增收36.56亿元。（1）落实国家减税降费政策。全年，全区累计减税降费11.33亿元，其中2021年新出台政策减税降费4.72亿元，2021年展期实施政策减税降费5.47亿元，2020年出台政策在2021年新增减税降费1.14亿元。另外，为236户次制造业中小微企业办理缓税1180万元。（2）优化改进信息办税。有序推进电子税务局分中心建设；平稳推进专票电子化试点，实现新办纳税人发票申领、开具、流转、查验全环节电子化，全年共有629户新办纳税人核定电子专票，占全部新办企业的97.82%，其中197户开具电子专票9331份，占开具专用发票数量的60.77%；有序推进“全电”发票试点，完成清单事项35项，推广试点企业15户，开具“全电”发票24份，另有14户企业接受“全电”发票23份；对接“一网通办”平台推动落实新办“一窗通”、残保金“一件事”、十税种综合申报等举措，进一步减轻办税负担；常态化推动“非接触式”办税，全年网上办税事项网上办理率94.46%，发票专业配送户次占比69.35%、份数占比86.2%。（3）深化税费管理。全年完成企业出口退税申报3997批次，退税15.5亿元，同比增长3.33%，完成增值税期末留抵退税85户、5.59亿元；完成居民企业所得税汇算清缴，参加汇缴企业31020户，汇缴补退入库17.23亿元，加强企业所得税后续管理，累计纳税调整5460万元，补税15.12万元，规范核定征收企业所得税管理，截至年底全区核定征收企业697户，比上年下降30.16%；平稳推进首次常态化个人所得税综合所得汇算清缴，累计申报26.8万人，退税1.3亿元，补税1.5亿元。完成土地出让金等5项非税收入征管职责划转，全年征收社保费143.3亿元，征收非税收入58.9亿元，其中残疾人就业保障金1.9亿元，土地出让金56.9亿元；完成4个项目土地增值税清算，补税1168万元、退税1.4亿元；完成个人住房房产税征收3654套，征收率91.65%。（4）强化税收风险管理。狠抓增值税发票风险防控，全年组织风险监控事项153个，完成风险全流程管理2218户次，风险分析识别命中率81.2%，查补入库税款4.9亿元；持续加强注销前置预警风险防控，全年完成风险核查301户，补税800余万元。（5）深化税收区域共治。建设纳税服务直联点，搭建“税银企”合作平台，与8个街道签订委托代征协议。加强重点企业服务管理，梳理企业名单1404户，配合挽留企业4户，涉及上年度税收600余万元；迁入企业11户，涉及上年税收6100余万元。

（朱月梅　顾佩如）

表9-1　2021年虹口区税收收入统计

单位：亿元

项　目	2021年	比上年增减额	比上年增减（%）
税收合计	428.8	128.1	42.6
增值税	176.8	27.2	18.2
营业税	0	0	0.0
消费税	1.8	0.49	37.2
企业所得税	136.56	68.22	99.8
个人所得税	58.67	19.52	49.8
房产税	9.12	2.28	33.4
车船税	0.55	−0.035	−6.0
印花税	3.54	1.08	43.9
土地使用税	0.22	−0.095	−30.6
土地增值税	17.16	0.81	4.9
城市维护建设税	9.77	2.94	42.9
契税	14.42	5.57	63.0
环境保护税	0.0102	0.0025	32.6
其他税收	0.1147	0.1126	5211.2
车辆购置税	0.0846	0.0135	18.9

说明：资料由区税务局提供。

【贯彻落实中办国办《关于进一步深化税收征管改革的意见》】

4月组建工作专班，由区税务局主要领导任领导小组组长。年内，组织集中学习、专题培训、研讨征文和抽查测试，通过辅导读本、海报标语、展板照片、图文视频营造氛围，2篇征文被《上海税务》刊发。向区委区政府专题汇报3次，召开座谈会9场，收集意见建议114条，逐一消化吸纳。对接国家税务总局100项改革举措和上海142项改革措施，研究制定区税务局贯彻落实方案，明确六大类22小类105项任务，其中4个创新事项纳入市税务局改革试点。

（朱月梅　顾佩如）

【全市首个5G商圈税收社会共治点】

11月16日在北外滩来福士广场正式启用。其核心功能区——“胶囊厅”配备高拍仪、扫描仪、打印机等专业设备，支持各类证明信息打印、查询，设有“双屏”互动办税终端，纳税人可与“远程帮办专员”视频连线即时获取精准问办，共计可办理296项高频涉税业务。此外，“胶囊厅”集成“智慧税务”与政务服务“一网通办”功能，拓展工商、房产、银行、不动产等多类业务，引入社会保障、文化教育、医疗卫生、生活服务等个人事项和企业经营事项全周期办理，实现政务和税务一体融合、协同服务。

（朱月梅　顾佩如）

图9-1　11月16日，全市首个5G商圈税收共治点核心功能区“胶囊厅”在北外滩来福士投用（区税务局　提供）

统　计

【概况】

2021年，区统计局坚持依法治统，以提高统计数据质量为主线，切实做好“六稳”（稳就业、稳金融、稳外贸、稳外资、稳投资、稳预期）工作，全面落实“六保”（保居民就业、保基本民生、保市场主体、保粮食能源安全、保产业链供应链稳定、保基层运转）任务。推进“统计法进党校”，深化统计法律法规专题学习，组织开展“统计开放日”活动，强化“双随机”（随机抽取统计报表单位、随机选派执法人员）抽查机制。年内，对欧阳路街道和嘉兴路街道辖区内38家单位开展统计执法“双随机、一公开”检查，结合统计质量季主题活动，开展统计信用承诺工作，夯实统计数据质量保障。落实稳增长工作，定期召开专题会议，与专班成员单位加强信息沟通并落实综合协调工作；排摸梳理在地企业情况，强化统计报表数据上报指导；加大基本单位名录库维护更新力度，开展重点单位基本情况调查。开展加装电梯意见调查和劳动力调查。至年底，发布《上海市虹口区第七次全国人口普查主要数据公报》及相关数据图解；推进第七次全国人口普查统计课题研究，开展宣传讲座。推动区域统计改革创新，做好统计数据质量抽查和统计执法检查工作，积极参与市统计局专项调研和统计改革项目试点，做好“中小微服务业企业减税降费调查”等调研。研判区域经济社会发展形势，并提出针对性工作建议。强化专业分析、综合分析，对重大情况提前开展预警，当好经济社会发展的“晴雨表”。做好北外滩区域在地企业情况排摸梳理，推进产业部门协同各招商中心、街道营商办做好“引税”与“引统”统筹工作。全年发布《年度统计公报》《虹口区统计手册》《上海市虹口区统计资料汇编2020》《虹口统计月报》等。年内，区统计局普查中心袁文雪被评为上海市第七次全国人口普查先进个人、区统计局被评为上海市第七次全国人口普查先进集体。

（王晓磊）

【《虹口区统计手册2021》】

6月由区统计局发布。手册共56页，收录虹口区2020年及部分以前年份的社会经济主要指标，分综合情况、财政税收、经济发展、投资与房产市场、城市建设、科教文卫体、人民生活、法律公证与其他交流资料9个部分。

（王晓磊）

【《上海市虹口区第七次全国人口普查主要数据公报》】

7月由区统计局发布。通过“上海虹口”门户网站、微信公众号等发布公报及相关数据图解。至年底，持续推进“七人普”课题研究，形成《第七次全国人口普查情况分析报告》。结合党史教育和群众面对面工作，对居民区人大代表、政协委员开展第七次全国人口普查统计宣传讲座。

（王晓磊）

市场监督

【概况】

2021年，区市场监督管理工作聚焦虹口区高质量发展、北外滩开发建设大局，优化营商环境建设，推进市场综合监管，服务虹口经济高质量发展、高品质生活、高效能管理。（1）企业设立。全年共核准各类企业登记19198户次，其中新设立独立核算企业3155户，注册资金490.70亿元；新设立企业中，内资企业3808户、外商投资企业170户。至年底，区有独立核算企业38730户，注册资金8027.08亿元，其中内资企业37334户，注册资金7303.94亿元，占总数96%和91%；外资企业1396户，注册资金723.14亿元，占总数4%和9%。全区有非独立核算企业5000户；个体工商户13850户，从业人员17627人。（2）质量强区战略。制定发布《虹口区质量提升三年行动计划（2021—2023年）》，修订发布《虹口区区长质量奖管理办法》。全市首创“品牌·虹口”最强榜评选活动，形成2020虹口品牌50强榜单，率先获批全市长三角质量提升示范试点项目并取得阶段性成效。获批市级标准化试点项目5个，验收1个国家级和3个市级项目，2个团体标准获评2021年度上海市团体标准良好典型案例，1个标准项目获评中国标准创新贡献奖。（3）食品安全监管。日常监管食品生产经营企业12431户次，开展专项整治27次，出动执法人员24862人次。创建“百千万示范工程食品经营实体示范店”263家，“百千万示范工程网络食品经营示范店”100家，“守信超市”388家。全区501家餐饮单位、31家养老机构、7家市民驿站、154家中小学校及幼托机构实现“明厨亮灶”。（4）药品安全监管。日常检查药品经营使用单位1134家次，化妆品经营单位1156家次、医疗器械日常监管检查共1169户次。全年核准药品许可100户次。

完成第三类医疗器械许可202户次，第一类医疗器械备案登记132户次、第二类医疗器械备案登记317户次。（5）特种设备安全监管。检查特种设备1228户次。至年底，全区有2142台电梯安装“智慧电梯”远程监测系统。（6）产品质量安全监管。检查市场主体1017家。开展“护苗助老”广告、校外培训广告、无人机广告等专项整治17项。（7）维护消费者权益。全年受理消费者投诉举报、咨询75192件，为消费者挽回经济损失1900余万元，共有消费维权联络点310个。创建放心消费示范单位2000家，发展线下无理由退货单位1000家、异地异店退换货单位3家、放心电商平台2家。（8）深化审批制度改革。率先试点3类外商投资企业登记事权下放，落户25家外资企业，包括9家外商投资总部型管理性公司。成为全市首批医疗器械“一证多址”唯一试点中心城区，完成4家医疗器械企业“一证多址”的许可备案。发出全市首批行业综合许可证（零售服务和餐饮业），牵头核发便利店、超市、饭店等10个业态“一业一证”部门许可。在北外滩率先试点企业住所自主申报，指导236家新开办企业实行住所自主申报。完成全市首家企业高频证照变更联办“一件事”办理，为2家企业同步办理执照信息和食品、酒类许可证信息变更。推出“跨省通办”，融合“线上+线下”双向服务通道，线上递交申请，线下邮寄执照，实现异地办理全程“零跑动”、审批“不见面”，9家企业顺利开业。拓展长三角“一网通办”，设立“长三角一网通办”专窗，受理审批首批试点高频事项，实现线上“一地认证、全网通办”，线下“收受分离、异地可办”，协助2家企业开办登记。作为全市5个试点区之一，率先试点食品经营许可和酒类经营许可事项“好办”“快办”服务，打造以“个性指南+智能申报”为特征的办事流程，实现“3分钟填报、零材料提交”，为企业群众提供全过程智能办事辅助。（9）健全知识产权保护体系。优化知识产权金融环境，对区48个园区企业贷款申请实现线上审批对接、线下放款等服务，区知识产权质押融资总额达2.45亿元。优化知识产权服务，区首个园区知识产权综合服务公共平台于7月20日正式上线。运用区公平竞争审查联席会议机制，保障公平竞争审查工作。建立区反不正当竞争工作协调机制，在区级层面形成营造公平竞争有序市场环境的强大合力。完善信用监管、“互联网+监管”、跨部门协同监管。（10）数字化转型发展。运用5G技术深化住宅电梯加装远程监测终端工作，加装数量位居中心城区第一，住宅电梯物联网覆盖率全市第一。试点推进电梯“按需维保”，试行“全天候监测+针对性维保”。推进“智慧电梯码”张贴运用，区电梯维保备案率、智慧电梯码贴码率、无纸化维保率均位居全市前列。推进“明厨亮灶+人工智能”，上线运行食品安全智慧监管云平台，对现有视频厨房的餐饮单位实现全覆盖。在全市率先试点第一类医疗器械产品唯一标识（UDI）工作，被国家药监局在全国复制推广。至年底，区消费者权益保护委员会获中国消费者协会2020—2021年度消费维权先进集体称号；执法大队、四川北所、江湾所获市政府颁发的2019—2020年度上海市文明单位称号；北外滩所、嘉兴所、欧阳所、曲阳所和注册许可科获评2019—2020年度上海市市场监督管理系统文明单位、文明窗口；区市场监督管理局获评2020年度上海市执法办案优良单位；执法大队获评2020年度上海市执法办案先进支（大）队。

（封金凡）

【市场监管领域优化营商环境推出4.0版】

1月，区市场监管局制定《关于进一步服务虹口高质量发展的工作意见》（优化营商环境4.0版），意见聚焦市场主体“准入”“准营”等关键环节，落地包括拓宽外商投资准入领域，推出推进审批数字化转型，推进公平竞争审查，优化知识产权服务，健全智慧监管机制，推行柔性执法，深化质量强区战略等12条优化营商环境服务举措。

（封金凡）

【企业住所登记自主申报】

4月在北外滩地区18栋符合条件的重点商务楼宇开启试点。依托房屋产权证明等材料互通互用，承租方仅需要提交房屋租赁协议即可办理住所登记，住所登记材料从原来最多的7份减少为1份，审批时限从原来的1天缩短到2个小时。至年底，为236家新开办企业办理住所登记。

（封金凡）

【“品牌·虹口”最强榜评选】

5月10日在上海大厦发布。区政府新闻办、区发改委、区商务委、区市场监管局联合主办。评选活动在全市率先推出，旨在为新时代区域产业转型、企业发展提供有力支撑。发布会发布《2020虹口品牌强度指数研究报告》，揭晓2020虹口品牌50强榜单和2020虹口最具媒体影响品牌10强榜单。苏宁易购、高顿教育、点都德、上海家化、凯司令、凯德虹口商业中心、三角地等品牌上榜。

（封金凡）

审计监督

【概况】

2021年，区审计工作围绕市、区中心工作，聚焦主责主业，推进改革创新，完成审计（调查）项目26项，其中审计24项、调查2项。审计处理处罚1299.95元、查处违规和管理不规范问题金额4.94亿元。

审计发现非金额问题202个，提出建议243条，出具审计和专项审计调查报告39篇，获区委、区政府领导批示29件，提请区纪委监委关注事项1项。推动被审计单位制定整改措施76项，促进被审计单位建立、健全规章制度14项。

（陆怡隽）

【完成经济责任审计】

2021年，完成对区建管委、虹创集团、北外滩街道等11家单位领导干部经济责任审计，其中任中审计17人。重点关注房屋修缮、市政设施建设等民生项目的资金管理使用，督促资金到位、项目落地。其中区人社局经济责任审计项目获得上海市审计机关优秀审计项目三等奖。

（陆怡隽）

【完成政府投资项目审计】

2021年，区审计局完成市中西医结合医院改扩建项目审计、虹口区北部公共卫生中心建设项目跟踪及竣工结算审计项目等6项政府投资项目竣工和跟踪审计项目，重点关注政府投资项目的建设程序、内部控制、资金绩效、职责履行等事项，实现从单一工程造价审计向全面投资审计转变。

（陆怡隽）

【完成政策执行审计】

2021年，区审计局配合市审计局开展黄浦江、苏州河两岸地区公共空间建设管理情况专项审计调查，促进区域内黄浦江、苏州河两岸地区公共空间建设项目推进和滨江品质提升。配合区国资委完成上海市保安服务总公司虹口区分公司整体划转工作，完成整体划转合并报表前的审计工作。

（陆怡隽）

国有（集体）资产管理

【概况】

2021年，区国资委坚持服务全市及全区战略与促进企业发展相结合，进一步修改完善区国资国企改革发展“十四五”规划，聚焦企业可持续发展，增强国企资源禀赋，实现能级提升。年内，会同区法院、区市场监管局、区税务局等部门成立工作专班推进企业清理规范相关工作。举行2021—2023年度外部董事签约仪式。完成上海城创金融科技国际产业园公共服务设施初始登记、音乐谷集团整体并入北外滩集团。开展行政事业单位居住类产权房屋公开拍卖工作，28处行政事业单位居住类产权房屋拍卖成功23处。制定区管企业主业发展目录，明确核心主业和培育产业，把加强党的领导贯穿到公司治理全过程各环节。对国企按照“功能类、服务保障类、市场竞争类”实施分类监管，分类授权、分类定责、分类考核，突出质量效益导向，改进监管方式，提升监管的系统性、针对性、有效性。至年底，北外滩集团、虹房集团、虹口区国有资产经营有限公司等8家区管国企资产总量为531.70亿元，比上年增加31.22%；营业收入31.40亿元，比上年减少34.56%；上缴区级税收1.34亿元，比上年减少21.09%。区企业国有资本总量为108.57亿元，比上年增加16.3%，扣除客观因素国有资产保值增值率为106.01%。区内国有及国有控股的独立核算企业180户，比上年增加1户，年内增加5户、减少4户。区企业集体资本总量为1.22亿元，比上年减少27.30%。上报集体企业户数59户，比上年减少1户，年内增加0户，减少1户。

（孙　昊　郭瑞晨）

【《银企互联服务协议》】

6月21日由区国资委与工商银行上海市虹口支行签署。该协议运用银企互联系统，通过网络和虹口区国资监管平台的端口连接，提供实时查询区国资委所属国有企业银行账户信息，以更好加强区属国有企业银行账户资金监管，建立资金预警监测机制，保证资金规范使用。

（傅伟琍　郭瑞晨）

【音乐谷集团整体并入北外滩集团】

10月29日，区政府第131次常务会议审议通过《关于虹口区区管国有企业近期整合重组实施方案的情况汇报》，以2021年10月31日为划转基准日将区国资委持有音乐谷集团100%股权（含下属全部企业）整建制无偿划转至北外滩集团，划转后音乐谷集团列为北外滩集团二级子公司。2家企业合并有助于北外滩集团在更大范围统筹规划和开发建设，并注入新的文化内涵，促进音乐谷地区在更大的平台上发展壮大。

（季仲毅　郭瑞晨）

【北外滩集团成功收购“钻石楼”】

11月10日，北外滩集团通过挂牌交易公开竞价的方式，收购上海虹晟置业有限公司100%股权和相关债权。10月，在收到北外滩集团上报的投资项目审批材料后，区国资委在1周内完成材料审核、项目批复等审批流程。竞拍当天，经过26轮的角逐，最终北外滩集团成功收购虹晟置业100%股权及相关债权，取得国客中心10号楼（东大名路668号“钻石楼”）的所有权。北外滩集团通过此次成功收购北外滩核心地段的优质资产，为企业实现经济能级加速提升打下扎实基础。

（陈　茹　郭瑞晨）

（栏目编辑　吴　斌）

十、工业·商贸

综　述

2021年，虹口区规模以上工业企业13家，其中在地生产企业5家，完成工业产值13.94亿元，比上年增长13.5%，超出全市增速平均水平。虹口区登记注册制造业企业508家，完成三级税收3.28亿元，比上年下降37.7%；实现区级税收1.01亿元，比上年下降33.2%。全年，虹口区现代商贸业实现三级税收50.84亿元，比上年增长26.7%；实现区级税收15.03亿元，比上年增长25.9%。商品销售总额5918.6亿元，比上年增长4.4%；社会消费品零售总额437.8亿元，比上年增长9.8%。至年底，新引进企业5185家，新引进企业实现区级税收5.47亿元，三级税收1000万元以上企业38户，户管存量企业实现区级税收68.72亿元。

（祝梦舲）

工业发展

【概况】

2021年，虹口区运用上海市产业经济运行平台，搭建市、区、街道、企业沟通平台，畅通渠道，促进区存量规模以上企业稳定发展。加强对企业的走访调研和日常联系，及时掌握企业生产信息和市场动向。做好企业运营服务保障，协调各类企业运行中遇到的问题，及时为企业纾困解难，做好安全生产、环保、疫情防控相关指导工作。通过市区两级企业技术中心体系建设等政策引导，鼓励企业持续强化创新引领，推动能级提升。至年底，新增6家虹口区企业技术中心、3家上海市企业技术中心、7家虹口区“四新示范企业”（新技术、新产业、新模式、新业态），推荐上海安路信息科技股份有限公司“面向高端通信应用的鳍式场效应晶体管（FinFET）工艺大容量现场可编程门阵列（FPGA）产品研发”项目申报上海市战略性新兴产业重点项目。在上海市产业菁英认定工作中，2人被评为上海市产业领军人才，1人被评为上海市产业青年英才。（1）上海家化联合股份有限公司（简称上海家化）位于保定路527号。上海家化成立于1995年，前身为成立于1898年的香港广生行，2001年在上海证券交易所上市（证券代码：600315）。公司旗下拥有“佰草集”“六神”“双妹”“美加净”“高夫”“启初”“家安”“玉泽”等诸多中国著名品牌，其中六神花露水连续多年位居中国花露水市场份额第一。2021年，上海家化营业收入逾70亿元。年内，上海家化党委书记、董事长兼首席执行官潘秋生获上海市虹口区五一劳动奖章，品牌电商团队获评上海市虹口区青年突击队称号。（2）上海凯司令食品股份有限公司（简称凯司令）位于

表10-1　2021年虹口区域内企业技术中心一览

	序号	技术中心名称
上海市	1	上海识装信息科技有限公司技术中心
	2	上海安路信息科技股份有限公司技术中心
	3	中远海运重工有限公司技术中心
虹口区	1	上海帆一尚行科技有限公司技术中心
	2	上海格林曼环境技术有限公司技术中心
	3	上海全景云医学影像诊断有限公司技术中心
	4	上海迅凯新材料科技有限公司技术中心
	5	上海易达通信有限公司技术中心
	6	中远海运重工有限公司技术中心

说明：资料由区商务委提供。

表10-2 2021年虹口区“四新示范企业”一览

序号	企业名称
1	艾漫（上海）动漫设计有限公司
2	上海帆一尚行科技有限公司
3	上海勘测设计研究院有限公司
4	上海欧菲尔光电技术有限公司
5	上海通联金融服务有限公司
6	上海易达通信有限公司
7	上海中科润达医学检验实验室有限公司

说明：资料由区商务委提供。

纪念路400号。凯司令拥有4000平方米的生产基地和先进设备，职工300多人；拥有专业的技师队伍和新品开发的烘焙研究室，以及分布在全市的50多家专卖店，位于南京西路1001号的总店被授予上海礼物优选经营店。年内，4款经典礼盒入选“上海礼物”。凯司令连续四年获虹口区重点企业贡献奖。（3）上海烟草集团虹口烟草糖酒有限公司（上海市烟草专卖局虹口分局）销售额13.79亿元，实缴税收2.36亿元，税前利润1975万元；查获各类违法卷烟19457条，价值314.41万元。

（祝梦舲　叶剑峰　朱维娜　李婷婷）

【上海家化连续五次获得国家级高新技术企业认定】

3月2日，上海家化联合股份有限公司获得由国家税务总局、上海市科学技术委员会、上海市财政局、上海市税务局联合颁发的高新技术企业证书。公司科创中心拥有完善的硬件设施，科学、严谨的研发管理规范，是国家级科研中心和国家级工业设计中心，参与国家标准的制定。上海家化自2008年首次获得该认定后，连续第五次取得该证书。

（叶剑峰）

图10-1　3月2日，上海家化连续五次获得国家级高新技术企业认定，图为认定证书（上海家化联合股份有限公司　提供）

【凯司令经典点心系列参展2021中华老字号博览会】

5月28—31日，上海凯司令食品股份有限公司参加2021中华老字号博览会，在上海世博展览馆参展，展示凯司令经典点心系列，受到好评。

（朱维娜）

【“上海传爱心·沪滇一家亲”爱心捐赠仪式】

6月30日在云南省文山壮族苗族自治州举行。由中国福利会少年宫、上海家化共同发起。仪式上举行“小伙伴云南文山学生手拉手交流援助活动”。上海家化向云南省文山壮族苗族自治州乡村振兴局、追栗街中心学校捐赠一批爱心物资，包括六神花露水、六神艾叶抑菌洗手液、家安酵素净护洗衣液、美加净银耳珍珠滋养霜和保湿型护手霜等产品。后续继续加大公益投入，向社会传递温暖和关爱。

（叶剑峰）

【凯司令4款经典礼盒入选“上海礼物”】

9月28日，上海凯司令食品股份有限公司凯妃大礼盒、凯玥大礼盒、凯司令经典饼干、维纳斯饼干4款经典礼盒入选上海市商业联合会与上海市旅游行业协会组织评选的“上海礼物”商品榜单。4款经典礼盒“进博会”期间在东湖集团、锦江集团等5个酒店展区展示。

（朱维娜）

【凯司令智能化追溯平台与市平台系统对接】

10月，上海凯司令食品股份有限公司智能化追溯平台与上海市智能化追溯平台成功对接。平台系统经过版本更新，添加17个子模块，以93.4分正式通过评审。平台系统实现在有限的时间内将所有原料、产品、供应商、生产商、销货方信息进行归纳整理，转换为电子文件，包括原物料进货验收、配料发料、包装入库、产品检验等相关信息记录规范，有效提升数据化管理。

（朱维娜）

【上海家化总部回迁虹口区】

12月，上海家化总部完成搬迁，正式入驻虹口区双狮汇大厦。区委副书记、区长胡广杰，区政府党组成员陈帅，上海家化党委书记、董事长兼首席执行官潘秋生，副总经理兼首席运营官叶伟敏，副总经理、首席财务官兼董事会秘书韩敏等共同为新职场揭幕。公司以总部落户双狮汇为契机，提升公司协同效应，促进上海家化的高质量发展。

（叶剑峰）

商业发展

【概况】

2021年，虹口区获评全球新品首发地建设示范区，先后举办首发活动30余场，区域消费影响力显著提升。苏州河以北商业商贸中心加快建设，北外滩来福士、瑞虹天地太阳宫、万泰广场等商业项目相继开业，新增和改造商业载体超过35万平方米，引进各类首店、旗舰店、概念店等200余家。年内，相继举办“3·15”国际消费者权益日主题活动、第二届“五五购物节”虹口系列活动、“2021上海全球新品首发季”启动仪式、“金秋购物旅游季”启动仪式等活动。（1）上海虹口商业（集团）有限公司（简称虹商集团），全年营业收入21122.89万元，考核净利润1577.59万元，上缴区级税收619.26万元。至年底，共有网点311个，涉及商铺、住宅、仓储等类型的房屋资产总面积约17.0万平方米，其中可出租面积约11.6万平方米。全年累计检查户数13004家次，整改安全隐患345处，整改率100%；组织召开12次安全生产会议，累计培训职工200余人次。完成网点日常维护维修40处，审核出租网点二次装修26处，实施改造项目2项。至年底，被征收房屋65处，已移交征收部门50处，其中处理资产目录外征收房屋19处，为集团追回征收收益2000余万元。集团下属三角地菜市场公司有22家菜场，系国有品牌民生保障型企业。年内，三角地公司被评为2019—2020年度虹口区文明单位；“三角地”品牌被评为2020年虹口区品牌50强。（2）上海苏宁易购销售有限公司（简称上海苏宁易购）成立于2002年，拥有各类业态智慧零售门店122家，业务范围主要涵盖零售和物流。2021年，上海苏宁易购持续扩大数字人民币应用场景及门店，积极履行企业社会责任，牵手百家知名企业打造一系列促消费活动。年内，苏宁易购连续四年蝉联《财富》世界500强，在2021年《中国500最具价值品牌》中，以3291.56亿元的品牌价值蝉联零售行业第一，在沪销售规模近200亿元，历年累计纳税近40亿元。（3）上海白玉兰广场由“浦西第一高楼”上海白玉兰广场写字楼、上海外滩W酒店、上海白玉兰广场购物中心、宝马研发中心四部分构成，总建筑面积约40万平方米，其中写字楼面积14.16万平方米、上海外滩W酒店面积8万平方米、购物中心面积11.21万平方米、宝马研发中心面积0.47万平方米、车库面积6.35万平方米。该建筑通过能源和环境设计先锋（LEED）认证，以国家绿色二星标准设计，先后获得詹天佑奖、鲁班奖、麒麟奖、中国照明奖一等奖、二星级绿色建筑设计标识奖、上海市优质工程（结构工程）奖等。年内举办第二届“上海白玉兰网球文化节”、第三届“上海白玉兰国际冰雪节”等活动。（4）凯德虹口商业中心（简称凯德虹口）总建筑面积27.77万平方米，包括一座7层的综合性购物广场及32层的现代化办公楼，聚集国际快时尚、儿童教育体验、美食餐饮等，提供全方位的购物体验。2021年，凯德虹口举办万代食玩潮玩快闪店、大世界基尼斯足印画挑战、十周年庆典等活动，推出“因吹斯汀家族”自创IP。年内，凯德虹口获“2021中国商场价值榜”年度区域商业标杆奖、IP营销奖、综合体验潮地标奖，获评“2021赢商网百强榜”年度互动体验购物中心、年度人气体验式购物中心。（5）瑞虹天地东邻虹镇老街、南抵临平路、西至曲阳南路、北至虹关路，商业面积达55万平方米，是集风尚购物、精致餐饮、娱乐休闲、办公及服务式公寓为一体的综合商业体，是构筑全方位生活与社交目的地的都市能量站。瑞虹天地包括瑞虹坊、星星堂、月亮湾以及太阳宫。瑞虹坊，堪称家门口的生活驿站；星星堂，定位为情景式亲子体验街区；月亮湾，以音乐娱乐为标签，旨在打造“年轻潮流＋夜时尚”的玩乐据点；太阳宫，以破界聚融的商业理念，推动业态创新和体验升级。年内，举办“年范儿生活力”“自然生活力Green Social”“艺趣生活力”“运动生活力”“冬日生活力”系列活动。（6）上滨生活广场毗邻地铁4号线临平路站，是以“儿童友好、宠物友好、环境友好、邻里友好”为主题的新型社区生活中心商业体。网罗全球美食美物，将衣、食、住、乐、运动、健康、文化、科技、教育、环境、生态等多元化的生活场景置入其中，打造让顾客生活更加多彩的创意空间。2021年，上滨生活广场作为嘉兴路街道儿童友好社区专项点位，开展儿童主题类活动；联动多家公益组织和周边院校，为志愿者提供公益服务平台；举办“自造展”专题活动，以各类特色活动打造商场与社区的桥梁。年内，上滨生活广场获评上海市能效领跑者金牌单位、通过能源和环境设计先锋（LEED）铂金认证。（7）百联曲阳购物中心总建筑面积58837.58平方米，是百联集团有限公司旗下的新概念门店。汇集购物、餐饮、娱乐等多种业态，定位于“品质生活，高贵不贵”，探索新零售及数字化的经营模式，重塑传统购物中心的营运体系，打造“15分钟社区生活服务圈”。年内，举办“PM730乐动夜生活节”，举行炫酷之夜、节奏之夜、运动之夜、街舞之夜等特色活动。至年底，经营规模5.81亿元，店铺总数130余家。（8）北外滩来福士是凯德集团全球第十座来福士项目，总建筑面积约42万平方米，由2栋263米办公楼和12万平方米一体式购物中心组成。先后引入200余家品牌租户，出租率达92%，其中50%是全国首店、华东首店、上海首店及凯德集团首次合作品牌。办公楼招商面积超过6万平方米。2021年，北外滩来福士与虹口区政府合力建设上海金融科技园区，引入浦发金控等重量级金融科技企业以及华兴资本、嗨普科技等总部企业。相继举办“2021上海草莓Town北外滩来福士室内音乐节”“Dimoo设计师特展”等互动体验活动。年内，北外滩来福士获评2020 LEED绿色建筑认证金奖、2021澎湃新闻最佳地标综合体、2021 GBE年度最佳商业综合体金奖。(9)“今潮8弄”是崇邦集团在四川北路开发、经营的滨港商业中心的老建筑部分，由分布在8条里弄内的60栋石库门房子和多栋优秀百年历史建筑组成。这60多栋老建筑，既有上海传统的石库门弄堂社区“公益坊”、历经百年沧桑的精致大宅“颍川寄庐”，也有接待过不少中国近代政要的“扆虹园”以及曾为“皇家酒店”的欧式连廊三联排建筑等。在修缮过程中，坚持不落架、不平移，每栋房子都是原地修复，还原其历史风貌。2021年11月26日“今潮8弄”正式开业，通过艺术展览、文艺演出、学术交流、社区活动、文创集市、艺品展销六大版块，多维度演绎上海弄堂生活的前世今生和未来。

（祝梦舲　陈柯羽　马敏秋　董　颖　邢㚘吉　杨经晶　罗世维　王茹意　吴洁薇　吴九颖）

表10-3　2021年虹口区内已营业大型商业载体

序号	商场名称	地　址
1	上海白玉兰广场	东大名路501号
2	北外滩来福士	东大名路1075号
3	金茂J-Life	公平路36号
4	星荟中心	四川北路88号
5	中信广场	四川北路859号
6	利通广场	四川北路1350号
7	壹丰广场	四川北路1363号
8	ist艾尚天地	四川北路1661号
9	瑞虹天地（瑞虹坊、星星堂、月亮湾、太阳宫）	临平路123号、天宝路280弄、瑞虹路188号、瑞虹路181号
10	上滨生活广场	周家嘴路897号
11	凯德虹口商业中心	西江湾路388号
12	百联曲阳购物中心	曲阳路800号
13	万泰商业广场	广灵二路259号

说明：资料由区商务委提供。

图10-2　“今潮8弄”街角一景（“今潮8弄” 提供）

【“3·15”国际消费者权益日主题活动】

3月15日在上滨生活广场举行。区消保委举办，相关行业协会和企业等共同参与。活动以“守护安全　畅通消费”为主题。为助力后疫情时代消费回补升级工作，区消保委试点成立北外滩“e维权”工作室，发起“禁限塑令”倡议活动，区内8家知名企业代表共同点亮“抵制白色污染、保护生态环境”大屏，响应禁限塑新规。

（罗世维）

【奎照菜市场改建】

3月，位于奎照路785号的奎照菜市场启动改建。经过严格招投标、比选、签约等前置程序，于9月底清场完毕，开始施工。通过对菜市场的设备更新，改善整体环境，进一步强化三角地菜场品牌运营管理能力，提升品牌影响力，打造家门口的社区菜场。工程预计于2022年4月完工。

（陈柯羽）

【“爱家联盟”提供一站式服务】

3月由上海苏宁易购携手上海装饰协会及月星家居、桔装无忧、房天下、建筑与室内设计师网、庄小蜜、诺贝尔瓷砖、大自然床垫等百家知名企业共同成立。“爱家联盟”涵盖从购房到设计、家装、家电、家居等在内的整个产业链，实现跨行业营销尝试。年内升级“爱家联盟3.0”，推进联盟成员企业共商、共建、共享、共赢，为消费者提供更好的产品和更优质的一站式服务。

（马敏秋）

【伊斯兰餐厅老店新开】

3月，位于四川北路2035号的伊斯兰餐厅重新开业。为增强国有老字号的竞争力和活力，在餐厅的原址上升级改造，改建后的伊斯兰餐厅有两层楼，一楼为厨房和高凳堂食位，二楼充满西域风情。牛肉锅贴和牛肉煎包为餐厅的招牌点心。

（陈柯羽）

【“2021上海全球新品首发季”启动仪式】

4月30日在北外滩国客中心码头举办。上海市商务委主办，虹口区商务委、上海市首发经济促进联盟承办。副市长宗明，市商务委主任顾军，区委书记郭芳，区委副书记、区长胡广杰，上港集团党委书记、董事长顾金山出席。仪式上虹口区被授予“全球新品首发地建设示范区”。活动现场通过短视频方式发布“上海市首发经济活跃指数”，路威酩轩、开云、历峰、雅诗兰黛、欧莱雅、上海家化、豫园股份等国际、国内品牌代表上台发布新品信息。首发季持续一个半月，其间全区共举办20余场新品首发活动，依托区内特色商业空间载体和重点项目，以点带面打造集聚化、特色化首店经济商圈。

（祝梦舲）

【第二届“五五购物节”虹口系列活动】

5月由区商务委组织开展。活动以“潮虹口出发”为主题，以“加快打造苏州河以北商业商贸中心”为核心，聚焦首发经济、品牌经济、夜间经济、新兴消费四大板块。活动期间举办“2021上海潮生活节”启动仪式、葡萄酒峰会公众酒展、“江湾明珠夜生活节”主题夜市等主题活动。上海白玉兰广场、凯德虹口商业中心、上海家化、得物等重点企业积极参与，全区开展各类活动百余次，有力促进消费回补和潜力释放。

（祝梦舲）

图10-3 3月，位于四川北路的伊斯兰餐厅老店新开（徐荣耀 拍摄）

【苏宁易购“5点五折抢”狂欢嗨购季】

5月1日正式启动。上海苏宁易购推出线上每天17点全渠道抢购五折商品，线下五天五折购、以旧换新最高补贴5000元活动。购物节持续一个月，其间苏宁易购全场景投入30亿元消费补贴，比上年增加50%。上海苏宁易购线上线下渠道销售额比上年增长86%，假期5日销售额创历年最高峰值。

（马敏秋）

【瑞虹天地“天地表演艺术节”】

5—6月在瑞虹天地举行。结合新天地品牌20周年庆典，艺术节以“由新创造”为主题，本土创意新生力量“Creators 100”特别企划，新锐艺术家侯莹、曹力、鲁斯桉Lucien领衔此次2021“天地表演艺术节”。“最会讲故事的当代艺术家”陆平原携雕塑作品《太阳逗Funny Sun》参演，该作品9月入驻瑞虹天地太阳宫。

（杨经晶）

【上海国际电影电视节惠民放映】

6月6—20日在滨港商业中心“今潮8弄”举行。市电影局、市文化旅游局、市广播电视局、区委宣传部主办，上海国际影视节中心、区新闻出版和电影局管理办公室承办。6月6日晚，市委宣传部副部长、市电影局局长高韵斐，区委副书记、区长胡广杰，区政协主席石宝珍，市文化旅游局副局长、市广播电视局副局长罗毅，区委常委、宣传部部长吴强出席启动仪式。启动仪式现场，电影《1921》剧组主创代表，导演郑大圣、制片人任宁、演员王仁君和观众一同观看该片的精彩片花。电影电视节期间，共举行5场电视放映与10场电影放映，既有紧扣时代脉搏的院线大片，也有经典的海内外影视佳作，满足市民多样化、品质化、个性化的精神文化需求。

（吴九颖）

【北外滩来福士开业】

7月10日，全球第十座、上海第三座来福士——北外滩来福士盛大开业。北外滩来福士位于东大名路1075号，上海城市中央活动区的核心区，是虹口打造苏州河以北商

图10-4　5—6月，“天地表演艺术节”在瑞虹天地举行（瑞虹天地　提供）

业商贸中心建设、北外滩开发聚企聚商聚人气的标志性建筑之一。商场定位为“灵感之城”，着力打造集“文化、艺术、科技、旅游”的融合平台，开设具有20世纪八九十年代北外滩区域城市特色的购物空间“城市集市”。引入首店、知名餐饮、网红零售等80余家，为消费者提供多元且独特的消费体验。至年底，累计吸引顾客850万人次，实现销售额6亿元。

（祝梦舲　李　佳）

【“瑜音社”全国首店入驻“今潮8弄”】

9月在上海市重点消费地标和品牌首店签约仪式上，“瑜音社”签约入驻“今潮8弄”。“瑜音社”是由著名京剧老生演员王珮瑜创办的京剧工作室，自2015年创立后，始终致力于京剧文化的传承、推广与传播。“瑜音社”全国首店着力发挥实体概念店作用，将线上长期积累和打磨成熟的内容进行线下展示。作为国粹艺术学习交流复合新平台，承担艺术教育、收藏陈列、主题策展、粉丝沙龙、文创孵化等一系列功能。

（吴九颖）

【瑞虹天地太阳宫开业】

9月19日，虹口区最大商业体瑞虹天地太阳宫盛大开业。瑞虹天地太阳宫定位“活力新生、光采无界社区生活区”，拥有超大室内立体植物园、巨型穹顶天幕，引入无印良品生鲜超市全国首店、国内首家商场内水族馆、伦敦百年玩具店哈姆雷斯上海首店、以“江湖”为主题的城市集市新概念店等多个极富创造力、文化影响力的全新概念品牌、国内外知名品牌、中国首店及上海旗舰店，以“前瞻性、全维度跨界创新”的理念，引导商业从“目的性购物”向“惊喜感体验”升级，为周边社区提供优质的商业配套服务。

（祝梦舲　杨经晶）

【“金秋购物旅游季”启动仪式】

9月19日在瑞虹天地太阳宫举行。启动仪式现场，佛罗伦萨小镇、瑞虹天地太阳宫、新天地、百联集团、盒马、中庚漫游城等18家企业发布重点活动信息。旅游季期间区商务委携手区内各大商圈载体持续开展形式多样、业态融合、特色鲜明的促消费主题活动，推出日心说艺术展、天地世界音乐节、夏日祭活动、法国大皇宫“灭绝动物”系列纸艺创作全球首展、月趣“潮”玩国潮市集等活动，营造浓厚消费氛围。活动持续至10月8日。

（祝梦舲）

图10-5　9月，“瑜音社”全国首店入驻“今潮8弄”（“今潮8弄”　提供）

图10-6　11月起，“光影上海——蒲公英”活动在瑞虹天地太阳宫举行（瑞虹天地　提供）

图10-7　9月25日，“2021爱心宝贝行动”亲子爱心集市活动在百联曲阳南广场举行（百联曲阳购物中心　提供）

【百联曲阳“2021爱心宝贝行动”亲子爱心集市】

9月25日在百联曲阳南广场举行。由上海市儿童基金会主办，百联曲阳协办。活动以家庭为单位，鼓励孩子们拿出家中的闲置物品参与义卖，义卖所得全部捐赠给“爱心宝贝行动”，帮助病床上的儿童。活动当天，160组家庭共同参加义卖。

（王茹意）

【苏宁易购“2021暖冬行动”】

11月由苏宁易购线下运营总部牵头发起，在全国30多个大区上百家门店陆续开展。活动期间，上海苏宁易购为工作在户外一线的环卫工人、交警义工、快递小哥、外卖小哥等群体送上免费热饮，并提供暖手宝、秋衣秋裤、被子等保暖产品，致敬城市守护者。

（马敏秋）

【“艺享申城·海派今潮开幕演出季”亮相“今潮8弄”】

11月26日至12月12日在滨港商业中心“今潮8弄”举行。中国上海国际艺术节中心、虹口区文化旅游局、崇邦集团主办，旨在以优质演艺内容，赋能区域文化旅游发展。黄英、方锦龙、马晓辉、黄蒙拉、高博文等艺术名家与叶音、廖搏等潮流艺术家同台，呈现歌剧、爵士、国乐、现代舞、街舞、评弹等一批丰富的舞台艺术样式。10项重磅演出项目在百年老建筑前上演，让市民与游客在冬日严寒中，被艺术之光照亮并温暖。

（吴九颖）

【凯德虹口商业中心十周年庆典】

12月2日举行。十年间，凯德虹口经历项目更名、焕新升级、品牌迭代和服务升级，持续为消费者提供更舒适的购物空间和体验。庆典期间，凯德虹口首推自创的“因吹斯汀家族”4款卡通IP形象，结合跑团科幻题材的沉浸式剧本杀《YATA雅塔计划》在凯德虹口“亮相”。凯德旗下商业社群平台“奕桥·Bridge+”在凯德虹口商业中心办公楼A座8楼正式开启，该项目考虑不同规模的公司需求和使用场景，利用8楼共1419平方米的空间，给商业空间带来更多社群互动和用户体验。

（邢龑吉）

【《二零二一年十二月十九日》音乐剧集锦音乐会】

12月19日在滨港商业中心“今潮8弄”首演。区文化旅游局指导，上海文化广场剧院管理有限公司与崇邦集团联合制作出品。音乐会以“命运”为主题，串联4部音乐剧作品《阿波罗尼亚》《南唐后主》《粉

图10-8　12月4日，艺享申城·海派今潮开幕演出季在“今潮8弄”举行（“今潮8弄”　提供）

丝来信》《罗密欧与朱丽叶》，结合“今潮8弄”历史建筑两面外墙上所呈现的高科技墙体光影秀，基于户外环境、花草树木设置的多个演区，让观众与音乐剧演员们一同融入这场跨越时间、地域和文化的对谈。为观众与市民呈现一场历史街区中的沉浸式户外演出。

（吴九颖）

【第三届“上海白玉兰国际冰雪节”】

12月23日在上海白玉兰广场户外广场举行，为期三个月。本届冰雪节以2022年北京冬奥会为契机，实现上海品牌、冬季体育和奥林匹克精神的有机结合，专业造冰团队设计制造1200平方米的户外冰雪空间，让市民在家门口就能感受到冬奥氛围。除了冰雪运动项目体验，还新增冰上表演、定制冰场灯光秀、元旦跨年电音夜、迎新春专场、情人节情侣求婚、元宵猜灯谜语等主题活动。

（董　颖）

进出口贸易

【概况】

2021年，全区进出口总额500.1亿元，比上年增长11.1%，其中进口总额395.5亿元，比上年增长10.9%；出口总额104.6亿元，比上年增长11.6%。年内，区商务委服务保障第四届中国国际进口博览会，展会期间采购商数和意向成交额均实现两位数增长，其中意向交易额超过1.5亿美元，比上届增长50.46%。

（祝梦舲）

【区第四届“进博会”工作动员会暨参展采购交易交流座谈会】

3月25日由区商务委组织召开。会议以“对接进博会，力促双循环”为主题，动员区内各重点企业再接再厉，实现第四届“进博会”参展企业数和采购交易额双增长，承接好“进博会”溢出效应。会上，虹口海关介绍海关AEO认证政策并作现场答疑，区内20家“进博会”重点参展商、采购商参加会议。

（祝梦舲）

【“稳外贸，促出口”——海关与中信保政策培训会】

5月27日在北外滩来福士举行。区商务委、虹口海关、中国出口信用保险公司上海分公司主办。会上中信保介绍小微企业免费保单政策和海外风险查询系统，虹口海关就企业信用管理和主动披露新政进行了详细解读和操作指引。区内30多家重点外贸企业参加。

（祝梦舲）

【冲刺“进博会”工作动员暨海关监管便利政策宣讲会】

10月19日在金茂北外滩举行。区商务委、虹口海关主办。虹口分团10余家重点参展商、采购商相关负责人参加会议。会上，虹口分团对每一家采购商的目标展商展位、采购金额和产品类别进行详细排摸，与重点企业沟通“进博会”期间的宣传推广和时间节点安排，并强调包括全程疫苗接种、48小时核酸报告等疫情防控方面的细节要求。虹口海关就提升通关便利化水平、“进博会”知识产权海关保护、“十四五”期间涉及减免税等政策作详细介绍，并就食品检验检疫、出口舱单申报等问题为企业答疑解惑。

（祝梦舲）

对外经济合作

【概况】

2021年，虹口区外商直接投资合同项目116个，与上年度持平；外商直接投资合同金额13.99亿美元，比上年增长3.58%。其中，新设项目7.03亿美元，比上年增长42.6%；增资项目6.35亿美元，比上年下降12.71%。外商实际到位资金金额13.05亿美元，比上年增长0.18%。

（祝梦舲）

【高丝化妆品销售（中国）有限公司获“跨国公司地区总部”证书】

5月24日，在上海市政府举行的第三十四批跨国公司地区总部和研发中心颁证仪式上，上海市市长龚正为新认定的30家跨国公司地区总部和10家研发中心颁发证书。副市长宗明致辞。虹口区委副书记、区长胡广杰代表虹口区政府出席颁证仪式。虹口区外资企业高丝化妆品销售（中国）有限公司在颁证仪式上被授予“跨国公司地区总部”证书。

（祝梦舲）

【2家企业参加市外资项目集中签约仪式】

7月28日，上海市政府举行外资项目集中签约仪式。全市共有60个外资项目在会上进行集中签约，投资总额达58.5亿美元。上海市市长龚正出席签约仪式，副市长宗明致辞。先知私募基金管理（上海）有限公司、歌罗佰宇（上海）商业有限公司代表虹口企业参加签约仪式。虹口区副区长郑宏参加仪式。

（祝梦舲）

【虹口区外资线上推介会之丹麦航运产业专场】

9月15日在北外滩来福士举行。区商务委主办。活动旨在让丹麦航运企业更全面了解上海以及虹口区航运环境和发展趋势，推动丹麦航运企业进一步布局中国、投资上海，加入虹口外资企业的“朋友圈”。丹麦驻上海总领事馆科技领事出席活动。40多位丹麦企业和机构代表通过视频连线参加活动。

（祝梦舲）

【虹口区外资企业参加2021上海城市推介大会】

11月6日，推介大会在上海中心举行。大会以“拥抱进博·共享未来”为主题。市委书记李强出席大会并致辞，市委副书记、市长龚正作主旨推介。市领导吴清、诸葛宇杰、宗明出席会议。虹口区委副书记、区长胡广杰参加会议。金光纸业（中国）投资有限公司、太平船务（中国）有限公司、宝马（中国）服务有限公司上海分公司、歌诗达邮轮船务（上海）有限公司等虹口区外资企业参加会议。在大会现场大项目签约仪式上，胡广杰和新加坡市瑞能源技术（上海）有限公司负责人签署项目投资意向协议。

（祝梦舲）

招商引资

【概况】

2021年，全区新引进企业5185家，新引进企业实现区级税收5.47亿元，三级税收1000万元以上企业38户，户管存量企业实现区级税收68.72亿元。全年引进3000万元以上重点项目363余户，投资金额近700亿元。引进重点项目共计125个，主要分布于金融、航运等行业。重点引进浦银金融科技、众尖金融科技等金融科技企业，引进巍威信息咨询、维京邮轮、北英海事咨询、商船三井等航运企业，引进紫金矿业、美克家居等上市公司相关板块落地。年内，开展北外滩投资促进系列活动86场次，举办北外滩国际航运论坛、金牛资管论坛等高层次论坛活动，与青山实业、高瓴资本等近40个重点项目签约。打造“企航北外滩”活动品牌，开展共计5期近20场各类活动。授予首席经济学家论坛、戴德梁行、仲量联行等企业和机构“北外滩投资促进合作伙伴”称号。赴北京、安徽、四川等地开展招商活动6次。至年底，区商务委累计走访调研企业8604户次，涉及企业6896户，处置办理问题建议456个，处置解决率为94.1%。发布《虹口区促进楼宇经济发展转型升级的实施意见》。2021年，全区重点楼宇实现区级税收55.79亿元，比上年增长57.14%；单位面积区级税收2425.65元，比上年提高59.06%；税收落地率（面积）47.17%，比上年提高2.07%；亿元楼宇33栋，比上年增加1栋；月亿楼实现零突破，增加2栋。

（戴鑫慧）

【虹口区投资促进大会暨重大工程推进会】

2月1日在区机关大楼召开。会上，一批优质重点项目集中签约，共有21个企业及项目，涉及投资金额100亿元。现场举行“金牌楼长”“金牌园长”颁奖仪式，并向外籍人才颁发来华工作许可证仪式，同时宣读虹口区获2020年度上海市重点工程实事立功竞赛表彰名单。

（戴鑫慧）

【10个涉及虹口区重点项目在上海全球投资促进大会签约】

4月7日，在上海中心举行的上海全球投资促进大会上，共有10个涉及虹口区的重点项目通过线下及线上的方式签约，总投资金额110亿元，覆盖航运、金融、医药、城市开发等多个领域。此次签约的重点项目将进一步优化北外滩产业功能定位，凸显北外滩以高端产业集聚、龙头企业带动的“价值洼地”效应。

（戴鑫慧）

【北外滩开发建设推荐会深圳专场】

4月20日在深圳举行。虹口区委副书记、区长胡广杰带队。活动现场，来自深圳当地近80家知名企业代表参加会议，涵盖航运、金融、商贸、互联网科技、人工智能、城市更新等多个行业领域，近10个项目当场意向投资北外滩。

（戴鑫慧）

【长三角企业家联盟“走进北外滩”活动】

6月2日在北外滩来福士举办。区委书记郭芳与企业家们座谈交流，共话未来发展。长三角企业家联盟联席主席、奥盛集团有限公司董事长汤亮出席并讲话。区委副书记、区长胡广杰主持会议。副区长郑宏介绍北外滩投资发展情况。致达科技、东渡国际、东方财富、港湾基建、致盛集团、科大讯飞、月星集团、恒力集团等长三角企业家联盟成员代表先后发言。

（戴鑫慧）

【投资促进工作推进大会暨重点项目签约活动】

7月15日在区机关大楼召开。区委书记郭芳出席会议并讲话，区委副书记、区长胡广杰主持会议。活动现场，近40个重点项目进行集中签约，涵盖高端航运、医药科技、金融科技、私募基金等多个行业领域。首席经济学家论坛、戴德梁行、仲量联行等知名企业和机构被授予北外滩投资合作伙伴称号。

（戴鑫慧）

（栏目编辑　吴　斌）

海纳百川（王时芳　篆刻）

十一、金　融

综　述

2021年，区金融产业完成三级税收116.2亿元，同比增幅52.3%，三级税收占全区比重为27%；产业区级税收33.1亿元，同比增幅46%，区级税收占全区比重为23.5%。金融产业区级和三级税收贡献均占全区各产业之首。全年区共新落户金融企业143家，全区金融企业数量达到1949家，财富管理资产规模近7万亿元。（1）推进金融服务实体经济，为重点企业在改制上市工作进程中做好协调与服务，全年共为上市及拟上市企业开具各类协调函205家（次）。年内，全区新增各级资本市场挂牌上市企业3家（上海安路信息科技股份有限公司、上海旭千科技股份有限公司、凡创（上海）文化传播股份有限公司）。美设国际在上海证监局进行辅导；万邑通、美丽田园和中林云信等10家企业加速推进IPO进程。（2）开展金融风险预警与处置工作。区金融工作局与区市场监管局、公安虹口分局经侦支队等部门密切协作，扎实做好针对各类风险主体的排查与处置；贯彻市、区扫黑办“有黑扫黑、无黑除恶、无恶治乱”的工作要求，开展“线索清仓”“行业清源”等专项工作；根据国家和市级监管部门的统一部署与安排，严格贯彻上海网贷平台分类处置指引要求，坚持“稳妥处置，缓释风险”，推进区剩余P2P网贷平台平稳有序清退；重视部门联动，整合宣传资源灵活开展常态化宣传教育，积极开展以“守住钱袋子、护好幸福家”为主题的金融风险防范宣传工作。（3）优化金融产业营商环境。为提升虹口金融在上海国际金融中心建设中的影响力，加强特色产业集聚区建设，积极举办和配合举行各类高端金融论坛，完善金融人才政策，通过做好各方面服务、落实激励措施等，营造虹口良好金融发展环境。

（胡紫妍）

金融服务

【概况】

2021年，全区新入驻金融企业143家，金融企业总数达1949家，为“十一五”末金融企业总数（78家）的近25倍。全年，区金融产业完

表11-1　2021年虹口区财富管理机构类别表

企业类型	数量（家）
证券公司（含分公司）及其营业部	64
基金管理公司	17
基金管理分公司	7
基金管理子公司	15
独立基金销售机构	5
期货公司（含分公司）及其营业部	26
小额贷款公司	5
集团财务公司	1
保险经纪公司（含分公司）	36
典当公司	19
融资租赁公司	15
备案私募基金公司	427
其他	1312
总数	1949

说明：资料由区金融工作局提供。

成三级税收116.2亿元，比上年增幅52.3%，三级税收占全区比重的27%。金融产业涵盖除信托以外的主要金融业态，包括公募基金管理公司、公募基金子公司、券商和期货公司总部、私募基金管理公司、股权投资公司等。年内，向市金融工作局报送四批次共101家企业作为FT账户（自由贸易账户）拓展对象，复制推广上海自贸试验区金融开放创新，让企业享受自贸区政策红利。举办2021年中国首席经济学家论坛年会、2021金牛资产管理论坛暨第十八届中国基金业金牛奖颁奖典礼、第十五届中国投资年会年度峰会、第四届中证中小投资者服务论坛云论坛、2021中国资产管理年会、上海银行业保险业践行绿色金融助力碳达峰碳中和行动倡议书发布会、2021年区块链全球峰会、“时不我待 向新而行”资管行业新趋势高峰论坛、申城论剑·第十三届衍生品对冲投资（国际）论坛暨中国绝对收益投资管理协会第十一届年会、绿色金融60人论坛闭门研讨会及第三届上海金融科技国际论坛暨首届长三角金融科技大会等10余场大型论坛。年内，智能投研技术联盟“专业活动中心—BBD中心”在上海金融科技园区挂牌。

（王嘉莹）

【2021首期首席悦读会】

2月9日在中国证券博物馆举办。中国首席经济学家论坛主办、区金融工作局特别支持。中国首席经济学家论坛理事、交银国际董事总经理、研究部主管、首席策略师洪灝围绕《预测：经济、周期与市场泡沫》与嘉宾互动交流。悦读会采用“线上+线下”方式，活动现场嘉宾30人，通过百度直播、“陆想荟”平台、“首席经济学家论坛”微信公众号、中国金融信息中心直播等平台同步播出，累计收看人数近40万人次。

（张睿娇）

【虹口区数字经济投融资项目路演预筛活动】

4月28日在上海金融科技园区公共服务空间举行。活动由虹口区科学技术委员会、虹口区金融工作局等5家单位共同主办，以“数字经济”为主题，重点聚焦数字经济在各行业、各领域的创新应用实践，促使新产业、新业态、新模式在北外滩不断涌现，共同推动虹口区社会经济高质量发展。5月10日另举行活动一场。

（左　晶　蒋宇舟）

【虹口区与中国银行上海市分行签署战略合作备忘录】

5月18日在中银大厦举行。虹口区委书记郭芳，中国银行上海市分行党委书记、行长张守川出席仪式并讲话。虹口区委副书记、区长胡广杰，中国银行上海市分行党委委员、首席业务经理、副行长项晞出席。虹口区副区长郑宏，中国银行上海市分行党委委员陆鸿分别代表双方签约。双方围绕经济、社会、民生等领域开展全方位合作。

（吴　颖）

【“上海金融战线革命斗争史料展”巡展启动仪式】

6月30日在上海金融科技园区公共服务空间启动。该史料展由上海市政协文史资料委员会、交通银行、上海市档案局（馆）、虹口区委宣传部、东方网主办，区金融工作局、东方网翱翔信息服务有限公司联合承办。用近200件档案、图片和视频，讲述中国共产党人在金融领域竖起党的旗帜、建立统一战线、守护好党的“钱袋子”。启动仪式后举行上海红色金融史专题座谈会。巡展当天“上海金融战线革命历史专题网”（www.shhsjr.com.cn）同步上线，集纳上海红色金融史的相关史料和研究成果，丰富上海红色金融文化资源。

（吴　琼　蒋美清）

【2021“浦江之光”投融资对接会——新一代信息技术专场路演活动】

9月23日在瑞虹企业天地举行。区金融工作局联合上海市中小企业上市促进中心、瑞安办公等多家机构共同举办。活动现场，来自虹口区的中林云信和英翼科技的代表围绕企业科技项目，从公司概况、商业模式、管理团队、行业竞争力分析、融资计划和战略规划等方面进行路演推介。活动结束后，企业家们与10余家金融投资机构共同就路演企业的运营模式、市场规划和融资条件等问题进行交流。

（左　晶）

【2021上海区块链国际周·第七届区块链全球峰会】

10月26—27日在北外滩举办。由虹口区人民政府指导、万向区块链实验室主办。峰会以“数字化转型”为主题，就这一年来区块链世界发生的热门现象和技术趋势发表各自的见解和思考。行业先驱、技术专家50余人参加。

（张睿娇）

【申城论剑·第十三届衍生品对冲投资（国际）论坛暨中国绝对收益投资管理协会第十一届年会】

11月21日在线上举办。由虹口区金融工作局特别支持、新湖期货股份有限公司主办、虹口区金融服务中心承办。区金融工作局党组书记、局长李骥，中泰证券金融科技委员会主任、智能投研技术联盟副秘书长何波，北外滩绝对收益投资学会会长、新湖期货股份有限公司董事长马文胜参加会议并致辞。会上就全球资产管理中心的观察与思考、大宗商品的未来展望进行主题演讲，就场内外衍生品市场的创新与发展展开圆桌交流。

（张睿娇）

【第三届上海金融科技国际论坛暨首届长三角金融科技大会】 12月4—5日在上海国际金融科技创新中心举行。由上海金融科技产业联盟主办。来自国家金融管理部门、金融机构、金融科技领域、教育科研机构的领导、专家、学者，通过"线上+线下"的形式，围绕"新金融 新生态 新未来"展开探讨，上海证监局党委书记、局长兼上海稽查局局长程合红，上海市地方金融监管局副局长葛平，虹口区副区长陈帅参加开幕式。中国证监会科技监管局局长姚前通过视频连线致辞，会上宣布资本市场金融科技创新试点（上海）启动，这是上海继人民银行金融科技创新监管、数字人民币试点后启动的又一项重要金融科技试点工作。业内嘉宾约50人参加。

（张睿娇）

银行与保险

【概况】 2021年，全区集聚中资商业银行25家、外资商业银行3家，其中中国邮政储蓄银行、厦门国际银行、大新银行3家银行上海分行设在虹口，中国工商银行、厦门国际银行等24家银行设立虹口支行，招商银行、星展银行、华夏银行3家银行在虹口设营业网点。有各

表11-2 2021年虹口区域内24家银行虹口支行一览

序号	名　称	地　址
1	中国银行股份有限公司上海市虹口支行	四川北路1393号底层
2	中国工商银行股份有限公司上海市虹口支行	东大名路578号1层
3	中国建设银行股份有限公司上海虹口支行	吴淞路211号1-4A室
4	中国农业银行股份有限公司上海虹口支行	吴淞路469号1—3层
5	交通银行股份有限公司上海虹口支行	四平路263—267号
6	中国邮政储蓄银行股份有限公司上海虹口区支行	北苏州路250号2层A区
7	上海银行股份有限公司虹口支行	吴淞路408号
8	上海浦东发展银行股份有限公司虹口支行	曲阳路731号
9	上海农村商业银行股份有限公司虹口支行	东长治路339号1层L1-01室
10	中国光大银行股份有限公司上海虹口支行	天宝路280弄2号L1-01a、L1-01b，6号L1-02a
11	中国民生银行股份有限公司上海虹口支行	大连路923号1层—2、925号1层
12	中信银行股份有限公司上海虹口支行	四川北路1666号1层102—113A、113B，122—129单元
13	兴业银行股份有限公司上海虹口支行	四川北路1955号
14	北京银行股份有限公司上海虹口支行	中山北二路1800号7栋1层27—40单元、2层29—40单元
15	广发银行股份有限公司上海虹口支行	四平路188号102室、105室
16	平安银行股份有限公司上海虹口支行	四川北路1661号（1栋101-2室、1栋201-11室）
17	南京银行股份有限公司上海虹口支行	同丰路631号C区—2
18	天津银行股份有限公司上海虹口支行	大连路843号101室、845号102室、847号102室、851号103—104室、839弄1号604—606室
19	杭州银行股份有限公司上海虹口支行	海宁路269号101室
20	宁波银行股份有限公司上海虹口支行	大连路929号
21	渤海银行股份有限公司上海虹口支行	物华路122、124、126、128、130、132号1—2层
22	浙江泰隆商业银行股份有限公司上海虹口支行	中山北一路9号1栋105—108室
23	厦门国际银行股份有限公司上海虹口支行	四川北路1851号1层32室
24	花旗银行（中国）有限公司上海虹口支行	四川北路1500号6楼01—03A、605—608单元

说明：资料由区市场监管局提供。

表11-3	2021年虹口区域内新增银行机构营业网点	
序号	名　称	地　址
1	上海银行股份有限公司彩虹湾支行	三门路1151号
2	招商银行股份有限公司上海北外滩支行	东长治路588号1层4-A、4-C
3	中信银行股份有限公司上海瑞虹支行	瑞虹路130号1层

说明：资料由区市场监管局提供。

表11-4	中国工商银行股份有限公司上海市虹口支行下设营业网点一览	
序号	名　称	地　址
1	中国工商银行股份有限公司上海市彩虹湾支行	虹湾路172号
2	中国工商银行股份有限公司上海市川北支行	四川北路2089号底层
3	中国工商银行股份有限公司上海市大柏树支行	汶水东路29号101室
4	中国工商银行股份有限公司上海市大连路支行	大连路871号1—2层
5	中国工商银行股份有限公司上海市二道桥支行	四平路627号
6	中国工商银行股份有限公司上海市广中新村支行	广灵一路14号
7	中国工商银行股份有限公司上海市横浜桥支行	四川北路1792号
8	中国工商银行股份有限公司上海市虹口龙之梦支行	西江湾路388号（A）01层51/52号
9	中国工商银行股份有限公司上海市江湾支行	新市北路1441、1451号
10	中国工商银行股份有限公司上海市凉城支行	凉城路487号
11	中国工商银行股份有限公司上海市欧阳路支行	欧阳路507号
12	中国工商银行股份有限公司上海市曲阳路支行	曲阳路561号
13	中国工商银行股份有限公司上海市曲阳商务中心支行	曲阳路800号101室
14	中国工商银行股份有限公司上海市瑞虹新城支行	瑞虹路306、310号1层
15	中国工商银行股份有限公司上海市瑞虹支行	临平路32号
16	中国工商银行股份有限公司上海市山阴路支行	四川北路2050号
17	中国工商银行股份有限公司上海市上外支行	大连西路566号
18	中国工商银行股份有限公司上海市水电路支行	水电路1130弄18号
19	中国工商银行股份有限公司上海市四川北路第一支行	四川北路894—918号底层、夹层
20	中国工商银行股份有限公司上海市四平支行	四平路311号
21	中国工商银行股份有限公司上海市唐山路支行	唐山路643号
22	中国工商银行股份有限公司上海市提篮桥支行	公平路85号1层-1
23	中国工商银行股份有限公司上海市吴淞路支行	吴淞路218号101、102室
24	中国工商银行股份有限公司上海市武进路支行	四川北路518号1—4层

说明：资料由区市场监管局提供。

表11-5　中国农业银行股份有限公司上海虹口支行下设营业网点一览

序号	名　称	地　址
1	中国农业银行股份有限公司上海北外滩支行	东大名路359号底层1室
2	中国农业银行股份有限公司上海大柏树支行	曲阳路851弄9号
3	中国农业银行股份有限公司上海大连支行	大连路1615号1层
4	中国农业银行股份有限公司上海株洲路支行	株洲路387号
5	中国农业银行股份有限公司上海花园路支行	花园路16号1层101室
6	中国农业银行股份有限公司上海江湾支行	万安路298号
7	中国农业银行股份有限公司上海溧阳支行	溧阳路1088号
8	中国农业银行股份有限公司上海曲阳支行	曲阳路2号1—2层
9	中国农业银行股份有限公司上海水电支行	凉城路435号
10	中国农业银行股份有限公司上海新市南路支行	新市南路585号105、206室
11	中国农业银行股份有限公司上海通州支行	通州路300号104—105室

说明：资料由区市场监管局提供。

表11-6　中国银行股份有限公司上海市虹口支行下设营业网点一览

序号	名　称	地　址
1	中国银行股份有限公司上海市虹口支行营业部	四川北路1393号
2	中国银行股份有限公司上海市北外滩支行	黄浦路99号
3	中国银行股份有限公司上海市大柏树支行	中山北一路1230号B区2层
4	中国银行股份有限公司上海市大名支行	海门路80号
5	中国银行股份有限公司上海市四平路支行	大连路1581号1层、1585号1层、1589号1层
6	中国银行股份有限公司上海市江湾支行	新市北路1481号8号楼1层、2层
7	中国银行股份有限公司上海市溧阳路支行	四平路251号1—2层
8	中国银行股份有限公司上海市凉城支行	广灵四路475号101室、477号101室、凉城路411—425号底层
9	中国银行股份有限公司上海市欧阳支行	曲阳路379、383号1层1001—1003室
10	中国银行股份有限公司上海市曲阳支行	玉田路268号、270弄1号101室
11	中国银行股份有限公司上海市瑞虹新城支行	飞虹路15、19号
12	中国银行股份有限公司上海市四川北路支行	四川北路2261号

说明：资料由区市场监管局提供。

表11-7	中国建设银行股份有限公司上海虹口支行下设营业网点一览	
序号	名称	地址
1	中国建设银行股份有限公司上海北外滩支行	东大名路666号1S—B9—01室
2	中国建设银行股份有限公司上海彩虹湾支行	虹湾路158、162号1层
3	中国建设银行股份有限公司上海广灵路支行	广灵四路118号底层
4	中国建设银行股份有限公司上海广中路支行	株洲路391号
5	中国建设银行股份有限公司上海邯郸路支行	曲阳路810号
6	中国建设银行股份有限公司上海航运交易所支行	杨树浦路18号B1层1室
7	中国建设银行股份有限公司上海江湾支行	水电路1736号
8	中国建设银行股份有限公司上海凉城支行	凉城路728号
9	中国建设银行股份有限公司上海临平路支行	临平北路10—16号
10	中国建设银行股份有限公司上海瑞虹路支行	瑞虹路156号1层及2层部分，168号101、102室
11	中国建设银行股份有限公司上海四平路支行	四平路337号底层
12	中国建设银行股份有限公司上海同心路支行	同心路3号
13	中国建设银行股份有限公司上海汶水路支行	凉城路493号1—3层
14	中国建设银行股份有限公司上海周家嘴路支行	周家嘴路933—939号底楼

说明：资料由区市场监管局提供。

表11-8	上海浦东发展银行股份有限公司虹口支行下设营业网点一览	
序号	名称	地址
1	上海浦东发展银行股份有限公司大连路支行	四平路840号
2	上海浦东发展银行股份有限公司飞虹路支行	飞虹路271号2层、281号1—2层
3	上海浦东发展银行股份有限公司虹口支行营业部	曲阳路731号
4	上海浦东发展银行股份有限公司凉城路支行	凉城路461号1—2层
5	上海浦东发展银行股份有限公司上海江湾镇社区支行	新市北路1380号-3临
6	上海浦东发展银行股份有限公司四川北路支行	四川北路1851号11、12室
7	上海浦东发展银行股份有限公司四平路支行	四平路188号

说明：资料由区市场监管局提供。

类保险企业88家，其中商业保险公司32家，保险经纪公司28家、保险公估公司9家、保险代理公司19家、保险咨询公司2家，在虹口设有上海分公司企业42家、虹口支公司企业14家。至年底，区域内有各类银行网点153处，全年新增3处，注销8处；有各类保险网点106处，全年新增15处，注销12处。

（虹　编）

【中国工商银行股份有限公司上海市虹口支行】

位于东大名路578号。下设营业网点24个、自助银行5个。在编员工608人。至年底，实现人民币各项存款余额1237.33亿元，其中对公存款余额817.45亿元，储蓄存款余额367.97亿元，同业存款余额51.91亿元。实现人民币各项贷款余额358.12亿元，其中对公贷款余额224.36亿元，个人贷款余额129.55亿元。

（朱倚平）

【中国农业银行股份有限公司上海虹口支行】

位于吴淞路469号。下设营业网点11个、自助银行12个，在全市32个点布有自助设备。在编员工268人。至年底，全行人民币存款日均余额177.57亿元，比上年增长4.30%，其中对公存款日均余额87.76亿元，个人存款日均余额89.51亿元；人民币各项贷款余额245.2亿元，比上年增长10.68%，其中对公各项贷款日均余额114.88亿元，个人各项贷款日均余额118.55亿元。实现中间业务收入9422万元。

（吕佳辰）

【中国银行股份有限公司上海市虹口支行】

位于四川北路1393号。2021年底共有职工286人。支行下设办公室（党务工作部）、风险合规与内控运营部、运营中心、公司金融部、交易银行部、个人数字金融部、普惠金融事业部等7个职能部门，12个营业网点（含支行营业部）。至年底，实现本外币各项存款日均余额353.64亿元，贷款日均余额217.18亿元。

（张　菁）

【中国建设银行股份有限公司上海虹口支行】

位于吴淞路211号。下设营业网点14个（含支行营业部）、自助银行6个。在编员工305人。至年末，全行本外币一般性存款余额412亿元；各类贷款余额302亿元。

（高　燕）

【上海浦东发展银行股份有限公司虹口支行】

位于曲阳路731号。下设营业部1个、二级支行5个、社区支行1个、自助银行7个。在编员工123人。至年底，实现本外币各项存款余额182.8亿元，其中对公存款余额74.8亿元，个人存款余额108亿元；本外币各项贷款总额53亿元，其中对公贷款余额21.7亿元，个人贷款余额31.3亿元。

（周　斌）

【中国人民财产保险股份有限公司上海市虹口支公司】

位于曲阳路259号。下设综合部，业管部，专兼代一部、二部和商团业务一部、二部、三部。在编员工38人。年内，承保全市机关、企事业单位及个人车辆保险、财产险、责任险、意外健康险、船舶货运及信用保证险等。“95518”电话专线全天候受理客户报案、咨询、投保、投诉、救援等。至年底，实现保费收入3.28亿余元，赔付支出2.14亿余元。

（徐黎君）

【中国太平洋财产保险股份有限公司上海分公司虹口支公司】

位于吴淞路400号太平洋保险大厦。在编员工33人。下设非车险业务部、车险业务部及综合管理部3个部门，业务范围包括财产险、健康险、责任险等多个领域。参与承保多个2021年上海市重大建设项目，包括老港固体废弃物综合利用基地垃圾渗滤液应急排放管道工程、竹园白龙港污水连通管道工程、上海市轨道交通市域线崇明线工程、上海市多个区公共服务租赁性配套用房项目建筑工程等；同时，持续独家承保上海市虹口区残疾人事务服务中心统一投保的虹口区残疾人保险。至年底，虹口支公司实现保费收入12.25亿元，赔款支出7.04亿元。

（陈　静）

表11-9　2021年虹口区域内主要保险公司营业网点一览

序号	名　称	地　址	备　注
1	安诚财产保险股份有限公司上海市虹口支公司	花园路66弄1号2011—2012室	
2	保通保险代理有限公司上海分公司	四川北路859号1502、1503、1504室	
3	北京惠诺康达保险代理有限公司上海分公司	吴淞路218号37层3701D室	
4	北京联合保险经纪有限公司上海分公司	物华路288号4号楼306室	
5	北京润昌保险代理有限公司上海分公司	天潼路133号10层09—11室、14层	
6	北京天道保险经纪有限责任公司上海分公司	大连路535号4层C13室	
7	诚炜保险代理有限公司上海分公司	中山北一路1250号2号楼403室	
8	澄心保险（香港）有限公司上海代表处	四平路188号上海商贸大厦1104室	2021年新增
9	鼎力（北京）保险经纪有限公司上海虹口区分公司	公平路18号5号楼3层301室	
10	东吴人寿保险股份有限公司上海分公司	公平路18号1号楼5层	
11	方胜磐石保险经纪有限公司上海分公司	乍浦路89号办公楼1座12层08室	
12	复星保德信人寿保险有限公司上海虹口公平路营销服务部	公平路168号上海北外滩来福士广场办公5层501、502、503A、503B、505、506、507、508单元	2021年新增

（续表）

表11-9	2021年虹口区域内主要保险公司营业网点一览		
序号	名　称	地　址	备　注
13	复星联合健康保险股份有限公司上海分公司	海伦路440号19层01、05、06单元，11层05、06单元	
14	富德生命人寿保险股份有限公司上海分公司虹口东宝兴路营销服务部	东宝兴路118号705室	
15	国泰财产保险有限责任公司上海分公司	杨树浦路18号航运服务大厦25层08、09、10室，26层08、11室	
16	合众人寿保险股份有限公司上海分公司虹口甘河路营销服务部	甘河路8号201、202、207、208室	
17	华安财产保险股份有限公司上海市虹口支公司	车站南路188号1层	
18	华凯保险销售股份有限公司上海分公司	四川北路888号2606室	
19	华康保险代理有限公司上海分公司	东大名路1050号1202室	
20	华康保险代理有限公司上海虹口营业部	东大名路1050号1203、1204室	
21	华明保险代理有限公司上海第一分公司	中山北一路1250号2号楼407室	
22	华夏信达保险经纪（北京）有限公司上海分公司	吴淞路258号1302室	2021年新增
23	汇金永信保险销售服务有限公司上海分公司	四川北路1318号1栋3层3-A11室	2021年新增
24	慧择保险经纪有限公司上海分公司	东大名路1158号2101室	
25	黎明保险经纪有限公司上海虹口营业部	四川北路1318号1栋3楼109、121、123、127、129、137、152室	
26	领航国际保险经纪有限公司上海分公司	四川北路1666号1505室	
27	民生人寿保险股份有限公司上海分公司	塘沽路463号6层601、602、606、607、608及7层整层	
28	诺亚天泽保险经纪（上海）有限公司浦东分公司	天宝路578号1712室	
29	平安健康保险股份有限公司上海分公司	东大名路1089号3001、3002、3003、3005、3006、3007、3008单元	
30	前海世纪保险经纪有限公司上海分公司	东大名路1050号706室	2021年新增
31	上海安邦兴业保险经纪有限公司	宝山路778号304室	2021年新增
32	上海安国保险经纪有限公司	物华路288号3号楼707室	2021年新增
33	上海安国保险经纪有限公司上海分公司	四平路257号名义21A室	2021年新增
34	上海安欣保险代理有限公司	东江湾路188号7栋329室	
35	上海查泰保险公估有限公司	东大名路1050号1708室	
36	上海诚济保险代理有限公司	四川北路888号1609室	
37	上海城际保险经纪有限公司	欧阳路568号首层商场102室	
38	上海船舶保险公估有限责任公司	杨树浦路18号3307室	
39	上海得欣保险公估有限公司	广纪路173号1001—1007室119B	
40	上海谛诚保险公估有限公司	四川北路525号2310室	
41	上海复衡保险经纪有限公司营业部	海伦路440号29层06单元	
42	上海格信保险代理有限公司	物华路288号2号楼801、802室	
43	上海亘企保险咨询有限公司	广纪路173号10层1001室	2021年新增
44	上海国欧保险经纪有限公司	吴淞路218号1505室	
45	上海海宁保险经纪有限公司	东大名路908号1201室	

（续表）

表11-9	2021年虹口区域内主要保险公司营业网点一览		
序号	名　称	地　址	备　注
46	上海海圳广天保险代理有限公司	大连路1619号801、1902、1903室	
47	上海浩锐保险代理有限公司虹口分公司	临潼路170号304室	
48	上海恒泰保险代理有限公司	中山北二路1800号9栋3层303室	
49	上海隆华保险经纪有限公司	东大名路1050号1607室	
50	上海名昊保险公估有限公司	松花江路2539号3号楼3414室	
51	上海磐石保险代理有限公司	中山北一路121号B3—1001—1004、1005—1009、1011、1014室	
52	上海浦东五新保险经纪有限公司	黄浦路99号302H12室	
53	上海上合保险代理有限公司	四平路257号名义29C室	2021年新增
54	上海市虹口区台华华泰保险专属代理店	辽宁路244号东一层103室	
55	上海天澜保险公估有限公司	伊敏河路18—48号（双）3层311室	
56	上海祥汇保险公估有限公司	东大名路815号2栋4楼4G02室	
57	上海欣星保险咨询有限公司	飞虹路360弄9号6层	
58	上海新乔保险经纪有限公司	黄浦路99号2006室	
59	上海鑫盈保险代理有限公司	广灵四路110—120号1栋306室	
60	上海颐盛保险公估有限公司	临潼路188号409室	
61	上海悦之保险公估有限公司	海宁路137号7层F座717A室	
62	上海智莺保险代理有限公司	天宝路578号1119室	
63	深圳市南华保险经纪有限公司上海分公司	吴淞路308号701室	
64	圣汇安保险经纪（上海）有限公司	欧阳路196号10号楼5层29室	2021年新增
65	世纪保险经纪股份有限公司上海分公司	四川北路859号908室-2	
66	太平财产保险有限公司上海市虹口支公司	大连路1619号702、703室	
67	天安财产保险股份有限公司上海市虹口支公司	广灵四路591—595号底层	2021年新增
68	甜橙保险代理有限公司上海分公司	塘沽路485号1层103室	
69	同方全球人寿保险有限公司上海电话销售中心	上海市虹口区海伦路440号27层02、03单元	
70	同方全球人寿保险有限公司上海分公司	海伦路440号26层06单元	
71	同方全球人寿保险有限公司上海虹口海伦路营销服务部	海伦路440号26层01、02单元	
72	新华人寿保险股份有限公司上海分公司	东大名路558号新华保险大厦5层B区，6层A区，8—10层，B1层B1101、B1201、B1202、B1203、B1204、B1205室	
73	新华人寿保险股份有限公司上海市虹口支公司	东大名路558号5层A区	
74	阳光人寿保险股份有限公司上海分公司	四川北路1318号16楼	
75	阳光一家家庭综合保险销售服务有限公司上海虹口分公司	柳营路125号1405室、1506室、1507室	
76	洋浦乾鸿保险经纪有限公司上海分公司	物华路288号1号楼417室	
77	易才宏业保险经纪有限公司上海第一分公司	长阳路235号2804室	2021年新增
78	英大泰和人寿保险股份有限公司上海分公司	天潼路133号第14层01—11室、11层110C室	
79	永达理保险经纪有限公司上海分公司	周家嘴路887号1001—1009、1201—1209室	

（续表）

表11-9	2021年虹口区域内主要保险公司营业网点一览		
序号	名　称	地　址	备　注
80	友邦人寿保险有限公司上海虹口四川北路营销服务部	四川北路88号办公楼二座11—12层01—08室、15层01、07、08室、16—17层01—08室及19层01—08室	
81	招商海达保险经纪有限公司	物华路113号3楼303室	
82	浙江浙商保险销售有限公司上海分公司	四川北路1717号1912室	
83	浙商财产保险股份有限公司上海分公司	四川北路1717号1909、1910、1911室	
84	真意保险代理有限公司上海分公司	乍浦路89号20层06、07室	
85	中诚华峰保险经纪有限公司上海分公司	纪念路500号1栋514室	2021年新增
86	中国大地财产保险股份有限公司上海市虹口支公司	大连路839弄1号楼504-A室	
87	中国平安财产保险股份有限公司上海市虹口支公司	中山北一路1230号A1401—A1409室	
88	中国平安人寿保险股份有限公司上海虹口四川北路营销服务部	四川北路1361号601、602、603、604、605、606室	2021年新增
89	中国平安人寿保险股份有限公司上海虹口中山北一路营销服务部	中山北一路9号1栋4—7层	
90	中国人民财产保险股份有限公司上海市宝山支公司江湾营业部	纪念路319号	
91	中国人民财产保险股份有限公司上海市虹口支公司	曲阳路259号	
92	中国人民人寿保险股份有限公司上海市分公司虹口四川北路营销服务部	四川北路1688号1711、1715室	
93	中国人寿保险股份有限公司上海市虹口大连路第二营销服务部	大连路839弄2号13层01—04室	
94	中国人寿保险股份有限公司上海市虹口支公司	四平路273号601—618室	
95	中国人寿保险股份有限公司上海市市中支公司四平路营业部	四平路782—9号	
96	中国人寿财产保险股份有限公司上海市分公司营业部	天潼路133号7楼709—711、ABCD室	
97	中国人寿财产保险股份有限公司上海市虹口支公司	天潼路133号12层	
98	中国太平洋财产保险股份有限公司航运保险事业营运中心	吴淞路400号11—12层	
99	中国太平洋财产保险股份有限公司上海分公司	吴淞路400号	
100	中国太平洋财产保险股份有限公司上海市虹口支公司	吴淞路400号	
101	中国太平洋人寿保险股份有限公司上海分公司	吴淞路400号	
102	中国太平洋人寿保险股份有限公司上海分公司虹口吴淞路营销服务部	吴淞路575号2201、2206、2207室	
103	中宏人寿保险有限公司上海分公司	西江湾路388号凯德龙之梦虹口广场B栋8层，10—12层，15—20层，23层01—03单元，A栋25层04单元	
104	中华联合财产保险股份有限公司上海分公司	杨树浦路248号6F	
105	中美国际保险销售服务有限责任公司上海分公司	武进路289号337室	
106	中意人寿保险有限公司上海分公司	吴淞路218号5层502、503室，19层1902、1903、1905室，20层2001、2002、2003、2005、2006、2007室	

说明：资料由区市场监管局提供。

证券与基金

【概况】

2021年，区内证券、基金公司等资本市场类服务企业保持稳定发展态势。区内公募基金总部17家，占全国公募基金总数的八分之一。全年新推进3家企业在多层次资本市场上市挂牌。至年底，区内挂牌上市企业总数101家。上海对冲基金园累计集聚对冲基金机构300余家，资产管理规模近3000亿元人民币。

（陆明珈）

【“恒泰杯”私募实盘大赛颁奖典礼】

4月10日在北外滩举行。由恒泰证券与私募排排网联合举办，区金融服务中心作为特别支持单位。“恒泰杯”私募实盘大赛于2020年4月20日启动，是恒泰证券联合私募排排网推出的一项全国性大型私募实盘比赛，以“科技赋能·链接财富”为主旨，扩大恒泰证券与优秀私募基金的交流互通，拓展基金募集渠道。实盘大赛共吸引765家管理人旗下的1373只产品基金报名参赛，其中50亿元以上规模的私募68家参赛。颁奖典礼200余人参加。

（吴　颖）

表11-10　2021年虹口区新增上市挂牌企业一览

序号	企业名称	备注
1	上海安路信息科技股份有限公司	科创板上市企业
2	上海旭千科技股份有限公司	上海股交中心N板挂牌
3	凡创（上海）文化传播股份有限公司	

说明：资料由区金融工作局提供。

表11-11　2021年虹口区公募基金总部一览

序号	企业名称
1	国寿安保基金管理有限公司
2	睿远基金管理有限公司
3	长安基金管理有限公司
4	财通基金管理有限公司
5	国投瑞银基金管理有限公司
6	汇安基金管理有限责任公司
7	东海基金管理有限责任公司
8	中庚基金管理有限公司
9	嘉合基金管理有限公司
10	国融基金管理有限公司
11	德邦基金管理有限公司
12	太平基金管理有限公司
13	华宸未来基金管理有限公司
14	博道基金管理有限公司
15	淳厚基金管理有限公司
16	达诚基金管理有限公司
17	易米基金管理有限公司

说明：资料由区金融工作局提供。

【虹口区与上海银保监局签署战略合作备忘录】

4月23日在北外滩来福士举行。上海银保监局党委书记、局长韩沂，虹口区委书记郭芳出席签约仪式并讲话。虹口区委副书记、区长胡广杰主持签约仪式。上海银保监局党委委员、副局长刘琦，虹口区副区长郑宏分别代表双方签约。双方在加快北外滩开发建设、金融改革创新、培育金融人才、防范金融风险等方面开展全方位合作。

（吴　颖）

【举行上海证券北外滩中心证券营业部开业典礼】

7月18日，举行上海证券北外滩中心证券营业部开业典礼。上海证券北外滩（东大名路）中心证券营业部是上海证券首家总部直管营业部，定位于面向私募机构客户、高净值客户以及企业客户，开展全方位的专业金融服务。活动现场，上海证券举行“聚赢杯”私募实盘投资大赛颁奖礼，累计1600个产品参赛。

（陈　露）

【上海安路信息科技股份有限公司科创板上市】

11月12日在上海证券交易所科创板上市（证券代码：688107，证券简称：安路科技）。区委书记郭芳祝贺安路科技成功上市并成为从虹口走出的首家科创板上市企业。本次发行数量5010万股，募集资金总额13.026亿元，用于新一代现场可编程阵列芯片研发及产业化项目、现场可编程系统级芯片研发项目、发展与科技储备资金。

（左　晶）

（栏目编辑　吴　斌）

巨空间
BAwork
滩企业服务中心

十二、科学技术

综　述

2021年，区科学技术工作坚持习近平总书记关于加快建设科技强国实现高水平科技自立自强的重要讲话精神，围绕区委区政府重点工作和区“十四五”规划任务目标，进一步加强虹口区科创体系建设，不断优化科技创新氛围，加快产业培育和集聚，推动区域经济社会发展和虹口科技创新发展。至年底，区内共有高新技术企业450家。上市科技企业6家，其中2家为高新技术企业；新三板挂牌科技企业20家，其中高新技术企业9家；区域性股交中心挂牌科技企业33家，其中高新技术企业4家。年内，安路科技登陆A股科创板，是虹口区首家登陆科创板的企业。全年，区专业服务业实现区级税收83776万元，比上年增长14.1%；信息服务业实现区级税收35260万元，比上年增长23.4%。至年底，区内共有市、区两级科技小巨人企业120家，其中市级科技小巨人（培育）企业52家。全区有产业园区47个，总面积91.84万平方米，其中明珠园、花园坊等9个园区为亿元园区；纳入考核的36个园区共产生区税15.83亿元，占全区税收的14.42%。全年累计完成1134个5G基站建设，完成北外滩区域综合杆基站试点140根。区连续两年获上海市城区移动用户感知度第一名。落实市政府实事项目，为困难家庭免费升级百兆宽带，全区500兆以上宽带占比超过25%。深化科普品牌“科启未来说”，举办2021年虹口科技节活动和2021年虹口区“全国科普日”活动，开展各类科普活动282项。

（蒋宇舟）

信息化建设

【概况】 2021年，全区共完成5G基站建设1134个。在基本完成全区5G基站覆盖的基础上大力推动综合杆基站的建设，完成北外滩区域综合杆基站试点140根，重点覆盖北外滩区域和新建重点商务楼宇周边，为区数字化转型夯实数字底座。依据《上海市移动通信用户感知度测评报告（2020年）》，虹口区以98.15分连续两年获上海市城区移动用户感知度第一名。为困难家庭免费升级百兆宽带，全区31535户上网困难家庭获益，宽带速率免费提升至100兆比特每秒，全区500兆以上宽带占比超过25%。积极推动示范场景应用，推进多伦文化艺术空间、“5G+观光船”等一系列“5G+”的应用场景试点和评估，推进欧阳路街道“5G+店招店牌”城市精细化管理试点应用等。制定完善区数字化转型计划、规划，形成《虹口区城市数字化转型调研报告（初稿）》《虹口区全面推进城市数字化转型三年行动计划（征求意见稿）》《虹口区城市数字化转型十四五规划（初稿）》。在“世界智慧城市大奖·中国区”颁奖典礼上，虹口区获得“最佳合作伙伴”奖。开展产业园区数字化转型工作。试点花园坊场景数字孪生、1913老洋行园区数字管理、智慧健康产业园区数字服务，建设数字化园区工作，推进数字化园区改造，结合硬件环境改造升级，部署智慧园区、园区BIM系统等数字化场景，形成以点带面的示范引领。

（蒋宇舟）

【数字中国·智声物联科技论坛】 1月18日在上海外滩W酒店举行。虹口区指导，上海英翼文化科技主办，智城点评网协办。旨在探讨在当今5G建设飞速发展时期智声物联技术的运用及发展。论坛围绕构建“智慧城市+B2B”生态链、搭建专注于建设全球智慧城市的一站式解决方案平台—智城点评网、解决智能建造产品垂直供应问题、创造可感知智慧城市等展开探讨。就“推进城市数字化转型有哪些挑战”“可以从哪些角度出发加快释放数据要素改革红利”等问题进行圆桌互动。会上，英翼文化科技与智城点评网、通卡联城网络科技有限公司以及北京大希科技有限公司进行签约。业内百余位嘉宾出席论坛。
（蒋宇舟）

【家庭免费升级百兆宽带专项宣传活动】

3月10日在曲阳路街道、欧阳路街道开展。区科委、曲阳路街道、欧阳路街道、中国移动、中国电信、中国联通联合主办。此次活动的开展，标志着虹口区“家庭宽带免费升级百兆”为民办实事项目正式启动。该项目于4月在全区推广，至年底，31535户虹口困难家庭实现固定宽带百兆免费提速，虹口区固定宽带网络速率和信息基础设施能级获得提升。
（蒋宇舟）

【华为虹口云产会客厅揭牌暨5G助力城市数字化转型主题沙龙】

4月15日在北外滩举办。区科委、华为技术有限公司主办，区科技创业中心、华为—上海5G+XR创新中心承办。活动以“5G助力城市数字化转型”为主题，围绕虹口区5G+产业集群发展态势及企业数字化转型升级等问题，为区内外政府及企业搭建一个沟通交流的平台。华为虹口云产会客厅的落地，将成为虹口打造科创双循环链接平台的重要组成部分，推动虹口的招大引强和扶优育强，在引导更多科创总部企业落地的同时，助力更多本地企业走出虹口、走出上海。
（蒋宇舟）

【国际AI城市论坛·数字夜谈活动】

7月9日在上海白玉兰广场举行。“2021世界人工智能大会·AI城市论坛”数字夜谈环节以“数据绘写数字城市新画卷”为主题，邀请海内外政产学研代表，通过“线下访谈+云端分享”的方式带来数字政府建设的前沿话题，共同探讨未来将如何构建数据资源体系，助力打造数字政府新模式。嘉宾们围绕“数据隐私保护”“数据资源要素的价值”“数据赋能数字政府建设”“数字孪生给城市治理带来的助力作用”以及“数字打造国际化标杆区”进行观点分享。
（蒋宇舟）

【“全球智慧城市博览会·上海”发布会】

10月15日在上海邮政博物馆举行。“全球智慧城市大会”创立于2011年，由西班牙巴塞罗那国际展览公司主办，是全球规模最大的专注于城市和社会智慧化发展和转型的智慧城市主题展。“全球智慧城市博览会·上海”以“智慧城市的东方表达”为主题，巴塞罗那常务副市长科尔伯尼代表巴塞罗那市政府连线致辞祝贺。发布会上，明日城市、瑞安新天地集团共同发布“明日城市引擎”项目。在“世界智慧城市大奖·中国区”颁奖典礼上，虹口区获“最佳合作伙伴”奖项。
（蒋宇舟）

产业园区

【概况】

2021年，全区园区工作围绕创新创业和营造良好营商环境，发展特色产业。以北外滩开发为契机，聚焦园区数字化转型，充分发挥数字技术优势，赋能园区内科创企业发展，提升园区传统企业能级和打造创新生态。至年底，全区有产业园区47家，总建筑面积91.84万平方米。纳入区政府考核的产业园区36家，以金融、航运、文创、专业服务、信息服务组成的综合产业集聚度为81.57%，总建筑面积67.28万平方米；区级税收15.83亿元，比上年增长45.90%，

表12-1 虹口区产业园区一览

序号	所在街道	园区名称	园区地址	备注
1	江湾镇街道	中图蓝桥	广纪路838号	上海市文创园区
2		联合数字	广纪路838号A栋	
3		1876老站	汶水东路351号	上海市文创园区
4		明珠园	广纪路738号	上海市文创园区
5		1315园区	凉城路1315号	
6		绿亮丰镇园	丰镇路828号	
7	广中路街道	智慧桥	广灵四路110—120号	上海市文创园区
8		灯具城	柳营路125号11—18楼	
9		运动loft	花园路128号	上海市文创园区

（续表）

表12-1 虹口区产业园区一览

序号	所在街道	园区名称	园区地址	备注
10	广中路街道	花园坊	中山北一路121号	上海市文创园区
11		绿地阳光园	西江湾路500号	
12		绿地创客	同心路1号	上海市文创园区
13		近铁科创园	中山北一路9号	
14		彩虹雨	北宝兴路355号	
15	曲阳路街道	柏树大厦	中山北一路1230号	
16		大柏树930	曲阳路930号	上海市文创园区
17		中观产业园	邯郸路43号	
18		优族173	邯郸路173号	上海市文创园区
19		置汇谷	东体育会路860号	
20		海鸥大厦	中山北二路1800号	
21		复旦科技园	松花江路2539号	
22		财大虹口园	松花江路2601号	
23		智慧健康园	中山北一路1111号	
24		同济绿色园	中山北二路1515号E段	上海市文创园区
25	凉城新村街道	ID657	广中路657号	
26		680园区	水电路688号、682号	
27		晟柏科技园	水电路1388号	
28		信南产业园	汶水东路918号	
29		新业坊	广粤支路汶水东路	
30		电气研发园	广粤支路87号	
31	四川北路街道	空间188	东江湾路188号	
32		法兰桥	欧阳路196号	
33	欧阳路街道	祥德坊	曲阳路158号	
34		越界祥德荟	祥德路381号	
35	嘉兴路街道	物华园	物华路73号	
36		半岛湾	溧阳路735号	上海市文创园区
37		1933老场坊	沙泾路10号	上海市文创园区
38		1913老洋行	哈尔滨路160号	
39		1930鑫鑫	辽宁路244号	
40		音乐谷一期	哈尔滨路278号、嘉兴路267号、三角地艺术园	上海市文创示范园区

（续表）

表12-1 虹口区产业园区一览

序号	所在街道	园区名称	园区地址	备注
41	北外滩街道	马登仓库	杨树浦路147号	
42		61号老栈	杨树浦路61号	
43		临潼188	临潼路188号	
44		虹控T创园	临潼路170号	上海市文创园区
45		融赐450	保定路450号	
46		国科创新基地	峨眉路315号	上海市文创园区
47		金融科技园	东大名路1089号	

说明：资料由区科委、区文化旅游局提供。

占全区总税收14.42%；单位面积税收2349.31元/平方米；税收落地率65.77%，比上年提高2.38个百分点。其中，亿元园区有9家，分别为明珠园、花园坊、法兰桥、虹控T创园、1929艺术空间、财大科技园、上海灯具城、绿地阳光园、优族173。年内，推进绿亮溧阳园，物华园，音乐谷一期，运动LOFT二、三期等园区载体收储进展；完成绿亮溧阳园、物华园园区摘牌工作及音乐谷一期、运动LOFT园区的认定面积调整工作。召集业主、运营单位等协商祥德坊、地产集团地块、广纪路沿线和音乐谷地区品牌建设推进情况。进一步完善“音乐谷开放式一体化园区”方案，推进音乐谷地区的园区片区化一体化建设，积小成大，形成大范围的专业化特色化的园区片，形成规模效应。汇总绿亮科创园（丰镇路）、运动LOFT等园区招商引资、税收提升进展；完成1315园区、信南园区、金融科技分园认定工作。张江虹口园围绕创新创业和营造良好营商环境为中心，发展特色产业。全年，张江虹口园生产总值607.39亿元，园内注册企业2.3万家，其中高新技术企业350家、产业园区35个、众创空间21个。

（傅仕航）

【“5G企业赋能+双创服务”进园区活动】

3月18日在中图蓝桥园区举办。区科创中心、中国出版蓝桥创意产业园及上海明珠创意产业园联合主办。活动旨在帮助园区内的科技企业获得5G赋能，进一步提高企业的核心竞争力，更好地为企业提供精准的资源服务、政策服务及创新服务，激发区内园区形成合力。华为公司就“华为云助力企业数字化转型”与“华为虹口云创新券”作专题讲座，同时为企业带来“虹口区科技创新政策”介绍与“新民法典对企业的影响”2场讲座，帮助企业充分了解并享受区内科创政策以及补充法律知识点。华为公司以及30余家园区入驻企业40余人参加活动。

（蒋宇舟）

【2021年度虹口区科技创新政策宣介会】

3月30—31日在上海灯具城举行。区科委联合市科技创业中心、市技术市场办、区人力资源社会保障局和区税务分局共同举办。会上分析科技型中小企业评价办法的出台背景、申报条件、政策优势及审核中的常见问题，解读高新技术成果转化项目、科技金融政策、技术合同认定登记工作、税务政策及研发费用加计扣除、高企人才政策等。区内近240家科技企业、340余名企业代表参加。

（傅仕航）

【虹口数字化转型创新基地揭牌】

10月9日在瑞虹企业天地举行。上海市经信委、虹口区人民政府指导，虹口区科委、瑞安房地产主办，虹口区人民政府党组成员陈帅出席。会上，虹口区科委与瑞虹天地签署“虹口数字化转型创新基地合作备忘录”，瑞安管理（上海）有限公司与全球智慧城市大会签署战略合作框架协议。涂鸦智能、中国工业设计研究院、全球智慧城市大会、瑞安办公等企业与机构共同签约并成立数字化转型创新联盟。

（蒋宇舟　傅仕航）

科研院所与科技企业

【概况】

2021年，区域内有中国科学院上海技术物理研究所（简称上海技物所）、上海勘测设计研究所、华东电力试验研究院等科研机构，有高新技术企业450家。（1）上海技物所是集基础研究、工程技术研发和高新技术产业化为一体的综合型研究机构；以红外物理与光电技术研究为定位，以红外光电新材料、新器件、新方法等为主要研究方向，重点发展航空航天有效载荷、红外凝视成像及信号处理、红外焦平面及遥感信息处理等技术；设有研究室13个，建有红外物理国家重点实验室、传感技术联合国家重点实验室（光传感器专业点）、中科院红外成像材料与器件重点实验室、中科院红外探测与成像技术重点实验室、中科院空间主动光电技术重点实验室、中科院智能红外感知重点实验室以及省部共建现场物证光学探测技术联合实验室。至年底，上海技物所有中国科学院院士6人、中国工程院院士2人、国际欧亚科学院院士1人（兼）、各类国家级专家90余人次。年内，上海技物所在研项目431项，其中工程型号类101项、基础预研类330项；国家重大任务方面，完成18次发射任务，36台/套光电产品质量可靠，表现优异；累计申请专利126项，授权58项；红外发射谱段空间辐射基准载荷参展国家“十三五”科技创新成就展；《面向航天应用的多维度精准调控红外光学薄膜元器件关键技术》获2020年度上海市技术发明一等奖。（2）上海虹创科技发展（集团）有限公司（简称虹创集团）是区国资委下属的一级功能性国有企业，下设全资子公司6家，主要负责北部功能区的园区运营、股权投资、科技地产、科技服务、招商引资等业务。年内，虹创集团加快北部地区建设，推进集团市场化发展，基本完成北部功能区“十四五”规划，北中环国际创新中心正式开工；新引进企业692户，注册资金92.93亿元，新注册企业中注册资金亿元以上企业23户，注册资金3000万元以上企业82户；完成区级税收1.23亿元，比上年增长11.81%；户管存量企业区级税收19.84亿元。（3）上海维安电子有限公司（简称维安电子）电子线路过流保护和PPTC产品的综合实力排在世界前三，为消费类电子、汽车、通信和工业设备等领域的电子线路保护、电源控制等提供保护元件、半导体产品、集成电路和模组，是汽车、新能源、5G通信等应用领域的全球核心供应商。年内，维安电子获工业和信息化部颁发的国家级“专精特新小巨人”企业称号，列入工信部第二批第一年建议支持的国家级“专精特新小巨人”企业名单、“2021年（第三十四届）中国电子元件企业经济指标综合排序百强”。

（蒋宇舟　虞慧娴
张翌芃　张　伟）

图12-1　2月，上海电子线路智能保护工程技术研究中心成立（上海维安电子有限公司　提供）

表12-2	2021年虹口区域内重点科研院所	
序号	名称	地址
1	中国科学院上海技术物理研究所	玉田路500号
2	上海勘测设计研究所	逸仙路388号
3	华东电力试验研究院	邯郸路171号
4	上海材料研究所	邯郸路99号
5	上海航天测控通信研究所	天宝路881号
6	上海刑事科学技术研究所	中山北一路803号

说明：资料由区科委提供。

【上海电子线路智能保护工程技术研究中心】

2月由上海市科学技术委员会批准成立。研究中心由上海维安电子有限公司联合中国科学院上海硅酸盐研究所、上海材料研究所共同组建而成，是中国行业内首家以电子线路智能保护为研究方向的省级科研机构。年内，举办“电路芯保护、功率芯征程”主题交流论坛，中国电子元件行业协会、上海材料研究所、中科院上海硅酸盐研究所、华东理工大学、上海集成电路行业协会等相关专家领导100人参会。

（张　伟）

【北中环国际创新中心开工】

3月7日，北中环国际创新中心举行开工仪式。区委书记郭芳，区委副书记、区长胡广杰，虹创集团董事长兼总经理谢榕榕出席。项目占地面积约3.8万平方米，总建筑面积约20万平方米，总投资约50亿元，由国际一流设计公司甘斯勒建筑设计、规划与咨询公司（Gensler）与华东都市建筑设计研究总院负责设计，项目将结合总部企业品牌展示、智能硬件应用以及智能制造研发，打造虹口北部地区科技创新新高地。

（张翌芃）

【2021年度高新技术企业认定实务培训】

5月11日在中图蓝桥举行。区科委主办、区科技创业中心承办。区科委就虹口区2021年科技创新工作整体推进情况作介绍，区税务分局就企业所得税汇算清缴、研发费用加计扣除优惠政策以及高新技术企业审核要点等方面进行详细讲解，市科委围绕高企认定政策背景及优惠政策、高企认定申请条件及申请流程等方面开展实务培训和互动交流。区内近90家科技企业、110余名企业代表参加培训。

（蒋宇舟）

【“碳达峰碳中和”主题沙龙活动】

5月25日在北外滩白玉兰广场58楼联合国工业发展组织上海全球科创中心举办。区科委、区生态环境局和区科协共同主办，中联工发科技创新中心承办。活动就“长三角一体化示范区碳达峰、碳中和工作情况”“有关双碳的思考”“绿色金融在碳达峰和碳中和上发挥的作用”等主题进行交流。绿色节能功能性机构和相关企业负责人约30人出席。

（蒋宇舟）

【上海技物所承担风云四号B星全部主载荷研制】

6月3日，风云四号B星发射，上海技物所承担全部主载荷——干涉式红外探测仪、辐射成像仪、快速成像仪的研制工作。B星干涉式红外探测仪可实现更宽波段、更高空间分辨率探测，使中国静止轨道大气三维探测能力保持国际领先；辐射成像仪能提高光谱精度和成像灵敏度，增强对地球表面和云的定量观测能力；新型载荷快速成像仪面向短时临近预报需求，可提供优于1分钟间隔的区域高分辨率昼夜连续快速监测，可见光全色波段地面分辨率达到250米。

（虞慧娴）

【上海技物所为天问一号火星探测器研制火星表面成分探测仪和火星矿物光谱分析仪】

6月11日，天问一号探测器首批科学影像图发布，中国首次火星探测任务取得成功。上海技物所为天问一号火星探测器研制的2项有效载荷——祝融号火星车上的火星表面成分探测仪与环绕器上的火星矿物光谱分析仪，分别在着陆巡视和火星环绕2个环节对火星表面元素与矿物成分开展科学探测。其中，火星表面成分探测仪是火星车上的主要有效载荷之一，探测仪结合主动激光诱导击穿光谱探测和被动短波红外光谱探测技术，为火星着陆区表面元素、矿物和岩石高精度探测提供高质量科学数据。

（虞慧娴）

【3款照明灯助力“神舟十二号”与“天和号”空间站交会对接】

6月17日，“神舟十二号”载人飞船与“天和号”空间站完成交会对接。飞船的交会对接灯、轨道舱照明灯和返回舱照明灯由上海技物所研制。交会对接灯为神舟飞船仪表与照明分系统配套单机，配置在载人运输飞船舱外，为飞船的制导、导航与控制（GNC）分系统的电视摄像机拍摄提供照明。轨道舱照明灯和返回舱照明灯为宇航员在舱内工作生活提供照明。10月16日，“神舟十三号”载人飞船与“天和号”空间站完成交会对接，3款照明灯继续提供保障。

（虞慧娴）

【3台仪器助力风云三号E星完成晨昏轨道国际气象探测】

7月5日，上海技物所研制的中分辨率光谱成像仪（微光型）、红外高光谱大气探测仪Ⅱ型、红外地平仪开展工作，帮助风云三号E星完成晨昏轨道国际气象探测任务。E星载荷中分辨率光谱成像仪（微光型）可实现7个数量级辐射动态范围和低照度下微光成像；红外高光谱大气探测仪Ⅱ型在红外宽谱段连续高光谱探测，探测灵敏度和精度、观测覆盖能力上得到提升。

（虞慧娴）

【高分五号卫星02星光学载荷助力高光谱对地遥感观测】

9月8日，高分五号卫星02星发射，由上海技物所研制的可见短波红外高光谱相机开展工作。该相机是可同时实现宽覆盖和宽谱段的高光谱相机，对复杂地物目标具有突出的精细

图12-2　位于北外滩滨江的5G全球创新港（区科委　提供）

分类和识别能力，以高光谱的方式实现对地优于30米空间分辨率的连续成像，成像幅宽达60千米。

（虞慧娴）

【“外国人来华工作许可”政策宣讲会】

9月23日在北外滩企业服务中心召开。区科委组织召开。上海市科学技术委员会（上海市外国专家局）、上海市公安局虹口分局出入境管理办公室、中国银行上海分行就外国人来华工作许可“不见面”审批4.0版、外国人居留许可和外籍人才薪酬购汇相关政策分别进行讲解。针对用人单位日常关注的问题和疑惑一一给出详细解答。21家企业30余人参加。政策宣讲会还在线上平台进行同步直播，共1552人次观看直播。

（蒋宇舟）

【“竑杉湾”项目通过验收】

12月9日，区建管委在虹口区HK0014-06地块新建项目（“竑杉湾”项目）现场召开综合竣工验收会。虹口北部新地标“竑杉湾”项目，南至万安路，北至仁德路，西至三观堂，

图12-3　5G全球创新港内景（区科委　提供）

东至地铁三号线沿线。项目占地面积约1万平方米，总建筑面积约5万平方米，含一栋13层高层主楼及三层商业裙房，集合餐饮、购物、休闲、教育、影院等多种商业业态。

（张翌芃）

【热红外成像仪助力精细刻画人类活动痕迹】

12月20日，可持续发展科学卫星1号（SDGSAT-1）首批影像在北京正式发布。其中青海乌兰乌拉湖和新疆阿克苏地区图像由上海技物所研制的热红外成像仪获取。热红外成像仪具有高分辨率宽幅观测能力，能够获取300千米幅宽、30米分辨率的数据，在国内首次采用全光路低温光学系统设计，可在大动态范围下分辨出0.2摄氏度的温度差异，有力支撑卫星精细刻画人类活动痕迹。

（虞慧娴）

（栏目编辑　吴　斌）

SIPG

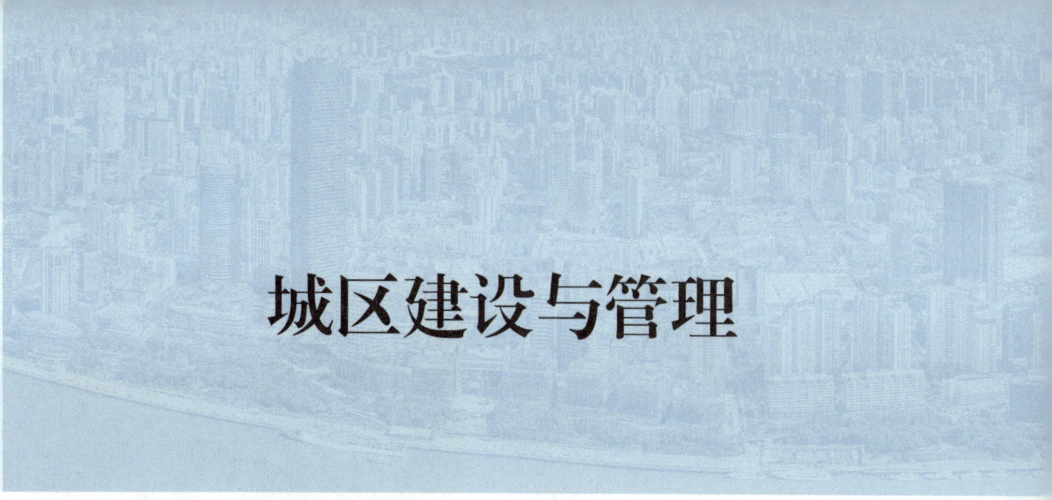

十三、城区建设与管理

城区规划

【概况】

2021年，区规划资源局统筹推进常态化疫情防控和经济社会发展。围绕人民城市建设，聚焦北外滩开发建设，提升城市软实力、城区能级和核心竞争力，做实做细做精规划管理、土地管理、项目管理等重点工作。年内共核发行政许可123件，其中规划土地意见书12件、建设用地规划许可证8件、建设工程方案批复13件、建设工程规划许可证48件（含临时）、开工放样复验16件、规划竣工资源验收16件、地名命名10件。全年办理开工放样复验和备案项目29件，复验面积50.99万平方米；办理综合验收项目正式规划竣工16件，竣工面积48.28万平方米。全年土地总出让价款354.80亿元，其中区得出让价款245.18亿元。（1）规划管理。配合上实中心等业主方推进91街坊国际方案征集工作，加快打造地标建筑，形成北外滩标志性形象。按照单元规划编制规范和工作要求，推进区单元规划研究编制，年内规划获得市政府批复。深化北外滩总控工作机制，在核心区实施方案及地块综合约定编制中，邀请总控团队全程参与，组织专家指导把关，配合开展核心区实施方案编制。运用城市信息模型（CIM）配合北外滩集团推进北外滩CIM展示馆建设，制作北外滩区域实体模型和北外滩核心区地下四层空间实体模型，展现北外滩规划蓝图。配合北外滩贯通和综合改造提升项目，开展虹口港滨河贯通研究，在山寿里片区、余杭路项目、63街坊实施方案研究的基础上，对虹口港滨河贯通进行研究。从“世界会客厅”5米开放平台，至音乐谷区域，从南至北对滨河有条件的区域进行研究，最大程度实现滨水岸线贯通，打造水岸联动活力区。梳理北外滩基础教育资源，配合区教育局开展优质教育资源引入的选址研究；配合北外滩集团依托67地块（原雷士德工学院旧址），打造上海创新创意设计研究院。对接规划轨交19、20号线的线位及站点研究，为北外滩地区大规模开发建设做好支撑；对接规划南北通道线位研究，推动南北通道尽早形成稳定方案并尽早立项。梳理全区历史建筑，推进风貌及历史建筑保护，分地块、分类别梳理全区里弄建筑容量，制作里弄建筑地块手册，并对风貌区、风貌街坊和法定保护建控范围开展季度卫星监测比对和现场踏勘。编制历史建筑保护保留交底工作方案，会同区住房保障房屋管理局、区文化旅游局、区“旧改”指挥部、虹房集团共同研究形成《虹口区征收地块中历史建（构）筑物保护保留交底工作方案》，针对“旧改”区域内的历史建筑、风貌保护道路（街巷）等风貌要素的保护保留工作制定工作流程。开展“旧改”地块更新方案研究，围绕全区拟“旧改”项目，开展“旧改”涉及街坊的前期方案研究工作，明确规划设计条件，并纳入单元规划。开展提篮桥、山寿里、音乐谷片区实施方案研究。按照“整体保护、以用促保”理念，落实风貌保护条例要求、完善顶层设计研究、促进风貌保护实施。（2）土地利用与管理。全年共出让经营性用地8幅，土地面积共15.6万平方米，建筑面积共82.8万平方米，其中住宅4幅、商住1幅、租赁住宅1幅、商办类综合用地2幅；划拨非经营性用地6幅，其中教育用地2幅、市政配套用地4幅。加大土地招商推介力度，聚焦港资、外资及国内头部房企。开展北外滩多层面、多维度的系列宣讲，制作北外滩土地招商推介PPT、北外滩土地推介手册、“进博会”北外滩宣传推介材料等。完成91街坊、“17+69”街坊、122街坊、230街坊项目一期（西宝兴路949弄）、城虹万岸地块出让工作，完成67街坊（东块）入市前准备工作，持续推进59街坊、68街坊土地出让前准备工作以及106、155、156、138、93街坊和329地块二期项目推介及土地出让前期筹备工作。推进北外滩核心区地块开发建设，编制北外滩核心区90、91街坊地块出让综合约定并完成出让。按照北外滩土地出让计划，核心区每一幅出让地块编制《出让规划、建设、运营等方面的综合约定》，从规划、建设、运营、管理等方面对经营性开发地块进行开发控制和指导，形成一地一方案，确保北外滩规划愿景落地。加强重点地区、重点项目的土地收购储备工作，根据土地储备年度目标，全年完成土地收储签订合同14幅，签订框架协议3幅，完成收储土地移交20幅。开展与市土地储备中心联合土地储备，积极获取市财政的支持和资金投入，并从资金、储备手续、监理和协调工作入手，做好联合土地储备地块的前期开发工作。推进"旧改"征收项目，加快拔点交地，做好旧区改造地块土地储备手续的办理，并落实好场地管理，确保土地按时出让。落实收储地块土壤调查及修复工作，做好地块土壤初步调查、详细调查及风险评估、方案编制及土壤修复工作。完成东大名路701号（长治大楼）、高阳路147号（中远海运）、155街坊"旧改"地块、59街坊（百联集团地块）、68街坊（司麦脱商务中心）、西宝兴路949弄62—63号、64及72街坊等地块的土壤调查和158、161街坊土壤修复工作。（3）项目管理。推进北外滩78街坊、89街坊、92街坊、麦德龙地块、万安路333号地块和虹口区105、106地块旧区改造及新建综合开发项目、百丽167B商办项目、虹口区通沟污泥处置站项目、161街坊HK268B地块新建学校项目、上海航海人才公共实训基地暨南湖职校（第二分校）改扩建项目、虹口区107地块旧区改造及新建综合项目、海昌名居（海昌苑二期）、122街坊住宅项目、四平路35号"旧改"、53号"危改"项目（251街坊）、新建大名排水系统、西宝兴路949弄成套率改造等重点工程和民生工程建设。简化既有住宅加装电梯审批流程，提升加梯效率，实现既有多层住宅加装电梯项目免予办理建设工程规划许可证，对设计方案审核后进行公示，双公示符合相关要求即可办理后续建设手续。全年共推进222台既有多层住宅加建电梯建设，实现民生项目审批提质增效。加强建设项目规划实施的监督管理，总计巡查116个项目，发现并指导整改问题8处；会同区房管局开展加装电梯项目专项清理和巡查27处。至年底，受理不动产统一登记案件31919个（其中变更登记2403个，抵押登记3510个，更正登记53个，其他登记449个，首次登记24个，文件登记714个，预告登记1121个，注销登记7749个，转移登记15848个，异议登记2个，居住权登记46个）。

（郑江宇）

图13-1 雷士德工学院旧址修缮中（席闻雷 拍摄）

【不动产转移登记"一件事专窗"】

4月开通。区不动产登记事务中心、区第三税务所、区房地产交易中心设立"一件事专窗"，利用"一网通办"平台，实现交易、税务、登记网上审批，将"最多跑一次"事项范围由企业间不动产转移登记扩展到个人间房屋买卖转移登记，将事项范围扩展到所有不动产转移登记，领取不动产权证书的时间从5个工作日缩减至60分钟，优化财产登记营商环境。至年底，完成"一件事"60分钟出证223件。

（郑江宇）

【2021年上海城市空间艺术季虹口区样本展】

11月在上海多伦现代美术馆开幕，虹口区主办，区规划资源局、区文化旅游局、四川北路街道承办。虹口区参展社区为四川北路街道，以"多伦路·共生志"为主题。展览分为3个部分，第一部分为政府、社区、街道、居民共创、共建、共治的优秀城市微更新项目，第二部分为"行走多伦"，第三部分为"声音碎片"，通过室内展览、论坛和工作坊活动，展示四川北路街道在15分钟生活圈方面的规划、改造、社区提升等内容，彰显规划引领下的社区共治共享成果。

（郑江宇）

市政建设与管理

【概况】

2021年，区内共有道路253条，其中主干道16条、次干道30条、支路183条、小市政道路24条。市政道路车行道全长168.17千米，面积255.18万平方米，人行道面积128.56万平方米；小市政道路全长13.904千米，总面积4.339万平方米。桥梁71座，其中跨河桥64座；人行天桥5

座，分别为吴淞路海宁路人行天桥、大连路控江路人行天桥、大连路榆林路人行天桥、汶水东路广纪路人行天桥、嘉杰国际人行连廊；跨线桥2座，分别为江杨南路跨线桥和场中路跨线桥。车行地道2座，分别为广中路地道和四平路地道。人行地道3座，其中由区市政部门管养的人行地道1座，为九龙路人行地道；由相关物业公司托管的人行地道2座，分别为白玉兰地道、花园路地道。区内各类护栏（含中心、机非和人非3种护栏）长度为80.413千米；路名牌1418块。区内共有黄浦江、苏州河—吴淞江、南泗塘—沙泾港、走马塘（江湾市河）、西泗塘—俞泾浦—虹口港、沽西浜河道6条（段），河道长度22.45千米，防汛墙驳岸约39千米（含黄浦江和苏州河），有乍浦路泵站、车站北路泵站、春生街泵站和虹口港泵闸。河道两岸绿化约6.5万平方米（含沿河小区、单位绿化），亲水平台21处。年内召开总河长会议2次、河长制工作会议7次，各级河长湖长巡河湖734人次，劣Ⅴ类水体严格控制在0%；印发《关于进一步深化河长制工作制度的指导意见》《关于充分发挥检察公益诉讼职能，建立“河长+检察长”协作配合工作机制的意见》。全年，出动保洁船2432艘次，打捞人员4864人次，打捞垃圾约407吨。落实专业队伍对黄浦江（虹口段）、苏州河（虹口段）防汛墙开展日常巡查、养护工作以及防汛防台安全保障工作。区内排水管道共有413千米，其中雨水管道58.5千米、合流管道181.40千米、污水管道44.20千米、连管128.90千米。全年养护下水道974.5千米，其中疏通雨水、合流管648.8千米，疏通污水管51.3千米，疏通支管274.8千米，清捞检查井48572处、进水口74652处，清捞污泥量4117.02吨。至年底，开展排水执法巡查24次，共出动96人次，给予罚款3.5万元并责令限期整改的案件1起，给予警告并责令限期整改的案件1起。办理建设项目水土保持方案审批8份。年内，虹口港（汉阳路—东大名路）防汛墙改造完工；黄浦江（虹口段）880米国客段及虹口港东岸贯通提升工程完工；花园路（水电路—中山北一路）道路积水改善工程完工。

（张月茹）

【凉城路（场中路—汶水东路）基层整治工程】

1月30日完工。凉城路（场中路—汶水东路）基层整治工程北起场中路，南至汶水东路，道路全长约1.675千米，主要建设内容为标准断面调整为双向三快二慢布置，中间增设一根潮汐车道，对出现结构性损坏路段的机动车道基层进行整治，对实施范围内雨污水窨井井圈与路面做接顺处理等。工程于2021年1月3日开工。

（张月茹）

【海伦西路—海伦路（宝山路—四平路）拓宽工程（一期）】

5月7日完工。工程西起宝山路，东至邢家桥北路，道路全长约720.91米。主要建设内容包括翻挖老路，按规划拓宽海伦西路、长春路，

图13-2　海伦西路—海伦路（宝山路—四平路）拓宽工程（一期）完工后（徐荣耀　拍摄）

图13-3　5月27日，商丘路（周家嘴路—东长治路）综合整治工程竣工（区建管委　提供）

人行道采用全透型透水人行道，新建DN600-1200毫米合流管道，同步实施交通标识标线、合杆整治、照明、景观绿化、水利配套等附属工程及信息管线搬迁工程、电力管线搬迁工程等。工程于2019年12月31日开工。

（张月茹）

【商丘路（周家嘴路—东长治路）综合整治工程】

5月27日恢复通车。商丘路（周家嘴路—东长治路）综合整治工程，北起周家嘴路南侧、南至东长治路北侧，全长约450.57米，工程主要内容为翻建车行道、人行道、侧平石、雨水口，全线连管翻拍，交通信号灯改造，标志标线恢复等。工程于2019年7月20日开工。

（张月茹）

【北外滩地区高标准全要素市政市容提升工程】

5月31日完工。项目位于虹口区北外滩，北至周家嘴路、海宁路，南至北苏州路，西至河南北路，东至大连路，共包括37条改造道路（核心保障区道路有11条，重点保障区道路有26条）及1条虹口港泵闸—黄浦江西侧新建人行通道。工程施工内容主要为道路路面整治提升，车行道铣刨加罩并对局部病害点位补强，人行道铺装翻新，翻排侧平石。道路铣刨加罩面积339517平方米。人行道施工面积90506平方米，翻排侧平石45572米，安装新型雨水口1949个，自调试防沉降窨井盖2286座，支连管总长1309米，停车位2692平方米等。工程于2021年3月5日开工。

（张月茹）

【广粤路市河桥改造工程】

6月16日完工。主要建设内容为对桥梁铰缝、桥梁孔洞及局部破损、桥梁梁底裂缝进行维修，对机动车道、非机动车道范围内钢筋混凝土铺装进行凿除重做，同时对道路进行渠化设计，机动车道由16米调整为24米（双向六车道），相关标志标线调整等。工程于2021年3月10日开工。

（张月茹）

【花园路市政设施整治工程】

10月30日完工开放通车。花园路市政设施整治工程西起水电路，东至中山北一路，全长约434.05米。主要建设内容为对非机动车行道进行铣刨加罩、车行道翻挖新建，全线混凝土侧平石拆排，全线同质砖人行道翻建为透水结构，标志标线恢复等。道路工程结合花园路积水点改善工程同步实施。工程于2021年7月30日开工。

（张月茹）

【黄浦路道路提升工程】

12月15日完工。改造范围西起大名路外白渡桥，东至青浦路，全长约464米，规划道路等级为城市支路，大名路—南浔路段规划红线宽20米，南浔路—青浦路规划红线宽16米。纵断面结合道路改造方案，在拟合现状路面标高的基础上整体抬高约15厘米（仅车行道抬高15厘米，抬高后与现状人行道接平），并与工程起终点及相交道路现状路面标高接顺。工程包括道路工程、排水工程、景观工程及相关附属工程。新建DN400-1200毫米合流管道，配合道路改造提升对黄浦路道路沿线的排水管道进行提标改造。工程于2021年9月3日开工。

（张月茹）

图13-4 5月，位于北外滩地区的天潼路完成改建（卜净 拍摄）

建筑工程与管理

【概况】

2021年，区建管委共受理报建项目368个，总投资218.85亿元，建筑面积198.22万平方米；合同信息报送2070个，信息变更46个，合同注销117个；发放建设工程施工许可证346张，总造价127.87亿元；完成竣工备案244个，竣工面积53.34万平方米，造价76.41亿元；完成消防验收项目96个，消防竣工验收备案129个；通过告知承诺方式办理企业安全生产许可证485家；实施批后监管664家，其中监管通过468家，监管整改150家，待查46家。共办理招投标项目承发包备案73个，累计发包总价50.92亿元。其中勘察承发包备案1个，发包价0.016亿元；设计承发包备案8个，发包价0.32亿元；施工（含暂估价）承发包备案46个，发包价44.32亿元；监理承发包备案11个，发包价0.28亿元；办理总承包项目承发包备案7个，发包价5.99亿元。招标率与公开招标率100%。无投诉与信访，无行政处罚。在监在建工程共587项，其中房建工程240项（住宅单位工程170项、公共建筑单位工程70项），建筑面积2331.2万平方米，造价252.7亿元；装饰装修工程344项，造价13.7亿元；市政工程3项，造价2.7亿元。全年未发生质量、安全事故。

年内，开展保障极端天气施工安全、节后复工、建筑材料、既有多层住宅加装电梯、消防安全、结构工程、建设工程外立面施工质量治理、"进博会"保障、住宅工程质量、大型机械、深基坑工程质量、市场行为、用工管理专项检查18次。季度综合检查4次，检查工地502次，开具整改通知单114份、局部暂缓施工指令单10份。至年底，共出具建设工程质量监督报告230份，其中新建房建项目14份，装饰装修项目157份，加装电梯50份，市政工程9份。质量安全共巡查工地478次，开具整改单154份、局部暂缓施工指令单35份、停工指令单1份。评出瑞虹新城七号地块发展项目、虹口区114、115号地块旧区改造及新建综合开发项目区观摩工地2个；江湾镇街道HK0014-06号地块新建项目1#楼、北外滩街道HK314-05号地块综合开发项目T2塔楼等区优质结构工地7个；上海市第一人民医院眼科临床诊疗中心、中皇广场（二期）等区绿色施工工地4个；虹口区北部公共卫生中心建设项目、中福会幼儿园（虹口分园）项目等区文明工地9个。至年底，在虹口区注册的建筑施工企业817家，其中具有总承包特级资质企业1家、一级资质企业12家、二级资质企业19家，专业承包高等级资质企业45家，特种工程企业6家。全年完成企业资质核查办理512家，其中企业新设立资质361家、企业资质增项62家、企业资质延续89家。

（张月茹）

【建设工程复工专项检查】

3月1—9日由区建筑业管理中心组织开展。共抽查26个在建工程项目，出动人员196人次，开具质量整改单17份、局部暂缓施工指令单3份，安全整改单4份、局部暂缓施工指令单2份。至年底，均完成整改。

（张月茹）

【建设工程建筑材料专项检查】

3月由区建筑业管理中心组织开展。共抽查7个在建工程项目，其中住宅项目3个、公建项目4个，处于基础阶段的项目3个、主体结构阶段3个、装饰阶段1个。开具暂缓施工指令单1份、整改指令单5份。至年底，均完成整改。

（张月茹）

【既有多层住宅加装电梯项目专项检查】

4月12—15日由区建筑业管理中心组织开展。共抽查区内8个加装电梯项目，开具暂缓施工指令单3份、整改指令单11份，同时对2家单位及个人进行行政处罚。至年底，均完成整改。

（张月茹）

【消防安全联合检查】

4月16日，区建筑业管理中心联合区消防救援支队、相关街道组织开展。根据市安质监总站《关于本市建筑工地加强消防安全管理的工作提示》文件精神，对辖区内4个在建工程进行抽查，针对检查发现的问题，责令相关单位限期进行整改。至年底，均完成整改。

（张月茹）

【安全生产专项检查】

11月1—12日由区建筑业管理中心组织开展。根据沪建质安〔2021〕422号《关于切实做好2021年第四届中国国际进口博览会安全生产保障工作的通知》精神，要求参建各方深刻认识建筑工地安全生产的严峻形势，严格落实施工现场安全生产主体责任和企业负责人带班制度，做到关键岗位人员到岗履职，确保施工现场安全防范措施完善有效，坚决杜绝因管理不善发生安全事故。该次专项检查，累计出动142人次，排查工地36个，开具安全整改单5份，均收到整改回复。

（张月茹）

【在建住宅工程质量专项检查】

11月8—12日由区建筑业管理中心组织开展。共检查9个住宅工程，开具整改指令单9份、暂缓施工指令单1份，均整改回复。依据《上海市住宅工程质量分户验收管理办法》，区分户验收监督抽检抽查2个项目、26户，发现的问题经整改和复查后，符合规范和设计要求。

（张月茹）

【大型机械专项检查】

11月由区建筑业管理中心组织开展。对11个在建项目开展大型机械专项检查，其中涉及塔机33台、施工升降机14台、其他起重机械9台。检查重点为吊装作业管理程序（包含起重设备的安装、拆卸），作业交底，起重机械设备维保工作，危大工程的全过程管控。针对检查中发现的问题，向相关责任单位开具安全整改指令单11份，均收到整改回复。在建项目大型机械安全管理总体可控。

（张月茹）

城区综合管理

【概况】

2021年，区城区综合管理工作围绕违法建筑治理、生活垃圾分类执法、住宅小区环境整治、街面秩序治理等开展，深化城市管理综合行政执法体制改革，推进城市治理数字化转型及城市运行“一网统管”建设。全年查处各类行政处罚案件4725起，罚款金额344.4万元，其中普通程序案件1847起，罚款金额321.9万元，执法覆盖面达83.3%，在全市城管执法工作社会满意度第三方测评中排名第一。年内，接收“12345”市民服务热线转派案件47704件，有效受理46086件，比上年上升5.62%；满意率61.89%，比上年上升1.06%；解决率82.72%，比上年上升1.03%。受理网格化管理业务一般案件46300件，立案数42715件，结案数32674件，结案率76.48%，及时率56.69%；自发自处案件185417件。区城市管理行政执法局勤务督察科被评为2021年度上海市重点工程实事立功竞赛优秀团队。江湾镇街道综合行政执法队（城管执法中队）被评为2021年度上海市城管执法系统立功竞赛活动优秀团队。四川北路街道衡水居委会及曲阳路街道曲二居委会城管社区工作室被评选为上海市优秀城管社区工作室。周吉被评为2021年上海市重点工程实事立功竞赛优秀建设者。邢惠东、杜建被评为2021年度上海市城管执法系统立功竞赛活动先进个人。陶旗被评为上海市城管执法系统第十一届“优秀中队长”。（1）综合行政执法体制机制改革。推动城管综合执法转型，推动力量下沉，深化落实“一支队伍管执法”。全区8个街道均挂牌成立街道综合行政执法队，以街道名义统一行使辖区内相对集中行政处罚权，完成街道综合执法队人员共283人的转隶工作。出台《关于进一步加强本区街道综合执法队伍建设的实施意见》《关于进一步加强本区街道综合行政执法工作的实施方案》。（2）“无违建”复评工作。全年开展11轮复查工作，对全区203个无违建居委开展现场抽查，复评率100%，确保全区所有街道在市违建治理专办的动态评价均为绿色（合格）。2021年，凉城新村街道完成无违建示范街镇创建，广水居委会完成“零”违建居村创建。（3）违法建筑整治。全年拆除存量违法建筑1176处、9.93万平方米，完成年度目标的496.5%。组织相关街道对“申”字形高架沿线违法建筑开展专项整治工作，拆除违建3处、美化2处，共1000平方米。（4）住宅小区专项执法整治。全年查处小区内损坏房屋承重结构案件21起，查处占绿毁绿案件4起、破坏房屋外貌26起、擅自改变物业使用性质4起。（5）街面环境及户外广告专项治理。严格治脏治乱，高标准开展“美丽街区”环境治理，扎实开展占道洗（修）车专项执法，全年共开展集中整治357次，取缔无证占路洗车摊点3个，查处洗车场（店）跨门经营234起，责令改正268起。街面环境整治实效在市级年度第三方测评中排名市区第一。拆除违规户外广告936块，完成年度目标的468%。（6）“双随机、一公开”执法检查。运用“双随机、一公开”机制，开展建筑垃圾专项执法整治，共开展专项执法整治683次，查处违法行为811起，罚款金额159.6万元；开展餐厨垃圾、废弃油脂专项执法整治，共检查餐饮企业1545家，发现违章问题18起；开展生活垃圾分类专项执法整治，全年执法检查企业单位18297家，检查个人4775人次，立案查处相关案件1877起，罚款39.2万元；开展房产经纪机构专项执法整治，检查房地产经纪机构349家，责令整改7起。（7）重大执法保障工作。开展第四届“进博会”、重大节假日执法保障等6次，开展绿色护考执法保障2次。（8）非现场执法。利用“非现场”执法手段，开展执法办案15件，处罚款1.9万元。（9）城市运行管理。年内，区城运中心推进城市治理数字化转型及城市运行“一网统管”建设，推进城运事项的流程再造。围绕规范制度、完善流程、整合数据等措施，深化“社区综合执法+城区大脑+流程再造”工作机制。健全各项综合执法制度，编制《虹口区推进“一网统管”综合执法的实施意见》《虹口区“12345”市民服务热线综合绩效考核评价办法（2021版）》《虹口区“12345”市民服务热线工作规范》《虹口区“12345”市民服务热线工作培训方案》。区城运中心协同区司法局、区城管执法局、区生态环境局、区建管委、区市场监督局等执法单位制定综合执法事项标准。结合“虹口区综合执法业务平台”开展线下队伍联勤联动，线上业务主协同处置的工作流程，全年共启动综合执法主协同处置机制3000余次。推进区级街道两级城运值守体系，为全区提供24小时全年无休全程统筹、协调、管控全区城市运行动态的指挥平台。累计处置突发事件911件、受理12345热线报案933起。其中紧急类2起、次紧急类11起、疫情防控类309起、扰民453起、物业维修类91起。推进“数治虹口”“节日保障”和“重大会议”等的应用建设，建立“平、战、特”的指挥和辅助决策研判大数据平台，实现全区城市日常管理和应急联动处置的统一平台。接入全市数字体征体系，实现智能物联、智能视频、实时人口及实时交通等数字体征的一屏应用。至年底，通过数据共享交换平台实现34个政务部门7880张数据资源表汇聚，涉及数据80亿条。形成8个街道专属数据目录和数据库，每个街道涉及资源目录152个，数据量320万条。

（陈诗佳　陆连海）

图13-5 10月14日，《新时代城市管理精细化执法——上海虹口模式》出版发行（区城管执法局 提供）

【《虹口智慧城管执法系统》通过验收】

7月，通过住房和城乡建设部“科技示范项目”验收。区城管执法局以“科技+制度”为手段，创新运用物联网、大数据、5G网络、人工智能等新一代信息技术，持续推进“虹口智慧城管”建设。该项目于2020年9月立项。

（陈诗佳）

【区城管执法局列为全国平时考核基层联系点】

8月，中组部在实地调研区城管执法局运用“智慧城管”开展公务员个人平时考核经验做法的基础上，确定区城管执法局为全国32个平时考核基层联系点之一。通过全面推行、先行先试、总结完善、示范带动，解决一批影响考核工作的矛盾问题，形成一套适用于执法类人员考核的工作经验，推动提高平时考核工作的质量和水平。

（陈诗佳）

【《新时代城市管理精细化——上海虹口模式》出版发行】

10月14日在区城管执法局举行新书首发仪式。该书由全国市长研修学院（住房和城乡建设部干部学院）与虹口区城管执法局共同组织编写。全国市长研修学院副院长陈芸华，上海市城市管理行政执法局党组书记、局长徐志虎，虹口区政府党组成员章维出席首发仪式。作为全国市长研修学院“新时期城市管理执法人员培训教材”首本精细化培训教材，总结提炼了虹口城管在城市治理方面的成功做法和经验，对推进全国城管系统标准化执法、规范化执法和智能化执法发挥积极作用。

（陈诗佳）

【实践案例获评“上海城市治理最佳实践案例”之一】

11月1日，区城管执法局《推进智慧城管系统建设，助推城管执法精细高效》实践案例，在2021全球城市论坛中被评为第二届“上海城市治理最佳实践案例”十大“最佳案例”之一。评选活动由上海交通大学中国城市治理研究院、国际与公共事务学院和人民网上海频道联合主办，上海市城市数字化转型工作领导小组办公室、上海市精神文明建设委员会办公室、上海市城市管理精细化工作推进领导小组办公室、上海市人民政府发展研究中心指导，旨在总结和推广上海超大城市治理的实践经验，推动“人民城市”理念深化研究和落地生根，为城市治理体系与治理能力现代化提供更多可复制可推广的理论创新和实践范例。

（陈诗佳）

【“智慧城管”对接“随申办”手机客户端（App）】

12月，区“智慧城管”一店一码特色模块融入“随申办”虹口旗舰店首页特色应用，通过该模块可查询法规政策全区沿街店铺执法信息等政务信息，拓展为民服务的“线上渠道”。

（陈诗佳）

绿化和市容

【概况】

2021年，区绿化和市容工作践行“人民城市人民建”理念，紧紧围绕“上海北外滩、浦江金三角”战略目标，以高质量发展、高品质生活、高效能治理为标准，推进区垃圾分类实效提升，打造虹口市容环境新面貌。（1）绿化建设。全年新增各类绿地建设4.77万平方米、立体绿化建设2.5万平方米，新建天宝路（新港路—四平路）、新港路（大连路—瑞虹路）2条市级林荫道，改造北外滩城市花甸、百草园、童梦园、花溪园、下海庙花园、寻彩园6座口袋公园，完成1.85千米绿道建设；有序推进和平公园改建项目；完成鲁迅公园水体生态治理项目；完成北外滩精细化高标准示范区项目、北外滩历史文化风貌区周边美丽街区项目、滨江景观提升改造项目、中共四大纪念馆室外广场改建工程。（2）景观建设。完成重要区域楼宇景观照明保障提升和北外滩400天景观照明的建设任务；完成中共四大纪念馆周边、李白烈士纪念馆、鲁迅纪念馆、“左联”会址纪念馆等多处红色点位的景观照明提升工作；协调推进“川北多伦路”“江湾新市北路”等7个美丽街区建设工作；完成户外广告设施设置方案修编工作，区广告设施点位增加到253块；市级户外广告及走字屏督办整改率100%，店招店牌督办整改率91%。（3）垃圾分类实效监管平台。全年共计反馈各街道居住区、单位、沿街商铺测评样本11744个，发现问题5702个，并100%落实整改反馈，有效支撑垃圾分类问题发现和处理结果跟踪机制；推进湿垃圾、可回收物、干垃圾“两增一减”，提升生活垃圾资源化利用率，全区干垃圾日均产生量361.85吨，控减至低于年度指标量21.3%；湿垃圾日均

图13-6 6月，鲁迅公园水体生态治理项目竣工（区绿化市容局 提供）

图13-7 5月，中共四大纪念馆室外广场改建竣工（区绿化市容局 提供）

产生量297.39吨，高于年度指标量18.96%；可回收物日均产生量179.51吨，高于年度指标量5.6%。（4）环卫市容保障工作。开展生活垃圾残液集中收运处、小压站排放纳污管改造、拉臂箱体损坏、源头分类不清等隐患问题排查；完成3个区域共计64498.1平方米的高标准保洁区域（道路）建设工作；建成高标准区域（道路）7个，涵盖道路47条（段），总面积约达161.49万平方米。

（尹苑烨）

【鲁迅公园水体生态治理】

2月27日开工。治理水体面积34295平方米。治理主要内容包括湖底底泥清淤、底质改良、活水扩容、水生植物净化系统、水生植物景观营造等。工程于6月底竣工。

（张如紧）

【虹口区生活垃圾分类科普馆】

3月正式运营，是上海市首家融科普、体验为一体的垃圾分类科普馆。位于天宝路840号，建筑面积270平方米，分上下两层，馆内全方位展示生活垃圾源头分类、分类收集，分类运输、分类处置等体系，设置“国家嘱托”“减量厨房”“上海模式”“虹口先行”“垃圾生命周期”“瓶盖艺术墙”“环保科普影院”“多功能活动空间”等展示板块，以寓教于乐的游戏互动，普及垃圾分类知识。至年底，累计完成参访接待1521人次、团队39批次。

（孙 岱）

【中共四大纪念馆室外广场改建】

5月竣工。工程修正中共四大纪念馆室外广场水池形状，拆除水中硬质平台，设置喷泉及水体净化泵；更新改造广场铺装样式，记录党史中从石库门到天安门为主题的28件事；增设传统汉白玉国旗台（3.5米×4.2米）、旗杆（19.25米）；取消原有树池10个、高花坛2个，增设坐人矮花坛，广场改种三角枫色叶树种；完成纪念馆东侧次入口道路改造；拓宽中央大道入口，降低路牙、接平路面，拆除石墩路挡，增设8个电动升降桩。

（张如紧）

【口袋公园建设】

6月，建成北外滩城市花甸和百草园2座口袋公园。北外滩城市花

表13-1 2021年虹口区新建、改建口袋公园一览

序号	名称	位置	面积（平方米）	建成时间
1	北外滩城市花甸	大名路武昌路交界处	2824	2021年6月
2	百草园	四平路西侧（邢家桥北路—海伦路）	3116	2021年6月
3	童梦园	通州路355号（通州路海拉尔路路口）	1086	2019年11月
4	花溪园	车站北路水电路路口	3327	2019年9月
5	下海庙花园	昆明路唐山路路口	2030	2018年
6	寻彩园	长治路大名路东南角	3114	2018年

说明：资料由区绿化市容局提供。

图13-8 6月，位于大名路武昌路交界处的北外滩城市花甸建成（区绿化市容局 提供）

甸总面积2824平方米，位于大名路武昌路交界处，利用植物的不同景观结构和色彩，打造以“夏季之清凉”“秋天之遐想”和“冬日之暖阳”为主题，具有季节特色的花卉景观。百草园总面积3116平方米，地处四平路西侧（邢家桥北路—海伦路），科普昆虫及草药知识，营造读书、活动场景，提升城市软实力。全年共改造6个口袋公园。

（尹苑烨）

【2座公厕分获“最美厕所”称号和“最美厕所”特色奖】

11月18日，2021年寻找上海“最美厕所”活动推选出上海“最美厕所”20座、上海“特色厕所”5座。区内中共四大纪念馆公厕以优雅的氛围、干净的环境，巧妙融入国旗教育展示厅，提供周到的公共服务，获评上海“最美厕所”；天镇路公厕配置各种智能化元素设备，打造“爱心妈咪小屋”第三卫生间，提供免费纸巾、休息区域、雨伞存放处等多个便民服务设施，获2021年上海“最美厕所”特色奖——“最佳科技智慧奖”。

（房潇俊）

生态环境

【概况】

2021年，虹口区深入学习贯彻习近平生态文明思想，以改善生态环境质量为核心，统筹推进生态环境保护和应对气候变化工作，深入打好污染防治攻坚战，推动经济社会绿色转型发展，推进生态环境治理体系和治理能力现代化。全年区级财政环保投资6.42亿元，占区财政收入的4.14%。全年区空气质量指数（AQI）优良天数为331天，优良率90.9%，较2020年提高0.7个百分点。细颗粒物$PM_{2.5}$年

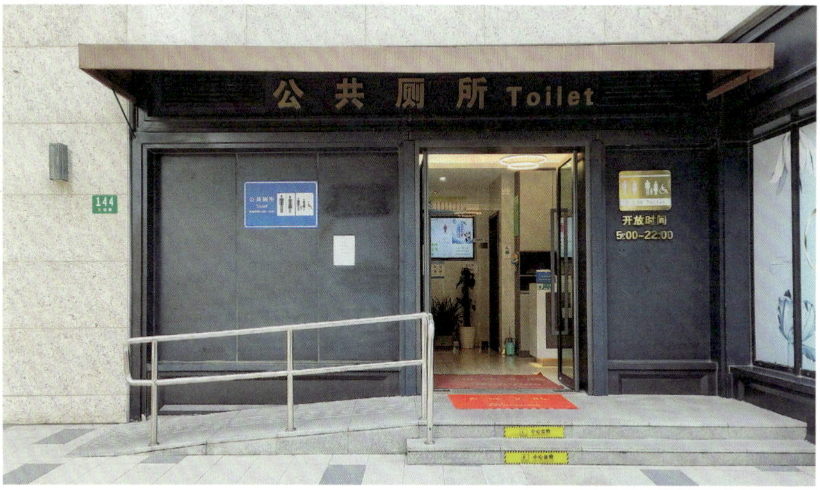

图13-9 11月18日，天镇路144号公厕获上海“最美厕所”特色奖（徐荣耀 拍摄）

均浓度为27μg/m³，较2020年下降12.9个百分点，与全市平均浓度持平，达到国家环境空气质量二级标准。4个市级考核河道断面水质达到Ⅳ类及以上水质，分别是沙泾港（大连西路桥）、俞泾浦（四明公所桥）、沽西浜（江湾镇政府背面花园内小桥）3个市考断面水质达到Ⅲ类水质，江湾市河（凉城路桥）断面水质达到Ⅳ类水质。区域环境噪声昼间和夜间时段平均等效声级分别为53.9dB（A）和48.0dB（A），较上年分别下降1.7dB（A）和0.4dB（A），昼间、夜间时段噪声总体评价分别为“较好”和“一般”。（1）推进绿色低碳发展。全国碳排放权交易市场在虹口区北外滩中美信托金融大厦开市。修订《虹口区节能减排降碳专项资金管理办法》。与上海环境能源交易所建立战略合作关系。落实251街坊、122街坊、万安路城市更新项目超低能耗建筑评审。打造绿色出行系统，完成北外滩来福士、瑞虹太阳宫公交枢纽建设，推进北外滩连廊慢行步道建设。鼓励企业将建筑垃圾资源回收利用为再生骨料。加强对电商企业的宣传指导，加快包装绿色转型。推进上海白玉兰广场等商业中心创建绿色商场。（2）挥发性有机物治理和源头替代。在全面完成挥发性有机化合物（VOCs）2.0治理任务的基础上，完成全区4家印刷企业低含量挥发性有机化合物（VOCs）油墨源头替代和11家汽修行业低含量挥发性有机化合物（VOCs）水性漆替代。（3）移动源尾气防治。推进非道路移动机械登记申报及全覆盖检查，全年发放非道路移动机械标识45块，检查流动及固定机械174台次，发现机械未按要求悬挂标识和超标排放4起，责令企业整改，共处罚金1.2万元。开展柴油车入户检查251辆，在用车路检路查1879辆，发现尾气超标排放28辆，均由交警现场处理。持续推进运营性国三柴油货车更新淘汰，基本完成。（4）社会生活源监管。推行餐饮油烟在线监控和第三方监管，完成25台油烟在线监测设备安装联网，全区278套油烟在线监测设备全部接入区“一网统管”平台。持续跟进中小燃油燃气锅炉提标改造。检查监测16家在用加油站油气回收装置，确保其正常使用。（5）工地道路降尘控制。推进装配式建筑项目建设，全覆盖落实规模以上房屋建筑工程扬尘在线监控系统和场界围墙喷雾系统安装。拆房工地、市政工地、房屋修缮项目等全面落实扬尘控制措施。开展日常PM10走航监测，研判道路扬尘主要路段和点位，部门联动，靶向治理。加强道路保洁，道路机械化清扫率达到94%，区内主要干道和高标准保洁区域（道路）内的机械化清扫率达到100%。全年共组织文明施工、渣土运输专项执法整治665次，依法查处各类违法行为811起，行政处罚159万余元。做好秋冬季及“进博会”期间空气质量保障，全区5家涉大气污染排放企业和30个工地按照政企协商要求自愿落实减排措施。（6）发展绿色交通。更新公务用车9辆，其中新能源车8辆，比例大于80%。完成367根社会充电桩建设。推进黄山路环卫地下车库电力扩容，满足新能源环卫车的充电需求。（7）城市面源水污染治理。完成花园路（中山北一路—水电路）道路积水改善、虹口港（东长治路—东大名路）防汛墙改建及东岸贯通提升工程；配合推进大名泵站、临平泵站、曲阳污水厂初期雨水调蓄工程建设；推进通沟底泥处置站建设。开展市政泵站放江综合整治，对区管泵站截流设施运行情况进行评估，在水环境敏感区域安装雨水口垃圾拦截挂篮，安装泵站集水井垃圾清理装置、排口垃圾拦截装置；加强市政管网的疏通养护；开展餐饮违法排污综合整治，发现各类问题1267个，立案128起，罚款5.97万元。（8）河道综合整治养护。开展黑臭水体整治“回头看”和新一轮雨污混接整治，及时处置发现问题。加强河道生态浮床、水生植物、增氧曝气装置维养，巩固治理成果。落实河道日常巡查及第三方巡查，及时处置发现

图13-10　11月3日，区生态环境局执法大队执法人员对加油站油气回收装置进行执法检查（区生态环境局　提供）

的问题。全年无休持续开展全流域水域保洁工作；完成河道水系疏浚项目前期准备工作；密切关注4处水质自动监测站实时数据，落实每日通报制度，及时分析异常情况，协调处置。（9）湖泊治理和生态修复。利用中央水环境污染治理专项资金，通过底泥清淤、底质改良及沉水植物种植等措施重建水体生态系统、扩大水体环境容量，完成鲁迅公园3.4万平方米水体综合治理；完成和平公园水体专项治理工程。（10）土壤污染管控和修复。定期更新建设用地土壤污染风险管控和修复名录，加强建设用地全生命周期管理。全年调查评估25个地块土壤状况，其中3个地块土壤需修复治理。至年底，158街坊地块和北外滩地区76街坊地块（HK277-01部分地块）完成土壤修复治理和效果评估验收，西宝兴路949弄75号地块（南地块）完成修复方案编制。重点建设用地安全利用率100%。（11）地下水污染防控。对在建工地、公交枢纽、物流企业、重点用油企业等可能存在自备加油点和非法加油等违法行为的企业、场所开展巡查检查，未发现违法违规情况。持续开展报废污染源调查监测井排查，发现的污染源调查监测井均已回填。（12）辐射安全监管。完成辐射安全许可30件，“双随机”抽查检查92家核技术利用单位，制定《虹口区生态环境局核与辐射事故应急预案》。指导60家企业修订完善应急预案，为全区41家企业167名辐射工作人员开设辐射环境安全培训和考试专场。深化基站监管，督促企业落实电磁环境管理各项要求，强化企业环境保护主体责任。（13）生活垃圾分类减量。推进分类投放点升级改造，持续升级各街道可回收物中转站，在全市率先实现沿街商铺生活垃圾上门收集全覆盖。开展生活垃圾储运体系专项整治，改造黄山路垃圾残液中转站，已投入使用，对7座小压站进行污水纳管改造，对垃圾清运车辆进行封闭改造避免滴漏。执法中发现垃圾分类问题并责令整改2200余起，立案查处1246起，行政处罚30余万元。全区生活垃圾回收利用率达到56.9%，分类实效稳步提升。（14）危（医）废监管。广泛宣贯新《固体废物污染环境防治法》，做好全国人大执法检查的迎检。加强全区141家危废、158家医废产生单位监管。指导督促危废产生单位按时完成危废管理计划备案；推进学校实验室危废处置合同集中签约，专项检查8家P2实验室、25家社会实验室，规范其危废收集处置；全面开展汽修行业提标专项整治，持续做好小微企业危废处置托底工作。危废安全处置率达100%。严格落实医废四联单管理制度。按照医废标准落实集中隔离点、发热门诊、发热哨点产生的生活垃圾收集、收运和处置。打通堵点破解难点，对8家社区卫生中心及137家小型医废产生单位开展定时定点收运，解决“最后一公里”难题。全年规范收集处置危废283.11吨、医废2866.58吨。（15）海绵城市和生态城区建设。结合和平公园改造、92街坊地块综合开发、梧州路（周家嘴路—海拉尔路）改建、沙泾港（曲阳路段）防汛墙改造项目，打造海绵城市样板工程。完成曲阳排水分区海绵达标区域评估工作。全年新增各类绿地面积4.77万平方米，新增立体绿化2.5万平方米，完成1.85千米绿道建设（含海伦路绿化特色道路建设）和6个口袋公园的改造。成功创建天宝路（新港路—四平路）、新港路（大连路—瑞虹路）2条市级林荫道。有序推进和平公园改建和67街坊公共绿地建设。完成北外滩和瑞虹新城创建为绿色生态城区，全区50%以上的社区创建为绿色社区。（16）生态环境“一网通办”“一网统管”。推进8项行政许可、4项公共服务事项接入“一网通办”平台，在确保审批准确度的基础上，简化审批材料程序，提升速度。将空气重污染应急管理接入“一网通管”平台，实现对应急启动、部门响应、落实反馈及指令解除4个环节的实时指挥，助力保障秋冬季和“进博会”期间空气质量。完善“一网统管”平台各类环境监管信息，提升生态环境监管信息化、智能化水平。制定《虹口区关于加快构建现代环境治理体系的实施意见》并细化措施，编制完成《虹口区第八轮（2021—2023年）生态环境保护和建设三年行动计划》。发布《2020年虹口区生态环境状况公报》。对固定污染源全覆盖开展排污许可一证式管理。开展移动执法全过程数字化办理。规范行政处罚自由裁量权，执行市轻微违法行为免罚清单。运用远程监控、大数据等手段，研究非现场监管方式。完成23项市级督察整改销项。全年依法出动环境执法人员764批次、3127人次，检查各类排污单位1449户次，处理各类信访1348件，违法处罚18件，累计罚款14.6万元。在建设项目许可、备案事项中广泛推行告知承诺制。全面落实“两个免于提交”（凡是上海市政府部门核发的材料，原则上一律免于提交；凡是能够提供电子证照的，原则上一律免于提交实体证照）。全年，做出建设项目行政许可14件、夜间施工许可186件、排污许可证38件。围绕2021年生物多样性日、“6·5”环境日、全国低碳日各主题开展系列宣传活动，举办环保科普讲座，开展环境监测设施公众开放活动，提高公民环境素养。为暑托班孩子及云南省文山壮族苗族自治州西畴县兴街镇第一小学近220名学生作“携手低碳生活、共建绿水青山”和生物多样性讲座。推送环保宣传微信1492条，其中原创193条；发布微博1095条。

（朱 梅）

【编制区第八轮环保三年行动计划】

1—7月由区生态环境局编制。依托区环境保护和建设协调推进委员会平台，启动编制工作，经多次征询相关部门、街道意见，网上公开征求社会意见，进行合法性自查和审查，形成区第八轮环保三年行动计划送审稿。7月，根据重大行政决策程序规定和政务公开的要求，公众代表列席区政府常务会，区政府常务会研究审议区第八轮环保三年行动计划（送审稿），根据区领导和公众代表意见修改送审稿。7月30日，区委常委会审议通过《虹口区第八轮（2021—2023年）生态环境保护和建设三年行动计划》。计划包括9个专项64项具体任务，其中市下达任务43项。

（朱 梅）

【规范小型医疗机构医疗废物末端处置】

3月，通过上海市政府采购网公开招标，委托第三方上海虹口城市建设发展有限公司定时定点收集小型医疗机构医疗废物。区生态环境局联合区卫生健康委、区发展改革委、区财政局、区绿化市容局、区城发公司等部门，形成点位目录、路线清单及收运方案。配备安装GPS收运车辆和人员。收入小型医疗机构医废时，收运人员手持PDA扫描录入交接的全部医废信息；与上海市固体废物处置有限公司交接医废时，收运车辆在指定交接点实行医疗废物不落地交接。开展收运后，8家社区卫生中心及137家小型医疗机构产生的医废均能按要求及时完成清运，解决医废收运“最后一公里”难题。疫情常态下，4家集中隔离点产生的生活垃圾纳入小型医疗机构医废定时定点收运。

（朱 梅）

【“6·5”世界环境日系列宣传活动】

6月3日在虹口区图书馆曲阳分馆举行，区生态环境局举办。活动主题为“生态虹口，绿色共生”。现场以短视频形式向与会者介绍2020年虹口区环境质量和生态环境保护主要工作情况；向4—5月间举办的“保护生物多样性，走进美丽虹口”生态环保主题摄影大赛获奖市民代表颁奖，获奖代表分享自己拍摄的故事和心得体会，获奖学生代表通过视频表达了自己对生态环境保护的感悟；环保青年志愿者代表宣读低碳生态环保倡议书。区生态文明建设领导小组各成员单位代表，企业代表、环保志愿者代表等约30人参加活动。宣传活动期间，在白玉兰广场播放“人与自然和谐共生”“践行绿色低碳生活”等“6·5”环境日宣传公益广告。组织形式多样的生态环境宣传教育进机关、进学校、进企业、进社区活动。发放各类生态环保宣传品近2万件。

（朱 梅）

【云南小学生“云参观”虹口生活垃圾分类科普馆】

12月23日，虹口区生态环境局联合云南省文山壮族苗族自治州生态环境局西畴分局，会同虹口区绿化市容局等部门，组织云南西畴近200名小学生代表以视频直播连线的方式“云参观”虹口区生活垃圾分类科普馆。学生们跟随镜头，仔细聆听科普馆老师讲解体验馆内“国家嘱托”“上海先行”“虹口模式”“厨房减量”等场景，了解日常生活中产生的垃圾对人类未来的生活有哪些影响，生活垃圾应该如何分类，哪些垃圾可以“变废为宝”，垃圾的“来源去路”等知识。向西畴县第三小学、西畴县兴街镇第一小学赠送《生态印记》笔记本2000本，该笔记本由虹口区生态环境局和云南省文山壮族苗族自治州生态环境局西畴分局联合制作。

（朱 梅）

【汽修行业专项整治】

2021年，区生态环境局制定《虹口区汽修行业百日专项整治行动方案》，召开汽修行业专项整治工作推进会，加强洗车备案审核。重点对危废规范化管理、废水排放、市容秩序等方面开展检查。全年累计出动生态环境、城管执法、市场监管、公安等各类执法人员2376人次，检查单位1341户次，发现占道经营、无证洗车、经营场所“三合一”、无照经营、危废贮存场所不规范等违法违规行为511起，作出行政处罚146起，罚款金额3.85万元；关停、取缔违法违规汽修企业22家，交警部门查获机动车违停1680余起。

（朱 梅）

民 防

【概况】

2021年，区民防工作一手抓巩固落实，一手抓创新发展，推动民防高标准建设和高质量发展，完成全年各项任务目标。（1）民防指挥体系建设。严格执行24小时双人战备值班制度，落实值勤人员记录每日值班情况，做好重大节假日期间值班执勤和季度大交班工作。健全指挥机构，成立区民防办训练演练领导小组，制定区年度训练演练计划，组织开展训练演练。年内，组织民防机关人员、人防专业队伍骨干等170余人次进行人防专业技能培训。区内8个街道和69所中小学共计10.5万人联动开展防空袭人员疏散演练。与嘉定区民防办联合组织200名居民开展跨区域临战人员疏散演练。牵头嘉定、宝山、崇明区民防办开展信息防护课题演练。（2）民防宣传教育。结合重要节点开展民防“六进”宣传教育活动，成立民防宣讲团，全年开展讲座17场，为2500名居民和学生进行民防知识宣传和技能培训。“9·18”警报试鸣演练期间，张贴警报试鸣公告和海报各9000份，发放3130本民防读物。组织27所中学近万人参加中学生民防知识网络竞赛，总体成绩位于全市前列。利用虹口民防教育培训基地，接待近万人次。（3）融入区域城市治理。编制北外滩民防建设专项规划。将民防规划与北外滩建设地下空间整体开发实施方案深度融入。完善民防工程的布局和功能配套，明确全区骨干工程布局布点，明确“十四五”近期建设目标和2035年远期建设目标。探索公用民防工程公益化使用流程模式，牵头将广灵四路492号公用民防工程改造成停车库，缓解周边小区停车难问题，打造一处民心工程。强化科技赋能，进一步推进地下空间设备数字化、监管数字化、服务数字化提升。做好行政审批，年内，通过行政协助平台受理行政协助14件，受理拆除申请8件，通过联审平台完成综合竣工验收项目5个。各类政务服务指标数据均有提升，所有事项马上办，全程网办，所有服务事项零跑动。（4）民防专项治理。编制全区公用退出序列工程整治的实施方案，制定《虹口区退出民防序列公用民防工程隐患整治工作规则》，明确隐患整治的部门分工和流程，保障隐患整治工作顺利落实。拟订工作方案，组织业务培训，梳理工程档案，联系第三方机构，组织开展民防工程专项普查。（5）地下空间安全管理。调整区民防安全工作领导小组成员，组织召开区民防系统安全工作会议。年内，基层单位、地下工程管理（使用）单位签订《安全责任书》《安全承诺书》共计768份，发放《防汛告知书》414份。举办防汛、消防安全培训活动2期，82家地下工程管理（使用）单位参加培训。修订完善《虹口区民防办公室防汛防台响应行动方案》，落实领导24小时带班值守制度。汛期值班备勤231小时，值班人员107人次，应急队值守149人次。至年底，开展日常检查90次、联合检查4次，出动检查人员441人次，检查地下工程2164处、地面房5处，整治隐患问题18项。

（韩皎皎）

【2021年度区民防系统安全生产工作大会】

1月12日在区机关大楼举行。区民防办组织召开。会议总结2020年区民防系统的安全工作，表彰年度安全工作优秀单位和先进个人，对2021年安全工作要点作部署。区民防办领导与区民防系统各基层单位负责人完成《安全责任书》和《安全承诺书》的签约。区民防办全体人员、基层单位有关领导和一线安全管理人员40余人参加会议。

（韩皎皎）

【春节前地下空间安全联合检查】

2月4日开展。区地空联办组织相关成员单位负责人参加，先后检查天潼路338号星荟广场、北苏州路188号苏宁广场以及周家嘴路887号上滨国际等三处人员密集场所地下空间。重点查看地下空间疫情防控、应急预案情况。检查总体情况良好，但也发现公共区域消毒记录缺失以及民防设施养护不到位等问题，检查组均开具整改单，要求责任单位限期整改，并落实专人跟踪整改进度。

（韩皎皎）

【人民防空训练】

4月8—9日在奉贤民防教育实践基地开展。区民防办、曲阳路街道社区民防干部及志愿者参加。训练为期2天，采取知识讲座、技能教学、技能实践和参观学习相结合的方式开展。通过人民防空基础知识讲座和灾害防护逃生讲座，让社区居民进一步了解人防、认识人防。

（韩皎皎）

【地下空间防台防汛专题培训和应急演练】

4月23日在天宝路1003号举行地下空间防台防汛专题培训。区民防办组织开展。从防汛形势、政治使命以及法律法规等3个方面给学员进行动员，并部署2021年区地下空间防台防汛工作重点，讲授《虹口区地下空间防台防汛主要任务和工作要求》。会上，下发《2021年做好防台防汛工作告知书》，明确各地下空间物业管理单位落实防台防汛主体责任。全区89家地下空间物业管理单位的负责人参加。5月12日在白玉兰广场地下车库举行地下空间防台防汛应急演练。区民防办（地空联办）、区防汛办、区民防抢险队20余人参加演练，演练现场放置宣传展板，进行防台防汛相关知识宣传，开展民众安全教育。

（韩皎皎）

【“5·12”防灾减灾日宣传活动】

5月8日在合生财富广场、金融街（海伦）中心北广场举行。区民防办联合嘉兴路街道及各应急部门以“5·12”防灾减灾日为契机，设点开展民防系列宣传活动。活动现场，民防工作者和志愿者通过言传身教、互动体验的形式重点教授来往企业员工逃生绳结系法、止血包扎、心肺复苏、防毒面具佩戴、心理疏导等民防救护、逃生、防护技能。宣传自然灾害，人为灾害的防灾救灾知识。民防工作者和志愿者30余人参加，共放置宣传展板50余块。

（韩皎皎）

【组织开展政府开放日活动】

8月9日在凉城路2222号区民防教育培训基地举行。区民防办组织开展。活动以“走进民防，观民防前世今生”为主题，开展现场参观互动、自救互救技能传授和群众座谈，社区群众10余人参加。

（韩皎皎）

【“沪盾—单元·2021D”人民防空信息防护行动演练】

11月3日在虹口举行。由虹口区民防办牵头，宝山区、嘉定区、崇明区民防办组成的第4联训单元共同筹划组织。市民防办党组成员、副主任汪耀明，虹口区委常委、副区长关也彤，上海警备区战建局有关部门负责人在指挥大厅组织指导并观摩演练。市民防办指通处、信息中心、防救中心负责人，区人武部和第4联训单元相关领导以及参演单位共30余人到场观摩。

（韩皎皎）

【市民防办专题调研虹口民防工程维护管理使用工作】

12月1日，市民防办党组书记、主任钟杰，市纪委监委派驻纪检监察组组长宿琳一行赴虹口区，专题调研虹口民防工程维护管理使用情况。虹口区委常委、副区长关也彤，区民防办、区纪委监委第四派驻纪检监察组、凉城新村街道、广中路街道、区城发公司相关负责人陪同调研。调研组实地查看广灵四路492号公用民防工程改造车库现场、水电路191弄29—31号民防工程公益化使用试点社区“民兵之家”和白玉兰广场地下空间使用管理情况。

（韩皎皎）

【区公用民防工程改造车库项目竣工】

12月30日在凉城新村街道秀苑小区举行广灵四路492号民防工程改造车库项目竣工仪式。市民防办党组成员、副主任吴斌，虹口区委常委、政法委书记宣一洲出席仪式并致辞。市民防办相关处室、区民防办、区城发公司、凉城新村街道相关负责人，居委会、业委会和居民代表参加竣工仪式。项目建筑面积共1628平方米，市民防办给予资金和政策支持，区民防办、凉城新村街道、区城发公司共同推进完成。该项目为市、区联手挖潜改造公用民防工程找到新路径、新模式，形成示范模板。

（韩皎皎）

应急管理

【概况】

2021年，区应急管理工作围绕安全生产、防汛防台、消防救援等工作展开。（1）安全生产。区应急管理局组织开展安全生产专项整治三年行动等各类安全生产专项整治行动，推进重点行业领域安全生产事故隐患排查治理，累计排查隐患35312处，完成整改35184处，及时整改率99.64%，责令停产整顿企业187家，行政罚款298.455万元。统筹推进第一次自然灾害综合风险普查，依法依规查处安全生产违法违规行为和生产安全事故，共检查各类生产经营单位176家次，排查隐患245条，及时整改率100%；出具责令限期整改指令书23份，对相关责任单位和人员罚款合计134.6万元。执行危险化学品经营许可证和第三类非药品类易制毒化学品备案审批制度。年内，发放危化品经营许可证42份，第三类非药品类易制毒化学品经营备案8份。完成市长咨询日、世界城市日、第四届“进博会”，等重大活动安全生产保障任务。至年底，发生一般生产安全事故5起（死亡事故3起、重伤2起），对事故责任单位和人员罚款106.24万元。（2）防汛防台。全年共启动防汛防台应急响应45次，其中Ⅳ级响应33次、Ⅲ级响应10次、Ⅱ级响应2次。梅雨期间，累计雨量191.5毫米，较往年（2019年为377.7毫米，2020年为584.9毫米，常年为243.1毫米）显著偏少。汛期总降水量较往年偏多，累计最大降雨量达1137.5毫米（2019年为978.3毫米，2020年为1084.2毫米）。汛期内出现多次强降雨，和平公园测站最大1小时降雨量达66.5毫米，超过五年一遇的58毫米排水标准。年内，曲阳路街道东体社区、嘉兴路街道海伦社区成为2021年度上海市安全发展和综合减灾示范社区。（3）消防救援。2021年，区共发生火灾374起，造成1人受伤，直接财产损失约144万元，未发生重大以上火灾事故。年内，举行纪念习近平总书记授旗训词三周年暨“119”消防宣传月启动仪式，配合完成《火线救援》纪录片拍摄；在国家级“双微”发布信息31篇，播出辖区防火检查、隐患曝光类新闻报道10次，播出消防安全类提示600余条次，推送微信、微博2600余条，吸收招募3700余名消防志愿者。至年底，完成“彩虹湾”家队一体手机客户端（App）等系统投用。编撰《虹口消防的百年百人百事》。建立巡审一体机制，巡察审计双轨推进、双向印证，完成21个采购项目审计，审计资金497万元。推行“实地调研、桌面推演、实装拉动和预案完善”演练模式，组织开展42次支队级实战演练。聘请专业教官驻队施教，外派指战员“取经修炼”，为水域、地震等专业队培训骨干68人。联合4个支队6次开展清单化科目会操，组建“无人机分队”，提升侦察检

图13-11　6月17日，在中共四大纪念馆举行《虹口消防的百年百人百事》首发仪式（区消防救援支队　提供）

测、人员搜索、信息采集、传输处理的“侦传一体”能力。完成指挥中心升级改造、“世界会客厅”前方指挥部建设并接入“一网统管”平台数据，完成506家微型消防站可视化调度平台建设。全年开展大型商业综合体、电动自行车等专项整治10项，挂牌督办重大火灾隐患单位2家；创建上海白玉兰广场为市级综合体消防管理样板示范单位，推动4家5万平方米以上综合体实现全面达标；建立《高层建筑问题隐患和责任整改清单》，督促1726栋高层建筑管理使用单位全面自查，共检查单位4.1万余家次，督改隐患4.7万余处，临时查封单位11家，责令“三停”单位178家，拘留54人，罚款285.5万元。年内，区消防救援支队虹口站获全国青年文明号称号，江湾、江杨、北外滩站获评虹口区文明单位，区消防救援支队闫霁获省部级荣誉，2个集体、7人获上海消防救援总队荣誉。

（顾　闻　唐旭栋）

【虹口区安全（应急）教育体验馆揭牌仪式】

6月16日在凉城公园举行。虹口区安全（应急）教育体验馆位于凉城路677号，5月建成。场馆占地1200平方米，是上海市首家区级层面自行建设的综合性安全教育体验馆，集安全警示教育、公共安全避险训练、社会治理建设示范、安全体验教育培训等多功能为一体，有效提升体验人员安全防范和突发事件应对技能。至年底，共接待5245人次参观体验。

（顾　闻）

【抵御“烟花”“灿都”台风】

7—9月汛期，受台风“烟花”“灿都”及强降雨影响，区内共发生道路、小区树木倒伏276起、电力线路中断4条次，约有3580户居民受到影响，所有灾情均在第一时间进行处置，城区运行总体平稳有序。

（顾　闻）

【“8·7”黄浦江“伦蒂诺”游艇火灾扑救】

8月7日19时09分，上港码头一游艇发生火灾。上海消防救援总队调集虹口、北外滩、大连等9个消防救援站，23辆消防车，沪消2号、5号两艘消防救援船，115名消防指战员赶赴现场处置。虹口、水上、浦东支队全勤指挥部到场指挥。火势于20时45分报控制，21时04分报熄灭。此次火灾无人员伤亡，成功保护了黄浦江两岸其他游船。

（唐旭栋）

公用事业管理

【概况】

2021年，区公用事业燃气、邮政、电信、公共交通等运营良好。（1）燃气。区内燃气供应以管道天然气为主，有天然气用户约29.70万户，由燃气市北销售公司供气；有液化石油气用户约3563户，由上海液化石油气经营有限公司、喜威（上海）液化石油气有限公司、上海百斯特能源发展有限公司、上海恒申燃气发展有限公司和上海东海液化气有限公司配送供应。年内，区建设管理委协同属地街道，配合燃气市北销售公司开展燃气安全隐患督促整改，共督促整改不合格用户6648户；全年完成燃气地下隐患管网改造16.3千米，完成居民住宅燃气表前高龄地上燃气管道更新3997户；推进特定居民用户更换燃气器具实事项目，为区高龄独居、特困人群和军烈属等居民用户家庭淘汰超龄燃气器具249台。（2）邮政。中国邮政集团有限公司上海市虹口区分公司（简称邮政虹口区分公司）下设7个邮政支局，14个邮政所，5个营业部，1个揽投部；投递线路134条，线路单程总长度1072.7千米，其中机动车投递线路6条、单程长75.5千米，电瓶车投递线路128条、单程长937.2千米；开箱线路6条、单程长60千米；设信箱（筒）129个、ATM机5台、CRS机16台、存折CRS机8台、存折ATM机1台、ITM22台。服务面积约23.45平方千米，服务人口约75.8万人。全年完成业务总收入20664.32万元，其中函件业务收入1494.27万元，包裹快递业务收入7001.35万元，报刊发行业务收入1668.13万元，集邮业务收入1233.22万元，代理金融业务收入共计8662.53万元，信息与代理业务收入50.83万元，分销业务收入127.36万元，其他收入426.63万元；区寄递事业部全年完成业务总收入6872.1万元，其中国内特快专递收入4149.6万元，国际及港澳台特快专递收入222.8万元，快递包裹收入1524.8万元，其他业务收入974.9万元。年末储蓄余额54.32亿元。人均劳动生产值为27.53万元。快递包裹及时妥投率为97.16%；银企对账单妥投率为100%；约投挂号当日妥投率为94.51%。年内，邮政虹口区分公司获上海市公安局治安总队、上海市企事业单位治安保卫协会颁发的2021年度治安防范先进集体称号。（3）电信。中国电信股份有限公司上海分公司（简称中国电信上海公司）是中国电信的省级分公司，是中国电信在上海设立的属地化服务机构。2021年中国电信上海公司坚持以客户为中心，以科技创新为战备支撑，以数字化转型为工作抓手，收入增幅4.03%，收入份额47.02%；归母净利润完成率为102.25%；客户综合满意度保持行业领先；基本面收入由负转正，存量收入保有超过100%，台阶收入持续提升，5G新增、三千兆套餐、高质量融合占比等关键经营指标比上年均有提高。年内，完成上海市政府发布的2021年为民办实事项目，为全市52万户困难家庭免费提供光纤网设备，免费安装、免费提速至100兆；超额完成“架空线落地优环境”实事项目242条道路约206千米架空线入地，完成率206%；与虹口区签订共建千兆城市协议，助推“双千兆第一区”建设。中国电信上海公司5G分流比提升至30%以上，成为上海区域首个5G分流比达30%的运营商，5G网络驻留比提升至75%，全球首个5G“细胞银行”落户上海。至年底，完成各类通信保障任务521次、各类重大应急通信保障任务235项，组织华东大区10省市应急联合保障演练、全市应急救灾物资保障演练等26次。（4）公共交通。2021年，区建设管理委持续推进“民心工程—住宅小区停车难综合治理”工作，编制区停车设施专项规划，制定《虹口区停车难综合治理工作方案》，推进完成公共泊位建设项目4个。完成停车难综合治理示范项目2个。至年底，区内有公共停车场116家，公共停车泊位26153个。区内道路停车路段117条，泊位总数2990个。全区68家公共停车场库数据接入市级停车电子支付功能。13家公共停车场（库）完成线上错峰签约。年内，完成竑杉湾、瑞虹10号地块项目、江湾华庭、彩虹湾公共服务中心4个项目的配建机动车停车库竣工验收。完成15处巡游出租车候客点建设（市政府实事项目），完成15处公交港湾式车站改造（市政府实事项目）。完成481个公共充电桩、73个公共快速充电桩建设。东长治路公交枢纽移交。

（卢嘉光　刘文君　张　军　张月茹）

【燃气行业隐患排查整治】

8—10月由区建设管理委组织开展。根据市住建委、市安委办等文件要求，结合区情，对区内燃气场站全覆盖检查，并陆续对区内大型商业综合体、餐饮用户等开展燃气设备、安全用气等检查，开展瓶装液化气全过程追溯、燃气管道占压治理等专项行动。共计开展专项检查73次，联合检查24次，出动检查人员780人次，处理无主液化气钢瓶5只，排查各类燃气安全隐患18处且均已闭环。检查发现七浦兴旺服饰城美食广场存在管道私接、报警器缺失等多项隐患，联合燃气市北公司妥善处置，至年底完成整改。

（卢嘉光）

【中共四大纪念馆主题邮局揭牌】

9月30日，在迎接中华人民共和国成立72周年、中共四大纪念馆“初心讲堂”首讲之际，虹口区邮政分公司中共四大纪念馆主题邮局在国旗广场揭牌。为庆祝中共四大邮局开业，区分公司特制作了纪念封、明信片、个性化邮票等纪念邮品，并发行TS71型彩色邮资机宣传戳。

（刘文君）

【鲁迅邮政文化陈列站点揭幕】

10月20日，为纪念鲁迅诞辰140周年，市邮政分公司在四川北路1991号的鲁迅公园邮政支局（爱情邮局）设立的“两地书”鲁迅邮政文化陈列站点揭幕。陈列站点通过照片、书信陈列，影片轮播等方式，展现鲁迅先生在沪十年的爱情与生活。虹口区委宣传部、上海市集邮有限公司、上海市报刊发行局、中国邮政集团有限公司上海市分公司、中国邮政集团有限公司上海市虹口区分公司、中国左翼作家联盟会址纪念馆等单位出席揭幕活动。活动发行的《鲁迅和许广平书信馆》TS71型彩色邮资机宣传戳、《〈两地书〉鲁迅邮政文化陈列》纪念封、《两地书》明信片等系列邮品受到邮迷朋友的喜爱。

（刘文君）

【第十三届安全用气百日活动】

11月7日在鲁迅公园启动。区建设管理委主办，区市政和水务管理中心、燃气市北公司及区内各液化气经营企业承办。宣传活动主题为“智慧安全燃气，营造美好生活”。活动期间，共发放各类燃气安全宣传资料1000余份，受理群众咨询150余人次，督促燃气企业做好燃气用户的安全检查，并将发现的隐患及时告知用户并及时跟踪回访，多渠道鼓励用户积极更新超龄燃气器具。

（卢嘉光）

【虹口区与上海电信签订共建千兆城市协议】

11月19日，上海电信举行“全城千兆美好家，电信数字新生活”2021年数字生活节发布会，实施“全城千兆、全面提速、全家共享”。发布会上，虹口区与上海电信签订共建千兆城市协议。该协议将助推区“双千兆第一区”建设，巩固北外滩区域城市级精品网络建设成果，为区数字化转型奠定良好的数字底座。

（钱立富）

旧区改造

【概况】

2021年，全区“旧改”15057户，提前超额完成全年10000户的目标。面积约43.81万平方米。收尾交地8个项目17个街坊，分别为122街坊，68街坊，169街坊，340、341、350、351、354、355街坊（万安路项目），北横通道一期项目，106街坊，138街坊，新建青云路绿地项目，38、43、44街坊（山寿里项目），104街坊（东余杭路二期项目）等。全年受理补偿决定73件，做出补偿决定76件，强制执行15件。

（罗依蕾）

图13-12　1月28日，举行东余杭路（二期）及余杭路项目房屋征收签约比例达标揭牌仪式（北外滩街道　提供）

【完成东余杭路“旧改”项目】

1月28日，位于北外滩核心区域的东余杭路（二期）、余杭路“旧改”项目房屋征收签约率分别达到99.36%和99.33%，达标生效，惠及居民5000余户。其中，东余杭路（二期）“旧改”项目东至高阳路，南至唐山路，西至公平路，北至周家嘴路，由79、93、103等6个街坊组成，约10.91万平方米，涉及居民3887户；余杭路“旧改”项目由3个街坊组成，约3.2万平方米，涉及居民1228户，此次“旧改”试点采用升级版“组团打包”模式推进，将9个街坊打包组合成2个项目同步启动、同步推进，取得成功。

（杨沁岳）

【189街坊“旧改”征收比例达标】

4月18日，189街坊第二轮“旧改”征收意愿征询率达99.39%，达到征收签约比例，共签约162证。该街坊“旧改”范围东至邢家桥南路，南至东宝兴路，西至弄地，北至弄地，涉及居民159证、195户。虹口区于3月31日对该街坊做出房屋征收决定。

（庄淑敏）

图13-13　2021年，虹口老旧民宅（席闻雷　拍摄）

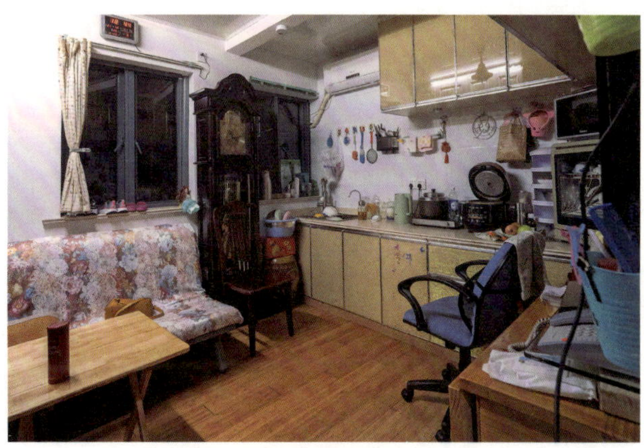

图13-14　2021年，位于北外滩地区亭子间内景（席闻雷　拍摄）

【昆明路以南“旧改”征收项目达标生效】

6月28日，昆明路以南“旧改”征收项目以98.8%的房屋征收签约率达标，提前达标生效。区委书记郭芳，区委副书记、区长胡广杰，区人大常委会主任吴延风，区政协主席石宝珍，区委副书记洪流出席庆祝仪式。该地块东至大连路，南至平凉路、杨树浦路，西至海门路、东大名路，北至昆明路，由83、84、85等10个街坊构成，面积约15万平方米，涉及居民6000余户，是虹口区覆盖面积最多、投资总额最大的“旧改”项目。昆明路以南“旧改”征收项目生效，标志着北外滩区域成片二级以下旧里征收工作全部完成。

（杨沁岳）

【176街坊“旧改”征收比例达标】

9月27日，176街坊房屋征收签约率达到98.98%，该地块签约比率提前生效。该街坊“旧改”范围东至中州路，南至弄地，西至罗浮路，北至虬江路，涉及居民197证、241户。虹口区于9月15日对该街坊做出房屋征收决定。

（庄淑敏）

【334、339、361街坊“旧改”征收达标生效】

11月1日，334、339、361街坊“旧改”签约率达99.23%，达标生效。334街坊东至弄地，南至河滩西路，西至万寿街，北至万安路；339街坊东至弄地，南至车站西路，西至万寿街，北至河滩西路；361街坊东至弄地，南至公安街，西至弄地，北至弄地，3个地块涉及居民394证、494户。此次“旧改”征收生效标志着江湾镇街道完成二级以下旧里的旧区改造任务。

（韩 娟）

【122街坊房屋征收项目】

2021年完成征收，收尾交地。该项目征收范围东至弄地，南至三河路，西至虹镇老街，北至弄地，涉及居民847证、1201户。于2018年3月16—25日实施第一轮意愿征询，通过率为99.75%。2018年7月17日，虹口区做出房屋征收决定；同年7月29日至9月28日为签约期，签约率为90.55%。

（罗依蕾）

【68街坊房屋征收项目】

2021年完成征收，收尾交地。该项目征收范围东至高阳路，南至东长治路，西至弄地，北至唐山路，涉及居民494证、573户。于2019年3月23—31日实施第一轮意愿征询，通过率为98.05%。2019年5月27日，虹口区做出房屋征收决定；同年9月22日至11月21日为签约期，签约率为98.18%。

（罗依蕾）

【169街坊海昌苑二期房屋拆迁项目】

2021年完成征收，收尾交地。该项目拆迁范围为同嘉路、利民路，涉及居民232证、282户。于2007年1月24日取得沪房虹拆许字〔2007〕第2号拆迁许可证。

（罗依蕾）

【340、341、350、351、354、355街坊房屋征收项目】

2021年完成征收，收尾交地。该项目征收范围东至新市南路，南至奎照路，西至弄地，北至公安街，涉及居民507证、818户。于2019年9月15—24日实施第一轮意愿征询，通过率为99.28%。2019年12月2日，虹口区做出房屋征收决定；同年12月16日至2020年2月15日为签约期，签约率为97.83%。

（罗依蕾）

图13-15 6月28日，举行昆明路以南“旧改”项目房屋征收签约比例达标揭牌仪式（北外滩街道 提供）

【北横通道新建一期房屋征收项目】

2021年完成征收，收尾交地。该项目征收范围为周家嘴路（河南北路—大连路），涉及居民287证、294户。2019年5月7日，虹口区做出房屋征收决定；同年5月18日至6月2日为签约期，签约率为99.65%。

（罗依蕾）

【106街坊房屋征收项目】

2021年完成征收，收尾交地。该项目征收范围东至丹徒路，南至东余杭路，西至高阳路，北至周家嘴路，涉及居民557证、632户。于2018年11月15—20日实施第一轮意愿征询，通过率为97.89%。2019年10月29日，虹口区做出房屋征收决定；2019年11月10日至2020年1月9日为签约期，签约率为98.56%。

（罗依蕾）

【138街坊房屋征收项目】

2021年完成征收，收尾交地。该项目征收范围东至舟山路，南至周家嘴路，西至公平路，北至岳州路，涉及居民871证、1089户。于2019年8月22—29日实施第一轮意愿征询，通过率为100%。2020年3月8日，虹口区做出房屋征收决定；同年3月19日至4月19日为签约期，签约率为98.28%。

（罗依蕾）

【青云路绿地房屋征收项目】

2021年完成征收，收尾交地。该项目征收范围为青云路215、233、235、237、241号，涉及居民12证、13户。2018年7月24日，虹口区做出房屋征收决定；同年8月12—26日为签约期，签约率为100%。

（罗依蕾）

【38、43、44街坊房屋征收】

2021年完成征收，收尾交地。38、43、44街坊属于山寿里组团打包项目，征收范围东至九龙路，南至大名路，西至武昌路，北至汉阳路，涉及居民909证、1147户。于2020年1月21日、1月31日至2月9日实施第一轮意愿征询，通过率为97.75%。2020年5月14日，虹口区做出房屋征收决定；同年5月26日至6月25日为签约期，签约率为97.88%。

（罗依蕾）

【104街坊房屋征收】

2021年完成征收，收尾交地。104街坊属于东余杭路二期组团打包项目，征收范围东至弄地，南至唐山路，西至丹徒路，北至弄地，涉及居民358证、379户。于2020年11月6—15日实施第一轮意愿征询，通过率为97.24%。2021年1月5日，虹口区做出房屋征收决定；同年1月16日至2月27日为签约期，签约率为99.36%。

（罗依蕾）

住房建设与保障

【概况】

2021年，全区房地产业完成区级税收24.12亿元，比上年增长23.6%；住宅施工面积达48.53万平方米，比上年减少38.01%，住宅竣工面积2.3万平方米，比上年减少93.33%；完成“美丽家园”综合改造等各类旧住房修缮改造项目200万平方米；启动虹口区深化建设新时代“美丽家园”三年行动计划（2021—2023），围绕“更安全、更宜居、更便捷、更高效”的建设目标，持续推进住宅小区软硬件建设。继续通过廉租房、公租房、共有产权房等保障方式解决中低收入家庭住房困难。（1）住宅建设与住房保障。新建商品房成交面积为49.41万平方米，同比增加88.5%。其中，住宅（含配套）成交面积为42.44万平方米、商业用房成交面积为0.91万平方米、办公用房成交面积为0.05万平方米、其他类成交面积为6.01万平方米，交易金额为363.45亿元，比上年增加81.7%。存量房成交面积为58.98万平方米，比上年减少4.9%，成交金额为315.89亿元，比上年减少4.2%。全区13个项目完成房产预售或现房备案，其中住宅项目面积约为40.94万平方米，商办项目面积约为28万平方米，其他项目面积约为5.49万平方米。配合区委组织部（区人才办）做好人才公寓相关工作，为区级人才公寓筹措房源656套。继续推进住宅产业现代化和住宅配套建设，新出让地块住宅项目全部落实装配式和全装修要求。区享受廉租租金配租家庭3343户、实物配租家庭460户，发放租金补贴5898万余元；累计供应公共租赁住房（含公廉并轨）2001套，出租（含预租）1835套，分配率逾90%；受理第九批次上海市户籍共有产权保障住房和第三批次非本市户籍共有产权保障住房，共计受理审核符合准入标准的本市户籍申请家庭269户，非本市户籍家庭1

图13-16　10月29日，在曲阳社区文化中心举行区第九批共有产权保障住房选房现场会（梁霁珺　拍摄）

户，完成第八、第九批次上海市户籍及第二、第三批次非本市户籍共有产权保障住房选房工作。（2）住房修缮与物业管理。完成“美丽家园”综合改造等各类旧住房修缮改造项目超过200万平方米，通过完善小区功能、融入人文设计、打造小区休闲空间，提升小区整体品质和人文环境，涌现出丰二小区、海湾新苑、祥东小区等亮点小区。通过“修旧如旧”的优秀历史建筑修缮项目，还原金山大楼、河滨大楼等建筑历史风貌。推进成套改造等工作，广灵一村、车站西路小区等成套改造项目有序进行。全年加装电梯完成签约400台，通过征询287台，竣工124台。开展纪念、沽源、凉东、祥东等多个整小区规模化加装电梯的推进工作。发布《关于进一步加强虹口区既有多层住宅加装电梯实施单位管理的意见》《虹口区既有多层住宅加装电梯施工现场管理的指导意见》《关于进一步加强虹口区既有多层住宅加装电梯工作的实施方案》《虹口区既有多层住宅加装电梯建后运维管理工作的指导意见》《虹口区既有多层住宅规模化加装电梯项目成立临时党支部工作指导意见》等政策性、工作措施类文件。印发《虹口区深化建设新时代“美丽家园”三年行动计划（2021—2023）》，对全区各街道、各物业服务企业及相关住宅小区，开展第三方满意度测评。结合“创建全国文明城区”迎检工作，对258个住宅小区开展“拾遗补缺”工作。结合“美丽家园”建设等工作，为72个小区新增152套电动自行车充电设施及配套的消防设施。（3）房地产交易与房地产企业。区有房地产开发企业61家，其中具备二级资质企业5家，暂定资质开发企业56家。年内区房地产交易中心参与新开楼盘认购培训、现场指导、认购审核共5批次，集中在5、6月和11、12月底上市，分别为新弘逸品嘉苑（两批次）、瑞虹新城天悦耀庭（三批次）、虹云邸、虹玺名邸、云玺名邸和中皇广场。至年底上市房源2174套，共认购审核5816户。年内，虹房集团推进成套改造项目建设、旧住房综合修缮、保障房项目管理。完成车站西路三期（扩建加层）项目，改造面积3807平方米，居民69户；完成松花江路2612弄3号成套改造（扩建）项目，改造面积1251平方米，居民30户；完成广灵一村二期（扩建加层）项目，改造面积5060平方米，居民128户。金山路43号，山阴路69弄、85弄等，蟠龙街26号，闵行路171—181、201—211号等4个历史保护建筑工程及霍山路41—45号等里弄房屋修缮工程完成竣工验收、竣工决算和审价工作；北苏州路400号河滨大楼历史建筑修缮工程竣工，建筑面积53934平方米，工程总投资1.08亿元，受益居民655户。崇明堡镇华虹家园项目，占地面积97398.9平方米，总建筑面积101146.74平方米，其中住宅总建筑面积90468.3平方米，住宅总户数972套（其中商品房456套，建筑面积45258平方米；动迁安置房300套，建筑面积30426.3平方米；经济适用房216套，建筑面积14784平方米）。至年底，商品房部分累计销售260套，累计进户248户；第一批

图13-17 12月，上海市优秀历史建筑河滨大楼完成修缮（秦 战 拍摄）

经济适用房、动迁安置户进户122户。第二批经济适用房、动迁安置房进户工作启动。全年筹措公租房源1538套，其中，新增筹措141套，向社会供应公租房源1467套。年内新增公租房保障对象入住套数为246户，新增留学归国人才入住套数60户，入住客户群体中，区机关事业单位、重点企业的相关人才及公共服务行业一线职工约占83%。

（陈嘉琦　罗育雅）

【沽源小区整小区加装电梯】

2月启动。对小区内30个门栋进行现场勘察工作，加梯设计方案获得一次性全部通过。区房管局党组结合“我为群众办实事”活动，依托市、区联动的“沟通桥梁”，在市修缮质检中心的支持下，采取统一征询、统一勘测、统一设计和统一评审的集约化模式，加速推进沽源小区整体加梯进程。9月，沽源小区加装电梯正式开工。至年底，沽源小区共30个单元楼，其中20台通过征询，在建5台，竣工3台。

（陈嘉琦）

【新弘逸品嘉苑上市认购】

3月，根据新建商品房积分摇号认购及新建商品房前置查询线上审核工作的相关规定，区房地产交易中心为年内虹口区第一个上市楼盘项目（新弘逸品嘉苑）提供线上申报操作专项培训指导。5月10日入驻认购现场进行监督指导，5月16日认购结束，审批认购材料686件，入围客户361组，入围分数为73.73分。

（陈嘉琦）

【开展第三方物业企业满意度测评】

3—12月，区住房保障和房屋管理局委托第三方社会机构，对全区各街道、各物业服务企业及相关住宅小区，开展区物业行业社会公众满意度调查，形成涵盖“区、街道、企业”3个层面的调查报告体系，共测评152家物业企业，并将测评结果对外发布，引导业委会选择优质企业，从而提升物业服务水平，提高业主满意度。

（陈嘉琦）

【丰二小区“美丽家园”综合改造】

11月竣工。在设计风格上，以传统中式风格为主，结合古典建筑的构成要素，营造出典雅、稳重的风格特征，与周边环境（江湾公园）协调一致。在宜居性打造方面，通过对绿化和道路布局的合理调整，使小区环境整体更舒适宜人，同时对小区非机动车停车库进行全面改造，增设充电设施和消防喷淋设施，提升车库使用的便捷性和安全性。

（陈嘉琦）

【优秀历史建筑“河滨大楼”修缮项目】

12月完成。该项目通过“修旧如旧”，体现房屋历史价值，结合实施管线落地，还原里弄历史风貌。同时，通过房屋结构排险、公共部位楼梯检修、线路改造、白蚁防治等修缮内容消除安全隐患。通过屋面翻修、外立面修缮、电梯更换等提升房屋使用功能。对公共空间进行厨卫设施改造，解决居民厨卫设施短缺的问题。

（陈嘉琦）

（栏目编辑　吴　斌）

十四、文化旅游

综　述

2021年，虹口区全面提升文化软实力，统筹推进公共服务供给、文旅项目建设等重点工作，促进区域文旅市场高效运转，实现文旅经济稳步增长。

公共文化服务。完善文化馆“1+8”（1家区级文化馆总馆、8家街道文化馆分馆）模式和图书馆“1+2+8+N”（1家区级图书馆总馆、2家区级图书馆分馆、8家街道图书馆分馆、N个延伸服务点）模式，持续提升“一街一品”（一个街道、一个文化品牌），“一馆一特色”（区图书馆及街道分馆、一个馆一个特色品牌）影响力。全年完成公共文化内容配送522场，受益人数逾74万人次。围绕“10分钟公共文化服务圈”，继续推进全民艺术普及、全民阅读，举办市民文化节等赛事活动。

文化活动与文艺创作。全年举办展览27场，现场观众逾24万人次；举办公教活动104场，参与观众达6390人次；组织线上活动39场，参与观众逾185万人次。开展市民文化节相关活动6662场，参与人数达204.75万人次。创排沪上首个沉浸式红色文化情景剧《青春为祭》，依托多伦路文化名人街开展全域大思政体系党课建设。相继举办“丹青之美”——上海中国画院画师作品巡回展，以及多伦文艺沙龙、景云书房等主题活动、巡展巡讲共计151场，线上线下受众达58万余人次。朱屺瞻艺术馆举办“赤心惟存”——纪念朱屺瞻诞辰130周年系列活动等。上海多伦现代美术馆参与2021上海城市空间艺术季，举办虹口区分展“多伦路·共生志”。年内，虹口区文化馆创作的小品《转门》获第九届全国文化馆“地级市百馆联动”文旅嘉年华优秀展演奖、李白烈士故居“电波中永生”情景课题入选“全国文化遗产云传播（云讲堂）十佳项目”。

重大文旅设施建设。中共四大纪念馆、“左联”会址纪念馆、李白烈士故居等红色场馆相继完成改建更新，提升展陈效果。推进上实中心剧场、上海文学馆等重大文化设施施工。推动形成全区南中北旅游发展新格局。

文物保护和利用。加强对区内文物的日常巡查，全年巡查100人次。召开文物工程专家评审会及文物保护专家咨询会16次，完成3处文物修缮工程，举办“宋嘉树故居”专家咨询会等。以木刻讲习所为载体，建设文史、艺术、教育社区会客厅。

“非遗”文化保护。至年底，虹口区有“非遗”项目53项，其中“精武武术”为国家级非物质文化遗产（项），有市级非物质文化遗产（项）5项。年内，挖掘“非遗”项目申报资源26项，有13项“非遗”项目被列入第八批区级“非遗”名录，21名传承人被列入第五批区级“非遗”传承人名录。开展“海上遗韵·非遗课堂”体验活动305场，涉及“非遗”项目40余项，惠及各类人群近万人次。

文化产业发展。实现2021年区文化创意产业区级税收13820万元。梳理建成、在建及年内拟开工文化旅游项目23处。加大投资力度，实现投资总额逾30亿元。

旅游服务。中国证券博物馆、河滨之源、上海邮政博物馆、北外滩滨江国航段观景平台4处文旅点位入选“一江一河潮玩地”；浦江饭店、上海邮政大楼、上海大厦与外白渡桥入选2021上海旅游节·上海最受关注二十大优秀建筑。举办上海旅游节·虹口欢乐节、“乐嗨上海过大年”系列活动。参加2021世界城市文化论坛及虹口分论坛、文旅部高级外交官研修班等活动的策划执行工作。支持瑞虹天地太阳宫、北外滩来福士、“今潮8弄”等商业项目，引进、举办潮博会、全球沉浸式产业峰会、功夫熊猫展、艺享申城海派今潮艺术季等文旅活动。推出“中共四大·力量之源”红色发现之旅、“红色码头·领风启航”骑行发现之旅、“朝华少年·艺游江湾”青少年艺术研学发现之旅3条红色精品旅游线路，以及“一江一河·浦江三刻”——讲好红色故事旅游志愿者服务项目。“海派摩登大秀”入选

"建筑可阅读，城市微旅行"十佳线路推荐榜，"大爱满满，打卡浪漫时光"入选上海旅游节"微游上海"十大经典线路。推出"5G+VR全景导览"体验项目，文旅数字化转型初见成效。开发完成"虹口走透透"旅游数字化信息平台，数字博物馆、数字景区建设持续完善。

文旅市场管理。区文化旅游局全年开展各类疫情防控、安全生产等检查676次。开展"卫星锅"专项整治工作，全年拆除"卫星锅"1228个，拆除率100%，保持动态清零。完成对151家文化场馆的安全检测评估和安全管理诊断。指导金茂北外滩旅游公共服务中心投入运营，指导建设北苏州路111号江河口旅游公共服务中心。引导旅游咨询、宣传推介等功能进入市民驿站、商业综合体等平台。年内，区旅游公共服务中心完成市级文旅融合试点验收工作，四川北路街道浙兴里居委会成为第四批全国"扫黄打非"进基层示范点。

至年底，区文化旅游系统获得市级及以上荣誉80余项。虹口区入选第二批国家文化和旅游消费试点城市。中共一大、中共二大、中共四大纪念馆景区联合创建成为国家5A级旅游景区，中共四大纪念馆宣教部获全国三八红旗集体称号，"力量之源"志愿服务总队获全国2021年最佳志愿服务组织称号。虹口区图书馆通过全国文明单位复查。多伦路文化名人街被评为上海市级旅游休闲街区。

（盛　利）

表14-1　2021年虹口区社区文化活动中心一览

序号	名　称	地　址	建筑面积（平方米）	文化品牌
1	虹口区文化馆	水电路1412号4楼	3905.17	小戏小品、群众合唱、海上遗韵等
2	曲阳文化馆	曲阳路570号	13514.61	群众文化艺术
3	曲阳社区文化活动中心	中山北一路998号	6800	朗诵艺术
4	四川北路社区文化活动中心	海伦路505号	2600	合唱艺术
5	嘉兴社区文化活动中心	瑞虹路400号	3624.28	百姓舞台
		香烟桥路87号	2750	
6	广中社区文化活动中心	广中路123号	2786.31	收藏文化
7	凉城社区文化活动中心	车站南路340号4楼	3737	"非遗"文化
8	欧阳社区文化活动中心	四平路621弄甲100号	1074	生肖文化
9	江湾社区文化活动中心	丰镇路21号	3616.88	器乐演奏
10	北外滩社区文化活动中心	临潼路197号	232	戏剧表演

说明：资料由区文化旅游局提供。

表14-2　2021年虹口区公共图书馆一览

序列	名称	地址	建筑面积（平方米）	藏书量（册）	服务范围	服务特色	级别
1	虹口区图书馆总馆	水电路1412号	6784	1295186	面向全区	虹图大讲坛、虹口区青少年阅读节	一级馆
2	虹口区图书馆曲阳分馆	曲阳路574号	2512		面向全区	影视文献	一级馆
3	虹口区图书馆乍浦分馆	乍浦路245号	3131		面向全区	地方文献	一级馆
4	四川北路街道图书馆	海伦路505号	200	27717	面向街道内21个居委会	"走街川巷"品牌	达标馆
5	嘉兴路街道图书馆	瑞虹路400号	827.3	49910	面向街道内29个居委会	"翰墨丹青溢书香"品牌	达标馆

（续表）

表 14-2　2021年虹口区公共图书馆一览

序列	名称	地址	建筑面积（平方米）	藏书量（册）	服务范围	服务特色	级别
6	北外滩街道图书馆	海门路539号	344.41	36043	面向街道内30个居委会	航运・金融	达标馆
7	欧阳路街道图书馆	四平路621弄甲100号	353.7	24788	面向街道内18个居委会	“书香欧阳、文化传承”品牌	达标馆
8	曲阳路街道图书馆	中山北一路998号	420	39497	面向街道内24个居委会	科学幻想	达标馆
9	广中路街道图书馆	广中二村58号	631	37251	面向街道内22个居委会	科普创新屋	达标馆
10	凉城新村街道图书馆	车站南路340号4楼	800	37004	面向街道内25个居委会	“凉师医友”健康家园品牌	达标馆
11	江湾镇街道图书馆	场中路4弄15号	1041.4	69550	面向街道内35个居委会	江湾源・书友会	示范馆

说明：资料由区文化旅游局提供。

表 14-3　2021年虹口区旅行社、旅游饭店、旅游景区情况　单位：家

年份	旅行社			旅游饭店							旅游景区			
	总数	其中		星级饭店总数	其中					其他饭店	A级景区总数	其中		
		有出境游资质	外资		五星	四星	三星	二星	一星			5A	4A	3A
2021	96	20	2	6	3	2	1	0	0	20	6	1	1	4
2020	94	20	2	7	3	3	1	0	0	20	5	0	1	4
比上年相比增减	+2	0	0	−1	0	−1	0	0	0	0	+1	+1	0	0

说明：资料由区文化旅游局提供。

表 14-4　2021年虹口区内旅行社一览

序号	旅行社名称	地　址
1	上海巴士国际旅游有限公司	场中路531号5栋501室
2	上海现代国际旅行社有限公司	宝山路748号8楼
3	上海科友国际旅行社有限公司	塘沽路309号14A、14B室
4	上海港国际邮轮旅行社有限公司	东大名路500号B1
5	上海趣游国际旅行社有限公司	花园路84弄1号14楼
6	上海稻草人旅行社有限公司	广纪路738号1栋238室
7	上海中欧国际旅行社有限公司	东大名路359号9楼901、909—916室
8	上海真趣国际旅行社有限公司	四川北路888号1101室
9	上海途牛国际旅行社有限公司	四川北路1717号905室

（续表）

表14-4	2021年虹口区内旅行社一览	
序号	旅行社名称	地 址
10	上海奥程国际旅行社有限公司	花园路66弄1号嘉和国际大厦2006室
11	上海翼游国际旅行社有限公司	曲阳路379、383号3层3004B室
12	上海东尚国际旅行社有限公司	塘沽路309号东泰大厦5楼
13	上海工宇国际旅行社有限公司	中州路133弄2号705室
14	上海乐嘉乐国际旅行社有限公司	飞虹路291号1楼
15	上海新航运旅行社有限公司	花园路66弄1号1708室
16	上海科达国际旅行社有限公司	物华路288号1号楼416室
17	上海华翔国际旅行社有限公司	广灵二路130号
18	上海丰侨国际旅行社有限公司	欧阳路561号5楼G室
19	上海自来水科友旅游有限公司	铁山路353号
20	上海卓悦国际旅行社有限公司	花园路16号嘉和国际1310室
21	上海弘之业国际旅行社有限公司	武进路289号820室
22	上海泛华国际旅行社有限公司	花园路128号五街区A座202室
23	上海金宏旅行社有限公司	南崇明路33号2楼
24	上海景彩国际旅行社有限公司	黄浦路53号1401室
25	上海趣普仕旅行社有限公司	四平路775弄2号2006室
26	上海博览国际旅行社有限公司	新市路242号圣达商务楼223室
27	上海联通旅行社有限公司	中山北一路1200号2号楼427室
28	上海天鹅国际旅行社有限公司	欧阳路568号首层商场123室
29	上海意趣旅行社有限公司	场中路7号14栋419室
30	上海禹龙旅行社有限公司	四平路421弄107号A49室
31	上海中源国际旅行社有限公司	武进路289号801室
32	上海顺风旅行社有限公司	广中路133号2305室
33	上海天安国际旅行社有限公司	武昌路539号
34	上海舒游国际旅行社有限公司	中山北二路1515号D座9楼3906室
35	上海天下游旅行社有限公司	华昌路9号1909室
36	上海天华国际旅行社有限公司	中山北一路1250号3号楼2109室
37	上海华海旅行社有限公司	邯郸路173号9号楼301室
38	上海原野旅行社有限公司	四川北路2118号壹楼B座122室
39	上海侨园国际旅行社有限公司	物华路73号1号楼8111室
40	上海美华旅行社有限公司	欧阳路561号8楼B座
41	上海中闻旅行社有限公司	新建路203号底层8030室
42	上海耀悦国际旅行社有限公司	东大名路815号3号楼401室
43	上海良天旅行社有限公司	西安路193号

（续表）

表14-4	2021年虹口区内旅行社一览		
	序号	旅行社名称	地　址
	44	上海神舟国际旅行社有限公司	四平路778号1206室
	45	上海陇上行旅行社有限公司	物华路288号4号楼907室
	46	上海金色年华国际旅行社有限公司	南崇明路33号全栋3楼
	47	上海春春旅行社有限公司	四川北路525号1303室
	48	上海华鹰旅行社有限公司	吴淞路205号1层商场A
	49	上海峥嵘国际旅行社有限公司	曲阳路900弄3号419室
	50	上海千里马旅行社有限公司	水电路841号2楼201室
	51	上海长信国际旅行社有限公司	西江湾路420号1栋806室
	52	上海捷泰旅行社有限公司	中山北一路1250号1号楼1005室
	53	海岸线国际旅行社（上海）有限公司	花园路66弄1号嘉和国际大厦1507—1508室
	54	大别山（上海）国际旅行社有限公司	广粤路439弄3号403室
	55	上海蔚锦国际旅行社有限公司	四川北路1717号2001室
	56	上海财源帝国际旅行社有限公司	黄浦路60号2号栋楼G101室
	57	上海东虹国际旅行社有限公司	沙泾路29号4号楼3楼
	58	上海嘉音国际旅行社有限公司	四川北路1666号2808室
	59	上海坤达国际旅行社有限公司	哈尔滨路160号8栋3楼8302室
	60	上海瑞景旅行社有限公司	水电路682号1107室
	61	云顶旅行社（上海）有限公司	中山北一路1102号1楼1C预留办公室
	62	上海高朋国际旅行社有限公司	曲阳路299号1栋18楼1803室
	63	上海臻龙国际旅行社有限公司	高阳路233号1栋205室
	64	歌诗达邮轮旅行社（上海）有限公司	四平路710号712室
	65	上海中元国际旅行社有限公司	东江湾路444号3楼商务用房335室
	66	上海星凰旅行社有限公司	曲阳路910号1105室
	67	上海新巾帼旅行社有限公司	大连路277号75栋427室
	68	上海尊乐国际旅行社有限公司	东宝兴路157号619室
	69	中际商务国际旅行社有限公司	东大名路1050号1501室
	70	上海淳永国际旅行社有限公司	飞虹路360弄1号底层-2
	71	上海汉唐国际旅行社有限公司	四川北路1851号第六块-D室
	72	上海永诚国际旅行社有限公司	纪念路335弄8号304室
	73	上海逸途旅行社有限公司	四川北路1851号第5块-A
	74	上海小丁丁国际旅行社有限公司	塘沽路309号14B室
	75	上海汇播国际旅行社有限公司	东江湾路151、157、167号3楼3016室
	76	上海申驿国际旅行社有限公司	曲阳路930号4栋2层202室

（续表）

表14-4	2021年虹口区内旅行社一览		
	序号	旅行社名称	地址
	77	上海芃博旅行社有限公司	嘉定区槎溪路818号601室
	78	上海航丰旅行社有限公司	长阳路285号
	79	上海印象国际旅行社有限公司	东大名路916号4楼B室
	80	上海广电学知行国际旅行社有限公司	四平路417号211室
	81	上海鹏程国际旅行社有限公司	水电路1422号1103室-3、-4
	82	上海嘉行国际旅行社有限公司	临潼路170号404室
	83	上海坤麟国际旅行社有限公司	武进路289号302室
	84	岸上鱼国际旅行社有限公司	花园路16号1306室
	85	九色鹿旅行社有限公司	水电路682号11楼1111室
	86	华游国际旅行社有限公司	四川北路1688号2106室
	87	上海丽趣国际旅行社有限公司	吴淞路268号223室
	88	恒馨国际旅行社（上海）有限责任公司	东江湾路151、157、167号4层A430室
	89	润桂荇（上海）国际旅行社有限公司	柳营路125号10楼1004A室
	90	上海天马国际旅行社集团有限公司	临平北路50号322、323、325、326、327、328室
	91	上海东悦国际旅行社有限公司	塘沽路309号5楼503室
	92	上海老年旅行社有限公司	大连路535号3栋A35室
新增	93	上海尚途国际旅行社有限公司	宝山路748号301室
	94	上海葳登国际旅行社有限公司	柳营路125号16楼1601-3室
	95	上海海菠国际旅行社有限公司	武进路289号321室
	96	上海义同旅行社有限公司	同心路723号2栋207室
注销	1	上海广利旅行社有限公司	东体育会路860号
	2	上海青椰国际旅行社有限公司	水电路688号临302室

说明：资料由区文化旅游局提供。

表14-5	2021年虹口区内旅游星级饭店		
序号	星级	饭店名称	地址
1	★★★★★	上海大厦	北苏州路20号
2	★★★★★	上海外滩茂悦大酒店	黄浦路199号
3	★★★★★	上海虹口三至喜来登酒店	四平路59号
4	★★★★	远洋宾馆	东大名路1171号
5	★★★★	宝隆宾馆	逸仙路180号
6	★★★	海烟大酒店	保定路325号

说明：资料由区文化旅游局提供。

公共文化服务

【概况】

2021年，全区落实“文化强区”战略，以品牌特色活动、艺术创作、普及推广为重点，开展公共文化服务。依托区文化馆和8个街道分馆“联动交流，合作推进”的总分馆机制，创作小品《转门》、歌曲《永恒的电波》等8部反映基层生活、庆祝建党百年主题的文化艺术作品。参加2021年上海市群文新人新作展评展演活动，其中小品《转门》获得“优秀群文新作奖”；男女声四重唱《永恒的电波》、短篇弹词《消逝的爱人》、故事《电波长鸣，信念永存》、群舞《为你撑起一片蓝天》、童声合唱《青春中国》5件作品获得“群文新作奖”；区文化馆党支部书记谢穗儿获得“新人奖”（作词）、区文化馆副馆长程蕾获得“新人奖”（编剧）。举办虹口区新时代文明实践中心成果展示——2021年虹口区公共文化内容供给总结表彰暨成果展示系列活动、“大地情深”上海红色文艺轻骑兵元旦新春走基层虹口活动、“丹青之美”——上海中国画院画师作品巡回展等公共文化活动。开展“一街一品”特色文化项目，打通区级总馆、街道分馆、居村活动室三级网络，由“一街一品”项目挂牌分馆承办相应特色活动，全年举办“一街一品”特色主题活动11场。完成市、区两级公共文化内容供给，其中市级供给116场、区级供给330场，“一街一品”社区优势资源供给76场。举办有关公共文化的公益培训和专业培训455场，其中“海上遗韵·非遗课堂”系列活动全年共开展课程305节，线上线下受众约2万人次。区文化馆组织8个街道分馆参加市群艺馆举办的合唱、民歌、数字文化馆、数字调音技术等各类业务培训共60课时，550人次参加。参与上海市民文化节相关赛事并获奖43项，其中个人奖项24项，团队奖项16项，组织类奖项3项；举办2021年上海市民文化节虹口区文化服务日及中外家庭戏剧大赛、市民舞蹈大赛（广场舞）等11项赛事，全年共开展相关活动6662场，受众约204.75万人次，其中包括线上活动961场、参与人次170.41万人次，线下活动5701场、参与人次34.34万人次。年内，区文化馆作为市、区两级老年教育示范点和虹口区终身学习体验基地挂牌单位，全年面向辖区内老少中青、弱势群体及基层团队业务骨干，开设戏剧、舞蹈、讲座、中华茶艺、传统插花体验、刺绣杯垫等系列教育培训134场次，惠及7万人次。区图书馆馆藏总量达129.52万册、件，总座席数1901个（其中阅览座席1635个），全年共接待到馆读者68.59万人次，借还图书116.67万册次。举办“书香润泽云之南——虹口区文化旅游局向云南省西畴县捐赠图书仪式”“一起乘坐红色时光机”第十届虹口区青少年阅读节、“赏析红色电影·重温党史历程”、区图书馆曲阳分馆影视厅开发暨红色收藏展等活动、展览、讲座等各类活动369场，参与10.11万人次，其中线上活动247场，服务7.78万人次。

（李　瑞　李晓芬　宋静雯
董　臻　肖海翔　王宗勇）

【“名师讲堂”慕课线上培训】

1月1日起在区文化馆微信公众号开课。区文化馆举办。其间，邀请上海戏剧学院、上海师范大学美术学院、上海电影艺术学院等院校的教师讲解舞蹈、美术、越剧等课程；区文化馆工作人员线上传授声乐、手工技艺。至年底，吸引逾5万人次点击，古琴原创U课上线国家公共文化云手机客户端（App）。

（李晓芬）

【“大地情深”上海红色文艺轻骑兵元旦新春走基层虹口活动】

2月10日在上滨生活广场举行。市群众艺术馆指导，虹口区新时代文明实践中心、虹口区文化旅游局主办。活动以“我们的中国梦，文化进万家”为主题，围绕“我们的节日——春节”“魔都过年我最牛”展开，区文化馆职工表演女声独唱、诗朗诵、长笛钢琴二重奏、器乐重奏等节目。活动在“超星”平台、“学习强国”平台进行直录播，吸引线上线下共55.96万人次参与。

（肖海翔）

【虹口区文化馆市民夜校】

4月19日起在区文化馆开课。区文化馆市民夜校是首批上海市民夜校分校之一，也是上海中国画花鸟画艺术沙龙（基地）。年内，分校设有春季班和秋季班，其中春季班于4—7月在区文化馆开办，有中国舞、中国花鸟画、瑜伽形体课程；秋季班于9—12月在区文化馆开办，其间增设全市首个进商圈的教学点——上滨生活广场教学点，并开设西点体验、瑜伽等课程。至年底，有1680人次学员参加培训。

（李晓芬）

【虹口区图书馆向对口帮扶地区捐赠图书3000册】

4月22日在虹口区图书馆总馆举行图书捐赠仪式。区文化旅游局主办，区图书馆及8个街道分馆、区文化馆等共同承办。活动以“书香润泽云之南”为主题，向云南省文山壮族苗族自治州西畴县捐赠社会科学与自然科学类图书、党史学习读本等图书3000册，该批图书收藏于西畴县教育体育局，西畴县团委，西畴县第一、第二中学等单位。

（胡玥晨）

【"寻红色文化，展阅读力量"——红色阅读进楼宇活动】

4月22日在吉汇大厦举行，是"世界读书日"特别活动之一。虹口区图书馆乍浦分馆举办。此次阅读活动旨在庆祝中国共产党建党100周年，讲好党史故事，学好党史知识。其间，与周边楼宇物业建立长期合作关系，为区图书馆的各项阅读推广服务进楼宇、进社区奠定基础。来自四川北路街道社区党群服务中心第三党支部、四川北路街道楼宇联合党委、楼宇社团"慧生活读书社"和四川北路街道"两新"党组织等单位的20人参加。

（王兆伟）

【菜场书屋"文韵蔬香"系列活动】

4月22—23日在连阳菜场、虹湾路菜场举行。区文化旅游局主办，区图书馆协办。其间，发布"菜场书屋"原创标志；连阳菜场书屋完成装修重新开放，虹湾路菜场书屋启用，并举办"城市微观——菜场人文"摄影展。

（陆 燕）

【红色阅读献礼建党百年系列活动】

4月22日至7月31日在区图书馆总馆、吉汇大厦等地举行。其间，举办青少年"彩虹屋的奇妙之旅"——"前进吧！闪闪红星""小小英雄，大大能量"2期红色故事亲子阅读会；举办"上海城区红色地标的记忆与乡愁"和"腾蛟起凤——回顾中共二大光辉历程"2期"科普知音"读书会；开展"我是党员，我自豪"征文、"寻红色文化，展阅读力量"——红色阅读进楼宇及"百岁老人回眸建党百年"录音访谈活动。

（周 晔）

【"4·23"世界读书日主题阅读活动】

4月23日在建投书局（浦江店）举行。区委宣传部区新闻出版和电影管理办公室主办。此次活动将庆祝中国共产党建党100周年、党史学习教育、全面阅读三大主题相结合，现场发布《关于虹口区落实上海全民阅读工作的指导意见》；启动第八季"潮起上海"系列活动。活动期间，为打造"行走中的红色阅读"国际版，邀请上海外国语大学留学生代表、在北外滩工作的白领等参与"跟着伟人学党史"红色阅读人文行走路线试走活动。该路线起自虹口滨江国航中心段的中共早期领导人留法勤工俭学出发地纪念标识处，终点位于上海大厦前的"世纪同框"广场，其间宣讲员讲解沿途红色遗址的历史故事；组织历史再现表演、诗歌朗诵、答题调整等互动活动。上海外国语大学高级翻译学院执行院长李正仁，学校留学生代表、在北外滩工作的白领等十余人参加活动。

（周 晔）

【视障读者红色经典诵读比赛】

5月10—24日通过中国盲文图书馆官方网站报名参与，是区开展的第三十一个"全国助残日"系列活动之一。中国盲人协会、中国盲文图书馆和中国盲文出版社共同主办。比赛以"时刻听党话，永远跟党走"为主题，旨在庆祝党的百年华诞，抒发视障读者爱党爱国的情怀。来自区凉城新村街道残联等单位的选手参赛，诵读自己创作的作品。选手王佳的参赛作品《爱祖国 听党话 跟党走》获优秀奖，虹口区图书馆获优秀组织奖。

（夏慧敏）

【"闻音识影"视障读者听影活动】

5月16日在区图书馆曲阳分馆举行，是虹口区开展的第三十一个"全国助残日"系列活动之一。区图书馆、区盲人协会共同开展。此次活动以"超越自我，勇于'夺冠'"为主题，邀请视障读者观看影片《夺冠》。主办方邀请上海师范大学志愿者做主讲人，通过通俗易懂的话语，为视障读者描述影片场景。活动吸引45人观影。

（夏慧敏）

【中国传统工艺邀请展·纺染织绣工艺专题展】

6月12日至7月11日在北外滩抱朴美术馆（海平路58号）举行。"百年百艺·薪火相传"中国传统工艺邀请展由文化和旅游部、上海市政府主办，采取"1个主场馆+5个分场馆形式"。纺染织绣工艺专题展是此次邀请展的子活动之一，由虹口区文化旅游局、区文化馆、区"非遗"中心、抱朴美术馆举办。活动以"锦绣文章"为主题，展区分为四大绣、各民族、其他绣、织造、印染五大区域，面积达1500平方米，展出中国各民族优秀纺染织绣技艺类"非遗"代表性项目100项，由86位"非遗"传承人创造的作品约150件。其间，主办方通过打卡互动、线上直播、线上展厅等形式，开展刺绣、印染、织造等体验课程8次。吸引逾20万人次实地观展和线上参与活动。

（宋静雯）

【虹口区图书馆曲阳分馆影视展厅开幕仪式】

7月29日在区图书馆曲阳分馆（上海影视文献图书馆）影视展厅举行。开幕式上，上海文化发展基金会、上海市委宣传部电影处、虹口区文化旅游局、上海影视文献图书馆等部门和单位的相关负责人等为影视展厅开放点亮启动球，红色收藏家刘德保利用老胶片机放映收藏的新闻纪录片《八一的枪声》。该影视展厅以介绍上海影视文献图书馆的影视特色馆藏为主，陈列有电影海报、签名本书籍、影视名人手稿、民国电影杂志、海外影视杂志等纸质藏品及复古留声机等多媒体视听设备。其间，为庆祝中国共产党建党100周年，同时启动为期三周的红色收藏展，展出民间收藏家刘德保收藏的老电影海报、老报纸、电影胶片、电影道具等藏品40余件。

（费蓉蓉）

【“红色电影赏析，专家带你看‘电影’”系列活动】

8月7—28日在区图书馆曲阳分馆（上海影视文献图书馆）举行，每周举办一次。其间，举办方播放《开天辟地》《风声》《子夜》《中国机长》4部反映中国共产党史、新中国史、改革开放史、社会主义发展史的电影，邀请李建强、刘海波、汤惟杰、李果等影视专家为观众解析电影内涵，重温党史历程。活动吸引639人次上线观影。

（武佳敏）

【“丹青之美”——上海中国画院画师作品巡回展】

9月28日至10月29日相继在抱朴美术馆、朱屺瞻艺术馆、区文化馆凉城新村街道分馆举行。区新时代文明实践志愿服务总队、区文化旅游局、上海中国画院主办，区文化馆、抱朴美术馆、朱屺瞻艺术馆、区文化馆凉城新村街道分馆承办。展览以“丹青之美”为主题，展出林曦明、陈家泠、周慧珺、韩天衡、张森、杨正新、卢辅圣、施大畏、朱新昌、马小娟、何曦等老中青三代艺术家创作的书画作品46幅。约5000人次观展。

（肖海翔）

【鲁迅诞辰140周年暨“致敬大先生”青年美术家艺术展】

10月19日在多伦文化艺术空间举行，是第四届“鲁迅文化周”系列活动之一。多伦文化艺术空间、巴塞当代美术馆联合举办。开幕当天，区委常委、宣传部部长吴强，鲁迅长孙周令飞出席，展览用绘画形式讲述鲁迅故事，以艺术的视角再现鲁迅在文学、革命、教育、版画等方面的成就，共展出画作30幅。展览为期60天，共吸引3019人次参观。

（黄乐芸）

【小品《转门》参加第九届全国文化馆文旅嘉年华展演】

10月21日，由区文化馆与北外滩街道联合创作的小品《转门》参加第九届全国文化馆“地级市百馆联动”文旅嘉年华展演。该小品情节发生在北外滩的一家滨江咖啡厅，围绕一个保险箱，诠释解开父与子之间相处的秘诀，作品既展示北外滩“世界会客厅”风貌，也反映出“孝敬父母、敬老爱老”的中华传统文化精神内涵。最终，《转门》获得优秀展演奖。

（董　臻）

【虹口石库门里弄风情展】

11月30日在区文化馆开幕，为馆内常设展。此次展示活动集中展示打弹子、滚圈子（滚铁圈）、踢毽子、盯核子（盯橄榄核）、造房子、拉铃子（拉叉铃）、刮片子（刮香烟牌子）、掼结子（翻麻将牌）、抽陀子（抽贱骨头）9种游戏的娱乐方式，并通过虚拟增强技术达到数字化互动体验效果，成为石库门里弄“九子游戏”文化沉浸式体验空间。活动开幕当天吸引500余人次参加。

（宋静雯）

【2021年区公共文化内容供给总结表彰暨成果展示系列活动】

11月30日在区文化馆举行，是区新时代文明实践中心成果展示“社会主义核心价值观”教育实践活动之

图14-1　5月18日，“追求与探索——文化名人的历史印记”特展在多伦文化艺术空间举办（区文化旅游局　提供）

图14-2　10月19日，鲁迅诞辰140周年暨“致敬大先生”青年美术家艺术展开幕，图为现场展出的木刻作品（长远集团　提供）

一。区新时代文明实践中心、区新时代文明实践志愿服务总队指导，区文化旅游局主办。活动以表彰展演、展览、互动体验等形式呈现2021年区公共文化内容供给工作取得的成果，表彰优秀单位及个人。展演节目集中体现2021年度总分馆机制下各分馆在文艺作品创作、市民文化节赛事中创作的优秀文艺作品；展览集中展示“一街一品”“一馆一特色”发展成果，其间举办虹口石库门里弄风情展，打造石库门里弄文化沉浸式体验空间。12月5日，作为活动的组成部分，在区新时代文明实践中心会场举办油画展示和油画体验活动。区人大、区文化旅游局、区新时代文明实践中心、8个街道相关工作人员等150余人次参加线下活动。

（肖海翔）

【“上海书展·阅读的力量2021”系列活动】

12月11—27日举行。区图书馆举办。其间，在区图书馆乍浦分馆，邀请作家张弘作“图画书里有魔法”主题讲座，邀请作家何成钢品读“爱上北外滩·关于虹口的记忆”系列丛书之《乍浦路》内容，邀请胡晓申讲述其父（书画篆刻家胡铁生）的传奇艺术人生，举办“知遇·作者”阅读品鉴活动、“铁画银钩，古为今用”科普知音读书会；在区图书馆曲阳分馆举办作家作品分享会，邀请作家陆梅解析《怎样拥有自己的句子》；在吉祥菜场书屋，举办“颂百年风华，传红色基因”红色文学朗读会及红色探索走读活动。活动吸引653人次参加。

（周　晔）

文物保护和“非遗”传承

【概况】

2021年，区文化旅游局加强文物保护与非物质文化遗产传承工作。（1）文物保护。区文物部门贯彻落实《国务院关于进一步加强文物工作的指导意见》《上海市人民政府关于进一步加强文物工作的实施意见》等文件精神，完成李白烈士故居修缮并向公众开放，组织“5·18”国际博物馆日活动。（2）“非遗”传承。区文化旅游局相继举办2021“文化和自然遗产日”系列活动、“江湾民俗展新貌，‘非遗’传承焕新颜”江湾出会活动、“海上遗韵·非遗课堂”、“非遗在社区”系列活动、虹口石库门里弄风情展等。开展市、区两级“非遗”项目及传承人申报，全年挖掘“非遗”项目申报资源25项，“非遗”传承人22人，其中小校场木版年画、陶瓷修复技艺、妇科疗法（蔡氏妇科疗法）等13项“非遗”项目被列入第八批区级非遗名录，薄化君、金岩、徐玲玲等21名传承人被列入第五批区级“非遗”传承人名录。举办区非物质文化遗产生产性保护研培系列活动，邀请区内30余名“非遗”传承人现场展示手工艺，举行中医义诊，并邀请3位专家和十余位嘉宾围绕虹口区“非遗”生产性保护展开研讨。

（葛　玮　宋静雯）

【2021辛丑牛年虹口区迎春（元宵）民俗风情展】

2月3—28日在区文化馆举行。区文化馆、区收藏学会共同举办。展览结合市级“非遗”项目生肖文化及牛年民俗文化，展示图照近50幅，牛年剪纸、木雕、葫芦雕刻等实物近200件。区收藏学会成员、社区居民约百人次参观展览。

（宋静雯）

【鲁迅墓专业维护保养工程】

4月21日启动。上海鲁迅纪念馆组织实施。此次保养涉及鲁迅墓中的墓碑、毛泽东题字、瞻仰平台地坪、紫藤架长廊及广玉兰等古树名木等，于6月25日通过专家验收评审，并在中国共产党建党100周年之际恢复对外开放，供党史教育团队和社会公众瞻仰参观。7月1日至12月31日，瞻仰人数超过21万人次。

（张　阳）

【李白烈士故居完成修缮开馆】

5月27日，位于黄渡路107弄15号的李白烈士故居完成修缮开馆。此次修缮包括建筑整体修缮、展陈改版等内容。修缮后，故居展示面积约230平方米，常设展由“英雄出少年”“电台重于生命”“战斗在敌人心脏”“历史永远铭记”4个部分构成，展出李白生前穿过的长褂、给家人的信件等实物96件，展厅内增加模拟发报音的声音特效，增设与观众互动的发报手柄装置，按下手柄可播放电影《永不消逝的电波》、舞剧《永不消逝的电波》等；尾厅内配备电子交互屏幕，供观众向烈士“云缅怀”。

（顾良辉）

【中共四大纪念馆“两馆一场”改建提升工程】

5月31日完工，中共四大纪念馆重新开馆。该工程由中共四大纪念馆展陈改造提升项目、海派文化中心改建为国旗教育展示厅项目、国旗广场改造项目三部分构成。改造后，纪念馆基本展陈面积为940平方米，较改造前面积扩大一倍，新展厅以石库门元素贯穿整个展线，融入AR增强现实技术、多媒体投影动态展示、图像识别等多媒体互动技术，实现“智慧”场馆建设目标。此外，纪念馆将原海派文化中心改建为上海首个国旗教育展示厅，展陈面积为1200平方米，有展品约80件；国旗广场建起中国共产党精神谱系连廊、“虹”色足迹年轮大道

图14-3　5月27日，李白烈士故居完成修缮开馆（区文史馆　提供）

图14-4　5月31日，中共四大纪念馆重新开馆活动在国旗广场举行（中共四大纪念馆　提供）

等红色教育和“大思政课”教学场景。至年底，纪念馆接待游客30.7万人次。该改建提升工程于2020年11月16日启动。

（顾圣莹）

【中共四大纪念馆重新开馆活动】

5月31日在国旗广场举行。活动以“奋斗百年路·启航新征程”为主题，其间为中共四大会址所在里弄名“广吉里”揭牌，中共四大纪念馆获授“中共上海市委党校支部建设研究教学基地”称号，向东航客舱服务部、虹口消防救援站等5家中共四大纪念馆“力量之源”志愿服务总队授旗。约500人参加活动。

（顾圣莹）

【2021年区“文化和自然遗产日”系列活动】

6月12日在凉城新村街道社区文化活动中心举行。区文化旅游局、凉城新村街道主办，区文化馆、区“非遗”中心、凉城新村街道社区文化中心承办。此次活动由开幕式、花鼓戏表演、“‘非遗’购物节”市集和“我为群众办实事”中医义诊四部分组成，其中在“‘非遗’购物节”市集活动中，展示区传统香道制作技艺、剪纸、海派面艺等10余项“非遗”项目的作品，“非遗”传承人现场演示技艺；在“我为群众办实事”中医义诊活动中，来自市中西医结合医院、岳阳医院、第四人民医院的14个“非遗”项目传承人到现场为市民做中医咨询与义诊。线下活动吸引近千人参观，线上直播吸引4000余人观看。

（宋静雯）

【市级“非遗”代表性项目保护评估、“非遗”专项资金验收工作】

8月23—27日由区文化旅游局、区文化馆、区“非遗”中心组织实施。其间，召开区市级“非遗”代表性项目、代表性传承人保护工作评估会，对“精武武术”、石库门里弄居住习俗、生肖文化、盛氏针灸、剪纸5个市级“非遗”项目和肖雅、韩婷婷2位市级“非遗”传承人在2019—2020年期间的工作进行评估，最终，“精武武术”项目、越剧“非遗”项目传承人肖雅的评估结果为优秀，其他项目和传承人为合格。对获市级“非遗”保护专项资金的使用情况进行验收，经验收自查，2020年度，“精武武术”项目获得国家非物质文化遗产保护专项资金31万元、市级非物质文化遗产保护专项资金项目补助费9万元，传承人肖雅、韩婷婷各获得补助资金6000元，各项目及传承人的资金使用情况均符合资金使用要求。

（宋静雯）

【区“非遗”生产性保护研讨系列活动】

11月26日在上滨生活广场和北外滩滨江举行。区文化旅游局主办，区文化馆、区“非遗”中心承办。活动由“非遗”市集、“非遗”导赏和“非遗”研讨会三部分组成，其中“非遗”市集邀请区内高晴、苏木生、何又圣等30余名“非遗”项目传承人现场展示手工艺和中医义诊；“非遗”导赏邀请区级“非遗”项目江南丝竹传承人高晴、苏木生现场演奏乐曲；区非物质文化遗产创新发展研讨会则以“守正创新、合理利用”为议题，邀请蔡丰明、张黎明、高春明3位专家研讨交流。系列活动吸引500余人次参与。

（宋静雯）

文旅活动

【概况】

2021年，全区各文旅工作职能部门在落实防疫措施同时，创新组织活动方式，帮助企业在逆境中发展。年内，旅行社和旅游饭店接待境内游客138.5万人次，接待境外游客3.6万人次，实现旅游收入12.4亿元。(1)文旅事务管理。区文化旅游局协助区内企业申报市、区两级资金扶持，其中区内上海港国际客运中心开发有限公司、音乐谷集团等6家企业申报2021年度上海市旅游发展专项资金，上港邮轮城4A级景区景观提质升级项目、音乐谷公共景观建设等6个项目成功转报市文化旅游局。开展2021年区旅游企业申报相关资金补贴、奖励工作，音乐谷集团、上海港国际客运中心开发有限公司、上海世茂北外滩开发建设有限公司外滩茂悦大酒店3家企业的音乐谷景区公共设施升级项目和上港邮轮城4A级景区提质项目、上海世茂北外滩开发建设有限公司外滩茂悦大酒店项目3个项目审核通过，累计拨付扶持资金73万元。(2)文旅活动。虹口区参与召开2021世界城市文化论坛(上海)，提升“上海北外滩、浦江金三角”品牌形象。区文化旅游局在春节期间，为游客开发“犹太足迹”等6条旅游线路。组织文旅行业人员参加2021上海旅游产业博览会主题展。相继举办2021上海旅游节·虹口欢乐节、2021上海邮轮游艇旅游节，以及“乐嗨上海过大年”“发现之旅”红色精品旅行线路体验等活动。区旅游公共服务中心选取上海大厦、上海邮政大楼、“左联”会址纪念馆等6处优秀历史建筑，通过三维建模、3D建筑彩色打印、文创插画开发等方式，开发“真实场景与虚拟数字”相结合的文旅产品。年内，虹口区入选第二批国家文化和旅游消费试点城市名单。中共一大、中共二大、中共四大纪念馆景区被文旅部确定为国家5A级旅游景区，多伦路文化名人街获评上海市级旅游休闲街区；米丈堂艺术生活空间、曲阳社区文化活动中心和最美河畔会客厅入选第二批上海市民“家门口的好去处”。区文化旅游局牵头开发的虹口特色文旅宣传品获得多项市级比赛奖项，其中以虹口地标建筑为元素，制作的车载手机支架获第十六届“老凤祥杯”上海旅游商品设计大赛优秀作品奖。

(谷　雨　夏祺清　徐润喆)

【金茂北外滩旅游公共服务中心】

1月12日起对外开放。该中心以“浦江潮”为主题，集文化旅游、休闲休憩、展览展示等功能于一体，含游客咨询接待、市民驿站(党建中心)、北外滩城市规划展示和生活休闲四大服务板块，旨在建设便于市民游览虹口滨江道公共服务空间。至年底，共接待市民游客近万人次，举办包汤圆、制香囊、滴胶吊坠手工制作等活动。

(夏祺清)

【开发旅游线路6条】

2月11—18日春节期间，区文化旅游局开发“犹太足迹”“红色印迹”“海上旧里”“建筑之美”“摩登之心”“滨江秘境”6条旅游线路。“犹太足迹”线路长2千米，沿途包含上海犹太难民纪念馆、霍山公园等景点。“红色印迹”线路长2.3千米，沿途包含内山书店旧址、鲁迅公园等景点。“海上旧里”线路长2千米，沿途包含甜爱路、景云里等景点。“建筑之美”线路长2.3千米，沿途包含孔公馆、黄竞武烈士故居等景点。“摩登之心”线路长1.6千米，沿途包含上海邮政博物馆、中国证券博物馆等景点。“滨江秘境”线路长1.7千米，沿途包含上港邮轮城、抱朴美术馆等景点。至年底，6条旅游线路吸引约万余人次参观。

(夏祺清)

【北苏州路公益志愿者讲解服务活动】

5月19日在北苏州路步行街启动，是虹口区参与2021“中国旅游日”的活动之一。区文化旅游局指导，区旅游公共服务中心、北外滩集团联合实施。该讲解服务的主要内容包括为游客介绍位于苏州河虹口段区域内的河滨大楼、上海邮政大楼、上海大厦、浦江饭店等历史建筑，以及北苏州路、河南路桥、四川路桥、乍浦路桥、外白渡桥等公共设施的历史，服务时间为每周六、日16时30分至17时30分，市民游客无需预约即可随到随听。启动日当天，“虹口走透透”智慧旅游主题打卡页面正式上线，市民通过“乐活虹口”微信公众平台，利用“线上打卡+线下体验”的方式，体验百年党史初心之旅、北外滩潮流魅力之旅、文博生活艺术之旅、阅读建筑发现之旅、运动休闲活力之旅5条主题线路。至年底，有21502人次参加活动。

(夏祺清)

【第一届“青春上海·北外滩”大学生音乐节】

6月5日在虹口滨江置阳段亲水平台举行。团市委、虹口区北外滩开发建设办公室指导，上海青年报社、北外滩集团、上海青年旅行社共同举办。活动以“唱响梦想强音·礼赞百年辉煌·歌唱青春生活”为主题，邀请青年歌手蔡程昱担任“音梦公益大使”。来自复旦大学、同济大学、上海财经大学、上海外国语大学、上海大学5所高校的十余名校园歌手登场演唱。其间，推出“北外滩强音”计划，旨在为青年音乐人提供演出机会与平台。活动吸引近千人现场观看。

(刘　莹)

【文化名人与景云里红色印象展示】

6月20日至7月31日在景云里陈列馆(横浜桥35弄)举行，旨在展现虹口海派文化、进步文化、红色文化。上海文化传媒有限公司、区文史馆举办。活动以“平和·多元·包容”为主题，以“景云里”发生的历史故事为载体，还原鲁迅等进步人士在景云里生活、工作的场景。活动吸引约3万人次参观。

（黄乐芸）

【旅游公共服务“政府开放日”活动】

8月27日在北苏州路步行街举行。区文化旅游局主办、区旅游公共服务中心承办。活动邀请10名市民代表，体验“聆听北苏州路”阅读建筑线路，了解上海大厦、外白渡桥、中国证券博物馆（原浦江饭店）等北苏州路沿线“老建筑”的历史沿革和故事。其间，代表在江河口旅游公共服务中心（北苏州路111号）与区文化旅游局工作人员交流座谈。

（夏祺清）

【北外滩最美系列之“消费打卡地”活动】

9月17日至10月6日由区文化旅游局推出。其间，与《旅游时报》及今日头条、抖音、小红书、大众点评等新媒体平台合作，邀请北外滩地区商户参加虹口消费打卡点的宣传推广活动。活动期间，抖音播放量达1513.4万次，“乐游上海”“上海虹口”“乐活虹口”“今日头条”“旅游时报”等官方微信公众号平台的相关推文总阅读量达10万余次；抖音、小红书、大众点评等平台的网红达人发布打卡短视频19条，播放量约24万次。

（夏祺清）

【2021上海旅游节·虹口欢乐节】

9月17日至10月6日举办。区文化旅游局主办。此次活动以“建筑可阅读，城市微旅行”为理念，围绕“世界会客厅，潮聚滨江游”主题，聚焦“一江一河”，反映虹口滨江“魅力、人文、活力”三大元素。其间，推出2021上海邮轮游艇旅游节、“讲好红色故事”、瑞虹天地太阳宫开业系列活动、北外滩旅游消费打卡地遴选等10项线上线下主题活动。

（夏祺清）

【“一江一河·浦江三刻”红色情景导览】

9月24日、26—27日在中国证券博物馆连演3场。区文化旅游局指导，区旅游公共服务中心承办。该项目借助“旅游+演艺”形式，展示位于浦江饭店内的1927年周恩来避难地，并安排演员做情景再现演出。活动吸引百余名体验者观看。

（夏祺清）

【设立“5G+VR全景导览”体验区】

9月，区文化旅游局推出“5G+VR全景导览”项目，并在区旅游公共服务中心多功能接待大厅开设体验区。该项目旨在诠释“建筑可阅读”理念，拓展相关领域的数字化应用场景范围，体验者通过平板电脑和虚拟增强技术设备，可沉浸式了解“左联”会址纪念馆、李白烈士故居、中共四大纪念馆等建筑的构造与故事。至年底，该项目吸引千余名市民体验。

（夏祺清）

【文旅部高级外交官研修班（秋季培训班）】

10月17日在北外滩建投书局开班。文化和旅游部人事司、上海社会科学院文学研究所、虹口区文化旅游局等共同举办。开班式上，文化和旅游部人事司司长汪志刚作动员讲话，培训班为期6天，其间邀请专家学者授课，组织学员参观上海犹太难民纪念馆，帮助对即将赴国外上任或转岗的文化外交官提升讲好中国故事和服务意识的能力。

（徐润喆）

【2021世界城市文化论坛（上海）】

10月28日在上海大厦开幕。市委宣传部、市文化旅游局指导，虹口区政府、上海社会科学院等承办。此次论坛为期3天，以“数字化转型与全面提升城市软实力”为主题，采用现场研讨和远程视频连线相结合的形式，围绕“后疫情时代世界城市文化交流传播新趋势”“上海作为全球城市的发展愿景与区域实践”“打造北外滩现代都市发展新标杆”等议题展开交流研讨，来自中国、德国、加拿大、意大利、埃及、克罗地亚、阿根廷、日本、韩国等国的专家学者、政府官员、业界代表百余人参会。10月29日，在北外滩来福士举行虹口分论坛，与会代表就“海派文化的社区之根”议题开展讨论。

（徐润喆）

【“企航北外滩”活动】

11月13日举行。区投促办、区文化旅游局举办。活动以“上海方舟之路，共寻虹口的犹太记忆”为主题，副区长陈筱洁与15位企业家代表参观上海犹太难民纪念馆常设展、沿虹口滨江到建投书局（浦江店）座谈，共同观看北外滩宣传片。“企航北外滩”是虹口区于2020年推出的政企交流品牌，由区领导邀请企业家代表参观北外滩，开展经济、文化等方面的主题交流。

（徐润喆）

【“虹口奇妙夜”系列活动】

12月3日起由区旅游公共服务中心推出，旨在打造文化体验、个性展示、情感交流的“乐游会客厅”。该活动每周五晚上举行，包含

"非遗"奇妙夜、探寻奇妙夜、故事奇妙夜、乐享奇妙夜四大主题，其间推出创意拼贴画、"城市之光"体验活动、"追光"体验活动等。至年底，吸引百余名市民参加。

（夏祺清）

【旅游服务进社区系列活动】

12月18日在市民驿站四川北路街道第一分站举行。由区旅游公共服务中心、四川北路街道共同主办。活动现场，服务中心向市民免费发放虹口手绘地图、虹口建筑寻访地图、文明旅游宣传资料等200余份，围绕"建筑可阅读"理念开展打卡集章活动。百余名市民参加活动。

（夏祺清）

文化产业

【概况】

2021年，区文化创意产业实现三级税收45899万元，比上年增长14.4%，区级税收13820万元，比上年增长18.8%。全区有市级文化创意园区18处。区属主要文化企业有长远集团、音乐谷集团等。（1）长远集团。在甜爱路增设甜爱漫步道、交互电子屏、爱情留言墙、互动式墙绘、氛围景观灯等设施，优化游客的步行体验，建设特色甜爱路；配合区文化旅游局，推进多伦路文化名人街业态调整，年内制定《多伦路项目定位及发展建议》方案；通过引进5G多媒体数字艺术，建成多伦文化艺术空间沉浸式展厅，开展建党百年系列活动、多伦文化沙龙等主题活动10次。推进招商工作，其中群众影剧院引入电竞演艺项目，为文化产业注入新活力。打造自主文创品牌，实践"热点推品牌，用活动推产品"模式，举办第一届"HOST樱花节"，通过写生大赛、汉服大赏、灯光秀等系列主题活动，吸引日均受众逾2万人次，主流媒体及网络平台的总曝光率逾3000万次；持续办好"HOST甜爱节"主题活动，塑造环足球场区域文化旅游属性，提升区域软实力。（2）音乐谷集团。音乐谷集团及下属子公司股权无偿划入北外滩集团，划转后的音乐谷集团列为北外滩集

表14-6　　2021年虹口区市级文化创意产业园区一览

序号	园区、楼宇或空间名称	注册地址	建筑面积（万平方米）	备注
1	音乐谷产业园区	哈尔滨路278号、嘉兴路267号、三角地艺术园	0.75	上海市文创示范园区
2	同济虹口绿色科技产业园	中山北二路1515号E段1201室	1.1	上海市文创园区
3	上海市文化创意园930园区	曲阳路930号4栋601室	1.48	上海市文创园区
4	天安数码城·虹控T创园	临潼路170号	1.29	上海市文创园区
5	1933老场坊	沙泾路10号445栋	3.38	上海市文创园区
6	运动LOFT国际体育产业园	花园路128号	3.42	上海市文创园区
7	绿地创客丨上海虹口	同心路1号	3.4	上海市文创园区
8	优族173文化创意产业园区	邯郸路173号1栋418室	1.65	上海市文创园区
9	中国出版蓝桥创意产业园	广纪路838号	2.67	上海市文创园区
10	国科（上海）国际创新产业基地	峨眉路315号8818室	1.03	上海市文创园区
11	上海花园坊节能环保产业园	中山北一路121号	5.11	上海市文创园区
12	半岛湾时尚文化创意产业园	溧阳路735号1号楼211室	1.28	上海市文创园区
13	上海智慧桥创意产业园	广灵四路110—120号3栋202室	0.89	上海市文创园区
14	上海明珠创意产业园	广纪路738号2栋208室	1.75	上海市文创园区
15	1876老站创意园	汶水东路351号1号楼250室	1.49	上海市文创园区
16	小马创业村	东大名路391—393号（单号）4层	0.35	上海市文创空间
17	交享越·未来领地	广中路40号K-96室	0.46	上海市文创空间
18	齐联数字内容产业孵化基地	邯郸路135号5栋308室	0.3	上海市文创空间

说明：资料由区文创办提供。

团的二级子公司。年内，国家音乐产业基地在音乐谷举行“长三角（中国）音乐版权服务平台”揭牌仪式。音乐谷集团举办2021上海音乐谷动漫游园会、首届“青春上海·北外滩”大学生音乐节，入围2020虹口品牌50强。

（谷　雨　徐润喆　黄乐芸　刘　莹）

【云游虹口“1876老站创意园”活动】

2月26日在“一”直播平台开展。区旅游公共服务中心举办。活动以“时光列车，创意老站”为主题，采用线上直播与线下体验相结合的方式，带领观众打卡网红景点——1876老站创意园广场（汶水东路351号）。在2小时的直播过程中，主播介绍百年老站——淞沪铁路江湾车站的历史，参观园区内蒸汽机车车头；带领观众体验火车微缩模型手工课、品尝国王驿站招牌美食。活动当日直播间有近万人在线观看，72小时内微视频播放量达1000万次。

（夏祺清）

【2家旅游企业参加2021上海旅游产业博览会主题展】

4月1—3日，由市文化旅游局指导的上海旅游产业博览会主题展在上海世博展览馆举办。虹口区文化旅游局组织2家区内旅游企业参展，并参与行业研讨交流。在主题展上，区文化旅游局和稻草人旅行社围绕建党百年，宣传展示中共四大纪念馆、鲁迅公园、上海犹太难民纪念馆等区内红色文化旅游资源；在行业研讨活动中，虹口区参会人员就区域旅游产业发展的重点和思路作交流发言，商讨“后疫情时代，旅游企业的发展方向及政府如何做好支持工作”。

（谷　雨）

【“长三角（中国）音乐版权服务平台”揭牌仪式】

5月14日在上海音乐谷举行。国家音乐产业基地举办。中宣部版权管理局局长于慈珂出席，并为服务平台揭牌。该平台基于区块链、人工智能技术等新型数字化技术，整合音乐、版权服务机构、法律、金融等方面资源，对音乐作品内容进行存证、确权、监测，为原创音乐人维权提供便利。至年底，平台共计注册用户67家，完成音乐作品存证73670件，监测60636件。

（刘　莹）

【2021上海音乐谷动漫游园会】

6月5日在上海音乐谷举行。区文化旅游局指导，区文化创意产业发展促进会和中国国际动漫游戏博览会（CCG EXPO）组委会共同主办，市动漫行业协会、音乐谷集团、环球ACG产业基地联合协办。上海市动漫行业协会和虹口区文创办、上海炫动汇展文化传播有限公司和音乐谷集团分别签署战略合作备忘录。此次活动以“畅游音乐谷，寻找隐秘音符”为主题，吸引“马克思漫漫说”“古剑奇谭”“百变马丁”等十余个国内外动漫游戏品牌参与。其间，在哈尔滨路、嘉兴路、五台路、辽宁路4条马路两侧向动漫爱好者、游客展示新推出的潮流动漫游戏，并引导参与者在打卡活动中，游览音乐谷，沉浸式感受动漫文化。活动现场还专门设置“永远跟党走”——庆祝建党百年红色动漫连环画展，展示上海美术电影制片厂等动漫协会会员单位创作的动漫形象。活动吸引约1500人次参观。

（刘　莹）

中共四大纪念馆

【概况】

位于四川北路1468号。2021年，中共四大纪念馆举办“固本强基筑堡垒　工农联盟植深根”主题巡展、“伟大历程”——中共一大至七大巡展、“起航之地续新篇”——《工人之路》珍贵党史文献资料全国巡展等展览53场，组织各类主题活动105场，接待游客30.7万人次。年内，上海市中国共产党一大·二大·四大纪念馆景区成为国家5A景区，中共四大纪念馆宣教部获2020年度全国三八红旗集体称号，中共四大纪念馆“力量之源”志愿服务总队被文化和旅游部授予2021年最佳志愿服务组织称号，纪念馆成为中共上海市委党校支部建设研究教学基地。

（顾圣莹）

【“固本强基筑堡垒　工农联盟植深根”主题巡展】

1月27日在中共四大纪念馆开幕。市委宣传部、市总工会、市委党史研究室指导，虹口区委组织部、区委宣传部、上海报业集团工会、上海中共党史学会主办，区文化旅游局、区委党史办、中共四大纪念馆承办。展览以中国共产党支部发展的历史沿革为线索，由“上下求索”“历史起点”“革命试炼”“力量之源”四部分构成，重点阐释党的支部建设对于党领导人民取得革命、建设和改革伟大成就所起到的作用。展览为期10天，约1.2万人次观展。

（顾圣莹）

【“探寻力量之源”知识答题活动】

4—7月举行。由中共四大纪念馆设计开发的“探寻力量之源”党史知识竞答小程序在微信平台上线运行，竞答内容包含“根基血脉”“抓铁有痕”“固本强基”“力量之源”4个篇章，每月推一期，每期竞答时长为一周。参与竞答的观众可获得印有原创主题插画《红色传承与时代变迁》的帆布袋、以中共四大主要成就为核心设计的文创产品等，共有4513人次参加活动。

（顾圣莹）

【"伟大历程"——中共一大至七大巡展】

6月11日在中共四大纪念馆开展。中央党史和文献研究院第七研究部、市委宣传部指导，市委党史研究室组织中共一大会址纪念馆、中共二大会址纪念馆、中共三大会址纪念馆、中共四大纪念馆、武汉革命博物馆、中共六大历史资料馆和延安革命纪念馆共同承办。巡展以"伟大历程"为主题，首次展示7个纪念馆馆藏的图照近千张，再现新民主主义时期7次党的全国代表大会历史场景，反映中国共产党筚路蓝缕的奋斗历程。展览展期约4个月。约30人参加巡展开幕式。

（顾圣莹）

【"初心讲堂：初心之地 红色之城三人谈"活动】

9月30日在中共四大纪念馆举行，同期举办"为国旗添彩 汇力量之源"庆祝中华人民共和国成立72周年主题党课。市委组织部、市委宣传部指导，中共一大会址纪念馆、中共二大会址纪念馆和中共四大纪念馆共同主办。活动邀请市社联副主席、市中共党史学会会长忻平与市委组织部原副部长冯小敏，共同探讨上海作为"红色之城"的历史条件与优势，分享上海先进党建经验成就，探索"伟大建党精神"的具体内涵与实践价值。约120人参加活动。

（顾圣莹）

【庆祝中国共产党百年华诞篆刻雅集活动】

10月20日在中共四大纪念馆举行。区书法家协会篆刻委员会主办。活动以"虹印·100"为主题，邀请施鹤平、王次恩、郑小云等20位生活和工作在虹口区的篆刻艺术家，篆刻当年参加中共四大会议的代表及共产国际代表维经斯基姓名，并相互钤印，集印成册。约190人参加活动。

（顾圣莹）

【《工人之路》珍贵党史文献资料全国巡展】

11月21日在中共四大纪念馆开幕。市委宣传部指导，中共四大纪念馆主办。展览以"起航之地续新篇"为主题，展出由"探寻初心——中共早期历史影像文献海外寻档媒体行动"团队自2018年后从俄罗斯多地采集到的报纸《工人之路》（由苏联党政机构创办的中文报纸）扫描图片100幅，时间跨度达15年（1924—1938年），其中不乏与上海相关的新闻报道，涉及"工人运动""中国共产党党史"和"抗日战争"等方面的内容。巡展为期46日。约百人参加展览开幕式。

（顾圣莹）

【"郑超麟在中共中央机关史料征集与整理"学术研讨会】

12月26日在中共四大纪念馆召开。开幕式上，郑超麟后人郑晓方向中共四大纪念馆捐赠郑超麟1979年撰写的手稿《我所知道的瞿秋白》。会议重点回顾郑超麟在大革命时期，尤其是在中共中央宣传部工作期间，参与编辑《新青年》《向导》《热血日报》《布尔塞维克》等早期党刊党报的革命实践情况，多角度探讨史料的现实价值。来自线上线下的党史专家、学者80余人参会。

（顾圣莹）

国旗教育展示厅

【概况】

位于四川北路1468号。6月1日，上海首个国旗教育展示厅在四川北路绿地建成并对外开放，旨在庆祝中国共产党成立100周年，挖掘和利用好虹口区的国旗文化资源。展厅的展陈总面积约1200平方米，分序厅、主展厅、副厅、互动区四大区域，厅内以庄重大气的红色为主色调，通过档案文献、历史图照、模拟场景、仿真模型、名人名家视频访谈等内容，串联叙述国旗设计、诞生及国旗文化发展的过程，讲述国旗故事、传播国旗文化、普及国旗法规，同时辅以声光电新技术手段丰富展陈效果。至年底，接待团队1134批次、79805人次。

（管 鲜）

图14-5 5月31日，国旗教育展示厅建成对外开放，图为国旗馆内由张海平创作的雕塑《国旗飘扬》（中共四大纪念馆 提供）

图14-6　9月30日，“国旗的故事”沉浸式情景剧党课在国旗广场上演，党员牛犇（左三）到场演讲（国旗展示厅　提供）

【“国旗的故事”沉浸式情景剧党课】

9月30日在国旗广场举行。中共四大纪念馆、上海颐瑾文化传播有限公司共同创编。该党课以国旗设计者，居住于虹口区的曾联松为核心，讲述其在设计国旗时的历史细节。同时，党课还延伸讲述留学生在异国发现同胞保护国旗的感人事迹，以及运动员在奥运会赛场、南极科考员在科考站升起五星红旗的心得体会。活动吸引300位观众现场观看，4300人次观众线上关注。

（管　鲜）

【《国旗的故事》教育动画片】

9月30日在国旗广场首发。国旗教育展示厅、上海孩子通文化传媒有限公司联合制作。该动画片以学龄前儿童为主要受众，首期创作为《我的好朋友左左》之《国旗的故事》，全片通过变色龙“左左”和小伙伴游览国旗教育展示厅，引导儿童了解国旗知识与相关的历史故事，并用符合儿童认知能力的台词，从孩童视角和兴趣点出发，真实还原国旗创作、诞生全过程。至年底，累计吸引1026人次观看。

（管　鲜）

上海鲁迅纪念馆

【概况】

2021年，上海鲁迅纪念馆举办“前哨”——鲁迅居上海时期手稿展等专题展览11个，“纪念鲁迅诞辰140周年”——鲁迅暨现代作家手稿学术研讨会等学术研讨活动2个，推出《鲁迅图传》和《鲁迅文萃》（纪念珍藏版）等出版物8种，开展“同心向党　砥砺奋进”——庆祝中国共产党成立100周年红色文艺汇演等社会教育活动23项，上海鲁迅纪念馆、上海鲁迅故居、鲁迅墓全年参观人数约62.6万人次。年内，上海鲁迅纪念馆“译文·车前草”阅读用品系列获全国百佳文化创意产品奖、2020年上海市民文化节优秀项目奖。

（张　阳）

【上海鲁迅纪念馆建馆70周年纪念活动】

1月7日在上海鲁迅纪念馆“树人堂”报告厅举行。活动邀请市委宣传部、市作协、市文化旅游局、虹口区委宣传部等机构，北京鲁迅博物馆（北京新文化运动纪念馆）、上海博物馆、中共一大会址纪念馆、上海市历史博物馆、中华艺术宫、上海世博会博物馆等文博场馆负责人，文物捐赠者代表，以及上海鲁迅纪念馆老领导、老专家共同回顾上海鲁迅纪念馆建馆70年间发生的故事。其间，同步推出“耕耘·收获”——上海鲁迅纪念馆建馆70周年纪念展，展出实物28件（套）、职工摄影书画作品61幅；开展“寄心语，留感言”和版画拓印活动；围绕鲁迅经典作品，推出“上鲁研诵小课堂视频展播”。

（张　阳）

【中国人物类博物馆70年学术研讨会】

5月21—23日在钱学森图书馆召开。上海交通大学钱学森图书馆、上海鲁迅纪念馆联合举办。会议以“新时代、新使命、新担当”为主题，收到《论爱国主义教育示范基地在中华民族伟大复兴中作用和举措》《新时代人物类博物馆的使命和担当——以陈云纪念馆的实践与探索为例》《不忘初心——从上海鲁迅纪念馆建馆看新中国人物类博物馆要义》等学术论文20余篇。来自湖南省韶山毛泽东同志纪念馆、上海孙中山故居纪念馆、陈云纪念馆、朱德故居管理局、聂荣臻元帅陈列馆（故居）、孔繁森同志纪念馆等国内各人物类博物馆馆长、研究专家近40人参会。

（张　阳）

【伟大的历史转折——八七会议纪念展】

6月25日至8月8日在上海鲁迅纪念馆展出。八七会议会址纪念馆与上海鲁迅纪念馆联合举办。展览分“风云突变”“力挽狂澜”“星火燎原”3个部分，展出历史图片180余幅，旨在回顾中国共产党在重要历史转折关头为国家、民族独立所作努力的历史细节。展览吸引

图14-7 7月1日至8月14日，“永远跟党走——党史中的陈云”纪念展在上海鲁迅纪念馆举办（上海鲁迅纪念馆 提供）

40562人次参观。

（张 阳）

【庆祝中国共产党成立100周年红色文艺汇演】

6月25日在上海鲁迅纪念馆举行。上海鲁迅纪念馆与上海博物馆、上海市历史博物馆（上海革命历史博物馆）、上海世博会博物馆、上海市文物交流中心、上海市文物保护研究中心等单位联合举办。汇演以“同心向党 砥砺奋进”为主题，分为“讲·革命文物”“舞·民族精神”“演·文化传承”“诵·红色经典”“唱·同一首歌”5个篇章，通过讲、舞、演、诵、唱5种不艺术形式，展现中国共产党发展历史。

（张 阳）

【“永远跟党走——党史中的陈云”纪念展】

7月1日至8月14日在上海鲁迅纪念馆“奔流艺苑”专题展厅展出。上海鲁迅纪念馆、陈云纪念馆联合举办。展览分信仰与信念、担当与奋斗、忠诚与维护、唯实与智慧四部分，旨在回顾陈云践行“个人名利淡如水，党的事业重如山”的生平事迹，展览展出实物展品33件（组）、图文展板79块。展览吸引27254人次参观。

（张 阳）

【“前哨”——鲁迅居上海时期手稿展】

8月24日至11月24日在上海鲁迅纪念馆“奔流艺苑”专题展厅展出。上海鲁迅纪念馆举办。展览展出鲁迅手稿展品110件（组），其中馆藏珍贵文物近60件（组），重点展示鲁迅居住上海时期的创作成果，以及社会活动、私人交往细节。展览吸引40180人次参观。

（张 阳）

【鲁迅暨现代作家手稿学术研讨会】

9月16日分别在上海鲁迅纪念馆和复旦大学举行，旨在纪念鲁迅诞辰140周年。中国鲁迅研究会、复旦大学中文系、上海鲁迅纪念馆、《探索与争鸣》杂志社联合主办，北京鲁迅博物馆、《现代中文学刊》杂志社协办。来自复旦大学、上海交通大学、华东师范大学、上海外国语大学、上海师范大学、东北师范大学、中南大学、上海鲁迅纪念馆、北京鲁迅博物馆、巴金故居、上海图书馆等学校和单位的专家约30人出席，发表各自新的研究成果，分别从文稿、书信、日记、笔记、收据等手稿载体出发进行研究论证，对新出版的《鲁迅手稿全集》作介绍和分析。其间，上海鲁迅纪念馆组织馆藏珍贵手稿观摩活动。

（张 阳）

【《鲁迅图传》和《鲁迅文萃》（纪念珍藏版）新书首发式】

9月23日在上海鲁迅纪念馆举

图14-8 8月24日至11月24日，上海鲁迅纪念馆推出年度原创特展“前哨”——鲁迅居上海时期手稿展（邢 魁 拍摄）

图14-9 9月23日，《鲁迅图传》和《鲁迅文萃》（纪念珍藏版）首发（上海鲁迅纪念馆 提供）

行。编著出版2部新书，旨在纪念鲁迅诞辰140周年，其中《鲁迅图传》由上海文化出版社出版，通过34万字、360余张文物史料图片，介绍鲁迅生平事迹及成就；《鲁迅文萃》（纪念珍藏版）由上海辞书出版社出版，收录整理后的鲁迅作品佚文、鲁迅作品研究、鲁迅作品版本研究及初版、初刊编辑影印等内容，帮助读者"用一本书读透鲁迅"。

（张　阳）

【纪念鲁迅诞辰140周年云诵读】

9月25日（鲁迅诞辰日）在上海鲁迅纪念馆举行。活动以"只研朱墨作春山"为主题，举办方依托"前哨"——鲁迅居上海时期手稿展展出的藏品，录制鲁迅作品诵读视频，并通过澎湃新闻、"乐游上海""红途"等微信公众号对外推送，累计播放量近百万次。

（张　阳）

【鲁迅系列主题展】

10月19日在多伦文化艺术空间开展，是第四届"鲁迅文化周"系列活动之一，旨在弘扬鲁迅精神，发扬鲁迅文化。上海鲁迅纪念馆与上海鲁迅文化基金会联合举办。展览以鲁迅日常生活为元素，展现鲁迅在虹口9年文化生活的历史细节，涵盖其在电影、文学、美术等方面取得的成果。展览采用线上、线下联合展出的方式举行，其中线下展览为期90天，吸引约3000人次参观。

（黄乐芸）

上海犹太难民纪念馆

【概况】

位于长阳路62号。2007年，上海犹太难民纪念馆建成，其核心建筑为摩西会堂旧址，2020年12月完成扩建。2021年，纪念馆共接待团队772批次，吸引8万余人次参观，举办各类活动30余场次。年内，纪念馆基本陈列入选国家文物局"弘扬中华优秀传统文化、培育社会主义核心价值观"主题展览征集推介项目、上海市博物馆陈列展览精品推介项目；纪念馆被评为十大上海最具影响力博物馆之一，获颁中国华侨国际文化交流基地、上海市组织生活基地、上海市党支部建设示范点等奖牌。

（范　欣）

【"探索犹太人的上海之旅"专题导览活动】

2月17日在上海犹太难民纪念馆举行，是纪念馆"乐游系列"寒假青少年活动之一。其间，亲子家庭在讲解老师的带领下参观纪念馆常设展，了解犹太人在上海避难的特殊历史；开展互动交流。活动吸引50余人次观众参与。

（范　欣）

【"方舟载友谊，奏曲颂希望"元宵招待会】

2月26日在上海犹太难民纪念馆举行。市外办美洲处、上海犹太难民纪念馆和东方网海外经济文化交流中心共同主办。会上，表演中美联合编排的音乐剧《上海奏鸣曲》片段，该剧历时4年创排，是首部中美联合打造的音乐剧，数十名中美两国艺术家和教育家参与其中。剧情以犹太难民在上海避难，与上海市民同舟共济为主，体现出"人类命运共同体"理念。其间，举行上海犹太难民纪念馆虚拟展厅在芝加哥中国友城委员会网站上线仪式。芝加哥中国友城委员会主席薛峰，居住在美国的原上海犹太难民后裔，音乐剧《上海奏鸣曲》主创人员等40余人参加活动。至年底，《上海奏鸣曲》国际推广项目得到2021年上海市"中华文化走出去"专项资金扶持，并被评为2021年上海市第十六届"银鸽奖"最佳活动/案例优胜奖。

（范　欣）

【"探秘狂欢普珥节"主题活动】

2月27日在上海犹太难民纪念馆举行，是纪念馆"乐游系列"寒假青少年活动之一。其间，亲子家庭聆听犹太难民与中国人民相濡以沫、共渡难关的故事，了解犹太传统节日"普珥节"的来历，共同品尝"普珥节"美食，并动手制作狂欢面具。吸引近40余人次观众参与。

（范　欣）

【"海上方舟·犹太遗迹深度游"活动】

3—7月、9—12月先后在上海犹太难民纪念馆举行，旨在传播"海上方舟"理念背后的历史故事。其间，活动方带领观众参观纪念馆基本陈列，实地探访位于提篮桥历史文化风貌区内的犹太难民生活遗迹，包括美犹联合救济委员会大楼旧址、远东反战大会旧址、百老汇大戏院旧址、霍山公园及有"小维也纳"之称的舟山路等。至年底，共开展活动27次，吸引近300人次参与。

（范　欣）

【2021中外青少年"共绘百年上海，同祝世界和平"画展】

5月29日至6月1日在上海犹太难民纪念馆举办。上海犹太难民纪念馆与上海行知教育促进会、上海中学国际部、上海进才实验小学、金艺树家工作室、漆彩木画室共同发起举办。开幕式上，中外学生代表向纪念馆捐赠长卷画作《申城之美》，该画由60余名中外青少年共同绘制，全长10米，旨在祝愿"世界和平，共庆六一儿童节"。此次展览共展出画作218幅，均以上海地标建筑为基底创作。活动吸引观众近70人次参观。

（范　欣）

【"中共百年党史中的著名犹太裔国际友人"特展】

6月24日至9月24日在上海犹

图14-10 扩建后的上海犹太难民纪念馆（上海犹太难民纪念馆 提供）

太难民纪念馆举办。市委党史研究室、市政府新闻办、虹口区委宣传部指导，上海犹太难民纪念馆和虹口区委党史办主办，上海社会科学院国际问题研究所协办。展览以文字、图片、影像资料等形式，重点呈现维经斯基、马林、尼克尔斯基等15位来自波兰、德国、奥地利、苏俄（1917—1922年）/苏联（1922—1991年）、美国、保加利亚和捷克等国家的犹太裔国际友人，参与中国共产党建立、各阶段革命战争及建设社会主义新中国的历史故事。波兰驻沪副总领事莱什琴斯基（Piotr Leszczyński）、以色列驻沪副总领事茉馨（Mor Ben Moshe）及德国、奥地利、俄罗斯等国驻沪领事馆官员出席开幕式，展览吸引观众12296人次参观。

（范 欣）

【在沪外国友人端午节体验活动】

6月14日在上海犹太难民纪念馆举行。上海公共外交协会、上海广播电视台主办。上海海港足球队主教练莱科（克罗地亚籍），上海申花足球队队员、“白玉兰纪念奖”获得者莫雷诺（哥伦比亚籍），上海久事体育赛事运营管理有限公司国际区域执行总监“白玉兰纪念奖”“白玉兰荣誉奖”获得者吕华勇（美国籍），以及来自丹麦、瑞典、德国、法国、马来西亚、菲律宾、尼日利亚等国家和地区的17位在沪工作的外籍友人参加活动。其间，主办方邀请嘉宾参观纪念馆基本陈列，杏花楼首席点心师沈全华介绍端午民俗文化；随后，组织骑行活动，参观虹口北外滩、“四行仓库”抗战纪念馆、思南公馆和中共一大会址纪念馆等地。

（范 欣）

【“木刻版画艺术小课堂”主题活动】

8月1日在上海犹太难民纪念馆举行，是纪念馆“乐游系列”暑假青少年活动之一。其间，亲子家庭参观纪念馆常设展，了解上海犹太难民、版画艺术家大卫·布鲁赫的故事；参加区“非遗”传承人高晴的木刻版画课程，学习木刻版画的发展历史和艺术特点，体验版画印刷工艺。活动吸引近20人次参与。

（范 欣）

【中外人士纪念中国人民抗日战争暨世界反法西斯战争胜利76周年活动】

9月2日在上海犹太难民纪念馆举行。活动以“命运与共·珍爱

图14-11 5月29日至6月1日，2021中外青少年“共绘百年上海，同祝世界和平”画展在上海犹太难民纪念馆举办，孩童在馆内广场上绘制“申城之美”长卷画作（上海犹太难民纪念馆 提供）

和平”为主题，奥地利驻沪总领事蓝海睦（Helmut Rakowitsch）、以色列驻沪副总领事茉馨（Mor Ben Moshe）、波兰驻沪副总领事莱什琴斯基（Piotr Leszczyński），以及奥地利和美国驻沪总领馆官员，德国、泰国等国友好人士近30人参加活动。其间，主办方播放还原犹太难民在上海生活境遇的纪实片《上海余生》，与嘉宾探讨如何做好犹太难民在上海史料的收集、保护、研究和国际传播等工作。

（范　欣）

【犹太摄影师沈石蒂作品和史料捐赠仪式】

11月24日在上海犹太难民纪念馆举办。以色列驻沪总领事爱德华（Edward Shapira）、副总领事茉馨（Mor Ben Morshe），虹口区委常委、宣传部部长吴强出席活动。仪式现场，以色列驻沪总领事馆将犹太摄影师沈石蒂（Sam Sanzetli）的千余幅摄影作品和史料永久捐赠给上海犹太难民纪念馆。沈石蒂曾在上海开设经营4家照相馆，拍摄中外人士肖像照2万余张，直至1957年离开上海。他的摄影作品不仅记录老上海的城市风貌，也反映出在动荡萧条大环境下，上海市民自尊自强、积极向上的精神面貌，成为中犹人民共同的历史记忆。1986年，沈石蒂在以色列去世，其全部遗物由继子保管，2021年10月，以色列驻沪总领事爱德华回国接受捐赠给上海的沈石蒂摄影作品和史料，并决定全部捐赠给上海犹太难民纪念馆。

（范　欣）

【“太平洋战争爆发与上海犹太难民”国际学术研讨会】

11月30日在上海犹太难民纪念馆举行，旨在纪念太平洋战争爆发80周年。上海犹太难民纪念馆国际咨询委员会和上海大学共同主办。会上，来自中国、美国、日本、英国等国的20余位专家围绕“太平洋战争对上海犹太人的影响”和“上海犹太难民史”议题展开讨论。会后，发布由凯文·奥斯托伊奇和夏昀所著的《上海犹太难民史：历史记忆及研究新论》。

（范　欣）

中国左翼作家联盟会址纪念馆

【概况】

位于多伦路201弄2号，是中国左翼作家联盟（简称“左联”）成立大会之地。2000年12月“左联”会址纪念馆对外开放，2003年被列为上海市爱国主义教育基地，2005年被列为上海市红色旅游基地，2020年完成修缮重新开馆。2021年，“左联”会址纪念馆举行各类主题活动30场、受众173393人次；主题讲座10场、受众1450人次；主题巡展4场、观众86495人次；另举行景云书房、多伦路文艺沙龙等各类品牌活动。其中，为庆祝中国共产党建党100周年，纪念馆开设“中华艺大课堂”，从左翼文学、左翼电影、左翼音乐、左翼美术四大板块入手，以“品鉴”“评析”“聆听”和“赏析”的方式，为公众介绍“左联”历史，传播左翼文化，全年开课14场，吸引170585人次参加；围绕“中国共产党领导下的左翼文化运动”主题，举办第四季多伦文艺沙龙6场，邀请全国左翼文化研究专家学者，从不同维度探讨这场影响深远的文化运动。至年底，“左联”会址纪念馆共接待团队参观1353批次、26662人次，接待游客总计41189人次。2021年，“左联”会址纪念馆新展陈获“上海市十大精品展”奖项，并被评为上海市志愿者基地。

（顾良辉）

【“左联”五烈士牺牲90周年纪念活动】

2月7日起在“左联”会址纪念馆微信公众号、“超星学习通”2个网络平台推出。区文化旅游局、区教育局、四川北路街道、长远集团主办，“左联”会址纪念馆、区文化馆承办。纪念活动旨在展现柔石、胡也频、殷夫、李伟森、冯铿“左联”五烈士的革命经历，弘扬烈士们的奋斗精神和民族精神，包含云展览、云答题、云祭奠等内容，其中云展览“热血青春”——“左联”五烈士牺牲90周年纪念展重点展现“左联”五烈士的生平事迹，其间在上海工程技术大学高职学院和北虹高级中学进行

图14-12　5月18日，“左联”会址纪念馆完成修缮，重新开馆，图为纪念馆序厅（“左联”会址纪念馆　提供）

线下主题巡展。纪念活动为期10天，共吸引16万人次线上观看。

（顾良辉）

图14-13　5月4日，《青春为祭》情景剧在多伦路首演（区文化旅游局　提供）

图14-14　5月4日，《青春为祭》情景剧场景一（区文化旅游局　提供）

【第四季多伦文艺沙龙首场活动】

3月2日在“左联”会址纪念馆举行。区文化旅游局、长远集团主办，“左联”会址纪念馆等承办。沙龙以“中国共产党领导下的左翼文化运动”为主题，首场活动邀请上海交通大学访问特聘教授、人文学院中国作家手稿研究中心主任王锡荣围绕“左翼文化运动与党的文化战略”话题进行线上直播。至年底，“左联”会址纪念馆另举办沙龙活动5场，分别围绕“左翼文化运动与党的文化战略”“周恩来与左翼文化运动”“茅盾与中国共产党以及左翼文学”“历史名人与中国共产党及左翼文化运动”“鲁迅与木刻”议题开展交流探讨，累计吸引149346人次线上线下活动。

（顾良辉）

【“中华艺大课堂”活动】

3月3日至12月25日在“左联”会址纪念馆举行，旨在庆祝中国共产党建党100周年。“左联”会址纪念馆举办。其间，邀请语言艺术教育家、全国优秀小说演播家宋怀强，上海朗诵协会副秘书长、上海影视戏剧理论研究会理事、海派电影研究会理事李果等专家参加。活动涉及左翼文学、左翼电影、左翼音乐、左翼美术四大领域，通过朗诵、合唱、讲座等形式，让观众“品鉴”“评析”“聆听”“赏析”左翼文化魅力，共吸引线上受众170585人次。

（顾良辉）

【纪念茅盾逝世40周年座谈会】

3月27日在“左联”会址纪念馆召开。中国茅盾研究会，“左联”会址纪念馆举办。会上，来自中国茅盾研究会、上海市委党史研究室、上海图书馆历史文献中心、上海鲁迅纪念馆、复旦大学马克思主义学院、上海交通大学中文系、华东师范大学中文系、上海师范大学中文系等单位、学校的专家围绕“茅盾与中国共产党以及左翼文学”主题展开探讨，追忆茅盾的爱国情操和文学成就。茅盾亲属孔海珠、“左联”盟员周文之女周七康及20人参会。座谈会通过腾讯线上直播，吸引43027人观看。

（顾良辉）

【《青春为祭》情景剧】

5月4日在多伦路首演。“左联”会址纪念馆出品，上海雅意文化创意中心创排。该剧是沪上首个沉浸互动式红色文化情景剧，以鲁迅、丁玲、李伟森为主要人物，形成3条独立路线，展示“左联”五烈士被捕牺牲前后的事件进程，再现5位烈士及革命志士的心路历程。《青春为祭》在多伦路文化名人街实地布局戏剧场景，通过“左联”会址纪念馆、景云里、公啡咖啡馆、老电影咖啡馆等老建筑，为观众提供沉浸式体验。至年底，共演出4场，约200人次观看。

（顾良辉　石　磊）

【“追求与探索——文化名人的历史印记”特展】

5月18日在多伦文化艺术空间举行。“8+”名人故居纪念馆联盟、“左联”会址纪念馆承办。展览重点介绍宋庆龄、李大钊、鲁迅、郭沫若、茅盾、老舍、徐悲鸿、梅兰芳、

图14-15 《青春为祭》情景剧场景二（区文化旅游局　提供）

李四光、红线女、李叔同、康有为、梁启超、詹天佑等文化名人的生平事迹，展示其救国图存的志向与方式，以及对推动中国历史进步和发展的作用。展览为期30天。区“虹·博汇”博物馆联盟场馆、“8+”文化名人纪念馆联盟代表和相关共建单位负责人出席开展仪式。展览吸引4.5万余人次线上参观。

（顾良辉　黄乐芸）

【“萌芽”学生宣讲志愿服务队】

6月1日在“左联”会址纪念馆成立，旨在鼓励学生参与校外实践活动，壮大宣传红色文化的年轻力量。“萌芽”学生宣讲志愿服务队由来自上海鲁迅初级中学、上海工程技术大学高职学院等十余位同学组成，服务队主要任务包括党史教育、红色文化讲解等。

（顾良辉）

【“鲁迅与左翼青年”学术座谈会】

10月23日在多伦文化艺术空间举行，旨在纪念鲁迅诞辰140周年，挖掘、宣传、研究左翼文化。区委宣传部指导，区文化旅游局、长远集团主办，“左联”会址纪念馆、长远文化传媒公司承办。会上，邀请陈福康、王锡荣、吴海勇、孔海珠等20位专家围绕“鲁迅对左翼青年起了怎样的引领作用”“左翼青年对鲁迅的研究”等议题展开讨论。约51人参会。

（顾良辉）

【童长荣史料征集与学术研讨会】

12月25日在“左联”会址纪念馆召开，旨在发扬左翼文化精神和抗战精神。市委党史研究室、虹口区委宣传部指导，虹口区委党史办、区文化旅游局牵头，吉林省延边朝鲜族自治州委党史研究室、安徽省枞阳县委党史和地方志研究室、中国左翼作家联盟会址纪念馆等单位共同举办。会议以“从左联到抗联：新时代视野中的童长荣”为主题，来自中央党史研究室、复旦大学、华东师范大学、上海大学等单位的专家围绕枞阳历史文化与青年童长荣的思想、童长荣文学作品甄别思路、童长荣与左联和秘密战线的关系、中央文委成立与童长荣革命文学、童长荣在东北的抗战事迹和贡献等议题展开讨论，约20人参会。

（顾良辉）

李白烈士故居

【概况】

位于黄渡路107弄15号，是李白烈士居住、工作和被捕之处。1985年11月13日，上海市人民政府批准李白烈士故居为市级文物保护单位。1987年5月6日正式对外开放，陈云题写馆名，后相继成为虹口区爱国主义教育基地、上海市青少年教育基地。2003年3月，故居被命名为“上海市爱国主义教育基地”，2005年3月被列为“上海市红色旅游基地”。2021年，李白烈士故居完成修缮并重新开放。年内，故居举行纪念李白烈士牺牲72周年校园演出；举办各类主题活动24场、受众3140人次；虹口名人讲座12场、受众4177人次；主题讲座35场、受众7657人次；主题巡展8场，受众3764人次。至年底，李白烈士故居共接待团队356批次、7872人次，接待游客18028人次。新增培育“李白中队”“李白班”等9个李白先进团队。李白烈士故居的“电波中永生”情景课堂入选全国文化遗产云传播（云讲堂）十佳项目，并被评为上海市志愿者基地；李白烈士故居名誉馆长吴德胜获得全国红色故事讲解员大赛上海赛区一等奖。

（顾良辉）

【“致敬建党百年·立志初心之地”特色情景党课】

3月26日在李白烈士故居开讲。该特色情景党课由市消防救援总队特勤支队、上海交通大学党史党建研究中心、虹口区委党校、李白烈士故居联合打造，旨在通过政治性、知识性、竞赛性相结合的形式，推动年轻人学好党课，实现“听”辅导，集中学；现场看，自己“学”；尝试“做”，炼党性；“悟”初心，找不足。党课以《永不消逝的电波》故事内容为线索，融合党史专家讲座、分小组线上打卡及线下闯关、党员代表交流等板块，共吸引40人次听讲。

（顾良辉）

【纪念李白烈士暨庆祝建党百年校园演出活动】

5月7日在区教育学院实验中学

举行。区文化旅游局、区教育局主办，李白烈士故居承办。其间，有李白烈士家乡湖南省浏阳市带来的花鼓戏《电波声声》；李白烈士故居名誉馆长吴德胜为观众讲述李白烈士的历史故事，过程中串联舞台剧《电波从这里发出》、敬业初级中学的音乐剧《永不消逝的电波》、区教育学院实验中学的音乐课本剧《“虹”色少年》等。活动吸引400人参加。

（顾良辉）

【“电波不逝，信念永存”情景党课】

5月27日在李白烈士故居开讲。当天正值上海解放72周年纪念日，修缮一新的李白烈士故居正式对外开放。该党课由区党史学习教育领导小组指导，区委宣传部、区文化旅游局主办，区教育工作党委、区退役军人事务局、四川北路街道党工委协办。市委机要局局长沈永良，虹口区委书记郭芳，区委副书记洪流，区委常委、宣传部部长吴强出席。来自“李白中队”的3位“10后”小小红色宣讲员，“虹口记忆传讲工作室”主讲人张家禾和李白烈士之孙李立立组成党史学习宣讲“老少组合”，在李白烈士故居为与会人员讲解“电波不逝，信念永存”的情景党课，讲述李白的成长经历及与敌人斗争的事迹。市国安局、市通信管理局及虹口区相关部门工作人员，李白烈士故居共建单位代表等50人参加活动。

（顾良辉）

图14-16 7月1日，上海李白烈士故居为敬业初级中学首任“李白中队”授牌（上海李白烈士故居 提供）

图14-17 12月18日，良友糖果店暨李白烈士故居观众咨询服务中心启用（徐荣耀 拍摄）

【为敬业初级中学首任“李白中队”授牌】

7月1日，敬业初级中学举办“话百年，颂伟业，共奋进”庆祝中国共产党成立100周年主题活动。活动中，李白烈士故居为学校首任“李白中队”授牌。年内，虹口区澄衷高级中学、黄浦区格致中学、虹口区丰镇中学、虹口区钟山初级中学、虹口区中州路第一小学、虹口区红旗小学、虹口区凉城第四小学分别成立7支“李白中队”。

（顾良辉）

【“电波从这里发出”沉浸式广播剧】

9月30日在李白烈士故居开演。区文化旅游局主办，李白烈士故居承办。该剧以“沉浸式广播剧+讲解”的形式呈现，其间融入电影《永不消逝的电波》、央视大型栏目《故事里的中国》等节目中有关李白烈士的内容。此次展演时值第八个烈士纪念日，活动方特别邀请上海市钟山初级中学“李白中队”代表约100人参观演出。

（顾良辉）

【“追寻永不消逝的电波，走进李白烈士故居”在线直播活动】

10月6日在李白烈士故居举行。中央电视台举办，李白烈士故居协办。活动通过在线直播的方式，通过银屏向观众展示故居陈设、介绍李白烈士生平及革命故事。直播期间，300余万人次观看。

（顾良辉）

【良友糖果店暨李白烈士故居观众咨询服务中心】

12月8日启用，旨在完善李白烈士故居的服务功能。该中心位于黄渡路107弄弄堂口，主要提供场馆预约、活动咨询、文创产品展示等服务。启用当日，李白烈士故居在区旅游公共服务中心举办“文化名城日 再现新魅力”主题活动。其间，还举行捐赠仪式，上海报业集团《新读写》杂志社社长钱汉东、上海南湖职业技术学院教师董佳文分别将书法作品《陋室铭》、油画作品《永不消逝的电波》赠予故居。至年底，有游客1180人次享受该中心的预约服务。

（顾良辉）

朱屺瞻艺术馆

【概况】

位于欧阳路580号，于1995年建成开馆，是以中国当代书画大师朱屺瞻先生命名的公立美术馆。艺术馆占地750平方米，总建筑面积约1500平方米，为灰墙青瓦江南风格的3层楼房。序厅有朱屺瞻汉白玉半身雕像及史料陈列室，以及100平方米的展览与会议多功能厅。2楼分南北两厅，其中南展厅140平方米，壁面为封闭式落地玻璃，常年陈列朱屺瞻书画作品；北展厅200余平方米，是举办各类艺术交流展的场所。3楼有一间以屺老斋名命名的“梅花草堂”，面积80平方米，用于举办学术活动。房间内摆放的画桌与桌椅为仿明式家具，案头陈列有朱屺瞻使用过的部分文房遗物。2021年，朱屺瞻艺术馆相继举办朱屺瞻先生书画精品展、纪念朱屺瞻诞辰130周年系列活动等；出版《赤心惟存——纪念朱屺瞻诞辰130周年艺术展》。

（虹　编）

【台湾艺术博物馆木雕艺术展】

3月23日至4月17日在朱屺瞻艺术馆举行。台湾艺术博物馆、虹口区文化创意产业发展促进会联合举办。以“传承中华文化 共赏木雕艺术”为主题，展出以沉香、台湾桧木、印度小叶紫檀、檀香、台湾梢楠等木材雕刻的百件木雕作品。

（陈颖华）

【《赤心惟存——纪念朱屺瞻诞辰130周年艺术展》图书】

5月15日出版。该书由朱屺瞻艺术馆编纂，上海人民美术出版社出版，由“理想开拓：清民时代的习画历程”“曲折迈进：建国后三十年的艺术实践”“出新再生：1980—1990年代的耋年变法”“亦师亦友：朱屺瞻的时代和他的交游”4个板块构成，板块名称取自1977年朱屺瞻《浮想小写》册页中的画题，以契合朱屺瞻先生艺术变革的精神。该书共发行500册。

（马　艳）

【纪念朱屺瞻诞辰130周年系列活动】

5月27日至8月25日在朱屺瞻艺术馆举行。虹口区政府主办，区文化旅游局和朱屺瞻艺术馆共同承办。在5月27日举行的“赤仁惟存”——纪念朱屺瞻诞辰130周年艺术展开幕式上，市政协副主席金兴明，虹口区委书记郭芳，区委副书记、区长胡广杰，区政协主席石宝珍，区委副书记洪流，朱屺瞻夫人陈瑞君，上海博物馆原馆长陈燮君出席并为展览剪彩。现场举行专题片《白首惟有赤心存，坚定不移跟党走》首发式，副区长、朱屺瞻艺术馆馆长郑宏和市政协、上海博物馆相关负责人先后发言；上海中国画院向朱屺瞻艺术馆捐赠朱屺瞻的入党资料，区委常委、组织部部长杨春花为朱屺瞻艺术馆党群服务站揭牌；区委常委、宣传部部长吴强向新一届朱屺瞻艺术馆管委会颁发聘书。该系列活动以“赤心惟存”为主题，旨在纪念朱屺瞻先生诞辰130周年，包含主题展览、学术研讨会、讲堂、作品集画册编辑出版等，其中主题展览从朱屺瞻百岁入党、时代写照、耋年变法3个维度，反映画家生平和艺术成就；讲堂以跨界的形式邀请音乐、哲学、文学和戏曲界的学者共同探讨朱屺瞻的艺术人生。系列活动吸引1.8万人次参加。

（马　艳）

中国证券博物馆

【概况】

位于黄浦路15号。2018年12月，中国证券博物馆在浦江饭店揭牌。年内，博物馆相继举办“携手”——中国资本市场扶贫成果展、“力量”——百年来中国共产党领导下的资本市场实践和发展历程展、“股东来了”——投资者权益知识竞赛主题展等专题展览10个，举办、协办活动183场次，接待观众约2.2万人次，拍摄资本市场红色系列短视频27部。至年底，中国证券博物馆成为国家级投资者教育基地和革命纪念馆，馆址被上海建筑可阅读联盟、市建筑学会评为“2021上海旅游节·上海最受关注二十大优秀建筑”之一。“中国证券博物馆与中国资本市场发展故事”微党课入选市委组织部推荐的50堂优秀党课。

（尹　琼）

【“携手”——中国资本市场扶贫成果展】

1月23日起在中国证券博物馆官网推出。中国证券博物馆举办。展览采用3D建模和720全景技术，通过搭建三层约1830平方米的虚拟展厅进行线上展示，展出图片、图表近600张，扶贫影片40余段，扶贫县扶贫项目航拍素材30余个，从政策扶贫、辖区扶贫、定点扶贫、行业扶贫、扶贫干部五方面，集中展示中国资本市场在国家扶贫攻坚战略中发挥的作用。新华社客户端等平台报道点击量逾110万人次，至年底，约8万人次线上观展。

（尹 琼）

【“牛转乾坤”——辛丑（牛年）新春生肖文物图片联展及配套儿童艺术展】

2月5日起在中国证券博物馆推出。中国证券博物馆、中国文物报社等合作举办。展览集中展示“牛”主题文物艺术品图片数百幅，上市仪式纪念品25件/套，以及儿童艺术展品17件/套，旨在通过挖掘“牛”文化发展的历史脉络，体现牛在中国传统文化及当代资本市场中的价值与寓意。在展会上展出的现代“牛气冲天”铜牛像被中国文物报社、央视网评为“2021年百姓最喜爱的十件牛文物”之一。展览为期330天。

（尹 琼）

【“力量”——百年来中国共产党领导下的资本市场实践和发展历程展】

6月30日起在中国证券博物馆浦东展厅上海金融交易广场推出。中国证券博物馆举办。该展览旨在庆祝中国共产党建党百年，回溯在党的领导下资本市场为中国革命、建设、改革和发展过程中融通资本、凝聚力量的历程。展览由开端——新民主主义革命时期（1921—1949）、探索——社会主义革命和建设时期（1949—1978）、发展——改革开放和社会主义现代化建设新时期（1978—2012）、跨越——中国特色社会主义新时代（2012—2021）四部分构成，展出展品600余件、图片近400幅。至年底，展览仍在举办中。年内，该展入选“中央宣传部、国家文物局庆祝中国共产党成立100周年精品展览推介名单”及“国家文物局2021年度弘扬中华优秀传统文化、培育社会主义核心价值观主题展览推介项目名单”。

（尹 琼）

图14-18 10月18日，“股东来了”——投资者权益知识竞赛主题展线下展在中国证券博物馆开幕（中国证券博物馆 提供）

图14-19 1月5日至5月25日，上海邮政博物馆举办集邮爱好者收藏临展，图为集邮爱好者捐赠的纪念封、邮票（周 帆 拍摄）

【获评国家级证券期货投资者教育基地】

9月23日，中国证券博物馆被中国证监会评为国家级证券期货投资者教育基地。该教育基地通过馆内馆外联动、线上线下合力的方式，探索博物馆的社会教育职能与投资者教育职能相结合的培训新模式，负责向投资者普及证券期货知识、向社会讲好中国资本市场红色故事等。至年底，基地举办线上金融知识竞答活动13次，举办专题讲座4场，开展投资教育走进社区和高校活动9场。

（尹 琼）

【“股东来了”——投资者权益知识竞赛主题展】

10月18日起以“线上+线下”方式推出，线下活动地点在中国证券博物馆。中国证券博物馆与中证中小投资者服务中心联合举办。展览以时间为线索，集中展示2018—2020年投资者教育节目“股东来了”知识大赛活动视频、照片及纪念品，并通过沉浸式影音室、互动问答体验装置和打卡留念窗等形式，展示中国资本市场有关投资者教育的各项举措。至年底，展览仍在举办中。

（尹 琼）

上海邮政博物馆

【概况】

位于天潼路395号。2021年，博物馆正常、安全、有序开放，接待134721人次。全年开展“邮博打卡享好礼”体验活动51场，参与4785人次；开设“邮筒DIY”“小小集邮家”“邮乐园”“红色寻迹”等各类主题亲子体验活动37场，接待2905人次；举办集邮爱好者收藏展、青少年主题邮票设计展、青少年书信作品展等临展6场。年内，参与由中国共产党历史博物馆开办的“不忘初心、牢记使命”中国共产党历史展，展出蟠龙加盖“临时中立·中华民国”邮票1套；参与上海海关举办的“相约邮政日，小包裹中也有大故事”、蔚来汽车企业举办的“寻味城市灵感”及哔哩哔哩网络平台举办的“小艾大叔”3场直播活动。

（周　帆）

【“万象耕新”《辛丑年》邮票发行仪式】

1月5日在上海邮政博物馆举行。上海邮政博物馆举办。仪式上，生肖纪念封设计师、“万象耕新”书法作品作者、书法家徐圆圆，“牛转乾坤”国画作品作者、画家奚文渊到场，向博物馆捐赠《辛丑年》发行邮票所用的原创书法和绘画作品。95人参加活动。

（周　帆）

【集邮爱好者收藏展】

1月5日至5月25日在上海邮政博物馆举行，旨在吸引集邮爱好者将收藏捐赠给博物馆。上海邮政博物馆举办。展示集邮爱好者捐赠的美国大版票、香港封片等邮票192版，吸引观众50109人次参观。年内，另在5月26日至8月7日举办第二场临展，以“庆祝建党百年”为主题，展出红色主题邮票192幅，30376人次观展。

（周　帆）

【庆祝建党百年“红色寻迹”亲子体验活动】

6—7月在上海邮政博物馆举行。上海邮政博物馆举办。活动方邀请510个亲子家庭参观博物馆常设展，并参与以邮政红色故事为主线设计的趣味打卡问卷，增进参与家庭对邮政历史、邮政革命史和邮政红色文化的认知。2个月间，共举办体验活动17场，吸引1045人次参加。

（周　帆）

图14-20　7月13日，中央电视台少儿频道“少年寻邮记”节目组在上海邮政博物馆录制节目（周　帆　拍摄）

【中央电视台在上海邮政博物馆录制节目】

7月13—15日，中央电视台少儿频道《少年寻邮记》节目组在上海邮政博物馆录制节目。其间，节目组邀请6位小学生在博物馆开展“寻宝之旅”，探索上海邮政发展历程，寻找馆内珍稀邮品；在博物馆一楼中庭参与游戏比赛，体验邮件运输、分拣、投递等环节的工作内容。节目于10月28日在中央电视台少儿频道播出。

（周　帆）

【2021年首届上海书信文化节暨书信文化活动获奖作品展】

9月29日至11月29日在上海邮政博物馆举行。上海邮政文化传媒部和上海邮政博物馆联合举办。活动以“感党恩，学党史，爱祖国，听党话，跟党走——写一封信、递一份爱”为主题，旨在通过传统的书信载体，激励青少年表达对党、对祖国的爱，引导青少年听党话跟党走，传承红色基因，弘扬革命精神。其间，展示青年创作的书信作品百余件。活动吸引26205人次参观。

（周　帆）

【“相约邮政日，小包裹中也有大故事”直播】

10月9日（世界邮政日）在上海邮政博物馆举行。上海邮政博物馆、上海海关合作举办。其间，博物馆工作人员在线上带领观众参观博物馆常设展，在博物馆一楼中庭现场讲解有关海关查验物品的专业知识。直播吸引5078人次观看。

（周　帆）

（栏目编辑　金一超）

H:TIME 海泰地产

十五、体育

综　述

2021年，全区有区属体育场馆5个、区级市民体质监测指导中心1个、市民益智健身苑点402个、市民健身步道35条、市民多功能运动场19处、市民健身房1个、体医联建站1个、智慧健康小屋8个。“十三五”期间，区内新增体育场地面积6.8万平方米、人均体育场地面积0.88平方米（含人均可利用体育场地面积）。至年底，虹口区在市、区两级社团局登记的体育社会组织有42家（其中社团类13家、民办非企业29家），有健身气功站点101个、各级健身团队1792支（每千人拥有固定健身团队2.24支），市民经常参加体育锻炼的比例达到46%。

全区有社会体育指导员社区指导站8个，有市级体育传统项目学校13所，青少年体育俱乐部11所。有社区体育指导员2324人，其中国家级社会体育指导员31人、一级社会体育指导员65人、二级社会体育指导员352人、三级社会体育指导员1876人。

全年共注册运动员2925人，其中上海市青少年体育网注册运动员1990人、上海市足球协会注册足球运动员495人、新纳入注册的冰雪、棋牌项目运动员440人。有国家重点高水平体育后备人才基地1个，即虹口区青少年体育运动学校；区办一线运动队2个，分别是区少体校花剑一线队、街舞（霹雳舞）一线运动队；区办二线运动队3个，分别是区少体校花剑二线运动队、复兴高级中学校办排球二线队、长青学校校办武术二线队。年内，上海邑体体育赛事策划有限公司被评为上海市青少年体育社会力量办训基地，有跆拳道、帆船、马术等12个项目的17家社会体育组织与虹口区建立联合培养体育后备人才的机制。

至年底，区内有体育彩票在册网点95家，实际在售网点92家，全年销售体育彩票1.40亿元。

（叶　艳）

公共体育场馆及设施

【概况】

2021年，虹口区有虹口足球场、虹口体育馆、虹口游泳学校、虹口游泳池、虹口训练馆5个区属公共体育场馆。年内，新建、改建市民健身步道4条、市民益智健身苑点20处、市民多功能运动场4片，累计完成308件超年限使用的健身器材的更新，其中位于江湾镇街道彩虹湾三期（红馥里小区）的市民智慧步道是全市首条建设在小区内的智慧健身步道。推进北外滩、彩虹湾市民健身中心建设；运光新村长者运动健康之家成为全市首批挂牌开放的长者运动健康之家之一。在嘉兴路街道、江湾镇街道9个地块的新建居民住宅区内布局体育设施，确保在新建居民住宅区中，配套建设体育设施的室内人均建筑面积不低于0.1平方米，室外人均用地面积不低于0.3平方米。配合区退役军人事务局推进三门路805弄部队权属闲置场地的景观改造工作。制定《虹口区全民健身实施计划（2021—2025年）》《虹口区体育健身设施补短板五年行动计划（2021—2025年）》；完成《2020年虹口区体育场地设施调查分析报告》，构建体育场地名录库。

（叶　艳）

【彩虹湾红馥里小区市民益智健身苑点和智慧步道】

9月15日完成翻修改造，向市民开放。此次改造将公共空间划分为青少年、中老年、老年3个健身区域，实现全年龄、全人群覆盖。新建的全市首条小区内市民智慧步道全长330米，宽1.5米。步道起点处配有智能互动屏幕，市民完成人脸识别后，可通过个人手机与屏幕进行蓝牙对接，并在运动过程中接收速度、心率等信息，后台的指挥系统也可以对每位市民的运动情况做出科学分析和反馈；屏幕中还显示健身指南、天气情况等便民信息和运动排名榜单。此外，还建有轨道式棋盘、智能竞速车等设施，其中轨道式棋盘通过将棋子嵌于轨道内，引导市民边对弈边进行指关节活动，

表15-1	2021年虹口区公共体育场所、场馆一览		
序号	场所名称	场所地址	场所类别
1	虹口体育馆	东体育会路715号	体育场馆
2	虹口游泳学校	东江湾路444号	游泳场馆
3	虹口游泳池	东江湾路500号	游泳场馆
4	广粤运动公园足球场	广粤路51—1号	市民球场
5	水木年华公共篮球场	水木年华小区旁	市民球场
6	凉城社区门球场	汶水东路690弄	市民球场
7	虹口足球场外场篮球场	东江湾路444号	市民球场
8	北外滩社区公共羽毛球场	东余杭路817号	市民球场
9	欧阳社区公共羽毛球场	密云路250弄2号边	市民球场
10	和平公园社区羽毛球场	大连路1131号	市民球场
11	三河路社区篮球场	三河路388号	市民球场
12	嘉兴社区笼式足球场	周家嘴路保定路路口	市民球场
13	欧阳社区公共篮球场	东体育会路119弄37号	市民球场
14	鲁迅公园羽毛球场	鲁迅公园内	市民球场
15	凉城社区网球场	凉城路589弄	市民球场
16	曲阳社区篮球场	大连西路80号东侧	市民球场
17	凉城社区公共篮球场	车站南路398号	市民球场
18	玉二市民球场	大连西路80号	市民球场
19	广粤运动公园市民篮球场	广粤路51—1号	市民球场
20	四川北路街道公共篮球场	四川北路虬江路口	市民球场
21	鲁迅公园社区羽毛球场	东江湾路444号	市民球场
22	汶水东路社区篮球场	汶水东路水电路口	市民球场
23	北外滩社区羽毛球场	东余杭路817号	市民球场

说明：资料由区体育局提供。

图15-1 9月15日，彩虹湾红馥里小区市民益智健身苑点完成改造（区体育局 提供）

对罹患阿尔兹海默症等老年疾病群体有保健作用；智能竞速车可通过调节器械的阻力、速度等数据，方便老年人群自行选择锻炼模式。

（叶 艳 陈处旸）

【黄山坊市民健身步道】

9月30日完成翻修改造。步道位于广中路街道黄山坊，全长200米，宽2米，呈圆环形。此次翻修内容主要包括市民健身步道改建等，步道附近建有健身器械区，配设上肢牵引器、压腿按摩器、太极揉推器等健身器材，并配有中国象棋、五子棋等棋类游戏的固定棋盘，方便市民落座对弈。该步道于2012年建成使用。

（陈处旸）

【水木年华小区市民健身步道】

9月30日完成翻修改造。步道位于凉城新村街道水木年华小区，俞泾浦沿岸，全长360米，宽2米。此次翻修在步道沿线及路面增设健身项目名称、须知牌、步道标识线与距离标识线等，提升已有标识的清晰度。

（陈处旸）

【秀苑小区市民健身步道】

9月30日完成翻修改造。步道位于凉城新村街道秀苑小区，全长300米，宽1.5米，呈“回”字形。此次翻修内容主要包括市民健身步道改建等。该步道于2013年建成使用。

（陈处旸）

群众体育

【概况】

2021年，虹口区举办“虹口超级杯”男子八人制足球比赛、“虹宫杯”上海市羽毛球公开赛、上海城市业余联赛篮球5人对5人联赛暨浦发银行上海市篮球冠军篮球联赛虹口赛区预选赛、《国家体育锻炼标准》达标赛虹口分区赛、橄榄球虹口大区赛、象棋双人赛等线下赛事，以及广场舞、广播操、柔力球、健身气功、太极拳、电子竞技、跆拳道等线上赛事，共计40余场次；为庆祝中国共产党建党100周年，举办“探寻力量之源，礼赞百年辉煌”红色城市定向挑战赛。协办2021年上海篮球冠军联赛新闻发布活动、2021年上海科技体育嘉年华闭幕式等市级活动。嘉兴路街道足球队作为全市唯一代表队，参加第十四届全运会群众比赛足球项目——十一人制足球男子城市街道（社区组）比赛；江湾镇街道健身气功队代表上海，参加第十四届全运会群众赛事健身气功城市街道组展演。年内，成立虹口区社区体育（社会体育指导员）协会，推进社区体育健身俱乐部实体化运作，加强社会体育指导员队伍管理。完成上海市社会体育指导员管理平台各级指导员再注册524人，试点开展三级社会体育指导员线上培训考核工作。配合区教育局做好全区学校体育场地向社区市民开放工作，并开展相关检查。5—11月，市民在虹口区指定体育场所使用体育消费券金额655.10万元，实际支付426.42万元，使用消费券金额228.68万元，拉动消费比2.86倍。区内27家游泳场所在夏季对外开放，累计开放1.8万余场次，接待泳客13.5万人次。长远集团坚守“专业足球场、文化大舞台、全民健身地”的功能定位，举办公益、商业赛事活动132场，接待市民6000余人次；探索自有品牌——上海虹口足球场管理有限公司营运部的赛事运营工作，举办2021“虹口超级杯”8人制男子足球赛64场，吸引在线观看近4.5万人次。丰富青少年课外体育锻炼资源，做好爱心暑托班配送工作，共向北郊学校、钟山初级中学、四川北路第一小学等9个点配送武术、篮球、国际象棋等6个项目的教练员12人，分为两期授课，每期开班20个，实际配送448课时。组织开展“奔跑吧·少年”全国儿童青少年主题健身示范活动上海分会场暨“庆六一”上海市少儿体育开放日虹口分会场活动，逾3500余人次参加。全年各街道开展体育配送349场，实现街道全覆盖，其中健身技能配送305场、科学健身讲座20场、青少年体育培训24场，区体育局配合完成上海市市民体育科学大讲堂1场。

（陈处旸　程业贵　黄乐芸）

【“全民犇犇季”虹口足球场内场全民足球赛】

2月16日至5月22日在虹口足球场举行。虹口足球场管理有限公司主办。虹口足球场首次通过网上招募报名的形式，吸引来自全国各地的业余足球爱好者组队参赛。此次比赛共举办45场，约千人次观赛。

（黄乐芸）

表15-2　2021年虹口足球场全民健身活动一览

序号	日　期	名　称
1	2月16日至5月22日	“全民犇犇季”虹口足球场内场全民足球赛
2	3月23日	抗疫医护专场足球友谊赛
3	5月21日	上海儿科系统医院友谊赛
4	6月5日	2021年上海市第三十四届队式桥牌等级赛丙级赛
5	7月3日至10月31日	2021年“虹口·谁是联赛王”“虹口超级杯”8人制男子足球赛
6	7月16日	第二届“道生天合杯”青少年足球赛
7	10月16日	“上药杯”企业足球友谊赛
8	10月30日	2021年首届“虹房杯”上海职工欢乐三打一棋牌比赛

说明：资料由长远集团提供。

【抗疫医护专场足球友谊赛】

3月23日在虹口足球场举行。虹口足球场管理有限公司主办，活动吸引中山医院、瑞金医院、肿瘤医院和妇产科医院医务工作者组队参赛。开赛前，运动员从“中超”联赛球队的更衣室入场，体验“中超”赛事的入场仪式。活动吸引200余人次观赛。

（黄乐芸）

【区2021年度上海市体育消费券配送签约培训会】

4月19日在区少体校棋类培训中心举行。会上，区社体中心和市运营平台工作人员讲解第二轮配送的上海市体育消费券的使用规则和注意事项。该消费券为一次性使用的电子消费券，支持羽毛球、游泳、足球等一次性（节、次、课时、小时等）大众健身项目，5月起正式启用。全区34家定点场馆负责人参加培训。年内，又推出游泳、冰雪、足球、老年人健身等专用消费券。2020年9月9日 至2021年3月31日，在上海市体育消费券第一轮配送工作中，虹口区注册用户共使用消费券262万余元，消费总金额658万余元。至年底，在上海市体育消费券第二轮配送工作中，虹口区注册用户共使用消费券249.10余万元，消费总金额727.25万余元。

（袁 博）

【2021上海市青少年体育精英系列赛·象棋比赛】

5月15—22日在北外滩国航段的“城市展厅”举行。市体育局主办，市棋牌运动管理中心、虹口区体育局、市象棋协会承办。最终，徐汇区、静安区、虹口区分获奖牌榜前三名，总分榜前五名分别是徐汇区、虹口区、静安区、黄浦区、闵行区。

（程业贵）

图15-2 足球爱好者在虹口足球场内场活动（区体育局 提供）

图15-3 7月16日，在虹口足球场内场举行第二届“道生天合杯”青少年足球赛，上海幸运星足球俱乐部获得U8组冠军（长远集团 提供）

【区体育局与区消防救援支队签约共建】

5月18日，区体育局与区消防救援支队在虹口足球场举行共建签约仪式。此次共建旨在围绕提升体育健身场地共享水平、共同推动健身场地的消防隐患排查、联合实施消防安全教育等方面，推动两部门优势互补、深度合作。仪式后，虹口体育系统足球队与虹口消防救援支队足球队举办友谊赛。

（黄乐芸）

【2021上海虹口城市定向越野挑战赛】

6月1日至7月31日举行。虹口区委宣传部、区区级机关工委、区体育局、区文化旅游局主办，上海市登山户外运动协会承办。比赛以“探寻力量之源，礼赞百年辉煌”为主题，开设线路10条，覆盖中共四大纪念馆、鲁迅公园、上海邮政博物馆等60个红色点标，参赛选手每完成一条线路，即可通过手机客户端（App）获得电子完赛证书。其间，选手每日有机会赢得定制版地铁纪念卡。此次比赛吸引22346人次参赛。

（陈处旸 黄乐芸）

【2021年上海市第三十四届队式桥牌等级赛丙级赛】

6月5—8日在虹口足球场举行。

市桥牌协会、市棋牌运动管理中心、市体育彩票管理中心主办，虹口区体育局、虹口足球场管理有限公司承办。此次比赛吸引27支丙级队参加，历时4天，中科无线队、小李飞刀队胜出，获得晋级乙级队比赛的资格；鹰队和东方公证小分队在淘汰赛中获胜，赢得另外2个晋级乙级比赛的名额。活动吸引近180名桥牌爱好者参赛。

（黄乐芸）

【2021年“虹口·谁是联赛王”象棋系列家庭双人赛】

6月12—13日在区青少年体育运动学校棋类培训中心举行。区体育局、区体育总会主办，区棋类协会等承办。根据规程，参赛选手必须由一个家庭祖孙三代中的两人组成，且一名选手年龄必须小于12岁，比赛采用单败淘汰赛，每方大约用时20分钟，经过六轮角逐，最终，来自虹口区的朱祖勤、朱艺超父子获得第一名，徐汇区的夷赟、夷杨父子获得第二名，徐汇区的蒋逸舟、蒋正阳父子获得第三名。此次比赛吸引64个家庭128名运动员参赛。虹口区象棋系列家庭双人赛自2017年开始连续举办5年，成为虹口象棋系列比赛的传统项目之一。

（陈处昒）

【“虹口超级杯”8人制男子足球赛】

7月3日至10月31日在虹口足球场举行。市体育局、市体育总会、虹口区体育局共同主办，虹口足球场管理有限公司承办。此次比赛共吸引32支球队参赛，其中包含虹口球队8支，分别是上海瑞虹新城足球队、上海瑞虹新城社区足球队、瑞虹社区臻庭足球队、虹口FC94足球队、上海虹口真兄弟足球队、虹口MCY联队等。最终，上海群科仪表足球队获得冠军。比赛通过网络全程直播，在线累计观赛逾4.5万人次。

（陈处昒　黄乐芸）

【第二届“道生天合杯”青少年足球赛】

7月16日在虹口足球场内场举行。上海沃凌足球俱乐部主办，虹口区足球协会协办。此次比赛有4片场地，其中U11组为7人制赛场2片、U8组为5人制赛场2片，吸引8—12岁青少年约400人，组成参赛球队16支。经过8轮对抗，上海幸运星足球俱乐部获得U8组冠军，上海沃凌足球俱乐部获得U11组冠军。活动吸引200人次观赛。

（黄乐芸）

【参加第十四届全国运动会群众组健身气功比赛】

8月24—27日，江湾镇街道健身气功队参加第十四届全国运动会群众组健身气功比赛，最终获得第十名。江湾镇街道健身气功队成立于2007年，是江湾镇街道的品牌健身团队，有队员25人，平均年龄63岁，其中国家级社会体育指导员3名、一级社会体育指导员5名、二级社会体育指导员12名。

（袁　博）

【第二届上海白玉兰网球文化节】

9月16 日在上海白玉兰广场举行，旨在通过青少年、成人网球赛事，将体育融入生活。虹口区体育局，市社会经济文化交流协会、虹口区网球协会举办。活动为期3周，分设青少年网球公开赛、一“网”情深丽人赛和“白玉兰杯”企业精英网球联赛三大主题赛事，其中青少年网球公开赛吸引约200组家庭参加，围绕比赛另举办优质赛事体验、青少年球拍推荐会、萌娃潮童网球写真选拔等活动；一“网”情深丽人赛吸引近百位女性参加；“白玉兰杯”企业精英网球联赛邀请长三角区域近百家企业参与，并举办大满贯球迷见面会，通过赛事搭建企业交流平台。其间，在周一至周五晚举办“一分决赛、百里挑一”赛事活动，以及世界冠军球迷体验日、网球体验课程等活动。

（董　颖）

【“上药杯”企业足球友谊赛】

10月16日在虹口足球场举行。上海医药集团股份有限公司主办，虹口足球场管理有限公司协办。此次比赛共有4支上药集团职工队、约160人参赛，第一阶段为小组赛，第二阶段为淘汰赛，经过8轮角逐，最终，上海医药集团队获得冠军。活动吸引200人次观赛。

（黄乐芸）

【参与2021上海赛艇公开赛】

10月23日，由上海市体育局、黄浦区人民政府、虹口区人民政府、静安区人民政府主办，东浩兰生（集团）有限公司承办的2021上海赛艇公开赛在苏州河上开赛，是全国首创的八人艇城市赛艇比赛，也是上海创办的城市自主品牌赛艇赛事。此次比赛的起、终点设在苏州河口（苏州河与黄浦江汇流处），比赛设4.2千米追逐赛和500米城市冲刺赛，包含男子八人单桨有舵手、女子八人单桨有舵手及男女混合八人单桨有舵手3个项目。赛事由专业组、高校组和俱乐部组3个组别构成，共有46支参赛队、逾600名赛艇选手参赛，其中有来自上海市、广东省、浙江省的12支队伍参加专业组比赛，来自北京大学、同济大学等的14支高校队参加高校组比赛，来自新沪商赛艇会、沈阳清泉盛京赛艇俱乐部等的20支队伍参加俱乐部组比赛。其间，举办方在苏州河沿岸设立观赛点5个，其中海事所码头亲水平台等3处观赛点位于虹口区内。

（叶　艳）

图15-4 10月23日，2021上海赛艇公开赛在苏州河上举行，两艘赛艇即将穿越四川路桥（区体育局 提供）

【举办2021年首届“虹房杯”上海职工欢乐三打一棋牌比赛】

10月30日，2021年首届“虹房杯”上海职工欢乐三打一棋牌比赛在虹口足球场举行。市体育局、市体育总会、市总工会指导，市社会体育管理中心（上海市体育竞赛管理中心）、虹口区总工会、区体育局、虹房集团、长远集团等共同举办。比赛以“以牌会友”为原则，旨在推动职工精神文化建设，倡导健康文明、昂扬向上的社会风尚，吸引来自全市32家企事业单位的120人参赛。经过5轮比拼，最终决出团体组一、二、三等奖和个人组一、二、三等奖，其中团体组第一名为上海梦想成真公益基金会工会联合会“放手一搏”队，个人组第一名为明凯投资（集团）有限公司武绍定。

（黄乐芸）

【参加2021年上海城市业余联赛健身气功站点联赛·总决赛（线上赛）】

11月19日，由市社会体育管理中心（市体育竞赛管理中心）主办，上海武术院（市健身气功管理中心）、市健身气功协会承办的2021年上海城市业余联赛健身气功站点联赛·总决赛（线上赛）开赛。虹口区江湾镇街道江湾公园健身气功站点、凉城街道社区文化中心健身气功站点等4支健身气功队在江湾镇街道社区文化活动中心参赛，参与健身气功项目团体和个人比赛。最终，江湾社区文化活动中心健身气功站点分别获得团体赛健身气功·易筋经项目和十二段锦项目一等奖，四川北路街道健身气功站点获得团体赛健身气功·导引养生功十二法项目一等奖；江湾镇街道社区文化中心社会体育指导员左虹获得个人赛健身气功·易筋经项目第一名，江湾镇街道社区文化中心社会体育指导员梁慧琪获得个人赛健身气功·十二段锦项目第一名。

（袁 博）

表15-3 2021年上海城市业余联赛健身气功站点联赛·总决赛（线上赛）虹口区获奖情况

	比赛项目	单位名称/姓名	名次
团体赛	健身气功·易筋经	江湾社区文化活动中心健身气功站点	一等奖
	健身气功·十二段锦	江湾社区文化活动中心健身气功站点	一等奖
	健身气功·易筋经	江湾镇街道江湾公园健身气功站点	二等奖
	健身气功·大舞	江湾镇街道江湾公园健身气功站点	二等奖
	健身气功·易筋经	凉城街道社区文化中心健身气功站点	二等奖
	健身气功·大舞	凉城街道社区文化中心健身气功站点	三等奖
	健身气功·导引养生功十二法	四川北路街道健身气功站点	一等奖
	健身气功·八段锦	四川北路街道健身气功站点	二等奖
个人赛	健身气功·易筋经	左 虹	第一名
	健身气功·十二段锦	梁慧琪	第一名
	健身气功·八段锦	张惠芬	第四名
	健身气功·太极养生杖	李加珍	第四名

说明：资料由区体育局提供。

竞技体育

【概况】

2021年，在2020年东京奥林匹克运动会（简称东京奥运会）上，虹口区培养输送的黄雪辰、肖裕仪、刘潇倩3名运动员参加花样游泳、女子足球、女子橄榄球项目的比赛，获得银牌2枚及女子橄榄球项目的第七名。在第十四届全国运动会上，虹口区培养输送的39名运动员参加击剑、足球、排球、游泳等21个项目的比赛，获得金牌7枚、铜牌6枚，31人次获得前八名；派遣两支一线队伍参加全运会，其中在首次进入全运会竞赛的霹雳舞项目中，2名市区联办霹雳舞队运动员分别获得1金1铜，区击剑（花剑）一线队在花剑项目中获得男子花剑个人赛铜牌1枚。在上海市精英系列赛上，虹口代表团以总分2405分、总奖牌133枚的成绩，位列总分榜和金牌榜第七名。在市级各项目比赛中，共有11家合作办训单位在马术、帆船、击剑等8个项目比赛中取得9金8银8铜的成绩。年内，虹口区基本形成以区少体校为龙头，学校项目为基础，社会力量办训为补充的良性办训模式。全年，区少体校向上级训练单位输送运动员37名，成功办理运动员注册1546人，新招收运动员185人，调退110人，办理运动员等级59人次。加强与社会体育组织在马术、高尔夫、帆船、跆拳道、空手道、冰雪、滑板等运动项目上的合作。

（程业贵）

【黄雪辰与搭档获东京奥运会银牌】

8月4日，中国花样游泳队参加东京奥运会花样游泳女子双人自由自选决赛。由虹口区培养输送的运动员黄雪辰与搭档孙文雁参赛，最终，以总分192.4499的成绩获得银牌。

（程业贵）

【黄雪辰等组成的中国花样游泳队获东京奥运会花样游泳团体亚军】

8月7日，由虹口区培养输送的运动员黄雪辰等组成的中国花样游泳队参加东京奥运会花样游泳团体自由自选决赛。参赛项目以“巾帼英雄”为主题，最终，以总分193.5310的成绩获得亚军。为中国队再添一枚银牌。

（程业贵）

【黄雪辰与队友获全运会花样游泳集体项目金牌】

9月2日，上海花样游泳队参加第十四届全运会花样游泳集体项目决赛。虹口区培养输送的上海“妈妈”选手黄雪辰与奥运队友组成联合队为上海代表团夺得一金。

（程业贵）

表15-4　2021年虹口区培养输送运动员参加第十四届全运会名单

序号	项目	姓名	输送教练	序号	项目	姓名	输送教练
1	羽毛球	杨睿雯	韩　萌、高　健	2	羽毛球	杨紫嫣	韩　萌、高　健
3	羽毛球	江雪怡	韩　萌、高　健	4	足　球	肖裕仪	张贵宝
5	射　击	张玉翔	赵玉强	6	排　球	詹国俊	薛寒松
7	排　球	王唯漪	徐慧敏	8	排　球	秦思宇	徐慧敏
9	排　球	杨　婕	徐慧敏	10	排　球	陈厚羽	陈卫国
11	排　球	刘泽宁	汤志荣	12	排　球	刘泽宇	汤志荣
13	花样游泳	黄雪辰	周　芸	14	花样游泳	孙怡靖	谢嘉慧
15	游　泳	邱子傲	陶林贵	16	水　球	钟淇芸	徐　放
17	田　径	李顺杰	周　斌	18	田　径	陶俊辉	周　斌
19	攀　岩	倪国庆	与宝山区共同培养	20	田径（引进）	徐家杰	朱黄超
21	垒球（引进）	江心悦	周　斌	22	橄榄球（引进）	刘潇潇	朱黄超
23	棒球（引进）	马　赟	周　斌	24	棒球（引进）	胡凯焱	周　斌
25	花　剑	孙一丹	徐　菁				

说明：资料由区体育局提供。

表15-5 第十四届全运会虹口区培养输送运动员比赛成绩汇总

类 别	序号	运动员姓名	比赛项目	比赛名次
一线运动队运动员	1	王文禄	男子霹雳舞	1
	2	商小宇	男子霹雳舞	3
	3	吴 斌	男子花剑个人组	3
	4	孙一丹	女子花剑团体	6
	5	顾 君	女子花剑团体	6
	6	沈吟霜	女子花剑团体	6
	7	吴 斌	男子花剑团体	8
	8	江敬校	男子花剑团体	8
	9	黄雪辰	花样游泳双人组	1
培养输送运动员	10	黄雪辰	花样游泳集体组	1
	11	肖裕仪	女子足球U18组	1
	12	詹国俊	男子排球成年组	1
	13	刘潇倩（引进）	女子7人制橄榄球	1
	14	徐家杰（引进）	男子标枪	1
	15	孙怡靖	花样游泳自由组	3
	16	邱子傲	4×200米混合泳接力	3
	17	钟淇芸	女子水球	3
	18	江心悦（引进）	女子垒球	3
	19	陈厚羽	女子排球U19组	4
	20	王唯漪	女子排球成年组	4
	21	秦思宇	女子排球成年组	4
	22	杨 婕	女子排球成年组	4
	23	刘泽宇	女子排球成年组	4
	24	刘哲宁	女子排球成年组	4
	25	刘星宇	男子佩剑团体	4
	26	孙怡靖	花样游泳集体组	5
	27	马 赟（引进）	男子棒球	5
	28	胡凯焱（引进）	男子棒球	5
	29	李顺杰	田径男子4×100米接力	7
	30	倪国庆	攀岩男子成人组	7
	31	邱子傲	400米自由泳	8

说明：资料由区体育局提供。

【吴斌获全运会击剑项目男子花剑铜牌】

9月19日，随上海代表团出战的虹口区击剑（花剑）一线队运动员吴斌参加第十四届全运会击剑项目男子花剑个人比赛，最终以15∶14战胜对手，为上海代表团获得一枚铜牌。

（程业贵）

【王文禄、商小宇分获全运会男子霹雳舞首枚金牌、铜牌】

9月25日，在第十四届全运会霹雳舞项目男子冠军赛中，由虹口区培养输送的上海队选手王文禄以3∶2战胜对手，这是全运会史上首个霹雳舞男子冠军。虹口区培养输送的另一位上海队选手商小宇获得铜牌。

（程业贵）

【"奔跑吧·少年"儿童青少年主题健身活动虹口分会场活动展示】

10月31日在培华学校举行。市青少年训练管理中心、虹口区体育局主办，岩欢（上海）体育俱乐部、培华学校承办。现场展示艺术体操、空手道、跆拳道、武术、芭蕾等运动项目。来自市体育局青少年训练管理中心及虹口区体育局、区体教融合办公室等单位的负责人，同济大学、培华学校、上海攀岩队、青少年体育俱乐部等单位代表，部分中小学生40余人参加活动。

（程业贵）

体育产业

【概况】

2021年，区体育局牵头制定2021年度区体育产业专项扶持政策，全年走访区域内体育企业及相关经营单位150余家。年内，区体育局公布2021年度区体育产业专项扶持政策，赴区投资服务中心第三分中心开展体育产业业务交流。至年底，全区体彩销售额1.40亿元。

（张　锋　黄乐芸）

【2021年度区体育产业专项扶持政策】

8月27日对外公布。该扶持政策由区体育局牵头制定，区文创、财政等部门参与，旨在促进体育产业主体集聚，支持体育创新发展和能级提升，营造良好的产业发展环境。至年底，有1家单位获得2021年度区体育产业扶持资金，实现"零"的突破。

（张　锋）

【区体育局赴区投资服务中心第三分中心开展体育产业业务交流】

12月16日，区体育局组织体育产业科、区体育发展中心到区投资服务中心第三分中心交流学习，旨在加强与对口部门沟通、探寻合作机会，更好地为区属体育企业服务。会上，体育产业科介绍科室业务范围、区属体育企业情况及体育产业相关扶持政策等；区体育发展中心介绍自身机构职能、服务对象等情况；区投资服务中心第三分中心介绍当前招商工作重

图15-5　上海精武体育总会（徐荣耀　拍摄）

点及正在推进的体育项目情况。其间，各方围绕体育企业的特点、发展方向，体育相关项目的发展需求、未来趋势，以及体育社会组织的市场化链接方式进行深入探讨。同时，梳理各方掌握的资源，协商下一步合作方式。约7人参会。

（叶 艳）

上海精武体育总会

【概况】

2021年，上海精武体育总会相继举办上海城市业余联赛“精武杯”第十九届太极拳械、传统武术比赛，“精武杯”第二十三届中学生、小学生、幼儿园学生武术书法比赛；组织6000余名会员及武术爱好者参与上海武术界庆祝中国共产党建党100周年系列活动暨上海市“百场万人”武术展演，演出79场次。举办上海精武体育总会成立111周年纪念暨《精武志》出版发行志庆活动，第十六届世界精武武术文化大会（线上）。全年组织267人参加中国武术段位晋级考试；与上海武术院合作举办2021年上海武术健康行系列技术培训、专家讲座5次，166人参加培训。

（刘黎平）

【“精武杯”第二十三届中学生、小学生、幼儿园学生武术书法比赛】

5月22日至6月12日举行，是2021年上海城市业余联赛、上海市民武术节活动之一。市体育局、市体育总会主办，市社会体育管理中心（市体育竞赛管理中心）、上海武术院、市武术协会、虹口区体育局、上海精武体育总会、上海人民广播电台承办。其间，相继举办幼儿园及中小学学生武术比赛、书法比赛，通过比赛，促进校园武术运动水平提高，弘扬“爱国、修身、正义、助人”的精武精神。来自全市174所中小学、幼儿园，武术培训团体3359人参赛。

（刘黎平）

【“非遗”精武武术文化进校园主题活动】

6月9日在虹口区复兴实验小学举行，是上海精武体育总会庆祝中国共产党成立100周年系列活动之一。上海精武体育总会联合复兴实验小学共同开展“复兴学子心向党，精武文化润校园”主题活动，600余名师生共练精武操和功力拳，传承百年精武精神。

（刘黎平）

【上海精武体育总会111周年纪念暨《精武志》出版发行庆祝活动】

11月28日在上海精武体育总会文武厅举行，由上海精武体育总会举办。会上，组织《精武志》出版发行庆祝活动，该志书编纂工作历时近18个月，全书由概述、历程、人物、事件、体育、教育等12章构成，共计52万字，完整记述上海精武体育总会百年发展史，文汇出版社出版。其间，向“精武之家”“精武世家”“精武之友”“精武挚友”荣誉获得者和精武学堂校长刘延申颁发瓷牌，公布第十六届世界精武武术文化大会传承中华武术优秀奖名单，播放国际儒学联合会、世界各精武友会祝贺视频。约70人参加活动。

（刘黎平）

【第十六届世界精武武术文化大会线上表彰活动】

11月28日在上海精武体育总会举行。上海精武体育总会、世界精武联谊会举办。活动通过微信视频号、ZOOM手机客户端（App）对外直播，其间线上公布第十六届世界精武武术文化大会传承中华武术优秀奖名单，德国精武体育会、澳大利亚新州精武体育会、波兰精武体育会、秘鲁精武体育会、巴西精武体育会、马来西亚槟城女子武术体育会等友会的项目获得该荣誉。此次评选表彰活动于8月30日启动，吸引德国、美国、瑞士、马来西亚、澳大利亚、日本等13个国家的27个精武体育会、284名运动员参与，其中年龄最大的运动员是美国精武体育会的85岁长者，最小的运动员是来自德国精武体育会的4岁孩童。

（刘黎平）

图15-6 2021年8月，由上海精武体育总会编写的《精武志》出版（区方志办 提供）

表 15-6 第十六届世界精武武术文化大会传承中华武术优秀奖表彰名单一览

序号	体育会名称	个人项目	集体项目
1	中国河北省保定市精武体育会	儿童组 王兆业 功力拳 少年组 王 赈 剑 术 青年组 仇嘉璐 罗汉拳 中年组 杨海滨 八面追 老年组 陈桂学 鹰爪翻子拳	集体功力拳 9人 1. 马天翼 2. 董鹏飞 3. 季恩旭 4. 蔡子睿 5. 李 桓 6. 刘方洲 7. 杨斯凯 8. 唐鑫桐 9. 左昀昊
2	中国山东省滨州市精武体育会	儿童组 郭瑞轩 迷踪拳 少年组 高嘉临 南 拳 青年组 吴 松 迷踪拳 中年组 陈安记 二郎拳 老年组 陈景元 九节鞭	迷踪拳 10人 1.吴 霜 2.郭钰轩 3.周子涵 4.张世豪 5.高子航 6.杜宇航 7.张博涵 8.胡梦琪 9.贾子靖 10.毛宇辰
3	中国广东省佛山市精武体育会	儿童组 罗子俊 八卦刀 少年组 陈承庆 打虎棍 青年组 杨敏锋 虎鹤双形 中年组 陈兰广 五虎枪 老年组 陈标根 传统杨式太极拳	罗汉伏虎拳 6人 1.陈承庆 2.吴宏基 3.王永吉 4.谭文杰 5.吴颖珊 6.吴雅雯
4	中国浙江省海盐县精武体育会	儿童组 郭星宜 三路长拳 少年组 强玉龙 大战拳 青年组 郑华锋 功夫拳 中年组 李晓林 武当五行拳 老年组 储建培 迷 踪	少林练步拳 6人 1.胡东阳 2.于浩光 3.沈晨健 4.沈晨啸 5.黄阳艺 6.黄阳星
5	中国江苏省南京市建邺精武体育会	儿童组 孙蕴豪 少儿初级刀 少年组 钟思莹 功力拳 青年组 王 朔 形意洪锤 中年组 林春雷 春秋大刀 老年组 刘桂花 闪光剑	六合刀 6人 1.张明凤 2.鲁世玲 3.胡乐春 4.张立新 5.吴彦永 6.李世发
6	中国广东省深圳市精武体育会	儿童组 王宇涵 功力拳 青年组 李龙清 迷踪拳 成年组 方向东 临清肘锤	精武少年集体拳 12人 1.许航睿 2.蔡宇锋 3.吴子琪 4.林 琪 5.朱妙菲 6.黄博庆 7.马子琪 8.李淑婷 9.李智源 10.郑泽铭 11.詹嘉锐 12.林煜翔
7	中国上海精武体育总会	儿童组 曹啸虎 潭腿（下六路） 少年组 边霆轩 大 刀 青年组 郑好男 太极剑 中年组 许 斌 迷踪拳27式 老年组 张守仁 形意刀	刀剑如梦 7人 1.邱天乐 2.邹翰林 3.周 睿 4.曹啸虎 5.曹恒彬 6.陈家锋 7.叶逸涵
8	中国天津市精武体育会	儿童组 郎恩浩 双 鞭 少年组 耿子涵 五虎群羊棍 青年组 陈换明 大战拳 中年组 牛印军 三节棍 老年组 冯良友 刀加鞭	精武英豪 12人 1.林 冲 2.李 涛 3.邵天凯 4.王一诺 5.刘浩东 6.程研杰 7.刘普航 8.郭有成 9.柏松博 10.宋伟奇 11.吴繁逊 12.王绍晗
9	中国浙江省余姚市精武体育会	儿童组 李 睿 五虎枪 少年组 白肖肖 小洪拳 青年组 王同武 武松脱铐 中年组 陈胜利 虎头双钩 老年组 胡国强 螳螂拳	精武拳技 12人 1.于子恒 2.白肖肖 3.史文燕 4.周新裕 5.邵佳飞 6.陈胜利 7.李 睿 8.徐国金 9.黄美君 10.章建新 11.宋瑞根 12.王同武

（续表）

表 15-6 第十六届世界精武武术文化大会传承中华武术优秀奖表彰名单一览

序号	体育会名称	个人项目	集体项目
10	澳大利亚墨尔本精武体育会	中年组 刘志泉 七星螳螂拳	
11	澳大利亚新州精武体育会	儿童组 ZiChi Zhou 基础剑术 少年组 Adrian S Jon 精武八卦刀 青年组 Derek YokwaiQuan 朴刀 中年组 Sherman Shu Hang Mak 精武张家枪 老年组 Choo Beng Chew 六合八法	集体太极剑 8人 1. Krista Brennan 2. Mitchell Brown 3. ChooBeng Chew 4. Angela Jia Li Mak 5. ShermanShuHang Mak 6. Desmond Chung 7. Eugenia Ngau 8. Cheryl Toi
12	波兰精武体育会	儿童组 Oskar Osuch 群羊棍 少年组 Weronika Feldo 群羊棍 青年组 Stanislaw Kryczyński 大战拳 中年组 Daria Kryczyńska 大战拳 老年组 Andrzej Braksal 功力拳	潭腿 12人 1. Oskar Osuch 2. Oriana Osuch 3. Song Bo 4. Daria Kryczyńska 5. Stanislaw Kryczyński 6. Rafal Feldo 7.TomaszOwczarczyk 8. Adam Owczarczyk 9. Weronika Feldo 10. Song Jingjing 11.Advaita Kumavat 12. Grzegorz Grodzki
13	秘鲁精武体育会	青年组 Christian José Chang Tantui 中年组 Christian Jesus Chang Taolu Tiě Chā 老年组 ulio Chang Shijhao Taolu Siulam Chika	Taolu Traditional South Choy Ka 7人 1. Karla Tarazona 2. Rodrigo de la Cruz 3. Valeria Vigil 4. Sergio Casanova 5. Dalia Zumaeta 6. Claudia Flores 7. Hillary Vasque
14	巴西精武体育会	少年组 Letí ciaPerucci 陈氏太极拳18式老架 青年组 SamuelGonçalves 武术心剑 中年组 MariaCelinaGonçalves 陈式24扇 老年组 Ricardo Silva Teixeira 精武腿 潭 腿	陈式太极扇 6人 1. Diana Antonia dos Santos 2. ElianSandi 3. LetíciaPerucci 4. RafaelReis 5. RicardoSilvaTeixeira 6. Richardy Cunha Messias
15	德国精武体育会	儿童组 Luca Joshua Ritt 潭腿 少年组 Leonie Zapke 功力拳 青年组 Maxim Schengel 散拳 中年组 Dirk Ritt 群羊棍	功力拳 6人 1. Leon Goldemann 2. Maja Dornblut 3. Steffi Dornblut 4. Thomas Schwanebeck 5. Maxim Schengel 6. Wladimir Schengel
16	哥伦比亚精武体育会	儿童组 AnaCarolina BarbosaAriza 洪拳梅花拳 少年组 Juan Alejandro Perez 精武拳潭腿 青年组 Victor Barbosa Ariza 洪拳劈扑单刀 中年组 Leonardo Guzman Gome 精武潭腿 老年组 Lelia lrmã Muete León 陈式太极拳18式	洪拳千字拳 6人 1. Sifu Fábio Barbosa da Silva 2. Laoshi Patricia Ariza Rodríguez 3. Lydia Patricia Ariza Rodríguez 4. Ana Carolina Barbosa Ariza 5. Juan David Lerma Pinto Sifu 6. Leonardo Guzman Gómez
17	美国精武总会	儿童组 Winston Tiro 功力拳 少年组 Tristana Tiro 功力拳 青年组 Richard Ou 王虎枪 老年组 Lynn Perrine 武式太极拳	武郝太极 9人 1. Denise Nicely 2. Leni Ying 3. Micki Webb 4. Robert Lovgren 5. Mike Wade 6. Stephen Gregorio 7. Billy Ray McSwain 8. David Morcom 9. Brendan Leung

（续表）

表 15-6 第十六届世界精武武术文化大会传承中华武术优秀奖表彰名单一览

序号	体育会名称	个人项目	集体项目
18	马来西亚槟城精武体育会	中年组 张文狮 雪片刀 老年组 许经才 崩步拳	
19	马来西亚槟城女子精武体育会	儿童组 梅旭陞 档 拳 少年组 谢微棋 档 拳 青年组 林珏信 自选剑术 中年组 何思维 42式太极拳 老年组 张兰卿 太极掌	八卦刀 6人 1.王盈思 2.温苡芯 3.陈俊恒 4.许展权 5.胡 杰 6.胡 骏
20	马来西亚关丹精武体育会	青年组 马彬翔 关 刀 老年组 刘乔柴 虎鹤双形拳	吴氏太极拳短架 7人 1.李昭春 2.李萩颐 3.曹馨方 4.蔡忠佑 5.叶展宏 6.黄玉蓮 7.李玉仙
21	马来西亚雪兰莪暨吉隆坡精武体育会	儿童组 叶恩杞 练步拳 少年组 箫志伟 功力拳 青年组 丁俊维 大战拳 中年组 李官云 露花棍	
22	马来西亚怡保中国精武体育会	儿童组 何俊澔 功力拳 少年组 陈星耀 长 拳 青年组 陈恺力 春秋大刀 中年组 李官云 露花棍 老年组 黄伟明 太极剑	档拳 6人 1.林于晴 2.陆展贤 3.罗立衡 4.李逸豫 5.温勇恒 6.江佳傲
23	日本精武体育会（和歌山）	老年组 高桥祥子 闪光剑	飞云十三刀 9人 1.高桥丰子 2.峰千鹤 3.井上寿美 4.高桥祥子 5.大西恭子 6.月森安雄 7.中上企作子 8.中西启子 9.大山美香
24	日本香川精武体育会	儿童组 水口银二郎 霍氏练手拳 少年组 金森彪太朗 崩步拳 青年组 山冈大介 大战拳	
25	瑞士精武体育会	儿童组 Eric Trudel 捷击拳 青年组 Corinne Kaufmann 功力拳 中年组 Wengen Andreas 脱 战 老年组 Fernandez 节 拳	
26	新加坡精武体育会	青年组 温祖仪 节 拳 中年组 叶玉龙 鹰抓罗汉拳 老年组 谢咏旂 六合枪	功力拳 6人 1.温祖仪 2.叶渲铃 3.徐楠荃 4.张淑莲 5.沈斌才 6.谢 咏
27	英伦精武体育会	儿童组 Mark Zaslavskiy 潭腿上 少年组 Sheila Xia 潭腿上 青年组 Richard Yadgar 节拳 中年组 Tatiana Kazantseva 五虎枪 老年组 Joanna Frank 八卦刀	

说明：资料由上海精武体育总会提供。

（栏目编辑 金一超）

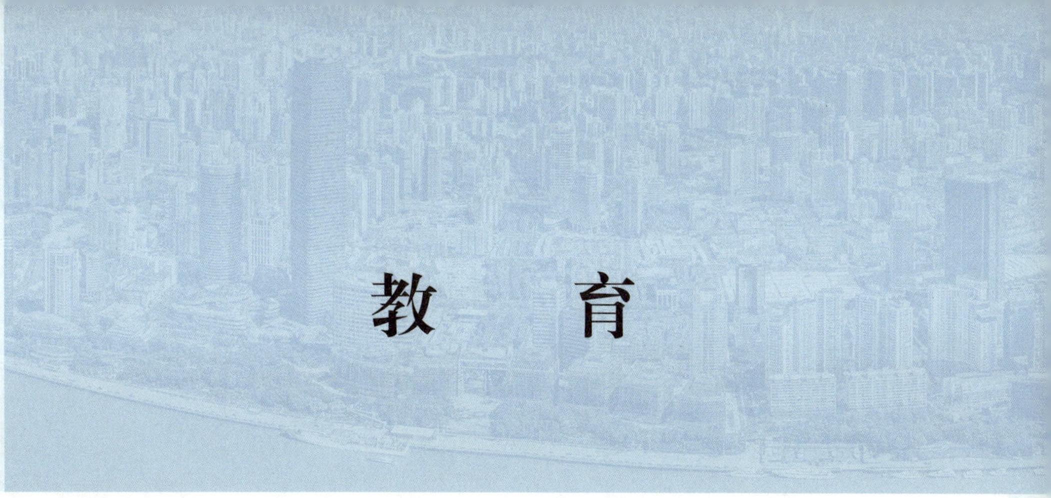

十六、教育

综述

2021年，区教育局统筹抓好疫情防控和教育教学工作，深化落实教育综合改革各项任务，推进虹口教育向更高质量更好水平发展。

区教育系统有各级各类学校（单位）155所，其中中学35所（民办5所）、小学32所（民办4所）、幼儿园52所（民办10所、部门办3所）、托儿所及托育机构20所，职业学校2所、中等职业技术学校3所，非学历教育学校2所，工读学校1所、特殊教育学校1所、其他单位7所。

至9月，区教育交流学校以及属地管理学校在校学生61990人，其中公办学校学生49360人。有教职工8831人，其中专任教师6826人。至2022年1月，有特级教师27人（含外省市引进3人）、特级校长16人、正高级教师32人。

年内，虹口区接受市教委有关区特殊教育三年行动计划实施情况的实地评估，评估结果为A档。区教育局先后获得第十四届全国学生运动会上海市代表团优秀组织奖一等奖、2021年第十八届上海教育博览会直播人气奖。区教育局牵头组织的“区域学校思政课‘一体化’机制创新研究”课题获评第四届长三角地区中小学德育创新论坛优秀成果，完成的“医教结合教育康复模式实践研究”市级课题获得市第六届学校教育科研成果二等奖、2014—2020年上海市教育科学研究优秀成果二等奖。华东师大一附中政治教研组青年团队、虹教系统援青支教青年突击队获得市青年五四奖章集体，华东师大一附中教师陈明青被评为2021年全国“最美教师”（上海市唯一入选教师），复兴高级中学团委书记李超被评为全国优秀共青团干部，虹外一小教师王莉韵被评为2020上海教育年度新闻人物，实验幼儿园顾伟毅被评为2021年上海市十佳青年校园长。

（万萱亭）

表16-1　2021学年虹口区教育局教育事业综合统计

<table>
<tr><th>学校类别</th><th colspan="6">单位数（所）</th><th colspan="3">教职工（人）</th><th colspan="3">学生数（人）</th><th>备注</th></tr>
<tr><td rowspan="6">中学</td><td rowspan="2">学校类型</td><td>合计</td><td>公办</td><td>民办</td><td>—</td><td>—</td><td rowspan="2">编制类型</td><td rowspan="2">合计</td><td rowspan="2">其中：专任教师</td><td>类型</td><td>学生人数</td><td>合计</td><td rowspan="6">九年一贯制、完全中学低学段的专任教师计入低学段，其余教职工全部计入高学段</td></tr>
<tr><td>35</td><td>30</td><td>5</td><td>—</td><td>—</td><td>高中</td><td>6478</td><td rowspan="2">22621</td></tr>
<tr><td>高级中学</td><td>8</td><td>8</td><td>0</td><td>—</td><td>—</td><td rowspan="4">全部</td><td rowspan="4">3488</td><td rowspan="4">3047</td><td>初中</td><td>16143</td></tr>
<tr><td>完全中学</td><td>5</td><td>3</td><td>2</td><td>—</td><td>—</td><td rowspan="2">公办</td><td rowspan="2">17172</td><td rowspan="3">22621</td></tr>
<tr><td>初级中学</td><td>17</td><td>14</td><td>3</td><td>—</td><td>—</td></tr>
<tr><td>九年一贯制</td><td>5</td><td>5</td><td>0</td><td>—</td><td>—</td><td>民办</td><td>5449</td></tr>
<tr><td rowspan="2">小学</td><td>学校类型</td><td>合计</td><td>公办</td><td>民办</td><td>—</td><td>—</td><td rowspan="2">全部</td><td rowspan="2">2057</td><td rowspan="2">1901</td><td>公办</td><td>20518</td><td rowspan="2">23994</td><td rowspan="2">学生数包括九年一贯制学校小学部学生数；教职工、专任教师包括九年一贯制小学部专任教师人数</td></tr>
<tr><td>合计</td><td>32</td><td>28</td><td>4</td><td>—</td><td>—</td><td>民办</td><td>3476</td></tr>
</table>

（续表）

<table>
<tr><td colspan="14">表16-1　　2021学年虹口区教育局教育事业综合统计</td></tr>
<tr><td>学校类别</td><td colspan="6">单位数（所）</td><td colspan="3">教职工（人）</td><td colspan="3">学生数（人）</td><td>备注</td></tr>
<tr><td rowspan="3">幼儿园</td><td>学校类型</td><td>合计</td><td>公办</td><td>民办</td><td>其他部门</td><td>集体部门</td><td rowspan="3">全部</td><td rowspan="3">2038</td><td rowspan="3">1110</td><td>公办</td><td>9003</td><td rowspan="3">12007</td><td rowspan="3">其中3周岁以下幼儿人数：296（民办164名，公办132名）</td></tr>
<tr><td rowspan="2">合计</td><td rowspan="2">52</td><td rowspan="2">39</td><td rowspan="2">10</td><td rowspan="2">3</td><td rowspan="2">0</td><td>民办</td><td>2520</td></tr>
<tr><td>其他部门</td><td>484</td></tr>
<tr><td rowspan="2">托儿所、托育机构</td><td>学校类型</td><td>合计</td><td>公办</td><td>民办</td><td>其他部门</td><td>集体部门</td><td rowspan="2">全部</td><td rowspan="2">283</td><td rowspan="2">162</td><td>民办</td><td>279</td><td rowspan="2">701</td><td rowspan="2"></td></tr>
<tr><td>合计</td><td>20</td><td>0</td><td>16</td><td>0</td><td>4</td><td>集体</td><td>422</td></tr>
<tr><td>职业学校</td><td>公办</td><td colspan="5">2</td><td rowspan="6">全部</td><td>367</td><td>257</td><td colspan="3">1287</td><td>南湖（中、高职）</td></tr>
<tr><td>中等技术学校</td><td>公办</td><td colspan="5">3</td><td>509</td><td>269</td><td colspan="3">1217</td><td>体育、技工、卫生（此校学生为0）</td></tr>
<tr><td>非学历教育</td><td>公办</td><td colspan="5">2</td><td>0</td><td>0</td><td colspan="3">0</td><td>教育学院、社区学院</td></tr>
<tr><td>工读</td><td>公办</td><td colspan="5">1</td><td>30</td><td>27</td><td colspan="3">22</td><td>广中学校</td></tr>
<tr><td>特殊教育</td><td>公办</td><td colspan="5">1</td><td>59</td><td>53</td><td colspan="3">141</td><td>包括广中路小学3人，南湖特殊班学生36名</td></tr>
<tr><td>其他单位</td><td>公办</td><td colspan="5">7</td><td></td><td></td><td colspan="3">0</td><td>今年取消统计其他教育单位，单位名单见下方</td></tr>
<tr><td>总计</td><td>单位数</td><td>155</td><td>教职工</td><td>8831</td><td colspan="2">专任教师</td><td colspan="2">6826</td><td>学生数</td><td>61990</td><td>公办学生数</td><td colspan="2">49360</td></tr>
</table>

说明：（1）2021年学年初教育事业综合统计报表统计时点2021年9月；包括属地管理的学校：上海外国语大学附属外国语学校、上海市体育运动学校、上海市高级技工学校、上海市公共卫生学校；

（2）各学校类型学生数为该学期实际在校就读学生，不包括休学学生以及外籍学生；

（3）公办中学学生数17172人：其中高中生6422人、初中生10750人；
幼儿园幼儿数中，非沪籍人数：1764人；
小学学生数中，非沪籍人数：3851人；
初中学生数中，非沪籍人数：2782人；
高中学生数中，非沪籍人数：619人；
职业学校学生数中，非沪籍人数：852人；
国际生共108人，其中幼儿园32人、小学47人、初中23人、高中6人；

（4）与上年相比职业学校增加1所，即上海南湖职业技术学院；

（5）区教育局公办学校111所、民办学校35所、部队办学校1所（海军示范幼儿园）、企业办学校1所（邮电幼儿园）、市办学校1所（机关二幼）、省级其他部门办学校1所（体育）、其他部门学校1所（卫生）、集体办学校4所；

（6）其他单位包括：虹口区青少年活动中心、虹口区教育财务中心、虹口区教育事务服务中心、虹口区教育信息中心、虹口区教育人才服务中心、虹口区婴幼儿早期教育指导中心、虹口区教育考试中心；

（7）表中单位数不包含建制保留但无学生的学校，即小学不包括四川北路第二小学、虹口区红旗小学新市分校；幼儿园不包括同嘉路幼儿园；

（8）资料由区教育局提供。

管理与改革

【概况】

2021年，区教育局在推进思政教育工作、改善学校办学条件、提升教育队伍能力、开展督政督导督学等方面取得成果，并有序推进师生疫苗接种工作，构筑起教育系统安全免疫屏障。区教育学院持续加强教师业务能力培训。（1）推进思政教育工作。持续深化“彩虹计划”，构建“五育融合”（德智体美劳互相融合、全面发展）育人体系，开展虹教系统庆祝中国共产党建党100周年主题教育活动，深化爱国主义教育，弘扬伟大抗疫精神，鲁迅中学“爱诚在韧，首在立人”案例入选教育部落实《中小学德育工作指南》典型案例。制定区深化新时代学校思想政治理论课改革创新实施方案，打造“行走的虹课程”，与区文化旅游局签约共建馆校红色文化联盟，开展全域“大思政课”系列活动。推进中小学全员导师制，相关工作经验被“学习强国”平台及媒体宣传报道。区教育学院围绕思政一体化建设，开展以“涵养法治意识，提升核心素养”为主题的小初高法治教学一体化探索研讨，组织《习近平新时代中国特色社会主义思想学生读本》一体化培训；基地校集团持续开展展示交流活动，开展大型市级展示2次、区级展示2次，主题分别为“遵守规则，安全云游”以及“关爱成长，‘未’你护航”；发布《2020学年虹口区思想政治理论课教学情况年度报告》。开发区域场馆资源课程，汇编《百年党史进课堂，红色教育入人心——虹口区学校案例集》；在初步形成区域场馆资源课程建设模式基础上，与中共四大纪念馆深入合作，实验校开展“场馆红色文化进课程”区级系列公开课。（2）改善学校办学条件。推进中福会幼儿园（虹口分园）及76街坊、161街坊、117街坊新建学校等重大项目建设。优化教育资源布局，加深与同济大学、上海师范大学等高校的合作对话，探索合作共建一批中小学、幼儿园。发布“数字虹教”教育云平台，推进国家级信息化示范区建设。推进虹教系统不动产确权补证工作，全年办理教学点产证6处。（3）推进课程建设。区教育学院开展第三届“彩虹杯”初中生研究性学习成果评选活动，通过初赛和在线答辩形式的复赛指导，促进学生研究实践创新能力的综合提升；开展虹口区小学“探究之星”微课题大赛。推进中华优秀传统文化建设，落实中华优秀传统文化课程进课堂，通过“京韵诗文　激趣创美——《木兰诗》与古诗五首的整合教学”、《青花瓷里的中国风》等中华优秀传统文化区级公开课展示研讨，提升学生的人文素养，激发学生对中华优秀传统文化的热爱。（4）提升教育队伍能力。持续推进干部“五梯队”（名校长梯队、骨干校长梯队、校级正职储备人才梯队、校级储备人才梯队、优秀青年干部人才梯队）、专业人才“七层级”（学科高地理事长、学科培训基地主持人、学科培训工作室主持人、学科带头人、骨干教师、教学能手、教学新秀）培养工程，遴选新一轮“五梯队”培养对象211人，动态调整“七层级”人才梯队，增选2019—2021学年教师专业人才梯队学科培训基地主持人8名、工作室主持人2名、学科带头人1名、骨干教师7名。完善激励机制，华东师范大学第一附属中学王新、北虹高级中学张峻、江湾初级中学丁蓓、虹口区外国语第一小学王莉韵、虹口区第二中心小学郑琰、虹口区东余杭路幼儿园瞿菁6人被评为特级校长（书记）；区教育学院汤国红、王红丽、王惠莉，华东师范大学第一附属中学李支舜，复兴高级中学楼蕾，华东师范大学第一附属初级中学刘海涛，第四中心小学陈珏玉7人获评正高级职称。修订完善《虹口区教育系统关于进一步规范校级干部选拔任用工作的实施意见》，配齐配强校级干部队伍，加大年轻干部培养力度，全年共调整干部87人次，新提任41人次。落实落细区关于加强教育卫生事业人才队伍建设若干意见25条，优化教师队伍结构，全年录用教师136名，均本科及以上学历，其中研究生学历占比52.6%，高中新聘教师全部具备研究生学历。区教育学院围绕“提升师资队伍水平”，坚持“以评促建”，在初中开展强校工程校教师赛课活动，全学段开展优秀、先进教研组评选工作，激发基层学校的教学和教研活力，带动学科教学思维品质和育人价值的提升。编写教学设计案例，编制《虹口区学科育德优秀教学设计汇编集》，48篇优秀学科育德教学设计案例入选。结合基层党组织书记班，开展加快新时代中小学校“班长”工程实践与研究；完成虹教系统干部“五梯队”培训，以及中小学校、幼儿园校（园）长、书记暑期培训、新任幼儿园园长培训、学校中层干部培训、云南省委托培训等。（5）开展督政督导督学。完成义务教育阶段学校2021年优质均衡数据填报工作，形成2021年度区义务教育优质均衡检测报告。针对“双减”（进一步减轻义务教育阶段学生作业负担和校外培训负担）“五项管理”（作业、睡眠、手机、读物、体质管理）专项工作，对全区所有中小幼学校开展经常性督导工作和专项督导工作。加强校园安全管理，做好“八五”普法规划，推进依法治教、依法治校。（6）加强教研工作。区教育学院继续推进“彩虹计划”（立德树人、人文涵养、科学素养、自主学习、健康促进、国际交流、助学暖心七大工程）之“立德树人工程”。常规专项调研，高中聚焦“双新”工作落地，促进育人方式变革，教研室邀请市级专家、组织高中教研员，对华师大一附中、鲁迅中学等高中展开为期10天的课程与教学专项调研。初中结合中考改革、区课堂关键问题改进项目的推进及“双减”工作，对霍山学校、北郊学校、钟山初级中学、海南中学、江湾初级中学等开展为期2周的课程与教学集中调研。“学科育人”教研工作，教研员开展系统研讨、专题研讨，围绕高中英语、信息科技、体育、艺术、化学、语文等学科开展市级展示活动。

（赵思雯 万莹亭）

【“学于漪·铸师魂”系列活动】

1月15日至12月31日举行，旨在向杨浦高级中学特级教师于漪致敬，引导教师以德立身、以德立学、以德施教。华东师大一附中发起，联合华东师大第一附属初级中学、北虹高级中学、曲阳第二中学、民办新华初级中学、华东师大一附中实验小学5所学校共同举办。启动仪式在华东师大一附中举行，同期举办“学于漪·铸师魂”师德论坛，6所主办学校的校长、书记共同向全区教师提出弘扬“于漪精神”的倡议。系列活动期间，相继举办“百年初心·育人使命”等专题讲座25场次、“传承‘于漪精神’肩负伟大筑梦”等微论坛14场次、“党建引领下的新时代师德师风建设”等微报告3场次，约有1800人次参加活动。

（万莹亭）

【“同心向党 共绣党旗”主题活动】

4月9日在上海市民办新北郊初级中学举行，旨在庆祝中国共产党成立100周年。北郊教育集团与恒源祥集团合作举办。其间，邀请区委党校教研室主任、区委讲师团成员、上海市东方讲坛特约讲师王洁以“百年大党的奋斗历程与经验启示”为主题讲党课；展示国家级非物质文化遗产项目“上海绒绣”的技艺，区教育工作党委书记、北郊教育集团总校长、恒源祥集团党委副书记及“上海绒绣”传承人共同为党旗绣下第一针，表达“党旗在手更在心”的信念和“一针一线致敬百年”的情感。活动吸引300人次参加。

（万莹亭）

【虹口学校依托思政育人体系开展党史学习教育交流展示活动】

4月21日在华东师大一附中举行。市师资培训中心、区教育工作党委、区教育局主办。市教卫工作党委书记沈炜出席并讲话，市教卫工作党委副书记、市教委副主任闵辉出席并启动虹口馆校红色文化共建联盟。该展示活动以“传承红色基因 赓续精神血脉”为主题，包含中小学思政课一体化教学设计交流活动、推进学校党史学习教育论坛展示活动、视频微报告《讲好党史故事，落实立德树人》等内容。其间，公布首批区学校思政课暨党史学习教育校外专家名单（8人），区委常委、宣传部部长吴强，副区长张雷，以及区教育交流约200人参加活动。

（万莹亭）

图16-1 4月9日，“同心向党 共绣党旗”主题活动在上海市民办新北郊初级中学举行（区教育局 提供）

【第四届区公办初中“强校工程”“实验校”课堂教学评比】

5月17日在澄衷初级中学举行。区教育学院教研室举办。活动以“聚焦核心素养，优化课堂教学”为主题，旨在助推“实验校”教师专业成长，促进学校教育教学质量稳步提升。评比活动涉及道德与法治、生命科学、劳动技术、研拓和地理5门学科。参评学校有区教育学院附属中学、区教育学院附属实验中学、第五中学、霍山学校和澄衷初级中学。最终，由22名教师在教学评比中获得一、二等奖。

（赵思雯）

【区教育系统开展党团队全程链接党史学习教育推进会】

5月26日推进会在继光高级中学举行。区教育工作党委、团区委、区教育局共同主办，区教育学院承办，继光高级中学协办。会议以“育圆梦时代新人，谱薪火传承华章”为主题，会上总结和展示党史学习教育融入立德树人全过程的成果经验，以及《虹口区中小学培育和践行社会主义核心价值观五年行动计划（2016—2020）》成果，表彰10个优秀子项目；发布《虹口区中小学培育和践行社会主义核心价值观五年行动计划（2016—2020）》子项目成果集；举行《行走的“虹”课程学习手册》颁授仪式；在主题展示环节，部分师生代表通过主旨报告、主题演讲、案例分享、情景剧表演等形式，展现学校党史学习教育成果。市青少年学生校外教育活动联席会议办公室，约200人参加活动。

（万萱亭　赵思雯）

【《虹口区中小学培育和践行社会主义核心价值观五年行动计划（2016—2020）》项目】

5月26日完成。区教育学院，区内中小学、职校联合开展。该项目是《虹口区教育事业改革与发展“十三五”规划》重点项目之一，旨在在全区范围内全方位培育和践行社会主义核心价值观，打造具有虹口特色的课程文化、学生文化、教师文化、制度文化、环境文化、协同文化，把培育和践行社会主义核心价值观贯穿立德树人全过程。全区66所中小学、职校计66个项目，其中包含虹口区第二中心小学、上海市第五中学、澄衷高级中学等核心组项目21个。结项显示，丰镇第一小学、江湾初级中学、上海市南湖职业学校等10个项目被区教育局评为优秀项目。

（赵思雯）

【全区学校劳动教育交流推进会】

6月10日在区教育局举行。区教育局、区教育学院共同举办。会上，区教育学院德研室回顾2021年劳动教育工作，复兴实验小学、海南中学、上海财经大学附属北郊高级中学代表分享学校劳动教育做法和经验，鲁迅中学等10所学校获上海市劳动教育特色校铜牌，海南中学等20所学校获虹口区劳动教育项目推进校证书。140余人参会。

（赵思雯）

【区教育系统庆祝中国共产党成立100周年主题活动】

6月27日在复兴高级中学举行。区教育工作党委举办。区委常委、宣传部部长吴强出席。活动以“红色铸初心，合力育新人”为主题，其间为虹教系统“光荣在党50年”老党员代表颁发纪念章，宣读虹教系统市、区“两优一先”（优秀共产党员、优秀党务工作者、先进党组织）拟表彰名单；上海南湖职业技术学院党委书记、上海市南湖职业学校校长带领新党员代表集体入党宣誓。活动中，党员、教师和同学围绕“求索——追溯红色文化”“奋进——弘扬革命文化”“展望——传承先进文化”3个板块，通过戏剧、歌曲、舞蹈等方式展现党史学习教育成果。约250人参加活动。

（万萱亭）

【《虹口区关于加强和改进义务教育学校作业管理的指导意见》】

6月由区教育学院印发，旨在发挥“虹口区义务教育作业与测试备案系统”平台功能，监督学校统筹作业总量，引导教师加强数量控制、质量提升意识，实现“减负增效”目标。9月针对教育部作业减负新要求，学院对平台提出“作业公示”等新功能需求。至年底，经过为期近2年的开发与2轮试运行，平台的作业备案、作业量计算、作业公示、作业导入、手机客户端（App）接入等功能基本稳定。

（赵思雯）

【区小学“深化教育综合改革，促进高质量发展”推进工作会议】

8月27日在复兴实验小学召开。区教育局、区教育学院举办。会议围绕“教育综合改革”议题，从“双减”“五项管理”、教育评价、教学方式变革等方面做研讨交流。会上，区教育学院教研室教师胡节、朱钰分别从命题设计和项目化学习2个方面分享教学改革的思考与实践；中州路第一小学校长柳敏姿交流学校开展学生综合素养评价的校本化实践经验；复兴实验小学校长司徒琼结合“五项管理”的校本化实施分享管理经验。其间，区教育局小幼教科和区教育学院教研室相关工作人员围绕学校管理、项目研究、课后服务、教育评价、特殊教育、作业管理等方面，布置2021学年区小学教育教学工作；区教育局副局长就做好“双减”工作，提出研究制订实施方案、加强督查与指导、落实评估考核等要求。150人参会。

（赵思雯）

【第三十七个教师节庆祝活动】

9月10日在复兴高级中学举行，同期举办虹口区中小幼思政课一体化建设教学展示活动。区教育局组织召开。区委副书记、区长胡广杰出席并致辞。区领导吴强、岳彩新、张雷、郭启文参加。活动现场，对获得先进的校（园）长和教师进行表彰：陈明青被评为教育部“闪亮的名字——2021最美教师”，楼蕾、李名昇等33人被评为2021年上海市园丁代表，丁蓓、王莉韵等6人被评为2021年上海市中小学特级校长，唐群、丁蓓等3人被评为2021年上海市优秀校园长，顾伟毅被评为2021年上海市十佳青年校园长、2021年上海市“四有”好教师（教书育人楷模）提名，王莉韵成为“2020上海教育年度新闻人物”获得者。来自实验幼儿园、外国语第一小学、实验学校、华东师大一附中的4位教师作为教学代表展示中小幼思政微课成果。约150人参加活动。

（万萱亭）

【区全面推进全员导师制工作会议】

9月23日在上外附中东校举行。区教育局、区教育学院共同举办。会议以“启迪导师智慧，护航学生成长”为主题，重点探讨转变观念、导师培训、家校沟通、良师益友、导师团的协同合作和激励机制等全员导师制推进过程中的难点问题，并提出“把握新内涵，破解工作难点”“立足大格局，构建保障体系”“打造高品质，凸显区域特色”等创新思路。210余人参会。

（赵思雯）

【区第十轮中小学“行为规范示范校、合格校”创建工作总结表彰大会】

10月14日在区教育学院举行。会议以“筑牢根基、精炼品牌，行规教育显成效”为主题，邀请广中路小学、虹口区教育学院附属中学和北虹高级中学等就学校行规教育成果做经验分享。会上，复兴高级中学、江湾初级中学、虹口区第二中心小学等38所“虹口区中小学行为规范示范校”获得荣誉奖牌。约160人参会。

（赵思雯）

【区委教育工作领导小组2021年全体会议】

10月22日在区机关大楼召开。会上，区教育局通报虹口区义务教育“双减”工作、教育系统疫情防控等工作的推进落实情况。区委教育工作领导小组各成员单位代表、区教育局负责人及工作人员等约30人参会。

（万萱亭）

学前教育

【概况】

2021年，区教育局落实学龄前儿童善育工程，增加普惠性托育服务供给，推进托幼一体化工作。针对0—3岁幼儿，出台《虹口区托育服务三年行动计划（2021—2023年）》，制定区推进学前教育“三大指南”（《上海市幼儿园办园质量评价指南》《上海市幼儿园装备指南》《上海市幼儿园信息化建设与应用指南》）工作方案；在东余杭路幼儿园、小不点幼儿园、侨红幼儿园等7所幼儿园中新增托班7个，其中普惠性托育点6个；开展“育儿加油站”活动，增加“虹口区科学育儿指导”微信公众号的内容推送量。针对3—6周岁儿童，加强科学保教和规范办园，推进优质园创建工作，促进学前教育提质升级，其中花园幼儿园、九龙路幼儿园、侨红幼儿园3所被认定市一级园；出台《虹口区普惠性民办幼儿园的认定与管理工作细则（试行）》，指导白玉兰幼儿园等5所民办幼儿园提供普惠性学额，其中白玉兰幼儿园、好春光幼儿园、阶梯幼儿园、小木船幼稚园4所民办幼儿园完成普惠性民办幼儿园认定，虹口区学前教育普惠率达87.34%。年内，区教育学院坚持以“幼有善育”为目标，建设普及普惠、安全优质、多元包容的学前教育公共服务体系。举办以“让幼儿在丰富的课程经历中健康成长”为主题的区学前教育工作研讨会；带领全区园所开展“娃娃学四史”活动，形成《百年党史进课堂 红色教育入人心（学前篇）》案例集等全区优秀红色资源课程；指导区内学校教师参加2021年上海市中青年教师课堂教学评比活动，1人获一等奖、4人获二等奖，“团结就是力量”等优质教学成果通过汇编和视频展播等形式作全区宣传推广。

（万萱亭　赵思雯）

【区幼儿园教师党史学习教育名师领航活动】

5月13日在东余杭路幼儿园举行。区教育学院举办。此次活动旨在帮助幼儿园教师在课堂实践中协同推进党史学习教育，探索建立基层教育单位的党史学习教育机制，为区内“大中小幼思政课一体化建设”提供启示性经验。其间，邀请全国教书育人楷模、正高级教师应彩云作“伟大的起点”现场教学，展示如何培育好3—6岁学前儿童的爱国爱党思想。区学前教育教研员、托幼机构保教主任、虹教系统人才梯队骨干教师等120人参加活动。

（赵思雯）

【区幼儿园教师党史学习教育展示与研讨活动】

5月19日在虹口区实验幼儿园虹湾部举行。区教育学院举办。此次会议旨在探索学前幼儿的党史教育方法，帮助儿童从小厚植爱国主义情怀。会上，虹口区实验幼儿园教师王佳颖执教“长征上的故事”、虹口区体育幼儿园教师耿君蕾执教“祖国在我心窝里”；虹口区实验幼儿园教师杨解云、新港幼儿园教师陈祎珺、三中心幼儿园教师余丽莎和西街幼儿园教师沈梦琦分别就自己的“娃娃学四史”获奖活动设计作经验分享。全国教书育人楷模、正高级教师应彩云对研讨成果作现场点评。来自复兴高级中学、全区各级各类幼儿园等共50所校（园）的150人参会。

（赵思雯）

【2021学年学前教育工作会议】

9月7日在东余杭路幼儿园举行，同期召开区学前教育“三大指南”推进会。区教育局组织召开。会议以“聚焦‘三大指南’，深化‘幼有善育’”为主题，会上市教委教研室专家围绕“如何架构和优化富有操作性的本园保教质量评价体系”作专题报告，区教育局学前教育科总结本轮一级园创建工作，并从凝共识、重自评、推试点、抓项目等方面解读区域学前“三大指南”工作方案，从扩大资源供给、完善管理机制、加强队伍建设、提升服务质量等方面介绍《虹口区托育服务三年行动计划》（2021—2023年）推进情况。约百人参会。

（万萱亭）

基础教育

【概况】

2021年，区教育局推动“双减”落实落细，重点聚焦校内课后服务，区义务教育中小学学生参与课后服务率达97%，教师的参与率达93.7%。做好区内精锐教育等培训机构非正常停业风险处置，义务教育阶段学科类培训机构数量压减至6家。推动紧密型学区集团建设，指导广灵路小学和广中路小学签署紧密型集团建设协议，将海南中学纳入华东师大一附中教育集团。推动新优质学校集群发展，深化实施公办初中“强校工程”。规范民办义务教育，实施高中课程改革和中招改革新政。实施“高中教育质量提升”项目，在复兴高级中学、华东师大一附中等5所学校重点推进“一校一策”举措，以项目化方式提升全区高中教育育人模式改革和综合质量。持续推进高中与高校的联动共建和特色普通高中创建工作，落实高中学业考试“双选”（物理、化学）工作，加强“双新”（新课程、新教材）教师培训，创建高中新课程新教材实施示范区。年内，区教育学院持续推进《虹口区教育事业改革与发展“十三五”规划》重点项目。依托“彩虹计划”，探索“五育融合”培养机制，推进中小学校思政一体化建设。推动“双减”“双新”落地。

（赵思雯　万萱亭）

【区义务教育项目化学习启动会】

3月10日在上外附中东校召开。区教育局组织召开。会议以“项目驱动，智造无限”为主题，重点探讨项目化学习基本内涵，围绕驱动型问题特征与来源、项目成果设计与评价等议题开展交流分享。市教委基教处、市教科院普教所课程与教学研究室，区教育局、区教育系统约170人参会。

（万萱亭）

【“小学语文学科素养导向下教与学方式的转型”项目交流活动】

5月19日以线上会议形式举行。区教育学院举办。活动以“聚焦核心素养，促进教学转型”为主题，区教育学院小学语文教研员胡节介绍“小学语文学科素养导向下教与学方式的转型”研究项目的背景、意义、目标、内容、实施进度及预期研究成果。丽英小学作为项目基地校，以统编教材一年级下册第七单元为例，现场汇报项目的初期研究成果。虹口区第一中心小学、虹口区第三中心小学、虹口区第四中心小学等7所项目基地校团队成员及区一年级全体语文教师约150人参加活动。

（赵思雯）

【区2021学年初中教育工作会议】

8月26日在钟山初级中学召开。区教育局、区教育学院举办。会议以“构建教育良好生态，促进学生健康成长”为主题，市教委教研室赵尚华作“把握课堂关键问题，提升课堂教学品质”主题报告，区教育学院教研室姚继怀作“把握中考改革导向，推进育人模式转变”主题汇报，区教育学院赵冬云围绕实验教学作“关注日常教学，稳步落实要求”主题汇报，区教育学院附属中学教师宇海燕以“新中考背景下道德与法治学科怎么教、怎么学、怎么评”作实践汇报，第五中学校长李西双从学校管理的角度作“改变学习方式，提升核心素养”报告。约150人参会。

（赵思雯）

【区培训市场综合治理工作联席会议】

9月9日在区机关大楼举行。区教育局组织召开。副区长张雷出席并讲话。会上，通报全区培训市场总体情况，解读“双减”工作要求和重点任务，明确依托区培训市场综合治理工作联席会议，建立专项治理行动工作专班，加强各部门联动协同。其间，区教育局公布规范义务教育阶段学科类培训机构专项行动方案，部署培训机构全面排查工作安排；区委政法委部署区培训市场维稳工作安排。区培训市场综合治理工作联席会议30家成员单位分管负责人35人参会。

（万萱亭）

【华东师大一附中教育集团扩容会议】

9月17日在海南中学举行，同期召开华东师大一附中紧密型教育集团建设工作会议。区教育局组织召开。会上，公布华东师大一附中教育集团扩容方案；民办新华初级中学校长与海南中学党支部书记兼校长签署两校紧密型集团建设协议。华东师大一附中教育集团形成于2019年，旨在加强各成员学校的合作与融合，实现优势互补，优化教育资源。经过此次扩容，有成员学校4所，将在学校治理、课程建设、教学研究、教师培养等方面提升各学校的能力。

（万萱亭）

【广灵紧密型教育集团建设工作会议】

9月28日在广中路小学举行。区教育局组织召开。会上，公布广灵紧密型教育集团建设方案；广灵路小学校长、广中路小学校长共同签署两校紧密型集团建设协议。双方表示将围绕管理机制、教师队伍、课程教学等方面捆绑发展，共同提升办学质量。

（万萱亭）

【区中小幼家长学校建设现状大调研】

10—11月由区教育学院德研室、区学校家庭教育研究与指导中心联合开展。其间，实地走访幼儿园及小学、初中和高中学校23所，综合评估各学段学校的办学情况，并做现场反馈和针对性指导。调研结束后，形成《虹口区中小幼家长学校建设现状及需求的调研报告》。

（赵思雯）

【区中小学音乐学科德育教学实践研究成果交流活动】

11月3日在曲阳第四小学举行。市教委教研室主办，区教育学院协办，曲阳第四小学承办。活动以“知音识曲 向善尚美”为主题，通过课堂教学、项目汇报、专题报告等形式，展现虹口区音乐学科研究团队针对《上海市中小学音乐学科德育教学指导意见》的思考与实践成果。市教委教研室、虹口区教育系统近200人参加活动。

（赵思雯）

【区落实“双减”工作推进会暨校园长书记例会】

11月4日在上外附中东校举行。区教育局组织召开。区委副书记杜松全、副区长陈筱洁等出席。会议以“聚力减负提质，赋能学生成长”为主题，区教育局通报近阶段虹口区“双减”、疫情防控等工作情况，区教育学院及虹口区第六中心小学、江湾初级中学等学校代表围绕推进校内减负增效工作分享经验。区教育局，全区各学校、幼儿园负责人255人参会。

（万萱亭）

【区2021年高中“双新”教师教学能力提升系列活动】

12月1—28日先后在复兴高级中学、华东师大一附中等区域9所高中举行。区教育局、区教育学院举办。活动以“优师展风采，携手共发展”为主题，重点探讨区内高中“双新”统筹推进的策略与途径，深化落实高考综合改革，优化高中课程教学建设，完善“五育融合”全面培养体系，加快高中育人方式转型，培育学生核心素养，促进学生全面而有个性发展等议题。其间，在复兴高级中学举办数学学科、化学学科和信息技术学科专场活动，在华东师大一附中举办英语学科、通用技术学科专场活动等。市、区有关专家、教师代表和学生近8000人次通过线上、线下方式参加活动。

（赵思雯）

【同济大学—上海市复兴高级中学“同济实验班”揭牌仪式】

12月10日在复兴高级中学举行。同济大学校长、中国工程院院士陈杰，虹口区委书记郭芳为“同济实验班”揭牌。仪式上，陈杰做“开启未来世界的钥匙——AI‘复’能，兴在少年”主题演讲，重点介绍人工智能知识与同济大学的发展概况。该实验班是同济大学与虹口区在复兴高级中学实施“苗圃计划”基础上更进一步的合作，旨在推进教育领域综合改革，做好高等教育与高中学生培养衔接，以同济大学育人理念为牵引，共同选育培养厚基础、宽视野、强素质的高水平学生，探索优质高效育人模式，推动虹口高中教育人才培养质量整体提升。

（万萱亭）

职业教育与高等教育

【概况】

2021年，区内有上海市南湖职业学校、上海南湖职业技术学院（简称南湖职院）、上海外国语大学、上海财经大学、上海外国语大学贤达经济人文学院（简称上外贤达学院）、上海工程技术大学高等职业技术学校（简称工技大高职学院）、上海青年管理干部学院（上海团校）、上海法语培训中心等职业教育和高等教育院校、机构。（1）上海市南湖职业学校。学校成立于2000年，虹口区教育局创办，是首批国家级重点职校、第二批国家改革发展示范校和上海市现代化标志性职校。总校位于三门路661号，在邯郸路和密云路设有分校，学校总占地面积9.82万平方米，建筑面积11.53万平方米。至2021年底，学校在校生数1074人，其中有三年制全日制教育学生1038人、四年制特殊职业教育36人，为虹口区学生提供劳动技术教育3110人（初中）和1207人（高中）；有教职工285人，其中专任教师179人，专业教师88人，兼职教师10人。年内，学校获得上海市文明校园、上海市依法治校示范校、上海市花园单位等荣誉。（2）上海南湖职业技术学院。南湖职院于2021年4月9日正式挂牌成立，由上海市教委和虹口区共同建设，是经教育部批准的上海首家新型五年一贯制公办高职院校，也是“以区为主、市区共建、多方参与治理”的先行先试典范。学院有4个校区，包括本部（三门路661号）、东校区（密云路481号）、南校区（四川北路1702弄32号）和西校区（车站北路730号），总占地面积10.07万平方米，建筑面积11万平方米。学院设有数字创意、智能汽车服务、健康护理和智慧商旅4个系部，主要实施面向高中阶段毕业生的三年制学历教育和面向初中阶段毕业生的五年制学历教育，以及虹口开放大学非全日制学历教育和汽修、航运等技能培训。年内，学院拥有世界技能大赛餐厅服务项目国家集训基地、上海市汽车虚拟仿真实训基地、上海市级职业教育开放实训中心和10余个企业（医院）实训基地；当选为长三角汽车产教融合联盟首届理事会副理事长单位。至年底，学院有教职工112人，其中专任教师80人（正高级职称教师3人，副高级职称教师25人）。设有三年制专业6个（其中3个专业2021年招生），三年制学生159人；五年制专业6个（其中3个专业2021年招生），五年制学生89人。虹口开放大学有在读成人本科生171

人、专科生188人。（3）上海外国语大学。有虹口、松江2个校区，其中虹口校区位于大连西路550号。学校有教学院（系）23个，设本科专业53个，其中语言类专业34个、非语言类专业19个，有一级学科硕士学位授权点8个（下设二级学科硕士学位授权点42个）、专业硕士学位授权点8个、一级学科博士学位授权点3个（下设二级学科博士学位授权点22个）、博士后科研流动站3个。2021年，学校向教育部报送《上海外国语大学“双一流”建设高校整体建设方案》《上海外国语大学一流学科建设方案》；完成新一轮高峰学科建设方案编制工作并通过市教委评审。新增罗马尼亚语、国际新闻与传播和财务管理3个本科专业，汉语国际教育、葡萄牙语、新闻学等9个第二批国家级一流本科专业建设点。上外国际工商管理学院MBA高端金融双学位项目正式通过国际工商管理硕士协会（AMBA）国际认证，英语（国际政治双学位）、翻译（工商管理双学位）、德语（工商管理双学位）、外交学（法语双学位）4个双学士学位复合型人才培养项目正式招生。“跨文化交际”“翻译有‘道’”“区域与国别研究导论”“当代德国社会、经济与文化”等7门课程被评为首批国家级一流本科课程，“实验心理学”“高级日语Ⅰ”“汉英笔译基础”等16门课程被评为上海市一流本科课程；“语言数据科学与应用专业建设研究与实践”“国际新闻传播政产学研协同育人机制创新与实践”“新文科引领下的亚非涉外人才培养创新与实践”等6个项目获批成为全国首批新文科研究与改革实践项目，“数据科学导论”“新技术驱动的新商科人才培养体系构建研究”“上海外国语大学金融科技实验室建设”等9个项目获批教育部产学合作育人项目资助。加强高端智库和学术平台建设，推进中阿改革发展研究中心、上海全球治理与区域国别研究院建设；建成磁共振实验室，并加入国家脑科学计划，成为国家自然科学基金重大项目的子项目；中东研究所再次入选中国智库综合评价案例智库。成立多语种智慧教育重点实验室，举办数据科学家训练营、神经科学家训练营，脑与认知科学应用重点实验室举行首批开放课题启动会。健全外语院校特色思政体系，推进以《习近平谈治国理政》多语种版本“三进”（进高校、进教材、进课堂）为核心的多语种课程思政体系建设，成立校级课程思政教学研究中心。推动研究生教育体制机制改革，着重在“思政教育”“专业布局”“培养体系”“导师队伍”“质量管理”“资源保障”六大关键领域集中发力，推出六大行动计划，主持全国研究生学科专业目录“文学”门类修订工作，首次试点“硕博连读”制度。完善“分类考试、综合评价、多元录取”招生工作体系，推进考试招生制度改革，首次获批的4个双学位专业正式参与高考招生，全年新增优秀生源基地27处。年内，学校推出《口笔译研究》《跨文化交际与传播研究》《网络媒体与全球传播》3部国际学术期刊，《习近平用典》西班牙语版在哥斯达黎加发布。获批纵向项目63项，其中国家社科基金项目12项，国家自然科学基金项目9项，教育部人文社科项目9项，教育部高校国别和区域研究年度课题1项，市级项目32项。推进外国文化政策研究基地建设，组织第六批基地项目“世界各国提升国际传播能力的经验与举措研究”专项课题的申报，获批课题10项。全年学校教师共发表学术论文1192篇，其中中文社会科学引文索引（CSSCI）期刊论文296篇，出版著作242部，提供被采纳的研究报告375份。至年底，学校相继与埃及外交事务委员会签署合作协议，与上海边检总站签署合作共建协议，与奉贤区政府签署全面战略合作框架协议。（4）上海财经大学。学校有杨浦、虹口2个校区，其中虹口校区位于中山北一路369号，主要从事商科教育、专业学位研究生教育、留学生教育、高端培训和继续教育。2021年，学校有会计学、财政学、经济思想史、金融学（培育）4个国家级重点学科，有财政部重点学科4个、上海市重点学科6个、上海市一流学科A类2个和B类4个，有上海高校Ⅱ类高峰学科1个（理论经济学）、上海高校Ⅳ类高峰学科1个（应用经济学），有博士后科研流动站7个、一级学科博士授权点9个、一级学科硕士授权点15个、本科专业40个，有教育部重点实验室1个。年内，学校完成《“十四五”规划工作方案》编制，明确本科招生优化、“首席经济学家”项目推进、智库型博士生培养等重点任务18项。出台《思想政治理论课（马克思主义理论学科）教师职务任职学术条件的规定》，修订社会学职称评审标准。完成首轮“双一流”（世界一流大学和世界一流学科）整体建设任务，经济和计量领域学科跻身相关国际排名前列；持续推进上海市高峰学科和部市共建重点大学建设，经济学、会计学等5个项目入选首批教育部新文科研究与改革实践项目，上海市求解器自主研发与产业应用协同创新中心、上海市数据科技与决策前沿科学研究基地2个项目入选上海高校创新策源能力提升计划。实施“上财国际2.0”计划，组织开展针对金融、经济、会计与商学院4个中外合作办学项目模拟评估工作；对经济、会计、金融3个引智基地开展创新科研平台校内模拟验收；与英国剑桥大学、英国南安普顿大学、美国加州大学伯克利分校、美国威斯康星大学麦迪逊分校等国外大学合作推出“云端学术系列课程”；探索构建涵盖全校的“学校—学院—教职工”三级筹资网络，构建涵盖人才培养、师资建设、科学研究、校园建设、国际化建设、社会公益、学院发展基金七大类别100余项的“上财筹资项目库”。年内，学校构建以习近平新时代中国特色社会主义思想概论、“经济中国”等为主体的思政课程体系；树立以“黄大年式教师团队”“百年初心奋斗者”陆品燕、“救命文档”创建者李睿、勇救落水者少数民族学生加拉斯为代表的典型，讲述学校感人故事；举办“枪杆子与钱袋子”——馆藏红色票据专题展。与虹口区等联合实施“书记手牵手”区域化党建联建工程，推动高校党建融入城市基层党建工作大局。构建一流人才培养体系，推进本科教学审核评估整改工作，实施“上财本科30条”和“十大行动计划2.0”，开展新生院建设研究工作并形成可行性研究报告；持续推进“千村调查”项目，打造实践育人精品。年内，学校获国家级项目79项，《中国经济发展史（公元前16世纪—2019）（14册）》入选第五届中国出版政府奖，《探索新时期长三角高质量一体化发展世界标杆的理论和实践研究》《新冠疫情冲击下全球产业链布局调整对上海产业发展的影响与对策研究》等7项成果获第十三届上海市决策咨询研究成果奖，143篇决策咨询报告获省部级以上领导采纳或批示，其中7篇获国家级领导批示。新增1家教育部哲学社会科学实验室（培育）、2家教育部国别和区域研究中心、1家国家生态环境部基地、1家上海市教委上海市前沿科学研究基地、1家上海市协同创新中心。至年底，学校28年蝉联十四届上海市文明单位（含文明校园）称号。（5）上海外国语大学贤达经济人文学院。学院系教育部2004年批准成立的上海首批全日制本科独立学院，由上海外国语大学和上海贤达投资有限公司合作举办，有虹口、崇明2个校区，其中虹口校区位于东体育会路390号。2021年，学院有二级学院6个，教学部2个，开设有文学、法学、经济学、管理学、教育学和艺术学六大门类22个本科专业，构建起以语言、经济类学科为重点，其他学科（专业+英语）协调发展的学科专业体系。年内，学院招录新生2317人，专升本录取680人，各类招考报到总数2553人；2021届毕业生就业去向落实1910人。学院党委成立党史学习教育领导小组，形成“五老进校园”（依托由老干部、老红军、老将军、老英模、老教育家等组成的“上海百老德育讲师团”升级成立的“五老德育工作室”，通过专题讲座、交流分享等多样丰富的形式为党史育人赋能，为育人模式创新）关工委工作品牌项目；承办“民办高校同一堂课”线上活动，吸引市内17所民办高校、94162师生观看。学院在“外语+”办学特色基础上增加“信息技术+”办学新特色，完成广播电视编导、大数据管理与应用2个新专业的申报工作；数字媒体艺术、会计学（智能财务）专业获批成为中等职业教育—应用本科专业贯通培养模式试点；日语专业获批成为上海市第五批专科高等职业教育—应用型本科教育模式试点；相继组织法语、西班牙语等5个专业的实施达标评估。开展12项中外合作本硕连读、双学士学位培养、海外教师培训研修等项目。全年申报各级各类科研项目71项，其中市级教育科学研究项目1项，市级哲社课题1项，市级高等教育学会自筹课题4项，中国民办教育协会2021年度规划课题1项。发表论文125篇，其中全国中文核心期刊12篇、中文社会科学引文索引（CSSCI）9篇、科学引文索引（SCI）5篇；出版译著1本、专著12本、教材6本，发布省部级及以上采纳的决策咨询报告25篇。至年底，学院获得上海高等教育人才揽蓄B类（青年骨干）人才1人、C类人才7人。教师季萍获上海市育才奖；学生张逸群在“外研社·国才杯”全国大学生演讲比赛中获上海市一等奖，校代表队在2021年“外教社杯”第四届全国大学生跨文化能力比赛获上海赛区决赛二等奖。（6）上海工程技术大学高等职业技术学院。学院位于逸仙路88号，以机械工程、电子工程和工商管理类学科教学为主，是具有高等教育和职业教育双重属性的二级学院。2021年，开设有数控技术、机电一体化技术、模具设计与制造、工业机器人技术、国际商务（旅游及商务管理）等10个高职专业，机械制造与自动化、电气自动化技术、机电一体化技术、模具设计与制造、工业机器人技术、数控技术6个中高职贯通专业。年内，“数字化先进成型技术专业群”获批市一流高职专业群，“传感器技术”课程获批市精品在线开放课程，“智能装备控制技术教学创新团队”获评市教师教学创新团队，“管理基础”课程获批市高校党史学习教育与课程相融合示范课程，“数控多轴加工技术”课程获批市精品在线开放培育课程；承办外交官“走进世赛”基地观摩活动，7个国家驻沪领事机构的12位总领事及高级领事官员参加；学生刘俊以总成绩第四名晋级世界技能大赛“工业控制”项目国家集训队第二阶段（5进1）集训，学生丁轩浩在世界技能大赛“增材制造”项目国家集训队第一阶段（10进5）比赛中获第六名。（7）上海青年管理干部学院（上海团校）。学校位于西江湾路574号，隶属于共青团上海市委员会。2021年，学校举办各类干部教育培训班51个，培训学员21623人次。其中，举办2021年度团中央干部进修班3期，每期历时1个月；开展青年特色人才培养工作，形成教卫系统海归人才培训班、花博会志愿者培训班、青年创新创业训练营等品牌培训项目。完成《青年发展规划工作指导手册（2021版）》编制，并呈送中长期青年发展规划实施工作部际联席会议第三次全体会议。启动“七普”上海青少年数据手册、青少年研究数据开放创新大

表16-2 2021年虹口区内高等院校基本情况汇总

单位	学生									专任教师			专业数（个）	占地面积（万平方米）	建筑面积（万平方米）
	总计	研究生		普通本专科生		成人生		留学生	网络生	总计	其中				
		博士生	硕士生	本科生	专科生	本科生	专科生				正高级	副高级			
上海外国语大学（含松江学区）	14414	553	4014	5962	0	2193	200	1020	472	844	143	269	53（本科）	14.8（虹口校区）	16.6（虹口校区）
上海财经大学（含杨浦校区）	20521	1347	6937	8055	0	3770	0	412	0	999	246	364	40	6.52（虹口校区）	1.71（虹口校区）
上海外国语大学贤达经济人文学院（含崇明校区）	8709	0	0	8709	0	0	0	0	0	346	18	5	22	19330（虹口校区）	7272.03（虹口校区）
上海工程技术大学高等职业技术学院	1257	0	0	0	1257	0	0	0	0	175	2	43	16	5.62	6.75

说明：资料由上海外国语大学、上海财经大学、上海外国语大学贤达经济人文学院、上海工程技术大学高等职业技术学院提供。

赛等上海青少年研究数字协作联盟重点项目，完成团中央委托的“共青团工作在高校思政工作中的作用”专题调研。由上海团校负责编纂的《上海市志·共青团卷（1978—2010）》出版，与杨浦区团委合作的课题《壮志青春——杨浦（沪东）共青团和青少年运动史及其启示》完稿。挂牌成立“上海青少年创新学院”。年内，学院获得中国青年工作院校协会颁发的“年度贡献单位”。（8）上海法语培训中心（上海法语联盟）。培训中心由上海市虹口区业余大学和巴黎法语联盟于1991年5月签约，1992年筹建并招生，是一所中外合作办学的非营利性机构，旨在推进中法两国文化交流。培训中心有虹口、长宁2个校区，其中虹口校区位于吴淞路297号5—7楼，长宁校区因工程需要临时迁往徐汇区虹漕路39号。2021年1月，在成功合作三十年的基础上，培训中心获签第四个为期十年的中外合作办学协议；3月，法国驻华大使罗梁到访上海法语培训中心；7月，上海法语培训中心（上海法语联盟）的中方合作方更名为上海市虹口区社区学院。至年底，培训中心开设班级870班次，注册报名9089人次。

（万萱亭　张锦华　吴怀莉　姚奇彬　陶平平　朱红蕊　刘季婷　陈亚琼　余冬清　顾敏婕）

【上海财经大学MBA项目入选全球百强榜单】

1月27日，上海财经大学工商管理专业学位硕士研究生（MBA）项目入选2020年度《金融时报》全球MBA百强榜单，居中国内地高校排名第五位。该项目于1991年启动，2021年通过中国高质量MBA教育认证（CAMEA）及国际认证（AACSB、EQUIS、AMBA）。经过31年发展，项目“基于商科、长于财经”，在培养质量、开放办学、科产教融合、毕业生职业发展等领域得到社会认可，并培养逾1.1万名MBA/EMBA毕业生。此次在世界范围内公认的权威排名《金融时报》全球MBA百强榜单中入围，体现出学校MBA教育质量和国际化办学水平的持续提升，得到国际权威认可。

（张锦华　吴怀莉）

【上外贤达学院开办数字媒体艺术专业】

3月17日，学院根据《上海市教育委员会关于开展中等职业教育——应用本科教育贯通培养模式试点工作的通知》要求，与上海市信息管理学校联合开办数字媒体艺术专业。该专业于9月起组织第一届招生，招生人数31人。至年底，两校合作开设“数字绘画基础”“三维软件基础”课程，共同举办与专业相关的论坛、研讨会、专家讲座共13次；学生完成中职阶段第一学期课程学习。

（刘季婷）

【上外贤达学院开办会计学专业】

3月17日，学院根据《上海市教育委员会关于开展中等职业教育——应用本科教育贯通培养模式试点工作的通知》要求，与上海市行政管理学校联合开办会计学专业（智能财务方向）。该专业主要教学课程包含语文、数学、英语、信息技术及会计基础，于9月起进行第一届招生，招生人数30人。至年底，学生完成中职阶段第一学期的课程学习，基本了解会计学（智能财务方向）教学内容。

（刘季婷）

【上外贤达学院日语专业获批“高本贯通”试点专业】

4月8日，市教委公布第五批“高本贯通”试点专业名单，其中上外贤达学院的日语专业（商务方向）获批上海市第五批“专科高等职业教育——应用型本科教育”模式试点专业。该专业基本修业年限为5年，前3年为高职阶段，在上海工商外国语职业学院就读；后2年为本科阶段，在上海外国语大学贤达经济人文学院就读。

（刘季婷）

【上海南湖职业技术学院揭牌】

4月9日，揭牌仪式在上海南湖职业技术学院5G实训中心举行。副市长陈群、市教卫工作党委书记沈炜、虹口区委书记郭芳等出席。市政府副秘书长黄永平，虹口区委副书记、区长胡广杰，上海开放大学校长袁雯为上海南湖职业技术学院、上海虹口开放大学揭牌。南湖职院于2020年9月获市政府批准成立，系全日制公办高等职业学校，隶属于虹口区政府，业务上接受市教委统一管理，成立该校旨在创新“市区共建”办学机制。学校以5G技术应用为着力点，设置数字创意、智能汽车服务、健康护理和智慧商旅4个系部，并与上海临港产业大学、上汽通用集团、哔哩哔哩等7家企业签订产教融合战略框架协议，建立产教融合人才培养基地。同时，学校还承担虹口开放大学职能。市教委副主任毛丽娟、虹口区副区长张雷等约百人参加活动。

（万萱亭　裘燕南）

【上海外国语大学举办思政与通识教育专题学术论坛】

4月9—11日，上海外国语大学在虹口校区举办“新文科背景下高等院校外语课程思政与通识教育”专题学术论坛。论坛由中国高校外语学科发展联盟课程与教材建设委员会主办，上海外国语大学英语学院、上海外语音像出版社承办。来自全国各地有关高校外语教育领域的300余位专家、教师参加此次论坛。

（姚奇彬　陶平平）

【上海财经大学学生获得2021资诚国际租税杯个案分析竞赛冠军】

4月24日，2021资诚国际租税杯个案分析竞赛决赛在上海市和台北市同期举行。资诚国际租税杯个案分析竞赛于2015年首次举办，由财团法人资诚教育基金会、台北大学主办，中华产业国际租税学会、台北大学租税研究社协办。上海财经大学派出2017级财政学专业陈嘉炜、柳钰，2017级税收学专业高佳妮，2017级劳动与社会保障专业朱伊琳4名学生参加比赛。比赛以“国家保护主义下供应链转型所涉及的集团租税战略治理”为主题，最终上海财经大学4位学生组成的队伍获得冠军。

（张锦华　吴怀莉）

【上海外国语大学有关“非遗”研究成果获市级奖项】

5月10日，由上海外国语大学教师学生发表的研究论文《“记·译·传”：中国非物质文化遗产国际传播的困境与对策——以上海地区为例》获得第十七届“挑战杯”上海市大学生课外学术科技作品竞赛特等奖。

（姚奇彬　陶平平）

【2021年度第四期基层组织团干部进修班】

5月31日至6月29日在上海团校举办。其间，团校开展“习近平总书记关于青年工作的重要思想”“听党话跟党走——党领导下的共青团创建历史”等理论教学课17堂，进行“学党史、强信念、跟党走”主题党性教育5次，组织“‘新老渔阳里’重温共产党的创建历程”“行走在多伦路街区”“感受隐秘战线对敌斗争的惊心动魄”等实践教学5次；组织学员以“红色青春”为主题，进行“红歌会”“红诗会”和“红剧场”活动。来自全国32个省级团委机关的103位基层组织团干部参加培训。

（朱红蕊）

【上海财经大学馆藏红色票据专题展】

6月23日在上海财经大学育衡楼举行。上海财经大学档案馆（校史馆、博物馆）举办。展览以“枪杆子与钱袋子”馆藏红色票据为专题，展出学校馆藏的红色票据近150件，包括土地税票、借谷证、红军粮票、工商税票等。专题展由“红色财经大事记”“收拾金瓯一片，分田分地真忙”“自己动手，丰衣足食”和“发展生产、繁荣经济、公私兼顾、劳资两利”四部分组成，呈现出土地革命战争时期、全面抗战时期和解放战争时期的土地政策、税收政策以及保障军事斗争、发展生产的各类经济政策，反映不同时期土地、税收和工商业政策的发展特点，回顾红色财经发展历程及其对新民主主义革命的贡献。

（张锦华　吴怀莉）

【南湖职院当选全国汽车职业教育产教融合创新联盟副理事长单位】

6月23日，全国汽车职业教育产教融合创新联盟成立大会暨第一届第一次理事会会议在南湖职院举行。经提名，南湖职院当选为该联盟的副理事长单位。成立该联盟旨在落实全国职业教育大会精神，提升汽车类专业的技术技能人才培养质量，核心目标是构建汽车职业教育体系，重点任务是推进汽车职业教育产教融合、校企合作，推进汽车职业院校协同发展。

（胡　鑫）

【上海财经大学举办庆祝建党百年主题党课】

6月25日，上海财经大学在学校艺术中心大礼堂举办庆祝中国共产党成立100周年主题党课。该党课是市教卫工作党委系统“伟大工程”系列示范党课之一，以“坚守使命百年路，经济匡时再启航”为主题，分为“红色基因代代传”“一切为着建设祖国”“改革开放闯新路”“不忘初心育英才”4个篇章，其间邀请学校师生、校友代表等以舞台剧、情景讲述、“书记面对面”等形式展现百年来发生在上海财经大学的爱党爱国事迹。市教卫工作党委书记沈炜，教育部高校党建工作联络员、复旦大学原常务副校长陈晓漫等600余人参加活动。

（张锦华　吴怀莉）

【上海团校首次开办小学生“爱心暑托班”】

7月5日，在共青团虹口区委支持下，首期上海团校小学生爱心暑托班办班点开班，为期6周，开设班级3个。其间，团校为学生设计“共青团与上海”等系列红色思政课程，组织开展红色文化、武术、音乐、美术、科技木工、围棋、书法等活动，同时做好物资供应和安全保障，75位小学生参加暑托生活。年内，上海团校举办的“爱心暑托班”获评市小学生“爱心暑托班”优秀办班点。

（朱红蕊）

【南湖职院院长参加世界人工智能大会教育主题论坛】

7月10日，世界人工智能大会主要活动之一的世界人工智能大会教育主题论坛在沪举行。南湖职院院长朱建柳参会，并参加该主题论坛下的职业教育虚拟仿真教学专题论坛启动仪式，围绕虚拟仿真技术在教学中的运用、实训室的建设及职业教育与人工智能技术相结合的发展等方面与专家展开讨论。

（汪　琦）

【上海外国语大学编写的教材入选首批市级高等教育精品教材】

7月15日，《上海市教育委员会关于公布首批上海高等教育精品教材名单的通知》发布，由上海外国语大学编写的《新编英语语法教程（第6版）》等8本教材入选首批上海高等教育精品教材。

（姚奇彬　陶平平）

【上海外国语大学的“云上非遗”项目获国家级奖项】

7月28日，由上海外国语大学完成的“‘云上非遗’：多语种课程模式探索”项目在第七届中国国际“互联网+”大学生创新创业大赛中获上海赛区金奖，并摘得全国铜奖。

（姚奇彬　陶平平）

【工技大高职学院参加第四十六届世界技能大赛国家集训队】

7月31日至11月28日，工技大高职学院学生刘俊参加分别在山东工业技师学院、上海市高级技工学校、辽宁铁岭技师学院举行的第四十六届世界技能大赛“工业控制”项目国家集训队第一阶段（10进5）第一、二、三轮集训，该项目要求选手根据一个（或部分）工业流程做出的模拟解决方案，合理选择并使用工具对现场提供的工业自动化元器件和材料进行电气设备和工业自动化元件安装、程序设计与调试。最终，刘俊以总成绩第四名晋级第二阶段（5进1）集训。

（陈亚琼）

【上海外国语大学翻译的《习近平用典》（西班牙语版）发布】

8月28日，由上海外国语大学西班牙语翻译团队翻译的《习近平用典》（西班牙语版）新书发布会在哥斯达黎加国立大学举行。《习近平用典》西语版由上海外国语大学西方语系教授于漫领衔，与杨明、曹羽菲、陆恺甜、俞瑜等几位骨干教师历时一年共同完成翻译工作。于漫还与徐瑞华及外国专家共同商议，完成审稿、定稿工作。学校翻译团队代表以线上方式出席新书发布会。

（姚奇彬　陶平平）

【2021年度第七期基层组织团干部进修班】

9月1—30日在上海团校举办。其间，团校开展“习近平总书记在庆祝中国共产党成立100周年大会上的重要讲话精神解读”“马克思主义基本立场观点方法”等理论教学课19堂，进行“学党史、强信念、跟党走”主题的党性教育4次，组织“初心扬帆　复兴启航：北外滩现场教学”“弘扬伟大建党精神——红色城市定向之旅”等实践教学4次；搭建学员论坛，策划“红色青春”系列活动。来自全国32个省级团委机关的97位共青团员参加培训。

（朱红蕊）

【上海外国语大学推荐的案例获2021年度“大学国际传播优秀案例”】

9月27日，上海外国语大学实施

的“多语种讲述中国故事，全媒体传播中国声音”全球传播多媒体平台矩阵获2021年度“大学国际传播优秀案例”。该案例围绕“多语种+”和“互联网+”两大支点，率先创设高校多语种网站群，打造多语种、广覆盖的国际分众传播网络、多语种网络育人平台，助力培养国家对外话语人才。

（姚奇彬　陶平平）

【工技大高职学院承办外交官“走进世赛”基地观摩活动】

10月12日，在第四十六届世界技能大赛倒计时一周年之际，来自奥地利、保加利亚、瑞士、加拿大、蒙古、爱尔兰、英国7个国家驻沪领事机构的12位总领事及高级领事官员到工技大高职学院，参观大赛“工业控制”“增材制造”项目上海市选手培养基地，观摩“工业控制”项目国家集训队阶段选拔赛，体验“增材制造”项目的产品设计及3D打印等比赛内容。

（陈亚琼）

【南湖职院承办外交官“走进世赛”基地观摩活动】

10月12日，第四十六届世界技能大赛组委会在上海举办外交官“走进世赛”主题活动，邀请外交官到南湖职院高技能人才培养基地，观摩世界技能大赛比赛项目“餐厅服务”的训练情况。外交官现场观看咖啡服务、酒吧服务、休闲餐饮服务、宴会餐饮服务等，并与世界技能组织冠军、基金亚洲代表陈亦凡等交流沟通。来自近30个国家驻沪领事机构的近40位总领事及高级领事官员参加活动。

（赵　锋）

【“智能新能源汽车”职业方向岗课证融通示范基地落户南湖职院】

10月15日，全国首个“智能新能源汽车”职业方向岗课证融通示范基地落户南湖职院。该基地由南湖职院、上汽集团培训中心及北京中车行高新技术有限公司三方共建，旨在搭建“产教融合、岗证融通”联盟，在推进“岗证融通”岗位与证书技术支持、学生与师资培训考核考证、实训与竞赛指导等方面形成新经验。同时，新基地重点推进汽车行业人才培养与岗位需求的全面对接，以及“学历证书+若干职业技能等级证书”制度的落地。

（刘　影）

图16-2　10月12日，奥地利驻沪总领事馆的总领事蓝海睦在工技大高职学院观摩世界技能大赛“增材制造”项目集训（上海工程技术大学高等职业技术学院　提供）

【南湖职院当选为长三角汽车产教融合联盟首届理事会副理事长单位】

10月15日，长三角汽车产教融合联盟成立仪式在浙江省台州市举行。会上，南湖职院当选为联盟首届理事会副理事长单位。通过此次联盟，学校将深入开展与长三角地区汽车产业链各企业的合作，利用该平台做好专业建设、教材开发、资源库建设等工作，为长三角汽车产业链提供人才支撑。

（蒋　勇）

【上海外国语大学在“互联网+”大赛首获国家级奖项】

10月15日，由上海外国语大学国际金融贸易学院教师李蕊指导，法学院硕士研究生谢睿带领的“艺术家互娱——娱乐直播新型运营解决方案提供商”项目团队，在第七届中国国际“互联网+”大学生创新创业大赛中获全国总决赛银奖。该项目提出“多语种+”直播运营模式；针对监管趋势，构建“法律+管理”的直播风控体系，致力于传播中国优秀文化，构建清朗网络空间。项目彰显上海外国语大学的多语种平台优势，凸显“多语种+”人才战略的育人成果。

（姚奇彬　陶平平）

【“新时代高水平团校建设”全国论坛】

10月16日在上海团校举行，旨在庆祝建校70周年。团市委书记上官剑、中央团校党委书记倪邦文出席开幕式并致辞，论坛回顾上海团校70年发展历史，发布70周年校庆主题宣传片；与人工智能领域头部企业“科大讯飞”签署战略合作协议。200余人参加活动。

（朱红蕊）

【2021年度第十六期团干部进修班】

10月25日至11月23日在上海团校举办。其间，开展“习近平总书记在庆祝中国共产党成立100周年大会上的重要讲话精神解读”“中国共产党的创建与初心”等理论教学课16堂，组织党小组学习4次，举办学员论坛和学员沙龙7次，组织行走的党课“多伦路街区的红色记忆”等实践教学5次。来自团中央机关服务局、团市委及相关行业单位的近90名团干部参加培训。

（朱红蕊）

【上海法语培训中心参与上海市学生绘画书法摄影作品展赛】

10月，上海法语培训中心参与上海市学生绘画书法摄影作品展赛国际交流与实践板块“友谊之路”致优绘画作品展项目，获得特别贡献奖。该项目由市教委指导，市科技艺术教育中心主办，上海创意城市科技发展有限公司承办，旨在合理运用国际艺术资源、挖掘和发挥中华传统艺术与社会资源，加强艺术教育的创新与多元化发展。其间，培训中心邀请法国艺术家到普陀区曹杨二中、长宁区仙霞中学、虹口区曲阳第四小学、黄浦区大境中学等中小学校，指导学生创作作品，感悟艺术创作理念。

（顾敏婕）

【上海外国语大学举办区域国别研究论坛】

11月6日，上海外国语大学在虹口校区举办第二届区域国别研究论坛。活动以“深化与重点合作伙伴的交流，推进区域国别研究人才培养”为主题，分为“学术研讨”及“国际合作交流”上下两场。在论坛上半场，专家学者们就“区域国别研究在新冠疫情背景下的责任与表现”进行学术研讨，从疫情背景下的多语言及全球人文、社会发展及经济产业复苏、新世界秩序构建、学科发展及大学管理等多元视角发表学术观点。在下半场，与会高校分别介绍各自在区域国别研究领域的特色项目；高校负责人、外事处处长围绕“新冠疫情下推进区域国别研究领域国际合作：思考与实践”议题交流讨论。来自德国、英国、法国、俄罗斯等9个国家的10所上海外国语大学重点合作伙伴高校参加活动。

（姚奇彬　陶平平）

【上海青少年创新学院在上海团校成立】

12月15日，上海青少年创新学院成立仪式在上海团校举行。该学院旨在成为创新策源的起航门户、青少年创新人才的聚合之所、创新服务资源技术的输出要地、上海国际青年创新会客厅。仪式上，市青少年服务保护办主任周建军，团市委挂职副书记、上海青年管理干部学院（上海团校）党委书记、院长戴冰共同为上海青少年创新学院揭牌。同济大学物理学教授吴於人等5人被聘为首批创新导师。其间，举办青年创新市集展示活动，来自全市科技、文化等领域的青年创新创业者为与会人员分享创新创造经验。市青年工作联席会议相关成员单位、共青团虹口区委及区内8个街道负责共青团工作人员，创新领域专家及“汇智团”青年代表约50人参加活动。

（朱红蕊）

【法国驻沪总领事访问上海外国语大学】

12月15日，法国驻沪总领事纪博伟（Benoit Guidee）先生一行3人到访上海外国语大学。双方就中法高校发展与合作、第四届“中欧对话”活动等主题交流。

（姚奇彬　陶平平）

【上海财经大学参与主办区域重大国家战略协同发展研讨会】

12月23日，区域重大国家战略协同发展研讨会暨长三角一体化发展高端论坛在上海举办。市合作交流办、上海财经大学和市大数据中心联合主办。会议围绕“十四五”高质量区域协调发展以及长三角、京津冀、粤港澳、成渝地区国家区域发展战略对接等主题展开研讨；发布“上海与全国主要城市间区域联动指数”；上海、天津、深圳和成都四地合作交流部门共同签署《关于共同推进国家重要战略地区合作交流备忘录》；为14位上海市合作交流新一届专家委员会专家颁发聘书。其间，上海财经大学联合南开大学、北京大学、暨南大学等高校携手发起的“国家区域重大战略高校智库联盟”在线上、线下揭牌成立。

（张锦华　吴怀莉）

（栏目编辑　金一超）

图16-3　6月10日，上海法语培训中心邀请法国艺术家到虹口区曲阳第四小学致优校园工作坊参加活动（上海法语培训中心　提供）

上海市虹口区江湾医院
上海市虹口区江湾医院
门诊部
门诊入口

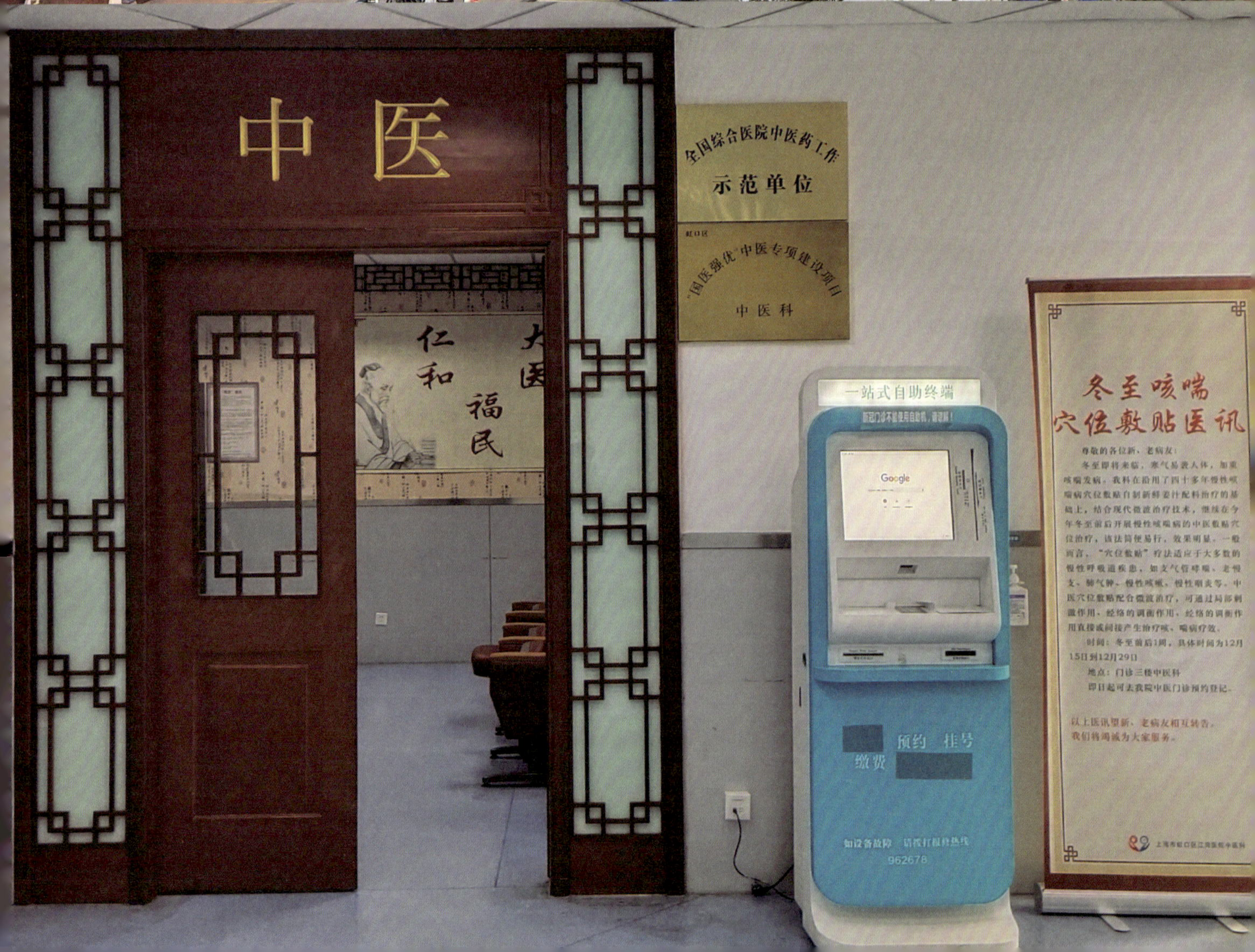
中医
仁和
福民
大医
全国综合医院中医药工作
示范单位
虹口区
"国医强优"中医专项建设项目
中医科
一站式自助终端
预约 挂号
缴费
962678
冬至咳喘
穴位敷贴医讯
尊敬的各位新、老病友：
时间：冬至前后1周，具体时间为12月15日到12月29日
地点：门诊三楼中医科
即日起可去我院中医门诊预约登记。
以上医讯望新、老病友相互转告，
我们将竭诚为大家服务。

十七、卫生与健康

综　述

2021年，虹口区有各级各类医疗卫生机构175所（含社区卫生服务站），其中市级医院3所，区属二、三级医院3所，区疾病预防控制中心、区卫生健康委员会监督所等专业公共卫生机构4所，区妇幼保健所1所，企业、部队医院3所，社区卫生服务中心8所及下设社区卫生服务站（家庭医生诊所）38所，民营医院17所，各类门诊部、诊所、护理站、检验所98所。全区有核定医疗机构床位7845张，其中老年护理床位2565张。有卫生技术人员12298人，其中执业（助理）医师4490人，注册护士5742人，全科医师355人。区属公立医疗机构有卫生技术人员3884人，执业（助理）医师1461人，注册护士1725人，其中高级职称占9.09%、中级职称占37.25%、初级职称占33.32%；硕博士学历占15.9%，本科以上学历占64.87%。

2021年，区户籍人口人均期望寿命84.93岁，高于全市81.11岁的平均水平，其中男性82.60岁，女性87.34岁。婴儿死亡率为0.42‰；无孕产妇死亡。区户籍人口出生2333人（出生率2.52‰），其中一孩率85.21%，二孩率14.23%。外来流动人口出生681人。

落实新型冠状病毒肺炎疫情“外防输入、内防反弹”措施。全年未在辖区发现本土确诊病例，发现境外输入病例62例、无症状感染者1例。实施入境人员“14+7”（14天集中隔离、7天居家健康监测）健康管理，年内累计接收入境来沪人员19979人次。区卫生健康委协同区民政、公安、街道等，确保闭环转运、集中隔离、社区健康监测等全程无缝隙。全区有集中隔离点4处，有床位930张，其中汉庭松花江路集中隔离点为新设隔离点，年内集中隔离观察共排查发现输入性确诊病例62例，均转送至定点医院规范治疗。发挥辖区6个定点发热门诊和8个社区发热哨点的监测预警功能。完善辖区突发疫情应急处置流程，组织街道开展应急防控演练3场。加强流调队伍建设和培训演练，确保24小时待命、4小时完善核心信息、24小时初步查明基本情况并完成流调报告。持续提升核酸检测能力，辖区8家核酸检测机构日检测能力达6.88万人份（单人单管）。

推进新型冠状病毒疫苗接种工作。先后设置临时及各街道社区接种点、流动接种站260处，累计派驻医务人员3.1万人次。辖区医疗机构、隔离点、冷链食品、公安等重点岗位人员全面完成免疫加强针接种。

完善区域卫生发展规划。区发布《虹口区卫生健康发展“十四五”规划》。区卫生健康委完成《虹口区医疗卫生体系“十四五”规划》编制，发布《虹口区社会办医疗机构设置指引（2021年版）》。

2021年，区疾控中心获2021年上海市五一劳动奖状，区疾控中心卫生应急处置先锋队被评为2021年度上海市三八红旗集体、2019—2020年度上海市卫生健康系统三八红旗集体。曲阳路街道社区卫生服务中心党支部被评为上海市先进基层党组织。“定格感人瞬间，展现行业风范，弘扬医者大爱”上海市虹口区卫生健康委“七个一”讲好抗疫故事在2020年度全国第四季寻找卫生健康行业宣传创新案例活动中被评为“年度品牌活动最佳案例”。区卫生健康委监督所进博保障组获第四届“进博会”上海市卫生健康系统“最美服务窗口”称号。第四人民医院张益辉被评为2020年上海市先进工作者。市中西医结合医院严晓晴被评为2019—2020年度上海市三八红旗手、上海市卫生健康系统三八红旗手，市中西医结合医院张明洁被评为2021年上海市巾帼建功标兵。区卫生健康委朱浩、第四人民医院张益辉被评为上海市优秀党务工作者。第四人民医院麻醉与围术期医学科医生李成获市卫生系统第十八届“银蛇奖”三等奖，江湾镇街道社区卫生服务中心医生郑熙被评为2021年“市民身边的好医生——上海市十佳家庭医生”提名奖。

（苏子奕）

表17-1	2021年虹口区辖区公立医疗卫生单位情况		
序号	机构名称	等级	地址
1	上海交通大学附属第一人民医院（北院）	三级甲等	武进路85号
2	上海中医药大学附属岳阳中西医结合医院	三级甲等（中西医结合医院）	甘河路110号
3	上海市公共卫生临床中心（市区分部）	三级甲等	同心路921号
4	上海中医药大学附属上海市中西医结合医院	三级甲等（中西医结合医院）	保定路230号
5	同济大学附属上海市第四人民医院	二级甲等	三门路1279号
6	上海市虹口区江湾医院	二级甲等	四川北路1878号
7	海军军医大学第一附属医院虹口院区	二级甲等	东江湾路15号
8	上海建工医院	二级乙等	中山北一路666号
9	上海航道医院	二级乙等	长阳路265号
10	上海市虹口区疾病预防控制中心	—	长阳路197号
11	上海市虹口区卫生健康委员会监督所	—	长阳路197号
12	上海市虹口区精神卫生中心	二级专科	同心路159号
13	上海市虹口区牙病防治所	二级专科	欧阳路571号
14	上海市虹口区妇幼保健所	二级专科	巴林路76号
15	上海市虹口区嘉兴路街道社区卫生服务中心	一级	虹关路1号
16	上海市虹口区四川北路街道社区卫生服务中心	一级	塘沽路300号
17	上海市虹口区曲阳路街道社区卫生服务中心	一级	巴林路78号
18	上海市虹口区北外滩街道社区卫生服务中心	一级	东余杭路910号
19	上海市虹口区欧阳路街道社区卫生服务中心	一级	四平路421弄20号
20	上海市虹口区广中路街道社区卫生服务中心	一级	广灵一路80号
21	上海市虹口区凉城新村街道社区卫生服务中心	一级	凉城路854号
22	上海市虹口区江湾镇街道社区卫生服务中心	一级	新市北路1191号

说明：资料由区卫生健康委提供。

疾病预防控制

【概况】

2021年，全区无甲类传染病报告，乙类传染病报告发病率为113.9/10万，无传染性非典型肺炎、人感染高致病性禽流感、人感染H7N9禽流感病例报告。全年共处置疑似聚集性疫情43起，未发生突发公共卫生事件。所有传染病疫情均得到及时有效处置，未发生责任性传染病暴发及流行。继续保持高免疫规划疫苗接种率，接种率99%以上。（1）疫情防控。落实区新型冠状病毒肺炎疫情防控工作领导小组机制，建立“1+7”（“1”即领导小组办公室，负责统筹各项工作;“7”即社区防控组、医疗救治组、物资保障组、社会稳控组、宣传舆情组、城市运行保障组、机关事业单位保障组）运作架构。落实医疗救治、联防联控、检查督查、工作例会、信息报送等各项工作制度。全年组织全区范围的疫情防控应急演练3次。提升核酸检测能力，制定区全员核酸检测预案，定期组织培训和演练，提升核酸检测实验室的检测效能，保障实验室生物安全，完成核酸日常和应急检测任务。推进新型冠状病毒疫苗接种工作，全年累计接种153.2万剂次，其中68.8万人完成全程接种，16.4万人接种加强针。落实医疗机构院感防控措施，建立健全“一把手”负责制和追责问责机制等“四项机制”，定期对辖区内医疗机构开展全覆盖检查，对各社会办医疗机构开展抽查，加强全体医务人员培训，做好医疗机构疫苗接种和定期核酸检测工作。年内，全区有集中隔离医学观察点4家，上海市天虹国际大酒店（水电路680号）、上海柏阳君亭酒店（曲阳路779号）和上海宝隆宾馆（纪念路350号），以及新增的汉庭酒店复旦大学店（松花江路2628号）集中隔离医学观察点，有隔离房间930间，隔离点均设置本地病例密接、次密接及高筛人员专用隔离场所。至年底，先后有41批次、902人次社区卫生服务中心医务人员进驻集中隔离点，共接收2.1万人完成集中医学观察，其间筛查出的新型冠状病毒肺炎患者均及时转送定点医疗机构。（2）公共卫生服务。持续推进《虹口区疾病预防控制体系建设规划（2020—2023年）》，从疾控体系建设、应急处置能力、人才队伍建设等方面制订计划，全年开展公共卫生应急演练和实战4次，动态调整应急预案，细化突发公共卫生事件处置流程。（3）公共卫生分级分类服务项目管理。推进居民大肠癌筛查和老年人肺炎疫苗接种项目，全年区内完成大肠癌筛查14256人，筛查阳性2557人，筛查阳性率17.94%。全区60岁以上老年人肺炎疫苗接种860人，户籍老年人接种率比上年增长0.3%。（4）妇幼健康服务。持续完善母婴安全全程服务体系和责任网络，依托第一人民医院危重孕产妇会诊抢救中心和新华医院新生儿抢救中心专业力量，加强区母婴安全网络精细化管理，全年累计救治成功危重孕产妇9人，未发生Ⅰ类和Ⅱ类孕产妇死亡情况。开展“生命早期1000天孕妇婴幼儿口腔健康服务”，服务孕产妇257人、婴幼儿264人。（5）精神卫生综合管理。区卫生健康委、区委政法委牵头，开展全国社会心理服务体制建设试点。通过“四进多点”建好心理服务网络，为社区、学校、企事业单位和医院提供心理健康服务。疫情之下，心理服务从社区、学校、企事业单位和医院基础服务点位延伸至隔离点、疫苗接种现场、方舱、定点医院、重大活动保障现场等领域。区精神卫生中心依托心境障碍专科、精神卫生科、药物依赖科3个重点专科和焦虑与睡眠、儿童青少年、中西医结合诊疗、社区防治、心理危机干预、社会工作6个特色学科专业优势，打造“心有彩虹”科普品牌。促进儿童青少年心理问题的早发现、早干预，定期组织科普义诊及主题宣传咨询活动21次，制作系列科普宣传品24件。全年区内未发生社会面影响严重的精神障碍患者肇事肇祸事件。（6）医疗保障工作。年内，区卫生健康委组织抽调骨干医务人员18人，成立第四届“进博会”虹口区医疗保障队，进驻第四届“进博会”会场和前方指挥部开展医疗站预检导引、开幕式嘉宾体温复测和临时观察处置、指挥部重要嘉宾核酸采样保障和开幕式安保队员核酸采样等工作。区卫生健康系统参与北外滩国际航运论坛、世界城市日中国主场活动和中考、高考等52次辖区内重要活动的医疗服务保障任务，参与保障医护人员495人次，未发生重大医疗事件。

（苏子奕）

【区域医疗中心感染科标准化改建】

1月1日起在第四人民医院进行。其间，新增感染科治疗大楼1栋，总面积2400平方米，增设负压隔离病房和负压监护病房，配置标准化PCR实验室和微生物实验室，并配有电子计算机断层扫描（CT）、体外膜肺氧合（ECMO）、呼吸机、智能物流机器人系统等医疗设备，有病床15张。年内，感染科相继收治发热、新型冠状病毒肺炎核酸阳性、慢性肾功能不全血液透析、腹外疝、泌尿系统结石等疾病病患。

（苏子奕）

【汉庭酒店复旦大学店集中隔离医学观察点】

9月18日在松花江路2628号建立。观察点有隔离房间135间，由四川北路街道社区卫生服务中心安排医护人员负责医学观察，对入境隔离人员开展健康指导、体温监测及核酸采样等集中隔离观察任务。筛查出的新型冠状病毒肺炎患者均及时转送定点医疗机构。

（苏子奕）

图17-1　第四人民医院感染科治疗大楼（区卫生健康委　提供）

医疗卫生管理与监督

【概况】

2021年，医疗卫生管理与监督工作有序开展。(1)区域医疗中心建设。完善以市中西医结合医院、第四人民医院为核心的“南北”区域医疗中心发展格局。年内，市中西医结合医院通过三级甲等中西医结合医院等级复评审，通过全市第二批区域医疗中心评审；第四人民医院通过二级甲等综合性医院等级复评审，成为同济大学附属上海市第四人民医院，并依托胸痛、卒中、创伤、产科、儿科5个中心，建设临床神经及脑科学、麻醉与围术期医学、创伤外科学等重点学科。(2)医联体建设。全年医联体内的家庭医生“1+1+1”(居民完成“一名社区医生+一家区级医疗机构+一家市级医疗机构”签约后，可享受便捷用药、预约转诊、健康管理等服务；通过市区两级预约转诊平台，签约居民还可优先获得上级医院专家、专科门诊资源)签约达129437人，比上年增长6.4%。医联体内双向转诊1198人；区域影像、心电远程会诊运转通畅，累计接收社区会诊11282例；792位病患享受电子计算机断层扫描(CT)、核磁共振(MRI)远程预约和优先检查服务。推行“专家门诊进基层”“下沉社区宣传授课”“上级医院选送进修”等项目，全年开设“全专教学门诊”33个，完成带教839人次，记录教学案例238篇；核心医院的继续医学教育项目、疑难病例讨论与教学查房安排均向社区开放。年内，区卫生健康委和区总工会联合北外滩、江湾、广中、嘉兴、曲阳等5个社区卫生服务中心上门开展健康巡诊咨询191次、健康讲座15次，覆盖企业人群1708人。(3)卫生健康行业法治建设。加强对医疗机构发热门诊、预检分诊、消毒隔离、医务人员防护、定期核酸检测、医疗废物和医疗污水处置等重点环节的监督检查；对公共场所消毒设施(用品)配备、公用物品及场所消毒、集中空调通风系统清洗消毒等情况开展监督检查；加大对消毒产品生产、经营、使用情况监督检查力度，强化学校卫生和其他重点执法领域疫情防控监督力度。针对国内疫情发展态势，重点强化新型冠状病毒疫苗预防接种门诊(点)督导和社会办医疗机构的疫情防控工作，全年监督医疗机构1403户次。推进“一业一证”(指优化行业准入业务流程，将一个行业准入涉及的多张许可证整合为一张“行业综合许可证”)改革推广工作，在沐浴、美容美发店实施“一业一证”。编制老年人保健服务“一件事”办事标准和办事指南。探索“好办”“快办”服务，公共场所卫生许可延续、变更和注销“好办”区级系统年内上线。新增特色公共服务事项“回国人员疟疾免费检测申请”。开展“双随机、一公开”监督抽查，累计检查公共场所、医疗机构等22个领域、221户次，并联合区文化旅游局、公安虹口分局开展联合抽检。开展行政处罚和行政许可“双公示”(行政许可和行政处罚等信用信息自做出行政决定之日起7个工作日内上网公开)、信用“三清单”(权力清单、责任清单、负面清单)公示、信用承诺(告知承诺许可)归集等工作，专项整治严重违法失信医院，年内对1家违法失信医院启动提示、警示约谈程序。(4)“互联网+医疗健康”建设。完成与区政务中心对接，在“随申办—健康虹口”一门式入口开设“互联网+护理”模块，并启动试运行，全年服务59人次。对“互联网+护理”模块中的患者预约、医生首诊、护理服务机构接派单、护理人员上门服务、患者评价等工作环节实现全过程监管；完成二、三级医院优质护理资源下沉，拓展护理机构与护理场景。推进区互联网医院建设，第四人民医院试点“互联网医院”、北外滩社区卫生服务中心试点“互联网社区”，至年底，2家医疗机构均完成开设“互联网医疗机构”的准备工作，取得牌照。全覆盖推进“精准预约，减少就诊等候时间”“智能预问诊，提高诊疗效率”“互联互通互认，减轻就医负担”“医疗付费‘一件事’，省去排队付费时间”“电子病历卡和电子出院小结，方便患者随身带随时查”“线上申请核酸检测与疫苗接种，缓解现场人流压力”“智慧急救，争取宝贵抢救时间”七大应用场景建设，打造“便捷就医服务”2.0版。区卫生健康委信息中心完成“智能预问诊”和“电子出院小结”场景区域平台建设。(5)医学科研和专科建设工作。“软管喉镜视频辅助吞咽疗法在卒中后吞咽障碍康复的应用”“老年人肌肉衰减综合征风险预测的队列研究”2个项目获得市卫生健康委卫生行业科研项目立项。启动区2021年科研课题申报与立项工作，制定并下发《关于组织申报2021年度虹口区卫生健康委员会医学科研课题的通知》，“漆黄素激活自噬改善高糖诱导的小鼠足细胞损伤的作用研究”“木犀草素通过Hippo/YAP信号通路抑制结直肠癌干性的分子机制研究”“女性双相障碍与抑郁症鉴别模型外部验证——基于神经内分泌指标等的大数据分析”等55项课题被列入2021年区卫生健康委医学科研立项建设计划；市中西医结合医院消化内科、第四人民医院肾内科、江湾医院神经重症康复科、区精神卫生中心药物依赖科等2020年立项的15个区卫生健康委重点扶持专科完成首年度建设。提升区域医学专科内涵质量和服务水平，打造脉管病科、麻醉与围术期医学科、心境障碍科等虹口特色医学专科与服务品牌，其中区麻醉与围术期医学科与同济大学共同搭建脑功能与人工智能转化研究所、麻醉与围术期医学系、麻醉与围术期医学转化研究中心3个平台，临床业务增长率为139.1%；心境障碍科门诊人次年增长达10%，住院难治性病例达36.6%、治愈好转率达97.6%，2个学科在上海市重点专科2021年考评中均获得优秀评定，并分列第一和第六。（6）“国医强优”三年行动计划。虹口区第一轮“国医强优”三年行动计划（2018—2020年）完成所有建设项目终期验收考核。中医药参与公共卫生服务，其中区疾控中心完成全区中医药健康素养调查，探索形成“公卫+中医”的发展思路与工作模式；区精神卫生中心设置中医科室，并开设情志病中医专病门诊。脉管病的理论和技术有所提升，人才梯队初步建成，学科结构与年龄结构较为合理。优质中医资源下沉社区，全年区内建有社区名（老）中医工作室（站）9个，在基层中医药工作中，提供中医药服务的人员数量、中医药服务量、慢性病中医药管理能力均有提升。年内，曹烨民团队的“基于名老中医奚九一学术思想传承的糖尿病足诊疗新体系构建与推广”项目获2020年度上海中医药科技奖一等奖、2020年度步长杯中国中西医结合学会科学技术奖三等奖。（7）临床用血工作。加强临床用血精细化管理，严格控制医院用血总量，确保血液需求的有序调控。开展专题培训4场，并组织专家对辖区内的临床用血医疗机构开展工作考核。推进无偿献血者临床用血费用直接减免和信息化建设工作，全年办理“直免”96例，比上年增长190.91%。（8）对口支援。与马关县中医医院、富宁县人民医院、丘北县中医医院等11家云南省文山壮族苗族自治州对口支援结对帮扶医疗单位续签。派遣许仲佳、张璟婷、李欣茹等区属医院的8名骨干医生赴云南省文山壮族苗族自治州对口四县开展为期1年或3个月的支医工作。史庭璋、王应吉、臧海生、张琦君等4家区属医院负责人和专家组成卫生讲学团，赴云南省文山壮族苗族自治州开展临床“三大中心”（卒中中心、胸痛中心、创伤中心）的专家讲课和义诊，惠及当地群众千余人。承办云南省文山壮族苗族自治州疾病预防控制人员来沪培训班，帮助25名疾控管理人员提高疫情防控、公共卫生管理等方面技能；承接云南省对口支援地区7名医护人员来沪进修。组织区内卫生专家团，赴青海省果洛藏族自治州开展专家讲课、带教查房、疑难杂症分析等交流支援活动，承接青海省对口支援地区1名医护人员来沪进修。

（苏子奕）

【打击非法医疗美容服务专项整治行动】

7—12月由区卫生健康委联合区公安、市场监管、街道等部门实施。其间，市场监管部门开展专题研讨会，探讨医疗器械准入使用、监管现状、监管难点等内容；组织开展生活美容场所经营单位培训座谈会，引导单位负责人合法经营，自觉抵制非法医疗美容行为；利用区三级网络排摸力量，对330家生活美容公共场所开展点对点排摸。年内，出动卫生监督人员123人次、街道综合治理人员10人次、市场监管人员8人次，其他相关部门监管人员89人次，监督检查无证行医点58户次，取缔19家，没收各类医疗器械101件、药品2箱；发出责令改正通知书21份、监督意见书6份；完成行政处罚7件，处罚款4.2万元，没收违法所得6600元，没收相关器械6台。

（苏子奕）

【上海市卫生监督实训基地】

9月由区卫生健康委向市卫生健康委申报创建成功，旨在面向全市卫生监督人才提供专业培训教学。该实训基地由区卫监所负责主体教学任务，第四人民医院提供教学协作，主要承担传染病防治、医疗卫生2个专业的教学任务，培训方式包括日常执法带教、双周论坛培训等。年内，组织26名新进卫生监督员进行理论教学、实地现场教学、模拟文书撰写等课程的培训。

（苏子奕）

【完成第四届“进博会”保障任务】

11月5—10日，第四届“进博会”期间，区卫生健康委对上海大厦、上海地产滨虹开发建设有限公司外滩茂悦大酒店、上海锦江国际酒店股份有限公司新亚大酒店3家指定接待住宿场所的公共用品用具、集中空调通风系统开展监督检查；对第一人民医院、岳阳医院2家定点医疗机构开展监督保障，重点监督检查预检分诊、发热门诊开设情况及医疗废物、污水等处置情况，累计监督43户次数，出动111人次，现场检测8项次。检查区内25家病原微生物实验室，重点检查11家高风险病原微生物实验室的生物安全管理情况。其间，加强住宿场所周边无证行医整治工作。

（苏子奕）

【区“一区一品牌”重点基地】

12月21日通过市中医药管理局专家组评估，标志着虹口区成为全市唯一以社区卫生服务中心作为市级重点基地建设的区。该重点基地是区卫生健康委与岳阳医院开展的专科共建项目，设在嘉兴路街道社区卫生服务中心，有皮肤、针灸、推拿3个专科品牌，旨在通过名（老）中医工作室（站）、联合病房、专病门诊、双向转诊等形式，将优

图17-2 第四届“进博会”期间，区卫生监督所工作人员到上海大厦开展巡查督查（区卫生健康委 提供）

质中医药资源下沉，提升社区在重点疾病规范化诊疗和健康管理方面的专业水平，帮助患者在家门口享受优质中医药服务。至年底，服务病患15.96万人次。

（苏子奕）

【10个项目获得国家自然科学基金立项】

年内，全区医学科研水平和竞争力持续提升，有10个项目获得国家自然科学基金立项。其中，“髓样分化因子2在针刺镇痛整合效应中的作用机制”为重点项目；“基于骨髓干细胞归巢理论探讨软坚清脉法促进下肢血管新生机制”等为面上项目；“软坚清脉方通过SIRT3/线

表17-2 2021年区内获得国家自然科学基金立项的项目一览

序号	级别	项目类型	项目编号	负责人	课题名称
1	国家自然基金	面上项目	82174382	曹烨民	基于骨髓干细胞归巢理论探讨软坚清脉法促进下肢血管新生机制
2	国家自然基金	青年科学基金项目	82104873	陈　健	软坚清脉方通过SIRT3/线粒体自噬/HIF-1α调控巨噬细胞极化改善下肢动脉硬化闭塞症的机制研究
3	国家自然基金	青年科学基金项目	82104486	章智慧	基于Nrf2抗氧化通路探索三黄消炎方治疗糖尿病足的作用机制研究
4	国家自然基金	重点项目	82130121	熊利泽	髓样分化因子2在针刺镇痛整合效应中的作用机制
5	国家自然基金	面上项目	82174158	毕　涌	基于线粒体氧化磷酸化调控Th17/Treg代谢重编程的地黄饮子治疗帕金森病机制研究
6	国家自然基金	青年科学基金项目	82101256	黄新伟	衰老过程中血浆蛋白失衡在老年POCD易感中的作用研究
7	国家自然基金	青年科学基金项目	82101261	孙晓茹	IL-33/ST2信号通路调节小胶质细胞突触修剪功能：吸入麻醉药致发育期大脑认知功能损伤的机制研究
8	国家自然基金	青年科学基金项目	82101486	吴齐辉	Beta-淀粉样蛋白通过多囊泡体调控突触核蛋白聚集的作用机制研究
9	国家自然基金	青年科学基金项目	82101842	周庆卿	TIPARP通过重编程巨噬细胞代谢保护心肌缺血再灌注后炎症损伤的作用及机制研究
10	国家自然基金	青年科学基金项目	82103178	刘　丽	m6A修饰抑制SLC7A11 mRNA的去腺苷酸化降解抵抗肝母细胞瘤铁死亡的作用机制研究

说明：资料由区卫生健康委提供。

粒体自噬/HIF-1α调控巨噬细胞极化改善下肢动脉硬化闭塞症的机制研究”等7个为青年科学基金项目。

（苏子奕）

爱国卫生与健康社区

【概况】

2021年，区爱国卫生和健康社区工作有序推进。（1）爱国卫生运动。区爱卫办制定《关于深入推进爱国卫生运动的实施方案》，完善群众性爱国卫生运动群防群控、联防联控协调机制。落实《健康虹口行动（2019－2030年）实施方案》，召开2021年健康虹口行动推进工作会议，区健促委细化目标管理内容，通过普及健康知识、优化健康服务、完善健康设施、建设健康环境等方式，落实健康虹口行动，提高市民的健康获得感和满意度。根据上海市《关于深入开展爱国卫生运动的意见》，制定实施方案，明确各成员单位职责。组织开展第三十三个爱国卫生月，开展“清洁家园，美丽虹口”周四爱国卫生大扫除。以城乡环境清洁、季节性病媒生物防制、单位环境自治为重点，实施五轮爱国卫生专项行动。宣传和践行《上海市民健康公约》，全年发放防疫专刊、健康知识读本30余万份。会同市场监管部门做好区内餐饮服务提供者病媒生物防治工作，协调房管部门开展病媒生物防制专业服务进社区公益活动，联合教育部门开展中小学、幼托机构成蚊消杀和孳生地控制，组织街道病媒生物防制队伍开展卫生应急演练。持续强化防护措施，如“三件套”（坚持佩戴口罩、保持1米社交距离、注意个人卫生）“五还要”（口罩还要继续戴、社交距离还要留、咳嗽喷嚏还要遮、双手还要经常洗、窗户还要尽量开）。推广新型冠状病毒疫苗加强针接种宣传，倡导践行健康生活方式。年内，动员全区2303家单位落实“单位卫生管理制度”，保持室内外环境卫生和食堂、厕所、垃圾厢房卫生、除害防病措施等达标；整治居民小区5101个、背街小巷539条、“五小”（小饭店、小旅店、小食品加工店、小理发店、小浴室）行业单位2246个、餐饮场所2064家、农贸市场276家。设置并维护病媒防制设施捕蝇笼4.41万处、饵料鼠盒14.5万处，清理卫生死角11579个，清理垃圾458.05吨。年内，虹口区通过复审，再次蝉联国家卫生区称号。（2）社区卫生服务。开展家庭医生理论及技能考核，提升综合服务能力，其中笔试重点考核全科医学概论、各学科疾病的诊治原则、卫生法规、健康管理、预防保健、基本公共卫生服务项目等基本医疗知识；技能操作重点考核体格检查、心脏电除颤、导尿术、针灸、心电图判读和影像读片能力等。至年底，完成对区内所有家庭医生的全覆盖考核。全面推进“1+1+1”家庭医生组合签约，提供综合性、防治融合、全程有效的健康管理服务。全年“1+1+1”组合家庭医生签约数达26.93万人，签约率35.55%，其中60岁以上签约18.50万人，签约率61.96%；开具延伸处方11.59万张，延伸处方金额2865.83万元；为高龄、长期卧床等老人优先开设家庭病床，全年建立家庭病床6670张，建床率为8.81‰。全年开展家庭病床上门诊疗7.40万人次，上门居家护理2.99万人次。建立市—区—社区签约服务质控网络。成立区家庭医生签约服务质控中心及各社区签约服务质控中心，加强签约服务常态化质控，督促各社区卫生服务中心规范使用签约服务费，提升签约服务有效性。区爱卫办与8个街道合作，通过在社区卫生服务中心开展设摊宣传，用好社区黑板报、宣传栏、小区电子屏等宣传平台，通过发放宣传折页和宣传海报、健康生活方式展板巡展等方式，开展健康生活宣传，向居民普及健康知识，倡导健康生活观念。（3）生育政策修订解读。修订《虹口区计划生育行政给付、审批制度》，实时更新共享已发放人员信息库，确保申请人资格审核准确无误。根据市相关政策事务办理流程更新，及时调整注销《独生子女父母光荣证》审核监管流程；召开计生工作会议，全面解读新修订的《上海市人口与计划生育条例》，梳理详解条例中调整的部分计生行政事务办理流程和操作细则。实施“暖心行动”，全年开展模拟法庭、一对一法律咨询、“爱·护一生”心理健康项目、手工制作等暖心活动205场，参与5770人次。为218名计生特殊家庭提供患病住院医疗补贴63万余元；拨付30万余元，为210户70周岁以上失独家庭提供免费家政服务。推动各街道建立计生特殊家庭经常性活动小组12个。区“暖心家园”和广中路街道计划生育协会秘书长林长春分别获得中国计划生育协会“暖心家园”示范点和“暖心之星”称号。（4）为老服务。完成“上海市老年友善医疗机构”创建、复核工作，开展创建培训和现场调研，指导医疗机构着重老年友善文化与环境建设，完善制度措施，优化老年人就医流程，做好市级老年友善医疗机构创建及现场复核，组织专家对区内医疗机构进行实地走访督导。年内，全区33家涉老医疗机构均完成创建、复核工作。做好全国示范性老年友好型社区创建工作，江湾镇街道虹湾居民区、四川北路街道衡水居民区成功创建为全国示范性老年友好型社区，虹湾居民区创建工作经验作为上海市3家示范典型之一，入选国家经典案例目录。举办为老服务系列活动，开展“银龄法宝”老年普法进社区活动，邀请专家开展法律、心理知识普及讲座，吸引百余人次听讲；推荐江湾镇街道诗诵社参加“美意延年，丰诵中华”上海老年人诵读活动，获得“神采奕奕”奖。

（苏子奕　陈　坤）

【人口监测与家庭发展工作会议】

1月19日在区卫生健康委举行。区卫生健康委举办。会上，讲评2020年区社区计划生育目标管理评估情况；就全面两孩政策实施、出生人口监测、计生奖励扶助、计生特殊家庭扶助关怀、家庭发展、协会工作和药具服务等事务做2021年度工作部署。区老龄与家庭发展指导中心、区计生协会、各街道计生工作负责人和工作人员30人参会。

（苏子奕）

【2021年健康虹口行动推进工作会议】

3月17日在区机关大楼举行。区委副书记洪流出席。会议要求各部门贯彻区委、区政府对实施健康虹口行动工作的要求并组建领导小组，加强组织领导与管理，强化部门间组织合作，实现健康虹口工作全方位覆盖，提高全区对建设健康虹口的社会共识。年内，区健促委根据《健康虹口行动组织实施和考核方案》，将行动方案分解为18类58项重大行动和77项主要任务，并完善监测评估方法和督导考核机制。

（陈 坤）

【“健康进驿站”系列活动】

4月22日至6月23日进行，旨在将综合医院优质医疗资源引入社区。由区卫生健康委举办。其间，邀请第四人民医院口腔科与市中西医结合医院医生到凉城新村、江湾镇及嘉兴路街道开展“健康进驿站”系列活动，为老年人提供科普讲座、健康咨询和义诊服务，惠及150余位老年人。年内，8个街道开展义诊、咨询、讲座、健康宣教等相关常态化活动185场，吸引22231人次参加。

（苏子奕）

【“5·15”国际家庭日主题宣传活动暨趣味定向赛】

5月15日在曲阳公园举行。区卫生健康委举办。活动以“实施健康家庭行动，助力健康上海建设”为主题，在现场设立宣传展板、发放宣传折页和免费避孕药具，向市民宣传网上领取免费避孕药具的具体方式，科普新型冠状病毒疫苗接种科学知识，并为市民提供生殖健康咨询、养老顾问、政策咨询等服务。其间，以“致敬建党百年，传承优良家风”为主题开展趣味定向赛，设置指压板接力赛、展板知识问答等6个任务点，参赛家庭根据任务提示依次完成各项挑战。市卫生健康委、虹口区卫生健康委、区老龄与家庭发展指导中心有关人员，8个街道计生负责人和近160位家庭代表参加活动。

（苏子奕）

【“5·29”计生协会会员活动日“惠心苑”趣味运动会】

5月29日在绿地创客空中体育花园举行。区计划生育协会、广中路街道举办。活动以“永远跟党走，奋进新征程”为主题，开展“能量传输”“沙包投掷”“筷运乒乓”“套圈游戏”4个项目的趣味运动比赛。市和虹口区计划生育协会负责人，街道会员代表、计生志愿者，以及“惠心苑”（广中路街道为计生特殊家庭搭建的关爱平台）广中社区居

图17-3 5月15日，“5·15”国际家庭日主题宣传活动暨趣味定向赛在曲阳公园举行（区卫生健康委 提供）

民等80余人参加活动。

（苏子奕）

【青春健康系列活动】

6月7日至11月30日举行。区卫生健康委举办。其间，相继在虹口实验学校、继光初级中学、区教育学院附属中学等7所学校开展以“人际交往”“远离毒品”等为主题的青春健康活动42场，吸引1276人次学生参加；在民办新华初级中学建立区内首家校园青春健康俱乐部，举办“关爱青春，守护花季”“远离毒品”讲座、“交朋友的小贴士”在线课堂等活动；在金融街（海伦）中心、1851众创空间、同济虹口绿色产业园举行“亲子沟通”“社交安全”等主题的家长课堂7场，吸引200余人次听讲。通过直播平台、微信公众号等新媒体，举行线上青春健康课堂4场，吸引2700余人次在线收看。

（苏子奕）

【区病媒生物防制技术培训和应急处置演练】

6月24日在精武体育公园举行，旨在做好第十届中国花卉博览会、第四届“进博会”病媒生物防制保障的准备工作。区爱卫办、区疾控中心主办，曲阳路街道协办。演练现场，市疾控中心专家围绕病媒生物防治技术、重大活动病媒生物控制保障、最新版《上海市病媒生物应急处置方案》做专项技术培训；8支由社区卫生服务中心监督医生与应急处置队员组成的队伍在室外进行实操训练，内容涵盖双层叠帐法成蚊监测、滞留性喷洒作业和空间喷洒作业等，最终四川北路街道、北外滩街道、凉城新村街道的应急处置队分获前三名。8个街道的爱卫办负责人，监督医生和除害站站长，街道病媒应急处置队员、居委会卫生干部等60余人参加演练。

（陈　坤）

图17-4　6月24日，2021年区病媒生物控制和环境消毒知识竞赛暨区病媒生物应急处置演练在精武体育公园举行（区爱卫办　提供）

【完成“功能社区”社区卫生服务试点】

8月21日，北外滩街道社区卫生服务中心入选上海市“功能社区”社区卫生服务试点单位名单。该试点工作由区卫生健康委和区总工会联合开展，主要为楼宇工作人员提供健康咨询、疾病预防、健康自检自评、健康教育、健康指导等服务，以定期咨询、定期访视、定期讲座的模式开展服务，并根据健康需求开展企业定制服务，包括慢性病随访配药、中医养生保健、康复理疗等，保障楼宇员工的健康权益。健康点启动后开展健康巡诊5次，咨询61次，健康讲座2次，覆盖企业人群456人次；与3家企业定制个性化服务，慢性病配药146人次，上门推拿、康复45人次。至年底，另在花园坊节能环保产业园、金融街（海伦）中心、大柏树930园区、1876老站园区、新华保险大厦建立5个园区（楼宇）固定健康服务点。

（苏子奕）

【健康教育大讲堂】

9月1—30日举行。区爱卫办举办。其间，为促使“三减三健”（减盐、减油、减糖，健康口腔、健康骨骼、健康体重）专项活动落到实处，区爱卫办以“防疫三件套”“防护五还要”、使用公筷公勺等卫生习惯和健康生活方式为主要内容，在全区范围内开展健康教育活动，提升居民的健康意识，增强公众自身免疫力。宣传月期间，共组织线下讲座48场、线上讲座2场，惠及2750余人次。

（陈　坤）

【新时代“三好”少年宣传活动】

9月1—30日在全区中小学校举行。区爱卫办、区教育局联合举办。该活动以儿童、青少年为重点人群，以普及“饮食好、运动好、睡眠好”健康生活理念为重点，其间联合区疾控中心印制宣传海报200余张，在全区学校张贴宣传，引导儿童青少年争做新时代“三好”少年。

（陈　坤）

【“9·26”世界避孕日主题活动】

9月24日在多伦路文化名人街举行。区老龄与家庭发展指导中心举办。该活动旨在以“9·26”世界避孕日为契机，宣传科学避孕知识，倡导健康生活理念，在多伦路建成上海首家“爱的礼物”免费避孕药具快闪主题店；在轨道交通3号线虹口足球场站、轨道交通12号线国

图17-5 9月24日，上海首家“爱的礼物”免费避孕药具快闪主题店在多伦路文化名人街为市民服务（区卫生健康委 提供）

图17-6 9月27日，举行“三减+三健·健康新动力”健康单位菜肴比赛（区爱卫办 提供）

际客运中心站等6个地铁站投放免费避孕药具公益广告；通过抖音、快手等流媒体平台进行线上宣传。活动吸引300余人次参加。

（苏子奕）

【完成示范性社区康复中心建设】

9月26日，欧阳路街道社区卫生服务中心完成市、区两级政府为民办实事项目示范性社区康复中心建设工作，并通过市卫生健康委、市中医药管理局组织的现场验收。该康复中心位于街道社区卫生服务中心内，面积约400平方米，开设儿童及成人康复专科门诊，可提供站点康复和居家康复服务，其中康复有床位22张；配有康复医师4人、康复治疗师16人，可提供社区常见病多发病康复服务项目，涵盖神经系统、骨关节系统、慢性疼痛物理治疗、言语认知及传统康复治疗等。年内，康复中心服务26180人次，欧阳路街道社区卫生服务中心的“残障儿童全方位社区康复项目”获2021年度上海市社区卫生特色服务项目称号。

（苏子奕）

【全民健康生活方式行动宣传月活动】

9月27日起举行。区卫生健康委、区爱卫办、第四人民医院联合举办。活动以“三减+三健·健康新动力”为主题，开展健康单位菜肴比赛，通过菜品倡导健康膳食习惯；开展健康自我管理小组评优活动，收集小组成员参与疫情防控等照片200余张。活动吸引全区健康自我管理小组组员约2100人参加。

（陈 坤）

【敬老月活动】

10月1—31日举办。区卫生健康委、区民政局、区司法局、区医保局、长远集团、欧阳路街道等联合举办。活动以“实施积极应对老龄化国家战略，乐享智慧老年生活”为主题，在重阳节当天，区领导到社区看望慰问离退休干部、百岁老人和退役军人等；区老龄办在鲁迅公园开展重阳节大型敬老服务活动，邀请第四人民医院、市中西医结合医院、江湾医院医生，为老年人提供健康义诊、养老政策、法律援助、长护险等服务，并开设专家绿色挂号通道，惠及老年市民千余人次；区老龄委各委员单位结合建党百年和“我为群众办事”活动，相继开展慰问、集体庆生、法律维权、医疗咨询、文体表演、便民服务等活动。

（苏子奕）

医疗机构

【概况】

2021年，区内有上海交通大学附属第一人民医院（简称第一人民医院）、上海市公共卫生临床中心（市区部分）、上海中医药大学附属岳阳中西医结合医院（简称岳阳医院）3所市属医疗机构，上海中医药大学附属上海市中西医结合医院（简称市中西医结合医院）、同济大学附属上海市第四人民医院（简称第四人民医院）、江湾医院3所区属二、三级医院，另有区妇幼保健所、区精神卫生中心。（1）第一人民医院。由北部（虹口区武进路85号、86号）、南

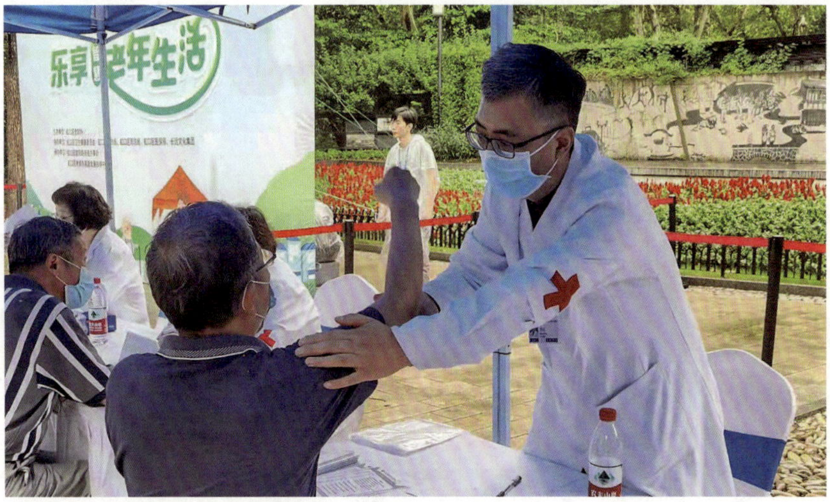

图17-7　10月14日，在鲁迅公园开展重阳节大型敬老服务活动，医生为市民诊疗（区卫生健康委　提供）

部（松江新区新松江路650号）构成。全年门急诊量453.82万人次，出院13.30万人次，住院手术量8.33万人次；国家三级公立医院绩效考核（简称国考）四级手术率上升至29.91%、国考微创手术率上升至19.56%；平均住院天数下降至5.78天；药耗占比49.56%，均次费用保持在同级同类医院平均水平。国考位居全国第十二位、上海第三位。年内，医院调整医院新型冠状病毒肺炎疫情防控领导小组和工作小组，召开疫情防控工作会议，修订《疫情防控闭环管理方案汇编》，编写《疫情防控岗位职责》，创建具有第一人民医院特色的“院感管理委员会—院感管理科—院感片区专员—科室院感管理小组”四级感控网络。全年完成新型冠状病毒核酸检测106万人次，完成市交给的核酸检测任务21208管。优化卒中中心建设，急性缺血性脑卒中静脉溶栓时间（DNT）中位数时间由2020年的62分钟降至45分钟。推进综合肿瘤中心（CCC）建设，前列腺癌和胰腺癌纳入CCC标准管理（已有10种肿瘤纳入CCC标准管理）；第一人民医院的肠癌CCC诊疗模式在华山医院、第六人民医院、第十人民医院推广。持续推进多学科联合门诊，南、北2个院区新增多学科会诊（MDT）门诊10个，总数达38个；消化系统肿瘤MDT中心获中国医师协会/中国肿瘤MDT联盟授权认证。推进加速康复外科（ERAS）建设，开展快速康复肝移植，获评全国肝脏外科示范病房。成立骨科、普外、心血管病、神经疾病和介入治疗5个临床医学中心。推进国家眼部疾病临床医学研究中心建设，增设小儿斜弱视科、神经眼科、角膜科、眼眶及眼整形4个亚学科，初步建成中国首家数字化眼科，开展中国首例遗传性黑蒙（LCA）基因治疗，发起全国性“光明中心能力建设与提升项目”，眼科中国医院科技量值（STEM）排名全国第五位。泌尿外科作为上海牵头单位，申请国家临床医学研究中心，STEM排名升至全国第二位。医院急诊成为全国急性上消化道出血救治快速通道示范中心（全国仅10家）。开展国内首例骨科手术机器人（MAKO）机器人，辅助比基尼切口微创全髋关节置换术、三维重建下扩大袖式肺切除手术和上海市首例KODEX-EPD三维标测系统介导房颤冷冻消融手术。实施白内障术中三焦点、连续视程人工晶体植入技术33例，无导线心脏起搏器植入技术17例，颅脑损伤昏迷早期无创促醒治疗25例，对侧减容法微创治疗眼眶血管瘤22例。开展达芬奇机器人手术668例、脊柱机器人手术100例、造血干细胞移植267例。主导制定《超声引导下PICC置管技术专家共识》，牵头制定《上海地区泪道冲洗团体标准》，参与制定血管导管相关血流感染防控措施上海方案。建成一支330名护士的预备役队伍，探索制定预备役管理体系及配套管理制度。“以信息系统为载体的急危重症一体化护理管理体系的建设及应用”获第十四届上海护理科技奖二等奖、第七届中华护理学会科技奖三等奖。推进5G支撑下的急诊急救一体化及总协调人制度，完成与“120”全市平台对接。完成“便捷就医”七大场景建设。推进智慧医院建设，在眼科临床中心大楼首批试点未来医院场景和应用。协同策划推广全市首个沉浸式交互智慧诊间（未来诊室），首个“X+就医全流程服务体系”，首个“健康管理人”“在线云陪诊”“互联网医院+养老机构”等改善患者就医体验的创新服务品牌。互联网医院新增自助核酸申请、健康管理人、云陪诊等7项功能，在线咨询服务总量列市级医院第一。精准预约精确至5分钟；开创智能预问诊，预问诊数位列上海市第三；搭建电子就医册，门诊使用率达70%；打造“医疗付费一件事”服务，日均便民5000人次。加强医疗质量缺陷管控，建立医疗纠纷前期的院内鉴定机制，定期开展医疗缺陷讲评会，提出改进方案和具体举措。加强用药监测考核和合理用药考核，不符合“碳青霉烯类抗菌药物临床应用评价细则”及“碳青霉烯类抗菌药物临床应用专家共识”的情况由22%下降至3%；“基于质量功能展开（QFD）创新型品管圈的日间手术患者满意度提升”项目获亚洲医疗质量改进与创新案例大赛二等奖。年内，医院牵头生育健康及妇女儿童健康保障、诊疗装备与生物材料专项、常见多发病防治专项、干细胞研究与器官修复4项国家科技部重点研发计划，获批国家自然科学基金项目90项；参与国际多中心临床试验11项，主持一类新药I期临床试验14项。完成造血干细胞移植专病库2.0版迭代。疑难疾病精准研究中心王宏林团队主导的治疗银屑病国家I类候选新药启动II期临床，同时拓展白癜风为适应症；疑难疾病精准研究中心获批建设转化医学国家科学中心（上海）市一分中心。全年发表科学引文索引（SCI）学术论文403篇，授权专利109项（发明专利29项）；实现科技成果转化7项，转化金额突破100万元；泌尿外科夏术阶团队获国家科技进步奖二等奖，眼科孙晓东团队获得上海市科技进步奖一等奖。实施"25151"（五年内拟遴选纳入培养计划的目标人数，分别为特色院士2名、特色杰出医学人才5名、特色学科开头人10名、特色优秀医学青年50名和特色青年骨干100名）特色人才培养计划，确定特色院士后备人才计划2人、特色国家领军人才培养计划2人、特色上海领军人才培养计划17人、特色青年拔尖人才培养计划6人和特色青年菁英人才培养计划13人。年内，消化科文礼首次入选国家优青计划，急诊危重病科王瑞兰、耳鼻咽喉头颈外科董频、眼科邹海东成为国务院政府特殊津贴专家，疑难疾病精准研究中心董淑娴入选国家海外优青计划，放射科王悍、急诊危重病科王瑞兰入选上海市领军人才，消化科文礼入选国家级青年拔尖人才，另有23人次被纳入优秀学术和技术带头人、青年科技启明星等上海市人才计划。至年底，医院急诊危重症科被评为全国三八红旗集体，呼吸科被评为上海市卫生健康系统三八红旗集体；急诊危重症科王瑞兰被评为全国三八红旗手，内分泌科王育璠被评为上海市"医德楷模"，骨科孙伟获上海市第十八届"银蛇奖"二等奖。（2）岳阳医院。由总院（甘河路110号）、分部（青海路名医特诊部、宛平南路上海市针灸经络研究所）和分院（崇明分院、浙江省义乌分院、海南省海口分院和浙江省瑞安分院）组成。2021年，医院门急诊量320万人次，出院5.53万人次，手术量4.1万人次。全年发热门诊接诊14408人次，承担核酸采样约45万人次。年内，医学检验科通过ISO15189现场评审，步态与运动分析中心通过国际运动实验室认证委员会（CMLA）认证。建立全国首个中西医结合疫病防治基地，并率先开设"24小时核酸检测窗口"。医院"朱氏妇科疗法"成为上海市卫生健康系统创新医疗服务品牌，并入驻第四届"进博会"。国医大师、教授朱南孙研发的"加味没竭片"完成成果转化。至年底，医院肿瘤科副主任医师、援疆干部贺天临被评为全国脱贫攻坚先进个人。推拿科获评上海市工人先锋号称号；血液内科首席专家周永明获上海市五一劳动奖章。（3）市中西医结合医院。位于保定路184—230号，是一所三级甲等中西医结合医院。2021年，医院门急诊量87.42万人次，出院2.12万人次，手术量8423人次，其中三、四级手术2368人次；有实际开放床位551张。年内，医院安排医生215名、630人次到精武体育馆、虹口卫校、北外滩白玉兰等10个疫苗接种点，承担疫苗注射和保障工作；安排护士118名、1749人次参与精武体育馆、虹口卫校的疫苗注射任务。安排护士192名、1397人次支援北外滩、嘉兴、欧阳、曲阳、凉城、江湾6个街道社区卫生服务中心，提供疫苗接种及医疗保障工作。牵头完成虹口公安系统（分局本部、嘉兴所、欧阳所点位）每周一次的上门核酸检测任务，共计完成核酸检测2.92万人次。医院调整并扩建2号核酸采样点，提供"一站式"服务，采样点合计采样21.40万人次。至年底，医院有42项各级科研项目获得资助，其中国家级4项（含国家自然科学基金项目3项、全国基层名老中医专家传承工作室1项），省部级4项，市局级（市卫生健康委项目）12项，区级23项，获批总经费482万元。在国内外核心期刊发表论文60篇，其中科学引文索引（SCI）论文17篇，总影响因子70.706。蝉联2019年度国家三级公立中医医院绩效考核中西医综合类第二名。通过2021年国家中医住院医师规范化培训基地市级督导，成功入选上海市第二批区域性医疗中心建设单位，完成三级中医医院深度评价调研，成功创建成为上海市第二批老年友善医疗机构。（4）第四人民医院。位于三门路1279号，建筑面积14万平方米，核定床位900张。2021年，医院门急诊量127.41万人次，比上年增长74.3%，门急诊单月突破10万；出院3.2万人次，比上年增长108.42%；住院手术量1.6万人次，比上年增长165.4%，其中三、四级手术量1.31万人次，比上年增长114.7%。年内，医院举办成立100周年庆典暨同济大学附属上海市第四人民医院揭牌仪式，新增整形外科、临床心理科、核医学科、放疗科4个临床科室，引进涂小煌、成佳景、李成等学科带头人22人。年内，医院"髓样分化因子2在针刺镇痛整合效应中的作用机制"等7项国家自然科学基金项目获批，实现国家级自然科学重点项目零突破；"慢性瘙痒Npy+-Tac2+调控环路的可塑性变化及治疗策略研究""长链非编码RNA-MEG3通过miRNA调控脊髓损伤后神经细胞凋亡和分化的机制研究""嗜铬粒蛋白chromogranin A调控α-synuclein聚集与传播的分子机制研究"等106项课题获得立项，资助总经费达1669.5万元，比上年增长86.5%。市级标准化发热门诊投入使用，成功为隔离病人实施视网膜剥离术及炭顿症、肾衰病人救治。作为上海市首批大规模新型冠状病毒核酸检测单位，承担区域内各单位核酸检

表17-3　2021年上海市中西医结合医院科研项目情况

序号	项目名称	级别
1	曹烨民全国基层名老中医药专家传承工作室	国家级
2	基于骨髓干细胞归巢理论探讨软坚清脉法促进下肢血管新生机制	国家级
3	软坚清脉方通过SIRT3/线粒体自噬/HIF-1α调控巨噬细胞极化改善下肢动脉硬化闭塞症的机制研究	国家级
4	基于Nrf2抗氧化通路探索三黄消炎方治疗糖尿病足的作用机制研究	国家级
5	补肾健脾方调控FXR/NLRP3/IL-18通路治疗肝癌的机制研究	省部级
6	Swiprosin-1介导髓源抑制细胞在脓毒症急性肺损伤中的作用及机制研究	省部级
7	治疗下肢浅静脉炎临床经验方仙茜颗粒的新药临床前研究	省部级
8	针刺鬼穴联合盐酸氟西汀治疗轻中度抑郁症的临床疗效评价研究	省部级
9	MX1调控TGF-β/Smad信号通路促进系统性硬化症肺纤维化的作用机制研究	局级
10	中药穴位贴敷治疗慢性心力衰竭的临床观察研究	局级
11	系统性硬化症伴消化道病变患者肠道菌群的特征研究及参芪活血方的疗效评估	局级
12	基于16s rRNA及代谢组学探讨软坚清脉方治疗下肢动脉硬化闭塞症的作用机制	局级
13	漆黄素激活自噬改善高糖诱导的小鼠足细胞损伤的作用机制研究	局级
14	糖尿病足筋疽不同中医证型的代谢组学及肠道菌群研究	局级
15	长三角一体化背景下的中西医结合脉管病联盟建设研究	局级
16	药对“黄芪—淫羊藿”对哮喘免疫调节作用的基础研究	局级
17	基于microRNA探索软坚清脉方防治动脉硬化闭塞症的机制研究	局级
18	济生肾气丸联合针刺治疗神经源性膀胱肾阳衰惫证的临床观察	局级
19	黄芪、大黄对脓毒症小鼠细胞CRP、PCT、TNF-α、IFN-γ、NO、IL-6水平的影响	局级
20	中药活性成分熊果酸抗乳腺癌化疗耐药性及其能量代谢调控机制	局级

说明：资料由上海市中西医结合医院提供。

测任务，全年完成53.62万人份，参与机场海关医疗队3批、28人次。周雪家庭被评为“海上最美家庭”。（5）江湾医院。位于四川北路1878号，建筑面积34484平方米，核定床位350张。2021年，医院门急诊量31万人次；出院5674人次，比上年增长24.85%；住院手术量1420人次。年内，医院参与举办首届北外滩智慧康复&医联体高峰论坛；承担区域内核酸检测任务，全年完成145320人份，参与机场海关医疗队3批、27人次。年内，江湾医院通过全国第五批国家标准化心脏康复中心认证，被评为上海市文明单位，“老年病个性化精准诊断”职工创新工作室成为上海市职工创新工作室；医生张凌云、李恬馨、徐晓慧创作的短视频《食之愉快，安全吞咽——居家安全进食小技巧》获得第三届康复科普创新作品职业组最具价值科普短视频作品。（6）区妇幼保健所。位于巴林路76号，是二级妇幼专业医疗保健机构，建筑面积2248平方米。2021年，保健所通过区域“产科质量管理专家组”督导落实各助产医疗机构产科安全办公室的主体责任，规范危重孕产妇抢救、报告、会诊、转诊、追踪随访等细节流程，保障危重孕产妇抢救“绿色通道”通畅快捷，提高危重孕产妇抢救成功率。全年接待孕妇2582人次（区内1885人次、外区697人次），管理随访橙色预警孕妇574例、紫色预警孕妇19例、红色预警重点孕妇4例，及时专人跟踪随访管理，在产前检查医院采取有效干预措施，均母婴平安；成功抢救危重孕产妇10例，无孕产妇死亡，孕产妇死亡率达到发达国家先进水平。完成1792名新婚夫妇的婚前医学检查，婚检率达21.30%，高于全市平均水平；完成434对备孕夫妇的孕前检查，发现高风险人员308人，发现率为35.48%。做好妇女“两病”筛查，共完成筛查2144人，发现乳腺癌患者5人（年内均已手术）；为100名困难女性提供免费HPV、TCT、阴超检查，并组织外科、妇科专家进行公益性乳腺

表 17-4 2021年第四人民医院获批的国家自然科学基金项目一览

序号	项目批准号	负责人	项目名称	项目类别
1	82130121	熊利泽	髓样分化因子2在针刺镇痛整合效应中的作用机制	重点项目
2	82174158	毕　涌	基于线粒体氧化磷酸化调控Th17/Treg代谢重编程的地黄饮子治疗帕金森病机制研究	面上项目
3	82101256	黄新伟	衰老过程中血浆蛋白失衡在老年POCD易感中的作用研究	青年科学基金项目
4	82101261	孙晓茹	IL-33/ST2信号通路调节小胶质细胞突触修剪功能：吸入麻醉药致发育期大脑认知功能损伤的机制研究	青年科学基金项目
5	82101486	吴齐辉	Beta-淀粉样蛋白通过多囊泡体调控突触核蛋白聚集的作用机制研究	青年科学基金项目
6	82101842	周庆卿	TIPARP通过重编程巨噬细胞代谢保护心肌缺血再灌注后炎症损伤的作用及机制研究	青年科学基金项目
7	82103178	刘　丽	m6A修饰抑制SLC7A11 mRNA的去腺苷酸化降解抵抗肝母细胞瘤铁死亡的作用机制研究	青年科学基金项目

说明：资料由第四人民医院提供。

病、妇科病健康咨询。全年为辖区内0—6岁儿童提供免费定期健康体检及生长监测服务38512人次，并督促各社区做好初诊建卡及系统管理工作，针对不同年龄段儿童特点提供针对性的指导服务；为0—6岁儿童免费提供保健服务6385人次，其中儿童保健健康门诊服务2030人次，托幼六一体检4355人次；3岁以下儿童系统管理率达99.09%，7岁以下儿童健康管理率达99.81%。年内，保健所制作动画片《预防出生缺陷，听宝宝说》《阻断艾滋病母婴传播，听医生说》，录制母乳喂养科普短视频1个；在200个公交站点投放预防艾滋病、梅毒和乙肝的公益广告；设摊宣传10场，受益逾千人次；连续16年参与中国癌症基金会主办的“为了姐妹们的健康与幸福”大型公益活动。至年底，区妇幼保健所被市卫生健康委评为老年友善医疗机构。（7）区精神卫生中心。位于同心路159号，是二级甲等精神病医院。全年门急诊量近10万人次（上年门急诊量9.4万人次），出院300余人次，开放床位400张。年内，医院持续推进全国社会心理服务体系建设试点，做好辖区内严重精神障碍患者的管理治疗工作，全年未发生严重精神障碍患者肇事肇祸事件。承担市医学重点专科心境障碍科建设，成为市公共卫生重点学科建设的主要参与单位。成立“心有彩虹”心理咨询（预约）点，举办医院专科建设与管理和情感障碍专病主题论坛、首届行风建设论坛，启动与复兴教育集团医教结合的项目。至年底，医院获上海市精神疾病预防控制工作精锐奖，社工部获市新冠疫情防控社会工作特别贡献奖，“同心圆”助力精神健康一体化服务案例被市健康促进委员会评为健康上海行动优秀案例；院部医师徐阿红被中国农工民主党中央委员会评为农工党抗击新冠肺炎疫情先进个人，门诊医师茅荣杰被评为市精神卫生援藏工作优秀个人，护理部周雪美被评为上海市护理学会“杰出护理工作者”。

（苏子奕　李　静　张艳芝
丁　蕾　金　晶　陈　燕
朱至艳　徐阿红）

【市中西医结合医院通过等级评审暨医院巡查】

1月4—8日，市卫生健康委、市中医药管理局组织30余位评审专家对市中西医结合医院进行三级甲等医院等级评审和医院巡查。其间，专家分成管理组、党建组、追踪检查组、重点专科组、临床科室组、药事组、护理组、治未病组、临检组、病理组、医学影像组、麻醉组、医院感染、病案管理、巡查组对医院的医、教、研、管等方面进行多维度、多层面、全方位的检查和评价，就医院中医内涵建设、医疗质量与安全等亮点工作给予肯定评价，并针对抗菌药物合理应用管理、病史质量管理等方面存在的不足，提出改进意见。至年底，医院组织开展合理用药专项点评、约谈工作，抗菌药物（DDDs）指标明显下降；定期病史自查、考核及讲评，运行病历时效性检查实现全覆盖，出院归档病历甲级率100%。

（丁　蕾）

【国医大师朱南孙行医济世80周年学术交流活动】

1月21日在岳阳医院举行。会上，回顾朱氏妇科第三代传人、国医大师、岳阳医院教授朱南孙从事中医妇科临床、教学与科研的经历与贡献；同时举行上海市北部中医医联体朱氏妇科流派工作室成立揭幕式。朱氏妇科由国医大师朱南山于20世纪初创建，经历朱小南、朱南孙三代传承，2020年，朱氏妇科中医诊疗法入选第五批国家级非物质文化遗产代表性项目。国医大师、上海中医药大学附属龙华医院教授刘嘉湘、上海市名中医严世芸等17人，以及市卫生健康委、上海中医药大学等部门、单位代表约240余人参会。

（张艳芝）

【岳阳医院参与的科研团队发现肾脏疾病风险基因】

2月7日，岳阳医院肾病内科副主任医师顾向晨、四川大学华西医院杨红柳、宾夕法尼亚大学盛欣（共同第一作者），以及宾夕法尼亚大学Katalin Susztak教授（通讯作者）在《科学》（*Science*）期刊子刊《科学转化医学期刊》（*Science Translational Medicine*，影响因子16.304）发表题为《肾脏疾病遗传风险变异改变溶酶体β甘露糖苷酶表达与疾病严重程度的研究》（*Kidney disease genetic risk variants alter lysosomal beta-mannosidase〈MANBA〉expression and disease severity*）的研究论文。文中说明MANBA是高度表达于肾小管上皮细胞溶酶体的一种酶，MANBA功能缺失与人类罹患慢性肾脏病及患病严重程度高度相关，同时证明肾小管溶酶体系统在慢性肾脏病发展中具有重要作用。

（张艳芝）

【岳阳医院贺天临被授予“全国脱贫攻坚先进个人”称号】

2月25日，岳阳医院副主任医师贺天临获评全国脱贫攻坚先进个人称号。贺天临是第八、九批上海援疆干部，在3年援疆期间，他开设的上海援疆专家名医工作室相继接诊克拉玛依市及北疆地区农村、牧区贫困群众4000余人次。其间，贺天临参加在克拉玛依市人民医院、克拉玛依市第二人民医院等院的医疗巡诊10次；在北疆贫困地区参加医疗义诊12次；参加克拉玛依市电视台、广播电台及全市性中医专题讲座10余次、全市性科普公益活动近20次。

（张艳芝）

【第四届国际“HPV知晓日”上海站活动】

3月4日在市中西医结合医院举行。中国癌症基金会主办，市中西医结合医院、区妇幼保健所共同承办。市卫生健康委一级巡视员吴乾渝、国家卫生健康委妇幼司副司长宋莉、中国癌症基金会理事长赵平、市妇联副主席王剑璋、虹口区副区长张雷以短视频形式发表致辞。活动以“人乳头瘤病毒（HPV），一种我们所有人都能战胜的病毒”为主题，来自市抗癌协会的专家作“控制和预防子宫颈癌策略专家建议”主旨演讲，呼吁女性正确认识预防子宫颈癌；复旦大学附属肿瘤医院现场表演自编自导的科普脱口秀和情景剧，向现场和线上观众普及“人乳头瘤病毒”防治知识。其间“虹口区子宫颈癌防治医联体”项目正式启动，旨在推动社区宫颈癌防治健康教育，加强社区全科医生宫颈癌防治业务培训；探索采取“互联网+健康”的医疗服务模式，开通远程会诊医疗服务，开展筛查对象健康档案信息共享，构建起宫颈癌防治全程管理服务体系。市卫生健康委、市妇幼保健中心、市健康促进中心、市疾病预防控制中心及15个区卫生健康委工作人员等百余人参会。

（朱至艳）

【医院专科建设与管理和情感障碍专病主题论坛】

3月19日在区精神卫生中心举行，是第六届浦江精神卫生论坛活动之一。市医院协会精神卫生中心管理专业委员会主办、虹口区精神卫生中心承办。此次论坛分为医院专科建设与管理和情感障碍专病主题讨论两大板块，分别邀请上海市虹口区精神卫生中心教授汪作为，市精神卫生中心教授赵敏、方怡儒，浦东新区精神卫生中心教授孙喜蓉、复旦大学附属中山医院教授季建林担任主席，市精神卫生中心姚培芬、张建明、邵阳，青浦区精神卫生中心汪晓晖、卢国强，同济医院陆峥，上海康平医院张少平，上海交通大学附属仁济医院骆艳丽等分别在论坛上交流发言。来自全市各精神卫生中心及综合医院精神科管理人员、临床医生200余人参加线上及线下会议。

（徐阿红）

【“心有彩虹”心理咨询（预约）点】

4月7日在凉城新村街道凉五居委会揭牌。该咨询（预约）点由区政法委和区卫生健康委设立，标志着“打造辖区居民家门口的心理健康服务目标”正式落地。至年底，该咨询点接待400余人次；辖区8个街道198个居委均建立心理咨询（预约）点。

（徐阿红）

【市中西医结合医院入选上海市第二批区域性医疗中心建设单位】

5月28日，市中西医结合医院接受市区域性医疗中心现场审核评估。评审专家实地考察区域医疗服务能力、重点疾病服务能力、新型冠状病毒肺炎救治能力等医院建设成果，认为医院在医疗、教学、科研、管理、落实国家医政医改任务及承担政府公益任务等方面实力突出，前期建设条件好、后续建设目标明确，管理措施得当，区域辐射带动能力较强。7月13日，医院正式成为上海市第二批区域性医疗中心建设单位。

（丁　蕾）

【岳阳医院建立中西医结合疫病防治基地】

6月1日，岳阳医院疫病防治基地成立暨上海市针灸临床医学研究中心、岳阳医院中西医结合急症感染中心揭牌仪式举行，全国首个以中西医结合为特色的疫病防治基地落成启用。该基地面积1200平方米，依照感染性疾病医疗用房的布局流程设置规范要求，实现平时布局流程处于基本完成状态，并做好通风及水路接口预留；“战时”只需清空病区，在短时内即可完成转换。至年底，治疗8444人次。

（张艳芝）

【江湾医院参与主办首届北外滩智慧康复&医联体高峰论坛】

7月24—25日在粤海酒店举行。市康复医学会、虹口区卫生健康委、上海交通大学健康长三角研究院指导，江湾医院、上海健康医学院康复学院联合主办。活动以“标准引领、智慧创新、医康融合”为主题，邀请上海及台湾海峡两岸医事交流协会的康复领域专家学者，围绕“综合医院康复体系标准化建设”“二级公立医院向康复医院转型的实践”“智慧体医康养护融合发展”等议题，分享两岸康复医联体建设经验、神经重症康复医学技术新进展。活动包含现场会议和网上直播，共计1万余人次参会或线上观看。

（陈　燕）

【市中西医结合医院成功创建成为上海市第二批老年友善医疗机构】

7月，市中西医结合医院根据老年友善医疗机构建设要求，从友善文化、友善管理、友善服务、友善环境建设等方面自查自纠，其间通过增设修整门急诊和住院楼区域上下坡缓道和轮椅通道等设施，在诊疗区域进行适老化改造，并设立老年患者绿色通道。8月，医院通过区级友善医疗机构创建复核；12月，创建成为上海市第二批老年友善医疗机构。

（丁　蕾）

【岳阳医院提供24小时全天候核酸检测服务】

8月3日，岳阳医院在全市范围内，率先提供24小时全天候核酸检测服务。患者可通过医院微信公众号或自助服务预约。年内，该窗口被评为市卫生健康系统第四届“进博会”最美服务窗口，获评上海市卫生健康系统创新医疗服务品牌。至年底，医院承担核酸采样约45万人次。

（张艳芝）

【上海市第四人民医院建院100周年】

9月17日，上海市第四人民医院举行建院100周年庆典暨同济大学附属医院揭牌仪式。市卫生健康委主任邬惊雷通过视频致辞，市药监局局长闻大翔、虹口区委书记郭芳、同济大学校长陈杰出席并致辞。医院前身系1921年开办的福民医院，鲁迅在上海居住期间常去医院治病，其子周海婴也在此院出生。1945年医院更名为上海市立第四医院，1966年改名为上海市第四人民医院。2018年2月2日，虹口区与同济大学签约共建同济大学附属上海市第四人民医院。2020年9月，医院从四

图17-8　岳阳医院24小时核酸采样点（陶　颖　拍摄）

图17-9　位于三门路的同济大学附属上海市第四人民医院（区卫生健康委　提供）

川北路整体搬迁至三门路，新院总建筑面积14万平方米，有床位千余张，是上海市北部中心城区最大的综合性医院之一，并获批成为首批上海市区域性医疗中心、上海市首批老年友善医疗机构。2021年6月9日，市教委、市卫生健康委联合发文，批准市第四人民医院成为同济大学附属医院。9月17日，同济大学附属上海市第四人民医院正式揭牌成立。至年底，医院逐步形成老年病人手术麻醉与围术期管理、泛血管病微创诊疗的特色医疗服务。

（金　晶）

【区精神卫生中心与复兴教育集团医教结合项目】

9月17日在复兴高级中学启动。区卫生健康委、复兴教育集团、复兴高级中学主要负责人现场签约。该项目从专家团队进驻校园、学校心理老师培养和开展学生心理工作合作研究3个方面提供专业和及时的心理健康服务。区精神卫生中心医师代表和复兴教育集团教师等40余人参加签约仪式。至年底，共开展4人次的个体危机干预与评估，举办“如何应对学生心理问题”主题讲座。

（徐阿红）

【“2021年上海市关爱女孩公益活动”虹口专场直播】

9月23日在“钉钉”线上直播平台举行。市优生优育科学协会（上海市妇幼保健协会）、虹口区妇幼保健所合作开展。活动以“消除宫颈癌，牵手蓝丝带”为主题，邀请市疾病预防控制中心、慢性非传染性疾病与伤害防治所副主任医师顾凯，第一人民医院妇产中心主任、上海交通大学医学院妇产科学系副主任邬素芳等专家作专题讲座，吸引千余人观看。

（朱至艳）

【2021第三届中国主动健康大会】

10月22—24日在上海市第一人民医院召开。中国主动健康创新联盟、北京精准医学学会等主办，瑞客东华转化医学中心承办，第一人民医院、全球人工智能（AI）产业联盟、中国医学科学院阜外医院（国家心血管病中心）、首都医科大学附属北京天坛医院（国家神经系统疾病临床医学研究中心）等协办。会议以“越主动，越健康”为主题，设置院士论坛、交叉论坛、高峰论坛等论坛，与会者围绕“主动健康”议题，跨界分享生命科学前沿领域的最新研究成果，倡导健康生活理念从“被动医疗”向“主动健康”转变，推进中国健康管理学科与健康产业可持续发展。会上，中国主动健康创新联盟理事长吴钰教授、第一人民医院院长郑兴东发言，陈义汉、夏术阶、张康等基础与临床转化等领域39位专家作主题演讲，涉及临床医学、生物医学、人工智能、大数据分析、转化医学、健康管理等领域。近1200位生物医药和大健康相关领域专家、学者以线上、线下形式参会。

（周　永）

【第一人民医院泌尿外科研究项目获国家科学技术进步奖二等奖】

11月3日，2020年度国家科学技术奖励大会在北京人民大会堂举行，由第一人民医院泌尿外科临床医学中心专家团队领衔研究的“前列腺创面修复新理论与精准外科干预体系”项目获得国家科学技术进步奖二等奖。该项目研究历时逾20年，系统建立起前列腺增生精准外科干预体系，有效解决前列腺增生患者术后易复发、易导致尿失禁和勃起功能障碍、高龄患者手术风险大等难题，实现手术时间缩短32%、术中零出血，高龄高危患者获得安全手术机会，术后复发率由6%—18%降至0.5%—1%，尿失禁发生率由16%降至1.5%，勃起功能减退发生率较传统微创手术相比降低45.2%。

（韩邦旻）

【岳阳医院科研团队取得心衰诊治研究新成果】

11月18日，岳阳医院以第一署名单位身份在《临床研究杂志》（*The Journal of Clinical Investigation*，影响因子19.46）以在线预览形式发表论文《KLF2调节心肌肥大及心衰进展相关中性粒细胞激活及血栓形成》（*KLF2 regulates neutrophil activation and thrombosis in cardiac hypertrophy and heart failure progression*）。该研究由中西医结合临床研究所张腾团队与美国凯斯西储大学医学院心血管研究所、美国国家医学科学院院士（Mukesh Jain）、廖旭东团队共同实施，研究提示中性粒细胞外诱捕（NETosis）介导的免疫血栓形成机制异常是心肌肥大及心衰病理进展的重要环节，KLF2是调控这一环节的关键分子之一。该研究不仅为心衰病理形成机制提供了新的认识，也为慢性心衰的干预提供新的靶点和思路。

（张艳芝）

【“岳阳膏方”体验日】

12月3—10日在岳阳医院“岳阳膏方”新楼举行。该楼面积达千余平方米，共2层，其中一楼为岳阳膏方制作基地，二楼为中药膏方特色制剂传承工作室和海派中医膏方文化展厅。体验日期间，岳阳医院药学部副主任药师朱晓春和急诊医学科主任钱义明介绍“岳阳膏方”的传承历史和膏方制作过程。活动吸引56位市民参加。

（张艳芝）

（栏目编辑　金一超）

银康老年公寓
上海胜似家护理院

嘉兴路街道社区党群服务中心
嘉兴路街道社区文化活动中心
嘉兴路街道新时代文明实

十八、社会事务管理

综　述

2021年，虹口区民生保障、社区建设等各项社会事务管理工作有序推进，取得阶段性成果。

疫情防控。区民政局牵头落实社区疫情防控，持续建设高标准联防联控闭环体系，全年排摸4644334户次、9603419人次，接收境外来返沪人员3610人。牵头组织高风险岗位人员的新型冠状病毒核酸检测筛查工作，涵盖驻浦东国际机场直接与入境人员接触的工作人员，提供转运服务、开展闭环管理的工作人员，居家隔离服务管理人员，养老院、儿童福利院工作人员，区救助管理站工作人员，区婚姻（收养）登记中心工作人员等，全年共完成核酸检测54个周次、50075人次。

养老服务。区民政局推进政府实事项目，新增养老床位157张、认知障碍照护床位105张，新增综合为老服务中心1个、老年助餐服务场所4个、老年日间照料服务机构2个，完善15分钟养老生活服务圈。落实养老顾问“身边化”目标，全区有顾问点237处，养老管家474名，年内新评选金牌养老管家63名、银牌养老管家146名，累计有303名养老管家达到中级以上水平。推动居家环境适老化改造，全年完成居家适老化改造1061户。推进“长者智能运用技术提升行动”，为3.7万人次提供帮办、培训服务。

社会救助。区民政部门全年发放各类社会救助资金2.85亿元，惠及约54万人次。其中，发放最低生活保障金7456万元，救助76491人次；发放传统救济补助38万元，救助309人次；发放重残无业补助金3110万元，救助18981人次；发放农婚知青补助金48万元，救助483人次；发放安徽下放户补助经费701万元，救助607人次；发放因病支出型贫困补助87万元，救助687人次；发放支援外地退休回沪定居人员生活补助14827万元，救助371193人次；发放临时救助130万元，救助1934人次；发放元旦春节帮困送温暖一次性节日补助758万元，救助16507人次；全年共救助生活无着流浪乞讨人员65人次。

社区建设。区内有市民驿站30家，服务空间达6.94万平方米。区民政局牵头推进2021年居委会换届选举，全区共195个居委会参加，选举产生新一届居委会班子成员1040人。推进基层民主政治建设，配合做好2021年区人大代表换届选举事务工作，规范选举程序。持续推行居委会“全岗通”3.0版工作机制，加强“社区云”信息化平台应用，开展“四百”（走百家门、知百家情、解百家忧、暖百家心）常态化活动。

社会组织服务与监管。区内注册登记的社会组织525家，其中社会团体136家、民办非企业单位389家。年内完成区社会组织年度检查，应检社会组织523家，参检491家，参检率93.8%。开展“城市软实力”——公益活动暖心助力主题系列活动。实施打击整治非法社会组织专项工作、“僵尸型”社会组织专项整治行动。举办2021年虹口区社区公益创投评审会，遴选出上海虹口区家加乐加装电梯事务所等10个社会组织优秀案例做展示宣传。

慈善福利。年内，推进“百户急难救援”“千人助学”“新春万户帮困”“行走的渴望”“慈缘慈善”等传统慈善项目，资助总额达231.30万元；开展“村企结对”项目，支援云南省文山壮族苗族自治州马关县等4个县211个乡村，拨付振兴资金799万元；支援河南省、山西省实施水灾后续恢复工作，共收到爱心企业和人士的善款33.9万元。全年新增区级福彩代销网点6家，至年底有福彩代销网点113个，其中3个代销点入选上海福彩“百佳优秀”站点，区级福彩销售额达1.25亿元。

专项服务。区婚姻（收养）登记中心全年办理结婚登记4207对，离婚申请1573对、离婚登记1206对；办理补领婚姻登记证2157人次，其中补领结婚证1736人次，补领离婚证421人次；收养登记4例。登记接待窗口接待婚姻、收养、婚姻介绍机构问题来访、来电咨询6000余次，帮助市民查档2000余份。深化“情定虹口，缘牵一生”特色品牌，开展婚俗改革和家庭文化宣传，做好离婚登记业务调整的软硬件配备，规范执行首次申请和冷静期后领证2个“30天”的办理流程。依托“一网通办”，推进落实“两个免于提交”(凡是上海市政府部门核发的材料，原则上一律免于提交，凡是能够提供电子证照的，原则上一律免于提交实体证照)、推进内地居民婚姻登记(补证业务)新增“一件事”的上线使用；完成办事大厅内智能防疫核验终端一体机和婚姻登记自助服务一体机的安装使用。全年向各街道发放特殊对象基本殡葬服务补贴92人次，合计89980元。

人力资源和社会保障管理。区人力资源和社会保障部门全年围绕就业服务、人才工作、劳动保障等职能开展年度工作。至2021年底，区城镇登记失业5970人，比上年减少774人；发放失业保险8.39万人次、1.48亿元；受理举报投诉案件583件，立案212件；为22001位劳动者追讨工资2.61万元。年内，在全市范围内首推海归人才驿站专项政策。

医疗保障管理。区医保局落实国家和上海市有关医疗保险、生育保险、医疗救助等方面的医疗保障制度，推进长期护理保险试点工作。年内，组织“清零行动”专项检查，“打击欺诈骗保，维护基金安全”专项整治的行动，维护医保基金安全运行。

退役军人事务与“双拥”工作。区退役军人事务局围绕做好退役军人的移交安置工作，落实优抚政策，保障军休服务，完善服务保障体系，开展“双拥”共建，服务随军家属，打造志愿服务品牌等方面开展年度工作。年内，在上海财经大学成立首家高校退役军人服务站。

（叶宇倩）

基层政权建设

【概况】 2021年，全区有8个街道202个居委会，其中欧阳路街道调整蒋家桥居委会、幸福村居委会管辖范围；嘉兴路街道调整新港路居委会管辖范围，新建璟庭居委会、建邦居委会。年内，虹口区举行居民区“两委”换届工作动员大会。区民政局会同浦东新区、静安区、宝山区、杨浦区，对静虹线、虹浦线、虹宝线、虹杨线开展区级行政区域界线联合检查。深化居委会“全岗通”3.0版工作机制，编印《虹口区居委会规范化建设手册》；推进居委会规范化建设，制定《居委会协助行政、法院、人民团体事务清单》《居委会挂牌清单》，做实居委会协助行政事务区级准入把关机制，严格控制清单外事务下沉居委会。加强“社区云”信息化平台的基层应用，开展“四百”常态化走访接待，为群众解决加装电梯、车棚改造、小区停车难等问题，并建立常态化走访渠道。深化“区块链+社区生活服务”工作模式，新增服务机构16家、服务资源400余项，包含健康检测、辅具租借、家政维修等服务；推进区块链平台对接工作，实现“市民云”“社区云”双平台上线；优化系统登录，将大篷车服务预约与志愿服务、零距离服务、社区便民服务预约融合到一个主界面，使居民登录和使用更加便捷；建立云端监管机制，完善多节点监管功能，新增服务记录追溯查询功能；打造个人专属服务清单，按居民使用习惯和浏览历史等优先推荐服务。8个街道社区事务受理服务中心提升“全市通办”与“一网通办”服务水平，年受理量55万余件，其中“全市通办”13万件。

（仲晋玮）

表18-1 2021年虹口区社区事务受理服务中心一览

序号	名称	地址	受理量（件）
1	北外滩街道社区事务受理服务中心	新建路195号（近周家嘴路）	79284
2	江湾镇街道社区事务受理服务中心	奎照路280号北大厅	92808
3	曲阳路街道社区事务受理服务中心	伊敏河路88号	65151
4	四川北路街道社区事务受理服务中心	新广路296号1楼	41022
5	广中路街道社区事务受理服务中心	水电路120号	80852
6	欧阳路街道社区事务受理服务中心	曲阳路483弄2号	51804
7	凉城新村街道社区事务受理服务中心	凉城路465弄41号甲	76124
8	嘉兴路街道社区事务受理服务中心	三河路388号	65770

说明：资料由区民政局提供。

【举行2021年虹口区居委会换届选举】

1月12日，虹口区召开居民区“两委”换届工作动员大会，以“坚持党的领导、严格依法选举、充分发扬民主、确保平稳有序”为原则，全面启动居委会换届选举工作。5月23日，虹口区参选的195个居委会完成投票选举工作，选举产生新一届居委会班子成员1040人，其中居委会主任195名、副主任33名、委员812名。

（仲晋玮）

【与相邻四区开展行政区域界线联合检查】

3—9月举行。虹口区民政局与浦东新区民政局、静安区民政局、宝山区民政局、杨浦区民政局联合进行，对静虹线、虹浦线、虹宝线、虹杨线开展区级行政区域界线联合检查。至年底，发现的问题均已解决，行政区域界线无变动。

（仲晋玮）

【《虹口区居委会规范化建设手册》】

10月1日由区民政局发布。手册以居委会“全岗通”制度为基础，从居委会机构设置、房屋配置、区域划分、标识视觉、服装规范、制度建设、服务要求、督导要求、减负增能机制、支持保障机制10个方面制定标准，旨在通过“赋能”和“减负”原则，推动居委会队伍规范化、专业化发展，提升居委会的社区治理能力。

（仲晋玮）

【《居委会协助行政、法院、人民团体事务清单》】

10月1日由区民政局发布。清单包含协助做好困难群体救助工作、协助做好征兵工作、协助开展精神卫生工作等内容。

（仲晋玮）

【《居委会挂牌清单》】

10月1日由区民政局发布。挂牌清单列明党群服务站/点、社区离退休干部之家、新时代文明实践站、公共法律服务工作室等居委会主要服务点的地址、联系方式等信息。

（仲晋玮）

人力资源和社会保障

【概况】

2021年，全区年度就业指标提前超额完成，技能人才工作持续革新，公共服务领域亮点涌现，总体工作稳中向好。（1）就业服务。城镇登记失业人数5970人，帮助引领763人成功创业，其中35岁以下青年660名，帮助长期失业青年就业590名。认定就业困难人员2071人，安置1953人，均在规定时间内完成安置。全年组织各类职业技能培训46463人次，其中组织开展企业新型学徒制培训799人。完成市困难行业企业稳就业补贴、企业一次性吸纳就业补贴等阶段性政策收尾工作，为151户企业落实资金194.5万元；继续落实企业职工线上培训补贴和以工代训补贴政策。年内，凉城新村街道成功创建国家级充分就业社区，北外滩街道成功创建市星级充分就业社区；国科（上海）国际创新产业园成功创建为市级创业孵化基地。（2）人才工作。在全市首推海归人才驿站专项政策，为留学生提供最长6个月、最高15000元的租金补贴，缓解留学回国人员过渡期内的居住困难，至年底，共受理网上申报951人次，其中预审通过585人，申请人覆盖纽约大学、新加坡国立大学等77所世界排名前100名学校中的海外高校。做好获批留学回国人员落户初审、海外人才居住证初审工作，全年办理留学生落户审批186人，海外人才居住证审批13人。成功推荐袁智皓、田莉2人入选上海市人才发展资金资助，7名海归创业者工作案例入选《上海海归创业者人物志》。探索“上门讲、上门听、上门办”服务机制，主动到企业、园区、楼宇提供移动专窗服务，实行专员专人对接服务制，全年完成户籍人才引进审批631人、居转户审批1734人，受理并审批通过居住证积分16562人次。推进特殊人才落户工作，按照“小批量、多批次”要求，完成76名特殊人才的落户审批。公开招录事业单位工作人员144人；开展教育、卫生专业技术人员和优秀运动员、退役士兵及居民区书记进编等专项招聘工作，其中教育招录专业技术人员129人，卫生招录专业技术人员114人；公开招聘社区工作者106人。推进“百人工程”储备人才计划，全年招录人才20人，对2019届和2020届招募的“百人工程”入职人员进行全员轮岗。为849人办理事业单位聘用登记手续，代理职称评审255人。区人才服务中心获评上海市青年五四奖章集体。（3）劳动保障。全年依法对20383家用工单位实施监察检查，为22001位劳动者追讨工资2609.7万元，立案案件212件；对用工单位实施专项检查9次，检查单位587家，涉及47902人。代表上海市接受国务院保障农民工工资支付工作的督察，获评全国第二；接受上海市保障农民工工资支付工作的二轮督查，考核等级为A级。全年累计受理劳动人事争议案件4709件，结案合计4668件，其中以调撤方式结案3121件，综合调解率76.87%；北外滩街道劳动人事争议调解中心入选上海市金牌劳动人事争议调解组织，同时被推荐参评全国金牌劳动人事争议调解组织；调解处理教育培训、房产等企业劳资矛盾约320件。（4）社会保障管理。全区有参保单位46877户、参保人数73.86万人，其中在职参保人员39.53万人，离退休（职）人员34.33万人；有城乡居民基本养老保险参保人员5683人，其中养老人数3416人，人均养老金1260.09元，缴费人数2226人，重残无业政府代缴人员核定1344人，参保续缴率96.24%；户籍人员社会养老保障覆盖率98.28%。全年受理工伤认定申请951件，向区域内目标人群定向发送工伤预防公益短信共计5万条，向“北外滩建设者之家”赠送工伤保险宣传资料共计600套。市社保管理中心虹口分中心做好辖区社会保险经办管理服务，核定各类养老金待遇领取业务8613笔，办理跨省市转移接续15304人次，办理工伤保险业务2025笔。做好2020年度工资性收入申报工作，全年完成10人以上单位申报4372户。辖区内8个街道，全年办理社保业务共7320人次，受理社保业务共7829人次，办理资格认证693人次。组织开展社区工作人员7 批次210人次社保上岗培训及复训。至年底，区社会保障服务中心获上海市三八红旗集体称号，市社保中心虹口分中心被评为2019—2020年度上海市文明单位。

（冉晓鸽　季小雪）

【首位“全国技术能手”落户虹口】

2月9日，虹口区首位全国技术能手，上海市首席技师工作室“紫苏司献凤技师工作室”的创办人司献凤落户虹口。司献凤主要从事美容领域技师工作，曾在第四十五届世界技能大赛、第四十六届世界技能大赛上海选拔赛获奖。2020年12月，高技能人才被纳入上海市人才引进新政申报范围，区人力资源社会保障局主动下沉企业，提供人才落户申办指导服务，帮助司献凤实现“留在上海”的梦想。年内，区人力资源社会保障局根据区内高技能人才库，向企业提供业务指导1163人次。

（冉晓鸽）

【开展“社保服务进楼宇”实事项目】

4月初，市社保中心虹口分中心在北外滩街道试点“社保服务进楼宇”实事项目，在白玉兰党群服务站、北外滩街道社区事务受理服务中心、社区就业服务工作站挂牌设立“企业社保业务政策咨询点”。针对退休“一件事”等热点业务和咨询频率较高的社保问题，安排专人进楼宇开设专场培训，与企业现场交流问答。同时，建立“社保服务进楼宇”工作微信群，为咨询点服务范围内企业提供实时在线答疑服务。至年底，“社保服务进楼宇”实事项目推广至8个街道，解决退休“一件事”网办业务操作问题，服务100件次。

（季小雪）

【参加“迎世赛·点亮技能之光”活动】

7月15日，即“世界青年技能日”当天，“迎世赛·点亮技能之光”暨“7·15”世界青年技能日主题推广活动在上海白玉兰广场、区安全（应急）教育体验馆举行。上海第四十六届世界技能大赛组织委员会举办。区人力资源社会保障局组织80名青年分批前往区安全（应急）教育体验馆，参加世界技能日竞赛主题宣传活动。其间，上海白玉兰广场玻璃幕外墙滚动播放“世界青年技能日”活动宣传片。

（冉晓鸽）

【2021年区机关和事业单位工作人员第一期示范培训班】

10月19—20日在区委党校举行，旨在提高基层干部素质，提升基层治理能力和治理水平。区人力资源社会保障局举办。培训共开设“基层社区治理工作经验”“民法相关新规、热点解析”等7个主题课程。来自区21个机关和事业单位的57名工作人员参加培训。年内，举办第二期培训班，33个机关和事业单位的128位工作人员参加培训。

（冉晓鸽）

【2021年区十佳社区就业服务工作者评选活动】

10月21日在区就业促进中心举行。区人力资源社会保障局主办，上海创就教育有限公司承办。此次评选是“虹雁计划”暨区社区就业服务能力提升培训内容之一，旨在

图18-1　7月15日，上海白玉兰广场为“迎世赛·点亮技能之光”活动亮灯（区人力资源社会保障局　提供）

提升公共就业服务专业化建设水平。经过“就业援助员辩论赛”和“脱口秀——就业援助那些事”2个环节比赛，曲阳路街道王蔚、四川北路街道桂良翮获评十佳社区就业服务工作者，郑海琳、孙爱华等6位导师被聘为“虹雁导师”。

（冉晓鸽）

【“局长走流程”政务服务体验】

11月2日在区就业促进中心举行。区人力资源社会保障局主要负责人通过线下窗口调研、陪同服务对象办事等形式，现场解答企业退工等问题。通过协调就促、监察部门等方式，将处理非正常退工的办理时限缩短至3天，保障劳动者合法权益。至年底，共建立企业实行其他工作时间审批、劳动监察受理、青年见习区级政策申请等27项问题清单、需求清单和解决措施清单，解决办理时效较长、线下重复提交材料等问题27个。

（冉晓鸽）

医疗保障

【概况】

至年底，全区有医保定点医疗机构39家、内设医疗机构17家、定点药房44家，有长期护理保险定点医疗机构63家，其中养老机构44家、居家护理机构17家、评估机构2家。全区医保预算指标累计59.72亿元，其中三级（市级）医疗机构34.18亿元、区属医疗机构23.11亿元、社会办医疗机构14.06亿元。医疗救助惠及18390人，拨付资金2336.08万元。区长期护理保险惠及42036人，其中居家养老服务35524人，护理机构服务6512人。区医保局下属医疗保险事务中心服务窗口全年接待参保人95519人次，累计零星报销金额9132.98万元；共受理生育保险申请6614人次，支付生育保险基金2.42亿元。全年追回资金1096.69万元，其中追款780.01万元，自查自纠316.68万元；行政处罚2家次，处罚金额20.72万元；检查定点医药机构总数164家，处理机构数283家次，覆盖率达172.6%；约谈医师94人次，记分30人次。年内，区医保局开展定点医疗机构专项治理“回头看”督导、打击欺诈骗保专项整治行动、“清零行动”专项检查；先后到广中路街道、上海白玉兰广场、花园坊节能环保产业园等地，集中宣传和解读国务院颁布的《医疗保障基金使用监督管理条例》内容。

（刘夏旻）

表18-2　2021年虹口区定点医疗机构一览

序号	名称	等级	地址	备注
1	上海交通大学附属第一人民医院（北院）	三级甲等	武进路85号	公立
2	上海中医药大学附属岳阳中西医结合医院	三级甲等（中西医结合医院）	甘河路110号	公立
3	上海市公共卫生临床中心（市区分部）	三级甲等	同心路921号	公立
4	上海中医药大学附属上海市中西医结合医院	三级甲等（中西医结合医院）	保定路230号	公立
5	同济大学附属上海市第四人民医院	二级甲等	三门路1279号	公立
6	上海市虹口区江湾医院	二级甲等	四川北路1878号	公立
7	上海建工医院	二级乙等	中山北一路666号	公立
8	上海航道医院	二级乙等	长阳路265号	公立
9	上海市虹口区精神卫生中心	二级专科	同心路159号	公立
10	上海市虹口区牙病防治所	二级专科	欧阳路571号	公立
11	上海康平医院	二级	广粤路281号	
12	上海曲阳医院	二级	玉田路333号	
13	上海和平眼科医院	二级	伊敏河路61号	
14	上海衡山虹妇幼医院	二级	舟山路445号	

（续表）

表18-2	2021年虹口区定点医疗机构一览			
序号	名称	等级	地址	备注
15	上海中大肿瘤医院	二级	场中路685弄2—8号	
16	上海市虹口区广中路街道社区卫生服务中心	一级	广灵一路80号	公立
17	上海市虹口区嘉兴路街道社区卫生服务中心	一级	虹关路1号	公立
18	上海市虹口区江湾镇街道社区卫生服务中心	一级	新市南路1191号、新市南路1201号	公立
19	上海市虹口区凉城新村街道社区卫生服务中心	一级	凉城路854号	公立
20	上海市虹口区欧阳路街道社区卫生服务中心	一级	四平路421弄20号	公立
21	上海市虹口区曲阳路街道社区卫生服务中心	一级	巴林路78号	公立
22	上海市虹口区四川北路街道社区卫生服务中心	一级	塘沽路300号	公立
23	上海市虹口区北外滩街道社区卫生服务中心	一级	东余杭路910号	公立
24	上海赤峰医院	一级	赤峰路455号	
25	上海东华医院	一级	水电路1661弄9号	
26	上海海江老年医院	一级	丰镇路788号	
27	上海太安医院	一级	汶水东路51号1—4楼	
28	上海天伦医院	一级	凉城路545号	
29	上海建峰护理院	一级	中山北一路686号	
30	上海雷允上北区诵芬堂中医门诊部	一级	四川北路1982号2楼	
31	上海民生中医门诊部	一级	衡水路89弄1号101室	
32	上海自在堂中医门诊部	一级	甜爱路156—162号401室	
33	上海雷允上北区诵芬堂北号中医门诊部	一级	凉城路739—747号2楼，3楼乙室	
34	上海兰公馆兰钰护理院	一级	中山北一路903号52全栋、58全栋	
35	上海宝程耀世医堂中医门诊部	一级	马厂路55号5楼	
36	上海胜似家护理院	一级	场中路685弄88号1—2楼	
37	上海虹德护理院	一级	中州路66号1—2楼	
38	上海祥景护理院	一级	吉祥路65号1—3楼	
39	上海理想护理院	一级	场中路628号、658号	

说明：资料由区医保局提供。

表18-3　2021年虹口区长期护理保险结算机构一览

机构类别	序号	名称	地址
养老机构	1	上海虹口区银龄知音养老院	北宝兴路611号
	2	上海市虹口区第二社会福利院	广灵四路268号
	3	上海海江瑞祥养护院	保宁路44号
	4	上海虹口区广中路街道敬老院	新市南路488弄15号
	5	上海虹口区吉阳红敬老院	纪念路335弄10—12号
	6	上海虹口区广济养老院	纪念路500号
	7	上海天成养老院	赤峰路404弄31号
	8	上海虹口区凉城新村街道敬老院	凉城路574号
	9	上海虹德养老院	中州路66号
	10	上海江湾镇社区爱照护长者照护之家	场中路32弄10号
	11	上海欧阳社区蒋家桥长者照护之家	蒋家桥路15号甲1楼
	12	上海海江养护院	车站北路709号
	13	上海虹口区申虹敬老院	凉城路854号
	14	上海虹口区建阳养老院	中山北路2199号
	15	上海虹口区银康老年公寓	江杨南路55弄40、41号
	16	上海市虹口区为民敬老院	三门路759弄49号
	17	上海虹口区民建大铭敬老院	广中支路24弄13号
	18	上海市虹口区嘉兴路街道天宝养老院	天宝路881号
	19	上海虹口区凉城复馨敬老院	丰镇路788号
	20	上海虹叶养老院	溧阳路1084弄28号
	21	上海虹口区欧祥养老院	欧阳路175号
	22	上海虹口区鸿荣敬老院	东余杭路1023号
	23	上海虹口区祥云敬老院	四达路109、145号
	24	上海市虹口欧阳路街道祥德敬老院	祥德路302号
	25	上海市虹口区社会福利院	密云路623号
	26	上海市虹口区奎照老年福利院	奎照路840号
	27	上海虹口区瑞信养老院	赤峰路600弄18号
	28	上海虹口区红日家园老年公寓	株洲路307弄1号
	29	上海提篮桥社区丹徒路长者照护之家	丹徒路233弄23号
	30	上海虹口区兰公馆养老院	中山北一路903号
	31	上海市虹口江湾镇敬老院	场中路769号
	32	上海市虹口博慈河滨敬老院	新市南路1104号
	33	上海虹口区长寿和庭养护院	山阴路277号

（续表）

表18-3		2021年虹口区长期护理保险结算机构一览	
机构类别	序号	名称	地址
养老机构	34	上海市虹口区北外滩街道临潼路养老院	临潼路191号
	35	上海四川北社区溧阳长者照护之家	宝安支路66号2楼
	36	上海市虹口区四川北路街道吉祥养老院	吉祥路69号
	37	上海虹口区曲阳路街道敬老院	巴林路60弄28号
	38	上海虹口区爱峰敬老院	万安路699弄14号
	39	上海鸿福养老院	东体育会路1130号
	40	上海市虹口区彩虹湾老年福利院	凉城路2196号
	41	上海虹口凉城社区银康恬苑长者照护之家	凉城路593号
	42	上海凉城社区水电长者照护之家	水电路1132弄15号底楼
	43	上海虹口弘云养护院	密云路290号2楼
	44	上海市虹口区江湾镇社区三门路长者照护之家	三门路757号乙
居家护理机构	1	上海赤峰医院	赤峰路455号，东体育会支路41号1—6号楼
	2	上海清长腾护理站	四平路421弄133号1楼
	3	上海福虹护理站	四川北路1661号3栋103—5室
	4	上海健欧护理站	天宝西路248弄11号3室
	5	上海富宇护理站	花园路16号1601室
	6	上海市康而寿养老服务有限公司	车站北路703—709号4楼
	7	上海同泰家庭服务有限公司	场中路685弄98号106室
	8	上海家事佳社区服务事务所	邯郸路159号15楼C座
	9	上海安得康护理站	四平路773号102室
	10	上海虹口区长者服务中心	广纪路173号1001—1007室168V
	11	尊护（上海）人力资源有限公司	汶水东路278号1201室
	12	上海康佑建壹护理站	奎照路917号1楼
	13	上海虹口区康虹养老服务中心	水电路1689号2楼201室
	14	上海全程玖玖彩宝护理站	丰镇路62号1楼
	15	上海诚品汇优护理站	溧阳路375号3栋208室
	16	稳得福（上海）养老服务有限公司	公平路761号12G室
	17	上海登丰健康管理有限公司	四平路778号2002室
评估机构	1	上海市虹口领航老年照护评估中心	水电路1422号603室
	2	上海践行老年照护评估与健康促进社	大连路535号4楼C66室

说明：资料由区医保局提供。

【《医疗保障基金使用监督管理条例》宣传月活动】

4月1日起举行。区医保局举办。其间，组织各定点医药机构、长护险机构观看市医保局宣传月启动仪式；召开区集中宣传月开幕式兼宣传月活动布置会；在市中西医结合医院举行《医疗保障基金使用监督管理条例》知识竞赛活动，共计160余人参加；上海白玉兰广场、花园坊节能环保产业园区和广中居委会市民驿站等地开展解读宣传《条例》活动。

（刘夏旻）

【"清零行动"专项检查】

4月1日至6月30日由区医保局组织开展。其间，聚焦2018年专项治理以后至2020年12月31日，经飞行检查、信访举报、自查自纠发现但未查处完结的问题，形成"清零行动"问题清单。全区定点医疗机构对照问题清单、疑点数据内容逐项清查，至5月底，完成各定点医疗机构的清查工作，共拟退款1356022.48元。

（刘夏旻）

【"打击欺诈骗保，维护基金安全"专项整治】

4月1日至12月31日由区医保局组织开展。其间，聚焦医药服务领域的"假病人""假病情""假票据"及长护险领域的"假评估""假服务""假结算"等欺诈骗保行为，发现部分医疗机构存在通过虚开药品等方式骗取医保基金的问题。至年底，行政处罚2家，处罚金额20.72万元，约谈医师94人次，计分30人次，曝光案例数38例。

（刘夏旻）

【破获上海德厚堂中医门诊部欺诈骗保案】

4月14日，在全市各区欺诈骗保案集中收网行动中，一并破获上海德厚堂中医门诊部欺诈骗保案。经调查，该门诊部的部分医师通过虚开中草药、治疗处方等方式骗取医保基金。区医保局暂停上海德厚堂中医门诊部医保结算，约谈涉案医师31人，对30名违规医师做出医师违规行为记分处理，对违规情节特别严重的22人做暂停医保医师结算处理，另对1名医师进行训诫。此外，对24名有故意违规出借医保凭证嫌疑的参保人员开展面审调查，并按照规定做出相应的行政处理。

（刘夏旻）

【第二批全市定点医疗机构自查自纠】

11月15日至12月4日由区医保局组织开展。其间，重点聚焦超支付范围、分解收费、重复收费、不规范诊疗等50个违规项目。涉及的36家定点医疗机构逐项自查落实，发现违规费用共计1810740.98元。

（刘夏旻）

社会救助

【概况】

2021年，区按照"托底线、救急难、保民生"的原则，持续完善以低保救助为基础，专项救助为支柱，临时救助和综合帮扶等为补充的社会救助体系，落实政策制度，统筹各项工作的协调发展和整体推进。年内，提高社会救助标准，其中低保标准从每人每月1240元提高到1330元，低收入家庭申请专项救助收入标准从每人每月2480元提高到2660元，其他各类救济对象补助水平均有所提高。加强特殊困难群众生活保障，帮助5位重残人员、重病患者享受最低生活保障，确保符合条件的困难家庭应保尽保、应救尽救、保障到位。应用民政资金内控监管平台，将8个街道发放的低保等救助资金纳入民政资金内控监管平台，通过平台直接统一发放到救助对象的个人银行账户，形成救助资金闭环监管。改进粮油帮困实物救助方式，推行电子粮油帮困卡，以信息化结算方式取代传统纸质帮困券，惠及困难群众约4000人。推进各类救助项目申请家庭的经济状况核对工作，做好共有产权房、廉租房、低保、低收入等专项核对，累计核对1.6万户。至年底，区民政部门投入各类帮困救助资金2.85亿元，帮困救助54万人次。其中，发放最低生活保障金7456万元，传统救济补助3110万元，重残无业补助3110万元，农婚知青补助48万元，安徽下放户补助701万元，粮油帮困329万元，因病支出型贫困补助87万元，支援外地退休回沪定居人员生活补助14827万元，临时救助130万元，一次性节日补助758万元。至年底，区内有困境儿童179人，其中因家庭贫困陷入困境儿童82人，因自身残疾陷入困境儿童41人，因监护缺失、监护不当陷入困境儿童56人。全年发放困境儿童基本生活费501人次、87.92万元；发放社会散居孤儿基本生活费73人次、10.98万元。审定困难残疾人生活补贴153人次、重度残疾人护理补贴880人次；发放困难残疾人生活补贴2355人次、1061.30万元；重度残疾人护理补贴10342人次，共计2286.38万元。开展"千人助学""手拉手结对助学""慈缘慈善""中华助学"传统慈善项目，对276位患有重病、因贫致困的家庭中小学生给予每人1000—2500元的助学金，共计32万元。市慈善基金会虹口区代表处开展"彩虹厦的童年""微心愿"活动项目，全年共资助困难职工家庭30户，并向每户家庭发放书包、牛奶糕点组合、儿童保温杯、儿童拉杆箱等价值1000元的爱心物品30份；支援云南省文山壮族苗族自治州西畴、马关、富宁、丘北四县，帮助580位贫困学生完成建档立卡，并资助120万元。全年实现区级福彩公益金710万元。

（李晨煜 刘雨辰）

【成立“彩虹厦的童年”专项基金】 1月1日，厦门国际银行上海分行、闽都中小银行教育发展基金会共同向上海市慈善基金会虹口区代表处捐款30万元，发起成立“彩虹厦的童年”专项基金，主要用于资助辖区内困境儿童。至年底，补充基金资助的儿童54人次，共使用项目资金49132.51元。

（李晨煜）

【元旦春节帮困送温暖工作】 1—2月开展。其间，以区社会救助联席会议为平台，统筹整合各部门帮困资源，全区党政机关、群众团体、社会公益组织共同参与，走访慰问困难群众、困难党员、困难优抚对象等，并通过现金补助与实物补助相结合的形式，发放帮困送温暖资金3580.82万元，惠及约6.31万人次。

（李晨煜）

【“寻红色足迹，护祖国花朵”活动】 5月29日在厦门国际银行上海分行举行。市慈善基金会虹口区代表处举办。邀请来自8个街道的十余名儿童参观走访上海四行仓库抗战纪念馆和上海市历史博物馆，学习红色文化，缅怀革命先辈。至年底，组织方另组织12名儿童参观中共四大纪念馆和国旗馆，帮助儿童了解党史及国旗历史，激发爱国意识。

（李晨煜 刘雨辰）

【社区救助顾问“解忧工作室”】 6月15日在北外滩街道社区事务受理服务中心启用。该工作室由区民政局试点设立，旨在以民政救助为主体，整合北外滩街道各条线帮困政策和资源，为辖区低保、低收入等各类社会弱势群体提供救助咨询和综合式帮扶服务。工作室坚持“一户一方案”原则，制定个性化的救助服务方案，为受助人员提供长效式救助帮扶。至年底，“解忧工作室”共服务130人次。

（李晨煜）

【收入核对专项检查】 6月由区居民经济状况核对中心组织进行，旨在推进基层核对业务规范操作。其间，检查组到各街道对低保、低收入、支出型贫困等救助项目核对材料的完整性和有效性做现场检查，对个别申请材料未及时上传核对系统等问题提出整改建议。

（李晨煜）

退役军人事务与“双拥”工作

【概况】 2021年，区退役军人事务局以落实《中华人民共和国退役军人保障法》和区退役军人事务第一个五年规划实施为重点推进各项工作，相继成立区退役军人服务中心党支部和区军休中心党总支，接受市退役军人事务第三督查组的综合督查。（1）做好移交安置。全年共接收安置61名退役义务兵、5名转业士官、12名计划安置军转干部、18名随军家属和101名军休干部；完成退役士兵社保集中补缴3354人次、9414万元；发放退役士兵一次性经济补助385.8万元，社会保险或生活补助357.01万元；完成449名自主择业干部慰问和退役金核算、年审；组织区内967位无军籍退休职工体检，办理年度职工互助保险，发放一次性节日补助65.34万元。（2）落实优抚政策。作为全市首家试点单位，区退役军人事务局对接市退役军人事务局优抚资金监管平台，发放各类抚恤补助经费7320.82万元。审核发放病故军人一次性抚恤金56人次、2740.90万元；开展重点优抚对象居家养老服务7690人次，支出经费369.20万元；为465名残疾人员换发新版证件；慰问优抚对象并发放各类帮困补助金38.80万元、七一烈属慰问品363份、重点优抚对象春节慰问品3800份。年内，推广“宜居梦”项目，投入近50万元完成8户优抚对象适老性厨卫改造。推进“光明营养计划”项目，为354名虹口区烈属发放“随心订”牛奶卡。组织900余名优抚对象参加市拥军优属基金会“万人看上海”活动。组织区内401位重点优抚对象体检。（3）保障军休服务。全年上门慰问军休干部1000余人次，发放老干部工资及各种补助补贴1亿余元，完成661名军休干部年度体检，落实21名病故军休干部善后事宜。完成新版离退休证换发567本，师职军休干部新版师职医疗证换发289本。年内，新建军休干部档案数字化系统，制作数字化档案1300份。全新设立“智慧+”居家养老理念，引入智慧养老项目“安康通”一键通系统，为40名独居、伤残、空巢军休干部提供人性化的智能服务项目。新建“虹军医养”项目，为52名重点慰问对象提供医疗睡眠垫，24小时监测身体状况。为符合要求的军休干部提供理发、扦脚服务，全年累计提供服务282人次。（4）完善服务保障体系。推进区退役军人服务中心现代化建设和服务环境更新，接入“一网通办”，形成退役军人“一站式”服务平台。在上海警备区某部揭牌成立虹口区法律拥军服务站，在上海财经大学揭牌成立全市首家高校退役军人服务站。举办2021年度退役士兵欢迎仪式及高校专项服务。规范全区208个退役军人服务站建设，持续建设独具虹口特色的“最高端”北外滩街道、“最红色”四川北路街道、“最温馨”嘉兴路街道、“最融合”凉城新村街道及曲阳路街道等退役军人服务站，其中四川北路街道“最红色”服务站入围2021年全国百家红色退役军人服务站。（5）开展“双拥”共建。协调区领导到驻沪、驻区各部队走访慰问1.1万余人次，向全区退役军人及其他优抚对象发放新春对联3万份。举办“号角新时代，奋进新征程”庆祝中国人民解放军建军94周年主题文艺演出。围绕海军节、空军节、建军节、“9·30”烈士纪念日，开展爱国主义教育活动和“双拥”宣传活动。整理摘录习近平总书记关于“双拥”和退役军人工作的重要论述并编撰成册。（6）服务随军家属。会同区教育局组织召开2021年虹口区军人子女入园、入学政策宣讲咨询会，做好部队子女入学入托工作，确保入学率100%。连续6年举办爱心暑托班，解决70余名部队官兵子女暑期看护难题。关爱军嫂，组织军属专场招聘活动，创办区巾帼虹优抚服务事务所。（7）打造志愿服务品牌。联合构建以退役军人为主体的“虹军志愿者服务大队”，全年参加各类志愿服务活动近10次，为退役军人及市民服务近300人次，其中上海虹鹰消防救援志愿服务队先后前往河南省、山西省抢险救灾。年内，区退役军人事务局排摸统计全区获得二等功以上退役军人91人，制作《光辉的印记——虹口区功臣英模册》并举行英模展。为426名军休干部党员颁发“光荣在党50年”纪念章，15名军休干部入选《光荣的铭记——庆祝建党百年百位军休老党员建功立业的故事》。组织开展“老兵永远跟党走”作品征集、评选及宣传，市退役军人事务局选用5篇作品推荐至退役军人事务部。组织“虹军讲师团”前往机关、校园、企业、银行开展10余次宣讲活动，覆盖受众2000余人。区军休中心获2019—2020年度上海市文明单位称号；军休干部、抗美援朝老战士任红举获上海市最美退役军人称号，军休干部平建光获上海市优秀

图18-2　9月1日，“虹军讲师团”成员平建光在虹口区第六中心小学讲课（区退役军人事务局　提供）

党务工作者称号。

（崔婧文）

【举办“虹军大讲堂”系列主题党日活动】

3月9日，2021年度首场“虹军大讲堂”主题党日活动在区军休中心举行。区退役军人事务局与区人武部、上海警备区虹口第一退休干部休养所开展党史专题联组学习，邀请警备区虹口一退徐根生将军讲授专题党课。区人武部、警备区虹口一退、区退役军人事务局系统全体在职党员和军休干部支部书记等130余人参加党课学习。至年底，区退役军人事务局共举办“虹军大讲堂”系列主题党日活动8场，包括“习近平关于‘双拥’和退役军人工作重要论述”专题党课、“青春多彩，最美是红”主题演讲交流、“党史青年说”专题党课等内容，310人次参加。

（崔婧文）

【退役军人企业家代表座谈会】

3月18日在区退役军人事务局举办。会上，来自上海虹桥空港储运有限公司、上海虹创科技发展（集团）有限公司资管中心、上海益中亘泰（集团）股份有限公司等10家企业的10位代表围绕筹备退役军人企业家协会事宜、筹划协会系列创业沙龙活动、打造北外滩“高端人才聚集地”等议题展开讨论。15人参会。

（崔婧文）

【全市首家高校退役军人服务站】

3月23日在上海财经大学成立。该服务站隶属于区退役军人事务局，可开展党建学习、政策咨询、就业创业指导等活动，是为退役士兵大学生搭建互学互助、同步成长的平台。至年底，服务站相继举行2021年自主就业退役士兵迎接仪式和专项服务，现场开设“退役报到”“党组织关系转接”“退役咨询”“预备役登记”4个事项办理窗口，服务20人。

（崔婧文）

【上海市第二届“戎创”退役军人创业创新大赛虹口区选拔赛】

7月23日在上海白玉兰广场举行。区退役军人事务局、区人力资源社会保障局、区科委主办。14家入围企业通过线下路演和专家评委提问的方式展开角逐，最终，上海倍融智能科技有限公司、康尔寿养老服务有限公司、上海特龙焱通用航空有限公司等5个企业和团队获得区级奖项，

图18-3 3月23日，全市首家高校退役军人服务站——上海财经大学退役军人服务站揭牌成立（区退役军人事务局 提供）

并经区退役军人事务局推荐获得市级比赛资格，其中康尔寿养老服务有限公司获得市级比赛二等奖、上海倍融智能科技有限公司和上海宛军安全科技有限公司获得三等奖。

（崔婧文）

【《中华人民共和国退役军人保障法》专题业务培训】

8月17日在区军休中心举行。区退役军人事务局举办，特邀上海市退役军人事务局政策法规处处长专题解读《退役军人保障法》。区退役军人事务局负责人及干部职工、8个街道分管负责人和基层退役军人服务站站长代表等近100人参加培训。至年底，区退役军人事务局另举办自主就业退役士兵综合能力培训、随军家属考前集中培训、红十字应急救护普及等专题业务培训，188人次参加。

（崔婧文）

【退役军人线下专场招聘会】

9月26日在江苏省启东市人力资源市场举办长三角区域退役军人线下专场招聘会。上海市虹口区退役军人事务局和江苏省启东市退役军人事务局合作举办。此次招聘吸引中国中信银行股份有限公司、东方雨虹防水股份有限公司、华润医药上海有限公司等61家单位参加，推出信贷经理、项目经理、医药销售代表、低空飞行员等800余个岗位。最终，24人现场达成就业意向。年内，区退役军人事务局还与区人力资源社会保障局合作，在区就促中心举办退役军人线下专场招聘会1场，吸引20家单位参加，现场有10人达成就业意向。

（崔婧文）

社会组织管理

【概况】

2021年，区民政局持续落实优化社会组织登记审批，优化社会组织发展环境，着力激发社会组织活力，强化监督执法。年内，持续推进社会组织规范化评估工作，虹口区彩虹笔儿童康健服务中心、克卿体育公益服务社、上海博思堂职业技能培训学校、上海市虹口区嘉兴路街道天宝养老院、上海早起鸟康复中心5家社会组织被评定为3A等级社会组织评估等次；上海市保卫干部培训中心被给出5A级高等级初评意见，并通过上海市社会组织规范化建设评估委员会评定。推进2021年度社会组织规范化评估的动员、报名和培训工作。至年底，全区有登记在册的社会组织525家，其中社会团体136家，民办非企业单位389家；全年通过“一网通办”平台办理社会组织成立登记8家，变更登记78家，注销登记24家，证书有效期延续131家，章程核准32家。全区规范化建设登记在3A等级及以上的社会组织共68家，其中5A等级3家、4A等级13家、3A等级52家。

（吴社稷）

表18-4 2021年度虹口区社会组织情况

单位：家

社会组织类别	2020年底登记在册	新增	变更	注销	迁出	迁入	撤销	2021年年底登记在册
社会团体	143	3	14	10	0	0	0	136
民办非企业单位	398	5	64	13	1	1	0	389
合 计	541	8	78	23	1	1	1	525

说明：资料由区民政局提供。

表18-5　2021年度虹口区社会团体一览

序号	单位名称	住所地址	备注
1	上海市虹口区城市建设协会	广灵四路481号401室	
2	上海市虹口区企事业单位治安保卫协会	曲阳路563号	
3	上海市虹口区财政会计学会	柳营路35号	
4	上海市虹口区老年人协会	水电路1344弄5号104室	
5	上海市虹口区外商投资企业协会	欧阳路561号十六a座	
6	上海市虹口区足球协会	东江湾路444号	
7	上海市虹口区评弹协会	多伦路59号	
8	上海市虹口区复兴中学校友会	四川北路2066号	
9	上海市虹口区天主教爱国会	南浔路246号	
10	上海市虹口区卫生工作者协会	巴林路76号	
11	上海市虹口区信鸽协会	东江湾路444号	
12	上海市虹口区华东师大一附中校友会	虹关路88号	
13	上海市虹口区商业联合会	天宝路578号1406室	
14	上海市虹口区税务学会	临平北路35号3号楼402室	
15	上海市虹口区澄衷中学校友会	唐山路457号1011室	
16	上海市虹口区人民调解协会	飞虹路518号1509室	
17	上海市虹口区北郊中学校友会	曲阳路497号	变更法定代表人
18	上海市虹口区台胞台属联谊会	飞虹路518号	
19	上海市虹口区私营企业协会	辉河路62号	
20	上海市虹口区收藏学会	多伦路191号	
21	上海市虹口区社会组织促进会	飞虹路518号2号楼421室	
22	上海市虹口区个体劳动者协会	辉河路62号	
23	上海市虹口区癌症康复俱乐部	甘河路110号	
24	上海市虹口区体育总会	东江湾路444号	
25	上海市虹口区企业联合会	中山北一路121号B1栋702室	
26	上海市虹口区中华职业教育社	唐山路902号1号楼306室	
27	上海市虹口区爱的教育研究会	东体育会路100弄1号1104室	
28	上海市虹口区集邮协会	飞虹路528号	
29	上海市虹口区退（离）休教育工作者协会	四川北路1702弄32号	
30	上海市虹口区少数民族联合会	唐山路902号1号楼205室	
31	上海市虹口中学校友会	广粤路138号	
32	上海市虹口区计划生育协会	巴林路76号1号楼4楼	
33	上海市虹口区拥军优属促进会	赤峰路433号8楼	
34	上海市虹口区国际标准交谊舞研究会	汶水东路121号606室	变更地址
35	上海市虹口区职工文化体育协会	飞虹路528号	
36	上海市虹口区美术家协会	水电路1412号4楼	
37	上海市虹口区企事业卫生保健管理协会	巴林路76号2号楼518室	变更法定代表人
38	上海市虹口区科技咨询协会	周家嘴路547号331室	

（续表）

表18-5	2021年度虹口区社会团体一览		
序号	单位名称	住所地址	备注
39	上海市虹口区继光（麦伦）中学校友会	高阳路690号	
40	上海市虹口区发明协会	乍浦路480号甲	
41	上海市虹口区心意六合拳协会	永定路70弄112支弄92号	
42	上海市虹口区基督教三自爱国运动委员会	昆山路135号	
43	上海市虹口区教育学会	欧阳路502号	
44	上海市虹口区焊接协会	西江湾路500号	
45	上海市虹口区现代制造技术协会	临平北路28号	
46	上海市虹口区模具学会	海南路15号	
47	上海市虹口区老科技工作者协会	长阳路235号鼎立大厦7楼7559室	
48	上海市虹口区北虹中学校友会	南浔路281号	
49	上海市虹口区工业美术设计协会	海南路15号	
50	上海市虹口区科技产业协会	临平北路28号	
51	上海市虹口区市场监督管理学会	大连西路296号	
52	上海市虹口区医学会	巴林路76号2号楼6楼	变更业务范围和业务主管单位
53	上海市虹口区环境科学学会	乍浦路480号	
54	上海市虹口区桥牌协会	武进路255号	
55	上海市虹口区海外联谊会	飞虹路518号	
56	上海市虹口区园林协会	四平路421弄3号	
57	上海市虹口区质量管理协会	北宝兴路355号103室	
58	上海市虹口现代影像艺术协会	三河路358号	
59	上海市虹口区合同信用促进会	玉田路252号206室	
60	上海市虹口区社区体育协会	东江湾路444号2楼平台2号看台2A室	变更名称、业务范围和法定代表人
61	上海市虹口区老年人体育协会	东江湾路444号	
62	上海市虹口区养老机构服务协会	广灵四路268号	
63	上海市虹口区曲阳路街道老年人协会	东体育会路1130号1楼大厅及办公区域	
64	上海市虹口区提篮桥街道老年人协会	丹徒路133弄55号	
65	上海市虹口区四川北路街道老年人协会	溧阳路1338号	
66	上海市虹口区凉城新村街道老年人协会	水电路1312弄165号甲	
67	上海市虹口区广中社区老年人协会	水电路120号B栋306室	
68	上海市虹口区欧阳路街道老年人协会	天宝西路248弄11号底楼	
69	上海市虹口区江湾镇老年人协会	万安路1209号	
70	上海市虹口区嘉兴路街道老年人协会	物华路98弄1号	
71	上海市虹口区企业法律顾问工作协会	北宝兴路511号	
72	上海市虹口区科学技术普及志愿者协会	飞虹路380号2号楼105室	
73	上海市虹口区科技企业联合会	乍浦路480号	
74	上海市虹口区旅游协会	黄渡路8号212室	

（续表）

表18-5　2021年度虹口区社会团体一览

序号	单位名称	住所地址	备注
75	上海市虹口区青年企业家协会	飞虹路518号1408室	变更法定代表人
76	上海市虹口区光彩事业促进会	溧阳路125号309室	变更法定代表人
77	上海市虹口区劳动模范协会	飞虹路380号405室	
78	上海市虹口区棋类协会	水电路1898号	
79	上海市虹口区游泳救生协会	东江湾路444号	
80	上海市虹口区创业者协会	曲阳路489弄8号6栋101室	
81	上海市虹口区营养师协会	乍浦路480号	变更法定代表人
82	上海市虹口区科学保健康复协会	衡水路89弄1号205室	
83	上海市虹口区反邪教协会	欧阳路218弄1号楼4楼	
84	上海市虹口区心理卫生学会	同心路159号607室	变更法定代表人
85	上海市虹口区曲阳社区计划生育协会	伊敏河路88号	
86	上海市虹口区社会帮教志愿者协会	凉城路407号3楼	
87	上海市虹口区海上风文学艺术创作协会	巴林路68号	
88	上海市虹口区广中社区计划生育协会	水电路120号	
89	上海市虹口区科普创作协会	临平北路28号	
90	上海市虹口区生肖文化学会	汶水东路278号708室	
91	上海市虹口区经济咨询协会	汶水东路291号新楼116室	
92	上海市虹口区乒乓球协会	东体育会路715号	
93	上海市虹口区北外滩社区计划生育协会	新建路195号203室	
94	上海市虹口区书法家协会	黄渡路107弄15号	
95	上海市虹口区文学艺术界联合会	水电路1412号4楼	
96	上海市虹口区绿色环保创业协会	逸仙路300号901室	
97	上海市虹口区欧阳社区计划生育协会	四平路421弄21号	
98	上海市虹口区社会治安综合治理工作协会	唐山路902号5号楼204室	
99	上海市虹口区凉城社区计划生育协会	凉城路465弄41号	变更法定代表人
100	上海市虹口区妇女儿童工作促进会	祥德路337号	
101	上海市虹口区女企业家协会	祥德路337号	
102	上海市虹口区江湾镇社区计划生育协会	奎照路280号	变更法定代表人
103	上海市虹口区四川北路商贸发展促进会	四川北路1288号	
104	上海市虹口文化商会	多伦路208号	
105	上海市虹口区人大工作研究会	临平北路28号	
106	上海市虹口中国戏曲人物画研究会	山阴路156弄25号	
107	上海市虹口区四川北路社区计划生育协会	新广路296号308室	
108	上海市虹口区嘉兴路社区计划生育协会	天宝路80号	
109	上海市虹口产业园区联合会	长阳路235号702室	
110	上海市虹口区警察协会	闵行路260号1号楼512室	
111	上海市虹口区停车协会	海门路609号2楼4室	

（续表）

表18-5	2021年度虹口区社会团体一览		
序号	单位名称	住所地址	备注
112	上海市虹口区女侨胞联谊会	唐山路902号1号楼211室	
113	上海市虹口区社会工作促进会	水电路120号2楼	变更法定代表人
114	上海市虹口区茶文化学会	东大名路687号2楼	
115	上海市虹口区科创联合会	乍浦路480号	
116	上海市北外滩上市公司协会	周家嘴路602号C栋401室	
117	上海市虹口区广中路街道商会	花园路66弄1号1511室	
118	上海虹口区欧阳路街道社会组织联合会	欧阳路545弄21号206室	
119	上海虹口区曲阳路街道社会组织联合会	曲阳路610弄13号3楼	
120	上海北外滩绝对收益投资学会	黄浦路99号1006室	
121	上海虹口区北外滩街道社会组织联合会	东余杭路1332号101室	
122	上海虹口区广中路街道社会组织联合会	新同心路104号2层201室	
123	上海虹口区四川北路街道社会组织联合会	吴淞路669号410室	
124	上海市虹口区文化创意产业发展促进会	溧阳路735号3号楼311室	
125	上海市虹口区科技创新发展促进会	四川北路1919号	
126	上海市虹口区北外滩街道商会	新建路100号副楼333室	
127	上海市虹口区江湾镇街道商会	华严路254号1—2楼	
128	上海市虹口区四川北路街道商会	中州路64弄21号	
129	上海市虹口区嘉兴路街道商会	四平路710号广益大厦10楼	
130	上海市虹口区欧阳路街道商会	四平路421弄21号316室	
131	上海市虹口区曲阳路街道商会	曲阳路910号21楼2108、2109室	
132	上海市虹口区凉城新村街道商会	凉城路215弄27—28号	
133	上海市虹口区消费者协会	乍浦路490号	
134	上海市虹口区建筑垃圾运输协会	车站北路612号507室	年内成立
135	上海市虹口区网球协会	东大名路501号上海白玉兰广场20楼	年内成立
136	上海虹口北外滩国际金融学会	东大名路1089号2601单元	年内成立
137	上海市虹口区商业企业管理协会		年内注销
138	上海市虹口区保龄球协会		年内注销
139	上海市虹口区木兰花架拳协会		年内注销
140	上海市虹口区钱镠文化研究会		年内注销
141	上海市虹口区心理咨询师协会		年内注销
142	上海虹口区影评协会		年内注销
143	上海市虹口区社区服务协会		年内注销
144	上海市虹口区新港路街道老年人协会		年内注销
145	上海市虹口区卫生系统后勤管理协会		年内注销
146	上海市虹口区化学化工学会		年内注销

说明：（1）单位依注册时间排序；
（2）资料由区民政局提供。

表18-6　2021年虹口区民办非企业单位一览

序号	单位名称	住所地址	备注
1	上海市虹口华一教育培训中心	四达路58弄23号3楼	变更业务范围
2	上海大华进修学校	大连路1619号1003室	
3	上海市虹口区实践外国语进修学校	中山北一路998号413室	
4	上海市虹口区恒通人力资源培训学校	物华路73号1号楼8308室、8330室	变更业务范围
5	上海市虹口区申燃职业技能培训学校	水电路1277号	变更业务范围、业务主管单位
6	上海市安装人才培训中心	西江湾路450号	
7	上海市虹口区益知进修学校	新市北路1481号4号楼	
8	上海财务管理进修学院	西体育会路369号	变更业务范围
9	上海市虹口优学乐进修学校	凉城路1201弄68号	变更业务范围
10	上海市白玉兰幼儿园	新市北路1525弄3号	
11	上海市保卫干部培训中心	天宝路879号	
12	上海虹口区欧祥养老院	欧阳路175号	
13	上海市虹口区宏伟科技进修学校	新市南路490号	
14	上海虹口区民建大铭敬老院	广中支路24弄13号	
15	上海长虹科技进修学院	保定路22号309、311、312、316室	变更业务范围
16	上海市虹口中华教育培训中心	广纪路173号3楼	
17	上海虹口区爱峰敬老院	万安路669弄14号	
18	上海新时代教育研发与评估中心	东体育会路429号	
19	上海市民办新北郊初级中学	东体育会路429号	
20	上海市虹口江湾镇敬老院	场中路769号	
21	上海市虹口区求实职业培训学校	汶水东路928号7栋丁区	
22	上海市虹口蕴琪艺术培训学校	飞虹路528号2楼	变更业务范围
23	上海虹口区乍浦路街道敬老院	峨嵋路366弄13号	
24	上海虹口区广中路街道敬老院	新市南路488弄15号	
25	上海虹口区凉城新村街道敬老院	凉城路574号	
26	上海申光门诊部	车站北路609号	
27	上海东华医院	水电路1661弄9号	
28	上海临潼门诊部	临潼路110号	
29	上海虹口区曲阳路街道敬老院	巴林路60弄28号	
30	上海赤峰医院	赤峰路455号	
31	上海好事服务技能培训中心	汶水东路351号B201室	变更业务范围
32	上海电通通信技术培训中心	纪念路500号B栋313—316室	变更地址
33	上海市民办宏星小学	赤峰路375号（甲）	
34	上海海江老年医院	丰镇路788号3栋1—5楼、4栋1—3楼	
35	上海太安医院	汶水东路51号1—4楼	变更法定代表人
36	上海南湖职业技能培训中心	三门路661号	
37	上海市民办丽英小学	广灵二路89号	变更法定代表人

（续表）

表18-6	2021年虹口区民办非企业单位一览		
序号	单位名称	住所地址	备注
38	上海市电梯培训中心	西江湾路450号	变更业务范围和业务主管单位
39	上海嘉才财贸职业技术培训学校	汶水东路928弄7栋丁区	
40	上海虹口儒霖教育培训中心	万安路296号3楼	
41	上海安装工程职业技术培训中心	同煌路26号	
42	上海市虹口区运光托儿所	溧阳路1114弄2号	
43	上海市虹口区实验托儿所	水电路1312弄56号	
44	上海市民办迅行中学	玉田路211号	
45	上海德厚堂中医门诊部	广灵四路351号1—3楼	
46	上海市虹口区小龙鱼文苑幼儿园	车站北路715弄22号	
47	上海市虹口自力雅菲教育培训中心	欧阳路196号26号楼3楼77室	
48	上海市虹口区圣芳艺术中心	四川北路1702弄32号	
49	上海市虹口区一少体青少年体育俱乐部	东体育会路119弄37号	
50	上海鲁迅文化发展中心	东江湾路444号215室	
51	上海市虹口区嘉兴路街道残疾人服务社	天宝路80号	
52	上海市虹口区四川北路街道残疾人服务社	北海宁路58弄20号1楼	
53	上海市虹口区江湾镇街道残疾人服务社	奎照路441号	
54	上海市虹口区北外滩街道残疾人服务社	唐山路710号	
55	上海市虹口区凉城新村街道残疾人服务社	凉城路465弄	
56	上海市虹口区广中路街道残疾人服务社	水电路609弄14号1楼	
57	上海市虹口区曲阳路街道残疾人服务社	大连西路230弄18号	
58	上海市虹口区欧阳路街道残疾人服务社	四平路621弄甲8号	
59	上海市虹口区广灵青少年体育俱乐部	广灵二路122号	
60	上海曲阳医院	玉田路333号	
61	上海市虹口区天元体育俱乐部	中山北一路998号	变更名称、业务范围和业务主管单位
62	上海市先知进修学院	东体育会路390号行政楼13楼	
63	上海市虹口惠馨儿童康健院	广中路366弄20号	
64	上海虹口区广济养老院	纪念路500号	
65	上海市建智建设工程咨询人才培训中心	纪念路465号3楼	
66	上海市虹口区哈弗士幼儿园	横浜路149号	
67	上海市虹口区刘诗昆音乐艺术幼儿园	东体育会路657弄24号	
68	上海市虹口区连心桥婚姻介绍所	哈尔滨路1号708室	
69	上海市虹口区天合婚姻介绍所	四川北路1457号1605室	
70	上海市虹口区白领小屋婚姻介绍所	甘河路8号明道大厦12楼E座	
71	上海外国语大学第一实验学校	西江湾路800号	
72	上海同济华康职业培训学校	广灵四路24号甲3楼	变更业务范围
73	上海瑞虹幼儿园	临平路333号	
74	上海市虹口区钟高青少年体育俱乐部	车站南路441号	

（续表）

表18-6	2021年虹口区民办非企业单位一览		
序号	单位名称	住所地址	备注
75	上海虹口区春生慈善救助服务社	水电路1558号	
76	上海市虹口区小木船幼稚园	新市南路515弄5号	
77	上海高艺职业技能培训学校	东江湾路188号F7栋	
78	上海有害生物防制职业技能培训中心	舟山路394号	变更业务范围
79	上海市虹口区稚托中心	山阴路2弄20号	
80	上海金福缘婚恋婚姻介绍所	天宝路578号飘鹰世纪大厦1912室	
81	上海新艺职业技能培训学校	中山北一路1200号3号楼6楼	
82	上海虹口阶梯幼儿园	仁德路410弄17—18号	
83	上海虹口区残疾人康复服务指导中心	广中支路22号	
84	上海佳佳人口事务服务所	邯郸路159号1901室	
85	上海天使殡葬服务中心	嘉兴路333号	变更地址
86	上海市虹口区居家养老服务指导中心	广灵四路268号	
87	上海市虹口区为民敬老院	三门路759弄49号	
88	上海外国语大学附属民办外国语小学	广粤路590号	
89	上海市民办新华初级中学	中州路102号	
90	上海建机进修学校	西江湾路450号	
91	上海众佳人口事务服务所	水电路120号A座2楼	
92	上海高新职业技术培训中心	天宝路879号C楼603室	
93	上海海康门诊部	汶水东路650弄1号	
94	上海外教社教育培训中心	大连西路558号	变更业务范围
95	上海知音职业技能培训中心	水电路393弄2号801室	
96	上海交通职业技术培训中心	三门路661号17号楼	
97	上海市民办新复兴初级中学	四川北路2066号	
98	上海虹口区鸿荣敬老院	东余杭路1023号	
99	上海虹口区嘉兴路街道社区体育健身俱乐部	香烟桥路87号	变更法定代表人
100	上海虹口区欧阳社区文化活动管理中心	四平路621弄甲100号	
101	上海博世凯进修学院	塘沽路321号	变更业务范围
102	上海虹口区凉城新村街道社区学校	水电路1312弄165号甲	
103	上海虹口区佩星业余学校	曲阳路577号3楼	
104	上海市高阳青少年体育俱乐部	高阳路690号	
105	上海市茶业职业培训中心	中山北一路1230号楼	
106	上海市虹口好春光幼儿园	安汾路780弄90号	
107	上海虹口区广中社区服务中心	水电路120号	
108	上海虹口区快乐源托老院	多伦路236弄7号	
109	上海虹口区凉城复馨敬老院	丰镇路788号	
110	上海虹口区会计培训中心	三河路358号2楼	变更法定代表人
111	上海诚之医药商业培训中心	东余杭路1354号	
112	上海名家教育进修学院	四达路58弄23号105、107室	变更地址、业务范围

（续表）

表18-6	2021年虹口区民办非企业单位一览		
序号	单位名称	住所地址	备注
113	上海汇众益智职业技能培训学校	东江湾路188号B座402室	
114	上海知音心理咨询中心	水电路393弄2号楼801室	
115	上海虹口区伊心缘婚姻介绍所	四川北路2071号川北商厦402—403室	
116	上海市乐宁进修学院	东江湾路188号9栋603室	
117	上海善护念职业技能培训学校	广灵二路247号5楼509室	变更法定代表人
118	上海虹口区瑞信养老院	赤峰路600弄18号	
119	上海虹口区凉城社区服务管理中心	凉城路465弄41号甲	
120	上海虹口区七色花自闭症儿童辅导中心	东宝兴路157号902—903室	
121	上海仁际专修学院	西宝兴路949弄82号3栋224—232室、6栋201—205、212—222室	
122	上海虹口区复兴求真青少年体育俱乐部	车站南路28号	
123	上海虹口区申虹敬老院	凉城路854号	
124	上海虹口区晨钟青少年体育俱乐部	东余杭路800号	
125	上海市东之星专修学院	广灵四路24号甲603—606室	
126	上海虹口区江湾镇社区服务管理中心	奎照路280号	
127	上海康平医院	广粤路281号	
128	上海市虹口腾飞民族传统文化交流中心	四平路421弄3号1—2栋301室	
129	上海虹口区吉阳红敬老院	纪念路335弄10号	
130	上海虹口区四川北路社区服务管理中心	溧阳路1338号	
131	上海虹口绿色产业发展中心	中山北二路1515号石油大厦203室	
132	上海虹口区益中青少年体育俱乐部	虹关路88号	
133	上海虹口区社会救助事务中心	水电路1558号309室	变更法定代表人
134	上海人大人科学发展研究院	东大名路391—393号（单号）4楼	
135	上海虹口区爱缘婚姻介绍所	四川北路1915号411室	变更地址
136	上海虹口区美丽情缘婚姻介绍所	汶水东路278号1911室	
137	上海虹口区欧阳社区服务管理中心	天宝西路248弄11号1楼	
138	上海虹口区建阳养老院	中山北二路2199号	
139	上海虹口区才子佳人婚姻介绍所	中山北一路82号606室	
140	上海虹口区曲阳社区服务管理中心	玉田路430号	
141	上海虹口区北外滩敬老院	四川北路街道 衡水路365、379号	
142	上海衡山虹妇幼医院	舟山路445号	
143	上海博思堂职业技能培训学校	东江湾路188号A栋510室	变更业务范围、地址
144	上海东方文化遗产发展中心	武昌路559号A楼458室	
145	上海市虹口区虹馆青少年体育俱乐部	东体育会路715号	
146	上海虹口区家家乐社工师事务所	天宝西路248弄11号	
147	上海市虹口博慈河滨敬老院	新市南路1104号	
148	上海虹口区邦宁社区服务社	花园路16号2202室	

（续表）

表18-6	2021年虹口区民办非企业单位一览		
序号	单位名称	住所地址	备注
149	上海酒文化展示中心	曲阳路379号1层1006室	
150	上海上汽职业技术培训学校	同嘉路79号	
151	上海宏城优抚社工事务所	凉城路661号	
152	上海牵手社工事务所	凉城路285号2楼	
153	上海曲阳社区蔡万香法律服务工作室	辉河路2号	
154	上海虹口区上外附小幼儿园	东沙虹港路58号	
155	上海虹口区晚霞心苑社工师事务所	广中支路10弄37号甲	
156	上海虹口区社会组织服务中心	凉城路465弄41号甲2楼	
157	上海复旦科技园进修学院	松花江路2539号1号楼14—15楼	变更业务范围
158	上海虹口区新家园建设与合作事务所	凉城路465弄41号甲2楼	
159	上海虹口区青年家园公益服务支持中心	水电路120号A栋3楼	
160	上海虹口区中易家庭教育指导中心	飞虹路528号5楼	
161	上海宏教教育评估所	四平路125弄6号丙	
162	上海虹口区北外滩为老服务社	中州路68弄23—25号全栋2楼	
163	上海福莱外语教育中心	中山北一路295号3号楼1007室	
164	上海虹口区银康老年公寓	江杨南路55弄40、41号	
165	上海虹口区红日家园老年公寓	株洲路307弄1号	
166	上海虹口区江湾镇社区文化活动中心	丰镇路21号	变更法定代表人
167	上海麦忒育婴职业技术培训学校	东体育会路390号行政楼12楼	
168	上海慧好青少年心理辅导中心	同心路723号10栋130室	
169	上海彩虹雨儿童智能训练中心	水电路120号A栋	
170	上海虹口区志愿者服务中心	水电路120号A栋	
171	上海虹口区曲阳社区文化活动中心	中山北一路998号	
172	上海虹口区伊家伊社区服务中心	水电路120号302室	
173	上海虹口区祥云敬老院	四达路109号、145号	
174	上海建峰护理院	中山北一路686号	
175	上海蔡祥云社工师事务所	花园路16号2514室	
176	上海市虹口区健颐青少年体育俱乐部	文治路95号	
177	上海虹口区益群人志愿者服务中心	飞虹路360弄9号3611R室	
178	上海夕悦老年颐养服务中心	溧阳路375号3栋2楼211室	
179	上海益民食品一厂历史展示馆	香烟桥路13号	
180	上海酒类产品质量监督检验站	曲阳路379号406室	
181	上海家事佳社区服务事务所	邯郸路159号15楼C座	
182	上海光华城市发展研究院	广灵四路351号	
183	上海虹口区长者服务中心	广纪路173号1001—1007室168V	
184	上海爱易青年公益服务社	欧阳路545弄21号207室	
185	上海民生医学科技发展研究中心	邯郸路135号4栋114室	
186	上海虹口区启发文化青少年阅读指导中心	四川北路1851号329室	变更法定代表人

（续表）

表18-6 2021年虹口区民办非企业单位一览

序号	单位名称	住所地址	备注
187	上海葡萄酒研究院	曲阳路379、383号3013室	
188	上海虹口区曲阳青少年体育俱乐部	辉河路65号	
189	上海星心点点青年公益服务中心	曲阳路489弄8号316室	
190	上海超序系统研究所	广纪路738号明珠创意产业园2栋307室	
191	上海虹口区彩虹笔儿童康健发展中心	花园路128号5街区A座508室	
192	上海乐行青少年文体活动指导中心	塘沽路309号14C室	
193	上海小草头绿色生活服务社	柳营路125号17楼1708-7室	变更地址
194	上海金橄榄文化发展中心	凉城路593号楼201A32室	
195	上海虹口区福利彩票服务中心	欧阳路264号	变更地址
196	上海虹口区北外滩社区服务管理中心	公平路612号1楼	
197	上海虹口区曲阳路街道综合协管服务中心	巴林路60弄8号108室	变更法定代表人
198	上海虹口区社区保安服务中心	海宁路131号	
199	上海虹口区交通协管服务中心	水电路1888号三楼301—312室	
200	上海虹口区四川北路街道综合协管服务中心	溧阳路1208弄18号	
201	上海虹口区嘉兴路街道综合协管服务中心	天宝路80号	
202	上海虹口区嘉兴路街道社区服务管理中心	天宝路80号	变更法定代表人
203	上海弘益青年公益服务支持中心	奎照路280号313室	
204	上海爱在路上公益发展中心	花园路16号1808室	
205	上海虹口区江湾镇街道综合协管服务中心	奎照路280号	变更法定代表人
206	上海虹口区欧阳路街道综合协管服务中心	四平路621弄甲8号	
207	上海虹口区广中路街道综合协管服务中心	同丰路667弄105号	
208	上海虹口区凉城新村街道综合协管服务中心	广中路633弄14号102室	
209	上海酒消费信息中心	曲阳路379号4楼	
210	上海五指峰文化产业研究院	曲阳路299号宝莲大厦12楼	
211	上海仁达艺术展览馆	曲阳路299号宝莲大厦12楼	
212	上海安信社区服务社	广灵四路24号甲606室	
213	上海安信怀心理服务中心	东江湾路444号虹口足球场四区101A室	
214	上海市沪江进修学院	四川北路1702弄32号157-1栋3楼	
215	上海森翎职业技术培训学校	东宝兴路157号3楼	
216	上海春晖婚姻家庭事务服务中心	花园路16号1312室	
217	上海虹口区银龄知音养老院	北宝兴路611号	
218	上海乐易公益体育俱乐部	欧阳路545弄21—22号207室	
219	上海蓝色海湾赛鸽俱乐部	欧阳路196号1号楼2层35室	
220	上海市虹口新锐少儿托管中心	四平路778号505室	
221	上海聚侨青少年公益服务中心	曲阳路900弄3号楼106室	
222	上海军盛社区家园事务所	车站北路612号1204室	
223	上海家庭时光社区服务中心	花园路66弄1号2003室	

（续表）

表18-6	2021年虹口区民办非企业单位一览		
序号	单位名称	住所地址	备注
224	上海石娃社区艺术服务中心	欧阳路196号法兰桥一号楼202室	
225	上海市虹口易学堂社区服务中心	曲阳路851弄沪办大厦7号楼2204室	
226	上海虹叶养老院	溧阳路1084弄28号	
227	上海市虹口为依社区服务社	柳营路125号6层601室	变更法定代表人
228	上海早起鸟康复中心	中山北一路1250号3号楼201—202室	
229	上海市虹口戏剧艺术俱乐部	沙泾路29号4号楼4-301C	
230	上海星原便民服务中心	水电路686号11楼	
231	上海天合北外滩社区服务中心	长阳路8号16楼A室	
232	上海耕耘紫砂文化艺术中心	多伦路80号	
233	上海虹丽越剧艺术发展中心	曲阳路851弄8号1401室	
234	上海市虹口绿地阳光教育培训中心	西江湾路500号2号楼3楼	变更业务范围
235	上海海江养护院	车站北路709号	
236	上海市虹口欧阳路街道祥德敬老院	祥德路302号	
237	上海市虹口谦福居家养老服务中心	纪念路335弄12号	
238	上海天成养老院	赤峰路404弄31号	
239	上海海缘婚姻介绍所	杨树浦路18号23楼2314室	
240	上海航运五十人发展研究中心	霍山路150号503室	
241	上海新丝绸之路经济发展研究院	车站南路39号名义2301室	
242	上海市行知进修学院	东体育会路390号行政楼14楼，教学楼B604、B605、B606、B607	
243	上海市虹口爱我家社区服务社	玉田路430号	
244	上海张心亚助残工作室	大连西路230弄18号	
245	上海江湾镇街道社区工作者事务所	丰镇路300号	
246	上海欧阳路街道社区工作者事务所	四平路421弄21号	变更法定代表人
247	上海北外滩街道社区工作者事务所	新建路195号	
248	上海凉城新村街道社区工作者事务所	凉城路661号308室	
249	上海曲阳路街道社区工作者事务所	巴林路68号	
250	上海嘉兴路街道社区工作者事务所	天宝路868号	
251	上海广中路街道社区工作者事务所	同心路127号	变更法定代表人
252	上海四川北路街道社区工作者事务所	溧阳路1208弄16号	
253	上海市民办四中心实验小学	辉河路40弄40号	
254	上海虹德养老院	衡水路367号	
255	上海市虹口微笑与快乐艺术团	新市北路1505号丙室3楼303室	
256	上海虹口区伊甸卉幼儿园	汶水东路650弄22号	
257	上海健欧护理站	天宝西路248弄11号3室	
258	上海虹口区和宁老年照护统一需求评估事务所	沽源路65号104室	
259	上海北外滩金融研究院	东大名路1089号3506单元	变更地址

（续表）

表18-6	2021年虹口区民办非企业单位一览		
序号	单位名称	住所地址	备注
260	上海富华职业技能培训学校	四平路421弄3号1—3栋	
261	上海欧阳社区蒋家桥长者照护之家	蒋家桥15号甲1楼	
262	上海市欧阳路街道综合为老服务中心	天宝西路248弄11号	
263	上海虹口区佰虹老年照护统一需求评估事务所	中山北一路1200号3栋3号楼401室	
264	上海虹口区欧阳路街道社会组织服务中心	欧阳路545弄21号2楼	变更法定代表人
265	上海海江瑞祥养护院	保宁路44号	
266	上海市嘉兴路街道综合为老服务中心	天宝路881号	
267	上海平协教育研究与评估事务所	四川北路2118号2楼	
268	上海市广中路街道综合为老服务中心	水电路120号B栋319室	
269	上海虹口区虹福老年统一照护需求评估事务所	曲阳路267号702室	
270	上海市凉城新村街道综合为老服务中心	凉城路215弄27—28号2楼	变更法定代表人
271	上海一致社会组织评估服务中心	四川北路1851号（荣欣大厦）1902室	
272	上海市曲阳路街道综合为老服务中心	玉田路430号	
273	上海虹口区兰公馆养老院	中山北一路903号	
274	上海市嘉兴路社区新港路长者照护之家	大连路975弄46—47号	
275	上海江湾镇社区爱照护长者照护之家	场中路32弄10号	变更法定代表人
276	上海市四川北路街道综合为老服务中心	吴淞路669号401室	变更法定代表人
277	上海福虹护理站	四川北路1661号3栋103-5室	
278	上海虹口区四川北路街道社会组织服务中心	四平路97弄171号	变更地址
279	上海市提篮桥街道综合为老服务中心	东余杭路1332号	
280	上海市江湾镇街道综合为老服务中心	奎照路280号	
281	上海市虹口区嘉兴路街道天宝养老院	天宝路881号	变更业务范围
282	上海虹口区北外滩街道社会组织服务中心	东余杭路1332号1楼	
283	上海虹口区江湾镇街道社会组织服务中心	奎照路280号205室	
284	上海清长腾护理站	四平路421弄133号1楼	
285	上海虹口区广中路街道社会组织服务中心	水电路120号2楼	
286	上海市虹口区提篮桥街道临潼路养老院	临潼路191号、195号	
287	上海虹口区兰公馆老年照护统一需求评估事务所	中山北一路903号58栋108室	
288	上海富宇护理站	花园路16号1601室	
289	上海虹口区凉城新村街道社会组织服务中心	凉城路215弄27—28号	
290	上海提篮桥社区丹徒路长者照护之家	丹徒路233弄23号	
291	上海虹口区曲阳路街道社会组织服务中心	曲阳路610弄13号3楼	
292	上海虹口区嘉兴路街道社会组织服务中心	四平路710号广义大厦1003-2室	
293	上海市虹口区奎照老年福利院	奎照路840号	变更法定代表人
294	上海理想职业技能培训学校	天宝路879号1号楼305室、401室，2号楼406室	
295	上海四川北社区溧阳长者照护之家	宝安支路66号2楼	

（续表）

表18–6	2021年虹口区民办非企业单位一览		
序号	单位名称	住所地址	备注
296	上海虹口区克卿体育公益服务社	曲阳路118弄28号3楼303室	
297	上海市虹口区清新家园低碳公益服务社	凉城路145号2楼–1	变更地址
298	上海虹口区长寿和庭养护院	山阴路277号	
299	上海虹口区家加乐加装电梯事务所	虹湾路57号201室	
300	上海虹口区嘉兴路街道社区公益服务社	三河路388号101室	
301	上海华夏经济发展研究院	四川北路1688号北楼1606室	
302	上海虹口区欧阳路街道社区公益服务社	欧阳路545弄21号208室	
303	上海虹口区广中路街道社区公益服务社	水电路120号309室	
304	上海虹口区曲阳路街道社区公益服务社	玉田路407弄8号2楼	
305	上海虹口区凉城新村街道社区公益服务社	凉城路465弄41号甲3楼	
306	上海虹口区四川北路街道社区公益服务社	海宁路58弄22号2楼	
307	上海虹口区江湾镇街道社区公益服务社	奎照路280号225室	
308	上海虹口区提篮桥街道社区公益服务社	新建路195号208室	
309	上海虹口区河道保洁服务社	虬江路49号底楼	
310	上海安得康护理站	四平路773号102室	
311	上海复新社会治理研究院	凉城路215弄27—28号	
312	上海市虹口区智库养老服务支持中心	水电路120号B栋301室	变更法定代表人
313	上海凉城社区水电长者照护之家	水电路1132号15号底楼	变更法定代表人
314	上海虹口机动车辆停放看管服务社	海门路609号204室1楼	
315	上海市曲阳社区乐龄长者照护之家	东体育会路1130号	
316	上海兰公馆兰钰护理院	中山北一路903号52全栋、58全栋	
317	上海至和社区创新发展中心	柳营路35号2楼	
318	上海五惠社区服务公益站	物华路58号405室	变更法定代表人、名称
319	上海市虹口区四川北路街道吉祥养老院	吉祥路69号	
320	上海优师社区服务中心	曲阳路489弄8号1栋204室	变更业务范围
321	上海践行老年照护评估与健康促进社	大连路535号4楼C66室	
322	上海麟盟体育俱乐部	东江湾路444号四区3楼320室	
323	上海广中社区花园长者照护之家	水电路120号B栋306室	
324	上海鸿福养老院	东体育会路1130号	
325	上海懿德健康管理研究院	柳营路35号218室	
326	上海虹口区尚佑托育园	惠民路220弄1—2底楼	
327	上海研创社会工作发展中心	柳营路35号218室	
328	上海康佑建壹护理站	水电路1402号506室	变更法定代表人、地址
329	上海安源安全管理咨询评估事务所	柳营路35号218室	变更业务范围
330	上海虹口区虹阳人家社区管理服务社	欧阳路545弄21号210室	
331	上海市虹口区凉城新村街道阳光职业康复援助中心	凉城二村26号	
332	上海市虹口区曲阳路街道阳光职业康复援助中心	大连西路230弄17号1楼	

（续表）

表18-6	2021年虹口区民办非企业单位一览		
序号	单位名称	住所地址	备注
333	上海市虹口区广中路街道阳光职业康复援助中心	水电路609弄14号	
334	上海虹口区欧阳路街道阳光职业康复援助中心	天宝西路248弄11号1楼	
335	上海市虹口区江湾镇街道阳光职业康复援助中心	万安路927号	
336	上海长三角智慧城区发展研究院	水电路686号1101室	
337	上海厷申社会工作事务所	水电路120号301室	
338	上海市虹口区嘉兴路街道阳光职业康复援助中心	物华路58号	
339	上海市虹口区四川北路街道阳光职业康复援助中心	新广路296号	
340	上海市虹口区北外滩街道阳光职业康复援助中心	东余杭路943弄21号	
341	上海燃气职业技术培训学校	水电路1277号4楼	变更业务范围
342	上海虹口区同心托育园	同心路1037—1039号底楼	
343	上海虹口区微爱社区服务中心	株洲路270号2楼	
344	上海林通职业技能培训学校	甘河路8号203室	
345	上海市虹口区彩虹湾老年福利院	凉城路2196号	变更法定代表人
346	上海虹口新时尚垃圾分类事务所	柳营路35号208室	
347	上海虹口孝乐汇养老院	新市路242号1—3楼	
348	上海市虹口区卓悦社区服务中心	花园路16号1310室	
349	上海虹口凉城社区银享恬苑长者照护之家	凉城路593号	变更名称
350	上海虹口东方现代和合文化研究院	纪念路500号C栋108室	变更法定代表人
351	上海虹口区彩虹橙事社区事务所	曲阳路610弄13号305室	
352	上海虹口数字航运创新中心	霍山路150号106室	
353	上海市虹口区弘阳社工事务所	广纪路173号10层1001室	
354	上海虹口区益信社会组织评估服务中心	广纪路173号1001室	
355	上海虹口区康虹养老服务中心	水电路1689号2楼201室	
356	上海虹口中联工发科技创新中心	东大名路501号511D单元	
357	上海市虹口区江湾镇社区三门路长者照护之家	三门路757号乙	
358	上海市虹口领航老年照护评估中心	水电路1422号603室	变更法定代表人
359	上海市虹口区墨图青少年发展中心	广纪路838号B栋416室	
360	上海虹口区瑞享生活社区服务社	四平路710号广益大厦1003-4室	
361	上海虹口区奕枫社会组织评估中心	松花江路2539号（复旦科技创业园大厦）2号楼5楼103室	
362	上海虹口心岸公益事业发展中心	柳营路35号	
363	上海虹口区绿境邻社区服务社	四平路710号广益大厦1003-01	
364	上海虹口区宏申体育俱乐部	广灵四路467号2楼208室	
365	上海虹口区同窗职业技能培训学校	汶水东路351号2号楼207室	变更业务范围
366	上海虹口区枫晶元社区环保服务中心	虹湾路249号101室	
367	上海市虹口悦晔社区服务中心	凉城路215弄27-28号	
368	上海市虹口恒养养老服务中心	广灵四路306号-1	
369	上海市虹口区抱朴美术馆	东大名路888弄19号楼2楼	

（续表）

表18-6	2021年虹口区民办非企业单位一览		
序号	单位名称	住所地址	备注
370	上海市虹口区博智青少年服务中心	广纪路173号10楼1001室	变更法定代表人
371	上海市虹口区颢瑞家庭发展中心	四川北路1851号332-H	
372	上海市虹口区安康养老服务中心	水电路120号403室	
373	上海市虹口区小剧星青少年发展中心	嘉兴路248号1楼	
374	上海市虹口区悦享福恬为老服务发展中心	柳营路8号M座401室	
375	上海虹口弘云养护院	密云路290号2楼	
376	上海市虹口区虎芽青少年体育俱乐部	中山北一路121号花园坊B6-2002室	
377	上海虹口工惠工作者事务所	飞虹路528号101室	
378	上海市虹口区美加苑加装电梯事务所	赤峰路433号512室	
379	上海市虹口区怡安玖玖为老服务中心	公平路761号7D室	
380	上海江南职业技能培训中心	保定路22号	
381	上海市虹口虹安应急救援保障中心	邯郸路47弄69号	
382	上海虹口中钰青少年文化发展中心	甘河路8号明道大厦4楼D座	
383	上海海派书画院	欧阳路580号4楼	
384	上海市虹口区雅博文化艺术中心	水电路1422号1803室	年内成立
385	上海虹口长寿家园南苑养护院	水电路54号	年内成立
386	上海市虹口区文策教育培训中心	车站南路330弄2号、6号2楼-22室	年内成立
387	上海虹口区圃辰培训学校	衡水路200号3楼	年内成立
388	上海虹口区吉的堡英颂培训学校	新市路248弄5号1栋202室	年内成立
389	上海市虹口区唯宝未成年人权益服务中心	物华路73号1号楼4楼8910室	年内成立
390	上海绿色航运促进中心		年内注销
391	上海晨晨社工事务所		年内注销
392	上海虹口区艺术合子美术进修学校		年内注销
393	上海市虹口区慧达人才培训中心		年内注销
394	上海吉邦婚姻介绍所		年内注销
395	上海酒类消费指数中心		年内注销
396	上海天天向上家庭指导中心		年内注销
397	上海虹口区维达教育培训中心		年内注销
398	上海怡景缘婚姻介绍所		年内注销
399	上海虹口区福祉亚健康服务中心		年内注销
400	上海市虹口区乍浦路街道残疾人服务社		年内注销
401	上海市虹口区少年儿童业余美术学校		年内注销
402	上海虹口区捷晨清洁公益服务社		年内注销

说明：（1）单位依注册时间排序；
（2）资料由区民政局提供。

【打击整治非法社会组织专项行动部署会】

5月12日在区机关大楼召开。区民政局召开。会议要求通过建立打击整治非法社会组织的多部门协调机制，聚焦“利用国家战略名义，在经济、文化、慈善等领域活动的非法社会组织”“冠以‘中国’‘中华’‘国家’‘国际’‘粤东’‘岭南’等字样，或以国家机关，事业单位的下属机构等名义，进行骗钱敛财等活动的非法社会组织”“与合法登记的社会组织勾连开展活动、鱼目混珠的非法社会组织”“借庆祝中国共产党建党100周年活动开展评选评奖活动的非法社会组织”“开展伪健康类、伪国学类和神秘主义类活动，以及假借宗教旗号活动的非法社会组织”“其他危害国家安全极易损害人民群众利益的非法社会组织”6种类型的非法社会组织，开展专项打击整治行动。区教育局、区人力资源社会保障局、区文化旅游局等39家社会组织业务主管单位、行业主管部门负责人约45人参会。至年底，区民政局牵头，联合全区39家社会组织业务主管单位，对全区500余家社会组织开展摸排工作，掌握区内社会组织种类、数量、活动领域、活动地域、活动方式等情况。

（吴社稷）

【“僵尸型”社会组织专项整治行动】

7月30日至12月31日进行。此次行动由区民政局牵头实施，旨在清除一批名存实亡的社会组织、整改一批内部混乱的社会组织、激活一批效能不高的社会组织，优化社会组织结构，净化社会组织发展环境。其间，区民政局梳理须清理的社会组织范围，向公安虹口分局核实僵尸型社会组织的负责人信息，最终，汇总并向市民政局申报符合注销登记的僵尸社会组织7家，分别是上海市虹口区木兰花架拳协会、上海市虹口区商业企业管理协会、上海市虹口区心理咨询师协会、上海市虹口区影评协会、上海市虹口区钱镠文化研究会、上海吉邦婚姻介绍所、上海市虹口区保龄球协会。

（吴社稷）

【第十一届上海市公益伙伴日虹口分会场活动】

9月5日在上海白玉兰广场举行。区民政局举办，8个街道和上海市虹口蕴琪艺术培训学校 、上海虹口区家加乐加装电梯事务所、上海虹口区新家园建设与合作事务所、上海虹口区克卿体育公益服务社、上海安信怀心理服务中心5家社会组织党建联席会议成员共同参与。活动以“城市软实力，公益活动暖心助力”为主题，现场分为“社区治理”“品牌效应”“党建引领”3个活动展示方阵，其中“社区治理”方阵聚焦社会组织参与社会治理创新，通过图片、文字、视频展示社会组织参与城市软实力建设的专业化水平；“品牌效应”方阵邀请4A、5A级及文化类社会组织，展示社会组织在参与社会工作、社会服务、公益慈善、文化传承等工作中的成果；“党建引领”方阵展示社会组织的党建引领成果，展示区社会组织党建联席会议的平台作用。活动吸引300人参与。

（吴社稷）

【10家社会组织申报项目获评虹口区首届优秀公益项目】

12月3日在上海白玉兰广场举行评选活动。区民政局举办。此次评选要求社会组织按民政服务类、社区治理类和专业支持类三大项目类别进行申报，吸引58家社会组织报名参与，并有18家社会组织进入最终评选活动。最终，上海虹口区家加乐加装电梯事务所、上海虹口区新家园建设与合作事务所、上海夕悦老年颐养服务中心、上海宏城优抚社工事务所、上海市虹口区收藏学会、上海虹口区彩虹笔儿童康健发展中心、中钰青少年文化发展中心、上海安信怀心理服务中心、上海至和社区创新发展中心和上海虹口新时尚垃圾分类事务所的项目被评为首批虹口区社会组织优秀公益项目。

（吴社稷）

老年事业

【概况】

至2021年底，全区60周岁及以上老年户籍人口286628人，约占全区总人口的43.2%；80周岁及以上老年户籍人口45068人，约占全区总人口的6.79%。全年新增养老床位157张，有养老机构44家，床位7268张，其中公办养老机构18家，床位2739张；民办养老机构26家，床位4529张；有护理型床位2915张，认知症老人照护床位333张。完善15分钟养老生活服务圈，全区有老年人日间照料机构32家，长者照护之家9家，综合为老服务中心14家，社区老年助餐场所（含服务点）100家。年内，为老年人提供居家养老服务，“每天一瓶爱心奶”福利9700余人，“老伙伴计划”关爱老人13984人，为未享受居家养老服务的政策边缘高龄困难老人提供上门理发、扦脚、保洁等服务2156人次。开展“老吾老计划”，为失能老人家庭照护提供持续支持服务，受益老人1600人次。推行居家环境适老化改造，研究制定虹口方案，将覆盖人群向全体老年人扩展。增强区级财力补贴力度，对特殊困难以及政策边缘的老年人倾斜。丰富居家生活场景居室的改造内容，融入紧急救援智慧养老产品，全年有1061户家庭受益。加强老年认知障碍照护服务，依托区内养老机构和医疗机构专业资源，构建“养老机构认知症照护专区+老年认知障碍友好社区”的照护服务格局，加快发展面向认知症老年人的专业照护、康复服务。至年底，江湾镇街道、曲阳路街道、嘉兴路街道、四川北路街道、广中路街道、欧阳路街道开展认知障碍友好社区试点建设。

（李昌浩）

表18-7 2021年虹口区养老机构一览

序号	类别	所属街道	机构名称	地址	核定床位数（张）	机构性质
1	养老机构	曲阳路街道	虹口区社会福利院	密云路623号	200	公建公营
2			曲阳路街道敬老院	巴林路60弄28号	63	公建民营
3			瑞信养老院	赤峰路600弄18号	134	民建民营
4			建阳养老院	中山北二路2199号	180	民建民营
5			天成养老院	东体育会路663号	205	民建民营
6			兰公馆养老院	中山北一路903号	837	民建民营
7			鸿福养老院	东体育会路1130号	133	民建民营
8		凉城新村街道	虹口区社会福利中心（虹口区第二社会福利院）	广灵四路268号	165	公建公营
9			申虹敬老院	凉城路854号	91	民建民营
10			凉城新村街道敬老院	凉城路574号	50	公建民营
11			海江养护院	车站北路709号	77	民建民营
12			奎照老年福利院	奎照路840号	148	公建民营
13			凉城复馨敬老院	丰镇路788号	400	民建民营
14		四川北路街道	虹叶老年公寓	溧阳路1084弄28号	250	公建民营
15			虹德养老院	中州路66号	205	民建民营
16			吉祥养老院	吉祥路69号	196	公建民营
17		北外滩街道	临潼路养老院	临潼路191号	129	公建民营
18		广中路街道	红日家园老年公寓	株洲路307弄1号	200	民建民营
19			民建大铭敬老院	广中支路24弄13号	53	民建民营
20			长寿家园南苑养护院	水电路54号	117	民建民营
21			广中路街道敬老院	新市南路488弄15号	77	公建民营
22			银龄知音养老院	北宝兴路611号	212	民建民营
23		嘉兴路街道	天宝养老院	天宝路881号	440	公建民营
24		江湾镇街道	爱峰敬老院	万安路669弄14号	110	民建民营
25			为民敬老院	三门路759弄49号	107	民建民营
26			吉阳红敬老院	纪念路335弄10—12号	204	民建民营
27			江湾镇敬老院	场中路769号	120	民建民营
28			广济养老院	纪念路500号	150	民建民营
29			博慈河滨敬老院	新市南路1104号	100	民建民营
30			银康老年公寓	场中路685弄98号	462	民建民营
31			海江瑞祥养护院	保宁路44号	75	民建民营
32			彩虹湾老年福利院	凉城路2196号	860	公建民营
33		欧阳路街道	长寿和庭养护院	山阴路277号	159	民建民营
34			祥德敬老院	祥德路302号	100	民建民营
35			弘云养护院	密云路290号2楼	40	民建民营

（续表）

表18-7 2021年虹口区养老机构一览

序号	类别	所属街道	机构名称	地址	核定床位数（张）	机构性质
36	长者照护之家	欧阳路街道	欧阳社区蒋家桥长者照护之家	蒋家桥路15号甲	39	公建民营
37		江湾镇街道	江湾镇社区爱照护长者照护之家	场中路32弄10号	20	民建民营
38			江湾镇社区三门路长者照护之家	三门路757号乙	22	公建民营
39		嘉兴路街道	嘉兴路社区新港路长者照护之家	大连路975弄46—47号	18	公建民营
40		四川北路街道	川北社区溧阳长者照护之家	宝安支路76号	20	公建民营
41		广中路街道	广中社区花园长者照护之家	水电路120号3楼	20	公建民营
42		凉城新村街道	凉城社区水电长者照护之家	水电路1132弄15号	22	公建民营
43			凉城社区银享恬苑长者照护之家	凉城路593号	38	民建民营
44		曲阳路街道	曲阳社区乐龄长者照护之家	东体育会路1130号	20	公建民营
合计					7268	

说明：（1）撤销6处养老机构，分别是：东余杭路1023号的鸿莱敬老院（床位数80张），新市路242号的孝乐汇养老院（床位数171张），汶水东路51号的太安养老院（床位数120张），欧阳路175号的欧祥养老院（床位数60张），四达路109号的祥云敬老院（床位数140张），北外滩街道提篮社区丹徒路长者照护之家（床位数14张）；
（2）新增水电路54号的长寿家园南苑养护院（床位数117张）；
（3）密云路290号的弘云养护院兴建于2020年，2021年建成；
（4）资料由区民政局提供。

【居家环境适老化改造虹口方案】

4月由区民政局制定。方案中推出具有虹口特色的产品包，即在提供可折叠淋浴凳、单边U形上翻扶手、地面防滑处理、抽拉式水龙头、适老智能马桶盖等居家环境适老化产品清单之外，增加“一键通”智能呼叫产品，可提供紧急呼叫、主动关爱、政策咨询、生活帮助等服务。同时，还提供“浴改淋”专项产品服务包和老旧电器线路改造、局部或全屋适老化改造等个性化产品服务包。至年底，区内1061户老年人家庭完成适老化改造。

（王　青）

【认知障碍友好社区试点建设】

4月起，区民政局在江湾镇、嘉兴路、曲阳路、四川北路4个街道试点建设认知障碍友好社区。其间，各试点街道依托社区综合为老服务中心等设施，建立“社区老年认知障碍支持中心”，从标识到空间设计，都具有认知障碍友好化特色；开展早期认知干预和非药物干预方式，对存在认知障碍早期症状的老年人进行风险测评和干预训练，主动介入认知障碍老年人的病程，各街道老年人认知障碍支持中心针对认知障碍老人提供专业的服务硬件设施，包括康复训练设施、工具及充裕的活动、社交、休息空间等，每周为老人提供音乐疗法、身心机能操、益智训练、运动疗法等干预活动，为老年人提供更多干预选择。

（李昌浩）

【2021年老龄工作委员会全体会议】

5月12日在区机关大楼举行。区委副书记、区老龄委主任洪流，副区长、区老龄委副主任张雷、李铭出席会议。会议总结2020年区老龄工作成果，部署2021年重点工作；表彰区2020年获得全国敬老文明号和全国敬老爱老助老模范人物称号的先进集体和个人。区医保局、四川北路街道、福寿康（上海）医疗养老服务有限公司分别从长护险、基层老龄、医养结合等工作作交流发言。区老龄办、区老龄委各委员单位负责人60人参会。

（苏子奕）

【《虹口区老龄事业发展“十四五”规划》】

12月30日发布。该规划由区老龄办牵头，区卫生健康委、区民政局、区教育局、区文化旅游局、区体育局等区老龄委各委员单位联合编制。规划提出八方面主要任务、19个规划指标，涉及老年人“养、医、学、为、乐”等方面，到2025年，将建立与区经济社会发展水平相适应、与人口老龄化进程相匹配的老龄事业发展体系。

（苏子奕）

专项事务管理

【概况】

2021年，区各民生专项事务管

图18-4　6月28日，区婚姻（收养）登记中心开展“庆祝建党百年华诞”主题颁证活动（区民政局　提供）

图18-5　8月19日，位于宝兴殡仪馆内的生命文化教育长廊建成开放（宝兴殡仪馆　提供）

理有序推进。（1）婚姻（收养）登记。区婚姻（收养）登记中心办理结婚登记4207对，离婚登记1206对，收养登记4例，补证2157人次。接待婚姻、收养、婚姻介绍机构问题来访、来电咨询6000余人次，帮助市民查档2000余份，协调婚介纠纷7件。（2）宝兴殡仪馆。位于西宝兴路833号的宝兴殡仪馆全年殡殓遗体22669具，其中男性12372具、女性10297具。清明节期间（4月3—5日）接待9848人次，取出骨灰盒469只；冬至期间（12月18—21日），接待8323人次，取出骨灰盒1556只。年内，宝兴殡仪馆建成生命文化教育长廊，建立服务“双核对”机制，制定《规范中介代理机构管理制度》。

（郁　菁　沈　磐）

【区婚登中心开展“庆祝建党百年华诞”主题颁证活动】

6月28日在区婚姻（收养）登记中心举行，旨在庆祝党的百年华诞，倡导健康文明良好家风，为新人们留下难忘颁证体验。区民政局举办。活动以“百年薪火传家风，坚定不移跟党走——庆祝建党百年华诞”为主题，特邀辖区内周卫东、平建光、王健云3位老党员作特聘颁证嘉宾，为6对新人颁发结婚证书。

（郁　菁）

【宝兴殡仪馆制定《规范中介代理机构管理制度》】

7月21日由宝兴殡仪馆完成编制。该管理制度要求宝兴殡仪馆应承担起监督职能，在馆内的宣传电子屏上公布失信中介负面清单，帮助殡葬中介代理机构及委托家属实时掌握中介代理机构的诚信情况；应每月梳理各类投诉，系统分析投诉内容和中介服务的关联情况，针对存在欺诈行为的中介，及时采取警告和干预；主动公布被上海市殡葬行业协会认定的代理服务单位黑名单。至年底，在馆内的宣传电子屏上公布失信中介负面清单5次，主动公布被上海市殡葬行业协会认定的代理服务单位黑名单2次，公布内容共涉及失信中介30家。

（沈　磐）

【宝兴殡仪馆推出首席客服校准+质量官“双核对”机制】

8月2日在宝兴殡仪馆正式启用。“双核对”机制以质量官和首席客服为核心，定期对业务服务的质量运行情况进行核对评估，其中首席客服主要负责对分管业务环节的日常检查，处理和协调各类突发事件、业务隐患；质量官主要负责对首席客服的运行管理、职责培训、考核评估等工作，同时配合馆内职能部门开展重要业务环节的抽查、检查与整改。至年底，质量官和首席客服共对实际业务进行核对和评估1100次，并以影像资料为依据，组织相关培训5次。

（沈　磐）

【宝兴殡仪馆建成生命文化教育长廊】

8月19日建成开放。该长廊位于宝兴殡仪馆业务楼左前方，全长42米，以“一花一世界、一叶一天地”为主题，意在弘扬优秀文化，诠释殡葬文化，激励市民热爱生命、关爱生命、珍惜生命。长廊除具有纳凉、休息、散步服务功能外，新增经文墙、静心亭、景观池、电子跨火、休息长椅等公共设施。

（沈　磐）

（栏目编辑　金一超）

人民至上（王时芳　篆刻）

邓小平同志一九八三年
二月二十一日上午亲临曲阳
新村视察
上海市虹口区人民政府
一九九八年二月

十九、街　道

综　述

2021年，辖区内有街道8个、居委会202个，有市民驿站30个。

推进市民驿站建设。区民政局（地区办）构建市民驿站评价体系，制定发布《虹口区市民驿站评价规范》，从评价维度、评价类型、评价指标、评价流程等方面明确市民驿站评价工作要求，形成政府主导和社会参与相结合的市民驿站"建设—评价—提升"闭环体系。推进市民驿站"百事通"工作，编制《市民驿站窗口接待百事通手册（编制指导）》，明确250项市民驿站窗口接待咨询事项，各街道形成"百事通手册"一站一册。持续增加市民驿站为老服务设施，实现全区市民驿站"养老顾问点"全覆盖，助餐服务场所达100个（含延伸点），助医点达45个（含延伸点）。

加强"民意直通车"建设。根据《关于充分发挥社区代表在闭会期间作用的指导意见》，8个街道在市民驿站设立社区代表履职点，开展"民意直通车"工作，为社区代表在闭会期间开展社区宣传、建言献策、社区动员、社区评议等民主活动搭建平台。

推进物管中心建设。根据《关于推进街道物业管理服务中心规范化建设的指导意见》，以建设市民驿站"物管家"为抓手，推动市民驿站管理服务向小区围墙内延伸。

强化社会治理创新。践行"人民城市"理念，持续做好社会治理创新工作，探索打造虹口社会治理新标杆。在"一个街道一面旗帜"基础上，推出"虹馨工程"品牌项目，在8个街道开展"虹馨工程"创新社会治理品牌项目征集。区民政局和区财政局联合制定《关于创新社区治理"虹馨工程"项目工作方案》《虹口区社区管理服务经费管理办法》，明确"虹馨工程"建设的指导思想、工作原则、实施主体、项目内容、工作步骤、工作保障等，为"虹馨工程"建设提供行动指南，也为工程建设资金的使用和管理提供具有可操作性的路径指引。

推进"掌上驿站"建设。对接群众享受"零距离"社区服务的需求，制定《虹口区建设"随申办·掌上驿站"实施意见》。

开展社区疫情防控。区民政局（地区办）指导街道落实对三类重点人员（居家隔离、社区健康管理、社区健康监测人员）的管控措施，组织做好各类高风险岗位工作人员的核酸检测工作。8个街道开展自下而上的社区排查，做好重点地区来（返）沪人员的地毯式排摸、登记和管理；开展自上而下的重点排查，针对市、区部门推送的各类重点人员名单，实现"当天收到、当天落实、当天完成"。各街道强化落实小区门口防疫管理措施，做好预防为主的宣传工作，明确个人防疫责任，引导居民保持良好卫生习惯。继续

表19-1　2021年虹口区市民驿站一览

序号	街道	驿站序号	地址
1	四川北路街道	第二	溧阳路1084弄28号一楼
2		第三	吴淞路669号申贝大厦四楼
3	欧阳路街道	第二	欧阳路545弄21号
4		第四	天宝西路248弄11号
5		第五	蒋家桥路13号甲
6	嘉兴路街道	第一	天宝路881号
7		第三	天宝路470号
8		第四	物华路58号2楼
9		第五	香烟桥路87号

（续表）

表19-1		2021年虹口区市民驿站一览	
序号	街道	驿站序号	地址
10	曲阳路街道	第一	东体育会路1130号
11		第二	辉河路51号
12		第三	东体育会路705号
13		第四	玉田路430号
14	北外滩街道	第一	长治路147号
15		第二	百官街18、28号
16		第三	东余杭路1332号
17		第四	霍山路139弄6号
18	广中路街道	第一	水电路120号
19		第二	水电路583号
20		第三	同心路127号
21		第四	新同心路104号2楼
22	凉城新村街道	第一	凉城路279号
23		第二	广灵四路344号
24		第三	车站北路727弄5—8号底楼
25	江湾镇街道	第一	虹湾路79号
26		第二	三门路757号乙
27		第三	华严路60号
28		第四	新市北路1430号
29		第五	奎照路280号4楼北
30		第六	新市南路920号

说明:（1）四川北路街道第一市民驿站，欧阳路街道第一、第三市民驿站，嘉兴路街道第二市民驿站已关闭；
（2）资料由区民政局（区地区办）提供。

加强公共区域定期消毒，抓好环境整治，备足社区防疫物资。

（刘映宏）

嘉兴路街道

【概况】

位于区境中部偏东南，东靠大连路，南沿周家嘴路，西临溧阳路，北至四平路，辖区面积2.63平方千米。有居委会27个、居民小组915个，居民31858户，实有人口90566人，户籍人口86568人。街道办事处位于天宝路868号，辖区内有华东师大一附中、继光高级中学2所高中，有初中2所、小学3所、幼儿园5所。年内，街道获2021年全国文化和旅游领域学雷锋志愿服务先进典型“最美志愿服务社区”称号；虹叶居民区书记王静华获得全国优秀党务工作者称号。（1）社区党建。街道党工委下设行政组织党组、社区党委；有党总支32个，党支部276个（其中居民区党支部104个、“两新”组织党支部162个，直属支部10个）；有党员6533人，全年发展党员27人。年内，27个居民区党总支及100个二级党支部产生新一届支委班子，其中党员参选率90.41%，党总支书记平均得票率97.11%。开展各类党课教育633场次，3708人次参与。开展“我为群众解难题”活动，形成典型案例78篇，收集微心愿1356个。（2）精神文明建设。开展“喜迎建党百年”中小学生绘画作品比赛，展示评比微信单篇阅读量逾10万次。连续十年开展“藏字春联迎新年”主题活动，收到社区居民、学校、社区单位、外省市等983人投稿的原创春联作品2176对。联合华东师大一附中开展“从老街到新城”社会实践项目。举办首届上海市社区健康运动会开幕式暨嘉兴路街道运动会。（3）民生事务。帮困低保人员13023人次，发放救助金1314万元；补助重残无业人员2519人次，发放418万元；给予特殊救济对象定期定量救助，救助85人次，发放10.92万元；对支内回沪人员按照政策发放生活补贴，惠及40313人次，发放1955万元。市民驿站食堂推出70周岁以上老年人就餐优惠卡；长者照护之家于10月重新营业；完成适老化改造96户，认知症筛查风险测评2050人。增设“一网通办”自助服务终端，为居民提供自助办理事项100余条；“一网通办”接单量262件，其中“一件事”接单量68项，比上年增长120%。（4）社区自治。完成居民区“两委”（居民区党组织、居民委员会）换届和人大换届工作，27个居委会均采用直接选举方式，产生居委会主任27名，委员133名；区人大换届选民参选率达96.77%，产生区第十七届人大代表35名。深化居委会“全岗通”服务，推进居委会沉浸式办公环境改造。启动骏丰国际财富广场等10个小区的业委会组建、改建工作。新港路311弄10号、大连路975弄43号既有公房加装电梯项目竣工，飞虹路360弄2号加装电梯项目开工，另有3个加装项目通过征询，4台加装项目完成签约。(5)社区整治。完成仪表大楼、建二公寓、天新小区、榆兰新村4个小区的“美丽家园”工程项目。完成227家店招、店牌的更新改造工作。拆除696个存量点位、62744.5平方米违法搭建。结合创建文明城区（简称创文）迎检，在83个小区开展楼道集中整治115批次，清理垃圾546车、1500余吨，修补路面破损660平方米，补种绿化1700平方米，楼道粉刷2500平方米，非机动车划线7086米，清理僵尸车500余辆，新增替换“创文”海报1000余张、“创文”展板500余块。完成83个居民区、122处垃圾投放点位智能摄像头的更新维护和区级管理平台接入，升级更新智能回收机53台，更新率71.6%。(6)平安社区。中秋节、国庆节期间，加大疏导保障力度，确保瑞虹天地太阳宫商业综合体平稳有序开业。组织防汛突击队应对台风“烟花”“灿都”，其间辖区内未发生灾情。完成银欣花苑、虹叶名苑、紫虹嘉苑等7个小区、347个电动自行车充电桩安装工程，在平和大楼、新陆花苑、凯虹家园、虹叶名苑4个小区内的电动自行车集中充电（停放）场所安装简易喷淋、独立式烟感火灾探测器及视频监控系统。向远洋新村、通海小区、瑞康里等26个老旧小区发放消防灭火毯2500套，更新灭火器842只及配套消防箱109只。对瑞虹新城一期、瑞虹新城二期、瑞嘉苑3个小区中的13台电梯进行安全评估，协调先期评估的虹临宝都、远虹大厦、宇泰景苑3个小区开展老旧电梯改造更新，并为14个小区安装防止电动车进电梯系统168套。(7)“旧改”工作。完成162街坊、163街坊的1079证（单位33证）第一轮征询工作，征询率达100%，第二轮征询首日正式签约率达98.66%。(8)服务企业。帮助企业协调解决停车、办公用房等问题20个，完成转换企业面积（楼内的区外企业转换至虹口区内，企业的租赁面积）5254.37平方米。上海茗缘家居装饰有限公司、达利园生物科技（上海）有限公司、上海齐苑餐饮管理有限公司等7户招商引资企业在街道辖区内落户，全年实现三级税收80.43万元。(9)疫情防控。全年排摸人数1980人次，实施入境集中隔离观察人员（不含“7+7”转出人员）647人次，解除647人次；实施入境居家隔离观察人员（含“7+7”转入人员）243人次，解除243人次。落实观察对象共计1279人，其中重点对象1111人（含“7+7”集中转居家253人），密接88人（有8人与重点对象重复），一般接触者74人，出院患者6人。做好疫苗接种工作，全年接种13.17万剂，完成全程接种人数达10250人。

（杨颖华）

图19-1　5月17日，市民驿站嘉兴路街道第五分站开放运营（徐荣耀　拍摄）

【市民驿站嘉兴路街道第五分站】

5月17日在香烟桥路87号开放运营，旨在完善“15分钟生活服务圈”目标。该分站提供社区事务延伸服务、综合为老服务中心、儿童友好社区活动中心、社区食堂、便民服务站等功能，同时，以“智慧食堂”理念打造，提升为老助餐服务品质，分层确定助餐菜单，满足老年人多元化需求。至年底，分站服务11732人次，组织开展亲子国画课、公益课堂活动、各类固定团队活动等406场。

（杨颖华）

【居委会换届选举】

5月22日举行。27个居委会同时召开换届选举大会，共登记选民46714名，当日参选率达83.2%，选出新一届居委会成员160名，其中主任27名、委员133名。通过换届选举，街道各居委会工作人员的结构更为合理，向基层组织引入大专及以上学历96.9人。

（杨颖华）

【庆祝建党百年主题活动】

6月24日在新时代上海市党群服务阵地创新实践基地（瑞虹路400号）举行。嘉兴路街道举办。活动以“奋斗百年路·启航新征程”为主题，分内外场进行，其中内场的舞台演出由“党在心中”“奋斗征程”“筑梦未来”3个篇章构成，外场包含书法、绘画、摄影、邮票、手工作品及老物件展示等，展出作品百余件。活动吸引4109人次参观。

（杨颖华）

图19-2 6月24日，庆祝建党百年主题活动在新时代上海市党群服务阵地创新实践基地举行（嘉兴路街道 提供）

【完成新港居委会调整】

8月17日，嘉兴路街道完成对新港居委会管理范围的拆分调整工作，缩小新港居委会管理范围，同时新成立璟庭居委会和建邦居委会。调整后的新港居委会管理范围为东至天宝路，南至天镇路，西至东沙虹港路，北临新港路，包含中信和平家园和四联小区2个社区；璟庭居委会管理范围为东至天宝路，南至天虹路，西至东沙虹港路，北临虹关路，包含瑞虹新城璟庭小区；建邦居委会管理范围为东至天宝路，南至虹关路，西至东沙虹港路，北临天镇路，包含建邦十六区和联建小区2个社区。此次调整拆分旨在优化社区公共资源配置，均衡各居委会管辖范围和工作量，提高居委会属地化的服务和管理水平。

（杨颖华）

【向日葵亲子小屋】

9月20日分别在市民驿站嘉兴路街道第一分站、第五分站挂牌成立，旨在配置社区资源，为辖区内南、北两片居民打造“15分钟婴幼儿活动圈”。该亲子小屋重点开展符合0—6岁儿童特点的亲子家庭活动，提供科学育儿指导，至年底，举办萤火虫亲子悦读等活动，服务7770人次。

（杨颖华）

图19-3 璟庭居委会（徐荣耀 拍摄）

图19-4 建邦居委会（徐荣耀 拍摄）

图19-5　11月18日，习近平总书记视察市民驿站三周年主题活动在嘉兴路街道市民驿站第一分站举行，现场向“实全十美”优秀人员颁奖（嘉兴路街道　提供）

【习近平总书记视察市民驿站三周年主题活动】

11月18日在嘉兴路街道市民驿站第一分站举行。嘉兴路街道举办。活动以“牢记嘱托　奋进再出发”为主题，回顾习近平总书记于2018年11月视察市民驿站嘉兴路街道第一分站的情景，总结街道3年来的工作成果；推出“实全十美”——居民区十大实事项目评选活动。60余人参加。

（杨颖华）

【实事项目10项】

2021年，嘉兴路街道完成实事项目10项。（1）全年开设97门新时代文明精品课程，惠及居民47439人次。（2）建成25个“家门口”图书室，藏书量达1.6万册，惠及社区居民60784人。（3）完成修缮、改造店招店牌227块。（4）拆除违法搭建696处、62744.5平方米。（5）完成远虹大厦、瑞虹铭庭、海高苑等10个小区的装修垃圾、大件垃圾固定堆放点改造。（6）建设认知症障碍友好型社区，为社区2050名老年人提供知识普及和早期筛查服务。（7）在市民驿站第五分站及金融街海伦中心增设2套“一网通办”自助服务终端。（8）在香烟桥路87号设立社区辅具用品租赁点，为社区老年人、残障人士等提供辅具体验、租赁和购买服务。（9）完成飘鹰花苑、瑞虹路25弄小区、宝元坊等12个小区的治安防范设施的新增、更新及维修。（10）为老旧小区提供灭火毯2500条。

（杨颖华）

四川北路街道

【概况】

位于区境中部偏西。东至欧阳路、临平北路、四平路、虹口港、吴淞路，南至海宁路，西至河南北路、武进路、罗浮路、宝源路、宝山路、东江湾路，北至四川北路、甜爱支路、山阴路、四达路，辖区面积1.78平方千米。有居委会21个，居民小组559个，居民代表1640人。有居民24052户，实有人口60848人，户籍人口70713人，常住人口54121人。街道办事处位于溧阳路1338号，辖区内有初中4所、小学3所、幼儿园5所，医院4家。有山阴路历史风貌保护区。2021年，街道被评为第二批上海市垃圾分类志愿服务特色社区；街道组织的“讲述红色故事凝聚奋进力量”——四川北路街道社区红色故事宣讲活动入选“永远跟党走”2021年上海市民文化节红色故事演讲大赛百个优秀“社区红色故事汇”。衡水社区入选2021年全国示范性老年友好型社区；山一居委会、崔爱华家庭及沈国良等4名优秀志愿者被评为2021年上海市百佳居委、百佳家庭及百佳市民。（1）社区党建。街道党工委下设行政党组1个、社区党委1个和福建国航党委、中科电气党委、盛邦国际大厦楼宇联合党委、四川北路楼宇联合党委4个基层党委，有机关党总支1个、居民区党总支21个，党支部189个，其中居民区党支部82个、“两新”组织党支部95个、直属支部12个；有党员4498人，全年发展党员20人。年内，召开街道党代表会议，选举产生街道党工委出席区第十一次党代会的14名代表。推进党史教育，制作《见证——四川北路的红色印迹》微党史视频100集，拍摄四川北路系列红色文化原创短片《信仰的力量》，创编“‘三香弄堂’的红色血脉”“孩子们的‘毛衣奶奶’”等6门“澎湃100”精品党课。规范居民区党组织建设，开展党支部标准化建设和规范组织体系、规范党员教育管理、规范党费和服务群众经费、规范支部台账、规范运行机制、规范工作项目的“一标六规范”工作。升级社区党群服务阵地，将现有的新时代文明实践分中心、社区文化活动中心等纳入到社区党群服务中心，形成开放、集约、共享的党建服务融合枢纽。（2）精神文明建设。组建15人的“创文”督导巡查队，每日开展问题巡查和协调处置工作，形成“条管业务、块管社区”的“创文”工作体系。打造长春路木刻讲习所旧址、多伦路红色街区“心”讲堂、恒丰里百年石库门的党史学堂等，建成一批反映虹口“文化三地”特色的“学习处”和“打卡点”。（3）民生事务。提升“一网通办”功能，发挥现场服务、网上服务、延伸服务、代办服务和自助服务“五位一体”效能，办理二代社保卡980件，发放各类困难补助3683.6万元。帮助79名启航青年成功就业，帮助引领创业组织90家，受理创业咨询187人次。开展普及救护培训1200余人次，完成残疾人家庭无障碍设施改造6人，更新辖区内3232名残疾人的信息，主动监督用人单位1310户，覆盖率达90%。继续开展低保等特殊补贴对象人群的实时监管和定期清退，共清退104户。（4）社区自治。21个居委会全部按期完成换届选举，直选比例为100%。（5）社区整治。全面调整小区、楼道、街区的“创文”公益广告，动员全体机关干部、事业单位人员等志愿者投入到“创文”迎检中，发现问题6.8万余处，整改率逾98%。清理僵尸车700余辆，整治各类乱停放车辆1.5万余辆。开展楼道堆物整治86次，巡查各类消防设施6000余个点位，整治飞线充电40余次。持续推进垃圾分类，完成21个居委会、65个点位的垃圾厢房智能化改造，安装可回收物自助回收机器13台。全年检查重点单位625家次、沿街小单位3452家次，处罚单位84家和个人175人，罚款55209元。组织四川北路第一小学、多伦路幼儿园、虹叶花园小区等单位上门集中培训7场、“一对一”培训98次。在“美丽家园”建设上，拆除和平坊小区42处存量违建以及新乡小区12处沿街违建。深化拓展“美丽家园+”理念，综合考虑电梯加装、非机动车充电设施安装、停车位增设等民生问题。拓宽宝安路（物华路—宝安支路），完成甜爱路改造，配合完成中共四大纪念馆周边景观提升工作，实施黄渡路周边环境提升工程，推进大德里、川北公寓（原名拉莫斯公寓）外墙面景观提升，改造店招店牌、外立面53处，拆除大型店招10处、违规户外设施56处，更新吉祥路立体绿化243.7平方米。（6）平安社区。维修铁门106扇，维修监控44处，对永美、多伦、邢长、长春、山二、山三、余庆坊居民区内167台模拟信号监控设备及配套附属设备进行更新。维修消防水喉71处，居民区发放灭火器500只。元旦、春节、建党100周年期间，组织近5000人次进行平安值勤。做好规模性租赁场所的检查和整治，整治海宁路300号、罗浮路、法兰桥及广莲申等规模性租赁问题，清理违法居住人员百余人。（7）“旧改”工作。189街坊、176街坊第二轮征询分别以99.39%和98.98%的高比率生效。194街坊、20/55/180街坊（音乐谷项目）已完成第一轮征询。完成山阴路69、85弄，四川北路1906弄等修缮项目，共计翻修屋面17281平方米、路面7178平方米、外墙面29083平方米，完成公共厨卫设施改造295处。完成隔油池安装3处、横浜路63弄1处横梁断裂抢修、恒丰里11处庭院改造等。（8）服务企业。帮助企业协调解决停车、办公用房等问题，完成转换企业面积3330.97平方米。上海迅忱通信服务有限公司、上海国荣国立教育科技有限公司等6户招商引资企业在街道辖区内落户，全年实现三级税收65.69万元，区级税收21.35万元（增值税）。（9）防疫防控。全年排摸865413户次，排摸1823201人次；境外回沪660人，居家隔离290人，解除隔离290人；“7+7”隔离31人，解除隔离31人；社区健康观测212人，解除管控212人；“2+12”人员518人，解除管控518人。做好疫苗接种工作，全年接种102396剂。

（庄淑敏）

【居委会换届选举】

5月22日举行。21个居委会同时召开换届选举大会，共登记选民37318名，当日参选率达92.39%，选出新一届居委会成员108名，其中主任21名、委员87名。通过换届选举，街道各居委会工作人员的结构更为合理，向基层组织引入本科及以上学历99人。

（庄淑敏）

【政府开放日活动】

8月5日在四川北路街道社区事务受理服务中心举行。四川北路街道举办。活动以“提高服务质量、提升服务体验”为主题开展座谈，向居民介绍社区事务受理服务中心的运行情况及“24小时一网通办政务公开自助办理点”的功能。其间，服务中心工作人员讲解办事的基本流程、特殊情况的处理方法，并引导居民体验操作“一网通办”办理设备。15位居民代表参加活动。

（庄淑敏）

【多伦路红色文化街区青年中心】

8月19日在多伦文化艺术空间揭牌启用。团区委，四川北路街道共同创办。该中心以“‘潮’伦社区，青春有我”为理念，是区内首个街区式、开放型、线上线下互动融合的青年中心，运营后重点围绕多伦路红色文化街区丰富的红色旧址遗址、红色故事、名人足迹、海派建筑、现代艺术和线上社群流量等资源优势，引导青年来此“打卡”，了解虹口红色文化。至年底，青年中心相继举办“青年学党史”“多伦路街区红色记忆宣讲”等活动，建设“鲁迅小道”2.0版。

（庄淑敏）

【“木刻讲习所旧址”陈列馆】

9月25日开馆，位于长春路319号，原址为鲁迅创办的木刻讲习所旧址。陈列馆由区委宣传部、四川北路街道共同建立，一楼为木刻讲习所资料陈列馆，二楼以“艺术、文化、休闲、服务”为主题，设立“艺苑朝华”社区会客厅。年内，陈列馆相继举办上海版画名家作品展研讨会和“走进木刻讲习所、相约社区会客厅”等系列活动，以及“身边美术馆”“名师面对面”“建筑可阅读”等文化活动。

（庄淑敏）

【虹叶花苑第二健身苑点】

11月18日建成开放。四川北路街道、区体育局共同出资建设。该健身苑点面积100平方米，有拉伸架、高拉训练器、深蹲训练器等健身器材，并设有互动秋千、互动骑马机、打地鼠对战等游戏设施。为增加科技含量，健身苑点的器材嵌入“智慧芯片”，可为健身市民提供平日锻炼的数据信息。至年底，有2450人次在苑点锻炼。

（庄淑敏）

【盛邦国际大厦楼宇治理委员会】

11月26日揭牌成立。该楼宇治理委员会由四川北路街道社区党委、雷富房地产（上海）有限公司、虹口区投资服务中心第三分中心等单位工作人员构成，以“党委建在楼上”为理念，完善“街道党工委—社区党委—楼宇党委—楼宇企业党组织—楼宇党员群众”的组织链条，健全“访企联户”机制，打造楼宇服务“全岗通”机制，搭建议事协商平台。

（庄淑敏）

【实事项目9项】

2021年，四川北路街道完成实事项目9项。（1）配合区住房保障房屋管理局、虹房集团共同推进辖区约9万平方米旧式里弄大修工程，以公共厨卫改造为重点，并因地制宜推进架空线入地、上水改造、里弄微更新等全项目修缮工程。（2）配合区住房保障房屋管理局推进四川北路2222号、多伦路165号、新乡小区等7处“美丽家园”综合改造。完成小区屋面及外立面整体修缮，对外立面附属物（空调机罩、雨篷、晾衣架、防盗窗等）进

图19-6　9月25日，“木刻讲习所旧址”陈列馆开馆，图为内部陈列（四川北路街道　提供）

图19-7　11月18日，虹叶花苑第二健身苑点建成开放（四川北路街道　提供）

行更新整治。（3）配合区住房保障房屋管理局、虹房集团共同推进历史保护建筑大修。完成修缮点位前期查勘及居民区意见征询，细化施工方案。（4）对全辖区逾50%的点位进行智能改装，完成智能化改造67处。引入“爱回收”可回收物自助服务机器14台，分布街道各居民小区。（5）虬江居委会增配办公室1间。通过政府投资项目为四川居委会增配办公室及活动室。修缮余庆坊居委会办公室、长春居委会活动室、黄渡居委会活动室。（6）推进虹口区市民驿站四川北路街道第三分站社区食堂场地建设项目，完成前期勘察设计、立项审批、招标投标、施工报建。（7）在虬江居委会居民活动室内布设老人日托站点1处。（8）更新永美、多伦、邢长、长春、山二、山三、余庆坊居民区内167台模拟信号监控设备及配套附属设施。（9）辖区21个居民区均完成春秋季一年两次的应急演练，并联合辖区学校开展安全宣传和应急演练9次，800余人次参与。

（庄淑敏）

欧阳路街道

【概况】

位于区境中部，东至四平路，南至临平路、四达路、甜爱支路，西至东江湾路，北至大连西路，面积1.67平方千米。有居委会18个，

居民23829户，常住人口69138人，户籍人口61023人。街道办事处位于四平路421弄21号。辖区内有上海财经大学附属北郊高级中学，密云学校、培华学校2所九年一贯制学校，以及初中1所、小学2所、特殊学校1所、幼儿园5所。2021年，街道第三市民驿站被中国计划生育协会评为暖心家园示范点，邮电居民区总支部委员会获得上海先进基层党组织称号。(1)社区党建。街道党工委下设行政组织党组、社区党委，有居民区党总支18个、党支部127个，有“两新”组织党委2个、党总支2个、党支部76个；有党员6028人，其中年内发展党员20人。年内，街道党工委修订细化《家园党建高标准工作导则》，形成“街道总网格—片区大网格—居民区中网格—责任区小网格—党小组微网格”五级党建网格工作构架。组织主题党日活动352场次，党章专题学习交流205场次，基层党组织书记讲专题党课133次，党员集中学习培训覆盖4765人次。做实“四史”党课地图2.0版，打造具有欧阳特色的一站式、沉浸式全域大思政“特色课堂”。结合庆祝建党100周年，深化“一街道一旗帜”“一个片区一个创新项目”“一支部至少一故事”等党建品牌建设。推进中部功能区党群服务中心建设，串联周边8个党群服务站资源，发挥区域化党建辐射带动作用，扩大党建“朋友圈”，区域化党建联席会议成员单位从35家增至47家。建立需求、资源、项目“三张清单”落实情况评估制度，完善“双向联系”“双向服务”“双向认领”机制，推动区域化党建单位优质资源下沉社区，全年建立“三张清单”336项。成立功能型党支部53个，助推“旧改”征收、加装电梯、“美丽家园”“小小区”一体化建设等工作开展。(2)精神文明建设。推进街道特色“非遗”文化进社区、进校园项目，将麦秸画、面塑和剪纸3项“非遗”课程送进幸福四平实验小学、上财北郊高级中学、上外附中东校和培华学校。围绕建党百年主题，举办庆祝中国共产党成立100周年音乐党课、“永远跟党走”——庆祝中国共产党成立100周年欧阳路街道大型文艺演出、“舞出社区风采，献礼建党百年”2021上海社区广场舞大赛、“永远跟党走”——庆建党百年戏曲文艺演出、“初心筑梦　礼赞百年”综合文艺演出、“红色旋律”——庆祝中国共产党成立100周年管乐专场等6场文艺汇演，以及茶艺收藏展和剪纸展2场专题展览。争创文明城区，将辖区划分为125个点位，每个点位配备点位人员、居民区干部、物业人员、志愿者等，由点位长进行统筹协调，每天汇总“创文”问题清单，建立“销账制度”，做到辖区全覆盖、无死角。推出“日常每天‘创文’一小时”“楼道堆物‘三分法’”“‘创文’点位责任人打卡手册”“废旧物品置换点亮群众‘微心愿’”等特色做法。全年发动志愿者6961人次，发现并整改问题12075个。(3)民生保障。推进社区老年人居家环境适老化改造，完成申请169户。打造“欧阳帮你办”品牌，为辖区内高龄老人、残疾人士及各类行动不便的特殊人群提供免费上门“代办”“帮办”服务，梳理发布帮办、代办服务111项，上门服务54项，惠及1128人次。设立虹仪居委会助餐点，启动祥德路302号为老服务生活馆建设工作。开展长者智能技术运用能力提升行动，利用公益基地的24个网点，为辖区内的老人提供智能设备的培训与咨询，服务3963人次。社区事务受理服务中心“一网通办”好差评参评率达到100%，答复满意率达到100%。举办第二届社区创新创业大赛，街道扶持的“珍滋味万步鸡”项目入围第七届上海市创业新秀评选20强名单。至年底，街道就业率97.2%，完成推荐辖区内登记失业和未登记失业人员实现就业目标数115人，服务新增岗位企业数115家，启航人员就业53人。完成区创业核心指标138家，带动就业1013人。(4)社区自治。完成居委会换届选举，完成8个小区业委会组建及换届改选工作；举办业委会沙龙活动5次，业委会专题培训8次；拓展物管中心服务项目向市民驿站延伸，物业事务窗口共接待受理各项事务203次，物业政策宣传、咨询72次，物业矛盾调解19次，开展“物业企业沙龙”9次。深化“全岗通”3.0版工作方法，完成欧二、欧四、欧五、幸福村居委会服务功能提升，组织对祥德、虹仪、欧四居委会办公用房修缮改造，完善“沉浸式办公”功能布局。加强居民区“五权”(社区事务约请权、街道干部评议权、社工人事评价权、“两架马车”建议权、部分资金使用权)机制建设，制定《欧阳路街道关于居民区“五权”机制建设的若干意见》，建立《居委台账梳理清单》，实现工作“留痕、留账、留档”清单化和极简化。做实社区“家门口”生活服务项目，累计服务1251次，惠及居民4688人次。推进“小小区”合并一体化建设，完成祥欧家园、海港小区、大二小区、东江小区、祥德新苑小区、四平幸福小区“小小区”合并，模范、蒋家桥、邮电3个小区物业管理“一体化”项目；四达路234弄军产房小区综合更新改造项目，获评全市首个“三管多治一体化治理范本”。推进电梯加装工作，完成邮电、大西、欧四、虹仪等居委会的10台电梯加装，另有17台电梯开工建设，26台电梯完成双公示。(5)社区整治。街道超额完成全年拆违目标，累计拆除新增违建20平方米，存量违建1980平方米。防台防汛期间共拆除安全隐患店招16处，处置倒伏树木26棵，转移安置群众20人次。“美丽家园”工程实施集民智、汇民意项目，设置健身步道，增设小区机动车、非机动车停车位，建设绿化小品、口袋公园，打造小区画廊，配置智能门禁系统，安装非机动车智能充电桩，布设小区技防设施。99个垃圾分类达标居住区点位实现“五有”（有设施设备、有宣传告知、有回收服务、有长效管理、有分类实效）目标。在欧阳路率先试点“路长制”。以“一网统管”为牵引，全年受理“12345”市民服务热线2108件，结案率100%，解决率77.37%；网格工单受理案件11129件，处置及时率98.9%。（6）“旧改”工作。完成250街坊“旧改”征收，总结出“七位工作法”（第一，党建引领、抢先一步，两个党组织站到“C位”。第二，工作专班、做实一步，建立欧阳战斗队最强“工位”。第三，不忘初心、站高一步，个个明确“旧改”工作最高“站位”。第四，底数排摸、想深一步，将各类情形穷尽“全方位”。第五，人是关键、精进一步，按家庭话语权等进行“排位”。第六，百姓利益最大化、将心比心进一步，清楚工作“身位”。第七，以情动情进一步，工作细处走“心位”）和“四字九为法”（“摸、推、做、打”，摸清底数和变数，确定建立起一户一档、专户专案；力保每家每户最大利益，确定推选好每户签约代表），并接受中央电视台专题采访。（7）服务企业。探索建立金大地“楼委会”，每季度召开1次议事会，每两个月开展一次活动（“Open Door · 党员会客厅”和“Sit Together · 午餐会”）；定期面向楼宇企业、一线工作人员、周边居民区推出“今天我献一杯爱心”“纳税服务心贴心”“楼社健身一家亲”等公益项目。建立企业之间的专题化服务制度，为企业、企业家及白领提供专题化精准化服务。建立社区与企业发展的良性互动机制，商会企业为社区疫苗接种捐款捐物，合计近10万元。打造商会企业“敬老+慈善”品牌，搭建联系社区、服务群众平台，每月定期举办社区扶贫农展会2场，建立商品房小区“家风楼”4个，为居委会和主要社区公益空间添置爱心医药箱、文化柜、咖啡机及绿植等。制定“亲商暖商”协同联建工作机制方案，统筹推进企业服务工作，全年走访企业400余次，汇总15条各类公共服务资源向服务的企业倾斜，收集并解决反映问题30个。（8）疫情防控。全年排摸1900户次，排摸3100人次；境外回沪383人，居家隔离16人，解除隔离16人；“7+7”隔离人员2人，解除隔离2人。成立转运工作小组，完成人员闭环转运383人次。

（戴箐萱）

【第二届社区创新创业大赛】

4月28日至10月26日在区就业促进中心、创客服务中心（孵化基地）举行。团区委、欧阳路街道、区就业促进中心联合主办。第二届社区创新创业大赛以“乐业上海 创享欧阳”为主题，收到参赛商业计划书86份，经创业导师和特邀投资人审阅，有20份优秀商业计划书胜出，最终“文刀人工智能开发平台”项目获得第一名，并参与“上海市十佳创业新秀”竞争。其间，街道开展专场海选路演3场，项目涵盖人工智能、新零售、文创等领域。

（戴箐萱）

【居委会换届选举】

5月22日举行。18个居委会同时召开换届选举大会，共登记选民55843名，当日参选率达87.27%，选出新一届居委会成员93名，其中主任18名、副主任9名、委员66名。通过换届选举，街道各居委会工作人员的结构更为合理，向基层组织引入大专及以上学历15人。

（戴箐萱）

【《多层住宅加装电梯“23问”》手册】

9月15日由欧阳路街道发布。册子解答诸如“未成立业委会的小区如何申请加装电梯”“加装电梯可以通过哪些渠道筹集资金”“既有多层住宅加装电梯应当满足哪些条件”等问题。年内，街道重点排摸229个单元楼道，建立“一楼一档”，举办加梯宣讲会、座谈会11场。至年底，完成邮电、大西、欧四、虹仪等居委会的10台电梯加装，另有17台电梯开工建设，26台电梯完成“双公示”。

（戴箐萱）

【“手语服务进窗口”项目】

10月28日启动，市残联、欧阳路街道合作开展。该项目利用市残联云助残平台的手语服务视频课程，结合手语老师的现场教学，针对社区事务受理服务中心、综合为老服务中心和市民驿站等辖区内接待服务窗口单位的工作人员进行培训。其间，组织“手语微课堂”等活动。至年底，共开展培训10场次，约300人次参加。

（戴箐萱）

【“栖心小窝”社区生活馆】

11月1日在祥德路302号试运行，是街道落实“一门式”社区综合服务的举措之一。“栖心小窝”项目引入有专业资质的第三方公司进行管理和运营，满足欧四、虹仪、欧五等区域居民的日常用餐需求；在社区生活馆内嵌日本老年用品特

图19-8 11月1日，“栖心小窝”社区生活馆在祥德路302号试运行（欧阳路街道 提供）

色展示店，丰富社区服务功能、内涵和场景。至年底，该项目服务1.8万人次。

（戴箐萱）

【实事项目8项】

2021年，欧阳路街道完成实事项目8项。（1）在全区首创创业服务“宅急送”服务。（2）打造“区块链+社区生活服务”新模式，整合“区块链+社区生活服务机构”54家。（3）增添市民驿站服务自助机2台。（4）推动住宅小区“智慧电梯”安装，共完成133台。（5）完成欧阳花苑14台电梯的“电梯阻梯系统”建设。（6）在中原证券大厦、兴化小区等商住两用楼宇增设智能门禁系统。（7）在46个垃圾分类点位安装智能设备。（8）推进“小小区”合并一体化建设，完成祥欧家园、海港小区、大二小区、东江小区、祥德新苑小区、四平幸福小区6个“小小区”合并。

（戴箐萱）

广中路街道

【概况】

位于区境中部偏西，东靠西江湾路，西至北宝兴路，南到东宝兴路，北达汶水东路，辖区面积2.91平方千米。有居委会22个、居民小组2001个，居民34588户，实有人口115939人，户籍人口89664人。街道办事处位于同丰路667弄105号。辖区内有上海财经大学（中山北一路校区）、上海青年管理干部学院，有中学6所、小学6所、幼儿园6所，以及上海军事体育俱乐部和上海体育运动学校；有复旦大学附属公共卫生临床中心、虹口区精神卫生中心、广中路街道社区卫生服务中心3家医疗机构。（1）社区党建。街道党工委下设行政党组、社区党委；有党总支29个，党支部300个；有党员8358人，全年发展党员16人。全年开展党工委中心组学习16次，开展基层党组织书记讲专题党课350次，举办“党课开讲啦”活动71次。（2）精神文明建设。围绕庆祝建党100周年、党史学习教育等，举办各类活动150余场。围绕文化服务日、文化和自然遗产日等时间节点，开展文化活动75场，服务2万余人次。推进广中路街道新时代文明实践分中心建设，新成立西江湾路388号A座商场二楼、水电路583号2处新时代文明实践站。（3）民生事务。4个市民驿站实现全年无休，接待居民约62万人次。开展127场线上线下长者智能手机培训活动，近2000名老年人参与。开展便民服务活动20场，受益约3000人次。适老化改造项目签约248户，已完工246户。为1277人提供助洁服务项目。每月为90岁以上老人提供免费爱心牛奶服务，共有1287名老人获赠爱心牛奶。（4）社区自治。完成22个居委会换届选举工作，直选率达100%。完成9个生活垃圾厢房和五大件堆点硬件改造。推进垃圾分类智能化管理，在辖区内75个点位中安装177个智能监控摄像头，智能监控覆盖率为50%。（5）社区整治。配合区住房保障房屋管理局启动19.1万平方米“美丽家园”工程，拆除各类违法建筑193处。对沿街1249家门店落实商铺门责管理制度，制定“1+7+10”（“1”指北宝兴路整路打造项目；“7”是围绕广中路、水电路、株洲路等7条道路，加强沿路绿化美化；“10”是发动居委会、辖区单位及党员志愿者认领十条背街小巷，开展“美丽街区”建设）道路整治方案。关停9家汽修商户、2家铝合金店、2家殡葬中介，拆除14个鸽棚，整治9处家电回收点。对俞泾浦、沙泾港辖区段巡查检查42次，“清四乱”（乱占、乱采、乱堆、乱建）工作11次，处置沿河垃圾46处，处置沿河堆物15处，处置非法捕鱼钓鱼21次。（6）平安社区。发动平安志愿者3万余人次，参与春节烟花爆竹管控、治安防范宣传、社区巡防等安保维稳工作。与262家企业单位签订安全生产承诺书，与57家重点生产经营单位实施安全责任签约承诺，全年检查企业2171户，发现隐患1102处，均得到整改。组织开展消防安全演练136次。整治群租户75户，拆除隔间68间，清退人员421人。（7）“旧改”工作。推进新建同丰路绿地项目等地块的“旧改”征收。（8）服务企业。走访企业152家，累计帮助企业解决问题120余件，制定并签署《广中路街道园区楼宇合作备忘录》。（9）疫情防控。

全年完成排摸1878097户次，累计排摸4211033人次；落实境外重点地区抵沪人员集中隔离观察550人、解除550人；落实境内重点地区抵沪人员社区健康观察944人、解除944人。做好疫苗接种工作，全年开设疫苗接种专场218场，完成接种11933剂次，其中第一针5568剂次，第二针（含康希诺）6365剂次。

（俞超仁）

【居委会换届选举】

5月21日在广中路街道居民区中的22个主会场及37个投票站点同时开展。选举以“公平、公开、公正”为原则，共有56963名选民参加投票，最终选举产生居委会班子成员111名，其中居委会主任22名，副主任6名，委员83名。新的居委会班子成员中，有中共党员32人，有本科及以上学历81人。

（俞超仁）

【庆祝中国共产党成立100周年主题党日】

6月22日在广中路街道党群服务中心举行。活动以“永远跟党走　奋进新征程”为主题，街道党工委表彰党组织26个、先进个人52人，为10位老党员代表颁发“光荣在党50年”纪念章，“两新”党组织青年代表朗读《共产党宣言》，高顿教育党委将青年党员绘制的《激扬青春生命　传承“五卅精神”》画卷赠予中国银行虹口支行党委。街道机关党委、居民区党组织、“两新”组织党组织、区域化党建联席会议成员单位负责人，各界党员、群众代表200余人参加活动。

（俞超仁）

【区域化党建共建科普活动】

7月13日在广中路街道党群服务中心举行。街道党工委与上海农业科学院作物育种栽培研究所党总支在现场完成共建签约，共同开展“科普进社区”活动，提高公众的农业科学知识，供给更多高质量农作物产品。来自社区的居民和园区企业代表展示以鲜食玉米为主材自制的菜品和饮料，最终通过营养专家及群众代表评选出“社区厨神”奖。上海农业科学院、街道机关党委、园区企业代表、居民代表60余人参加活动。

（俞超仁）

【结对帮扶共建活动】

12月31日在青浦区练塘镇举行。虹口区广中路街道党工委与青浦区练塘镇党委联合举办。活动以“结对百镇千村 · 助推乡村振兴”为主题，实地走访东厍村了解帮扶实施项目建设成果，交流党建工作经验。街道商会及上海华讯科技创业中心负责人介绍相关企业孵化服务情况，协助打造“产供销”全链条，提升乡村经济价值，激活产业链，助力乡村振兴。街道负责人及商会代表10余人参加。

（俞超仁）

【实事项目10项】

2021年，广中路街道完成实事项目10件。（1）完成东江湾路、宝山路、同煌路、花园路4处“美丽街区”项目建设。（2）综合整治水电路、花园路、广中路沿街商铺，并实施网格化管理。（3）完成广达、灵新、友谊三村、粤明村、西宝兴路949弄等居民区旧住房修缮工程，总面积约19万平方米。（4）完成20个小区业委会的组建、换届备案。（5）新增3个老年助餐点。（6）新建红十字会总站。（7）在棚户区、老旧危房、

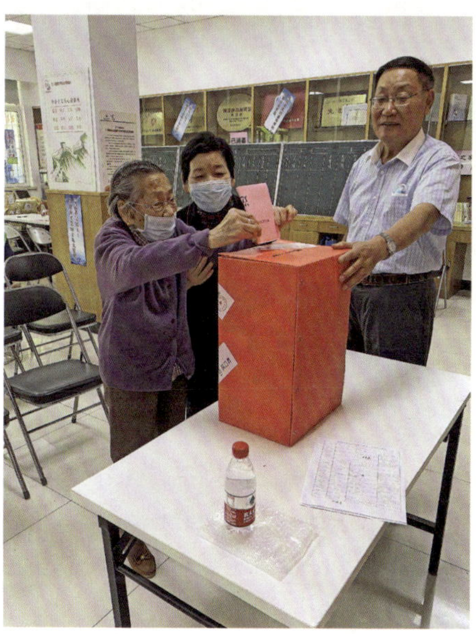

图19-9　5月21日，居委会换届选举，居民现场投票（广中路街道　提供）

图19-10　6月22日，广中路街道在党群服务中心举行庆祝中国共产党成立100周年主题党日活动（广中路街道　提供）

老式公房等，增设消防卷盘1000个。（8）新增广灵一路58号新时代文明实践站。（9）完成广中、花园城等4个居委会的“两室”（居委活动室、办公室）建设。（10）更新广灵新村等技防薄弱小区监控设施20个。

（俞超仁）

北外滩街道

【概况】

位于区境东南部。东至大连路，南临黄浦江、苏州河，西至河南北路，北至周家嘴路、海宁路，面积3.98平方千米。有居委会30个，居民小组736个，居民34731户，实有人口96222人，户籍人口97927人。辖区内有北虹高级中学、澄衷高级中学2所高中，长青学校、霍山学校2所九年一贯制学校，初中2所，小学5所，幼儿园6所。有外滩历史风貌保护区和提篮桥历史风貌保护区，以及上海大厦、上海邮政大楼、浦江饭店、河滨大楼、摩西会堂旧址、下海庙等历史建筑。（1）社区党建。街道党工委下设行政组织党组和社区党委，有基层党组织140个，其中机关事业单位党支部7个，居民区党总支30个，“两新”组织党组织103 个（其中党委5个，党总支8个，独立支部86个，联合支部4个），新成立“两新”组织党组织13个。有党员6650名，其中机关事业单位党员205名，居民区党员4321名，“两新”组织党员2124名；全年发展党员26名。年内，完成25个居民区党总支和93个居民区二级党支部换届工作，党总支共计产生书记25名、副书记9名。构建起“党群服务中心+党群服务站+专职联络员”三级工作网络，形成“中心+站点”阵地组网运作模式、“接单+配送”资源组团服务体系和“通用+定制”核心骨干培训菜单。梳理、增补2021年度区域化党建单位资源、需求、项目清单，并形成“三张清单”，其中有需求137条、资源163条和对接项目76个。成立北外滩街道党建引领业委会建设工作指导委员会，组建党的工作小组62个。结合旧区改造，动态调整“1个街道总网格—5个片区（功能区）网格—30个居民区网格—139个责任区网格”四级网格党建工作体系。在全市率先试点风貌保护街坊内部改造模式，将春阳里更新改造项目作为改进党员干部工作作风、创新党的群众工作方法的实践平台。（2）精神文明建设。组织基层党组织参观北外滩来福士“潮涌百年”主题展览。深化“四史”学习教育，通过处级领导干部包片督学指导、老书记工作室联系指导、纪工委监督促学、党建工作者分片联系“两新”组织等方式，确保“四史”学习教育覆盖292个基层党支部。形成北外滩金秋雅韵戏曲节、北外滩百姓大舞台、北外滩白领文化大舞台、北外滩“‘非遗’在社区”四大品牌项目，全年开展活动189场次。在2021年“上海市群文新人新作展评展演”中北外滩街道选送的小品《转门》获得“优秀群文新作奖”，区文化馆北外滩街道分馆成为2021年虹口区公共文化内容供给优秀承接单位。（3）民生保障。推进社区事务不见面办事，利用北外滩5G网络和双千兆宽带等数字化资源优势，增设“线上受理空间站”5G场景，并推出“智能填表”服务。搭建智慧养老服务体系，推广“智慧医”“智慧食”“智慧住”“智慧乐”等应用场景。升级改造临潼路养老院食堂，引入智能结算系统，计算菜品营养成分和热量值，对享有特殊优惠补贴的老人，实现人脸识别支付。组建社区226人的老伙伴志愿者队伍，每周上门探望1168名高龄独居老人。注册时间银行志愿者150人，服务对象150人。落实为老助洁服务，每月为504名高龄困难老人提供上门理发、扦脚、家政服务。新增临潼路191号社区长者食堂和昆明路80弄1号、峨眉路366弄2号103室、保定路437号103室、惠民路234号、东大名路1096号1楼5个助餐点，社区食堂日均为老助餐450客，日均送餐上门200客。完成“民心工程”居家环境适老化改造项目100户目标，安装完成103户，其中基础产品服务包100户，专项产品浴改淋3户。引入“一键叫车智慧屏”，将“线下”扬招转变为“线上”扬招。（4）社区自治。完成25个居委换届选举工作，选出新一届居委会主任25名、副主任6名、委员111名。完成区第十七届人大代表换届选举工作，走访排摸辖区企业2134家，登记选民7.6万余人，有7.3万余位选民参加投票，选举产生新一届虹口区人大代表39名。完成宇泰公寓、惠民南块、三联小区、家化公寓、海泰苑等5个小区的业委会换届选举，成立北外滩街道党建引领业委会建设工作指导委员会。探索“双向交叉任职”，推广“家园秘书”制度，对符合条件的62个业委会，全部组建党的工作小组。建立物业企业测评体系，调整清退社会公众调查中满意度较差的物业，对4个小区物业完成清退更换，1个小区完成质价双提升。（5）社区整治。推进周家嘴路（保定路—大连路）、金山大楼、四川北路—海宁路、江西北路（河滨大楼—新老兴旺）等4处店招店牌改造工程，整治11条道路、3.14千米“架空线”和300余处沿街晾衣架、电话亭、违章搭建。配合区住房保障房屋管理局、虹房集团提升45个小区的外立面，其中11个小区实施“美丽家园”修缮工程，10个小区推进优秀历史建筑修缮，24个小区开展商品房外立面整治工程。结合“美丽家园”建设，推进垃圾厢房智能化改造，30个小区、40个点位的垃圾厢房完成改建投用。按照区域巡查、机动巡查、智慧巡查、分片巡查的原则，分别建立街道社管办、第三方社服、城运中心、城管中队的全覆盖四级联动巡查工作机制，集中治理街道办事处周边1.5千米范围、集贸市场周边、重点路段的顽症问题。完成原街道城管中队在编人员整建制划转，组建街道综合行政执法队，依法承接赋权街道城管执法事项428项。（6）平安社区。针对辖区内危化品企业、小工程施工项目、工贸企业、人员密集场所等，开展全方位安全检查，全年组织安全检查1086次，检查单位544户，检查发现隐患822条，至年底，整改隐患688条。对14个住宅小区、27栋高层建筑实施专项治理，约800人次清理各类堆物垃圾140余车。组织开展辖区安全生产演练103次，其中居民区安全生产及消防安全演练101次，安全生产月综合应急演练1次，“119”消防日消防安全专项演练1次，2000余人次参加。（7）“旧改”工作。新开东余杭路二期、余杭路、昆明路以南3个项目，涉及19个街坊、居民11490户。其中东余杭路二期（79、93、103、104、108、109街坊）共涉及居民3583证、3887户，余杭路（50、52、73街坊），涉及居民1046证、1228户，昆明路以南（83、84、85、86、94、95、96、97、98、99街坊）共涉及居民5432证、6375户。68街坊、北横通道项目、106街坊3幅地块交地。山寿里项目、116街坊、余杭路项目、东余杭路（一期、二期）、昆南项目6个成片“旧改”地块项目（共33个街坊），均签约生效，惠及21103户，北外滩区域成片二级以下旧里“旧改”任务全部完成。（8）服务企业。在白玉兰党群服务站，相继开设企业社保业务政策咨询点、人才服务专窗、虹口公证处“北外滩专窗”。全年受理高级和中级职称申报61人次，解答人事人才政策咨询百余人次。开展“白领午间一小时”健康服务，在新华保险大厦建立北外滩地区首个5G智慧健康驿站，为白领提供线上咨询、远程诊疗、预约就诊等17项服务。克服疫情，以互联网为媒介开展“云招聘”、上线“云课堂”、落实“云办补”、推进“云调解”，进行“周周职点”每周岗位宣传，惠及辖区创业者、求职者200余人，帮扶创业组织99家，帮扶青年创业79人。（9）疫情防控。全年排摸749700户次，排摸1524600人次；境外回沪1016人，居家隔离507人，解除隔离507人；“7+7”隔离人员82人，解除隔离82人；社区健康观测194人，解除管控194人；“2+12”人员1729人，解除管控1729人。全年组织核酸检测5899人次。做好疫苗接种工作，全年接种168120万剂，完成全程接种人数达70589人。成立转运工作小组，完成人员闭环转运200余人次。

（杨沁岳）

图19-11　1月13日，北外滩社区基金会“灯塔计划”专项基金捐赠仪式在北外滩街道春江居委会举行（北外滩街道　提供）

【北外滩社区基金会“灯塔计划”专项基金捐赠仪式】

1月13日在北外滩街道春江居委会举行。仪式上，活动主办方介绍社区基金会成立的背景、正在运作的公益项目发展情况和“灯塔计划”项目设立初衷。街道办事处、北外滩社区基金会、街道社区受理服务中心负责人及上海鸿旭房地产发展有限公司等爱心企业代表共14人参加活动。

（杨沁岳）

【居委会换届选举】

5月22日在25个居委会同步举行。此次选举共登记选民36183名，其中34101名选民参加投票，参选率为94.25%，得票率为95.06%。最终，选出新一届居委会成员142名，其中主任25名、副主任6名、委员111名。

（杨沁岳）

【北外滩建设者之家】

5月27日在北外滩街道第一市民驿站揭牌。建立该服务点旨在探索形成“社区工作者服务建设者、志愿者服务建设者、建设者服务建设者”工作机制，了解北外滩建设者实际需求，通过整合区、街道等各方资源，满足北外滩建设者的实际需求。年内，北外滩街道社区卫生服务中心团队、刘莹党代表工作室、由全国劳模殷仁俊带领的“爱心剪”志愿者服务队等相继入驻，社区志愿者殷菊兰、社区达人巧匠钱国琴也参与其中，为北外滩建设者提供免费理发、医疗服务、法律咨询、图书阅览、电影放映、衣裤缝补、修鞋修伞、文艺演出等志愿服务。

（杨沁岳）

【实事项目4项】

2021年，北外滩街道完成实事项目4项。（1）完成临潼路社区长者食堂智慧提升。（2）完成21个小区垃圾厢房5G智能化提升。（3）完成“老吾老计划”——家庭照护能力提升。（4）完成惠民居委会“两室”标准化建设。

（杨沁岳）

曲阳路街道

【概况】

位于区境东北部，东起密云路、走马塘，西至沙泾港，南起大连西路，北至汶水东路、邯郸路，辖区面积3.05平方千米。有居委会24个、1265个居民小组，居民32124户，实有人口99072人，户籍人口87511人。街道办事处位于巴林路68号，辖区内有初中4所、小学6所、幼儿园8所，有上海技物所、上海材料研究所、国家电网上海市电力公司电力科学研究院、岳阳医院等单位。2021年，街道获得全国综合减灾示范社区、全国民主法治示范社区、上海市社保服务优秀社区、上海市消防安全先进集体、上海市首批街（镇）优质社区学校、上海市五星级阳光之家、上海城市治理最佳实践案例“最佳案例奖”等荣誉；街道组织的《党史故事会》《红色电影故事会》《红色戏剧故事会》《红色歌曲故事会》获得“永远跟党走”2021年上海市民文化节红色故事演讲大赛百个优秀“社区红色故事汇”。（1）社区党建。街道党工委下设行政组织党组、社区党委，有居民区党总支24个，党支部161个，“两新”组织党委2个、党总支1个，党支部71个；有党员7795人，全年发展党员15人。年内，24个居民区同时召开党员大会，其间应到党员5102人，实到党员4531人，参选率88.81%，共选举产生书记24名、副书记6名、委员156名。通过党史学习教育和“我为群众办实事”活动，共实施民生实事和发展实事14项，形成“我为群众办实事”民生项目221个。推进网格化党建工作，在全街道51个责任区网格深入开展“一个网格、一件实事”53项。推进各项换届和选举工作，共选举产生居民区党总支成员186名、新一届区党代表16名、基层支部按期换届151个、新建基层二级党支部10个。组建曲阳“党史宣讲团”，举办“曲阳党史大学堂”系列党课288次。开展党史专题中心组学习15次，其中党史教育中心组学习8次，开展和组织学习各类党课、宣讲、论坛610场，覆盖3.5万余人次。发布曲阳“高兴之旅——改革开放话今朝”“大思政课”线路，接待40余批、1300余人次参观。（2）精神文明建设。每季度开展志愿者大型便民服务活动和业务培训。24个居民区党组织与辖区内近50家单位结对共建。完成20%实有人口做志愿者的目标，约两万人成为街道志愿者。每季度开展曲阳“社区之星”评选活动，全年评选出“社区之星”96名。结合庆祝建党百年，发动居民参加“人人都是宣讲员”“潮涌百年”等讲解活动。（3）民生事务。市民驿站全年服务978243人次，比上年增长43.65%。推动政务服务数字化转型，精细化标签管理平台共梳理基本信息、状态信息、政策信息和动态信息四大类标签159项，录入数据29290条。完成精准就业帮扶平台第一阶段的开发使用，新增岗位发布56个，一键匹配96人次，其中匹配成功24人次。老年日间照料中心日均服务近200人次。完成3个居委会的示范性退役军人服务点建设，优化4个老年日间照料中心，在市民驿站延伸点设立“暖心家园”活动场地和街道红十字服务总站。曲阳“阳光之家”通过市“阳光之家”规范化建设管理五星级评定。（4）社区自治。完成居委会换届选举，共登记选民63398名，当日参选率达88%，选出新一届居委会成员132名（主任24名、副主任7名、委员101名）。完成4个小区、20万平方米的“质价双提升”工作，物业费价格平均提高20%，全年增加物业费收入约50万元。（5）社区整治。全年完成拆违面积1100平方米，任务量完成率110%。对新增违法违建采取“零容忍态度”，查处并拆除各类平台和机制中上报的新建、在建违法建筑25处。2021年“美丽家园”综合改造工程总计约70万平方米，18个小区竣工，22个小区进场施工，4个小区完成方案设计待进场施工。落实沿街商铺上门收运、宣传等目标单位企业700余户，确保辖区垃圾分类工作全覆盖。全年新增各类绿化面积3000平方米，新增赤峰路市级林荫道，市级林荫道从4条（3500米）增加到5条（4500米）。（6）平安社区。提高社区平安工作智能化水平，推进智能梯控和电动车智能充电桩建设，全年完成梯控阻车系统120个，覆盖14个居委会、24个小区；在11个居委会、73个点位采用见缝插针式的方法，安装智能防火充电桩114组。街道成立防范电信网络诈骗专项工作领导小组，举办专项工作启动仪式，张贴宣传海报，定期召开辖区典型网络诈骗警情通报会，宣传鼓励居民安装“国家反诈中心”手机客户端（App），有效提升电信网络诈骗整体防范效能。（7）区域发展。全年引进企业16家，完成企业转换面积任务5904.16平方米。引入数字化工作手段，开发曲阳社会企业信息管理平台，动态掌握辖区各类社会企业存续现状和发展趋势。创立“服务企业诉求工单”评价机制，其间为柏航德必易园设置指示牌，帮助汇乾汇展公司落户，为开隆大厦紧急移除倒伏绿化。以区楼宇园区长联系工作制度为基础，开展街道楼宇园区长联系工作。（8）文体科普活动。组织团队文艺演出8场，观众1300人次。举办线上展览、讲座、特色活动、演出及课程10期，体育“周周练”在线视频发布31期；组织“千人功法普及”培训5场，市民体育科学大讲堂活动1场。协调组织6所学校的体育场地开放工作。组织居民区及团队参加广播操广场舞等4场线上体育比赛。巡查保障居民区55个健身苑点设施设备，通过居民区体育健身苑点市级检查。推动科普条线“办实事”活动，开展居民区为老服务公益讲座24场，服务近千人次，帮助老人学习使用智能终端产品。组织开展科普新干线、《国歌》与上海、新冠疫苗科普讲座、健康养生科普讲座、小区防灾技能培训等活动。（9）疫情防控。全年排摸42231户次，排摸95637人次；境外回沪377人，居家隔离34人，解除隔离34人；“7+7”隔离人员27人，解除隔离27人；社区健康观测174人，解除管控174人；“2+12”人员693人，解除管控693人。做好疫苗接种工作，全年完成18岁以上人员新型冠状病毒疫苗接种133181剂次，12—17岁无学籍未成年人员疫苗接种490剂次。

（李忆萩）

图19-12　6月28日，曲阳路街道举办庆祝中国共产党成立100周年主题活动，曲一居民区党员代表参观曲苑“高兴之旅”展板（曲阳路街道　提供）

【党史学习教育动员大会】

4月1日在街道新时代文明实践分中心举行。会上，街道党工委围绕党史学习教育工作的指导思想、目标要求、组织保障等做全面部署；成立曲阳路街道党史学习教育宣讲团。至年底，复旦大学教师及学生、区域化党建单位代表等宣讲团成员相继到社区党校、居民区及开展线上网络授课6场次，吸引5500人次听讲。

（李忆萩）

【“智能充电桩进小区”项目】

4月14日起在玉二居民区启动试点工作，旨在解决老旧小区电动车充电难题。该项目尝试在不占用消防通道和行人通行的前提下，寻找小区内现有空闲位置，安装电动车智能充电桩，充电的收费标准为5小时/1元，试点安装完成3组。至年底，共在小区内设立见缝插针式充电桩145组。

（李忆萩）

【居委会换届选举】

5月22日举行。24个居委会同时召开换届选举大会，共登记选民63398名，当日参选率达88%，选出新一届居委会成员132名，其中主任24名、副主任7名、委员101名。通过换届选举，街道各居委会工作人员的结构更为合理，向基层组织引入本科及以上学历43人。

（李忆萩）

【庆祝中国共产党成立100周年主题活动】

6月28日在曲阳社区文化活动中心举行。曲阳路街道举办。活动以“颂百年风华，砺初心使命”为主题，通过“忆初心、担使命”“齐奋进、共筑梦”“新时代、踏征程”3个篇章，回顾中国共产党走过的百年历程，展示居民生活在曲阳、“高兴”在曲阳的社区风貌。展览吸引580人次观看。

（李忆萩）

【“百人话百年”曲阳人物事迹展】

6月28日至9月30日在街道社区党群服务中心举行。曲阳路街道举办。展览由“感恩”“奋斗”“实践”“奉献”4个篇章构成，通过典型事例、图照等，展示殷仁俊、胡培华、杨节才、张心亚等100位代表人物的先进事迹。展览吸引千余人次观看。

（李忆萩）

【曲阳社区未成年人绘画作品展】

7月1日至8月15日在曲阳百联儿童友好体验中心举行。曲阳路街道妇儿工委、未成年人保护办公室、曲阳教育小区联合主办。展览以“为民服务孺子牛、创新发展拓荒牛、艰苦奋斗老黄牛”的“三牛”精神为主题，从春节期间举办的“牛年画牛，我最牛”绘画作品征集活动中收到的308幅作品中，遴选画作110幅。来自街道内16所中小学校的学生作者、老师及学生家长约150人参加画展开幕式。展览吸引约8600人次参观。

（李忆萩）

【“加装电梯”集中推进暨居民“加梯监督员”受聘仪式】

7月23日在街道党群服务中心举行。仪式上，巴林、运一、运三、林云、密二等5个居民区向居民代表颁授首批“加梯监督员”聘书；发布由居民代表自主编写的《居民自治加装电梯监督指导手册》。年内，街道逐步完善电梯加装工作方法，形成“党建引领、整体覆盖、分片推进、居民监督”工作模式。至年底，街道内有22台电梯竣工投用。

（李忆萩）

【与苏州市相城区漕湖街道开展联组学习暨共建签约活动】

12月14日，曲阳路街道与苏州市相城区漕湖街道开展联组学习，实地考察沪苏交界处的元荡慢行桥、长三角一体化示范区先行区指挥部水乡客厅及长三角可持续发展研究院。其间，双方签署党建共建协议书，承诺将依托各自资源特色，重点围绕辖区教育、卫生、文化等开展党建共建。

（李忆萩）

【实事项目10项】

2021年，曲阳路街道完成实事项目10项。（1）落实曲阳乐龄生活“1+X”（“1”为曲阳路街道，“X”为智管家、品管家、康管家、洁管家、帮管家、物管家）项目、康养文化项目、木棉花项目，全年向60岁以上老年人提供送餐服务86511人次，完成适老化改造112户。（2）组织开展社区服务集市30次，服务居民9850人次。（3）举办就业创业主题活动14场、面试会64场。（4）推荐成功就业452人，帮扶成功创业132家。（5）通过200余起劳动仲裁先行调解和劳动监察案件，帮助劳动者挽回各类经济损失51万余元。（6）成片推进加装电梯项目，全年双公示40台，开工15台，完工22台。（7）完成12处标准化大件、装修垃圾堆放点建设。（8）开展“卫星锅”专项整治工作，拆除卫星接收设施152个。（9）对辖区9处非机动车棚安装喷淋、烟感等消防设施，增配发放消防救援包500余个，更换灭火器765只。（10）新建东体居委会微型消防站1处。

（李忆萩）

凉城新村街道

【概况】

位于区境西北部，东起水电路，南抵广中路，西靠俞泾浦，北临走马塘，面积3.24平方千米。有居委会25个，居民小组1092个，居民28651户，实有人口98564人，户籍人口73322人。街道办事处位于凉城路661号，辖区内有中学3所、小学4所、幼儿园5所。2021年，街道获得上海市先进基层党组织、2015—2019年度上海市红十字工作先进集体、2021年上海市小学生爱心暑托班优秀办班点等荣誉；街道组织的《凉城新村街道庆祝建党百年经典诵读展评》节目入选“永远跟党走”2021年上海市民文化节红色故事演讲大赛百个优秀“社区红色故事汇”。凉城门球队获得上海市门球锦标赛亚军、上海市门球冠军总决赛第六名。（1）社区党建。街道党工委下设行政组织党组、社区党委，有居民区党总支25个、党支部175个，“两新”组织党委2个、党支部58个；有党员7274人，全年发展党员9人。建立以“一线”贯通社区党群服务中心、社区文化活动中心、比邻党群服务阵地三大物理空间的“一线三圈”体系功能建设架构。新建广粤驿家、新业坊、晟柏科技园3家党群服务站，培育好宜家、雷允上、章氏、大桶大、凉四、广灵二6家党群服务特色小站，共有党群服务站点65家。11个基层党组织与青浦区朱家角镇创建村、横江村、盛家埭村，白鹤镇塘湾村、南巷村、赵屯村、梅桥村、响新村等8个党组织开展结对共建活动。（2）精神文明建设。召开一线工作人员“创文”培训会3次。深化“凉城红记忆”品牌项目，形成以凉城辖区内的抗战英雄、劳动模范、先锋先进为主角的专题学习视频12个，收集整理凉城新老照片100幅，形成《“凉城·社区回忆”图集》。全年开展公益活动805场，服务20465人次。（3）民生事务。开展家庭照护床位工作，形成专业类、生活类、机构类三大类共10项家床服务清单，形成陪医、陪夜、帮办、助餐四大特色，家床签约老人113人。有市、区两级金牌养老顾问14人，银牌养老顾问30人，全年服务老人千余人次。“时间银行”志愿者130人，结对老伙伴高龄独居老人1598人，全年探望9476次，积累时间币715个。做好帮困救助工作，发放低保资金3358人次、3180805元；救助重残无业人员1144人次、1870880元，特困人员152人次、251115元，传统救济人员9人次、11430元；救助支出型贫困人员49人次、58614元，发放门急诊医疗救助465人、321434元，医疗救助122人、673125元，临时救助184人次、124070元，居委帮扶110人、63727.4元。受理计划生育相关行政事项2310件，提供线上线下活动145场，服务4849人次。慰问优抚对象2740人次，发放慰问金67500元；开展活动5场，惠及210余人次。推进“宜居梦”适老化住房改造项目，对3户受益对象的家庭厨房间、卫生间进行改造。广凉、广灵二、广水和汶二居委会通过虹口区示范性退役军人服务站初审。组织红十字培训35场，完成培训救护员110人，普及培训1063人次。华一居民区红十字会被评为首批虹口区红十字会示范性服务站。推荐成功就业160人，帮助启航人员就业57人，帮助成功创业92人，创业新苗扶持12人，组织创业活动12场。以“一网通办”和“一件事”办理为载体，将线上办理操作流程截图做成“事务服务礼包”，其中涵盖退休一件事、居住一件事等多个线上办事流程、“两个免于提交”（凡是市政府部门核发的材料，原则上一律免交；凡是能够提供电子证照的，原则上一律免交实体证照）宣传单页、社区事务受理服务中心咨询电话等，整理完善《凉城社区一件事办理指南》，“一网通办”线上办件量比上年增长59%。（4）社区自治。完成2021年居委会换届选举，产生新一届成员129名，其中居委会主任25名、副主任5名、委员99名，新一届居委会成员中中共党员31人，本科及以上学历47人。完成复旦“两室”软装设计制作，广水、文苑三、凉五等居委会的“两室”软装设计制作和家具采购。推进住宅小区电梯加装，新增签约数58台、通过征询38台、开工20台，新增完工9台、在建18台。（5）社区整治。会同区民防办、区城发公司，在秀苑小区率先实践将既有民防工程改造成为地下车位，缓解小区停车难题，市委书记李强、党史学习教育中央第五指导组等年内先后前往视察调研。完成秀苑小区（凉城路539弄）“美丽家园”工程收尾，实施水电小区、凉东小区、秀苑小区（凉城路465弄、广灵四路572弄）、华一小区、华二小区、奎照路790弄、车站南路291弄、水电路1342弄和1344弄小区的“美丽家园”改造工程，总面积约34.4万平方米，惠及6089户。实施广灵二路、水电路、凉城路、广灵四路4个路段的“美丽街区”建设项目，拆除店招店牌147块。清理道路垃圾700余吨，清运小区干、湿垃圾24.59万余桶，冲洗道路5000余次，清运小区及街面整治垃圾2798车；新建改建垃圾厢房5处，维修老旧厢房设施25处，更换告示牌和指引牌180余块，新增监控点位29处，落实监控点位85处；新建、改建装修垃圾、大件垃圾固定堆点2个，美化5个。开展垃圾分类检查，出动检查巡查人员4420人次，检查单位6652家次，检查沿街商铺15.66万余家次，发现整改问题2.2万余处，移交综合行政执法队处置345家。拆除违法建筑23处、7211.5平方米，开展定期社区巡查1500余人次。落实车站南路凉五居委会外墙特色外立面改造，修复辖区内景观灯光45处。针对沿街商铺门责市容工作开展检查，出动2080余人次，开具市容门责告知书及计分单120余张，移交综合行政执法队处理13件，补发缺失破损门责告知书160余张。第三方街面巡查管理共出动1.12万余人次，发现整改各类违规事件4.9万余起，移交综合行政执法队处置案件92起。结合“世界水日”“中国水周”开展主题宣传活动，聘请4名居民担任民间河长，组建21人的护河志愿者队伍。做好防汛防台工作，出动抢险车辆47辆次、抢险人员221人次；发放店招店牌安全隐患告知书千余份，巡查检查店招店牌千余块，拆除隐患店招店牌43块、隐患广告牌3块；检查人员密集场所3处、在建施工工地2处。开展各类共享单车、无牌电瓶车整治，共整治各类非机动车4700余辆。发现处置各类架空线和小广告500余处。（6）平安社区。对辖区100余家沿街商铺、60余个居民小区、30余个地下空间进行全面检查。结合综治宣传月、安全生产月、国际禁毒日等时间节点，开展“扫黑除恶”、消防安全、禁毒、反邪教等专项宣传活动21次，发放宣传资料1.73万份、宣传品1.11万份。加强元旦、春节烟花爆竹禁燃禁放管控，发动平安志愿者1053人次，服务时间逾2628小时，实现凉城地区烟花爆竹零燃放。在凉城公园开展“扫黑除恶”大型宣传活动，吸引3500余人次参与，发放宣传海报、宣传册1000余份。召开安全生产工作专题会议38次，出动检查人员3933人次，检查社区单位1311家次，查处安全隐患173条，整改173条，发出安全生产监督检查意见书19份，小工程流动作业备案登记58家。对锦苑、广中扩大小区等13个小区进行标志线施划，修复凉城路567弄、凉城路838弄2个小区的标志标线。在626个楼栋增配灭火设备626组，配备消防记录卡3900张，更换户外消防箱15个，修整户外消防箱20个，油漆户外消防箱36个，处理过期灭火器162只，发放灭火毯800条，张贴消防安全、电动车规范充电、“119”宣传海报等4575张。组织辖区内园区、农贸市场、商场等重点企业单位职工开展大型消防逃生演练，220余人参加；65个小区完成夏季消防安全演练，1200余名居民参与；“119”消防月期间，在世纪联华、文苑一居委举行大型消防讲座及逃生演练，110余人参加，发放宣传品200余份。完成2021年度区消防实事项目，在凉二、中虹、梦湖苑、科佳、广粤5个居委会的7个集中充电（停放）电动自行车车库进行简易喷淋、独立式烟感火灾探测器及视频监控系统等设施的安装改造工作。（7）服务企业。发挥“楼（园）长制”优势，实行“一楼一人、一园一人”包干责任制，深入楼宇园区提供“管家式”服务。组织街道商会会员开展“重走一大路”活动及2次素质拓展活动，新引进会员单位3家，走访慰问重点企业101家，街道处级干部走访重点企业120家。全年引进企业36家，楼宇园区转换企业6家，完成服务区域经济目标任务。（8）疫情防控。全年排摸130800户次、229500人次；在境外回沪人员中，集中隔离399人，居家隔离1568人；“7+7”隔离648人，解除隔离648人；社区健康观测399人，解除管控399人；“2+12”管控212人，解除管控212人。做好疫苗接种工作，全年接种12.6万剂，完成全程接种62652人。

（李　艳）

【街道第二家社区食堂】

4月18日在车站北路709号开业。该食堂可为华二、文苑一、文苑二等居民区的4500名老年居民解决日常用餐需求，食堂每日5时30分起提供早餐、10时30分起提供午餐、16时起提供晚餐，除烹饪红烧肋排、酸菜鱼、咖喱鸡块等大荤菜品外，另提供八宝辣酱、虾仁炒蛋、鱼香茄子等小荤、素食菜品近20种，可堂食和外带。至年底，服务11.3万人次。

（李　艳）

【居委会换届选举】

5月22日举行。25个居委会同时召开换届选举大会，共登记选民72894名，当日参选率达84%，选出新一届居委会成员129名，其中主任25名、副主任5名、委员99名。通过换届选举，街道各居委会工作人员的结构更为合理，向基层组织引入本科及以上学历47人。

（李　艳）

【华二小区成立“加梯”办公室】

8月25日，华二小区在全区范围内率先成立以业委会、居民为主体，与居委会、物业联动的小区加梯办公室，主要从事小区加梯工程启动、代建公司选定、征询达标等工作。该举措发挥居民自治能力，也为老旧小区加梯自治探索新方法。至年底，小区有6个楼栋完成加梯双公示。

（李　艳）

【锦苑小区既有公房加装电梯项目】

8月27日，锦苑小区举行加装电梯竣工、开工、签约仪式，凉城路589弄28号、车站北路611弄45号两处加装电梯工程竣工，凉城路589弄20号加装电梯工程开工。至年底，凉城路589弄1号、凉城路589弄4号、车站北路611弄18号、凉城路589弄27号、车站北路611弄46号、凉城路589弄3号6个楼栋完成双公示。

（李　艳）

【“点亮微心愿”活动】

9月29日在凉城公园中心广场举行。凉城新村街道举办。活动以“聚力点亮微心愿、魅力金秋迎国庆”为主题，由点亮“微心愿”仪式、迎国庆文艺汇演及“微心愿”直通车（新时代文明实践之志愿服务）组成。街道党员志愿者，社区居民300余人参加活动。年内，街道收集“微心愿”1739条，全部认领并帮助居民达成心愿。

（李　艳）

图19-13　9月29日，“点亮微心愿”活动在凉城公园中心广场举行（凉城新村街道　提供）

图19-14　9月29日，在“点亮微心愿”活动中，居民上台表演（凉城新村街道　提供）

【街道慈善超市】

10月19日起迁至广灵四路492号1楼沿街处营业。新开慈善超市面积87平方米，较原址增加55平方米，新店具备商品销售、款物募集、便民服务、困难群体救助、慈善文化传播和志愿服务六大功能，成为多功能平台。至年底，超市营业额约2万元，服务近万人次。

（李　艳）

【实事项目6项】

2021年，凉城新村街道完成实施项目6项。（1）新增车站北路709号社区食堂。（2）推荐成功就业160人。（3）开展长者智能技术运用能力提升行动，惠及3547人次。（4）完成上海市小学生爱心暑托班办班，获评上海市暑托班优秀办班点。（5）在水电小区、凉东小区、秀苑小区（凉城路465弄、广灵四路572弄）、华一小区、华二小区、奎照路790弄、车站南路291弄、水电路1342弄和1344弄小区开展“美丽家园”改造工程。（6）为11个电动车集中充电点加装干粉式灭火装置，在7个地下车库安装简易喷淋、独立式烟感火灾探测器和视频监控系统。

（李　艳）

江湾镇街道

【概况】

位于区境北部，东至逸仙路，南至汶水东路、水电路、走马塘，西至西泗塘、场中路、江杨南路，北至安汾路，面积4.17平方千米。有居委会33个，居民小组1589个，居民36921户，实有人口140585 人，户籍人口96691人。辖区内有上海工程技术大学高等职业技术学院、上海南湖职业技术学院、上海市公共卫生学校、上海市南湖职业学校4所大中专院校，上海市复兴高级中学1所高中，有初中3所、小学4所、幼儿园10所（其中民办4所）。有医院7家，其中第四人民医院、江湾镇街道社区卫生服务中心为公办医院，另有民办医院5家。年内，江湾镇街道创建成为上海市首批健康镇（街道），获上海市第七次全国人口普查先进集体称号；虹纺居委会创建成为上海市首批健康村（居）委；江湾镇街道江南丝竹保护传承基地获上海市江南丝竹保护传承基地称号，街道文化中心组织的《“传承红色文化”2021年上海市民文化节江湾镇社区红色故事会》节目入选“永远跟党走”2021年上海市民文化节红色故事演讲大赛百个优秀“社区红色故事汇”。（1）社区党建。街道党工委下设行政组织党组、社区党委；有党总支36个、党支部228个，有“两新”组织党总支2个、党支部48个；有党员7976人，年内发展党员18人。至年底，街道有党群服务站79家，其中居民区党群服务站34家，片区党群服务站6家，社会层面39家。（2）精神文明建设。开发“加装电梯ABC——自如上下的美好生活”“谈谈文化自信”“岁月流恒　恒美江湾”等精品党课。通过“学习强国”等平台开展学习3846场，覆盖党员54780人次。新时代文明实践中心揭牌成立，志愿服务队注册团队63个，有志愿者16589人，开展志愿服务项目百余个。成立华虹苑、彩虹湾2个青年“进物业、进业委会、进小区”三进基地。结对“两新”志愿者服务团队，并组织“小背篓”志愿者，参与垃圾分类和“创文”工作。（3）民生事务。发放各类救助、补助金4879.73万余元，惠及51442人次。以城运中心的实有人口数据库为基础，制作残疾、失独、高龄、独居等身份标签101个，并梳理老龄、救助、就业、计生、残联等民政条线业务和政策；制作低保、低收入、居家养护、助餐、一键通、老伙伴等政策标签114个。完成全国示范性老年友好型社区创建，其中虹湾社区老年友好社区的创建内容作为特色案例报送市卫生健康委。作为认知障碍友好社区试点街道，年内完成认知障碍基线筛查2500份，街道被评为认知障碍社区筛查示范实践基地；在2021年上海市认知症照护优秀案例征集推选活动中，银康老年公寓案例获二等奖、三等奖、优秀奖各一例。开展“百万人次长者智能技术运用能力提升行动”，完成5436人次服务工作。推进居家适老化改造试点，在逸仙路450号设置适老化产品展示厅，全年共完成适老化改造项目110个。市民驿站月均

图19-15　游客漫步彩虹湾公园（戎凯丰　拍摄）

服务6.17万人次。接待参观9次、近300人次。新增第四市民驿站社区食堂和第五市民驿站延伸点（欣逸居委）、第三市民驿站延伸点（学府居委）；第一市民驿站开设“彩虹周末营”，吸引青少年和家长参与社区活动。帮助7名符合政策的儿童申请生活补贴。落实残疾人补贴发放、网上申请辅助器具等政策，提升残疾人士生活质量。社区计划生育协会、老龄办与第四人民医院普外科合作，为“特扶”家庭开展甲状腺、胃肠道、下肢动静脉等疾病讲座9场，服务约200人次。（4）社区自治。探索由社会组织参与，区域单位协调配合的居民自治共治模式；以“周周一个小目标”为指引，打造社区微更新。以“全岗通”3.0版为规范，促使居委会干部从技能通、服务通向治理通转变。（5）社区整治。有“两网”融合点位156个，可回收物服务点位123个，覆盖123个小区、48686户居民；启用“两网”融合中转站1个。“美丽家园”改造工程稳步推进，全年在31个小区开工建设，完成项目建设54万平方米。推进新市南北路沿线4千米的“美丽街区”建设；针对公安街池沟路背街小巷，进行市容环境整治。整治非机动车乱停放千余处、飞线充电百余处，消防设施全覆盖自查更新250余处。完成内墙粉刷422个门栋，绿化补种约12355平方米，道路修补约2000余平方米，停车线补划近4万米。推进居民小区充电桩建设，共推进7个小区、189台充电设施的增设工程，在辖区内6处集中充电场所增设消防设施。持续开展河道整治“清网行动”“清四乱”（乱占、乱采、乱堆、乱建）“三围一堵”等专项整治行动，南泗塘、江湾市河摆脱黑臭。制定《江湾镇街道城市运行管理分中心建设方案》，成立“一网统管”领导小组。街道城运中心依托第一、五片区试运行。全年累计处置“12345”市民投诉案件4736件、区城运中心下派市网格化管理案件5962件、街道网格自行发现并处置案件10700件。（6）平安社区。全年出动消防检查16314人次，检查居民小区、社会单位、沿街商铺、企业单位、重点区域等7076家次。发现火灾隐患8221处，督促整改隐患和违法行为7702处，行政处罚39家，三停（停产停业、停止使用、停止施工）28家，罚款16.3万元。组织开展集中消防宣传15次，投放户外液晶显示屏宣传80余期，发放各类宣传海报1.2万余张，组织各类应急疏散演练40次，参与人员8655人次。开展安全生产检查1756家次，检查在建工地529家次。推进辖区高层住宅小区专项治理，检查小区楼宇8559栋次，督促整改各类隐患1840处；推进电梯防电动车进入管控系统，完成辖区62台居民小区电梯租车系统建设。制定《江湾镇街道社会治安综合治理中心工作制度》等文件。（7）“旧改”工作。完成334、339、361街坊494户“旧改”征收，街道基本完成二级以下旧里的“旧改”工作。（8）服务企业。办好企业家学堂，组织政策宣传、创业辅导等相关创业活动23场、受理创业政策咨询74人次，成功推荐12个创业项目入驻梦创江湾孵化基地。组建专班，摸清辖区内主要产业发展载体，绘制《江湾镇街道产业发展载体分布图》。举办“江湾明珠夜生活节”活动，发展夜间经济。创立“金色江湾”街道商会品牌，至年底商会有会员企业59家。（9）疫情防控。全年排摸1639027户次，累计排摸2993812人次；落实境外重点地区抵沪人员居家隔离观察4人、解除4人，落实集中隔离观察270人、解除270人；落实境内重点地区抵沪人员社区健康观察174人、解除174人；落实社区健康观测1人，解除管控1人；落实“2+12”人员166人，解除管控166人。完成对墨翠里小区76户194名居民、新市北路1508弄12户37名居民的隔离工作，并做好生活保障。完成核酸检测924人次。在街道区域内设置东（轻轨江湾镇站）、南（纪念社区卫生中心、汶水东路）、西（胜利社区家庭医生诊所）、北（第一市民驿站）、中（上海市公共卫生学校）6个固定疫苗接种点。在辖区巡回使用2辆流动接种车，开设557场（次）的疫苗接种，江湾辖区全年完成全程疫苗接种108946人次。

（韩 娟）

【“3·5”学雷锋日创业服务进社区主题活动】

3月5日在上海明珠创意产业园集装箱火车头广场举行。市创业指导专家团虹口分团、虹口区就业促进中心虹雁志愿团、虹口区北部功能区党群服务中心、江湾镇街道劳动保障事务所联合举办。活动以“新时代文明实践，暖心创服在身边”为主题，现场提供法律咨询、开业指导、创业政策咨询、创业贷款等公益服务；微步（上海）商贸有限公司、能哲（上海）智能科技有限公司等15家由“梦创江湾”创业孵化园提供服务的创业团队，展示创业成果，并做品牌推广、产品推销和服务体验。活动吸引百余人参加。

（韩 娟）

【2021虹口文化庙会暨“非遗”文化市集】

5月9日（农历三月二十八）在淞沪铁路旧址的集装箱创意园区主会场举行。区文化旅游局、江湾镇街道联合举办。此次活动以“江湾民俗展新貌，‘非遗’传承焕新颜”为主题，设置江湾公园、江湾源、奎星阁、廊桥、蟠曲舫等“江湾十景”亲子打卡游园会，组织舞龙舞狮、踩高跷、荡湖船等巡街表演，其间区文化馆邀请“非遗”传承人展示何氏兔灯、葫芦艺术雕刻、中国结编织艺术等“非遗”技艺。活动吸引千余人观看。

（韩　娟）

【新市北路沿线小区“美丽家园”改造工程】

5月15日至12月31日进行。区住房保障房屋管理局、江湾镇街道组织实施。该路段沿街的丰二、仁德、文新等小区均建成于20世纪八九十年代，以6层老公房为主，包含少量18层建筑，普遍存在房屋老化、外墙渗漏、小区路面磨损、绿化杂乱、缺乏活动和休憩空间等问题。此次改造范围涵盖丰二、丰镇路2弄、仁德、文新、万东第一等31个小区，建筑面积约74万平方米，涉及居民12800余户，工程从“美化建筑单体”“提升室外环境”“增加绿地面积”“完善附属设施”等方面着手，包括外立面修缮美化、小区出入口和单元门头改造、室内公共部位修缮、路面修整拓宽、绿化修补提升等内容。同时，在小区门头改造过程中，重建入口台阶和坡道，划线区分人行通道和非机动车停车区域，保障居民出行畅通。至年底，丰二小区主体工程基本完成，其余小区均完成单体建设。

（韩　娟）

【居委会换届选举】

5月22日举行。33个居委会同时召开换届选举大会，共登记选民89438名，当日参选率达86.5%，选出新一届居委会成员165名，其中主任33名、委员132名。通过换届选举，街道各居委会工作人员的结构更为合理，向基层组织引入本科及以上学历71人。

（韩　娟）

图19-16　12月1日，逸仙小区“整小区”加装电梯项目竣工（江湾镇街道　提供）

【沽源第一小区、第二小区“整小区”加装电梯工程】

7月20日开工，同时建设电梯18台。此次“整小区”加装电梯的居民区始建于20世纪80年代，2个小区仅隔一条小马路，共用一个物业公司，小区人口构成以老年人为主，有居民690户，其中60岁以上老年人口占比近四成。项目采取“统一征询、统一勘测、统一设计、统一评审”的集约化模式推进，小区全部户型加装电梯设计方案一次性通过安全性论证，其中耗时最短的门栋从开展征询至方案通过仅用40天。至年底，有3台加装电梯竣工并交付使用，另外有10个单元楼完成居民征询工作。

（韩　娟）

【逸仙小区“整小区”加装电梯项目】

12月1日竣工，共计25台。逸仙小区有门栋29个，居民1363户，常住人口2381人，其中60岁以上老年人口900余人，老年人口比例超过37%。为解决老人下楼难题，2020年9月24日，上海首个大型“整小区”加装电梯项目——逸仙小区“整小区”加装电梯项目开工，同时加装电梯25台。征询期间，江湾镇街道逐步摸索形成“党建引领创新治理一体化实施”的加梯“江湾模式”3.0版，即在党建引领下成立加装电梯临时党支部，助力推动整小区加装电梯项目提速增能。至年底，小区内25台加装的电梯竣工交付使用，另有4台加装电梯进入建设审批环节。

（韩　娟）

【实事项目6项】

2021年，江湾镇街道完成为民实事项目6项。（1）新增欣逸社区助餐点、学府社区助餐点和老年人日间照料中心。（2）完成彩虹湾三期公建配套房屋修缮项目。（3）完成第三市民驿站延伸点装修项目。（4）完成街道城市运行管理分中心修缮项目，并投入使用。（5）31个小区的“美丽家园”建设全部开工，总建筑面积约74万平方米。（6）完成广粤路1401弄与万安路1323弄2个“小小区”合并。

（韩　娟）

（栏目编辑　金一超）

家国情怀（王时芳　篆刻）

AZIA

二十、人物·先进

人物简介

全国优秀党务工作者

【王静华】 女，1983年7月生，中共党员，本科学历，嘉兴路街道虹叶居民区党总支书记兼第一党支部书记。王静华自2009年起长期从事社区工作，率先探索家园党建工作，划小做实党小组，努力实现每栋居民楼都有党的组织，每个门栋都有党的工作，每名党员都在社区发挥作用。2018年，贯彻落实习近平总书记“垃圾分类就是新时尚”重要指示精神，引领宇泰景苑小区垃圾实现100%参与分类投放，成为街道首个垃圾分类试点小区。该街道垃圾分类青年志愿者团队获“光荣与力量2019感动上海人物”。2019年5月，王静华作为上海基层党支部书记代表，在中央组织部举办的贯彻《中国共产党支部工作条例（试行）》示范培训班上作经验交流。2021年，被评为全国优秀党务工作者。

（区委组织部）

全国优秀工会工作者

【赵永平】 男，1982年11月生，中共党员，本科学历，现任上海高顿教育科技有限公司党委副书记、助理总裁，上海花园坊节能技术产业园工会联合会主席。赵永平同志积极推动工会改革创新，为更好地促进社会协调、资源共享，通过花园坊工会联合会的示范引领，在广中路街道形成“工会15分钟活力圈”，充分发挥工会枢纽作用，形成花园坊、龙之梦、运动loft等“职工服务中心、服务站、服务点”三级服务网络，让工会会员步行不超过15分钟就能享受到工会优质贴心服务，增强工会工作的凝聚力和影响力。2019年获上海市非公企业工会改革先进个人，2020年获全国优秀工会工作者。

（区总工会）

全国优秀共青团干部

【李超】 男，1987年1月生，中共党员，博士学位，现任上海市复兴高级中学团委书记、教师，虹口区青年联合会第九届委员会委员。作为一名团干部，李超指导2017级8班团支部积极参与上海市和全国五四红旗团支部的创评，该团支部先后获评2018年度上海市五四红旗团支部、全国五四红旗团支部。李超曾获2019年度上海市优秀共青团干部。作为一名教师，李超不仅扎根基础教育，还参与STEM课程以及研究性课题指导，其指导的学生在国家级、市级等比赛中荣获13个奖项，李超多次获评优秀指导教师。2021年，李超被评为2020年度全国优秀共青团干部。

（团区委）

全国优秀共青团员

【沈丹宇】 女，1993年6月生，中共预备党员，现任上海市阳光社区青少年事务中心虹口工作站江湾工作组组长、上海市高级技工学校联校工作负责人。作为街道青少年社工组组长，沈丹宇勤奋努力、踏实肯干，扎根基层，在疫情中带领社工奋战在社区疫情防控工作一线；通过专业服务、撰写调研报告以及“家长学堂”项目等形式，7年来累积服务社区青少年5000人次以上，在联校工作、社区服务等方面出色完成各项任务。沈丹宇曾连续4年获得虹口区服务青少年先进个人奖项。2021年，沈丹宇被评为全国优秀共青团员。

（团区委）

全国侨联系统抗击新冠肺炎疫情优秀个人

【许海南】 男，1961年5月生，新加坡侨眷、上海市侨联委员、虹口区人大代表、虹口区侨联副主席、虹口区侨商会常务副会长、欧阳路街道侨联主席，现担任上海泳霖樱之花实业发展有限公司董事长。2020年新型冠状病毒肺炎疫情发生以来，许海南积极提供物资保障，引导广大爱国侨商踊跃投身到抗疫工作中。他牵线搭桥，与常年定居西班牙的虹口区侨商会会长李汝龙取得联系，通过西班牙华人社团组织等各种渠道购买口罩，并将防疫物资通过空运的方式及时送至国内。此后，许海南还先后以个人和公司名义向上海市慈善基金会虹口分会、上海市华侨基金会捐赠人民币3万元，向欧阳路街道办事处捐赠口罩1万只、牛奶500箱，用于支援社区一线抗疫工作。2021年，许海南被评为全国侨联系统抗击新冠肺炎疫情优秀个人。

（区侨联）

全国普法工作先进个人

【肖阳】 女，1988年8月生，中共党员，硕士研究生学历，现任虹口区人民检察院办公室主任。肖阳负责的宣传团队坚持围绕中心服务大局，充分利用微信、微博、“今日头条”等新媒体宣传渠道，准确把握短视频、直播等“风向标”，创新形式开展普法宣传，推动检察工作走出“法律圈”融入百姓“朋友圈”，区检察院连续三年被评为全国检察宣传工作先进单位。参与主演普法微视频《套路贷之祸》获中央政法委员会第三届平安中国十大微视频奖、全国检察机关新媒体“十佳作品奖”等数个奖项。曾获上海市检察院三等功、上海市优秀共青团干部、上海市巾帼建功标兵等称号。2021年，肖阳获2016—2020年全国普法工作先进个人。

（区检察院）

全国最美志愿者

【张家禾】 男，1956年5月生，中共党员，上海市注册志愿者、虹口记忆传讲工作室首席传讲人、虹口区“文化三地”志愿宣讲团领衔人。曾获上海市社会主义精神文明十佳好人好事、上海市优秀志愿者、上海市民终身学习人文行走优秀导学志愿者等。他开发“多伦路街区的红色记忆”教学项目和红色文化线路，在上海首创“行走的党课”党性教育现场教学模式，已累计开展志愿宣讲782场，行走2000余千米，3万余人次现场听讲，近40万人次线上听讲。打造虹口区“文化三地”志愿服务特色品牌，影响力已辐射到全国。在2021年度全国学雷锋志愿服务“四个100”先进典型宣传推选活动中被推选为全国最美志愿者。

（区委宣传部）

全国最美教师

【陈明青】 女，1975年12月生，中共党员，教育硕士，上海市特级教师，正高级教师，华东师范大学第一附属中学思政课教师，教育部大中小学思政课一体化建设指导委员会、教育部基础教育教学专家指导委员会委员。23年来，陈明青在教育教学上以努力开发每一个学生的潜能，最大限度地让学生实现自我价值，进行自我发展为目标，形成“生本教育体系”的教学特色，在扩展学生的经验、丰富学生的潜能、缩小学生之间的差距、养成学生的主观心理文化、凸显教学的主观效应等方面取得较好的效果。曾获全国劳模、全国先进工作者、全国模范教师、上海市优秀思想政治工作者，2021年被中央宣传部、教育部评为全国最美教师。

（区教育局）

上海市“百年初心奋斗者”先进典型

【张心亚】 女，1947年12月生，中共党员，上海张心亚助残工作室领衔人。曾获全国最美志愿者、全国最佳志愿服务组织领衔人、2021年十大感动上海年度人物。2005年，虹口区曲阳社区成立“阳光之家”，张心亚第一个报名做志愿者，2012年，成立“张心亚助残工作室”，以残障人士的需求为导向，帮助残障人士学习跳舞、唱歌、摄影、抖空竹、十字绣，聆听各类讲座，学会简单的生活自理技能。至2020年底，先后服务41万人次、48万小时。2021年，包括新华社等6家央媒、《解放日报》等15家市媒在内的媒体记者在张心亚助残工作室进行集中采访活动。各大主流媒体以“百年初心奋斗者”专栏，对张心亚的先进事迹进行专题报道。

（区委宣传部）

先进荣誉名录

先进集体

【全国五四红旗团委】

共青团上海高顿教育科技有限公司委员会

【第20届全国青年文明号】

虹口区人民检察院第一检察部

【2019—2020年度全国“青少年维权岗”】

虹口区人民检察院未成年人检察办案组

【全国三八红旗集体】

中共四大纪念馆宣教部

【全国维护妇女儿童权益先进集体】

虹口区曲阳路街道妇联

【全国法院先进集体】

虹口区人民法院金融审判庭

【第八批全国民族团结进步示范区示范单位】

虹口区曲阳路街道

【上海市先进基层党组织】

虹口区曲阳路街道社区卫生服务中心党支部

华东师范大学第一附属中学党总支

虹口区民政局机关党支部

虹口区凉城新村街道文苑第一居民区党总支

虹口区欧阳路街道邮电居民区党总支

北外滩（集团）有限公司第一党支部

虹口区旧区改造和房屋征收工作指挥部第二党支部

【2021年度上海市五一劳动奖状】

上海紫苏文化传媒有限公司

虹口区疾病预防控制中心

上海虹口城市建设发展有限公司

上海景瑞物业管理有限公司（竞赛类）

丽迅企业发展（上海）有限公司（竞赛类）

【2021年度上海市工人先锋号】

上海锦洋船员劳务公司神华“516”轮班组

上海市第四人民医院妇产科

狮城怡安（上海）物业管理股份有限公司轨道交通事业部

上海三吉电子工程有限公司进博大型保障团队

顺丰速运集团上海速运有限公司通州分部

虹口区住房保障和房屋管理局住房保障科（竞赛类）

虹口区行政服务中心窗口服务科（竞赛类）

【2020年度上海市青年五四奖章集体】

虹口区第三中心小学“红杉”青年教师团队

华东师范大学第一附属中学政治教研组青年团队

【2019—2020年度上海市三八红旗集体】

虹口区商务委员会外资促进管理科

虹口区曲阳路街道城市运行综合管理分中心

虹口区社会保障服务中心

虹口区青少年体育运动学校教育训练处

上海东虹环境保洁有限公司曲阳公厕班

先进个人

【第十二届全国五好家庭】

耿小彦家庭

【2020年第二批全国最美家庭】

陈荣庆家庭　　李勤彦家庭

【2021年全国最美家庭】

董瑞家庭

【上海市优秀党务工作者】

虹口区嘉兴路街道虹叶居民区党总支书记　王静华

虹口区卫生健康工作党委书记　朱　浩

上海市第四人民医院党委委员、第九党支部书记、呼吸与危重症医学科主任、工会主席　张益辉

虹口区旧区改造和房屋征收工作指挥部党委书记、常务副总指挥，区住房保障和房屋管理局副局长、一级调研员　杨叶盛

虹口区北外滩街道提篮桥居民区党总支书记　奚　红

虹口区军队离休退休干部服务管理中心第八党支部书记　平建光

虹口区四川北路街道山一居民区党总支书记　陈荣庆

上海市天一律师事务所党支部书记、高级合伙人　陆　艳

上海高顿教育科技有限公司党委书记、董事长、首席执行官　李　锋

【2021年上海工匠】

中级工程师，上海三吉电子工程有限公司党支部书记、副总经理，区职工创新工作室（三吉融合通信创新工作室）领衔人　秦　磊

【2020年度上海市青年五四奖章个人】

《解放日报》社首席评论员、《解放日报》·上观新闻政情频道栏目主编　朱珉迕

上海高顿教育科技有限公司资深副总裁　李　珂

虹口区人民检察院第二检察部主任　周　健

上海市第四人民医院ICU副护士长，院团委副书记　蒋金花

上海市公安局虹口分局嘉兴路派出所社区民警　陈梁顺

上海识装科技信息有限公司创始人、首席执行官　杨　冰

虹口区凉城新村街道广灵二居民区党总支书记　李　倩

上海市远东律师事务所党支部副书记、律师　邢桦彬

上海安路信息科技股份有限公司研发部资深经理　余建德

虹口区北外滩街道宣传中心干部　戴幸一

【2019—2020年度上海市三八红旗手】

虹口区嘉兴路街道瑞虹第一居民区党总支书记　华　磊

上海中医药大学附属上海市中西医结合医院肺病科护士长　严晓晴

北京观韬中茂（上海）律师事务所高级合伙人　邹红黎

上海市北虹高级中学党总支书记、校长　张　峻

上海蔓楼兰企业发展有限公司总经理　陈　黎

中远海运集装箱运输有限公司总会计师　郑　琦

金光纸业（中国）投资有限公司副总裁　翟京丽

【2021年度“海上最美家庭”】

阎芳家庭　　樊国樑家庭

丁志伟家庭　　周雪家庭

汪云家庭　　沈静家庭

冯楠家庭

（栏目编辑　季建智）

附　录

机构与领导名录

中共虹口区第十届委员会（—2021.11）

书　记　吴信宝（—2021.1）
　　　　郭　芳（女）（2021.1—）
副书记　胡广杰
　　　　洪　流（女）（—2021.9）
　　　　杜松全（2021.9—）
常　委　吴信宝（—2021.1）
　　　　郭　芳（女）（2021.1—）
　　　　胡广杰
　　　　洪　流（女）（—2021.9）
　　　　杜松全（2021.9—）
　　　　贺毅群（—2021.9）
　　　　王智华（—2021.9）
　　　　张　伟（—2021.4）
　　　　杨春花（女）（—2021.9）
　　　　吴　强　苗光辉
　　　　周　嵘（2021.6—）
　　　　郑　宏（2021.9—）
　　　　蒋仁辉（2021.9—）
　　　　姜　勇（2021.9—）
　　　　关也彤（2021.9—）
委　员（按姓氏笔画为序）
　　万建辉　王智华（—2021.9）
　　石宝珍（女）　乐跃明
　　朱　浩　关也彤（2021.9—）
　　孙　敏（女）　杜松全（2021.9—）
　　李　铭（女）（—2021.9）
　　李　磊　杨春花（女）（—2021.9）
　　杨海涛　吴　强　吴延风
　　吴信宝（—2021.1）　沈敬威
　　张　伟（—2021.4）
　　张　清（—2021.9）　张伟胜
　　苗光辉　欧阳小平　罗　隽
　　周　嵘　郑　宏　郑蔚芸（女）
　　胡　军（女）　胡广杰
　　姜　勇（2021.9—）　姜　靖（女）
　　洪　流（女）（—2021.9）
　　宣一洲　贺毅群（—2021.9）
　　耿　彧（女）
　　郭　芳（女）（2021.1—）
　　郭启文　黄丽芳（女）
　　蒋仁辉（2021.9—）　蒋霜胤（女）
　　温美平　谢海龙
　　蔡　伟（—2021.9）　蔡正茂

中共虹口区第十一届委员会（2021.11—）

书　记　郭　芳（女）
副书记　胡广杰
　　　　杜松全
常　委　郭　芳（女）
　　　　胡广杰　杜松全
　　　　蒋仁辉　吴　强
　　　　苗光辉　姜　勇
　　　　周　嵘　郑　宏
　　　　关也彤　宣一洲
委　员（按姓氏笔画为序）
　　万建辉　王　琳（女）
　　王　磊（教育局）　王　磊（嘉兴）
　　王宇展　石宝珍（女）
　　叶　忻　乐跃明　朱勤皓
　　刘玉伟　关也彤　孙　军
　　杜松全　李　鹏　杨　静（女）
　　吴　迪　吴　强　张伟胜
　　陈　帅　苗光辉　罗　隽
　　周　嵘　郑　宏　胡广杰
　　柳国青　姜　勇　姜　靖（女）
　　宣一洲　耿　彧（女）　徐普宝
　　郭　芳（女）　陶　红（女）
　　黄　丹（女）　章　维（女）
　　梁丽娜（女）　蒋仁辉
　　蒋霜胤（女）　谢海龙　蔡正茂
候补委员（按得票多少为序）
　　许　勤　李国庆　胡伟文
　　程　军　李　骥　郝立国
　　温美平

中共虹口区委工作机构

区委办公室主任
　　徐普宝（—2021.10）
　　叶　忻（2021.10—）
区委机要局（区密码管理局）局长
　　徐普宝（—2021.12）
　　叶　忻（2021.12—）
区委研究室主任
　　边　频（女）
区委保密委办公室主任
　　江　辉
区委保密局局长
　　江　辉
区委组织部部长
　　杨春花（女）（—2021.9）
　　蒋仁辉（2021.9—）
区委编委办公室主任
　　（空缺）
区社会工作党委书记　李红波

区公务员局局长 王 敏（女）
区委宣传部部长 吴 强
区精神文明建设委员会办公室主任
赵 明（—2021.10）
宋 叶（女）（2021.10—）
区政府新闻办公室主任
李社祥（—2021.10）
徐雪琛（2021.10—）
区委网络安全和信息化委员会办公室主任
徐雪琛（—2021.10）
李社祥（2021.10—）
区委统一战线工作部部长
贺毅群（—2021.9）
郑 宏（2021.9—）
区政府台湾事务办公室主任
章 敏（女）
区政府民族宗教事务办公室主任
芦 雷
区政府侨务办公室主任
章 敏（女）（—2021.12）
王 超（2021.12—）
区委政法委员会书记
宣一洲（2021.9—）
区区级机关工作党委书记
刘 勤
区委老干部局局长 黄宝琳（女）
区委、区政府信访办主任 展子栋
区档案局局长
陆 健（—2021.12）
苏 丽（女）（2021.12—）
区委党史办公室主任 王佩军
区委巡察办主任
缪一鸣（—2021.8）
卢 颖（女）（2021.9—）
区委党校校长
洪 流（女）（—2021.9）
杜松全（2021.9—）
区社会主义学院院长
贺毅群（—2021.9）
郑 宏（2021.9—）

虹口区第十六届人大常委会

主 任 吴延风
副主任 陈 良 胡 军（女）
岳彩新 李佳玉（女）
谢榕榕（女）
委员（按姓氏笔画排列）
王 颖（女）
王 琳（女）（2021.1—）
王小波（女）
王本弘（2021.1—）
王祖彪 方 华 刘定明
刘金玲（女） 安茂亭
许莅群（女）李 蕾（女）
杨国兴 肖蓉芳（女）
狄洁姗（女） 张 政 郑兴东
郑蔚芸（女）（—2021.1）
胡青云 钟海滨（女）
顾爱华 徐文庆 徐素娣（女）
郭海英（女）
梁丽娜（女）（2021.1—）
廖 夏

虹口区人民代表大会工作机构

法制（监察司法）委员会主任委员
杨国兴
社会建设委员会主任委员
郭海英（女）
财政经济委员会主任委员 王祖彪

虹口区人大常委会办事机构和工作机构

代表资格审查委员会主任委员
陈 良
办公室主任 徐素娣（女）
办公室（研究室）副主任
施晓蕾（女）（—2021.3）
代表工作室主任
安茂亭（—2021.11）
许莅群（女）（2021.11—）
人事工作委员会主任
郑蔚芸（女）（—2021.1）
王 敏（女）（2021.11—）
预算工作委员会主任
王祖彪（—2021.11）
陈 健（女）（2021.11—）
教育科技文化卫生工作委员会主任
肖蓉芳（女）（—2021.11）
陆 文（2021.11—）
华侨民族宗教事务工作委员会主任
肖蓉芳（女）（—2021.11）
陆 文（2021.11—）
城市建设和环境保护工作委员会主任
胡青云（—2021.11）
张佳东（2021.11—）
四川北路街道工作委员会主任
李 鹏
欧阳路街道工作委员会主任
王 磊
嘉兴路街道工作委员会主任
狄 梁（—2021.9）
王 磊（2021.9—）
曲阳路街道工作委员会主任
谢海龙（—2021.11）
徐普宝（2021.11—）
北外滩桥街道工作委员会主任
李 俊（—2021.9）
蒋霜胤（女）（2021.9—）
广中路街道工作委员会主任
杨 静（女）
凉城新村街道工作委员会主任
乐跃明
江湾镇街道工作委员会主任
刘玉伟（—2021.9）
黄 丹（女）（2021.9—）

虹口区人民政府

区 长 胡广杰
副区长 张 伟（—2021.3）
张 清（—2021.9）
周 嵘
张 雷
郑 宏（—2021.9）
李 铭（女）（—2021.9）
关也彤（2021.7—）
柳国青（2021.9—）
陈筱洁（女）（2021.9—）

虹口区人民政府工作机构

区政府办公室主任
宣一洲（—2021.9）
刘玉伟（2021.9—）
区政府外事办公室主任
宣一洲（—2021.9）

刘玉伟（2021.9—）
区政府合作交流办公室主任
宣一洲（—2021.9）
刘玉伟（2021.9—）
区政府机关事务管理局局长
徐　晖
区发展和改革委员会党组书记
蔡　伟（—2021.10）
万建辉（2021.10—）
主　任
蔡　伟（—2021.11）
万建辉（2021.11—）
区商务委员会党组书记、主任
伍志勇
区经委主任　伍志勇
区粮食和物资储备局局长　伍志勇
区教育工作党委书记　黄丽芳（女）
区教育局局长　李国庆
区科学技术委员会党委书记
万建辉（—2021.10）
蔡正茂（2021.10—）
主　任
万建辉（—2021.11）
蔡正茂（2021.11—）
区信息化委员会主任
万建辉（—2021.10）
蔡正茂（2021.10—）
市公安局虹口分局党委书记
张　清（—2021.9）
柳国青（2021.9—）
局　长
张　清（—2021.11）
柳国青（2021.11—）
区民政局党组书记、局长
耿　彧（女）
区地区办公室主任
耿　彧（女）
区社会组织管理局局长
耿　彧（女）
区司法局党委书记、局长
王　浩（—2021.9）
区财政局党组书记　姜　靖（女）
区财政局局长　高庆迁
区人力资源和社会保障局党组书记
蔡正茂（—2021.10）
金慧莲（女）（2021.10—）
局　长
蔡正茂（—2021.11）
金慧莲（女）（2021.11—）
区规划和自然资源局党组书记
程　军（—2021.7）
罗翌弘（女）（2021.7—）
局　长
程　军（—2021.9）
罗翌弘（女）（2021.9—）
区北外滩开发建设管理办公室党组书记　程　军（2021.9—）
主　任　程　军（2021.11—）
区生态环境局党组书记、局长
俞慧芳（女）
区建设和管理委员会党组书记、主任
罗　隽
区文化和旅游局党组书记
陆　文（—2021.9）
赵　明（2021.9—）
区文化和旅游局局长
陆　文（—2021.9）
王　维（2021.9—）
区卫生健康工作党委书记　朱　浩
区卫生健康委员会主任　张伟胜
区退役军人事务局党组书记、局长
张　斌
区应急管理局党委书记、局长
张佳东（—2021.9）
田　飞（2021.9—）
区审计局党组书记、局长
陈　健（女）（—2021.9）
俞健青（2021.9—）
区市场监督管理局党组书记
胡伟文
区市场监督管理局局长
胡伟文（—2021.11）
范春燕（女）（2021.11—）
区知识产权局局长
胡伟文（—2021.10）
范春燕（女）（2021.10—）
区国有资产监督管理委员会党委书记、主任　陶　红（女）
区集体资产监督管理委员会主任
陶　红（女）
区体育局党组书记、局长
周　静（女）
区统计局党组书记
缪　缈（—2021.10）
金从力（2021.10—）
局　长
缪　缈（—2021.11）
金从力（2021.11—）
区医疗保障局党组书记
金慧莲（女）（—2021.10）
缪　缈（2021.10—）
局　长
金慧莲（女）（—2021.11）
缪　缈（2021.11—）
区绿化和市容管理局党组书记、局长　许　勤
区住房保障和房屋管理局党组书记、局长　吴　迪
区城管执法局党组书记、局长
刘　阳
区民防办公室党组书记、主任
沈敬威
区金融工作局党组书记、局长
李　骥
区投资促进办公室党组书记、主任
郝立国
区航运服务办公室主任　郝立国
市国家安全局虹口分局党委书记、局长
徐长海（—2021.7）
郝迎根（2021.7—）
国家税务总局上海市虹口区税务局党委书记、局长　吴　恩

政协第十四届虹口区委员会

主　席　石宝珍（女）
副主席　郭启文
郑蔚芸（女）（2021.1—）
高庆迁　符杰普
秘书长　姜汉军
常委委员（按姓氏笔画为序）
王　辉　邓亚新（女）
叶　忻　冯　运　圣　缘（女）
吕　毅　朱建舟　伍爱群
刘玉军　芦　雷　杨利（女）

何忠孝 何培新 闵 佳
宋国华 张 青（女） 张建新
张家美（女） 陆 建 陈尚云
陈忠伟 陈 俭 邵正中
范春燕（女）（2021.1—）
林 振 周 武 周 浩
俞庆榕 俞慧芳（女） 姜 卫
袁忠民 谈佩文（女） 谈建华
黄 清（女） 章 敏（女）
梁 旗 童卫旗 翟淑华（女）
颜 清（女） 戴嘉怡（女）

虹口区政协工作机构

办公室主任 姜汉军
专委办主任
马冬云（女）（—2021.10）
文东蕾（女）（2021.10—）
提案委员会主任
郑蔚芸（女）（2021.3—）
经济委员会主任 姜 卫
人口资源环境委员会主任
俞慧芳（女）
教科卫体委员会主任 杨 利（女）
社会和法制委员会主任 袁忠民
文化文史和学习委员会主任 陈 俭
民族宗教港澳台侨外事委员会主任
章 敏（女）
委员联络室副主任 钱大椿
地区指导委员会主任 徐伟年

中共虹口区第十届纪律检查委员会（—2021.11）

书 记 王智华（—2021.9）
姜 勇（2021.9—）
副书记 杨 列（—2021.8）
殷光霁
常 委 王智华（—2021.9）
姜 勇（2021.9—）
杨 列（—2021.8）
殷光霁 赵新华（—2021.5）
王 慧（女）（—2021.9）
卢 颖（女）
邱 彬（2021.5-）
委 员（按姓氏笔画为序）
马 莉（女） 王 琳（女）
王 超 王 慧（女）
王传良 王智华 卢 颖（女）
朱海荣 刘 勤 刘东辉
孙炯怡（女） 苏 平 李 骥
李社祥 杨 列 杨 利（女）
吴亚杰 邱 彬（2021.5—）
沈 立 张 宁（女）
张 珺（女） 张 捷 张 勤
张卫军 赵新华（—2021.5）
姜 勇（2021.9—） 徐 涛（女）
徐伟年 殷光霁 黄宝琳（女）
曹玉杰（女） 缪一鸣

中共虹口区第十一届纪律检查委员会（2021.11—）

书 记 姜 勇
副书记 殷光霁 缪一鸣 吴亚杰
常 委 姜 勇 殷光霁 缪一鸣
吴亚杰 卢 颖（女）
邱 彬 张 珺（女）
李 洁（女） 钱 玮（女）
委员（按姓氏笔画为序）
王 敏（女） 卢 颖（女）
牟元舫（女） 李 洁（女）
李 绮（女） 杨文胜 肖晚祥
吴亚杰 邱 彬 宋 怡（女）
宋云峰 张 珺（女） 张 捷
张 榕 张卫军 张建波
陈 昱（女） 陈 鹏 林 崇
赵盈盈（女） 俞健青 姜 勇
钱 玮（女） 徐 军
徐 涛（女） 徐雪琛 郭志刚
殷光霁 曹玉杰（女）
崔晓丽（女） 缪一鸣

虹口区监察委员会

主 任 王智华（—2021.11）
副主任、代理主任
姜 勇（2021.11—）
副主任 杨 列（—2021.9）
殷光霁 缪一鸣（2021.9—）
吴亚杰（2021.11—）
委 员（按姓氏笔画为序）
卢 颖（女）（—2021.11）
赵新华（—2021.5） 张卫军
张 榕 邱 彬（2021.9—）
李 洁（女）（2021.11—）
钱 玮（女）（2021.11—）

虹口区纪委（监察委）工作机构

办公室主任
徐 军（—2021.9）
杨敏骥（女）（2021.9—）
组织部部长
王 慧（女）（—2021.9）
张 珺（女）（2021.9—）
宣传部部长
钱 玮（女）（—2021.9）
刘长艳（女）（2021.9—）
案件审理（法规室）主任
李 洁（女）
党风政风监督室（研究室）主任
卢 颖（女）（—2021.9）
钱 玮（女）（2021.9—）
信访室主任
张琛嫣（女）（—2021.9）
吴志波（2021.9—）
案件监督管理室（技术装备保障室）主任
赵新华（—2021.5）
邱 彬（2021.8—）
第一监督检查室主任 张卫军
第二监督检查室主任 （空缺）
第三监督检查室主任 丁 宁（女）
第四审查调查室主任 张 榕
第五审查调查室主任
邱 彬（—2021.8）
于立峰（2021.9—）
第六审查调查室主任 王 强

虹口区人民法院

院 长 王宇展

虹口区人民检察院

检察长 曾国东（—2021.11）
副检察长、代理检察长
孙 军（2021.11—）

虹口区民主党派机构

中国国民党革命委员会上海市虹口区

委员会主委　刘金玲（女）
中国民主同盟上海市虹口区委员会主委
符杰普（—2021.3）
王　维（2021.3—）
中国民主建国会上海市虹口区委员会主委　谢榕榕（女）
中国民主促进会上海市虹口区委员会主委
常生龙（—2021.1）
颜　清（女）（2021.1—）
中国农工民主党上海市虹口区委员会主委　谢春毅
中国致公党上海市虹口区委员会主委
徐廉芳（—2021.6）
范春燕（女）（2021.6—）
九三学社上海市虹口区委员会主委
高庆迁（—2021.6）
章冀龙（2021.6—）

街道

嘉兴路街道党工委书记
狄　梁（—2021.8）
王　磊（2021.8—）
办事处主任
徐　雯（女）（—2021.9）
黄海滨（2021.12—）
四川北路街道党工委书记　李　鹏
办事处主任　沈嗣全
欧阳路街道党工委书记　王　磊
办事处主任　黄海滨（—2021.12）
广中路街道党工委书记
杨　静（女）
办事处主任
顾雪峰（—2021.9）
潘　璐（2021.9—）
北外滩街道党工委书记
李　俊（—2021.8）
蒋霜胤（女）（2021.8—）
办事处主任　龚　浩
曲阳路街道党工委书记
谢海龙（—2021.10）
徐普宝（2021.10—）
办事处主任
王　磊（—2021.8）
何东滔（女）（2021.8—）
凉城新村街道党工委书记　乐跃明
办事处主任
陈　懿（女）（—2021.7）
沈忠裕（2021.7—）
江湾镇街道党工委书记
刘玉伟（—2021.9）
黄　丹（女）（2021.9—）
办事处主任　杨　韬

虹口区各人民团体

上海市虹口区总工会主席
胡　军（女）
共青团上海市虹口区委员会书记
梁丽娜（女）
上海市虹口区妇女联合会主席
王　琳（女）
上海市虹口区工商业联合会主席
王文其
上海市虹口区科学技术协会主席
褚君浩
上海市虹口区归国华侨联合会主席
姚　健（女）
上海市虹口区残疾人联合会理事长
王业红（女）（—2021.10）
王　慧（女）（2021.10—）
上海市虹口区红十字会会长
张　雷（—2021.12）
陈筱洁（女）（2021.12—）

统计资料

表 1　区域概况

	单位	2021 年	2020 年
街道	个	8	8
居民委员会	个	202	200
区划面积	平方公里	23.48	23.48
户籍人口	人	663419	694322
#女性	人	340935	356430
家庭户数	户	246754	254328
户籍人口密度	人/平方公里	28255	29571
户籍人口出生率	‰	3.52	4.02
户籍人口死亡率	‰	10.92	10.44
户籍人口自然增长率	‰	-7.40	-6.43

（续表）

表 1	区域概况		
	单位	2021 年	占比（%）
户籍人口	人	663419	100.0
#18 岁以下	人	66941	10.1
60 岁及以上	人	286628	43.2
年末城镇登记失业人数	人	5970	0.9
年末低保人数	人	6118	0.9
年末有证残疾人	人	27850	4.2

说明：资料由区统计局提供。

表 2	各街道户籍人口		
	总户数（户）	总人口（人）	
			#女性
合　计	246754	663419	340935
欧阳路街道	23829	61023	31766
曲阳路街道	32124	87511	45474
广中路街道	34588	89664	45914
嘉兴路街道	31858	86568	44322
凉城新村街道	28651	73322	37822
四川北路街道	24052	70713	36587
北外滩街道	34731	97927	50160
江湾镇街道	36921	96691	48890

说明：资料由区统计局提供。

表 3	财政收支		
			单位：万元
	2021 年	2020 年	同比（±%）
三级财政收入	**4036516**	**2451818**	**64.6**
区级财政收入	1552277	1193888	30.0
#税收收入	1397700	1075108	30.0
#增值税	561367	503798	11.4
个人所得税	130040	84860	53.2
#洋山港调库	1824	200413	−99.1
市级财政收入	905646	622707	45.4

（续表）

表3 财政收支

单位：万元

中央财政收入	1578593	635223	148.5
财政支出	**1950233**	**1626597**	**19.9**
#一般公共服务	84655	83243	1.7
公共安全	112876	104790	7.7
教育	324516	319700	1.5
社会保障和就业	181567	180569	0.6
卫生健康	102635	93240	10.1
城乡社区事务	504969	277600	81.9

说明：资料由区财政局提供。

表4 按国民经济行业分税收

单位：万元

	三级税收	同比（±%）	区级税收	同比（±%）
合　计	**3562634**	**60.5**	**1097792**	**47.1**
制造业	25887	−38.2	7713	−33.2
电力、热力、燃气及水生产和供应业	14210	136.4	3894	109.7
建筑业	82235	26.3	27043	27.4
交通运输、仓储和邮政业	791722	334.9	183338	274.7
信息传输、软件和信息技术服务业	159212	34.3	44529	30.5
批发和零售业	512559	28.5	151137	27.9
住宿餐饮业	6897	−10.1	2922	−6.2
金融业	728530	49.0	203681	51.1
房地产业	469713	26.2	247291	18.7
租赁和商务服务业	601893	45.0	177287	36.9
科学研究和技术服务业	90041	27.8	27367	28.7
水利、环境和公共设施管理业	3929	−2.3	1162	−12.0
居民服务、修理和其他服务业	10676	41.5	3038	39.7
教育	28845	104.7	7858	127.6
卫生和社保工作	20998	15.0	4709	12.7
文化、体育和娱乐业	13959	88.3	4351	130.7
公共管理、社会保障和社会组织	1329	17.2	473	24.0

说明：（1）税收行业结构仅包含企业税收；
（2）资料由区税务分局提供。

表5	工业经济	
		单位：万元
	2021年	同比（±%）
规模以上工业总产值	**580865**	**14.1**
#中央、市属	448111	13.1
#三资企业	30888	7.3
规模以上工业销售产值	**565365**	**9.3**
#中央、市属	436329	6.9
#三资企业	30760	7.8
#出口交货值	42220	5.9
产销率（%）	**97.3**	**下降0.9个百分点**

说明：资料由区统计局提供。

表6	建筑业	
		单位：万元、个、万平方米
	2021年	同比（±%）
签订合同金额	**21555985**	**12.0**
#本年新签订合同	9870100	18.3
总产值	**6471077**	**9.0**
#一级以上资质企业	5959086	6.6
#装饰装修	922824	45.0
#建筑工程	4337349	16.2
安装工程	1885679	7.7
其他	248049	−44.9
施工个数	**5270**	**-58.7**
#新开工	2342	−75.6
房屋建筑施工面积	**4408.6**	**3.8**
#一级以上资质企业	4400.1	4.6

说明：资料由区统计局提供。

表7	商业经济	
		单位：万元
	2021年	同比（±%）
社会消费品零售总额	**4377890**	**9.8**
吃的商品	1619821	12.9

（续表）

表7	商业经济	
		单位：万元
穿的商品	744240	16.7
用的商品	1875572	3.7
烧的商品	138258	31.7
超级市场	152834	−11.7
#大卖场	144801	−12.1
网络零售公司	508644	22.0
商品销售总额	**59186140**	**4.4**
限额以上商业商品销售额	48840492	2.2

说明：资料由区统计局提供。

表8	旅游业		
	单位	2021年	同比（±%）
旅行社			
旅行社组接人次	人次	597463	38.5
国内旅游者	人次	597463	40.7
国际旅游者	人次	0	
营业收入	万元	74616	−18.2
重点住宿业			
星级宾馆数	个	6	−14.3
实际住宿人次	人次	823759	−5.7
#境外旅客	人次	35923	7.1
平均客房出租率	%	57.4	提高11.2个百分点
宾馆营业收入	万元	135101	14.9
#客房收入	万元	75979	16.5

说明：资料由区统计局提供。

表9	对外经济		
	单位	2021年	同比（±%）
海关口岸进出口总额	**亿元**	**500.1**	**11.1**
出口	亿元	104.6	11.6
进口	亿元	395.5	10.9
外商直接投资合同项目	**项**	**116**	**持平**
#航运服务业	项	13	18.2

（续表）

表9	对外经济		
	单位	2021年	同比（±%）
外商直接投资合同金额	**万美元**	**139879**	**3.6**
#航运服务业	万美元	10057	149.5
外商实际到位资金额	**万美元**	**130495**	**0.2**

说明：资料由区统计局提供。

表10 法人单位工商登记

单位：户、万元、万美元

	企业户数		中资注册资本	外资注册资本
		#外资		
合　计	**43728**	**2127**	**72988402**	**1147842**
农、林、牧、渔业	11	2	10403	122
制造业	515	97	214755	8362
电力、热力、燃气及水生产和供应业	16	0	425944	0
建筑业	1727	15	3071031	25096
批发和零售业	10948	764	9570148	102009
交通运输、仓储和邮政业	4431	386	6657809	141720
住宿和餐饮业	1277	64	166749	3976
信息传输、软件和信息技术服务业	2888	123	2820556	112985
金融业	326	2	815524	816
房地产业	1452	52	8803305	364396
租赁和商务服务业	12523	450	34313751	344047
科学研究和技术服务业	4953	135	5034026	42128
水利、环境和公共设施管理业	74	1	275994	30
居民服务、修理和其他服务业	1167	20	128721	412
教育	73	0	19300	0
卫生和社会工作	100	3	151744	217
文化、体育和娱乐业	1182	13	477036	1526
其他	65	0	31606	0

说明：资料由区统计局提供。

表 11 私营企业

单位：户、万元、人

	户数	注册资金	投资人数	雇工人数
合　计	**37759**	**49137399**	**68163**	**182669**
农、林、牧、渔业	9	10403	6	12
制造业	230	83399	451	3144
电力、热力、燃气及水生产和供应业	6	153204	7	18
建筑业	1602	2402238	2787	15461
批发和零售业	9003	6195494	13720	36507
交通运输、仓储和邮政业	3791	2630818	6531	19937
住宿和餐饮业	1019	65792	1000	5687
信息传输、软件和信息技术服务业	2652	2573562	5653	12011
金融业	79	332024	193	353
房地产业	1075	2753950	1783	7635
租赁和商务服务业	11344	27455097	23700	49145
科学研究和技术服务业	4538	3632498	8704	21175
水利、环境和公共设施管理业	58	260081	104	435
居民服务、修理和其他服务业	1047	98500	1365	4943
教育	67	17040	89	635
卫生和社会工作	84	36094	146	1207
文化、体育和娱乐业	1090	405599	1808	4137
其他	65	31606	116	227

说明：（1）私营企业户数包括34768户法人单位及2991户分支机构；
（2）资料由区统计局提供。

表 12 个体工商业

单位：户、万元、人

	户数	注册资金	从业人数
合　计	**13831**	**26242**	**17594**
农、林、牧、渔业	2	2	2
制造业	117	211	144
建筑业	10	63	12
批发和零售业	11088	16617	12822
交通运输、仓储和邮政业	177	1931	202
住宿和餐饮业	1284	4337	2548

（续表）

表12	个体工商业		
			单位：户、万元、人
	户数	注册资金	从业人数
信息传输、软件和信息技术服务业	2	3	3
租赁和商务服务业	67	191	96
科学研究和技术服务业	18	66	35
居民服务、修理和其他服务业	1018	2513	1646
卫生和社会工作	26	134	29
文化、体育和娱乐业	22	174	55

说明：资料由区统计局提供。

表13	固定资产投资		
			单位：万元
	2021年	2020年	同比（±%）
固定资产投资总额（含市属）	259.11	237.20	9.2
固定资产投资（区统）	255.42	234.68	8.8
建设项目	36.90	33.18	11.2
商品房	218.52	201.50	8.4
#住宅	72.90	50.69	43.8
办公楼	36.67	45.69	−19.8
商业用房	26.60	31.61	−15.8

说明:（1）含市属固定资产投资总额中包含直报市统计局的在地固定资产投资项目投资额;
（2）资料由区统计局提供。

表14	住宅建设		
			单位：万平方米
	2021年	2020年	同比（±%）
住宅施工面积	**53.27**	**84.58**	**-37.0**
#住宅	48.53	78.29	−38.0
公建	4.74	6.29	−24.6
住宅竣工面积	**2.37**	**50.04**	**-95.3**
#住宅	2.30	43.90	−94.8
公建	0.07	6.15	−98.9

说明：资料由区统计局提供。

表 15	商品房开发经营	
		单位：个、平方米
	2021 年	2020 年
在建楼盘数	**26**	**28**
#住宅	15	13
#办公楼	13	16
#商业用房	22	21
出租面积	**1442356**	**1163706**
#住宅	8484	73
办公楼	554490	484687
商业用房	629095	428659
空置面积	**1274394**	**1269760**
#住宅	140378	326440
办公楼	518209	382880
商业用房	151436	99408

说明：（1）住宅、办公楼等综合性楼盘重复计数；
（2）资料由区统计局提供。

表 16	房产交易	
		单位：套、万平方米、亿元
	2021 年	2020 年
房产交易总套数（套）	**11749**	**10695**
房产交易总面积（万平方米）	**89.17**	**81.39**
房产交易总金额（亿元）	**590.20**	**497.94**
商品房交易套数（套）	2892	1812
#住宅	1600	1012
商品房交易面积（万平方米）	30.19	19.39
#住宅	23.22	15.23
商品房交易金额（亿元）	274.30	168.33
#住宅	262.61	163.02
存量房交易套数（套）	8857	8883
#住宅	8058	8070
存量房交易面积（万平方米）	58.98	62.00
#住宅	53.11	54.36
存量房交易金额（亿元）	315.89	329.61
#住宅	303.14	298.43

说明：（1）房产交易使用网签数据，不包含配套房；
（2）资料由区统计局提供。

表17	城市“旧改”		
	单位	2021年	同比（±%）
实际“旧改”户数	**户**	**15057**	**50.6**
#征收	户	15057	50.6
“旧改”房屋面积	**万平方米**	**43.8**	**72.8**
#二级旧里面积	万平方米	26.1	16.8

说明：资料由区统计局提供。

表18	住房保障	
	单位	2021年
年末租金配租户	户	3343
发放租金补贴	万元	5898
年末实物配租户	户	460

说明：资料由区统计局提供。

表19	绿化种植	
	单位	2021年
全部绿地面积	万平方米	439.88
公共绿地面积	万平方米	159.78
公园	万平方米	64.82
街道	万平方米	88.43
居住区	万平方米	6.52
附属绿地	万平方米	278.45
#单位	万平方米	91.93
居住区	万平方米	186.43
其他绿地	万平方米	1.65
人均绿地面积	平方米	6.15
人均公共绿地面积	平方米	2.24
行道树	万株	2.30

说明：（1）人均绿地面积、人均公共绿地面积按区常住人口数计算；
（2）资料由区统计局提供。

表20	市政建设	
	单位	2021年
道路数	条	253
道路总长度	千米	182.1
道路总面积	万平方米	388.1
下水道总长度	千米	422
河道数	条	6
河道总长度	千米	22.5
驳岸总长度	千米	39.4
水域面积	平方千米	0.96
跨河桥梁	座	64
人行天桥	座	5
水　闸	座	1

说明：资料由区统计局提供。

表21	市容环境	
	单位	2021年
废弃物清除量		
生活垃圾	万吨	30.62
#居民	万吨	13.55
大件垃圾	万吨	1.28
渣土产生量	万吨	370.01
道路清扫		
道路总段数	段	768
清扫总长度	公里	206.64
清扫总面积	万平方米	439.06
垃圾分类		
实现生活垃圾分类小区数	个	741
居民收集点位数量	个	1011
单位收集点位数量	个	1296

说明：资料由区统计局提供。

表22	科技概况	
	单位	2021年
科技发展专项资金年内财政拨款	万元	10526
孵化基地面积	平方米	134200
在孵企业	家	1480
高新技术成果转化执行期内跟踪数	项	31
本年认定高新技术成果转化项目	项	3
技术合同登记数	份	599
技术合同成交额	亿元	16.58
专利授权数	件	2340
国家级创新项目	个	0
国家级项目资助经费	万元	0
上海市项目资助经费	万元	0
市小巨人企业数	个	15

说明：资料由区统计局提供。

表23	教育事业	
	学校（所）	学生数（人）
合　计	**149**	**61997**
普通中学	35	22621
中　职	5	2504
小　学	34	23994
幼儿园（托儿所）	73	12715
特殊教育	1	141
工读学校	1	22
	教职员工（人）	校舍建筑面积（平方米）
合　计	**8831**	**1093363**
普通中学	3488	550195
中　职	876	202785
小　学	2057	170077
幼儿园（托儿所）	2321	164475
特殊教育	59	3085
工读学校	30	2745

说明：（1）合计中不含其他教育；
（2）学生数，不包含上海市公共卫生学校学生人数；
（3）资料由区统计局提供。

表24	文化事业		
	单位	2021年	2020年
区级图书馆	个	1	1
阅览室座席	个	1635	1627
图书馆藏书	万册	130	126
文化馆、艺术馆、美术馆	个	4	4
娱乐场所（歌舞厅）	个	29	27
网 吧	个	20	20
电子游艺	个	3	1

说明：（1）图书馆相关数据含虹口图书馆乍浦、曲阳分馆；
（2）资料由区统计局提供。

表25	卫生事业	
	单位	2021年
机构数	个	78
#一级医疗机构	个	8
二级医疗机构	个	2
#市级机构	个	2
职工人数	人	13485
#卫技人员	人	11749
#执业医师	人	4290
注册护士	人	5434
年末医院病床数	张	8897
医院病床使用率	%	89.24
诊疗总人次	万人次	1591.44

说明：（1）不含工厂保健站和私立诊所；
（2）年末医院病床数不包含位于松江区的上海市第一人民医院（南部）数据；
（3）资料由区统计局提供。

表26	体育事业	
	单位	2021年
社会体育指导员情况		
本年认证人数	人	0
年末认证人数	人	2324
国家级	人	31
一 级	人	65
二 级	人	325

（续表）

表26	体育事业	
	单位	2021年
三　级	人	1876
群众体育活动情况		
现代体育项目活动		
年活动次数	次数	175
年活动总人数	人次	124000
民间传统体育活动		
年活动次数	次数	12
年活动总人数	人次	2640

说明：资料由区统计局提供。

表27	民政救助	
	单位	2021年
期末养老机构数	个	44
期末养老机构床位数	张	7268
期末居家养老人数	人	384
期末长者照护之家	个	9
期末日托老人数	人	153
发放社会救助金总额	万元	28490
年末低保人数	人	6118
享受低保家庭人次	人次	76491
全年领取户次	户次	51131
享受低保金额	万元	7457
居保补助人次	人次	5685
居保补助金额	万元	422
享受实物补助人次	人次	88
享受粮油帮困补助人次	人次	52165
传统救济人次	人次	309
传统救济金额	万元	38
重残无业补助人次	人次	18981
重残无业补助金额	万元	3111

说明：资料由区统计局提供。

表28	就业失业		
	单位	2021年	2020年
年末城镇登记失业人数	人	5970	6744
#女性	人	2374	2843
招工录用人次	人次	47758	41880
失业保险金发放次数	人次	83890	71347
失业保险金发放总额	万元	14750	12141

说明：资料由区统计局提供。

表29	律师工作		
	单位	2021年	2020年
律师事务所	个	97	99
注册律师	人	1639	1608
办理各类法律事务	件	29461	21113
#刑事诉讼辩护及代理	件	2572	1462
民商案件诉讼代理	件	19321	14792
行政诉讼	件	279	246
其他诉讼	件	111	42
非诉讼代理	件	4808	2829
咨询与代书	件	1432	982
仲裁	件	938	760

说明：资料由区统计局提供。

表30	公证工作		
	单位	2021年	2020年
公证人员	人	37	36
#公证员	人	19	12
办理公证文件	件	9457	7825
国内公证	件	5109	4464
#民事公证	件	4672	3874
经济公证	件	423	574
法律服务	件	14	16
涉外公证	件	4180	3214
港澳台公证	件	165	147
其他	件	3	0

说明：资料由区统计局提供。

表31	人民调解工作		
	单位	2021年	2020年
调解委员会	个	221	212
调解人员	人	321	325
调解民间纠纷	件	8779	8427

说明:(1)调解民间纠纷包括“旧改”调解数据;
(2)资料由区统计局提供。

表32	交通事故	
	单位	2021年
发生数	起	305
死亡人数	人	8
受伤人数	人	277
损失额	元	289750

说明:(1)交通事故仅指一般程序处理的交通事故，不含简易程序处理的交通事故;
(2)因2021年统计口径调整，暂不列示累计同比;
(3)资料由区统计局提供。

表33	火灾事故		
	单位	2021年	同比(±%)
发生数	起	374	175.0
死亡人数	人	0	
受伤人数	人	1	-50.0
损失额	元	1440546	-51.1

说明：资料由区统计局提供。

表34	社会治安		
	单位	2021年	同比(±%)
刑事案件立案数	件	2651	-10.6
刑事案件破案数	件	1739	18.6

说明:(1)2018年起刑事案件破案数统计调整为破年内案件数;
(2)资料由区统计局提供。

表35 上海市价格指数	
	2021年
居民消费价格指数	**101.2**
服务价格指数	101.5
消费品价格指数	100.9
食品烟酒	100.5

（续表）

表35	上海市价格指数
	2021年
衣着	99.5
居住	101.1
生活用品及服务	100.7
交通和通信	104.0
教育文化和娱乐	102.7
医疗保健	98.9
其他用品和服务	100.9
商品零售价格指数	**101.3**
工业生产者出厂价格指数	**102.1**
工业生产者购进价格指数	**107.3**
新建商品住宅价格指数	**104.5**
二手住宅销售价格指数	**108.6**

说明：数据由市统计局反馈。

表36 五年社会经济指标（一）

	单位	2017年	2018年	2019年	2020年	2021年	五年平均增长速度(%)
地区生产总值	亿元	892.96	965.01	1032.97	1047.28	1214.77	6.4
三级财政收入	万元	2569375	2590522	2387763	2451818	4036516	13.2
区级财政收入	万元	1101138	1167518	1170018	1193888	1552277	7.4
区级财政支出	万元	1734455	1846663	1650555	1626597	1950233	7.3
社会消费品零售总额	万元	3092588	3247998	3910655	3986130	4377890	
工业销售产值	万元	443957	471671	562098	517387	565365	0.8
建筑业产值	万元	4509238	4679943	5501658	5935420	6471077	7.6
海关口岸出口额	亿元	103.4	100.5	103.5	93.9	104.6	0.7
固定资产投资总额3	亿元	162.26	170.67	169.05	237.20	259.11	
外资合同项目	个	110	110	116	116	116	5.7
外商直接投资合同金额	万美元	128218	132726	133465	135042	139879	3.7
住宅竣工面积	万平方米	13.7	2.1	35.8	50.0	2.4	-43.8
“旧改”房屋面积	万平方米	20.7	14.0	17.5	25.4	43.8	11.6
实际“旧改”户数	户	6500	5008	6250	10000	15057	10.4

说明：（1）2017、2018年地区生产总值为市统计局统一修订数；
（2）2020年社会消费品零售总额根据市统计局调整后的2019年基数推算；
（3）2020年起固定资产投资总额为市返数据，包含直报市统计局的在地项目投资额；
（4）资料由区统计局提供。

表37 五年社会经济指标（二）

	单位	2017年	2018年	2019年	2020年	2021年	五年平均增长速度（%）
年末户籍人口	万人	74.42	72.95	71.09	69.43	66.34	-2.7
年末常住人口	万人	79.90	79.70	79.40	75.75	71.48	-2.3
户籍人口自然增长率	‰	-3.43	-4.27	-5.22	-6.43	-7.40	
全部绿地面积	万平方米	423.33	426.12	428.62	436.02	439.88	1.3
人均绿地面积1	平方米/人	5.30	5.35	5.40	5.76	6.15	
人均公共绿地面积1	平方米/人	1.96	1.98	1.99	2.10	2.24	
绿化覆盖率	%	21.5	21.6	23.6	24.0	23.9	
中学在校学生	人	21221	21573	21829	22020	22621	1.2
小学在校学生	人	22536	22771	22923	23562	23994	1.2
在园幼儿2	人	14042	13632	13301	12851	12046	-3.7
校舍建筑面积	万平方米	88.41	103.07	110.66	110.27	109.34	4.5
诊疗总人次	万次	1607.19	1642.31	1645.28	1293.36	1591.44	-0.3
年末医院病床数	张	7832	7921	8061	8193	8897	3.0
卫生技术人员	人	10854	10634	10829	11051	11749	1.7
每万人拥有卫技人员	人/万人	146	146	152	159	177	4.5
区图书馆藏书量	万册	113.2	117.9	122.5	126.4	129.5	3.8
敬老院床位	张	7462	7763	7559	7736	7268	1.7

说明：（1）2017年起人均绿地面积、人均公共绿地面积调整为按常住人口计算；
（2）五年在园幼儿人数已减去托儿所托儿人数；
（3）资料由区统计局提供。

表38 中心城区常住人口及人口密度

单位：万人、平方公里、人/平方公里

	年末常住人口	行政区划面积	常住人口密度
上海市	**2489.43**	**6340.50**	**3926**
#中心区	654.75	289.44	22621
黄浦区	58.21	20.46	28451
徐汇区	111.48	54.76	20358
长宁区	69.57	38.30	18164
静安区	96.60	36.88	26193
普陀区	124.36	54.83	22681
虹口区	71.48	23.48	30443
杨浦区	123.05	60.73	20262

说明：资料由区统计局提供。

文献辑存

中共上海市虹口区委常委会工作报告*

郭　芳

同志们：

2021年是中国共产党成立100周年，也是实施“十四五”规划、开启全面建设社会主义现代化国家新征程的第一年。区委常委会坚持以习近平新时代中国特色社会主义思想为指导，深入贯彻落实党的十九大和十九届二中、三中、四中、五中、六中全会精神，立足新发展阶段，贯彻新发展理念，服务新发展格局，全面贯彻中央和市委决策部署，统筹疫情防控和经济社会发展，各项事业取得新进步，“十四五”发展实现良好开局。重点抓了以下八方面工作。

一、深入学习贯彻习近平新时代中国特色社会主义思想

区委常委会始终将习近平新时代中国特色社会主义思想作为虹口一切工作的根本遵循和行动指南，不折不扣贯彻落实中央和市委各项决策部署，沿着习近平总书记指引的道路奋勇前进。

推动习近平总书记重要讲话精神落地落实。始终把党的政治建设摆在首位，把拥护“两个确立”、做到“两个维护”，作为最坚定的政治立场、最牢固的政治信念、最重要的实践要求，不断提高政治判断力、政治领悟力、政治执行力。严格落实“第一议题”制度，召开区委常委会扩大会议、区党政负责干部大会、区委中心组学习会等，第一时间传达学习党的十九届六中全会精神和习近平总书记重要讲话精神，全面动员部署，掀起学习宣传贯彻热潮。今年以来区委中心组开展集中学习16次，全区各级党组织开展理论宣讲活动8100余场次、82万余人次。坚持把习近平总书记考察上海和视察虹口重要讲话精神作为一脉相承、一以贯之的有机整体，对标习近平总书记对上海的定位和对虹口的要求，推动全区上下持续学习贯彻，制定行动计划、明确责任分工，切实将习近平总书记的殷殷嘱托转化为推动虹口改革发展的生动实践。

深入开展党史学习教育。把党史学习教育与建党百年庆祝紧密结合，弘扬伟大建党精神，高举“文化三地”旗帜，打造全域“大思政课”，评选党史学习教育优秀项目、典型案例和长效机制“三个十佳”，建成中共四大纪念馆5A级景区和全市首个国旗教育展示厅，举办“潮涌百年”主题展览，完成“留法勤工俭学出发地汇山码头”等革命遗址旧址纪念标识树碑，推动左联会址纪念馆、李白烈士故居等红色场址改扩建，推出木刻讲习所、陈云“1925书局”等“城市会客厅”系列。开展“澎湃100”党课大比武，形成百堂示范党课、百个精品支部故事、百篇基层党建创新案例、百名离休干部讲故事等系列成果。注重学用结合，深入实施“我为群众办实事”实践活动，区委形成8个重点项目，带动全区形成272个项目，1057个网格全覆盖开展“一个网格一件实事”，帮助近万名群众实现“微心愿”，涌现出“6厘米工作法”等一批创新案例。

坚决贯彻落实中央和市委决策部署。立足“四个放在”，主动对接“三大任务、一大平台”、浦东高水平改革开放等重大国家战略，全面对标上海深化“五个中心”建设、推进城市数字化转型等一系列决策部署，结合虹口实际，狠抓贯彻落实，更好服务国家和上海发展大局。深入贯彻落实市委关于厚植上海城市精神品格、提升城市软实力的部署，在年中区委全会上，制定《中共虹口区委关于贯彻落实十一届市委十一次全会精神全面提升城区软实力的实施意见》，明确“六个打造”目标、四方面12项具体举措，推进“五个一批”软实力品牌工程，推动形成软实力与硬实力互动并进、相得益彰的生动局面。

扎实做好换届工作。按照市委部署，有序完成区委换届工作，认真推动人大、政协换届工作，严格执行换届纪律，确保换届平稳有序、风清气正。全力以赴开好区第十一次党代会，精心组织、细致规范地做好各项筹备工作，在广泛征求意见建议基础上，认真贯彻落实市委决策部署，结合虹口实际，丰富完善今后五年的发展思路和工作举措，提出打造“上海北外滩、浦江金三角”，谱写虹口高质量发展高品质生活高效能治理新篇章的奋斗目标，选举出推动全区事业发展的坚强领导集体，进一步激发广大党员和干部群众干事创业的激情和活力。

---

* 此系2022年1月25日在中国共产党上海市虹口区第十一届委员会第二次全体会议上的报告，由区委办公室提供。

二、北外滩开发建设稳步推进

区委常委会坚持在上海新市域格局中谋划北外滩发展，抢抓机遇、真抓实干，举全区之力、集全球智慧推进北外滩开发建设，取得了有目共睹的成绩，坚定了不断前行的步伐，北外滩未来更可期待。

规划体系逐步完善。成立北外滩开发办，建立项目总控机制，推进建筑体量840万平方米的新一轮规划落细落实。持续深化核心区地下空间、中央绿轴、二层连廊等专项规划，开展综合交通、海绵城市、能源中心等专项设计，连廊样板段开工建设，数字北外滩展示馆建成运行。精心完善风貌保护街坊规划，坚持“一楼一档案，一弄一方案”，开展提篮桥及山寿里片区实施方案研究，完成河滨大楼改造修缮。坚持征收、规划、出让“三联动”，招商、建设、运营“三同步”，成功出让91街坊、17街坊和69街坊，91街坊完成全球设计方案征集，未来将建成480米浦西新地标。

功能品质明显提升。有序推进41项重大工程项目建设，92街坊、11街坊等商办项目实现竣工。“一江一河一港”全面贯通提质，北外滩地区高标准全要素市政市容提升、虹口港东岸贯通和两侧“世纪长廊”景观提升等项目如期建成，国客中心码头880米岸线面向市民开放，滨江、滨河驿站建成运行，首届上海赛艇公开赛在苏州河河滨之源开赛。全面启动雷士德工学院旧址修复，推进上海创新创意设计研究院建设。建立北外滩国际人才领航站，推动雅诗阁国际人才公寓等项目开工，启用北外滩企业服务中心和首个24小时综合性政务服务窗口。服务“碳达峰、碳中和”国家战略，推动全国碳排放权交易市场在北外滩落地运行。

全球影响不断扩大。世界会客厅于建党百年之际顺利落成，先后承办了“中国共产党的故事——习近平新时代中国特色社会主义思想在上海的实践”特别对话会、第33次上海市市长国际企业家咨询会、2021年世界城市日中国主场活动等重要会议，在此发布“上海指数”，北外滩成为世界观察上海的窗口、上海链接世界的枢纽。首届北外滩国际航运论坛成功举办，习近平总书记发来贺信，国际航运机构和领军企业纷纷视频参会，逾千家媒体竞相报道，北外滩全球显示度、影响力不断提升。

三、高质量发展迈出坚实步伐

区委常委会面对复杂严峻的外部环境，始终保持战略定力，牢牢抓住发展第一要务，以自身发展的确定性应对外部环境的不确定性，全力推动经济高质量发展，服务构建新发展格局。

经济实力显著增强。全年地区生产总值同比增长11%;一般公共预算收入达到155.23亿元、同比增长30%，增长幅度位列中心城区第一。固定资产投资总额完成259.11亿元，同比增长9.2%。海关口岸进出口总额达到477亿元，同比增长6.19%。楼宇园区坪效进一步提升，全年单位面积产出分别同比增长54%和48.95%，楼宇园区区级贡献达到65.2%，实现亿元楼33幢、亿元园区9个、月亿楼2幢。

产业能级实现跃升。出台“5+N”产业政策体系，加快新旧动能转换，金融、航运等重点产业均实现两位数增幅。财富管理品牌全面打响，集聚金融企业和机构1900余家，资产管理规模超过7万亿元，共有持牌金融机构95家，公募基金管理公司达到17家，超过全国总数的八分之一。航运服务总部基地功能不断夯实，集聚各类航运服务企业近4700家、功能性机构41家，全球前50位船公司中有12家在虹口设立地区总部或分支机构，新华—波罗的海国际航运中心发展指数连续八年在北外滩发布。现代商贸繁荣繁华，新增和改造商业体35.7万平方米，北外滩来福士、瑞虹天地太阳宫、“今潮8弄”开业以来人流如织，获评全球新品首发地建设示范区。

招大引强成效显著。优化招商体制，完善覆盖区、部门、招商分中心三个层面的深化服务企业机制，建立区重点招商项目管理系统，加强政策优化集成和有效供给，引进紫金矿业投资总部、美克营销总部等一批企业总部，新增跨国公司地区总部、民营企业总部、贸易型总部等各类高能级企业总部12家，新增研发中心和创新性平台15家。全年新引进企业5185户，其中注册资金3000万元以上的企业365户。全面落实国家和全市减税降费各项政策，深化“企航北外滩”企业服务特色品牌，把“打疫苗”作为服务企业举措，主动上门服务，送“苗”进楼宇、进企业。

四、改革开放活力竞相迸发

区委常委会主动融入国家和上海改革开放大局，紧密对接“三大任务、一大平台”，深化改革系统集成，提升创新策源能力，实施更高水平开放合作，助力上海打造国内“大循环”中心节点、国内国际“双循环”战略链接。

改革红利加快释放。按照中央和市委部署，有序推进八个领域36项全面深化改革任务。持续优化营商环境，实施31件事项“一件事”改革，推进“一业一证”改革在25个行业落地，首创住所登记自主申报制度，“一楼一事办”审批服务模式被评为全市优化营商环境优秀案例。推进社会信用体系建设，深化事中事后监管，市场环境更加公平有序。优化国资国企发展布局，推动国有资本向重点项目、关键区域、民生领域集中，提升对区域经济社会发展的贡献度。不断深化工会、共青团、妇联等群团改革，切实发挥好群团组织联系、服务、凝聚群众的作用。

创新活力不断增强。坚持服务科技、服务人才，与复旦、同济等大校大院大所加强战略合作，共建“临床医院”“研发基地”“创意社区”，打造北中环科创集聚带。启动建设工业互联网创新平台暨西门子创新中心，加快推进北外滩国际区块链创新生态港、材料所“声学超构材料应用技术创新平台”等项目。全区已集聚5G+企业360余家，共有高新技术企业450家、科技小巨人企业127家、国家级专精特新“小巨人”企业3家。积极与上交所、深交所开展合作，助推区内企业在各类资本市场上市上板，安路科技成功在科创板挂牌上市。

开放合作持续深化。积极融入长三角一体化发展，长三角（中国）音乐版权服务平台正式揭牌，“长三角航运服务质量提升”荣获长三角质量提升示范试点项目。持续放大进口博览会溢出带动效应，虹口交易分团采购交易额1.58亿美元，同比增长50.46%。对接浦东新区社会主义现代化建设引领区、临港新片区等创新政策，推动重点领域制度创新在虹口试点，支持76家企业开立自由贸易账户。积极承接外商投资事权下放等先行先试，实到外资13.05亿美元，位列全市第3位。

五、城区环境面貌显著提升

区委常委会立足超大城市中心城区特点，牢固树立全生命周期管理意识，在科学化、精细化、智能化上下功夫，努力实现“一流城市一流治理”。

数字化转型加快推进。坚持以“两张网”为抓手，积极探索数字化转型新路。大力推进新型基础设施建设，5G基站密度全市领先。“一网通办”更加“好办、愿办”，推出“跨省通办”，实现异地办理全程“零跑动”、审批“不见面”，打造个性化市民主页和企业专属网页，拓展“随申码”应用场景，行政服务和社区事务受理服务中心等实现“一码通行”。开展3.7万人次长者智能技术运用提升行动，助力老年人跨越“数字鸿沟”。“一网统管”更加“好用、管用”，上线“数字虹口”门户，汇集数据80多亿条，推进区城运中心“多格合一”和街道城运中心“多中心合一”，整合综合巡查、综合执法、综合监督三支队伍，“智慧城管”“智慧电梯”“削峰行动”等场景应用实战推进。在北外滩率先开展全市“数字孪生城市”试点，启动老洋行1913和大柏树智慧健康园“园区数字化”试点。

区域环境焕然一新。实现重大工程项目开竣工200.5万平方米，黄浦路改造提升等20个项目竣工，77街坊租赁住宅等13个项目开工建设，完成9.73千米架空线入地及合杆整治。拆除存量违法建筑9.93万平方米，整治违规户外广告设施921块，在市级街面环境整治实效测评中排名全市第一。启动第八轮环保三年行动计划，全力做好中央、市委生态环境督察整改，3个市考断面达到Ⅲ类水标准。推进湿垃圾、可回收物、干垃圾“两增一减”，生活垃圾回收利用率达到43%。打开城市公园界面，实施和平公园改造，研究鲁迅公园改造方案，推进7个“美丽街区”建设，创建市级林荫道2条，新增各类绿化4.77万平方米。成功创建成为全国文明城区提名城区。

城区运行安全有序。完善“大安全”工作体系，统筹发展和安全，持续开展建筑施工、危险化学品、消防设施、特种设备、道路安全、地下空间以及食品安全等领域隐患排查治理，全力做好重大活动、重要时点、重点领域的安全稳定保障工作。组织实施第一次自然灾害综合风险普查，整合布局城市生命线、救援队伍和物资储备系统，完善应急联动机制，提升防灾减灾救灾能力，城区韧性不断增强。持续开展常态化扫黑除恶斗争，严密防范和坚决打击各类违法犯罪，社会治安持续向好。加强新时代党管武装工作，深化国防动员建设，提升双拥工作水平。

六、人民生活品质持续改善

区委常委会自觉践行人民城市重要理念，坚持把群众感受度作为最根本的衡量标尺，以更优的供给满足人民需求，把最好的资源留给人民，努力让人民生活更有品质、更有尊严、更加幸福。

毫不放松抓好常态化疫情防控。始终把人民生命安全和身体健康放在首位，慎终如始抓好常态化疫情防控。紧盯入城口、落脚点、流动中、就业岗、学校门、监测哨等关键点关节点，严格落实全流程闭环管理，大力开展疫情风险隐患排查整治。持续筑牢“外防输入、内防反弹”防线，先后组织近1700名机关干部、医护人员和公安干警到机场点对点接送境外返沪人员。因时因势调整防控着力点和应对举措，针对嘉兴路街道发现1例无症状感染者、北外滩全季酒店发现1例入境人员确诊病例，发扬“事不过夜”精神，抢抓第一个24小时“黄金时间”，迅速精准开展流调溯源和密接处置，对源森公寓小区、全季酒店实施14天封闭管理，相关密接者居住地实施“2+12”健康管理，累计筛查3672人、集中隔离123人。坚决筑牢免疫屏障，如期完成疫苗接种各阶段性任务，3岁以上人群全程接种人数达68.8万人，16.4万人接种加强针。

扎实推进民心工程建设。聚焦破解民生难题，全面实施旧区改造、早餐工程、加装电梯、停车难治理等11项民心工程。切实改善居民居住条件，实现旧改征收1.5万余户，北外滩成片二级旧里以下房屋圆满收官，历史毛地全部处置完毕，修缮改造各类旧住房227万平方米。深化长者友好城区建设，完成居家环境适老化改造1000户，在全市率先完成社区养老顾问点全覆盖。推进托幼一体化，新增托育点7个，实现普惠性托育点街道全覆盖。积极落实“双减”政策，实现小学生校内课后服务愿留尽留。以“整小区”“全居委”模式实现加装电梯124台，吴淞路海宁路天桥加装4部无障碍电梯。

扩大多领域公共服务供给。鼓励创业带动就业，健全就业公共服务体系，帮助引领763人成功创业。推进教育强区建设，办好人民满意教育，持续实施“彩虹计划”，成立上海南湖职业技术学院。深化“一南一北”区域医疗中心建设，上海市第四人民医院成功创建成为同济大学附属医院，上海市中西医结合医院成为市第二批区域医疗中心。大力发展文化旅游事业，积极承办世界城市文化论坛、鲁迅文学周等活动，推进上海文学馆等项目建设，入选第二批国家文化和旅游消费试点城市。积极开展全民健身活动，首届上海市社区健康运动会在本区开幕，虹口健儿在东京奥运会上荣获两枚银牌，在第十四届全运会上荣获七枚金牌。进一步提升基层治理水平和服务群众能力，与时俱进拓展市民驿站功能，线下升级“百事通”窗口接待服务，线上探索“掌上驿站”建设；深化“全岗通”机制，推行居委会“沉浸式办公”，零距离服务群众。

七、民主法治建设不断深化

区委常委会坚持党的领导、人民当家作主和依法治国有机统一，积极践行全过程人民民主，支持人大、政府、政协和法院、检察院依法履职尽责，不断巩固和发展风正、气顺、心齐、劲足的生动局面。

支持人大及其常委会依法行使职权。认真学习贯彻习近平总书记关于全过程人民民主重要论述，四川北路街道人大工委入选上海市人大常委会基层立法联系点，推进联系点从参与立法向监督执法、促进守法和宣传普法延伸，为代表联系人民群众“家、站、点”平台赋能增效，搭建听民意、聚民智的“直通车”。支持人大依法行使重大事项决定权和人事任免权，围绕北外滩新一轮开发建设、优化营商环境、生活垃圾分类、产业园区能效提升、城市运行“一网统管”等开展专项监督、专题询问。依法选举产生301名区人大代表。

充分发挥政协专门协商机构作用。支持政协围绕提升北外滩滨河管理水平、创新基层社会治理等深入开展协商议政，完善“走基层、重民生、保安全”主题民主监督。建立“协商于民”政协委员工作站，成立“虹石榴协商议事厅”，邀请全国、市、区三级政协委员共同协商民生改善实事、社会治理难事，区委员工作室被评为全国“杰出委员工作室”。健全政协“履职通”信息系统，做好委员履职评价，强化委员责任担当，推动政协工作高质量发展。

巩固和发展爱国统一战线。充分发挥统一战线优势，动员广大统战人士积极参与疫情防控、北外滩开发建设、城区软实力提升等工作。配合做好中共上海市委委托致公党市委就“老小旧远”有关情况开展专项民主监督，支持各民主党派区委、无党派人士围绕养老服务工作开展专项民主监督。支持和帮助各民主党派、工商联和党外知识分子联谊会加强队伍建设，平稳有序推进区级党派、工商联组织换届工作。进一步支持民营经济发展。扎实做好新时代民族宗教工作，深化开展港澳台海外统战工作，持续巩固和完善大统战工作格局。

推进法治虹口建设。深入学习宣传贯彻习近平法治思想，制定《法治虹口建设方案（2021—2025年）》，一体推进依法治区、依法执政、依法行政。规范完善重大行政决策程序，成立运行区行政复议局。以公开促落实促规范促服务，在“政府透明度指数评估”中位列全国前十。全面落实中央法治督察问题整改工作。持续加强政法队伍建设，扎实开展政法队伍教育整顿，深化司法体制综合配套改革。强化公共法律服务体系建设，完善多元矛盾纠纷化解工作机制。启动“八五”普法，组织开展民法典学习宣传，积极营造全民尊法学法守法用法的良好氛围。

八、党的建设更加坚强有力

区委常委会始终坚持把党的政治建设摆在首位，大力弘扬伟大建党精神，传承红色基因，以永远在路上的韧劲加强党的建设，为虹口奋进新征程提供坚强政治保证。

打造高素质专业化干部队伍。落实新时代好干部标准，全面加强全区各级领导班子、干部人才队伍建设，提升干部专业化水平。打造干部教育培训全链条，举办处级干部培训班、青干班、虹鹰班、“百人工程”储备人才培训班、高质量发展高品质生活高效能治理专题培训班等重点班次。重视年轻干部培养使用，建立优秀年轻干部动态调整机制，注重年轻干部的思想淬炼、政治历练、实践锻炼、专业训练。选派机关事业优秀干部到北外滩开发办、旧改指挥部、区委巡察组、脱贫攻坚一线等挂职锻炼，推动干部在急难险重任务中磨砺成长。优化干部队伍结构，合理配备女干部、少数民族干部和党外干部，统筹使用好各年龄段干部，提任交流处级干部122人。

加快集聚各类优秀人才。贯彻落实中央和市人才工作会议精神，出台促进海内外优秀人才集聚的意见，助力上海建设高水平人才高地。聚焦人才痛点堵点，在全市创新推出“先安居后乐业”的海归人才驿站政策，吸引留学归国人员汇聚虹口、扎根上海，已推出房源12处共523套，累计签约146人。制定人才安居工程实施办法，认定656套市场化租赁住房为区级人才公寓。对接“海聚英才”人才计划，组织申报市级高层次人才计划13人。加大与科研院所人才共育力度，持续完善人才服务体系、创新人才激励机制，营造更具国际竞争力的人才发展环境。

大力加强基层党的建设。深入实施新时代基层党建高质量发展三年行动计划，推动基层党建工作体系更成熟、特色更鲜明。贯彻市委要求，推动党群服务阵地体系功能实现密、实、融。依托市民驿站嘉兴路街道第一分站等载体资源，联动建成新时代上海党群服务阵地创新实践基地。探索以“善治理”为特征的楼宇党建新模式，构建“楼委会”等新型治理平台。做实机关党组织与居民区党组织“双结对”，持续开展青年“进物业、进业委会、进小区”，推动资源力量向基层倾斜，充分为居民区党组织赋权增能。加强队伍建设，积极稳妥做好201个居民区“两委”换届选举工作，实现年龄、学历“一降一升”。为新一届居民区党组织书记上履职第一课，全覆盖举办基层党组织书记培训班，创新开展党小组长示范培训班，建立市民驿站“周周学”小班化培训机制，提升基层党建工作者政治能力和群众工作水平。

持之以恒正风肃纪。压紧压实管党治党责任，结合市委巡视反馈问题整改，制定《虹口区全面从严治党“四责协同”机制建设领导小组工作规则》《虹口区四套班子领导干部落实全面从严治党“四责协同”机制工作制度》，切实推动“四责协同”机制向基层延伸。加强监督体系建设，有效统筹纪律监督、监察监督、派驻监督、巡察监督，深入推进日常监督事项和19项重点监督事项，完成十届区委巡察全覆盖任务。严格落实中央八项规定精神，坚决查处“四风”问题，共查处违反中央八项规定精神17件23人，惩治群众身边腐败14件15人，加大典型案例通报曝光力度，党风政风和社会风气持续向好。

牢牢把握意识形态主导权。加强党对意识形态工作的领导，制定意识形态工作量化指标体系，完善区委舆情研判工作机制。加强阵地建设管理，区新时代文明实践中心新址在北外滩滨江正式启用，发布100个特色站点，打造“一江一河”新时代文明实践带；守好网络舆论阵地，推进网络文化与道德联盟建设，开展互联网企业内容审核官专题培训。推进媒体深度融合发展，提升全球叙事能力，市级以上媒体刊发虹口相关报道1.8万余篇次，有力营造了虹口发展的正面舆论环境。

区委常委会高度重视自身建设。严守党的政治纪律和政治规矩，带头树牢“四个意识”、坚定“四个自信”、坚决做到“两个维护”，切实发挥好总揽全局、协调各方作用。进一步完善区委工作规则和常委会议事决策规则，严格执行请示报告制度，贯彻民主集中制，不断提高决策科学化水平。积极践行党的群众路线，带头落实面对面联系服务群众等机制，深入一线了解情况、开展调研、解决问题。坚持以身作则，严格执行廉洁自律各项规定，自觉接受各方面监督。

一年来虹口发展的成绩来之不易，是中央和市委坚强领导的结果，是全区人民团结奋进、广大党员干部开拓进取的结果。借此机会，对大家给予区委常委会工作的支持表示衷心的感谢！

在总结工作的同时，区委常委会也清醒认识到，前进道路上还存在许多困难和挑战，主要是：经济的总量质效还不够高，新旧动能转换还不够快，科技创新对产业转型的引导作用亟待加强；老龄化社会特征日趋明显，医疗、养老、教育等公共服务水平与群众期待还存在一定差距；城区功能和空间布局有待进一步优化，超大城市中心城区安全运行管理还存在薄弱环节；面对经济领域新理论、科技领域新趋势、社会领域新动态，部分干部作风、能力、素质还不相适应，全面从严治党还需进一步加强，党风廉政建设仍需常抓不懈。对此，我们必须直面挑战、勇于担当，切实解决好发展中的问题，不断开创虹口工作新局面，为创造新时代上海发展新奇迹、全面建设社会主义现代化强国作出积极贡献，以实际行动迎接党的二十大和市第十二次党代会胜利召开。

请同志们对区委常委会工作提出意见建议。

上海市虹口区2021年政府信息公开工作年度报告

本年度报告根据《中华人民共和国政府信息公开条例》(以下简称《条例》)和《上海市政府信息公开规定》(以下简称《规定》)的要求，由上海市虹口区人民政府编制。全文包括总体情况、主动公开政府信息情况、收到和处理政府信息公开申请情况、因政府信息公开工作被申请行政复议和提起行政诉讼情况、政府信息公开工作存在的主要问题及改进情况，以及其他需要报告的事项六部分。报告中所列数据的统计期限自2021年1月1日起至12月31日止。本年度报告可在“上海虹口”门户网站(www.shhk.gov.cn)下载。如对本年度报告有任何疑问，请联系虹口区人民政府办公室(地址：飞虹路518号，联系电话：021—25658888转)。

一、总体情况

(一)主动公开方面

按照《条例》和《规定》的要求，本区始终做好法定公开内容的日常维护，持续加大政府信息的主动公开力度，拓展细化主动公开的具体内容，聚焦优化营商环境、“六稳”“六保”等公众关切的重点领域，权威发布本区优化营商环境4.0版、加快建设国际消费中心城市核心承载区三年行动计划、义务教育阶段学校招生入学、就业援助等政策并配套解读。

2021年，全区主动公开行政规范性文件13件、所有政府信息(包含非公文类信息)4603条，多元化解读形式占全部解读的比例超75%。

(二)依申请公开方面

严格执行《条例》和《规定》，进一步规范依申请办理工作，优化依申请工作流程，及时、准确答复申请人，切实保障公众依法获取政府信息的权利。

全年共受理政府信息公开申请876件，已答复837件(含上年度结转申请42件)，结转下年度继续办理81件，均在法定期限内予以答复。

(三)政府信息管理方面

一是严格落实公文公开属性源头审查和公开前发布审查工作机制。对于依申请公开提供的政府信息，同步开展审查研判，符合主动公开条件的及时转化公开。2021年，共转化公开公文类政府信息56件。

二是推进行政规范性文件统一公开，系统清理本区现行有效的行政规范性文件。经清理评估，截至2022年1月1日，现行有效的行政规范性文件共28件，2021年度失效的行政规范性文件共28件。

(四)政府信息平台建设方面

一是做好“上海虹口”门户网站政务公开专属页面的栏目设置及优化，深挖政务新媒体政务公开潜力。立足实现便捷、高效的用户体验，通过政府信息的权威、及时发布，公众参与形式与内容的不断丰富，切实提升政务公开线上平台影响的深度和广度。

2021年，“政府信息公开”专栏在“上海虹口”微信公众号、手机客户端(App)，“随申办”虹口旗舰店等新媒体平台正式上线，提升公众在移动端专属页面获取权威政府信息的便利性。

二是结合北外滩企业服务中心的正式启用，设立政务公开特色专区，探索智能机器人“小虹”智能问答、24小时自助服务等工作模式，并设置政策解读区就重要政策为公众集中答疑解惑。

(五)监督保障方面

一是强化组织领导和队伍建设。以培训促规范，不断提升本区政务公开队伍的业务水平。全年共开展业务培训2次，同时将政务公开课程纳入领导干部、法制工作人员和初任公务员等不同群体的培训课程中。

二是加强检查考核。继续保持政务公开在本区政府部门年度绩效考核中4%的占比，通过区政府办公室督查、部门自查、第三方社会评议等方式，确保考核结果全面、准确。针对评估中发现的问题开展整改及回头看，切实提升考核实效。

二、主动公开政府信息情况

<table>
<tr><td colspan="4">第二十条第（一）项</td></tr>
<tr><td>信息内容</td><td>本年制发件数</td><td>本年废止件数</td><td>现行有效件数</td></tr>
<tr><td>规章</td><td>0</td><td>0</td><td>0</td></tr>
<tr><td>行政规范性文件</td><td>13</td><td>28</td><td>28</td></tr>
<tr><td colspan="4">第二十条第（五）项</td></tr>
<tr><td>信息内容</td><td colspan="3">本年处理决定数量</td></tr>
<tr><td>行政许可</td><td colspan="3">41349</td></tr>
<tr><td colspan="4">第二十条第（六）项</td></tr>
<tr><td>信息内容</td><td colspan="3">本年处理决定数量</td></tr>
<tr><td>行政处罚</td><td colspan="3">5954</td></tr>
<tr><td>行政强制</td><td colspan="3">81</td></tr>
<tr><td colspan="4">第二十条第（八）项</td></tr>
<tr><td>信息内容</td><td colspan="3">本年收费金额（单位：万元）</td></tr>
<tr><td>行政事业性收费</td><td colspan="3">9422.62</td></tr>
</table>

三、收到和处理政府信息公开申请情况

<table>
<tr><td colspan="3" rowspan="3">（本列数据的勾稽关系为：第一项加第二项之和，等于第三项加第四项之和）</td><td colspan="7">申请人情况</td></tr>
<tr><td rowspan="2">自然人</td><td colspan="5">法人或其他组织</td><td rowspan="2">总计</td></tr>
<tr><td>商业企业</td><td>科研机构</td><td>社会公益组织</td><td>法律服务机构</td><td>其他</td></tr>
<tr><td colspan="3">一、本年新收政府信息公开申请数量</td><td>848</td><td>23</td><td>0</td><td>1</td><td>2</td><td>2</td><td>876</td></tr>
<tr><td colspan="3">二、上年结转政府信息公开申请数量</td><td>42</td><td>0</td><td>0</td><td>0</td><td>0</td><td>0</td><td>42</td></tr>
<tr><td rowspan="10">三、本年度办理结果</td><td colspan="2">（一）予以公开</td><td>343</td><td>7</td><td>0</td><td>0</td><td>0</td><td>1</td><td>351</td></tr>
<tr><td colspan="2">（二）部分公开（区分处理的，只计这一情形，不计其他情形）</td><td>11</td><td>2</td><td>0</td><td>0</td><td>0</td><td>1</td><td>14</td></tr>
<tr><td rowspan="8">（三）不予公开</td><td>1. 属于国家秘密</td><td>1</td><td>0</td><td>0</td><td>0</td><td>0</td><td>0</td><td>1</td></tr>
<tr><td>2. 其他法律行政法规禁止公开</td><td>1</td><td>0</td><td>0</td><td>0</td><td>0</td><td>0</td><td>1</td></tr>
<tr><td>3. 危及“三安全一稳定”</td><td>3</td><td>0</td><td>0</td><td>0</td><td>0</td><td>0</td><td>3</td></tr>
<tr><td>4. 保护第三方合法权益</td><td>2</td><td>0</td><td>0</td><td>0</td><td>0</td><td>0</td><td>2</td></tr>
<tr><td>5. 属于三类内部事务信息</td><td>3</td><td>0</td><td>0</td><td>0</td><td>0</td><td>0</td><td>3</td></tr>
<tr><td>6. 属于四类过程性信息</td><td>9</td><td>0</td><td>0</td><td>0</td><td>0</td><td>0</td><td>9</td></tr>
<tr><td>7. 属于行政执法案卷</td><td>0</td><td>0</td><td>0</td><td>0</td><td>0</td><td>0</td><td>0</td></tr>
<tr><td>8. 属于行政查询事项</td><td>20</td><td>0</td><td>0</td><td>0</td><td>0</td><td>0</td><td>20</td></tr>
</table>

（续表）

（本列数据的勾稽关系为：第一项加第二项之和，等于第三项加第四项之和）			申请人情况						
			自然人	法人或其他组织					总计
				商业企业	科研机构	社会公益组织	法律服务机构	其他	
三、本年度办理结果	（四）无法提供	1. 本机关不掌握相关政府信息	262	7	0	0	0	0	269
		2. 没有现成信息需要另行制作	48	4	0	0	2	0	54
		3. 补正后申请内容仍不明确	8	0	0	0	0	0	8
	（五）不予处理	1. 信访举报投诉类申请	16	0	0	0	0	0	16
		2. 重复申请	10	0	0	0	0	0	10
		3. 要求提供公开出版物	0	0	0	0	0	0	0
		4. 无正当理由大量反复申请	0	0	0	0	0	0	0
		5. 要求行政机关确认或重新出具已获取信息	0	0	0	0	0	0	0
	（六）其他处理	1. 申请人无正当理由逾期不补正、行政机关不再处理其政府信息公开申请	4	0	0	0	0	0	4
		2. 申请人逾期未按收费通知要求缴纳费用、行政机关不再处理其政府信息公开申请	0	0	0	0	0	0	0
		3. 其他	68	3	0	1	0	0	72
	（七）总计		809	23	0	1	2	2	837
四、结转下年度继续办理			81	0	0	0	0	0	81

四、政府信息公开行政复议、行政诉讼情况

行政复议					行政诉讼									
					未经复议直接起诉					复议后起诉				
结果维持	结果纠正	其他结果	尚未审结	总计	结果维持	结果纠正	其他结果	尚未审结	总计	结果维持	结果纠正	其他结果	尚未审结	总计
13	3	2	1	19	11	1	9	0	21	9	0	0	0	9

五、存在的主要问题及改进情况

今年以来，本区贯彻落实《条例》及《规定》要求，持续夯实政务公开工作基础，强化政务公开与政务服务的深度融合，进一步满足社会公众对于获取政府信息的需求。但在本区以更高站位、更高标准谋发展的新形势下，还存在不足及进步空间，主要体现在：标准化规范化建设成果应用成效还不明显，公众参与的形式和内容仍需继续丰富，政策解读的深度、广度有待进一步深化。

为进一步提高公开实效，本区将紧密围绕区委、区政府中心工作，深入践行人民城市重要理念，不断强化政务公开领域标准化规范化建设，助力打造“上海北外滩、浦江金三角”。

一是强化标准化规范化建设成果应用。在“上海虹口”门户网站、微信公众号、手机客户端（App），“随申办”

虹口旗舰店等线上和新媒体平台，广泛运用短视频、动画等新颖形式，加强政务公开标准化规范化工作成果在线上的应用和推广。

二是优化公众参与体验。将政务公开向本区系列“会客厅”、热门打卡点延伸，在提供常规政府信息公开服务的同时，因地制宜地融入政务公开标准化规范化成果应用，以公开促服务，助力提升城区品质。

三是提升政策解读实效。拓宽解读领域，规范解读内容，拓展解读形式，在主动公开的基础上进一步做好政策解读、二次解读及后续解读，并在本区官网及新媒体平台设置专栏集中回应公众关切。

六、其他需要报告的事项

2021年，虹口区坚持以习近平新时代中国特色社会主义思想为指导，全面贯彻落实党的十九大和十九届二中、三中、四中、五中、六中全会精神，严格贯彻落实党中央、国务院和市委、市政府的工作部署，深入贯彻落实习近平总书记考察上海和视察虹口重要讲话精神，认真对照《2021年政务公开工作要点》（国办发〔2021〕12号）、《2021年上海市政务公开工作要点》（沪府办〔2021〕21号）的具体要求，结合本区实际，制定发布《2021年虹口区政务公开工作要点》（虹府办发〔2021〕9号）并把狠抓落实贯彻始终，以实际行动迎接党的二十大胜利召开。

（一）重点领域工作推进情况

1.强化政务公开标准化规范化建设。

一是强化政务公开标准目录动态管理。着重加强对重点工作部分公开事项的持续优化，实现本区标准目录对重点工作的全覆盖、无遗漏，并以超链接的方式，实现目录公开事项和具体公开内容的联动展示，使社会公众可以通过目录一键查阅公开信息。

二是开展标准化规范化成果应用。通过编制“政策服务包”等集成式政务公开应用产品，实现企业、市民“高效办成一件事”“清晰读懂一件事”。如，区市场监管局编制的《开业指导手册》明确规范、统一标准，实现了来福士、太阳宫等重点商圈开业前的各项行政许可工作快速高效地完成；本区编制的《市民驿站窗口接待百事通手册》以标准化模式提升全区市民驿站工作人员业务水平，并成为虹口居民获取社区信息的重要方式之一。

三是推进居务公开标准化规范化建设。制定出台《虹口区社区居务公开工作指引（试行）》，梳理形成23个试点居委会的公开目录。在“上海虹口”门户网站开设“居务公开”专栏，集中公开财务收支、为老服务、社会救助等信息，为居民及时、便利地获取居委会信息搭建了平台。

2.做实决策公开和公众参与。

一是落实重大行政决策事项目录规范管理。本区严格执行《上海市重大行政决策程序规定》及配套文件、《虹口区重大行政决策程序实施意见》，于一季度发布区政府重大行政决策事项目录。设立“草案征集”专栏，通过“上海虹口”门户网站及政务新媒体，以目录归集的方式超链接展示目录及所有事项的后续推进情况。

二是推进行政决策公众参与。严格落实决策预公开，加强重要决策审议过程公众参与。全年就《虹口区2021-2023年生态环境保护和建设三年行动计划》《2021上海旅游节·虹口欢乐节筹备工作的方案》及《上海市虹口区第二轮“国医强优”三年行动计划（2022-2024年）》等议题3次邀请利益相关方、企业代表等列席区政府常务会议。

三是持续开展政府开放活动。本区重点围绕“一网通办”“一网统管”、公正监管、民生保障、公共卫生安全等重点领域集中开展政府开放活动，依托云直播、VR展示、沉浸式的体验等新形式，提高公众参与热情。8月份为本区“政府开放月”，共开展政府开放活动15场，600余人参与，全年累计开展30余场。

3.加大重点领域信息公开力度。

一是做好规划纲要及重要规划的信息公开。开设“奋进‘十四五’启航新征程”专栏，集中公开本区“十四五”规划纲要、专项规划、空间规划、历史规划等政府信息。专栏设有畅谈“十四五”栏目，围绕“十四五”开局，将“在线访谈”栏目与解读优化营商环境、加强民生保障等重点领域政府信息相结合，组织相关部门及街道主要负责人开展系列访谈节目，助推政策公开透明，打通政策落实“最后一公里”。全年共开展系列访谈7期。

二是推进民生领域信息公开。通过“上海虹口”门户网站、微信公众号、App，“随申办”虹口旗舰店等线上和新媒体平台及时发布卫生健康、教育、市场监管以及住房保障等领域的民生信息。

卫生健康方面，及时发布疫苗接种的相关知识科普、疑问解答、接种预约和点位、核酸检测点等信息。出台并解读《虹口区加强公共卫生体系建设三年行动计划（2020—2022年）》。将《虹口区“国医强优”三年行动计划（2021—2023年）》列入今年重大行政决策事项目录，并邀请利益相关方代表列席区政府常务会议共同审议。

教育方面，在虹口教育专属页面集中发布各类学校招生政策，义务教育阶段入学工作实施方案、实施细则，各学校概况招生计划等内容，并通过图解、直播等形式配套解读。发布并图解《虹口区教育局关于“双减”工作背景下强化学校教育主阵地作用的实施方案》。

市场监管方面，开展“餐饮安全你我同查”直播检查活动；每月定期公开食品、药品、医械、产品质量等公众关注领域的抽查检测结果，对不合格食品的核查处置通告，对学校、食堂等重点场所及重点监测项目的抽查检测结果；定期发布消费提示和风险解析，为民惠民，关注百姓健康安全。

住房保障方面，发布并解读《虹口区既有多层住宅加装电梯办事指南（3.0版）》《虹口区既有多层住宅加装电梯建后运维管理工作的指导意见》等指导性文件，进一步规范、明确加装电梯所有权人、使用管理单位和维护保养单位的权利、责任和义务，使百姓能够更清晰地了解加梯流程。

（二）创新工作开展情况

一是搭建政企交流平台，区领导现场解读惠企政策。2021年9月至12月，本区推出“企航北外滩——区长邀您走进虹口”系列主题活动。活动由区政府领导带队，邀请企业家漫步滨江、解读相关政策，着力构建“政企交流、企企对接”的新型服务平台。2021年，本区共开展6场活动，吸引近70家企业参加。

为更好地服务企业、宣贯惠企政策，本区会同市、区两级相关职能部门以及社会第三方机构组成近百人服务团队，在“北外滩企业服务中心”以及全区各楼宇企业综合服务驿站开展各类活动，切实将政策解读、政务服务“快递上门”，打通服务企业“最后一百米”。

二是优化线上公开渠道，做好政策精准推送。为及时将政策精准推送给企业，本区主动当好“店小二”，通过强化线上平台建设，运用大数据搭建标签管理，探索由“人找政策”变为“政策找人”。

在移动端方面，本区开发“虹口科技创新创业服务E路通”微信小程序。小程序设分栏目订阅功能，企业可根据自身需求进行订阅，为企业“画像”，实现精准推送。订阅列表共设十三个标签，企业关注小程序后，选择适合自己企业运营的标签列表，进行“量身匹配”，直观获取自身所需。

在门户网站方面，本区继续强化“虹口区企业服务云平台”建设。平台通过集中整合、发布各部门涉企专项政策，实现“一网式”政策发布。在此基础上，现已上线“我的主页”“利企服务”“政策中心”“政策体检”等8个栏目，平台根据企业的订阅需求及企业标签，实施政策的精准推送。

三是增设特色服务，探索政务公开线下新体验。本区探索“智能政务服务窗口”建设，在北外滩企业服务中心增设特色专区，公众可在24小时任意时段，通过扫描“随申码”进入北外滩企业服务中心。特色专区配备智能机器人“小虹”，通过新颖的人机对答形式，精准地为市民提供信息公开申请、决策公开查询等服务。

同时，特色专区设有政策解读区，区领导、各部门可就重要政策为公众集中答疑解惑。2021年，本区于政策解读区开展“虹口区‘高效办成一件事’‘一业一证’等改革举措及办理流程”等多场专场解读活动。

四是推进社区管理和社区服务数字化。2021年，本区依托“随申办”手机客户端（App）推出掌上市民驿站。“掌上驿站”有“随申办”移动端和市民驿站一体机两个端口，移动端位于线上，服务于熟悉手机操作的群体；一体机端位于线下，主要服务于市民驿站老年人。“掌上驿站”整合了街道及社会第三方优质服务资源，目前“掌上驿站”可提供6大类100余项线上服务，给社区居民的生活带来了便捷。

五是探索将政务公开向商圈延伸。今年，本区以北外滩开发建设为契机，选取白玉兰、太阳宫等重点商圈，将信息公开重点模块，如决策公开、标准化应用，以及新冠疫苗接种点等重点领域信息嵌入商圈自助设备，使市民群众在非行政场所也能通过扫码形式，查询到重要的便民信息。在“随申办”虹口旗舰店已上线的“加装电梯意愿征询”模块将作为新一轮集中展示的应用产品之一。

（三）信息处理费收取情况

本区依申请提供政府信息的收费严格按照国务院办公厅《政府信息公开信息处理费管理办法》及《上海市财政局、上海市发展和改革委员会关于政府信息公开信息处理费有关事项的通知》等有关规定执行。本区本年度未收取信息处理费。

（四）其他报告事项

鉴于区公安分局、区税务局属于垂直管理单位，故本报告第二、三、四部分表格数据不包括上述两个单位的内容。

表39 虹口区获二等功以上奖励的退役军人名录和事迹

序号	姓名	性别	出生年月	籍贯	个人立功情况	简要事迹
1	王惠忠	男	1934年4月	山东泗水	军队转业干部，原为中国人民解放军第4906部队4228支队无线电员，后转业到长航上海分局，离休干部。 在部队曾荣立一等功1次	1948年1月入伍。参加过淮海战役、抗美援朝出国作战。作为一名部队通讯员，他深感知识的重要性，在部队文化教员的帮助指导下，他常利用读书看报、学写家信的方式，不断提高认字识数的水平。遇到不认识的字，他嘴勤手勤，边请教文化教员，边学习查字典。很多时候，他还趁着别人睡觉的时间，在大脑里默写回顾一天下来学到的新字和算术，在他看来，学习犹如农民耕种，只有经风雨、历季月，才能使自己尽可能地多认字、多识数。也只有认字多了，才能更好地完成通信工作。经过2个月的刻苦努力，他变成一名认识2200多字的初级学员，在他的带动下，全连战士比学赶帮超，一时间形成浓厚的学习氛围，在全团学习测试中，王惠忠拿到全团第一名的好成绩。为鼓励全团官兵积极学习，团部给王惠忠荣记一等功
2	宋义民	男	1938年7月	陕西渭南	军队退休干部，原为空军上海指挥所参谋长助理（副师）。 在部队曾荣立一等功1次，二等功1次，三等功2次	1956年8月入伍。任飞行员期间，他对自己严要求、轻名利，时刻钻研航空理论和飞行技术，带头飞高难度科目，带头执行重大任务。1967年，解放军空军航空兵和高射炮兵协同作战，在广西板兴与入侵中国领空的美军飞机进行战斗。宋义民在这次空炮密切协同、以劣势装备战胜优势装备的速决战中，一举击落当时世界上最先进、号称战机霸王的美国F-4B“鬼怪”式战斗机，开创解放军用亚音速飞机击落敌超音速飞机的先例。他被荣记一等功，后多次受到毛泽东、周恩来等党和国家领导人的亲切接见。1983年，宋义民因安全飞行1500小时，荣立二等功
3	夏维华	男	1970年7月	江西南昌	军队转业干部，现任上海市虹口区退役军人事务局副局长。 在部队曾荣立一等功1次	1988年9月入伍。因完成保密军事任务，功绩卓著，有重大贡献，被中国人民解放军总参谋部荣记个人一等功，被授予总参谋部功勋模范奖章。2009年9月，出席中国人民解放军总参谋部英雄模范代表大会
4	王强	男	1963年2月	安徽桐城	军队退休干部，原为中央军委训练管理部军事体育训练中心八一跳水队队长。 在部队曾荣立一等功1次，二等功3次，三等功4次	1981年入伍，2002年任海军体工队队长。2004年，王强率领团队参加第28届雅典奥运会，在男子三米板决赛中，海军运动员彭勃夺得海军历史上首枚奥运金牌，王强荣立个人二等功。2009年，他带队参加第十一届全国运动会，所率队伍勇夺4枚金牌，功绩卓著，为解放军代表团完成军委、总部赋予的参赛任务作出重大贡献，荣立一等功。2013年在备战参赛第十二届全运会期间，他坚决贯彻中央军委决策指示，发挥解放军特别能吃苦、特别能奉献、特别能战斗的精神，全力以赴带领队员们在游泳比赛中夺得4枚金牌、5枚银牌、3枚铜牌，为解放军代表团圆满完成军委、总部首长赋予的比赛成绩和精神文明建设双丰收任务作出突出贡献，荣立二等功
5	王福兴	男	1927年12月	江苏高淳	离休干部，原为中国人民解放军7424工厂顾问。 在部队曾荣立二等功1次，三等功2次	1944年8月入伍。曾先后参加过金坛、天王寺、句容、秣陵关、溧水、高邮、枣庄、涟水、泰州、盐城、伍佑、莱芜、孟良崮、济南、徐州、淮海、渡江和解放上海等战斗战役。1945年12月在高邮战役中，王福兴因作战勇敢荣立二等功。1951年2月作为青年干事在解放军第三后方勤务学校（华东三野后勤干校）政工大队学习政工业务，并于同年6月在华东后勤干校荣立三等功。1955年4月在解放军108医院再次荣立三等功

（续表）

表39 虹口区获二等功以上奖励的退役军人名录和事迹

序号	姓名	性别	出生年月	籍贯	个人立功情况	简要事迹
6	孙昭	女	1930年8月	江苏海安	军队转业干部，原为解放军陆军23军后勤部军医队军医，后转业到上海市中医医院，离休干部。 在部队曾荣立二等功1次，三等功2次，四等功3次	1945年入伍。1947年1月枣庄战役打响，战斗前期打得非常艰苦，解放军伤亡很大，当时孙昭在师野战医院一队任医疗小组长，负责接收和转送工作。战斗开始的两天，伤员大量从旅、团卫生队转来，由于转来的伤员较多，孙昭和她的队友们不分昼夜连轴转，放弃休息时间，想方设法多抢救伤员，减轻伤员的痛苦，又马不停蹄合理安排转运人员，加快转送速度，为后续接纳新伤员创造条件，有效保障了战斗胜利。她在战斗救护中表现突出被荣立二等功。孙昭还在苏中七战七捷战斗中立二等模范，在孟良崮、淮海、渡江、舟山、抗美援朝战前训练等战役（战斗）中荣立三等功2次，四等功3次
7	陈庆梅	女	1930年9月	山东历城	军队离休干部，原为海军厦门水警区后勤部医疗所司药（技术九级）。 在部队曾荣立二等功1次	1946年3月入伍。1947年莱芜战役爆发，陈庆梅所在的华东野战军第八纵队23师专门抽调精兵强将负责战勤保障工作，前送物资弹药，后接伤员治疗，她不分白天黑夜指挥群众向部队输送粮食、服装、军鞋、弹药等物品，经常是吃不上饭，睡不上觉，饿了就喝口水，吃口馍；困了就席地而坐，打个盹休息一下，缓过劲来再继续干，经常冒着枪林弹雨，在战地中穿梭，完全不顾子弹飞来飞去，把生死置之度外。战役节节胜利后，她负责押送管理俘虏工作，近两百名俘虏要押送到数百千米外的后方安置点去，其中不乏个别俘虏老兵油子企图起哄碍事，她一声令下，举枪开了两下，用她的机智、果敢与英勇，严厉斥责并说服教育，有力控制住混乱场面，按时将这两百名俘虏押送到目的地，完成组织交给的任务，荣立二等功
8	刘伟昌	男	1929年7月	山东文登	军队离休干部，原为海军四一一医院代教导员。 在部队曾荣立二等功3次，三等功4次，四等功5次	1947年6月入伍。在烟台保卫战中，刘伟昌作战勇敢沉着，执行命令坚决，在战斗中被炮弹烟熏得昏迷不醒，醒来后仍不下火线，坚持到完成战斗任务，荣立二等功。在日常工作中他率先垂范，带头搞生产、抓卫生，带头进行高强度训练。为了推动练兵，他把自己的枕头绸子布拆开做两个小锦标，创造一个排的练兵学习升降塔。1952年至1953年间，他坚持苦学苦练，努力钻研，不仅保持优异的学习成绩，而且尊师爱生、互帮互助，带动周围的同学共同学习进步。为了鼓舞教员的教学热情，他拿出自己的津贴费买水壶慰问教员，感动教员和全班学员。刘伟昌先后荣立二等功3次，三等功4次，四等功5次，获评先进工作者2次，嘉奖3次
9	金文华	女	1927年6月	浙江长兴	军队离休干部，原为解放军陆军第23军军直卫生队军医。 在部队曾荣立二等功2次，三等功2次	1945年2月入伍。1948年豫东战役中，金文华所在的华野四纵（即23军）主要承担分割包围和实施防御战斗任务，先后攻克敌占村落24处，歼敌11000余人。在历时十多天的作战行动中，华野四纵共收转伤员3000多人，收治病员500余人，收容量超过以往历次战役，尤其是在撤出战斗时，时间紧、伤员多，情况十分危急，纵队司令员等首长亲自组织部队掩护，集中干部的乘马驮送伤员，以确保全部伤病员安全地撤出战斗。时任纵队司令部直属卫生队军医的金文华，不怕困难，勇敢顽强，一个人护送二三十名伤病员转移，特别是在遇到敌人或通过龙王店等敌封锁线、敌占区的情况下，千方百计组织大家与敌周旋，确保伤病员无一掉队。经过月余的艰苦努力和精心照护，终将自己所带人员全部安全撤出战场，到达目的地。战后她被荣记二等功。金文华在解放战争中先后荣立多项军功：苏中战役三等模范、孟良崮战役三等功、豫东战役二等功、淮海战役三等功

（续表）

表39	虹口区获二等功以上奖励的退役军人名录和事迹					
序号	姓名	性别	出生年月	籍贯	个人立功情况	简要事迹
10	夏德富	男	1931年7月至2021年3月	山东邱南	军队离休干部，原为东海舰队后勤部营房处副处长（正团）。 在部队曾荣立二等功2次	1946年6月入伍。先后参加过山东孟良崮战役、潍县战役、淮海战役、渡江战役等，在战役中担任卫生员工作。1948年3月，在鲁中南军分区三所二分所任护理员期间，他积极救护伤病员，义无反顾献血给伤病员，突击治疗成效明显，荣立二等功。1949年渡江战役南下当中，夏德富政治思想鲜明，坚决执行“打到江南去，解放全中国”的命令。他发扬英勇顽强的精神，克服困难，在战役护理工作中认真负责，用心照顾伤病员，成绩突出。南京解放后，部队接管海军医院，夏德富担任医院的护士工作，他依然耐心细致地做好病员护理工作，再次荣立二等功
11	于春霖	男	1928年3月	山东临朐	军队离休干部，原为海军舟山基地司令部直政处副主任。 在部队曾荣立二等功1次，三等功5次	1946年11月入伍。先后参加过山东莱芜战役、山东淄川大荒地战斗、山东多维战斗、泰安大渡口战斗、兖州战斗、济南战斗、淮海战役、渡江战役。1949年1月，在淮海战役中，他作为战地通讯员，在枪林弹雨、炮火枪声中，不顾随时受伤或牺牲的风险，不惧艰险、迎难而上，完成战地通信任务，荣立二等功。于春霖始终坚持对党的高度忠诚，工作积极、作战勇敢，在残酷的战斗环境中，将个人生死置之度外，坚决执行上级命令，英勇完成工作任务，在屡次战斗和军事练兵运动中先后荣立二等功1次、三等功5次
12	张宝宗	男	1931年12月	山东威海	军队转业干部，原为上海警备区守备一师六团一营营部卫生所所长兼军医，转业至虹口区房地局工作，后任虹口区横浜桥房管所党支部书记，现已离休。 在部队曾荣立二等功1次，三等功3次	1948年8月入伍。在解放战争中，张宝宗作战勇猛，先后参加威海战斗、济南战斗、淮海战役、渡江战役、解放上海战役作战。1949年，在渡江南下战斗中，他积极配合组织渡江的船工及战士进行严格训练，帮助战士克服恐水心理，苦练水上作战本领，确保千帆横渡长江，被编入突击队第一梯队横渡长江，当时由于战事紧，部队开拔一夜急行140里，累到“边走路边睡觉”。也曾在上海战役外白渡桥争夺战中浴血冲锋，在枪林弹雨中救援受伤战友，在抗美援朝战场上经历雪海追击和生死离别。其间，先后荣立二等功1次，三等功3次
13	嵇良俊	男	1933年2月	江苏高邮	军队离休干部，原为国防科工委廿六基地胶东政治处副主任（副团）。 在部队曾荣立二等功2次	1947年12月入伍。先后参加过黄桥战役、渡江战役、解放上海战役、福州战役、平潭岛战役、厦门战役等。1949年渡江战役中，他任渡江大队船长，在敌军飞机、军舰的轰炸扫射下，毫不畏惧、沉着应对，深入前沿阵地，带领全船战士按时到达上级指定的目的地，受到团首长的通令表扬。在解放上海战役中，他负责爆破任务，积极响应党中央要“完整保存上海”“以尽力保全市区人民生命财产以及工厂企业和城市建筑”的战略思想，合理运用战术，用巧妙而有效的爆破技法圆满完成艰巨任务，荣立二等功。厦门战役中，他与战士们航海作战英勇抗敌，克服海上作战的困难与艰险，浴血奋战，最终赢得解放厦门战斗的胜利，再次荣立二等功

（续表）

表39	虹口区获二等功以上奖励的退役军人名录和事迹					
序号	姓名	性别	出生年月	籍贯	个人立功情况	简要事迹
14	唐安琪	男	1929年6月至2021年7月	上海	军队转业干部，原为南京军区空军后勤部雷达军械修理厂工程师，转业至上海无线电二十一厂任副总工程师。 在部队曾荣立二等功1次	1950年2月入伍。新中国成立后，国民党军仍不甘心失败，不断用飞机对大陆沿海地区进行轰炸和骚扰，形势迫切要求加速解放军雷达部队建设，但建设雷达部队需要装备，工厂正在建厂阶段，尚不能提供装备。当时，唐安琪所在的雷达一四一营修理所的同志们急部队之所急，在做好日常维修工作的同时，千方百计挖掘潜力，时任雷达组组长的唐安琪带领组员们深入调研，提出以苏军留下的雷达修配箱中的零部件，配以上海地区能解决的通用件和金加工力量，装配成一部雷达的建议。该建议很快得到上级领导的赞同和批准。于是修理所全体同志共同努力，克服种种困难，雷达组用三个月的时间，在1951年5月装配完成一部P3K雷达，为加强华东地区的对空监视力量做出重大贡献。该单位得到华东防空部队领导的表扬与嘉奖，唐安琪也荣立个人二等功
15	刘胜德	男	1931年8月	山东单县	军队离休干部，原为海军上海基地教导队副政委。 在部队曾荣立二等功1次，三等功3次	1947年8月入伍。先后参加过山东鱼台战斗、淮海战役、渡江战役、江山战斗等，在各大战役战斗中担任过攻击、狙击任务，因作战勇猛、圆满完成任务，荣立三等功3次。1951年，刘胜德在十七军五一师一五二团三营中担任通信班长，参加剿匪战斗。他勇敢深入匪巢，在顺利完成通讯任务的同时，凭着自己的机智和勇敢，克服重重困难，及时配合剿匪部队活捉几十名土匪头目（其中大队级两名、中队级五名、匪众三十五名），缴获枪支数十把。他因剿匪战斗勇敢荣立二等功
16	吴金越	男	1933年10月	山东无棣	军队转业干部，原为中国人民解放军空军87001部队军医，后转业到上海市房地局职工医院，现已离休。 在部队曾荣立二等功1次	1946年入伍。深受八路军烈士父亲的影响，年仅13岁的他和兄长一起参加革命队伍，被分配到某独立营卫生队当卫生员。在做卫生员期间，积极参加战场救护，面对敌人炮火冒死抬担架运送伤员。在济南战役中，脊椎负伤，但他轻伤不下火线，坚持把一位伤员抬下战场。在几次战役中，他克服困难、不惧牺牲，勇敢救护伤病员，圆满完成任务。他护理伤病员，关心体贴无微不至，在医护的同时也时常做好伤病员的思想稳定工作。1951年11月，部队评功评奖中，组织上对他各项工作给予充分肯定，授予他二等功
17	纪从炜	男	1927年11月	山东海阳	军队离休干部，原为海军修船管理支队司令部军务科参谋（正团）。 在部队曾荣立二等功1次	1947年1月入伍。先后参加威海棉花山守备战和古陌岭战役、烟台凤凰山攻坚战和塔山阻击战、淮海战役等。1952年，在闽江军舰工作期间，学习认真刻苦，协助教员研究教学方法，尤其是与教员一起研究修船教学方法，帮助战士们学习船上轮机理论知识，努力带领并帮助其他军士长学有所成，表现突出。工作上，他带头苦干，亲力亲为深入基层与战士们一起积极钻研修船技术，并和领导共同研究布置工作，以身作则带领同志们严密检查并及时排除故障。有一次，在汉口执行任务时，他放弃休息时间，潜心想出翻水法，控制军舰上锅炉的温度，保证军舰的正常航行。但凡军舰上出现故障，他总是冲在最前面，和其他官兵一起及时研究措施，跟进解决处理。鉴于他在闽江军舰期间的学习与工作表现，荣立二等功

（续表）

表39	虹口区获二等功以上奖励的退役军人名录和事迹					
序号	姓名	性别	出生年月	籍贯	个人立功情况	简要事迹
18	归湛身	男	1929年1月	江苏苏州	军队退休干部，原为空四军政治部组织处党委秘书。 在部队曾荣立二等功2次	1951年1月入伍。1951年，空四军党委为落实中央军委指示精神，开展文化学习大进军活动，成立人民空军文化学校，归湛身受命担任学校文教办副主任兼文化教员。根据部队的实际情况，他结合学习经验，在研究“速成识字法”的同时，独创一整套适合干部战士的学习方法，使部队干部战士的文化水平得到快速提升，成绩斐然，多次获得空四军党委的通报表扬。后来在苏州洋关空军文化学校担任教务副主任，将“速成识字法”的一套学习方法广泛应用于教学中，使部队指战员快速摘掉文盲的帽子，提高大家的文化水平，为建设一支听党指挥、能打胜仗、作风优良的人民军队提供重要的保障。鉴于归湛身在落实中央军委关于实施部队文化学习教育工作中突出表现，经空四军党委研究决定，1952年11月和1953年7月授予归湛身二等功各1次
19	孙从铭	男	1929年10月	山东文登	军队离休干部，原为海军东海舰队修船管理大队门诊部主任（技术八级）。 在部队曾荣立二等功1次	1948年10月入伍。曾参加渡江战役，在战役中担任护士工作。1952年，孙从铭在华东海军上海医院从事营养军医工作，负责计算食物营养成分和制定医院各种治疗性饮食及食品质量锁定。其间，他认真钻研营养知识，改进方法，使全院病员的营养工作大为改进，极大改善病员的伙食与营养。在炎热高温季节，他仍亲自研究制作各类病员需求的饮食，配比各类食物的营养成分，保证重病人每天的营养供给。他熟练掌握治疗内科各种疾病的方法，经常参加抢救重危病人，治疗各种心动紊乱和心衰等疾病。同时，他工作责任心强，经常在病房中了解病员的思想状况，努力帮助病员解决他们的困难，获得全院医师和病员的高度好评，荣立二等功
20	朱玉华	女	1930年4月	江苏兴化	军队退休干部，原为海军四一一医院医务处助理员（技术九级）。 在部队曾荣立二等功1次，三等功3次	1951年3月入伍。在海军后勤部卫生部医训队期间，她勤学苦练，认真钻研学习，熟练掌握业务知识，在全队总成绩中名列前茅。在自己获得优异成绩的同时，她更不忘团结带动并帮助身边的同志一起进步。为了帮助医训队里一位年纪大、基础差、学习有困难的同志不掉队，她主动与其结对子，每天晚上熄灯后到厕所为其辅导补习，直到这位同志跟上进度，顺利过关。后来，她被分配到海军四一一医院，因当时医院没有病史资料室，组织上便派她外出学习，回院后她创建了医院的病史资料室，为医生的诊断、伤病员的治疗提供第一手资料，这一干就是几十年，为部队医院的基础建设默默作出自己的贡献。她先后荣立二等功1次，三等功3次，获评先进工作者2次
21	刘德贵	男	1930年6月	四川巴中	退役军人，原为解放军0100部队独立三分队班长，现已退休。 在部队曾荣立二等功1次	1950年入伍。先后参加抗美援朝战争第五次战役和规模较大持续时间较长的上甘岭战役，在枪林弹雨中他不怕牺牲、勇往直前，冲在第一线击毙多名美国兵，荣立二等功，身上也留下弹片的痕迹
22	何永甫	男	1931年9月	浙江嘉善	军队转业干部，原为海军东海舰队装备技术器材处助理员，现已退休。 在部队曾荣立二等功1次	1951年入伍。在虬江码头八号仓库执行保卫鱼雷艇的任务期间，驻地部队开展各项军事训练和政治文化学习。1952年，他在文化技术学习中，积极认真、勤学苦练，技术熟练、成绩显著，又主动帮助其他战士一起共同学习进步，受到部队上级领导好评，荣立二等功，出席华东海军首届功模代表大会

（续表）

表39	虹口区获二等功以上奖励的退役军人名录和事迹					
序号	姓名	性别	出生年月	籍贯	个人立功情况	简要事迹
23	李舜华	女	1932年8月	山东烟台	军队退休干部，原为海军东海舰队后勤部舰工部工厂管理科科长（正团）。 在部队曾荣立二等功1次	1950年4月入伍。1952年“三反”（反贪污、反浪费、反官僚主义）运动期间，李舜华调至华东海军后勤部机关党委办公室工作，负责统计报告和整理汇总材料。为了保证统计数据的时效性和准确性，她一丝不苟，经常深入各个基层，了解收集第一手的数据材料，加班加点、汇总统计、抄写整理，第一时间将核实的精准数据材料上报至上级领导或组织，为领导决策、指导工作提供可靠依据。“三反”结束后，她调至大队部工作，仍然保持谦虚、严谨的工作作风，协助会计做好计算资助粮工作，并负责队部的材料抄写与整理。她工作忘我，带病坚持，有时甚至是忙到凌晨两三点钟，从不计较埋怨，仍一如既往地奉献工作的热忱。鉴于工作中的突出表现，被荣记二等功
24	邢爱莱	男	1933年4月	浙江嵊州	军队转业干部，原为南京军区步兵学校通信教研室正营职教员，转业至上海市第十百货商店工作，现已退休。 在部队曾荣立二等功3次	1951年3月入伍，当时，其所在部队的战士大多来自农村，文化水平极低。为了扫除文盲，在连队党支部领导下，邢爱莱除完成日常工作外，还肩负起“扫盲”工作。他从拼音开始教起，逐步让连队里绝大部分战友摘掉文盲帽子，以“我写我”的方式让同志们能够写家书和一般的文章，为部队正规化、现代化建设起到一定的作用。为表彰邢爱莱的贡献，上级党委于1952年11月给邢爱莱荣记二等功1次。部队现代化建设需要大批无线电通信人员。为了解决无线电通信训练器材的不足，他开动脑筋，想方设法多次试验，终于利用废旧材料自制“振荡器”进行收发报训练，为部队培养大批无线电报务员，对部队的通信建设起到很大的作用。在完成无线电通信工作的同时，他仍然兼任业余的文化辅导工作，为提高部队文化水平做出优异的成绩。经上级党委决定，1954年7月、11月先后两次给邢爱莱荣记二等功，以示表彰
25	奚根才	男	1934年1月	江苏无锡	军队退休干部，原为海军东海舰队后勤部工程营房处副处长（正团）。 在部队曾荣立二等功1次	1951年1月入伍。1952年至1953年，奚根才在华东海军工程勘测队从事测量工作，他安心扎根小岛，非常注重学习文化和业务知识，经常放弃休息时间勤学实干。在自己钻研业务知识的同时，又经常利用晚上学习时间来帮助别的同志共同提高业务能力、知识水平。奚根才热爱勘测工作，他带着满腔的执着与热情，在工作中积极开动脑筋，刻苦钻研实践，充分发挥自身的主观能动创造性与钻研精神，改进测量工作方法，将有效的三角测量工作原理应用到实际测量工作中，不仅使测量的精确度提高2-3倍，也提高测量工作的质量和成绩，有效提升工作效率，荣立二等功
26	王光耀	男	1932年11月	福建厦门	军队退休干部，原为海军东海舰队侦察船大队大队长（正团）。 在部队曾荣立二等功1次，三等功5次	1951年7月入伍。1951年至1953年在解放军第三海军学校学习期间，苏联援助的b-123型鱼雷快艇的“超越灯”极易发生故障，影响战备。校方针对该种情况，组织学员们攻关。王光耀了解情况后艰苦钻研，创造出一种仅需十几秒、简便快捷的“超越灯”故障排除法，并在部队推广运用，促进战备工作，被荣记二等功。1976年初，舰队组建侦察船大队。在当时无人员、无舰船、无装备、无驻地、无经验的情况下，时任大队参谋长的王光耀勇挑重担，与战友们迅速组建起一支海上侦察力量（有电子侦察船一艘，渔船型侦察船八艘，两栖侦察兵一个中队），陆续完成多项重大任务。后来，王光耀又结合海上侦察经历，并分析以往对海上目标实施侦察的案例，钻研出实用的侦察船编队战术，编印成侦察战术教材，在船队出海中反复操练。1983年，他率领“619侦察船编队”，北上穿越对马海峡，进入日本海侦察。此次侦察是人民海军组建以来首次进入该海域的侦察行动，收获了宝贵的资料，也为后续海上侦察积累经验，被荣记三等功

（续表）

表39	虹口区获二等功以上奖励的退役军人名录和事迹					
序号	姓名	性别	出生年月	籍贯	个人立功情况	简要事迹
27	梅耀光	男	1933年7月	浙江兰溪	军队转业干部，原为中国人民解放军27军81师243团高机排独立排长，现已退休。 在部队曾荣立二等功1次，三等功2次	1951年7月入伍。参加过抗美援朝战争五次战役，历任班长、排长，曾用高射机枪打下过美国战机，战后荣立三等功2次。1953年，在军训文化学习中克服困难，刻苦学习，成绩优异。他不仅积极协助领导搞好主要科目的学习教育，又带动帮助其他战友共同学习进步，表现突出，荣立二等功
28	任红举	男	1934年8月	北京	军队退休干部，原为南京军区政治部前线歌舞团创作员，国家一级编剧，中国作家协会、音乐家协会会员，第三届中国音乐文学学会理事。 获朝鲜国旗勋章，在部队曾荣立二等功1次，三等功5次	1949年12月入伍。抗美援朝战争期间，任红举作为中国人民志愿军第12军31师文工团队员入朝。在一次战役中，他所在部队在追击时被美军反包围，接到撤退命令时，大家已经饿了几天几夜，之后还要行军十几天。任红举独自一人深夜摸入敌军驻地找来吃的，把随团几十个人从饿死的边缘拉了回来，为后续撤退积蓄力量。在金城阻击战中，年仅17岁的任红举一边英勇作战，一边开始战地创作，完成一生最心爱的作品《金星英雄》，作品讲述战士胡修道独自往来于两个阵地，歼敌280人的英雄事迹。该作品以山东快板的形式传遍31师各连队，在志愿军会演中获得一等奖，并获优秀演员奖，被选为答谢祖国人民慰问团的节目。归国后，任红举投身词作研究，荣获中国音乐家协会授予的“文艺工作者60年贡献奖”。他创作的《中国，中国，鲜红的太阳永不落》（合作）和《太湖美》《我爱我的称呼美》等一批优秀作品荣获全军一等奖。服役期间，先后获得朝鲜国旗勋章，荣立二等功1次、三等功5次
29	王新武	男	1932年7月	上海	退役军人，原为解放军第31军93师炮团榴炮营副排长，现已退休。 在部队曾荣立二等功1次	1950年入伍。当兵不久，因专业突出，被组织任命为侦察班班长，负责全班日常操练及军训任务。在他的带领下，他将所在班的日常军训，特别是步枪射击和炮兵侦察搞得有声有色，他发明的瞄准辅助器，不仅让自己在普训中打出五发五中48环的好成绩，还将辅助器推广到全班全排，提高了大家的射击命中率，使全连的射击成绩在全团名列前茅。在一次军备训练中，他背负一架精密光学器材测远机，不慎跌落交通沟，此时他想起老连长的谆谆教诲，爱护武器就要像爱护自己的生命一样，在滑落的瞬间，他将测远机高高举起，器材完好无损，自己却光荣负伤，受到团部的表彰，荣立二等功
30	于镜渊	男	1934年10月	山东青岛	军队退休干部，原为海军东海舰队训练基地一大队大队长（正团）。 在部队曾荣立二等功1次，三等功1次	1951年1月入伍。曾在大连海校舰艇大队工作，坚持不间断学习，认真钻研技术，利用水雷专业特长，先后担任水雷班长、水雷业务长等职。1953年，在寒冬恶劣的环境中，他不畏严寒、排除万难，乔装成陆军，潜入乌丘屿海面的敌战海区，下水执行水雷侦察任务，表现突出，受到上级表扬，荣立二等功。后又在数次对海对空战斗中成绩显著。1965年，参加崇武以东海战，荣立三等功
31	林文浩	男	1936年4月	广东揭西	军队退休干部，原为空军航空兵第26师副师职顾问。 在部队曾荣立二等功1次	1953年入伍。曾在空军第六航空学校预科总队，任学员兼分队长。在校期间，他坚定政治方向、刻苦学习各科文化课程、用心钻研军事知识、积极进行军事体能训练，经过一年多的军事、文化、政治的学习和训练，他的成绩名列前茅。然而他没有沾沾自喜，带着全分队队员一起进行严格有序的强化学习训练，使全分队取得优异的成绩，分队被荣记集体三等功，林文浩荣立个人二等功，并作为代表出席空军英模代表会

（续表）

表39					虹口区获二等功以上奖励的退役军人名录和事迹	
序号	姓名	性别	出生年月	籍贯	个人立功情况	简要事迹
32	赵洪声	男	1934年4月	江苏无锡	军队退休干部，原为海军东海舰队司令部雷达声纳处电子对抗科科长。 在部队曾荣立二等功1次	1951年1月入伍。先后参加过抗美援朝、解放一江山岛、击沉敌太平号护卫舰和炮击金门战斗。1958年，赵洪声临危奉命紧急赶赴福建前线参战，抵达距金门岛仅10余千米的镇海观通站，带领全站人员开展战前大练兵，进行引导鱼雷艇和护卫艇攻击敌舰的操练，并且及时制定作战部署，调试武器装备，拟定应急措施方案，保障海上作战的胜利。1958年8月24日，解放军又一次万炮齐轰金门岛，停泊在金门料罗锚地的敌舰艇纷纷向外海逃窜，海上敌军和解放军舰艇活动态势完全依赖解放军雷达的掌控。赵洪声有条不紊地组织大家将海上情报及时上报快艇指挥所，准确无误地引导鱼雷快艇勇猛地向敌舰艇发起攻击，并在首次海战中即取得击沉击伤敌大型运输舰各一艘的重大胜利。1958年9月1日，在他组织指挥下，解放军雷达又一次提供准确情报，并引导三艘高速炮艇击沉敌一艘吨位大于解放军数倍的敌猎潜舰一艘，取得“以小胜大”的辉煌战绩。由于在炮击金门战斗中成绩显著，被荣记二等功，出席英模大会
33	胡大琳	男	1933年11月	湖北武汉	军队转业干部，原为空军临潼基地通信修理所所长，现已退休。 在部队曾荣立二等功1次	1950年12月入伍。1958年，部队开展轰轰烈烈的技术革新运动，在兰州军区空军临潼基地通信修理所任无线电技师的胡大琳积极响应号召，带领所里同志们踊跃参与技术革新运动，设计制造“收讯机简单修理仪”，被空军发明创造跃进成果展览会评为三等奖。他还和所里的同志们千方百计地修复、制造、清理各种物资，给国家节约大批物资和经费开支，同时也提高工作效率，保证安全。他不断推动修理所同志们积极参加“小革新、好建议”活动，给所内工作带来新的气象，提高通信质量，敢想、敢干，在运动中带动群众，发挥积极创造、大胆革新的精神，被荣记二等功
34	李怀林	男	1934年12月	安徽和县	军队转业干部，原为中国人民解放军6533部队后勤处卫生队医务助理，现已退休。 在部队曾荣立二等功3次	1958年入伍。1959年，其所在部队驻守在浙江舟山滩浒岛进行国防施工，其间，他积极主动为全岛居民进行饮水消毒、灭蝇除害，有效控制了肠道疾病的发生，荣立二等功。1960年，岛上多位干部战士因误食桐油发生食物中毒，数人上吐下泻浑身疼痛抽筋，不少人因为脱水而倒地，在这危急情况之下，李怀林组织全岛军民和所有卫生员投入到紧急救治中，他们把瘫倒在室外的病人一一抬到医务室内，经过医护人员的专业救治和照护，使全部人员脱离生命危险。李怀林因工作出色，再次荣立二等功。他在部队服役期间，曾先后任学员、卫生员、医务助理等职，工作勤恳认真、敬业负责，先后荣立二等功3次，获评守备区先进代表1次
35	吴宜娟	女	1932年3月	浙江温岭	军队退休干部，原为南京军区后勤第127医院外科军医（技术九级）。 在部队曾荣立二等功1次，三等功5次	1958年入伍。曾参加抗美援朝出国作战，在朝鲜战争中担任护士，战火纷飞，她毫不退缩，用心照顾护理伤员，得到伤病员的称赞。1961年，她放弃小家团聚，主动提出到艰苦地区工作，认真学习护理技能，任劳任怨做好伤病员的日常护理，不仅有效提升了自己的业务能力，而且出色地完成了组织分配的工作，成绩显著，被荣记二等功。30多年的护理实践，积累起丰富的医护经验，通过踏实用心的服务态度，让她赢得病员良好口碑。工作中的传帮带和无私奉献，令她周围的战友都肃然起敬。她先后荣立二等功1次，三等功5次，多次获得先进工作者、技术能手、三八红旗手等称号

（续表）

表39	虹口区获二等功以上奖励的退役军人名录和事迹					
序号	姓名	性别	出生年月	籍贯	个人立功情况	简要事迹
36	于肇基	男	1930年10月	山东掖县	军队离休干部，原为海军外训队政治部保卫科科长（正团）。 在部队曾荣立二等功1次，三等功1次	1948年12月入伍。曾参加过解放一江山岛战役、崇武以东海战等战斗。1953年，在华东海军某运河舰上，他坚持不断学习，努力提高自身文化素质，文化学习成绩优良，获评二等奖并得到舰队通报表扬。1965年，于肇基参加崇武以东海战，他不畏艰险、冲锋在前，英勇果断地指挥射击。在战火纷飞中他和战士们一起搬运炮弹、还击敌人，一起清理舰炮射击抛出后掉落在甲板上的弹壳。战后，他又和战友们及时进行战斗总结，积累作战经验。后在部队担任多年的保卫干部，他一直谨遵“要重证据，重调查研究，严禁逼、供、信”的教导，严格遵守办案纪律，在大量的外调核实工作中，不怕艰苦，克服困难，认真负责地完成好各项专案工作任务，体现一名军人的忠诚担当和责任奉献
37	韦华生	男	1941年11月	江苏金坛	退役军人，原在炮兵63师部队担任班长职务，现已退休。 在部队曾荣立二等功1次，三等功1次	1961年入伍。1966年参加援越抗美战争，在5月31日战斗中，美军出动多批次百余架飞机，针对解放军的保卫目标和炮兵阵地狂轰滥炸。韦华生所在部队的战士们，在40摄氏度的高温下，冒着硝烟烈火和阵地上横飞的弹片，不顾生命危险，同连续轰炸的美机进行英勇搏斗，击落、击伤敌机26架，韦华生在该次战斗中荣立三等功。同年6月，其所在部队又一次反击进攻，在战斗中韦华生身体多处负伤，特别是被弹片击中喉部，在丧失语言功能的情况下，使用旗语继续指挥战斗。由于韦华生在援越抗美中的英勇表现，荣立个人二等功
38	卢友甫	男	1945年9月	上海	退役军人，原为北海舰队航空兵郊县机场4103部队40分队材料员，现已退休。 在部队曾荣立二等功1次	1963年8月入伍。曾任北海舰队航空兵郊县机场部队4103部队40分队通信台报务员，后调营部任通信材料管理员。1967年5月，卢友甫在向驻地农村宣传毛泽东思想途中，发现有一小孩失足跌落井中，在小孩生命危急情况下，卢友甫飞奔至井边，不顾危险跳入井中营救，由于救人心切用力过猛，腿被井石碰伤，他忍着水凉和伤痛反复打捞，终于握住孩子双腿并及时托出水面。卢友甫临危不惧、挺身而出的行动得到孩童所在村庄村民大力赞颂，因见义勇为荣立二等功
39	黄长才	男	1952年3月	江西黎川	退役志愿兵，原为解放军总政治部驻上海办事处志愿兵，现已退休。 在部队曾荣立二等功1次，三等功1次	1969年4月入伍。1976年7月29日，受命奔赴唐山地震灾区抢险救灾。时任解放军基建兵六支队后勤部汽车中队班长的黄长才奉上级命令，率领八班同志，驾驶吊车紧急赶赴灾区，将自己安危置之度外，坚守救援第一线，每天作业长达十三小时，终因劳累过度患严重痢疾，并且发烧至39度，但为了第一时间解救受难群众，他隐瞒病情，仍和其他战友拼命救援。在抗震救灾过程中，他临危不惧，勇敢冲在前，带领全班同志冒着余震连连的危险，奋不顾身营救受灾民众和财产物资，出色完成上级交给的任务，受到上级领导和同志们的赞扬，荣立二等功。在建造毛泽东纪念堂过程中，他以身作则，带头表率，团结带领战友一起克服时间紧、任务重、气候严寒、条件艰苦的困难，在自身脚冻烂、手冻裂的情况下，忍着刺骨疼痛，仍然坚持工作，发扬“轻伤不下火线、重伤不哭不叫”的革命硬骨头精神，顶班连续作业，圆满完成施工任务，荣立三等功

（续表）

表39	虹口区获二等功以上奖励的退役军人名录和事迹					
序号	姓名	性别	出生年月	籍贯	个人立功情况	简要事迹
40	陈海民	男	1954年1月	浙江萧山	军队转业干部，原为陆军第38军112师335团2营5连副连长，现已退休。 在部队曾荣立二等功1次	1970年1月入伍。1976年7月，受命奔赴唐山地震灾区抢险救灾。面对受难的群众、病倒的战友和随时可能发生的余震，危急时刻，陈海民毅然扛起重任，临时负责指挥排里工作，在少工具、少防护用品，无防毒面具等严峻条件下，他要求全排党员率先带头克服困难，发扬“二不怕”精神，加速着手挖掘、包扎并搬运尸体等灾后救援处置工作。8月下旬，他所在部队又奉命建造“三防简易住房”（防震、防寒、防火），做到管辖区居民人人有房住。陈海民和战友分班轮流作业，不管风吹雨打、烈日暴晒，他以身作则，冲在第一线，无论大事小事、分内分外，都把最艰苦的事留给自己。在不到三个月的救灾日子里，陈海民不负重托，与战友们一同完成上级布置的任务，处置百余具受难尸体，上缴手表、电视等财产若干，完成建造简易住房十余间。因参与1976年唐山抗震救灾功绩突出，被荣记二等功
41	郑志毅	男	1959年3月	浙江绍兴	军队转业干部，原为军委工程兵体工队队员，转业至上海虹口区青少年体校任乒乓球教练，现已退休。 在部队曾荣立二等功1次，三等功3次	1975年10月入伍。军委工程兵体工队，专门从事乒乓球专业训练。1977年，全军五项球赛的乒乓球比赛中，他与全队共同努力，获得男子团体冠军、男子单打冠军、男子双打冠军。1978年，全国乒乓球锦标赛中，他与队友合作，获得男、女混合双打全国第二名（银牌）的好成绩，荣立二等功，服役期间荣立三等功3次
42	沈剑萍	女	1961年9月	浙江桐乡	军队转业干部，原为解放军八一体育工作大队运动员，现已退休。 在部队曾荣立二等功8次	1974年9月入伍。军委体工队特招的乒乓球运动员，从事职业乒乓球训练，代表“八一乒乓队”获得两届全国运动会女子双打冠军，并且代表中国参加第36届、第37届世界乒乓球锦标赛，尤其是第37届乒乓球世锦赛，取得女子双打冠军。在一次全运会上，沈剑萍的脚部受伤，鲜血和脓水不断流出，钻心的疼痛反复折磨着她，在球场上跑动更是不可能。但比赛在即，沈剑萍不放弃、不停步，平时艰苦的训练和部队锻炼的坚毅品质使她咬牙坚持下来，在队医给她打封闭针，又简单包扎后，又继续投入最后的比赛中去，最终获得全国冠军。12年的当兵生涯，也是12年的乒乓球运动员的训练生涯，她先后荣立二等功8次，被评为全国三八红旗手和全国新长征突击手
43	蔡俊洪	男	1942年12月	江苏江阴	军队转业干部，原为解放军三九七九七部队政治部副主任，转业至上海交大医学院工作，现已退休。 在部队曾荣立二等功1次	1959年8月入伍，在部队服役29年。他从初级飞行员至政治部副主任，其间参加广西宁明轮战、入闽轮战和上海战备训练任务。蔡俊洪坚持钻研飞行技术，认真对待每一次飞行，在飞行中严格落实各项规章制度，严格遵守飞行安全规定，并将这份认真和严谨传给带教的下属，保证飞行安全。1984年，因连续安全飞行满1500小时，荣立二等功
44	赵树春	男	1947年11月	江苏高邮	军队转业干部，原为空军第三飞行学院副参谋长，现已退休。 在部队曾荣立二等功1次，三等功1次	1965年入伍，在部队服役24年。他长期从事党的教学事业，为空军培养一批又一批飞行员，为国防空军的建设和发展贡献青春和心血。1974年1月，他在一次飞行中碰上飞机发动机故障，在地面指挥员正确指挥和自己冷静沉着的处置下，成功挽救飞机并安全降落。落地以后，经发动机专家组的检查和鉴定，这是一次发动机严重空中故障，如果在空中再停留3—5分钟，后果不堪设想，组织上给他荣记三等功1次。1984年12月，他因安全飞行3000小时，被荣记二等功1次

（续表）

表39	虹口区获二等功以上奖励的退役军人名录和事迹					
序号	姓名	性别	出生年月	籍贯	个人立功情况	简要事迹
45	刘仁武	男	1941年12月	吉林德惠	军队退休干部，原为空军上海指挥所参谋长助理（副师）。 在部队曾荣立二等功1次	1958年入伍。主飞歼-5、歼-6两个机种，是空军特级飞行员、四种气象教员、指挥员。刘仁武热爱飞行事业，始终坚持“地面苦练、空中精飞”，不断锤炼过硬的飞行技能，提高胜战本领，从一名普通的飞行员成长为特级飞行员，他始终飞在前、练在前。1979年任副师长后，积极支持师长工作，全力配合做好部队工作。始终干在前、冲在前，别人不敢飞的高难科目带头飞，别人不敢做的动作率先做，不畏困苦、不惧艰险、不怕牺牲，圆满完成各项战备训练任务，长期保证飞行安全。1985年6月10日，因连续安全飞行满1531小时，荣立二等功
46	张钧	男	1939年6月	江苏江阴	军队转业干部，原为空军大连指挥所作训处处长（正团），现已退休。 在部队曾荣立二等功1次，三等功2次	1959年1月入伍。在部队服役28年，主要从事飞行驾驶，共计飞行1896小时。在飞行期间，他被评为优秀飞行学员，连续四年被评为五好战士、两次被评为五好飞行员、被嘉奖四次，1979年，空靶实弹训练成绩优异荣立三等功。1980年，安全飞行满1000小时，荣立三等功。1985年，安全飞行满1550小时，荣立二等功
47	张景隆	男	1942年7月	陕西泾阳	军队退休干部，原为海军四一一医院检验科主任、主任医师。 在部队曾荣立二等功1次	1962年8月入伍。1980年，从解放军第二军医大学全国内分泌学习班毕业后回到解放军第五医院内分泌中心工作。张景隆了解到六盘山老区是克汀病（又称呆小症）的重灾区，于是查阅资料、多方咨询并邀请宁夏地方防治所的专业人员一起成立课题研究组，向宁夏科委申报课题。作为组长的他带领组员到六盘山区进行“地方性克汀病调查及防治研究”。1982年至1983年间，张景隆深耕课题研究，通过对筛选出来的患者进行各项检测、检查，以及相关染色体分析，研究得出结论：地方性克汀病是由于缺碘所致的常染色体遗传性疾病，补碘是预防的主要途径。该研究共发表7篇论文，被宁夏医学会评为“一等优秀论文奖”，以专题形式发表在《宁夏医学》杂志上。在以后的15年间，此项研究指导意见被宁夏地方病防治所广泛应用于六盘山地区克汀病防治工作中，使该地区的克汀病发病率明显下降。1985年，宁夏军区授予张景隆二等功荣誉
48	展昭旺	男	1949年5月	山东平阴	军队转业干部，原为中国人民解放军39797部队司令部副参谋长，后转业到虹口区同心路街道，现已退休。 在部队曾荣立二等功1次，三等功8次	1968年2月入伍。同年被选为空军飞行学员，逐步成长为全天候（四种气象）飞行员、飞行教员、飞行指挥员、螺旋教员，无任何差错和事故征候。展昭旺安全飞行25年，历任飞行员、飞行中队长、飞行副大队长、飞行大队长、团副参谋长、师司令部作战科长、师司令部副参谋长。1992年7月，被评为空军优秀飞行员，9月出席“空军优秀人员表彰大会”。他先后荣立二等功1次、三等功8次、嘉奖9次、优秀飞行员2次、优秀干部2次、优秀党员4次、先进个人3次，被授予“空军一级驾驶技术能手”
49	白林秀	男	1949年7月	山东茌平	军队转业干部，原为中国人民解放军空军航空兵第26师政治部副主任，后转业至上海市邮电管理局从事政治工作（现为上海电信公司），现已退休。 在部队曾荣立二等功1次，三等功2次	1968年入伍，长期在部队从事飞行工作。以高度的事业心和责任感坚持“地面苦练，空中精飞”的职业情操。每次接到飞行训练任务后，他都认真准备，精心操练。有一次执行训练任务中，飞机发动机突发故障，他沉着应对、果断处置，正确操作驾驶故障飞机安全降落，受到部队领导和同事的好评，并授嘉奖1次。在20年的飞行生涯中，白林秀长期安全飞行，从未发生操作事故，多次被授嘉奖，荣立三等功2次。为表彰白林秀长期保证飞行安全中的突出表现，1986年12月，经南京军区空军批准，授予白林秀二等功荣誉

（续表）

表39	虹口区获二等功以上奖励的退役军人名录和事迹					
序号	姓名	性别	出生年月	籍贯	个人立功情况	简要事迹
50	李云龙	男	1964年10月	江苏阜宁	军队转业干部，原为江西省军分区上饶军分区政治委员，转业至中共上海市市级机关工作委员会任副书记。 在部队曾荣立二等功1次，三等功4次	1982年11月入伍，在部队服役35年。他满腔热情投身军营，立足岗位建功立业，精心钻研探索新形势下部队思想政治工作，先后撰写并发表在中央主流媒体的新闻报道、工作研究、理论文章数十万字。参与和组织“兄弟院士”等10多个全军和全国重大典型宣传，影响广泛，受到总部和军委领导批示肯定。当战士时，负责团单位的新闻宣传工作，多次被集团军评为优秀个人。担任宣传处长时，其所在处多次被南京军区评为“宣传工作先进单位”。在参加和指挥汶川抗震救灾、鄱阳湖抗洪抢险急难险重任务中，临危不惧，身先士卒，始终战斗在第一线，为保护人民群众生命财产作出积极贡献。先后荣立个人二等功1次，三等功4次
51	徐秉鳞	男	1933年5月	江苏苏州	军队退休干部，原为东海舰队工程船大队高级工程师（技术五级）。 在部队曾荣立二等功1次	1951年1月入伍。徐秉鳞于1984年担任海军四一一医院医疗大楼营建组组长，他怀着高度的事业心和责任感，认真负责、忘我工作，组织人力对整个工程经费一项项核算把关，多次和施工单位谈判，据理力争，核减经费一百多万。为了不影响工程进度，他经常奔走于交通、环卫、水利、电力、街道等部门及众多施工单位之间，协调解决各种问题。为了保证工程质量，他不顾自己身体的疾病，经常头戴安全帽，在工地上爬上爬下检查，当污水池施工出现险情时，忙到不回家。经过近3年的辛勤努力，终于完成医疗大楼的施工任务，该大楼土建工程被上海市建工局评为1986年度优质工程，受到总后勤部和海军后勤部有关部门赞扬。1987年，徐秉麟被荣记二等功
52	唐前胜	男	1948年7月	湖南洞口	军队转业干部，原为解放军航空兵第26师副参谋长，转业至上海市虹口区江湾镇政府工作，现已退休。 在部队曾荣立二等功1次	1966年7月入伍。先后任飞行员、飞行教练、飞行指挥。1987年，安全飞行满1500小时，圆满完成各项任务，荣立二等功。1988年被空军政治部评为空军优秀飞行员
53	顾建学	男	1956年2月	江苏无锡	军队转业干部，原为解放军37901部队副团职干部，现已退休。 在部队曾荣立二等功1次，三等功1次	1972年12月入伍。1979年参加对越自卫反击战，他所在部队担任后方技术情报保障支援任务，在岗位上尽心尽责、连续工作，顺利完成任务，荣立三等功。1985年至1987年，他多次受海军和上海市的委派，作为主力队员参加上海市时事知识竞赛和全国十大城市知识竞赛，均获得第一名，为海军和上海市争得荣誉，受到上海市领导和市委宣传部的表彰，荣立二等功
54	吴彰春	男	1941年2月	浙江浦江	军队退休干部，原为空军工程学院机场建筑工程系主任、教授（技术五级）。 在部队曾荣立二等功1次，三等功1次	1959年8月考入哈尔滨军事工程学院，1964年9月毕业并留校任教，从事教学工作35年，历任教员、教研室主任、系主任等职务。其间，完成12个期班的专业课主讲任务，培养硕士研究生6名。在担任20多年教学领导工作中，勤于学习，勇于创新，不断总结教学经验并广泛学习吸收国内外先进理论和技术，在国内首次组织研制研编该专业全套训练大纲和相应教材，达到同行先进水平，为保证该专业本科教学质量奠定坚实基础。他创建的“科研促教学”，课堂教学与工程实践相结合的教学体系机制，获全军优秀教学成果一等奖。1982年至1988年，他研制并主编国内首部军用机场建设方面的国家军用标准，获得军队科技进步一等奖（第三完成人）；研制军用机场设计规范两部，均获军队科技进步二等奖（均第一完成人）。因对军用机场建设的正规化规范化作出突出贡献，荣立二等功和三等功各1次。1993年，批准享受国务院政府特殊津贴（终身）

（续表）

表39 虹口区获二等功以上奖励的退役军人名录和事迹

序号	姓名	性别	出生年月	籍贯	个人立功情况	简要事迹
55	焦念友	男	1949年2月	山东安丘	军队转业干部，原为空军航空兵26师副师长，转业至上海市公安局经济保卫总队（后改为经济犯罪侦察总队）任纪委书记、副总队长，现已退休。在部队曾荣立二等功1次，三等功1次	1966年7月入伍，在部队服役30年。曾先后六次入闽轮战，为保卫祖国领空、社会主义建设和人民生命财产安全作出贡献。在飞行中多次处理意外紧急情况，保证安全飞行1000小时，荣立三等功，后又因安全飞行2000小时，荣立二等功
56	刘进升	男	1954年1月	山东诸城	退役志愿兵，原为北京军区炮十四师三十七团三营部书记，现已退休。在部队曾荣立二等功1次	1974年12月入伍。随部队来到南疆后，战士思亲情绪加重，他积极协助营连干部与战士谈心谈话，切实做好部队战士的思想稳定工作。在1988年对越防御作战中，他接到三线留守的任务。在远离领导、社情复杂等情况下，丝毫不退缩，严格要求自己，结合战区的相关管理规定，同时联系自己所担负的任务，围绕人员、武器、物资和伙食等4个方面提出48项工作要求。同时，他又担任留守地运输队临时党支部书记，带领队员们开展党员思想教育和学习活动，以高度的责任感和诚恳扎实的工作作风，模范带领4名同志遵守管理规定，圆满完成组织交给的三线留守任务，荣立二等功
57	陆玉明	男	1963年6月	浙江平湖	军队转业干部，原为武警上海消防总队正营职干部，后转业到上海市公安局虹口分局凉城新村派出所任四级高级警长。在部队曾荣立二等功1次	1980年12月入伍。自参加工作起就坚持战斗在消防安全工作最前沿，1988年11月13日，河南中路426弄10号发生火灾，火场上烈焰咄咄逼人，居民们的呼救声让人揪心，时任北京路消防中队代理队长的陆玉明，接警后率领中队指战员，不顾大火浓烟，勇敢冲入火海，成功救助多名群众。因在灭火战斗中表现英勇，被荣记二等功
58	李宝英	男	1949年4月	安徽寿县	军队转业干部，原为空军航空兵三九七九七部队副参谋长（上校军衔），转业至上海市房地产管理局任调研员，现已退休。在部队曾荣立二等功1次，三等功2次	1967年8月入伍。先后在陆军、空军部队服役，曾参加对台防空轮战和广西中越边境作战，表现突出，圆满完成任务。在空军服役期间，他热爱飞行事业，努力钻研飞行业务，精益求精、不断进取，并自觉遵守空中纪律及各项规定，长期保证飞行安全，先后获得6次嘉奖、荣立三等功2次。从1971年3月起至1988年10月19日止，连续安全飞行1500小时以上，1989年4月，经南京军区空军政治部批准荣记二等功
59	张旭	男	1963年11月	江苏如东	军队退休干部，原为军委审计署驻西部战区第二审计局局长。在部队曾荣立二等功2次，三等功1次	1981年11月入伍。1985年至1987年，参加中越边境防御作战，时任后勤助理员、炮连副连长，出色完成作战保障任务，荣立三等功。1989年，参加军区组织的会计知识比武竞赛，获得第一名，荣立二等功。在任联勤某分部财务处处长期间，积极建言献策，为部队节减相关经费，又结合实际先后制定财物方面12项规定，进一步规范分部的财务管理。面对供应单位地处高原艰苦地区，自然环境恶劣，点多、线长、面广，经费来源少，实际困难多，管理难度大等实际情况，他先后20余次深入基层调查研究。针对分部少数单位地处高原山区收看电视难的问题，他及时筹措经费，为6个单位配备卫星电视接收系统，丰富官兵的精神文化生活。在他的带领下，财务处2004年被总部表彰为“全军生活费规范化管理先进单位”，2005年他被总部表彰为“全军财务管理先进个人”，个人荣记二等功

（续表）

表39			虹口区获二等功以上奖励的退役军人名录和事迹			
序号	姓名	性别	出生年月	籍贯	个人立功情况	简要事迹
60	任凤岗	男	1943年9月	山东淄博	军队退休干部，原为海军工程建筑第四处高级工程师。 在部队曾荣立二等功1次	1968年12月入伍。1987年，其所在施工队接到上级的施工任务“建设海军一六六四工程”，该工程是一条380米的防波堤，是用来舰艇停泊的基地，实际建造经费比预算经费少近两千万。时任上海基地司令员到连云港检查部队工作的时候，指示任凤岗想办法完成这个任务，为海军建设作贡献。为完成这一艰巨任务，任凤岗想到向科技要效益，来到连云港指挥部和北京力学研究所学习爆炸排淤填石法的实验，经过反复探讨研究，下决心将该方法应用到施工中。经历一年多的时间终于完成任务，经专家检测，质量为优。该方法不仅使工程的所有项目总经费大大缩减，控制在当初的实际经费之内，工期也提前了一年半。在技术鉴定会上，专家给出“全国首例达到国际先进水平”的评价，并将该技术定名为“爆炸排淤填石法筑防波堤”。1989年，该项新技术获得军队科技进步一等奖，国家科技进步二等奖，任凤岗被荣记个人二等功
61	蒋孝荣	男	1951年1月	江苏江都	军队退休干部，原为上海警备区后勤部富民农场副场长兼农艺师（技术七级）。 在部队曾荣立二等功2次	1971年入伍。曾先后荣立二等功2次、学雷锋十佳标兵、“老海岛”、优秀共产党员等荣誉。他热爱部队，安心扎根海岛20年，毫无怨言，无私奉献，埋身于繁重的农场工作中，发扬“吃大苦，耐大劳”的革命精神，从没有条件到创造条件，积极想办法出点子，在田多人少的不利条件下，发扬党支部战斗堡垒作用，带领全体官兵学技术、抓钻研、搞建设，解决多项难题，千方百计抓好农场生产效益，为农场的经济发展作出突出贡献。同时，他还从思想上、健康上，关心、关爱战士，经常嘘寒问暖，想尽办法改善战士的生活，及时掌握大家的思想动态，引导战士们团结协作、艰苦奋斗，深得海岛全体官兵的爱戴。分别在1991年和1993年被南京军区后勤部荣记二等功各1次
62	危耀枨	男	1946年8月	广东花县	军队转业干部，原空26师司令部副参谋长，后转业到上海市虹口区乍浦路街道办事处，现已退休。 在部队曾荣立二等功1次，三等功1次	1964年7月入伍。在部队从事飞行工作30年，树立坚强牢固的飞行责任心与事业心，成为一名优秀的飞行员和出色的飞行指挥员。在飞行中他多次遇到雷雨天气和飞机故障，临危不惧、沉着应对，驾驶飞机安全返航，避免可能出现的重大事故。改飞机种后，他多次为军内外抢救伤员，配合地方政府建设，进行和完成多项航空拍摄任务。曾组织为雁荡山食物中毒的4名老师紧急送医送药，使中毒老师得到及时救治。也曾在一次执行飞行任务中，勇敢跳入水中抢救落水的妇女，而得到部队表彰。因安全飞行1500小时和3000小时，分别荣立三等功和二等功各1次，被空军评为一级飞行员
63	甘德良	男	1949年12月	江苏溧阳	军队转业干部，原为空军86425部队政治委员，空军上校，一级飞行员，现已退休。 在部队曾荣立二等功1次，三等功3次	1968年入伍。1969年9月进入空军十二飞行院校学习，后担任空军86425部队政委，一级飞行员。曾先后参加过中越边境自卫还击作战、广西中越边境作战。长期在飞行训练、战斗值勤、入闽入桂轮战、组织指挥以及各项任务中带头表率，在加强部队队伍管理、夯实部队建设基础中发挥“领头雁”“排头兵”的积极作用，取得显著成绩。他被空军评为“技能能手”，先后荣立三等功3次，二等功1次，其所在大队连续三年无事故征候，荣立集体三等功1次

（续表）

表39　虹口区获二等功以上奖励的退役军人名录和事迹

序号	姓名	性别	出生年月	籍贯	个人立功情况	简要事迹
64	张烈浩	男	1962年8月	上海	军队转业干部，原为成都军区空军空44师副师长，后转业到上海市虹口区文化旅游局，现任党组副书记、副局长（一级调研员）。在部队曾荣立二等功2次，三等功9次	1980年6月入伍。部队服役30年，长期从事飞行事业，从东部沿海到祖国的最西北，他挥洒汗水、保卫边疆，留下执着的印记。1995年和2003年因安全飞行满1500小时，荣立二等功2次，先后荣获空军优秀共产党员、空军优秀飞行员、空军“四会”教练员、空军技术能手等称号，曾获三等功9次
65	张相军	男	1959年1月	山东日照	军队转业干部，原为海军上海工程机械厂副厂长（技术7级），现已退休。在部队曾荣立二等功1次	1978年3月入伍。1999年，根据海军东海舰队党委指示，踏上参加庆祝中华人民共和国成立50周年国庆首都大阅兵式的征程，担任海军东海舰队车辆方队领队、受阅方队方队长。在历时七个多月的阅兵训练中，他认真贯彻、执行阅兵总指挥部和海军党委的部署和要求，带领方队全体官兵迎风雨、斗春寒，顶烈日、战酷暑，严格训练、严格要求，奋战7个月，方队受阅训练科目取得全优成绩，圆满完成在首都天安门广场进行的两次适应性训练、两次预演及阅兵村内的历次合练。方队因综合素质优良、训练成绩显著、组织管理严格、后勤保障有力，被阅兵车辆方队指挥部授予“全面建设先进方队，受阅训练全优达标方队，政治工作、行政管理、装备管理、后勤保障先进方队”。参阅部队受到中央军委的通令嘉奖，受阅方队被海军党委荣记集体三等功，张相军荣立二等功
66	张建华	男	1954年4月	江苏常熟	军队退休干部，原为海军体育工作队队长（技术四级）。在部队曾荣立二等功1次	1971年1月入伍。1989年担任海军体工队大队长，勇于创新，大胆引进优秀教练和运动员，起用年轻教练，海军体工队共获得数十项世界冠军、亚洲冠军和全国冠军，保持两项世界纪录。在备战第九届全国运动会的一年时间里，张建华深入基层搞好调研工作，摸清各队备战情况，及时解决各队困难和问题，做了大量的前期准备工作。在第九届全国运动会赛场上，张建华亲临赛场为教练出谋划策，为运动员加油鼓励，协调做好各方事务工作，为海军队取得4金、6银、1铜的优异成绩作出突出的贡献，荣立二等功
67	林振东	男	1962年6月	江苏南通	军队转业干部，原为海军东海舰队司令部战勤处副处长，后转业到上海市虹口区北外滩街道，现任二级调研员、“旧改”分指挥部常务副指挥。在部队曾荣立二等功1次，三等功3次	1979年11月入伍。服役期间，在各项军事斗争准备中表现出色，他准确领会上级精神，主动作为，认真谋划，取得良好成绩。在1995年以后，在海上军事斗争准备和对台登陆作战军事斗争准备过程中，先后参加过30余次的重大任务和军事演习，多次参加远航训练，克服困难，精心组织，确保军事训练和重大任务的圆满完成。2005年、2006年两度担任保障组长，前往俄罗斯接护现代级驱逐舰，周密做好航渡保障工作，圆满完成自航归建任务。在服役期间，2次被评为军事学术先进个人、九五期间军事学术先进个人，多次获评优秀党员，多次受到嘉奖，1987年被评为海军后勤装备先进个人，1992年、1995年、2006年分别荣立三等功，2001年荣立二等功

（续表）

表39 虹口区获二等功以上奖励的退役军人名录和事迹

序号	姓名	性别	出生年月	籍贯	个人立功情况	简要事迹
68	李成福	男	1970年4月	四川西充	军队转业干部，原为海军东海舰队政治部文化活动中心创作员（技术九级），2013年自主择业。 在部队曾荣立二等功1次	1990年入伍。服役期间，他干一行爱一行专一行，曾用微薄的津贴费资助9名贫困山区失学儿童，先后被评为海军优秀士兵标兵、东海舰队学雷锋标兵、海军上海保障基地优秀政治教导员，获得海军“十佳杰出青年”提名。在干好工作的同时，长期利用业余时间坚持写作，先后有数百篇反映部队火热生活的文学作品发表在《中国青年报》《解放军报》《解放军文艺》《军营文化天地》《人民海军报》《海军文艺》等数十家报纸杂志。为部队文化建设创作的歌词、朗诵、小品、情景剧、表演唱等文艺作品，先后获全军战士文艺奖一等奖、浙江省“五个一工程奖”、上海“新人新作”创作金奖、米兰世博会世界优秀传统文化最具影响力人文歌曲金奖。出版诗集《无奈亦相思》《我是战舰》和歌词集《蓝色兵心》《幸福家书》。2001年因工作成绩突出荣立二等功
69	冯晓定	男	1972年6月	江苏高邮	军队转业干部，原为上海警备区司令部信息化处处长，后转业到上海市虹口区人民政府信访办公室任副主任。 在部队曾荣立二等功1次	1991年9月入伍。1995年7月从军校毕业后，被分配到福建沿海的炮兵部队任侦察排长。从那时起，他就把“立足本职岗位苦练打赢本领，在对台军事斗争准备中建功立业”作为自己的人生目标。1997年参加全团建制连比武，个人取得全团指挥军官组第一名，该排的侦察、计算专业都取得小组第一，为连队总分第一奠定基础。1998年、1999年参加全团政工干部军事技能集训都取得第一名。2000年，南京军区组织炮兵专业大比武，通过层层考核选拔，冯晓定进入集团军强化集训队。他始终抱着“12345，一切为比武；67890，目标为打赢”的必胜信念，苦练加巧练，专业技能有很大的提升。2000年8月底参加南京军区炮兵专业技能比武，取得连长组第一名，荣立二等功
70	尤文飞	男	1975年2月	江西上饶	军队转业干部，原为解放军91668部队参谋部正团职机要处长，后转业到上海市宝山区退役军人事务局任副局长。 在部队曾荣立二等功1次	1992年12月入伍。服役期间，他在机要专业训练上善于思考，在刻苦训练的基础上，摸索出一套科学的训练方法，获得上海基地舰艇大比武机要专业第一名。在海军机要专业训练标兵和技术尖子考评中，破两项海军纪录，达两项全军尖子标准，被评为全军机要专业训练尖子和海军机要专业训练标兵。注重研究，理论成果突出。尤文飞经常深入基层，摸索工作方法，总结工作经验。撰写的学术论文获全军机要学术论文二等奖、海军机要学术论文三等奖和舰队机要学术论文二等奖各1篇。执着事业，工作业绩显著。尤文飞不仅自身训练强，而且注重“传帮带”，他言传身教培养5名“海军机要专业训练标兵”。在任支队科长和基地处长期间分别组织两次海军范围内的机要工作试点现场会，将该单位的机要工作经验在全海军推广，被海军司令部、海军政治部授予“海军机要干部贡献奖”。2002年，因训练功绩显著和工作表现突出，荣立二等功
71	刘长宁	女	1976年5月	安徽全椒	军队转业干部，原为海军上海基地副团职干部，后转业到虹口区委宣传部，现任中共虹口区委网络安全和信息化委员会办公室副主任。 在部队曾荣立二等功1次，三等功2次	1993年12月入伍。2004年，出色地完成“6·28”“9204”“1114”等重大任务的保障工作，受到军委首长亲切接见，得到海军机关的高度肯定，荣立二等功。服役期间，刘长宁创作的文艺作品多次在全军、海军获奖，荣立三等功2次

（续表）

表39	虹口区获二等功以上奖励的退役军人名录和事迹					
序号	姓名	性别	出生年月	籍贯	个人立功情况	简要事迹
72	李刚	男	1965年10月	山东济南	军队转业干部，原为空军航空兵26师副师长，后转业到上海市虹口区绿化和市容管理局，现任党组副书记、工会主席、党总支书记。 在部队曾荣立二等功3次，三等功3次	1984年6月入伍。2008年5月12日，汶川发生里氏8.0级地震，李刚作为首批赶赴灾区的飞行员，凭借过人的胆识和出色的飞行技术，深入映秀镇、漩口镇、绵竹、大龙潭、彭州等重灾区，从灾区转移出大量伤员和灾民，运送灾区急需的药品、食品等物资多达30吨，被当地灾区民众亲切地称呼为“空中的救命神鹰”。其先进事迹被中央电视台和《解放军报》等媒体报道。在部队期间，李刚先后执行过东北护林防火、1996年和1998年抗洪救灾、“东剑”系列演习、空军海上搜索营救演练等多项重大任务，获“飞行人员银质荣誉奖章”，先后荣立三等功3次、二等功3次。2008年，李刚机组因完成抗震救灾任务出色，被中共中央、国务院、中央军委授予“李刚机组全国抗震救灾英雄集体”荣誉称号
73	吴寒月	男	1971年8月	江苏盐城	军队转业干部，原为海军92815部队政治部副主任，后转业到上海市金融工作党委直属机关党委任副书记、纪委书记。 在部队曾荣立二等功1次	1989年3月入伍。2004年，深入部队一线采访，全年通过新华社向中央报送内参3个，在《人民日报》《解放军报》《中国青年报》等中央级新闻媒体及《人民海军报》发表新闻通讯152篇，其中头版头条16篇，为部队战斗力建设注入新的生机与活力。所在部门被海军、舰队评为先进集体，其个人获海军宣传工作一等奖、舰队宣传工作特等奖。吴寒月重视宣传骨干培养帮带，先后选拔16名干部和骨干，为部队建设培养和储备后备力量。在外事活动中，严格按照有关规定加强舆论管控及服务，及时处置外事宣传中出现的各类突发情况，维护外事活动秩序，展示国家形象及军队风采。2004年，经东海舰队党委研究，决定给吴寒月荣记二等功
74	邱太琪	男	1954年12月	江西都昌	军队退休干部，原为海军上海装备技术质量监测站高级工程师。 在部队曾荣立二等功1次	1972年入伍。任海军上海保障基地航保修理厂厂长期间，他恪尽职守、主动作为，做工厂建设的“擎旗手”，带领全厂干部职工狠抓新装备修理和备品备件的研制工作，先后取得30多项科研成果，其中有16项获得全军优秀科技进步奖。2004年，工厂获得四项军队科技进步奖，某型舰计程仪电路板测试平台等7项科技成果通过海军鉴定，完成某型舰艇维修图纸资料，两型潜艇自动舵百分之百国产化研制取得成功。邱太琪在日常工作中廉洁自律、坚守原则，自觉做好党员形象的“维护者”。同时，还为民解难、替民分忧，争做干部职工的“贴心人”。他先后被原海军上海保障基地评为党风廉政先进个人2次、优秀党员3次，2003年，被东海舰队评为党风廉政建设先进个人，被海军评为优秀共产党员。其先进事迹被《人民日报》、《解放军报》、中央电视台、中央人民广播电台等20多家新闻媒体报道。2005年，因带领全厂创建和谐工厂和人才兴厂及维修科研方面取得突出的成绩，被海军党委荣记二等功

（续表）

表39	虹口区获二等功以上奖励的退役军人名录和事迹					
序号	姓名	性别	出生年月	籍贯	个人立功情况	简要事迹
75	赵平	男	1963年1月	江苏邳县	军队退休干部，原为海军舟山水警区政治委员（正师职）。 在部队曾荣立二等功1次，三等功3次	1981年10月入伍。在侦察情报战线和师以下作战部队主官岗位工作30多年，荣立二等功1次，三等功3次，曾数十次被表彰为“优秀政治干部”“优秀党务工作者”“优等指挥员”，曾分别获得过“优秀边陲儿女”铜、银、金质奖章。在担任侦测船大队政委期间，他始终牢记情报部队、一线部队的使命职责，坚持以创新理论武装官兵，以战斗精神激扬士气，以作战准备锤炼意志，以重大任务磨砺血性，塑造大队官兵“特别能吃苦，特别能战斗，特别守纪律，特别讲奉献”的团队精神。在数十次与周边国家和地区舰船、飞机的直面交锋中，都出色完成任务，从未发生涉外事件或政治性问题，每次都受到上级的通电表扬。作为大队政委、党委书记，“一班人”的班长，他亲自担任指挥员，率领编队或单船，三出岛链，两下太平洋、印度洋执行任务。曾带领部队出色完成南海及东海沿海测量等30多项重大侦测任务。在执行南沙战备测量任务中，在无副食、缺淡水的情况下，硬是靠酱油拌饭在海上坚持五天，最终按计划完成任务。任职期间，大队被中央军委荣记集体一等功，所属两栖侦察中队被海军授予“爱军习武模范中队”荣誉称号，大队党委连年被海军舰队表彰为“先进团党委”“抓基层先进团大队”。2005年5月，海军司令员、政治委员签署通令，给侦测船大队政治委员赵平荣记个人二等功
76	龚健	男	1968年1月	江苏启东	军队转业干部，原海军东海舰队司令部装备处参谋，后转业到虹口区科学技术协会，现任上海市虹口区欧阳路街道办事处任副主任。 在部队曾荣立二等功1次，三等功3次	1987年入伍。服役期间一直坚持战斗在海军新研武器装备科研试验和新造舰船武备航行试验一线。20年来，他先后完成052B型、052C型驱逐舰，053H3型、054型、054A型护卫舰，516火力支援舰，22型弹艇，072A型大型登陆舰，903型综合补给舰等32艘次新造舰船的常规和武备航行试验，组织完成鱼-6鱼雷、锚-5水雷、AK130配套弹药、100毫米舰炮弹药、H/ZQQ-2潜望镜、舰载直升机舰面系统遥控扫雷系统、国产化油料、舰艇吊杆式横向油料补给等新研武器装备科研试验63项，拟制各类试验试航兵力协同计划580余份，绘制海上兵力协同计划图1700余张，试验试航舰艇总航程达12万余海里，总航时达15000余小时。他参与研制的《海鹰系列导弹工艺电缆网及其工程实践》和《CXL250型系列舰用环保油烟净化装置》，分别获得2002年度全军军内科技成果进步二等奖和三等奖。由于他工作勤恳、作风扎实、完成任务出色，分别于1995年、1997年、2003年先后荣立三等功，2005年荣立二等功
77	苏华	男	1966年8月	山东宁津	军队转业干部，原为海军航空兵第六师副师长，后转业到上海市虹口区应急管理局，现任副局长、二级调研员。 在部队曾荣立二等功1次，三等功4次	1985年6月入伍。从空军到海军，苏华有近30年的军旅生涯。他曾在河北、山西、辽宁、山东、海南、四川、陕西、上海等十几个机场执行飞行任务，驾驶过歼-5、歼-6、歼-7、歼轰七等多种机型，多次成功处置空中险情、参加重要军事演习演练、执行空中试飞和战斗巡逻任务。在执行任务中表现突出，2006年因正确处置空中特殊情况，安全飞行1500小时荣立二等功，因保证飞行安全荣立三等功4次，2004年晋升为特级飞行员

（续表）

表39	虹口区获二等功以上奖励的退役军人名录和事迹					
序号	姓名	性别	出生年月	籍贯	个人立功情况	简要事迹
78	许庆军	男	1969年4月	山东单县	军队转业干部，原为海军航空兵某部副参谋长，后转业到上海市虹口区体育局任党组副书记、副局长。 在部队曾荣立二等功1次	1988年入伍。部队服役期间，围绕“打赢”，立足现有装备练“剑法”，技术对标最高标准，通过提炼战术、精研战法、协同合成训练、模拟实战演练等途径雕琢磨练技术，提技练胆、练就硬本领，一切为“打赢”。践行使命，守卫祖国海空，历经台海危机、远程奔袭南海练兵、对台应急作战准备、伸海突防、东海防空识别区巡航，配合参与钓鱼岛维权、舰艇编队突伸岛链训练，参加海军及中外联合军演等多项军事活动。许庆军时刻牢记使命责任、当先锋打头阵，用忠诚、担当、无畏震慑对手，构筑起神圣不可侵犯的海空长城。2006年，因在捍卫祖国海空权益、保证飞行安全等方面贡献突出，荣立二等功
79	姜成先	男	1977年11月	江苏赣榆	军队转业干部，原为中国人民解放军94686部队机械师，后转业到上海市虹口区市场监督管理局任二级主办。 在部队曾荣立二等功1次，三等功3次	1995年入伍。部队服役期间，一直战斗在飞行机务保障工作最前沿。先后参与并圆满完成“99·7”演习、空军“红蓝”对抗、2001年和2006年“入闽轮战”等重大军事任务，在2006年的轮战中被评为优秀轮战人员。他勤恳敬业，一丝不苟，分别在1999年、2004年和2007年因发现和排除重大故障分别荣立三等功，用实际行动践行“极端负责、精细维修”的职业道德。他十年如一日，在平凡的岗位上始终高标准、高质量、高效率地完成各种飞行保障任务。2005年，被某部评为优秀共产党员。2006年，因安全保障飞行1000小时荣立二等功
80	郭模灿	男	1949年6月	福建闽侯	军队退休干部，原为海军某工厂总工程师兼高级工程师（技术四级）。 在部队曾荣立二等功1次，三等功1次	1968年3月入伍。服役期间，从事海军舰艇装备维修保障工作30余年，先后完成百余艘海军舰艇装备维修任务，10余项重大、重要任务的技术保障任务。1986年，英国女王访华，按时抢修海军131驱逐舰装备故障，保障护航任务的圆满完成。他曾先后完成和参与完成科研成果13项，其中获得全军科技进步一等奖1项、二等奖2项、三等奖8项、四等奖2项；在军内外杂志上发表论文10余篇。1991年被评为海军先进科技干部，1999年被评为海军上海基地优秀科技干部标兵，2001年出席中国共产党海军东海舰队第九次代表大会。2007年因获全军科技进步一等奖荣立二等功
81	黄瑞甫	男	1971年12月	浙江浦江	军队转业干部，原上海警备区海防一旅副旅长，后转业到上海市虹口区城管执法局任党组副书记。 在部队曾荣立二等功1次	1990年12月入伍。部队服役24年，在任特种营营长期间，始终牢记军区、警备区首长提出的要求，按照三年规划，刻苦钻研特种作战训练技能，先后参加上合组织峰会、奥运会、特奥会安保工作以及上海市反恐综合演练、“东方—2007”演习、抗击雨雪灾害等重大行动。包括他在内的6名官兵参加南京军区组织的“猎人集训”，获得团体总分第二、黄瑞甫个人总分第一的好成绩，开创上海警备区部队特种作战训练的先河。2006年，被解放军“四总部”评为全军优秀指挥军官，并因工作成绩突出，2007年1月荣立二等功

（续表）

表39	虹口区获二等功以上奖励的退役军人名录和事迹					
序号	姓名	性别	出生年月	籍贯	个人立功情况	简要事迹
82	胡佳乐	男	1966年11月	浙江嘉兴	军队退休干部，原为南京军区南京总医院医务部主任（技术六级）。在部队曾荣立二等功1次	1983年9月入伍，在军队医疗战线工作。2008年，他受命率抗震救灾医疗队前往地震重灾区汶川县水磨镇，冒着余震不断、山体滑坡、石块横飞的危险，连夜指挥带队挺进重灾区，及时组织展开定点紧急救治，并带领多支医疗小分队赴各个村落巡诊，仅用两天时间就巡遍驻地水磨镇的18个行政村，亲自指挥和成功组织抢救2名水磨镇灾区群众的生命。他高标准抓好教育管理，适时开展思想教育，组织队员学习防震避震和遇到危险自救互救常识，精心制作医疗队英雄谱像册、录像片，整理出医疗队每天的工作日志及队员的先进典型事迹，提振大家士气。其间，出动医疗小分队50批、252人次，行程534千米，巡诊病人3896人，接诊病人8552人，处理救治危重病人50余例，发放药品总价值约45万元，得到军区首长和当地群众的高度赞扬，收到当地政府、驻军、卫生院、患者送来的锦旗36面。2008年被荣记二等功
83	陈方道	男	1971年12月	湖南祁东	军队转业干部，原为中国人民解放军第二炮兵96313部队副政治委员，后转业到上海市财务会计综合管理事务中心任副主任。在部队曾荣立二等功1次	1993年6月入伍。2008年5月29日凌晨，从中南某部队驻训地点出发，率领1名放映员和2名司机，驾驶一辆野战宣传文化车疾驰1000多千米按时到达指定地域，配合第二炮兵文化站执行抗震救灾文化服务任务，历时90余天。其间，他带队辗转北川、安县重灾区10多个点位，为救灾部队和灾区群众累计放映电影30余部，转播抗震救灾专题片、北京奥运会等电视节目80多个小时，安装调试卫星接收设备48套，保障大型慰问演出8场，悬挂标语横幅200多条。中央电视台、新华网、四川电视台等新闻媒体进行报道。在执行抗震救灾文化服务任务的同时，陈方道又向相关人员引荐，以二炮文化服务队的先进事迹为原型，创作拍摄二炮历史上第一部数字电影《文化战车》，其后多次在中央电视台重播。2008年，因参加汶川抗震救灾表现突出，荣立二等功
84	曾传盛	男	1974年12月	江西横峰	军队转业干部，原为上海市虹口区公安消防支队政治委员，后转业到上海市虹口区消防救援支队任政治委员。在部队曾荣立二等功1次，三等功4次	1993年入伍。2008年5月13日，接到赴四川汶川地震灾区抗震救灾工作指令后，主动放弃休假，连夜随武警上海市消防总队抗震救灾应急救援队赴抗震救灾最前沿，徒步挺进映秀镇。经过16个小时70千米的艰难跋涉，于5月15日14时30分到达映秀镇。作为战地秘书、部队联络员和信息报送员，他既要前往一线参与抢险救援工作，又要参加战地各类会议，负责指挥部联络工作；既要做好上至公安部，上海市委、市政府及公安部前沿指挥部，下至总队后方指挥部、战地各小分队情报信息的上传下达，又要随首长深入一线指挥救援。在映秀灾区，他靠“干粮和喝粥”坚持在第一线，晚上伴着余震、暴雨将就过夜，每天睡眠时间不足3小时，不顾支气管炎复发和右脚大脚趾被挤坏患脓的身体状况，始终坚持在抗震救灾第一线，为上海消防部队树立良好形象、夺取抗震救灾辉煌战绩作出重要贡献。先后荣立个人二等功1次，三等功4次

（续表）

表39					虹口区获二等功以上奖励的退役军人名录和事迹	
序号	姓名	性别	出生年月	籍贯	个人立功情况	简要事迹
85	张传伦	男	1978年7月	安徽长丰	军队转业干部，原为上海市虹口区公安消防支队副政治委员，后转业到上海市虹口区消防救援支队任副政治委员、纪委书记。在部队曾荣立二等功1次，三等功2次	1997年入伍。2008年5月12日，四川汶川发生八级地震灾害，武警上海市消防总队奉命立即组建救援队赶赴灾区救援，刚请假把母亲送走，准备第二天陪妻子复检的张传伦闻讯后主动请战，于当夜赶回中队，仅在电话里和妻子匆匆告别后便立即开拔赶赴地震灾区。整个抢险救援过程中余震不断，山体坍塌随处可见，气候条件恶劣，道路交通受阻，大型机械和生活物资运不进来，张传伦和其他救援官兵一起克服疲劳作战、补给不足和通信不畅等困难，自始至终战斗在救援第一线。张传伦等抗震救援队31名将士在无水断电、缺觉少粮、没有任何通讯的情况下，决战映秀4天4夜，从废墟下救出生还者1人，搜索到遇难者8人，树立“人民消防为人民”的良好形象，圆满完成党和人民赋予的光荣而艰巨的任务，荣立二等功。作为支队纪委书记，一名纪检干部，他始终坚守初心，牢记职责使命。从警入伍以来，先后荣立个人二等功1次，三等功2次
86	李亚军	男	1985年6月	安徽阜阳	军队转业干部，原为中国人民解放军95848部队（空降兵第十五军特种作战团特种作战二营四连）士官，后转业到上海市虹口区环境卫生管理中心任九级职员。在部队曾荣立二等功1次	2002年12月入伍，服役12年。他坚持战斗在特种作战岗位最前沿，先后完成抗洪抢险、抗震救灾、军事比赛、跨国军演、国际猎人集训等重大任务，累计安全跳伞1500余次。在国内外军事比赛中先后获得国际猎人勋章、蛙人荣誉勋章、自由跳伞勋章，用鲜血和汗水为祖国获得荣誉。2008年5月，在汶川大地震期间，李亚军冒着生命危险进行高空跳伞侦察灾区的行动，历经7天6夜，冒着多次余震，翻山越岭，徒步220千米，先后在7个乡、55个村庄侦察灾情，为指挥部指挥部队开进和部署抗震救灾提供科学的信息依据。李亚军团队被誉为“空降十五勇士”，李亚军荣立二等功
87	赵东明	男	1988年1月	上海	军队转业干部，原为武警上海杨浦消防支队国和中队消防战士，后到上海市公安局浦东分局浦兴路派出所任民警。在部队曾荣立二等功1次	2006年12月入伍，在武警上海市消防总队服役五年。其间，参加火灾扑救2000余次，参与社会救援3000余次，曾参加浦东高桥炼油厂、胶州路大楼、宝山码头停泊船、奉贤蜡厂等大型火灾的扑救工作。在2010年3月扑救浦东高桥炼油厂火灾中表现突出，荣立个人二等功，其英勇救火的事迹被中央电视台报道。国无防不立，民无军不安。赵东明积极参加市征兵办组织的进高校巡回演讲活动，通过自身的事迹向高校学生们展示“有为青年立志从军固国防，热血男儿精忠报国筑长城”的英雄气概
88	刘思锋	男	1969年3月	山东枣庄	军队转业干部，原为上海警备区司令部副团职参谋，后转业到上海市虹口区四川北路街道任纪工委副书记。在部队曾荣立二等功1次	1990年入伍。2010年，时任上海警备区司令部副团职参谋，担任世博安保工作，表现突出，荣立二等功

（续表）

表39	虹口区获二等功以上奖励的退役军人名录和事迹					
序号	姓名	性别	出生年月	籍贯	个人立功情况	简要事迹
89	黄元杰	男	1974年12月	江苏海门	军队转业干部，原为海军东海舰队92246部队训练部正团职指控业务长，后转业到上海市虹口区欧阳路街道任四级调研员。在部队曾荣立二等功1次，三等功1次	1993年入伍。部队服役期间，一直在海军舰艇部队作战训练一线工作，注重钻研探索，致力提升军事训练组织、训练质量监察及考核工作质量，优化和创新军事训练考核手段模式，自主研制开发“海军舰艇部队舰艇长全训合格考核辅助系统”，在海军舰艇部队副舰长全训合格考核活动中被广泛运用，取得极大军事效益。在军事学术研究方面，瞄准军事热点，开展广泛的军事学术研究，取得较多理论研究成果，先后在军队核心期刊发表学术论文10余篇，承担的“顺应形势发展，深化训练改革”课题研究获“海军优秀军事学术理论研究成果”三等奖；参与制作的《复杂电磁环境下作战训练》多媒体教材获“海军电教教材及教育技术论文评比”二等奖。黄元杰先后被评为东海舰队人才建设先进个人、海军军事训练标兵，先后荣立二等功1次、三等功1次
90	陈国华	男	1970年7月	安徽颍上	军队转业干部，原为武警上海市总队后勤部副部长，后转业到上海市虹口区北外滩街道任人武部部长。在部队曾荣立二等功1次，三等功2次	1989年3月入伍。服役期间任审计处处长时，推行军政主官（党委班子）联审、机关处长责任审计，制定《总队基建项目投资控制实施细则》等制度。任副部长时，与上海市相关委办局推进“对口支持、共同建设”“军民融合发展”等重大工作，制定《上海二级以上医院与武警医疗机构对口支援方案》和《应急道路交通保障方案》；参与世博会、世游赛、世界花滑及国际车博会、中超联赛等重大赛会安保组织指挥。先后荣立二等功1次、三等功2次、集体三等功1次，获评2010年武警“世博安保先进个人”、2014年国家审计署“全国内审先进个人”
91	戴佳伟	男	1988年12月	上海崇明	军队转业干部，原为上海市虹口区公安消防支队组干科科长，后转业到虹口区消防救援支队任机关党委专职副书记、上海市青联委员，现挂职于共青团上海市委团结联络部（青联秘书处）。在部队曾荣立二等功1次，三等功3次	2007年入伍。在武警虹口消防中队服役期间，带领青年指战员先后处置新港路坍塌抢险救援、海军411医院外科改建大楼火灾等各类抢险救援、灭火救灾行动5000余次，救出被困群众170余人，并圆满完成党的十八大、十九大、亚信峰会重大消防安保任务。他又深挖中队百年队史特色，全力推动“最老救火会”成为全国首个“国际主义教育基地”。创新“自我主体教育”新模式，带领“老中队”打造出“新品牌”。牵头组织“红色场馆党史解说队”并担任中共四大纪念馆解说队队长，带领青年消防员一同参与学党史、讲党史，年均解说达100小时。戴佳伟工作出色，先后荣立二等功1次、三等功3次

说明：（1）人员按一等功、二等功排序，截至2021年12月31日；
（2）资料由区退役军人事务局提供。

重要文件目录汇编

表40	2021年虹口区委重要文件目录		
序号	文号	文件日期	文件题名
1	虹委〔2021〕7号	1月21日	中共虹口区委印发《中共上海市虹口区委常委会2021年工作要点》的通知
2	虹委〔2021〕26号	3月5日	中共虹口区委关于中国共产党成立100周年庆祝活动的通知

（续表）

表40	2021年虹口区委重要文件目录		
序号	文号	文件日期	文件题名
3	虹委〔2021〕35号	4月28日	关于表彰2016—2020年度“虹口区五一劳动奖章、工人先锋号”的决定
4	虹委〔2021〕36号	4月29日	关于表彰2016—2021年度“虹口区青年五四奖章、青年突击队”的决定
5	虹委〔2021〕49号	6月29日	中共虹口区委关于表彰虹口区优秀共产党员、虹口区优秀党务工作者、虹口区先进基层党组织的决定
6	虹委〔2021〕50号	7月9日	中共虹口区委关于认真贯彻落实十一届市委十次全会精神全面提升城区软实力的实施意见
7	虹委〔2021〕70号	8月31日	中共虹口区委印发《法治虹口建设方案（2021—2025年）》和《虹口区法治社会建设实施方案（2021—2025年）》的通知
8	虹委〔2021〕144号	12月6日	中共虹口区委 虹口区人民政府转发《区委宣传部、区司法局关于在本区开展法治宣传教育的第八个五年规划（2021—2025年）》的通知
9	虹委〔2021〕172号	12月31日	中共虹口区委 虹口区人民政府印发《虹口区法治政府建设实施方案（2021—2025年）》的通知

说明：资料由区委办公室提供。

表41	2021年虹口区政府重要文件目录		
序号	文号	发文日期	文件名
1	虹府发〔2021〕1号	1月20日	虹口区人民政府关于印发虹口区重大行政决策程序实施意见的通知
2	虹府发〔2021〕2号	2月8日	虹口区人民政府关于2020年度重点企业、重点商务楼宇和重点园区的通报
3	虹府发〔2021〕6号	4月6日	虹口区人民政府关于83、84、85、86、94、95、96、97、98、99街坊旧城区改建房屋征收范围的批复
4	虹府发〔2021〕8号	5月12日	虹口区人民政府关于成立虹口区房屋安全隐患排查整治工作领导小组的通知
5	虹府发〔2021〕11号	7月9日	虹口区人民政府关于印发虹口区生产安全事故灾难专项应急预案等2个专项应急预案的通知
6	虹府发〔2021〕12号	7月12日	虹口区人民政府关于20、55、162、163、180街坊旧城区改建房屋征收范围的批复
7	虹府发〔2021〕13号	7月13日	虹口区人民政府关于334、339、361街坊旧城区改建房屋征收范围的批复
8	虹府发〔2021〕14号	7月13日	虹口区人民政府关于194街坊旧城区改建房屋征收范围的批复
9	虹府发〔2021〕15号	8月11日	虹口区人民政府关于印发虹口区2021—2023年生态环境保护和建设三年行动计划的通知
10	虹府发〔2021〕16号	8月18日	虹口区人民政府关于印发虹口区体育健身设施补短板五年行动计划（2021—2025年）的通知
11	虹府发〔2021〕20号	11月8日	虹口区人民政府关于185街坊旧城区改建房屋征收范围的批复
12	虹府发〔2021〕21号	11月8日	虹口区人民政府关于202、253、254街坊旧城区改建房屋征收范围的批复
13	虹府发〔2021〕22号	11月8日	虹口区人民政府关于调整135街坊旧城区改建房屋征收范围的批复
14	虹府发〔2021〕23号	12月29日	虹口区人民政府关于印发虹口区全民健身实施计划（2021—2025年）的通知

说明：资料由区政府办公室提供。

索　引

说明：

（1）本索引分关键词索引、图片索引、表格索引。

（2）关键词索引按首字汉语拼音字母顺序排列。

（3）图片索引分封面图片索引、卷首图片索引、辑封图片索引、随文图片索引，均按页码顺序排列。

（4）表格索引按页码顺序排列。

关键词索引

A

B

H

J

K

L

M

N

O

P

Q

R

S

T

W

X

Y

Z

#

图片索引

封面图片索引

卷首图片索引

辑封图片索引

随文图片索引

表格索引

编 后 记

《虹口年鉴（2022）》框架设计遵循政治、经济、文化、社会、生态文明建设五大板块分类原则。卷首设要闻大事、专文、专记、虹口概貌；卷中设栏目20个，分别为：中国共产党上海市虹口区委员会、上海市虹口区人民代表大会、上海市虹口区人民政府、中国人民政治协商会议上海市虹口区委员会、纪检监察、民主党派·工商联、群众团体、法治、综合经济管理、工业·商贸、金融、科学技术、城区建设与管理、文化旅游、体育、教育、卫生与健康、社会事务管理、街道、人物·先进；卷末设附录、索引。

《虹口年鉴（2022）》编辑工作于2022年1月启动，8月形成初稿，11月定稿，12月出版。在此，衷心感谢全体撰稿员、审稿人员以及关心支持《虹口年鉴》的社会各界人士。

《虹口年鉴（2022）》出版后，将在“上海市虹口区档案地方志信息网”（www.hkda.gov.cn）上发布，欢迎广大读者和年鉴界同仁批评指正。

《虹口年鉴》编辑部

2022年12月

《虹口年鉴（2022）》编审人员名录

主　　编	苏　丽
副 主 编	冯谷兰
编　　辑	季建智　吴　斌　金一超　徐荣耀　陆　明
执　　行	金一超　吴　斌
特约编审	郭红解　完颜绍元　曹西虹

审稿单位　上海市地方志办公室